中华人民共和国会计法培训用书

中华人民共和国
会计法
释义与典型案例

翟继光　周明磊　◎　编著

逐条释义　　新旧对照　　经典案例

● **逐条释义**，对新《会计法》的每一个条款都进行了解释
● **配套条文、新旧对照**，针对新《会计法》的每一个条款都列出了现行有效的相关条文，并将新旧《会计法》进行了对照
● **经典案例，权威实用**，针对新《会计法》的主要条款，提供了经过法院判决的权威案例，方便读者理论结合实践，全面理解新《会计法》

图书在版编目（CIP）数据

《中华人民共和国会计法》释义与典型案例 / 翟继光，周明磊编著 . -- 上海：立信会计出版社，2024.8.
ISBN 978-7-5429-7720-5

Ⅰ . D922.265

中国国家版本馆 CIP 数据核字第 2024JL5392 号

责任编辑　毕芸芸

《中华人民共和国会计法》释义与典型案例
ZHONGHUA RENMIN GONGHEGUO KUAIJIFA SHIYI YU DIANXING ANLI

出版发行	立信会计出版社				
地　　址	上海市中山西路 2230 号		邮政编码	200235	
电　　话	（021）64411389		传　　真	（021）64411325	
网　　址	www.lixinaph.com		电子邮箱	lxaph@sh163.net	
网上书店	www.shlx.net		电　　话	（021）64411071	
经　　销	各地新华书店				

印　　刷	北京鑫海金澳胶印有限公司
开　　本	787 毫米 ×1092 毫米　1/16
印　　张	31
字　　数	642 千字
版　　次	2024 年 8 月第 1 版
印　　次	2024 年 8 月第 1 次
书　　号	ISBN 978-7-5429-7720-5/D
定　　价	98.00 元

如有印订差错，请与本社联系调换

2024年6月28日，中华人民共和国第十四届全国人民代表大会常务委员会第十次会议通过《全国人民代表大会常务委员会关于修改〈中华人民共和国会计法〉的决定》，中华人民共和国主席习近平签发第二十八号主席令，修改后的《中华人民共和国会计法》（以下简称《会计法》）自2024年7月1日起施行。

《会计法》的修改，有利于提高会计信息质量，维护市场经济秩序和社会公共利益。修改后的《会计法》加大了对会计违法行为的处罚力度。为帮助社会公众，特别是广大会计人员了解与学习修改后的《会计法》，我们编写了《〈中华人民共和国会计法〉释义与典型案例》一书。

本书分为六章，分别介绍总则、会计核算、会计监督、会计机构和会计人员、法律责任和附则的内容。其中，对修改后的《会计法》条文进行了逐条解释，同时，为了便于读者比较历次修改《会计法》的情况，我们将各版本《会计法》的条款进行了对比。

本书具有以下三个特点：

第一，逐条释义，简明扼要。本书对《会计法》的每一个条款都进行了解释，主要解释法条的基本含义、立法背景、适用方法等。对法条的解释通俗易懂，便于读者掌握。

第二，配套条文，版本对照。本书针对《会计法》的每一个条款都列出了现行有效的相关条文，并将各版本《会计法》的条款进行了对照，方便读者查找使用。

第三，经典案例，权威实用。本书针对《会计法》的主要条款都列出了经过法院判决的权威案例，这些案例涉及面广，方便读者理论结合实践，全面深刻理解《会计法》的制度与宗旨。

本书适宜作为《会计法》的普法教材，也适宜作为广大会计从业人员的执业手册。由于编写时间紧，书中难免有不足之处，恳请广大读者批评指正，我们将在未来再版时予以修正。我们的联系方式是：zhaijiguang2008@sina.com。

作者

2024 年 7 月 8 日

目录

第一章 总则 ············ 1
一、第一条 ············ 1
（一）法条原文 ············ 1
（二）法条释义 ············ 1
（三）相关条文 ············ 2
二、第二条 ············ 5
（一）法条原文 ············ 5
（二）法条释义 ············ 6
（三）相关条文 ············ 7
（四）典型案例 ············ 11
三、第三条 ············ 16
（一）法条原文 ············ 16
（二）法条释义 ············ 17
（三）相关条文 ············ 17
（四）典型案例 ············ 24
四、第四条 ············ 28
（一）法条原文 ············ 28
（二）法条释义 ············ 29
（三）相关条文 ············ 29
五、第五条 ············ 31
（一）法条原文 ············ 31
（二）法条释义 ············ 31
（三）相关条文 ············ 32
（四）典型案例 ············ 33
六、第六条 ············ 36
（一）法条原文 ············ 36
（二）法条释义 ············ 37
（三）典型案例 ············ 37
七、第七条 ············ 42

（一）法条原文 ·· 42
　　（二）法条释义 ·· 43
　　（三）相关条文 ·· 43
八、第八条 ··· 49
　　（一）法条原文 ·· 49
　　（二）法条释义 ·· 50
　　（三）相关条文 ·· 51
　　（四）典型案例 ·· 55

第二章　会计核算 ·· 59
一、第九条 ··· 59
　　（一）法条原文 ·· 59
　　（二）法条释义 ·· 59
　　（三）相关条文 ·· 60
　　（四）典型案例 ·· 61
二、第十条 ··· 69
　　（一）法条原文 ·· 69
　　（二）法条释义 ·· 70
　　（三）相关条文 ·· 72
　　（四）典型案例 ·· 78
三、第十一条 ·· 86
　　（一）法条原文 ·· 86
　　（二）法条释义 ·· 86
　　（三）相关条文 ·· 86
四、第十二条 ·· 87
　　（一）法条原文 ·· 87
　　（二）法条释义 ·· 87
　　（三）相关条文 ·· 87
五、第十三条 ·· 88
　　（一）法条原文 ·· 88
　　（二）法条释义 ·· 89
　　（三）相关条文 ·· 89
　　（四）典型案例 ·· 97
六、第十四条 ·· 103
　　（一）法条原文 ·· 103
　　（二）法条释义 ·· 104
　　（三）相关条文 ·· 105
　　（四）典型案例 ·· 116
七、第十五条 ·· 119
　　（一）法条原文 ·· 119
　　（二）法条释义 ·· 120
　　（三）相关条文 ·· 121

（四）典型案例 ·· 123
　八、第十六条 ·· 133
　　（一）法条原文 ·· 133
　　（二）法条释义 ·· 134
　　（三）相关条文 ·· 134
　九、第十七条 ·· 135
　　（一）法条原文 ·· 135
　　（二）法条释义 ·· 135
　　（三）相关条文 ·· 136
　　（四）典型案例 ·· 137
　十、第十八条 ·· 161
　　（一）法条原文 ·· 161
　　（二）法条释义 ·· 161
　　（三）相关条文 ·· 162
　十一、第十九条 ·· 164
　　（一）法条原文 ·· 164
　　（二）法条释义 ·· 165
　　（三）相关条文 ·· 165
　十二、第二十条 ·· 167
　　（一）法条原文 ·· 167
　　（二）法条释义 ·· 168
　　（三）相关条文 ·· 169
　十三、第二十一条 ·· 186
　　（一）法条原文 ·· 186
　　（二）法条释义 ·· 186
　　（三）相关条文 ·· 187
　十四、第二十二条 ·· 187
　　（一）法条原文 ·· 187
　　（二）法条释义 ·· 187
　　（三）相关条文 ·· 188
　十五、第二十三条 ·· 188
　　（一）法条原文 ·· 188
　　（二）法条释义 ·· 189
　　（三）相关条文 ·· 190
　　（四）典型案例 ·· 200
　十六、第二十四条 ·· 209
　　（一）法条原文 ·· 209
　　（二）法条释义 ·· 210
　　（三）相关条文 ·· 211

第三章　会计监督 ·· 213
　一、第二十五条 ·· 213

（一）法条原文 ··· 213
　　（二）法条释义 ··· 214
　　（三）相关条文 ··· 215
二、第二十六条 ··· 240
　　（一）法条原文 ··· 240
　　（二）法条释义 ··· 241
　　（三）相关条文 ··· 241
三、第二十七条 ··· 242
　　（一）法条原文 ··· 242
　　（二）法条释义 ··· 243
　　（三）相关条文 ··· 243
　　（四）典型案例 ··· 243
四、第二十八条 ··· 246
　　（一）法条原文 ··· 246
　　（二）法条释义 ··· 247
　　（三）相关条文 ··· 247
五、第二十九条 ··· 248
　　（一）法条原文 ··· 248
　　（二）法条释义 ··· 249
　　（三）相关条文 ··· 251
　　（四）典型案例 ··· 251
六、第三十条 ··· 262
　　（一）法条原文 ··· 262
　　（二）法条释义 ··· 263
　　（三）相关条文 ··· 264
　　（四）典型案例 ··· 277
七、第三十一条 ··· 283
　　（一）法条原文 ··· 283
　　（二）法条释义 ··· 283
　　（三）相关条文 ··· 284
　　（四）典型案例 ··· 306
八、第三十二条 ··· 310
　　（一）法条原文 ··· 310
　　（二）法条释义 ··· 310
九、第三十三条 ··· 311
　　（一）法条原文 ··· 311
　　（二）法条释义 ··· 311
　　（三）相关条文 ··· 312

第四章　会计机构和会计人员 ··· 313
一、第三十四条 ··· 313
　　（一）法条原文 ··· 313

（二）法条释义 ……………………………………………………314
　　（三）相关条文 ……………………………………………………315
　　（四）典型案例 ……………………………………………………323
二、第三十五条 …………………………………………………………329
　　（一）法条原文 ……………………………………………………329
　　（二）法条释义 ……………………………………………………330
　　（三）相关条文 ……………………………………………………330
　　（四）典型案例 ……………………………………………………331
三、第三十六条 …………………………………………………………338
　　（一）法条原文 ……………………………………………………338
　　（二）法条释义 ……………………………………………………339
　　（三）相关条文 ……………………………………………………339
　　（四）典型案例 ……………………………………………………343
四、第三十七条 …………………………………………………………348
　　（一）法条原文 ……………………………………………………348
　　（二）法条释义 ……………………………………………………348
　　（三）相关条文 ……………………………………………………349
五、第三十八条 …………………………………………………………354
　　（一）法条原文 ……………………………………………………354
　　（二）法条释义 ……………………………………………………354
　　（三）相关条文 ……………………………………………………355
　　（四）典型案例 ……………………………………………………361
六、第三十九条 …………………………………………………………364
　　（一）法条原文 ……………………………………………………364
　　（二）法条释义 ……………………………………………………365
　　（三）相关条文 ……………………………………………………366
　　（四）典型案例 ……………………………………………………367

第五章　法律责任 …………………………………………………………373
一、第四十条 ……………………………………………………………373
　　（一）法条原文 ……………………………………………………373
　　（二）法条释义 ……………………………………………………375
　　（三）相关条文 ……………………………………………………377
　　（四）典型案例 ……………………………………………………389
二、第四十一条 …………………………………………………………394
　　（一）法条原文 ……………………………………………………394
　　（二）法条释义 ……………………………………………………396
　　（三）相关条文 ……………………………………………………397
　　（四）典型案例 ……………………………………………………399
三、第四十二条 …………………………………………………………401
　　（一）法条原文 ……………………………………………………401
　　（二）法条释义 ……………………………………………………402

（三）相关条文 ··· 402
　　（四）典型案例 ··· 403
四、第四十三条 ··· 411
　　（一）法条原文 ··· 411
　　（二）法条释义 ··· 412
　　（三）相关条文 ··· 412
五、第四十四条 ··· 412
　　（一）法条原文 ··· 412
　　（二）法条释义 ··· 413
　　（三）相关条文 ··· 413
　　（四）典型案例 ··· 446
六、第四十五条 ··· 465
　　（一）法条原文 ··· 465
　　（二）法条释义 ··· 465
　　（三）相关条文 ··· 466
七、第四十六条 ··· 466
　　（一）法条原文 ··· 466
　　（二）法条释义 ··· 466
　　（三）相关条文 ··· 466
八、第四十七条 ··· 468
　　（一）法条原文 ··· 468
　　（二）法条释义 ··· 468
　　（三）相关条文 ··· 468
　　（四）典型案例 ··· 471

第六章　附则 ··· 478

一、第四十八条 ··· 478
　　（一）法条原文 ··· 478
　　（二）法条释义 ··· 478
　　（三）相关条文 ··· 479
二、第四十九条 ··· 479
　　（一）法条原文 ··· 479
　　（二）法条释义 ··· 480
三、第五十条 ··· 480
　　（一）法条原文 ··· 480
　　（二）法条释义 ··· 481
　　（三）相关条文 ··· 481
四、第五十一条 ··· 486
　　（一）法条原文 ··· 486
　　（二）法条释义 ··· 486

第一章 总　　则

一、第一条

（一）法条原文

【2024年、2017年、1999年版本】

第一条　为了规范会计行为，保证会计资料真实、完整，加强经济管理和财务管理，提高经济效益，维护社会主义市场经济秩序，制定本法。

【1993年版本】

第一条　为了规范和加强会计工作，保障会计人员依法行使职权，发挥会计工作在维护社会主义市场经济秩序、加强经济管理、提高经济效益中的作用，制定本法。

【1985年版本】

第一条　为了加强会计工作，保障会计人员依法行使职权，发挥会计工作在维护国家财政制度和财务制度、保护社会主义公共财产、加强经济管理、提高经济效益中的作用，特制定本法。

（二）法条释义

本条规定了《中华人民共和国会计法》（以下简称《会计法》）的立法目的。我国各法律的第一条通常都规定了该法的立法目的。立法目的是一部法律制定的起因和所要实现的主要目标。对《会计法》而言，其立法目的主要有以下五项：

第一，规范会计行为。《会计法》调整的主要对象是会计行为，有了《会计法》，会计行为就有了基本的规范和准据。因此，《会计法》的首要目的就是规范会计行为。

第二，保证会计资料真实、完整。会计资料是会计行为的基础，会计资料的真实、完整是会计行为能够发挥作用的前提。财务造假的一个主要表现就是会计资料不真实、不完整。因此，保证会计资料真实、完整是会计法的直接目的。

第三，加强经济管理和财务管理。监督与管理是会计行为的重要职能，会计行为直接服务于经济管理和财务管理领域，规范会计行为、加强会计监督直接受益的就是经济管理和财务管理。因此，加强经济管理和财务管理是《会计法》间接促进的重要目标。

第四，提高经济效益。会计行为的规范、会计监督的加强是提高经济效益的基础性工作。《会计法》是经济法的重要组成部分，其目标自然也包括经济效益的提高。因此，提高经济效益是《会计法》的高级目标。

第五，维护社会主义市场经济秩序。社会主义市场经济是我国宪法确定的基本经济制度，一切与经济发展有关的法律都应当具备维护社会主义市场经济的功能与作用。因此，维护社会主义市场经济秩序是《会计法》的最高目标。

《会计法》的上述五个立法目的是由近而远、由直接到间接、由具体到抽象的递进关系。前面目标的实现是后面目标实现的基础和前提。《会计法》的五个立法目也体现了《会计法》在整个社会主义法律体系中的作用与地位。

（三）相关条文

《中华人民共和国注册会计师法》（2014年8月31日）

第一条 为了发挥注册会计师在社会经济活动中的鉴证和服务作用，加强对注册会计师的管理，维护社会公共利益和投资者的合法权益，促进社会主义市场经济的健康发展，制定本法。

《中华人民共和国审计法》（2021年10月23日）

第一条 为了加强国家的审计监督，维护国家财政经济秩序，提高财政资金使用效益，促进廉政建设，保障国民经济和社会健康发展，根据宪法，制定本法。

《企业财务会计报告条例》（2000年6月21日）

第一条 为了规范企业财务会计报告，保证财务会计报告的真实、完整，根据《中华人民共和国会计法》，制定本条例。

《总会计师条例》（2011年1月8日）

第一条 为了确定总会计师的职权和地位，发挥总会计师在加强经济管理、提高经济效益中的作用，制定本条例。

《会计基础工作规范》（2019年3月14日）

第一条 为了加强会计基础工作，建立规范的会计工作秩序，提高会计工作水平，根据《中华人民共和国会计法》的有关规定，制定本规范。

《会计档案管理办法》（2015年12月11日）

第一条 为了加强会计档案管理，有效保护和利用会计档案，根据《中华人民共和国会计法》《中华人民共和国档案法》等有关法律和行政法规，制定本办法。

《政府会计准则——基本准则》（2017年1月1日）

第一条 为了规范政府的会计核算，保证会计信息质量，根据《中华人民共和国会计法》《中华人民共和国预算法》和其他有关法律、行政法规，制定本准则。

《企业会计准则——基本准则》（2014年7月23日）

第一条 为了规范企业会计确认、计量和报告行为，保证会计信息质量，根据

《中华人民共和国会计法》和其他有关法律、行政法规，制定本准则。

《财政部门实施会计监督办法》（2001年2月20日）

第一条 为规范财政部门会计监督工作，保障财政部门有效实施会计监督，保护公民、法人和其他组织的合法权益，根据《中华人民共和国会计法》、（以下简称《会计法》）、《中华人民共和国行政处罚法》（以下简称《行政处罚法》）、《企业财务会计报告条例》等有关法律、行政法规的规定，制定本办法。

《最高人民法院关于审理涉及会计师事务所在审计业务活动中民事侵权赔偿案件的若干规定》（2007年6月15日）

为正确审理涉及会计师事务所在审计业务活动中民事侵权赔偿案件，维护社会公共利益和相关当事人的合法权益，根据《中华人民共和国民法通则》《中华人民共和国注册会计师法》《中华人民共和国公司法》《中华人民共和国证券法》等法律，结合审判实践，制定本规定。

第一条 利害关系人以会计师事务所在从事注册会计师法第十四条规定的审计业务活动中出具不实报告并致其遭受损失为由，向人民法院提起民事侵权赔偿诉讼的，人民法院应当依法受理。

第二条 因合理信赖或者使用会计师事务所出具的不实报告，与被审计单位进行交易或者从事与被审计单位的股票、债券等有关的交易活动而遭受损失的自然人、法人或者其他组织，应认定为注册会计师法规定的利害关系人。

会计师事务所违反法律法规、中国注册会计师协会依法拟定并经国务院财政部门批准后施行的执业准则和规则以及诚信公允的原则，出具的具有虚假记载、误导性陈述或者重大遗漏的审计业务报告，应认定为不实报告。

第三条 利害关系人未对被审计单位提起诉讼而直接对会计师事务所提起诉讼的，人民法院应当告知其对会计师事务所和被审计单位一并提起诉讼；利害关系人拒不起诉被审计单位的，人民法院应当通知被审计单位作为共同被告参加诉讼。

利害关系人对会计师事务所的分支机构提起诉讼的，人民法院可以将该会计师事务所列为共同被告参加诉讼。

利害关系人提出被审计单位的出资人虚假出资或者出资不实、抽逃出资，且事后未补足的，人民法院可以将该出资人列为第三人参加诉讼。

第四条 会计师事务所因在审计业务活动中对外出具不实报告给利害关系人造成损失的，应当承担侵权赔偿责任，但其能够证明自己没有过错的除外。

会计师事务所在证明自己没有过错时，可以向人民法院提交与该案件相关的执业准则、规则以及审计工作底稿等。

第五条 注册会计师在审计业务活动中存在下列情形之一，出具不实报告并给利害关系人造成损失的，应当认定会计师事务所与被审计单位承担连带赔偿责任：

（一）与被审计单位恶意串通；

（二）明知被审计单位对重要事项的财务会计处理与国家有关规定相抵触，而不予指明；

（三）明知被审计单位的财务会计处理会直接损害利害关系人的利益，而予以隐瞒或者作不实报告；

（四）明知被审计单位的财务会计处理会导致利害关系人产生重大误解，而不予指明；

（五）明知被审计单位的会计报表的重要事项有不实的内容，而不予指明；

（六）被审计单位示意其作不实报告，而不予拒绝。

对被审计单位有前款第（二）至（五）项所列行为，注册会计师按照执业准则、规则应当知道的，人民法院应认定其明知。

第六条 会计师事务所在审计业务活动中因过失出具不实报告，并给利害关系人造成损失的，人民法院应当根据其过失大小确定其赔偿责任。

注册会计师在审计过程中未保持必要的职业谨慎，存在下列情形之一，并导致报告不实的，人民法院应当认定会计师事务所存在过失：

（一）违反注册会计师法第二十条第（二）、（三）项的规定；

（二）负责审计的注册会计师以低于行业一般成员应具备的专业水准执业；

（三）制定的审计计划存在明显疏漏；

（四）未依据执业准则、规则执行必要的审计程序；

（五）在发现可能存在错误和舞弊的迹象时，未能追加必要的审计程序予以证实或者排除；

（六）未能合理地运用执业准则和规则所要求的重要性原则；

（七）未根据审计的要求采用必要的调查方法获取充分的审计证据；

（八）明知对总体结论有重大影响的特定审计对象缺少判断能力，未能寻求专家意见而直接形成审计结论；

（九）错误判断和评价审计证据；

（十）其他违反执业准则、规则确定的工作程序的行为。

第七条 会计师事务所能够证明存在以下情形之一的，不承担民事赔偿责任：

（一）已经遵守执业准则、规则确定的工作程序并保持必要的职业谨慎，但仍未能发现被审计的会计资料错误；

（二）审计业务所必须依赖的金融机构等单位提供虚假或者不实的证明文件，会计师事务所在保持必要的职业谨慎下仍未能发现其虚假或者不实；

（三）已对被审计单位的舞弊迹象提出警告并在审计业务报告中予以指明；

（四）已经遵照验资程序进行审核并出具报告，但被验资单位在注册登记后抽逃资金；

（五）为登记时未出资或者未足额出资的出资人出具不实报告，但出资人在登记后已补足出资。

第八条 利害关系人明知会计师事务所出具的报告为不实报告而仍然使用的，人民法院应当酌情减轻会计师事务所的赔偿责任。

第九条　会计师事务所在报告中注明"本报告仅供年检使用""本报告仅供工商登记使用"等类似内容的，不能作为其免责的事由。

第十条　人民法院根据本规定第六条确定会计师事务所承担与其过失程度相应的赔偿责任时，应按照下列情形处理：

（一）应先由被审计单位赔偿利害关系人的损失。被审计单位的出资人虚假出资、不实出资或者抽逃出资，事后未补足，且依法强制执行被审计单位财产后仍不足以赔偿损失的，出资人应在虚假出资、不实出资或者抽逃出资数额范围内向利害关系人承担补充赔偿责任。

（二）对被审计单位、出资人的财产依法强制执行后仍不足以赔偿损失的，由会计师事务所在其不实审计金额范围内承担相应的赔偿责任。

（三）会计师事务所对一个或者多个利害关系人承担的赔偿责任应以不实审计金额为限。

第十一条　会计师事务所与其分支机构作为共同被告的，会计师事务所对其分支机构的责任部分承担连带赔偿责任。

第十二条　本规定所涉会计师事务所侵权赔偿纠纷未经审判，人民法院不得将会计师事务所追加为被执行人。

第十三条　本规定自公布之日起施行。本院过去发布的有关会计师事务所民事责任的相关规定，与本规定相抵触的，不再适用。

在本规定公布施行前已经终审，当事人申请再审或者按照审判监督程序决定再审的会计师事务所民事侵权赔偿案件，不适用本规定。

在本规定公布施行后尚在一审或者二审阶段的会计师事务所民事侵权赔偿案件，适用本规定。

二、第二条

（一）法条原文

【2024 年版本】

第二条　会计工作应当贯彻落实党和国家路线方针政策、决策部署，维护社会公共利益，为国民经济和社会发展服务。

国家机关、社会团体、公司、企业、事业单位和其他组织（以下统称单位）必须依照本法办理会计事务。

【2017 年、1999 年版本】

第二条　国家机关、社会团体、公司、企业、事业单位和其他组织（以下统称单位）必须依照本法办理会计事务。

《中华人民共和国会计法》释义与典型案例

【1993 年版本】

第二条 国家机关、社会团体、企业、事业单位、个体工商户和其他组织办理会计事务，必须遵守本法。

【1985 年版本】

第二条 国营企业事业单位、国家机关、社会团体、军队办理会计事务，必须遵守本法。

（二）法条释义

本条规定了《会计法》的指导方针与适用范围。

会计工作是会计核算、会计监督等一系列工作的统称，会计工作不仅是各单位的具体工作，也是一项国家工作，因此，应当贯彻落实党和国家的路线方针政策和决策部署。例如，2023 年 2 月 15 日中共中央办公厅、国务院办公厅联合发布的《关于进一步加强财会监督工作的意见》（以下简称《意见》）就规定了党和国家关于财会监督工作的路线方针政策和决策部署，《意见》中所涉及的单位和个人要认真贯彻落实相关意见。

会计工作还要维护社会公共利益，为国民经济和社会发展服务。会计舞弊等违法行为不仅仅会损害单位利益和个人利益，也会损害社会公共利益，因此，做好会计工作，防范会计舞弊就是维护社会公共利益，就是为国民经济和社会发展服务。

本条第一款是 2024 年修改后的《会计法》新增加的内容，本次《会计法》的修改将会计工作提升到了一个新的高度，为新时期我国会计工作的健康发展奠定了法律基础。

法律关系的主体众多，大体可以分为自然人、法人和非法人组织。法人又可以分为营利法人、非营利法人和特别法人。

由于自然人没有建立账簿的义务，自然也不需要进行会计核算，因此，《会计法》并不适用于自然人。自然人之间的民事合伙，本质上仍然是自然人的联合体，并未成立新的法律主体，因此，也不适用《会计法》。农村集体经济组织的成员依法取得农村土地承包经营权，从事家庭承包经营的农村承包经营户依法不需要建立账簿，也不属于《会计法》的适用范围。

除自然人以外，其余法律主体原则上均适用《会计法》，最常见的适用主体包括国家机关、社会团体、公司、企业、事业单位。除此以外，其他组织也适用《会计法》，如属于非营利法人的基金会、社会服务机构，属于特别法人的农村集体经济组织、城镇农村的合作经济组织、基层群众性自治组织。

需要强调的是，不具有法人资格的非法人组织也是《会计法》的适用范围，如个人独资企业、合伙企业、不具有法人资格的专业服务机构、公司依法设立的领取营业执照的分支机构等。

自然人从事工商业经营依法登记成立的个体工商户，如果依法建立账簿，也属于《会计法》的适用范围。如果依法不建立账簿，则不属于《会计法》的适用范围。

（三）相关条文

《中华人民共和国民法典》（2021 年 1 月 1 日）

第五十四条 自然人从事工商业经营，经依法登记，为个体工商户。个体工商户可以起字号。

第五十五条 农村集体经济组织的成员，依法取得农村土地承包经营权，从事家庭承包经营的，为农村承包经营户。

第五十七条 法人是具有民事权利能力和民事行为能力，依法独立享有民事权利和承担民事义务的组织。

第七十四条 法人可以依法设立分支机构。法律、行政法规规定分支机构应当登记的，依照其规定。

分支机构以自己的名义从事民事活动，产生的民事责任由法人承担；也可以先以该分支机构管理的财产承担，不足以承担的，由法人承担。

第七十六条 以取得利润并分配给股东等出资人为目的成立的法人，为营利法人。

营利法人包括有限责任公司、股份有限公司和其他企业法人等。

第八十七条 为公益目的或者其他非营利目的成立，不向出资人、设立人或者会员分配所取得利润的法人，为非营利法人。

非营利法人包括事业单位、社会团体、基金会、社会服务机构等。

第八十八条 具备法人条件，为适应经济社会发展需要，提供公益服务设立的事业单位，经依法登记成立，取得事业单位法人资格；依法不需要办理法人登记的，从成立之日起，具有事业单位法人资格。

第九十条 具备法人条件，基于会员共同意愿，为公益目的或者会员共同利益等非营利目的设立的社会团体，经依法登记成立，取得社会团体法人资格；依法不需要办理法人登记的，从成立之日起，具有社会团体法人资格。

第九十二条 具备法人条件，为公益目的以捐助财产设立的基金会、社会服务机构等，经依法登记成立，取得捐助法人资格。

依法设立的宗教活动场所，具备法人条件的，可以申请法人登记，取得捐助法人资格。法律、行政法规对宗教活动场所有规定的，依照其规定。

第九十六条 本节规定的机关法人、农村集体经济组织法人、城镇农村的合作经济组织法人、基层群众性自治组织法人，为特别法人。

第九十七条 有独立经费的机关和承担行政职能的法定机构从成立之日起，具有机关法人资格，可以从事为履行职能所需要的民事活动。

第九十九条 农村集体经济组织依法取得法人资格。

法律、行政法规对农村集体经济组织有规定的，依照其规定。

第一百条 城镇农村的合作经济组织依法取得法人资格。

法律、行政法规对城镇农村的合作经济组织有规定的，依照其规定。

第一百零一条 居民委员会、村民委员会具有基层群众性自治组织法人资格，可以从事为履行职能所需要的民事活动。

未设立村集体经济组织的，村民委员会可以依法代行村集体经济组织的职能。

第一百零二条 非法人组织是不具有法人资格，但是能够依法以自己的名义从事民事活动的组织。

非法人组织包括个人独资企业、合伙企业、不具有法人资格的专业服务机构等。

《中华人民共和国公司法》（2023年12月29日）

第二条 本法所称公司，是指依照本法在中华人民共和国境内设立的有限责任公司和股份有限公司。

第三条 公司是企业法人，有独立的法人财产，享有法人财产权。公司以其全部财产对公司的债务承担责任。

公司的合法权益受法律保护，不受侵犯。

第四条 有限责任公司的股东以其认缴的出资额为限对公司承担责任；股份有限公司的股东以其认购的股份为限对公司承担责任。

公司股东对公司依法享有资产收益、参与重大决策和选择管理者等权利。

《中华人民共和国个人独资企业法》（2000年1月1日）

第二条 本法所称个人独资企业，是指依照本法在中国境内设立，由一个自然人投资，财产为投资人个人所有，投资人以其个人财产对企业债务承担无限责任的经营实体。

《中华人民共和国合伙企业法》（2006年8月27日）

第二条 本法所称合伙企业，是指自然人、法人和其他组织依照本法在中国境内设立的普通合伙企业和有限合伙企业。

普通合伙企业由普通合伙人组成，合伙人对合伙企业债务承担无限连带责任。本法对普通合伙人承担责任的形式有特别规定的，从其规定。

有限合伙企业由普通合伙人和有限合伙人组成，普通合伙人对合伙企业债务承担无限连带责任，有限合伙人以其认缴的出资额为限对合伙企业债务承担责任。

《中华人民共和国外商投资法》（2019年3月15日）

第二条 在中华人民共和国境内（以下简称中国境内）的外商投资，适用本法。

本法所称外商投资，是指外国的自然人、企业或者其他组织（以下称外国投资者）直接或者间接在中国境内进行的投资活动，包括下列情形：

（一）外国投资者单独或者与其他投资者共同在中国境内设立外商投资企业；

（二）外国投资者取得中国境内企业的股份、股权、财产份额或者其他类似权益；

（三）外国投资者单独或者与其他投资者共同在中国境内投资新建项目；

（四）法律、行政法规或者国务院规定的其他方式的投资。

本法所称外商投资企业，是指全部或者部分由外国投资者投资，依照中国法律在中国境内经登记注册设立的企业。

《中华人民共和国全民所有制工业企业法》（2009年8月27日）

第二条 全民所有制工业企业（以下简称企业）是依法自主经营、自负盈亏、独立核算的社会主义商品生产和经营单位。

企业的财产属于全民所有，国家依照所有权和经营权分离的原则授予企业经营管理。企业对国家授予其经营管理的财产享有占有、使用和依法处分的权利。企业依法取得法人资格，以国家授予其经营管理的财产承担民事责任。

《中华人民共和国民办教育促进法》（2018年12月29日）

第十条 举办民办学校的社会组织，应当具有法人资格。

举办民办学校的个人，应当具有政治权利和完全民事行为能力。

民办学校应当具备法人条件。

《中华人民共和国注册会计师法》（2014年8月31日）

第三条 会计师事务所是依法设立并承办注册会计师业务的机构。

注册会计师执行业务，应当加入会计师事务所。

第二十三条 会计师事务所可以由注册会计师合伙设立。

合伙设立的会计师事务所的债务，由合伙人按照出资比例或者协议的约定，以各自的财产承担责任。合伙人对会计师事务所的债务承担连带责任。

《中华人民共和国律师法》（2017年9月1日）

第十四条 律师事务所是律师的执业机构。设立律师事务所应当具备下列条件：

（一）有自己的名称、住所和章程；

（二）有符合本法规定的律师；

（三）设立人应当是具有一定的执业经历，且三年内未受过停止执业处罚的律师；

（四）有符合国务院司法行政部门规定数额的资产。

第十五条 设立合伙律师事务所，除应当符合本法第十四条规定的条件外，还应当有三名以上合伙人，设立人应当是具有三年以上执业经历的律师。

合伙律师事务所可以采用普通合伙或者特殊的普通合伙形式设立。合伙律师事务所的合伙人按照合伙形式对该律师事务所的债务依法承担责任。

第十六条 设立个人律师事务所，除应当符合本法第十四条规定的条件外，设立人还应当是具有五年以上执业经历的律师。设立人对律师事务所的债务承担无限责任。

《事业单位登记管理暂行条例》（2004年6月27日）

第二条 本条例所称事业单位，是指国家为了社会公益目的，由国家机关举办或者其他组织利用国有资产举办的，从事教育、科技、文化、卫生等活动的社会服务组织。

事业单位依法举办的营利性经营组织，必须实行独立核算，依照国家有关公司、企业等经营组织的法律、法规登记管理。

《社会团体登记管理条例》（2016年2月6日）

第二条 本条例所称社会团体，是指中国公民自愿组成，为实现会员共同意愿，按照其章程开展活动的非营利性社会组织。

国家机关以外的组织可以作为单位会员加入社会团体。

《基金会管理条例》（2004年3月8日）

第二条 本条例所称基金会，是指利用自然人、法人或者其他组织捐赠的财产，以从事公益事业为目的，按照本条例的规定成立的非营利性法人。

第三条 基金会分为面向公众募捐的基金会（以下简称公募基金会）和不得面向公众募捐的基金会（以下简称非公募基金会）。公募基金会按照募捐的地域范围，分为全国性公募基金会和地方性公募基金会。

《民办非企业单位登记管理暂行条例》（1998年10月25日）

第二条 本条例所称民办非企业单位，是指企业事业单位、社会团体和其他社会力量以及公民个人利用非国有资产举办的，从事非营利性社会服务活动的社会组织。

《促进个体工商户发展条例》（2022年10月1日）

第二条 有经营能力的公民在中华人民共和国境内从事工商业经营，依法登记为个体工商户的，适用本条例。

《政府会计准则——基本准则》（2017年1月1日）

第二条 本准则适用于各级政府、各部门、各单位（以下统称政府会计主体）。

前款所称各部门、各单位是指与本级政府财政部门直接或者间接发生预算拨款关系的国家机关、军队、政党组织、社会团体、事业单位和其他单位。

军队、已纳入企业财务管理体系的单位和执行《民间非营利组织会计制度》的社会团体，不适用本准则。

《企业会计准则——基本准则》（2014年7月23日）

第二条 本准则适用于在中华人民共和国境内设立的企业（包括公司，下同）。

《民间非营利组织会计制度》（2005年1月1日）

第二条 本制度适用于在中华人民共和国境内依法设立的符合本制度规定特征的民间非营利组织。民间非营利组织包括依照国家法律、行政法规登记的社会团体、基金会、民办非企业单位和寺院、宫观、清真寺、教堂等。

适用本制度的民间非营利组织应当同时具备以下特征：

（一）该组织不以营利为宗旨和目的；

（二）资源提供者向该组织投入资源不取得经济回报；

（三）资源提供者不享有该组织的所有权。

《农村集体经济组织财务制度》（2022年1月1日）

第三条 农村集体经济组织应当建立健全财务管理制度，如实反映农村集体经济组织的财务状况。合理筹集资金，管好用好集体资产，建立健全收益分配制度和激励约束机制，加强财务信息管理，完善财务监督，控制财务风险，实现集体资产保值增值，推动集体经济发展。

《个体工商户建账管理暂行办法》（2018年6月15日）

第二条 凡从事生产、经营并有固定生产、经营场所的个体工商户，都应当按照法律、行政法规和本办法的规定设置、使用和保管账簿及凭证，并根据合法、有效凭证记账核算。

税务机关应同时采取有效措施，巩固已有建账成果，积极引导个体工商户建立健全账簿，正确进行核算，如实申报纳税。

《会计档案管理办法》（2015年12月11日）

第二条 国家机关、社会团体、企业、事业单位和其他组织（以下统称单位）管理会计档案适用本办法。

（四）典型案例

广东省中山市中级人民法院

民事判决书[①]

〔2022〕粤20民终3861号

上诉人（原审原告）：谭某（TAN，MIESYYEONG），女，1965年6月24日出生，澳门特别行政区永久性居民，住澳门特别行政区。

委托诉讼代理人：廖永强，广东广和（中山）律师事务所律师。

委托诉讼代理人：刘明栋，广东广和（中山）律师事务所实习律师。

被上诉人（原审被告）：区某华，男，1971年12月19日出生，汉族，住广东省中山市。

被上诉人（原审被告）：陈某秀，女，1972年2月20日出生，汉族，住广东省中山市。

上列两被上诉人共同的委托诉讼代理人：高健洪，广东扬真律师事务所律师。

上列两被上诉人共同的委托诉讼代理人：陈思，广东扬真律师事务所律师。

上诉人谭某因与被上诉人区某华、陈某秀合伙合同纠纷一案，不服广东省中山市第二人民法院〔2021〕粤2072民初14886号民事判决，向本院提起上诉。本院于2022年5月25日立案后，依法组成合议庭进行了审理。本案现已审理终结。

谭某上诉请求：撤销一审判决，改判支持其全部诉讼请求。事实和理由：一、谭某的诉讼请求是向作为执行董事合伙人的区某华行使监督权，是行使《中华人民共和国民法典》第九百七十条规定的赋予合伙人对合伙事务的监督权。二、谭某与区某华分别于2004年、2006年、2009年签订的三项合作协议足以证实双方存在合伙关系，合作协议内容为谭某、区某华按协议应承担的主给付义务；除此之外，区某华还应承担从给付义务，因双方未对从给付义务进行约定，根据《中华人民共和国民法典》第五百一十条规定的关于合同漏洞的填补原则，可以依据交易习惯和诚信原则确定区某

---

① 资料来源：中国裁判文书网https://wenshu.court.gov.cn。

华从给付义务的内容。上述三项协议中，区某华负责协议事务的日常管理，对外出租、收取租金，再按照出资比例向谭某支付利润分配款。显然，区某华负有提供交易合同、转账记录、账目及凭证等资料的从给付义务。同时，基于合伙协议人合性，区某华应当基于诚实信用的原则处理合伙事务，将其经手的租赁合同、账目、银行流水等记录妥善保管，保证谭某的知情权、监督权。三、三份合伙协议中均有让陈某秀负责收支事务的约定，陈某秀也实际实施了合同约定的事项，且陈某秀作为区某华的配偶，实际掌管对外出租的相关合同、账册以及银行流水，本案符合并存的债务承担的规范要件特征，责任承担方式也符合并存的债务承担的连带责任的承担方式，即不管是区某华或陈某秀单独完全履行义务还是两人共同履行义务，均是实现谭某的权利，故谭某有权向陈某秀主张权利。四、区某华、陈某秀并未否认其所承担的义务，一审法院直接认定其无需履行相关义务于法无据。五、对于民商法的法律空白领域，在法律适用上，司法实践中可以按类似的法律法规参照适用，本案可以参照《中华人民共和国合伙企业法》的相关规定。

区某华、陈某秀辩称，一审判决认定事实清楚，适用法律正确，应予维持。理由如下：一、谭某的知情权没有事实和法律依据。谭某与陈某秀系姐妹关系，区某华与陈某秀系夫妻关系，谭某长期居住在澳门，合伙经营的工作主要由区某华承担，陈某秀进行协助。区某华、陈某秀一直按协议要求，定期向谭某汇报经营情况，将分红按时支付，在长达十多年的时间，谭某收取全部分红款，从未提出异议。陈某秀并非合伙协议当事人，不应作为本案被告，也不应承担相关义务。谭某与区某华之间并未成立合伙企业，谭某的知情权没有明确法律依据，双方之间是带有家庭共有财产的合伙经营，系家庭成员内部之间的财产关系。二、退一步讲，即使谭某享有知情权，根据《中华人民共和国合伙企业法》第二十八条的规定，谭某有权查阅的相关资料仅限于财务账簿，不包括银行流水。三、合伙协议中并未约定用于经营的专门账户，谭某对于区某华使用个人账户进行经营从未提出异议，经营过程中，收取租金的方式多样，使用的银行卡也不止一张，时隔多年，很多银行流水在客观上已无法提供，且银行卡的流水涉及区某华的个人隐私和商业秘密，谭某无权要求其提供全部银行流水。

谭某向一审法院起诉请求：1.判令区某华、陈某秀履行合伙人义务，制备自2004年7月6日至今民事合伙关系存续期间的会计账本和会计凭证（包括总账、明细账、日记账和其他辅助性账簿；会计凭证含记账凭证、相关原始凭证、相关原始凭证及作为原始凭证附件入账备查的有关资料），并且向谭某披露，提供给谭某查阅、复制。2.判令区某华、陈某秀履行合伙人义务，向谭某披露自2004年7月6日至今民事合伙关系存续期间区某华、陈某秀签订的与合伙事务有关的租赁合同及收取租金的银行流水记录。

一审法院认定事实：2004年7月6日，区某华（甲方）与谭某（乙方）签订第一份《投资合作协议》，就双方投资合作租土地后承建厂房并出租的事宜约定：一、双方投资合作该项目，并以甲方的名义于2004年5月26日向中山市古镇曹三村委会租用佳福围面积2 700平方米的土地，按每年每平方米6元计算，每年租土地的租金总金额为16 200元，土地租赁由2004年7月1日开始计租。二、该项投资承建厂房、房屋预算总额为30万元，甲方占股份50%（即出资15万元），乙方占股份50%（即出资15万元），双方共同承担该项承建后出租之一切土地上建筑物的风险、亏损及利润，共有平等的处理权利。三、甲、乙共同委托陈某秀全权负责处理日常收支事务并设立账目，存入中国银行古镇支行曹步分理处，银行账号为47********-5，由甲、乙双方及陈某秀共三人签字字据进行确认为凭。投资款的交付应由甲、乙双方签字确认。四、协议未尽事宜由双方共同协商解决，并另行签订补充协议，并与协议具有共同法律效力。

2006年5月15日，区某华（甲方）与谭某（乙方）签订第二份《投资合作协议》，就双方共同购买厂房出租等事宜约定：一、以甲方的名义向中山市古镇镇曹三村李建根、李健和、李健文购买其位于中山市××镇××村××工业区的现成厂房，该厂房占地面积1 668平方米，该厂房是李建根向曹三村租赁土地兴建的，购买该现成厂房后，由甲、乙方承接李建根与曹三村的土地租赁合同，负责缴交土地租金，租赁期限为十五年（2004年12月1日至2019年11月30日止）。二、购置该现成厂房乙方已一次性付清现金58万元经甲方转给李健根、李健文、李健和。甲乙双方股份各占50%（即各出资29万元），转让合约名誉由甲方代表负责签认，甲方出资款暂向乙方代为借贷，以借据为凭，按年利息3厘计算。三、甲方每月必须定期把乙方应收厂房租金存入乙方指定账户（47*****-****-******-9）内，并且共同委托陈某秀每月在指定银行账户转款作为凭据。四、甲方向乙方借款，甲方并在每年年底将厂租及利息分六年一并归还。五、甲方不得将厂房抵押于任何第三人或向银行贷款。六、甲方有权优先租用厂房。七、有关该厂房在进行经营过程中拖欠劳动工人的一切工资等福利待遇时，由甲方一方独自承担全部的责任。

2009年3月24日，区某华（甲方）与谭某（乙方）签订第三份《合作协议》，就双方合作收购厂房及厂房出租收益等事宜约定：一、以乙方为代表与黄某旺签订了《厂房转让协议》，购买了黄某旺位于曹三工业区佳福围工业地E06、E07及（E08一半）土地使用权和上盖房屋建筑物，并于广东中古律师事务所办理了2008中古律见字第191号的见证书，依据该见证的交易金额总额为350万元，减去黄某旺已支付的租金50万元、租赁押金5万元及加上甲乙双方返还给黄某旺所垫付六个半月的地租61 334元，即乙方实际上支付现金3 011 334元；同时将该厂房返租给黄某旺使用，使用时间为2008年10月15日至2009年10月14日止，即租一年的租金金额为50万元，同样在见证书上注明明细条款。二、上述投资为甲、乙双方共同投资，具体投资股份比例：协议第一条所列项目总投资金额350万元，均是由乙方60%比例出资占210万元、甲方40%比例出资占140万元，双方收购所得的厂房及土地使用权及回报收益及风险责任均按双方股份比例分配享有。三、以乙方为代表与黄某旺所签订的《厂房转让协议书》中的一切权利、义务均由甲、乙双方共同分享与承担。日常事务均由甲方为全权代表处理，如乙方发现有异议有权收回上述甲方行使权,所发生的一切纠纷均由甲方全部负责。如果甲方处理不善,乙方有权作出一切的处理权。四、租赁合同中每次所收取的租金及保证金或因此投资而产生的一切收入、利润均由甲、乙双方委派代表陈某秀来处理,在扣应交日常费用后按比例分配,乙方收到分配后由乙方另行签字确认。

谭某、区某华确认,其二人已经按照前述三份协议的约定进行了实际出资。

合伙期间,由谭某负责缴纳租赁土地的租金,由区某华、陈某秀负责对合伙期间兴建的厂房及购买的厂房进行日常管理,并由区某华、陈某秀以其名义对外出租及收取租金。租金收取后,由区某华、陈某秀按照出资比例向谭某支付利润分配款,其中部分利润分配款的收据有列明租金明细并由谭某签收。目前,双方的合伙合同仍在履行。

诉讼中,区某华、陈某秀陈述,在合伙期间只有其自行制作的合伙日常收支的流水账,而没有形成谭某所主张的标准的会计账簿,也无法向谭某提供原始的会计凭证和银行流水记录。区某华、陈某秀为此提供了其自行制作的涉案合伙项目的总收益表、交付的土地租金明细表、已收租金明细表、现金收支日记账等资料。谭某对前述证据均不确认。

另查明,2004年5月26日,区某华与中山市古镇镇曹三村委会签订《曹三村佳福围高压线边用地租赁合同》,约定区某华租用中山市古镇镇曹三村委会位于地名佳福围共2 700平方米的土地,租金每年16 200元;租期期限不定,从2004年7月1日开始计算租金,至国家、政府、集体征用该土地时终止;租金每年分一期缴交。

2004年12月1日,区某华与中山市古镇镇曹三村股份经济联合社签订《工业用地租赁合同》,约定租用中山市古镇镇曹三村股份经济联合社位于中沙围的工业用地共1 668平方米,租期从2004年12月1日至2019年11月30日,租金每平方米每年租金18元,租金每年30 024元,以后每五年租金递增5%。

2008年9月27日,谭某与中山市古镇镇曹三村委会签订《曹三佳福围工业用地租赁合同E06、E07》,约定谭某租用中山市古镇镇曹三村委会位于地名佳福围工业区共4 908平方米的工业用地,租期从2002年5月1日至2022年4月30日;2002年5月1日至2007年4月30日每亩①租金12 000元,2007年5月1日至2012年4月30日每亩租金12 600元,2012年5月1日至2017年4月30日每亩租金13 200元,2017年5月1日至2022年4月30日每亩租金13 800元。同日,谭某、潘超华与中山市古镇镇曹三村委会签订《曹三佳福围工业用地租赁合同E08》,约定谭某、潘超华租用中山市古镇镇曹三村委会位于地名佳福围工业地共2 167平方米的工业用地,租期从2002年5月1日至2022年4月30日;2002年5月1日至2007年4月30日每亩租金12 000元,2007年5月1日至2012年4月30日每亩租金12 600元,2012年5月1日至2017年4月30日每亩租金13 200元,2017年5月1日至2022年4月30日每亩租金13 800元。

---

① 1亩≈666.67平方米。

2010年7月8日,谭某与中山市古镇镇曹三村民委员会签订《中山市古镇镇曹三村委会工业用地租赁合同》,约定租用中山市古镇镇曹三村委会位于中沙围的工业用地共1 668平方米,租期从2004年12月1日至2019年11月30日,租金每平方米每年租金18元,租金每年30 024元,以后每五年租金递增5%。

谭某与区某华、陈某秀确认前述《曹三村佳福围高压线边用地租赁合同》《工业用地租赁合同》到期后,以谭某的名义续签。

又查明,谭某与陈某秀系姐妹关系。区某华与陈某秀系夫妻关系,二人于1999年登记结婚。

一审法院认为,本案为涉澳合伙协议纠纷,应比照涉外案件进行处理。双方在协议中未约定准据法的适用,依照《中华人民共和国涉外民事关系法律适用法》第四十一条"当事人可以协议选择合同适用的法律。当事人没有选择的,适用履行义务最能体现该合同特征的一方当事人经常居所地法律或者其他与该合同有最密切联系的法律"的规定,涉案合伙合同履行地在内地,故内地的法律与涉案的合伙合同具有最密切的联系,故本案应适用内地法律作为解决本案争议的准据法。

区某华与谭某签订的协议虽名为合作协议,但从双方在协议书中对合作事项的具体实施、运作管理、利润分配等约定内容来看,实际上双方成立个人合伙关系。陈某秀非协议的当事人,其与谭某之间不成立个人合伙关系。本案中,谭某诉请区某华制备财务账簿和会计凭证,披露会计资料、租赁合同、银行流水等收入凭证等。首先,法律并无规定个人合伙的合伙人可通过诉讼要求查阅合伙账簿、财务资料及凭证等,双方之间对此也未作约定。其次,《中华人民共和国会计法》第二条规定"国家机关、社会团体、公司、企业、事业单位和其他组织必须依照本法办理会计事务",本案中,区某华与谭某之间的个人合伙关系显然不属于《中华人民共和国会计法》所调整的主体范畴,区某华无必须制备《中华人民共和国会计法》所规定的会计账簿及会计凭证的法定义务。最后,谭某未提供证据证明在与区某华合伙期间,双方有实际的会计账簿和会计凭证。因此,谭某的诉请缺乏事实和法律依据,不予支持。至于谭某主张其与区某华之间的个人合伙关系应参照《中华人民共和国合伙企业法》第二十八条"合伙人为了解合伙企业的经营状况和财务状况,有权查阅合伙企业会计账簿等财务资料"及《中华人民共和国公司法》第三十三条"股东有权查阅、复制公司章程、股东会会议记录、董事会会议决议、监事会会议决议和财务会计报告。股东可以要求查阅公司会计账簿"的规定执行,但区某华与谭某之间的个人合伙关系显然不符合《中华人民共和国合伙企业法》所规定的合伙企业及《中华人民共和国公司法》所规定的股东与公司之间的法律关系,故对谭某的主张不予采纳。

综上,依据《中华人民共和国涉外民事关系法律适用法》第四十一条,《中华人民共和国民法典》第九百六十七条,《中华人民共和国合伙企业法》第二条、第二十八条第二款,《中华人民共和国公司法》第三十三条,《中华人民共和国会计法》第二条,《中华人民共和国民事诉讼法》第六十七条规定，判决：驳回谭某的诉讼请求。案件受理费100元，减半收取50元，由谭某负担。

二审期间，当事人均未提交新证据。一审判决查明的事实清楚，本院予以确认。

本院认为，因谭某系澳门特别行政区永久性居民，故本案系涉澳合伙协议纠纷。因当事人一致同意适用内地法律，一审法院根据《中华人民共和国涉外民事关系法律适用法》第四十一条的规定，适用内地法律作为准据法正确，本院予以维持。民事诉讼二审应当围绕当事人的上诉请求进行审理，当事人没有提出请求的，本院不予审理。

针对双方的诉辩意见，本案的争议焦点是谭某的诉讼请求理据是否充分。首先，涉案三份合伙协议中虽有委托陈某秀处理合伙事务，但合伙协议的主体为谭某与区某华，并不包括陈某秀，谭某基于合伙关系向陈某秀提出的诉请，于法无据，本院不予支持。其次，区某华称合伙事务没有其他的财务账册，谭某亦未提交证据予以反驳。谭某与区某华属于个人合伙，双方在合伙协议中对于制备会计账簿和会计凭证、查阅合伙财务资料及凭证等合伙事务的具体执行没有作出约定，法律亦无规定个人合伙必须制备会计账簿和会计凭证或者个人合伙有权要求通过诉讼要求查阅合伙账簿、财务资料及凭证等，故谭某诉请区某华制备会计账本和会计凭证、披露与合伙事务有关的租赁合同及收取租金的银行流水记录的主张，缺乏理据，本院不予支持。

综上所述，谭某的上诉请求不能成立，应予驳回。一审判决认定事实清楚，适用法律正确，应予维持。依照《中华人民共和国民事诉讼法》第一百七十七条第一款第一项规定，判决如下：

驳回上诉，维持原判。

二审案件受理费100元（上诉人谭某已预交），由上诉人谭某负担。

本判决为终审判决。

审判长　　杨雪燕
审判员　　胡怡静
审判员　　张　荣
二〇二二年十一月一日
书记员　　吴淑贞

三、第三条

（一）法条原文

【2024年、2017年、1999年版本】

第三条　各单位必须依法设置会计账簿，并保证其真实、完整。

【1993年版本】

第四条 单位领导人领导会计机构、会计人员和其他人员执行本法，保证会计资料合法、真实、准确、完整，保障会计人员的职权不受侵犯。任何人不得对会计人员打击报复。

对认真执行本法，忠于职守，做出显著成绩的会计人员，给予精神的或者物质的奖励。

【1985年版本】

第四条 各地方、各部门、各单位的行政领导人领导会计机构、会计人员和其他人员执行本法，保障会计人员的职权不受侵犯。任何人不得对会计人员打击报复。

对认真执行本法，忠于职守，做出显著成绩的会计人员，给予精神的或者物质的奖励。

（二）法条释义

本条规定了会计账簿的设置义务及其基本要求。

《会计法》适用范围内的所有单位均有设置会计账簿的义务。会计账簿是单位以会计凭证为依据，由专门格式并以一定形式联结在一起的账页所组成的，对全部经济业务进行全面、系统、连续、分类地记录和核算的簿籍。会计账簿包括总账、明细账、日记账和其他辅助性账簿。

启用会计账簿时，应当在账簿封面上写明单位名称和账簿名称。在账簿扉页上应当附启用表，内容包括：启用日期、账簿页数、记账人员和会计机构负责人、会计主管人员姓名，并加盖名章和单位公章。记账人员或者会计机构负责人、会计主管人员调动工作时，应当注明交接日期、接办人员或者监交人员姓名，并由交接双方人员签名或者盖章。启用订本式账簿，应当从第一页到最后一页顺序编定页数，不得跳页、缺号。使用活页式账页，应当按账户顺序编号，并须定期装订成册。装订后再按实际使用的账页顺序编定页码。另加目录，记明每个账户的名称和页次。

《会计法》对会计账簿的基本要求是真实和完整。真实性要求各单位的会计核算应当以实际发生的经济业务为依据，按照规定的会计处理方法进行，保证会计指标的口径一致、相互可比和会计处理方法的前后各期相一致。完整性要求会计凭证、会计账簿、会计报表和其他会计资料的内容和要求必须符合国家统一会计制度的规定，不得伪造、变造会计凭证和会计账簿，不得设置账外账，不得报送虚假会计报表。

（三）相关条文

《中华人民共和国公司法》（2023年12月29日）

第二百零七条 公司应当依照法律、行政法规和国务院财政部门的规定建立本公司的财务、会计制度。

《中华人民共和国企业国有资产法》（2008年10月28日）

第十八条 国家出资企业应当依照法律、行政法规和国务院财政部门的规定，建立健全财务、会计制度，设置会计账簿，进行会计核算，依照法律、行政法规以及企业章程的规定向出资人提供真实、完整的财务、会计信息。

国家出资企业应当依照法律、行政法规以及企业章程的规定，向出资人分配利润。

《中华人民共和国民办教育促进法》（2018年12月29日）

第三十五条　民办学校应当依法建立财务、会计制度和资产管理制度，并按照国家有关规定设置会计账簿。

《中华人民共和国个人独资企业法》（1999年8月30日）

第二十一条　个人独资企业应当依法设置会计账簿，进行会计核算。

《中华人民共和国印花税法》（2021年6月10日）

第一条　在中华人民共和国境内书立应税凭证、进行证券交易的单位和个人，为印花税的纳税人，应当依照本法规定缴纳印花税。

在中华人民共和国境外书立在境内使用的应税凭证的单位和个人，应当依照本法规定缴纳印花税。

第二条　本法所称应税凭证，是指本法所附《印花税税目税率表》列明的合同、产权转移书据和营业账簿。

第三条　本法所称证券交易，是指转让在依法设立的证券交易所、国务院批准的其他全国性证券交易场所交易的股票和以股票为基础的存托凭证。

证券交易印花税对证券交易的出让方征收，不对受让方征收。

第四条　印花税的税目、税率，依照本法所附《印花税税目税率表》执行。

第五条　印花税的计税依据如下：

（一）应税合同的计税依据，为合同所列的金额，不包括列明的增值税税款；

（二）应税产权转移书据的计税依据，为产权转移书据所列的金额，不包括列明的增值税税款；

（三）应税营业账簿的计税依据，为账簿记载的实收资本（股本）、资本公积合计金额；

（四）证券交易的计税依据，为成交金额。

第六条　应税合同、产权转移书据未列明金额的，印花税的计税依据按照实际结算的金额确定。

计税依据按照前款规定仍不能确定的，按照书立合同、产权转移书据时的市场价格确定；依法应当执行政府定价或者政府指导价的，按照国家有关规定确定。

第七条　证券交易无转让价格的，按照办理过户登记手续时该证券前一个交易日收盘价计算确定计税依据；无收盘价的，按照证券面值计算确定计税依据。

第八条　印花税的应纳税额按照计税依据乘以适用税率计算。

第九条　同一应税凭证载有两个以上税目事项并分别列明金额的，按照各自适用的税目税率分别计算应纳税额；未分别列明金额的，从高适用税率。

第十条 同一应税凭证由两方以上当事人书立的,按照各自涉及的金额分别计算应纳税额。

第十一条 已缴纳印花税的营业账簿,以后年度记载的实收资本(股本)、资本公积合计金额比已缴纳印花税的实收资本(股本)、资本公积合计金额增加的,按照增加部分计算应纳税额。

第十二条 下列凭证免征印花税:

(一)应税凭证的副本或者抄本;

(二)依照法律规定应当予以免税的外国驻华使馆、领事馆和国际组织驻华代表机构为获得馆舍书立的应税凭证;

(三)中国人民解放军、中国人民武装警察部队书立的应税凭证;

(四)农民、家庭农场、农民专业合作社、农村集体经济组织、村民委员会购买农业生产资料或者销售农产品书立的买卖合同和农业保险合同;

(五)无息或者贴息借款合同、国际金融组织向中国提供优惠贷款书立的借款合同;

(六)财产所有权人将财产赠与政府、学校、社会福利机构、慈善组织书立的产权转移书据;

(七)非营利性医疗卫生机构采购药品或者卫生材料书立的买卖合同;

(八)个人与电子商务经营者订立的电子订单。

根据国民经济和社会发展的需要,国务院对居民住房需求保障、企业改制重组、破产、支持小型微型企业发展等情形可以规定减征或者免征印花税,报全国人民代表大会常务委员会备案。

第十三条 纳税人为单位的,应当向其机构所在地的主管税务机关申报缴纳印花税;纳税人为个人的,应当向应税凭证书立地或者纳税人居住地的主管税务机关申报缴纳印花税。

不动产产权发生转移的,纳税人应当向不动产所在地的主管税务机关申报缴纳印花税。

第十四条 纳税人为境外单位或者个人,在境内有代理人的,以其境内代理人为扣缴义务人;在境内没有代理人的,由纳税人自行申报缴纳印花税,具体办法由国务院税务主管部门规定。

证券登记结算机构为证券交易印花税的扣缴义务人,应当向其机构所在地的主管税务机关申报解缴税款以及银行结算的利息。

第十五条 印花税的纳税义务发生时间为纳税人书立应税凭证或者完成证券交易的当日。

证券交易印花税扣缴义务发生时间为证券交易完成的当日。

第十六条 印花税按季、按年或者按次计征。实行按季、按年计征的,纳税人应当自季度、年度终了之日起十五日内申报缴纳税款;实行按次计征的,纳税人应当自纳税义务发生之日起十五日内申报缴纳税款。

证券交易印花税按周解缴。证券交易印花税扣缴义务人应当自每周终了之日起五日内申报解缴税款以及银行结算的利息。

第十七条 印花税可以采用粘贴印花税票或者由税务机关依法开具其他完税凭证的方式缴纳。

印花税票粘贴在应税凭证上的，由纳税人在每枚税票的骑缝处盖戳注销或者画销。

印花税票由国务院税务主管部门监制。

第十八条 印花税由税务机关依照本法和《中华人民共和国税收征收管理法》的规定征收管理。

第十九条 纳税人、扣缴义务人和税务机关及其工作人员违反本法规定的，依照《中华人民共和国税收征收管理法》和有关法律、行政法规的规定追究法律责任。

第二十条 本法自 2022 年 7 月 1 日起施行。1988 年 8 月 6 日国务院发布的《中华人民共和国印花税暂行条例》同时废止。

附

印花税税目税率表

税目		税率	备注
合同（指书面合同）	借款合同	借款金额的万分之零点五	指银行业金融机构、经国务院银行业监督管理机构批准设立的其他金融机构与借款人（不包括同业拆借）的借款合同
	融资租赁合同	租金的万分之零点五	
	买卖合同	价款的万分之三	指动产买卖合同（不包括个人书立的动产买卖合同）
	承揽合同	报酬的万分之三	
	建设工程合同	价款的万分之三	
	运输合同	运输费用的万分之三	指货运合同和多式联运合同（不包括管道运输合同）
	技术合同	价款、报酬或者使用费的万分之三	不包括专利权、专有技术使用权转让书据
	租赁合同	租金的千分之一	
	保管合同	保管费的千分之一	
	仓储合同	仓储费的千分之一	
	财产保险合同	保险费的千分之一	不包括再保险合同
产权转移书据	土地使用权出让书据	价款的万分之五	转让包括买卖（出售）、继承、赠与、互换、分割
	土地使用权、房屋等建筑物和构筑物所有权转让书据（不包括土地承包经营权和土地经营权转移）	价款的万分之五	
	商标专用权、著作权、专利权、专有技术使用权转让书据	价款的万分之三	
营业账簿		实收资本（股本）、资本公积合计金额的万分之二点五	
证券交易		成交金额的千分之一	

《外国企业常驻代表机构登记管理条例》(2024年3月10日)

第七条 代表机构应当依法设置会计账簿,真实记载外国企业经费拨付和代表机构费用收支情况,并置于代表机构驻在场所。

代表机构不得使用其他企业、组织或者个人的账户。

《企业财务会计报告条例》(2000年6月21日)

第三条 企业不得编制和对外提供虚假的或者隐瞒重要事实的财务会计报告。

企业负责人对本企业财务会计报告的真实性、完整性负责。

《中华人民共和国中外合作办学条例》(2019年3月2日)

第三十六条 中外合作办学机构应当依法建立健全财务、会计制度和资产管理制度,并按照国家有关规定设置会计账簿。

《中华人民共和国税收征收管理法实施细则》(2016年2月6日)

第二十二条 从事生产、经营的纳税人应当自领取营业执照或者发生纳税义务之日起15日内,按照国家有关规定设置账簿。

前款所称账簿,是指总账、明细账、日记账以及其他辅助性账簿。总账、日记账应当采用订本式。

第二十三条 生产、经营规模小又确无建账能力的纳税人,可以聘请经批准从事会计代理记账业务的专业机构或者财会人员代为建账和办理账务。

第二十九条 账簿、记账凭证、报表、完税凭证、发票、出口凭证以及其他有关涉税资料应当合法、真实、完整。

账簿、记账凭证、报表、完税凭证、发票、出口凭证以及其他有关涉税资料应当保存10年;但是,法律、行政法规另有规定的除外。

《外国商会管理暂行规定》(2013年12月7日)

第九条 外国商会应当在其办公地点设置会计账簿。会员缴纳的会费及按照外国商会章程规定取得的其他经费,应当用于该外国商会章程规定的各项开支,不得以任何名义付给会员或者汇出中国境外。

《著作权集体管理条例》(2013年12月7日)

第三十条 著作权集体管理组织应当依法建立财务、会计制度和资产管理制度,并按照国家有关规定设置会计账簿。

《中华人民共和国海关对出口加工区监管的暂行办法》(2011年1月8日)

第八条 区内企业应当依据《中华人民共和国会计法》及国家有关法律、法规的规定,设置符合海关监管要求的账簿、报表。凭合法、有效凭证记账并进行核算,记录本企业有关进、出加工区货物和物品的库存、转让、转移、销售、加工、使用和损耗等情况。

《保税区海关监管办法》(2011年1月8日)

第五条 在保税区内设立的企业(以下简称区内企业),应当向海关办理注册手续。

区内企业应当依照国家有关法律、行政法规的规定设置账簿、编制报表，凭合法、有效凭证记账并进行核算，记录有关进出保税区货物和物品的库存、转让、转移、销售、加工、使用和损耗等情况。

《公安机关人民警察内务条例》（2021年10月28日）

第一百五十九条　公安机关应当按照国家统一会计制度开展会计工作，依法设置会计账簿，并保证会计账簿的真实、完整。

审计部门应当按照内部审计工作规定，对财政收支、财务收支以及其他经济活动等财经管理情况组织实施审计。

《会计基础工作规范》（2019年3月14日）

第五十六条　各单位应当按照国家统一会计制度的规定和会计业务的需要设置会计账簿。会计账簿包括总账、明细账、日记账和其他辅助性账簿。

第五十七条　现金日记账和银行存款日记账必须采用订本式账簿。不得用银行对账单或者其他方法代替日记账。

第五十八条　实行会计电算化的单位，用计算机打印的会计账簿必须连续编号，经审核无误后装订成册，并由记账人员和会计机构负责人、会计主管人员签字或者盖章。

第五十九条　启用会计账簿时，应当在账簿封面上写明单位名称和账簿名称。在账簿扉页上应当附启用表，内容包括：启用日期、账簿页数、记账人员和会计机构负责人、会计主管人员姓名，并加盖名章和单位公章。记账人员或者会计机构负责人、会计主管人员调动工作时，应当注明交接日期、接办人员或者监交人员姓名，并由交接双方人员签名或者盖章。

启用订本式账簿，应当从第一页到最后一页顺序编定页数，不得跳页、缺号。使用活页式账页，应当按账户顺序编号，并须定期装订成册。装订后再按实际使用的账页顺序编定页码。另加目录，记明每个账户的名称和页次。

第六十条　会计人员应当根据审核无误的会计凭证登记会计账簿。登记账簿的基本要求是：

（一）登记会计账簿时，应当将会计凭证日期、编号、业务内容摘要、金额和其他有关资料逐项记入账内，做到数字准确、摘要清楚、登记及时、字迹工整。

（二）登记完毕后，要在记账凭证上签名或者盖章，并注明已经登账的符号，表示已经记账。

（三）账簿中书写的文字和数字上面要留有适当空格，不要写满格；一般应占格距的二分之一。

（四）登记账簿要用蓝黑墨水或者碳素墨水书写，不得使用圆珠笔（银行的复写账簿除外）或者铅笔书写。

（五）下列情况，可以用红色墨水记账：

1. 按照红字冲账的记账凭证，冲销错误记录；

2. 在不设借贷等栏的多栏式账页中，登记减少数；

3. 在三栏式账户的余额栏前，如未印明余额方向的，在余额栏内登记负数余额；

4. 根据国家统一会计制度的规定可以用红字登记的其他会计记录。

（六）各种账簿按页次顺序连续登记，不得跳行、隔页。如果发生跳行、隔页，应当将空行、空页划线注销，或者注明"此行空白""此页空白"字样，并由记账人员签名或者盖章。

（七）凡需要结出余额的账户，结出余额后，应当在"借或贷"等栏内写明"借"或者"贷"等字样。没有余额的账户，应当在"借或贷"等栏内写"平"字，并在余额栏内用"Q"表示。

现金日记账和银行存款日记账必须逐日结出余额。

（八）每一账页登记完毕结转下页时，应当结出本页合计数及余额，写在本页最后一行和下页第一行有关栏内，并在摘要栏内注明"过次页"和"承前页"字样；也可以将本页合计数及金额只写在下页第一行有关栏内，并在摘要栏内注明"承前页"字样。

对需要结计本月发生额的账户，结计"过次页"的本页合计数应当为自本月初起至本页末止的发生额合计数；对需要结计本年累计发生额的账户，结计"过次页"的本页合计数应当为自年初起至本页末止的累计数；对既不需要结计本月发生额也不需要结计本年累计发生额的账户，可以只将每页末的余额结转次页。

第六十一条 账簿记录发生错误，不准涂改、挖补、刮擦或者用药水消除字迹，不准重新抄写，必须按照下列方法进行更正：

（一）登记账簿时发生错误，应当将错误的文字或者数字划红线注销，但必须使原有字迹仍可辨认；然后在划线上方填写正确的文字或者数字，并由记账人员在更正处盖章。对于错误的数字，应当全部划红线更正，不得只更正其中的错误数字。对于文字错误，可只划去错误的部分。

（二）由于记账凭证错误而使账簿记录发生错误，应当按更正的记账凭证登记账簿。

第六十二条 各单位应当定期对会计账簿记录的有关数字与库存实物、货币资金、有价证券、往来单位或者个人等进行相互核对，保证账证相符、账账相符、账实相符。对账工作每年至少进行一次。

（一）账证核对。核对会计账簿记录与原始凭证、记账凭证的时间、凭证字号、内容、金额是否一致，记账方向是否相符。

（二）账账核对。核对不同会计账簿之间的账簿记录是否相符，包括：总账有关账户的余额核对，总账与明细账核对，总账与日记账核对，会计部门的财产物资明细账与财产物资保管和使用部门的有关明细账核对等。

（三）账实核对。核对会计账簿记录与财产等实有数额是否相符。包括：现金日记账账面余额与现金实际库存数相核对；银行存款日记账账面余额定期与银行对账单相核对；各种财物明细账账面余额与财物实存数额相核对；各种应收、应付款明细账账面余额与有关债务、债权单位或者个人核对等。

第六十三条　各单位应当按照规定定期结账。

（一）结账前，必须将本期内所发生的各项经济业务全部登记入账。

（二）结账时，应当结出每个账户的期末余额。需要结出当月发生额的，应当在摘要栏内注明"本月合计"字样，并在下面通栏划单红线。需要结出本年累计发生额的，应当在摘要栏内注明"本年累计"字样，并在下面通栏划单红线；12月末的"本年累计"就是全年累计发生额。全年累计发生额下面应当通栏划双红线。年度终了结账时，所有总账账户都应当结出全年发生额和年末余额。

（三）年度终了，要把各账户的余额结转到下一会计年度，并在摘要栏注明"结转下年"字样；在下一会计年度新建有关会计账簿的第一行余额栏内填写上年结转的余额，并在摘要栏注明"上年结转"字样。

（四）典型案例

中华人民共和国最高人民法院
民事裁定书①

〔2019〕最高法民申 6426 号

再审申请人（一审被告、反诉原告，二审上诉人）：合肥隆昊房地产投资有限公司。

住所地：安徽省合肥市新站区砀山路北星火路昊天园小区 16 号楼底商铺。

法定代表人：李某选，该公司董事长。

委托诉讼代理人：程秋生，安徽汉合律师事务所律师。

委托诉讼代理人：洪新元，安徽汉合律师事务所实习律师。

被申请人（一审原告、反诉被告，二审上诉人）：合肥城市建设综合开发集团有限责任公司。

住所地：安徽省合肥市新站区康城水云间 2 号商办用房。

法定代表人：魏某，该公司董事长。

再审申请人合肥隆昊房地产投资有限公司（以下简称隆昊公司）因与被申请人合肥城市建设综合开发集团有限责任公司（以下简称城建公司）项目转让合同纠纷一

---

① 资料来源：中国裁判文书网 https://wenshu.court.gov.cn。

第一章 总 则

案,不服安徽省高级人民法院(以下简称二审法院)〔2019〕皖民终2号民事判决(以下简称二审判决),向本院申请再审。本院立案受理后,依法组成合议庭审理了本案,现已审查终结。

隆昊公司申请再审称,(一)城建公司未充分举证证明返还完税保证金的条件成立,一审、二审法院未驳回其诉讼请求,属适用法律错误。1.城建公司交付隆昊公司的1 000万元完税保证金,性质是完税保证金,具有担保性质,属于质押金。在涉案项目企业所得税汇算清缴完毕之前,隆昊公司无需返还该保证金。2.根据"谁主张谁举证"原则,城建公司应当就保证金返还条件已成就承担举证责任,一审、二审判决将完税保证金返还条件未成就的举证责任分配给隆昊公司,属举证责任分配错误。3.城建公司未充分举证证明完税保证金返还条件已成就,其主张返还完税保证金的主张不应得到支持。城建公司已支付营业税6 732 411.12元、土地交易印花税67 324.11元、土地使用税450 000元,除此之外,城建公司未充分举证证明其支付了其他如企业所得税、土地增值税等税款。城建公司提交的《土地增值税清算意见反馈书》《完税/免税审核通知单》和《税务处理决定书》均不足以证明保证金返还条件已成就。4.隆昊公司就完税保证金返还问题作出过两次承诺,该两次承诺未能兑现,不能视为保证金返还条件已成就。隆昊公司就保证金返还作的两次承诺均有前置条件,事实上,该两次承诺中的前置条件自始至终未成就,且未成就的责任不可归责于隆昊公司,因此隆昊公司不应承担该两次承诺未兑现的责任,无需返还保证金。5.涉税问题专业性强,涉案项目税务问题应当委托第三方专门机构出具专业意见,一审、二审法院对隆昊公司申请对涉案税务问题进行司法鉴定不予准许,属程序违法,剥夺了当事人申请鉴定的权利。(二)隆昊公司已充分举证证明其为涉案项目缴纳了企业所得税及相关滞纳金,二审法院对此未予确认,系认定事实错误。隆昊公司在二审期间,就涉案项目转让需要缴纳企业所得税和隆昊公司已实际缴纳企业所得税及相关滞纳金的事实进行了充分举证,相关证据已形成完整证据链,足以证明隆昊公司先后分三次为涉案项目转让缴纳了企业所得税款6 243 275.22元、滞纳金1 728 755.8元。1.二审法院未从证据效力和证明力角度,对国家税务总局合肥新站高新技术产业开发区税务局(以下简称新站高新区税务局)出具给隆昊公司的《回复函》和新站高新区税务局工作人员的证言进行审核和采信,明显不当。2.二审法院未对隆昊公司二审提交的2010年度至2013年度的企业所得税申报表、纳税凭证、滞纳金凭证等证据进行分析认证,对上述证据不予采信,显然违反了证据认证基本规则。3.二审判决认为隆昊公司因未收到涉案项目转让款而无需申报所得税,属认定错误,本案应当委托司法鉴定予以确认。经济利益属于企业经营风险,相关应收账款是否已实际收回,不影响当期收入确定。即便应收账款没有收回,企业仍然要将其纳入当期收入并据此申报企业所得税,不能因为应收账款无法收回而不将其纳入当期收入,从而不用申报该笔收入的应纳所得税款。(三)现有证据已充分证明涉案项目会计财务资料为城建公司所持有,一审、二审法院对此均未予以确认，系认定事实错误。安徽中税税务事务所于2011年12月13日出具的《专项审核报告》和城建公司分别于2011年12月12日和2012年2月22日出具的两份《承诺函》以及城建公司与隆昊公司于2012年12月27日达成的《会议纪要》，足以确认涉案项目财务资料为城建公司所持有。（四）一审、二审法官对确凿证据视而不见，曲解法律法规和相关规定，相关裁判人员的作为已涉嫌枉法裁判。综上，隆昊公司依据《中华人民共和国民事诉讼法》第二百条第二项、第六项、第九项、第十三项规定，向本院申请再审。

城建公司未提交书面意见。

本院经审查认为，根据隆昊公司的再审申请事实和理由，本案需要审查的问题为：一、隆昊公司所举证据是否足以证明其已缴纳了涉案项目企业所得税及相关滞纳金；二、隆昊公司向城建公司返还完税保证金的条件是否成就。

一、关于隆昊公司所举证据是否足以证明其已缴纳了涉案项目企业所得税及相关滞纳金的问题

隆昊公司提交的营业执照显示隆昊公司是在中国境内成立的中外合资有限责任公司，根据《中华人民共和国企业所得税法》第一条和第二条规定，隆昊公司属于企业所得税居民企业纳税人，是企业所得税法定的纳税主体。隆昊公司与城建公司于2012年12月27日达成的《会议纪要》约定，与涉案项目有关的税务由隆昊公司负责申报和缴税。根据该约定隆昊公司负有申报、缴纳涉案项目相关税金的义务。隆昊公司与城建公司于2009年12月18日签订《在建工程土地使用权转让协议》（以下简称《转让协议》），以及于2010年7月5日签订《在建工程土地使用权转让补充协议》（以下简称《补充协议》），将其所有的在建工程及土地使用权转让给城建公司，并由此获得相应对价。该转让行为产生的转让财产收入按照《中华人民共和国企业所得税法》第六条规定，依法应当计入企业每一纳税年度的收入总额，并依法缴纳相应的企业所得税。《中华人民共和国企业所得税法》第五条规定，企业每一纳税年度的收入总额，减除不征税收入、免税收入、各项扣除以及允许弥补的以前年度亏损后的余额，为应纳税所得额。该法第五十三条第一款规定，企业所得税按纳税年度计算。纳税年度自公历1月1日起至12月31日止。上述两条规定表明，计算企业应纳税所得额是按每一纳税年度计算，而非按企业具体交易项目计算。又根据《中华人民共和国企业所得税法》第五十四条规定，企业所得税是以企业向税务机关报送年度企业所得税纳税申报表为基础进行汇算清缴，并在报送企业所得税纳税申报表时，应当按照规定附送财务会计报告和其他有关资料。因此，隆昊公司作为企业所得税的法定纳税主体和年度企业所得税申报表和相关财务会计报告和其他有关资料的提供者，负有证明提交的年度企业所得税申报表已包含了涉案项目转让相关的企业所得税的举证责任。从隆昊公司提交的证据来看，仅能证明隆昊公司缴纳了纳税年度的相关企业所得税及相应的滞纳金，不足以证明隆昊公司就涉案项目转让缴纳了企业所得税。首先，隆昊公司提交的由新站

高新区税务局出具的《回复函》中明确载明无法提供隆昊公司单独项目的纳税证明,故该《回复函》不足以证明隆昊公司就涉案项目已交纳了企业所得税。二审期间,新站高新区税务局出庭人员马俊青的出庭证言与此前该税务局的书面回复意见不一致,且未进一步说明涉案项目企业所得税应纳税所得额和滞纳金的来源及依据,该税务局未根据二审法院要求进一步出具正式书面材料予以说明,因此马俊青的证人证言不足以推翻此前该税务局的书面回复意见,不足以证明隆昊公司已就涉案项目交纳了企业所得税。其次,关于隆昊公司提交的2010年度至2013年度的企业所得税申报表、纳税凭证、滞纳金凭证等证据。一方面,税务申报表上不能体现隆昊公司就涉案项目缴纳企业所得税的情况,另一方面,隆昊公司亦未提交与涉案项目有关的财务资料佐证企业所得税申报表中已包含涉案项目,因此隆昊公司提交的上述证据不足以证明缴纳的2010年度至2013年度的企业所得税中包含涉案项目应缴纳的企业所得税。关于隆昊公司主张与涉案项目相关的会计财务资料由城建公司持有的问题。一方面,隆昊公司该主张进一步印证隆昊公司在申报、交纳2010年度至2013年度的企业所得税过程中并未提交与涉案项目有关的会计财务资料;另一方面,隆昊公司与城建公司签订《转让协议》及《补充协议》转让涉案项目,属于对公司资产的重要处置行为,根据《中华人民共和国会计法》第三条的规定,隆昊公司应对涉案项目依法设置会计账簿,并保证其真实、完整,这属于隆昊公司的法定义务。隆昊公司主张安徽中税税务师事务所出具的《专项审核报告》和城建公司于2011年12月12日、2012年2月22日出具的两份《承诺函》以及隆昊公司与城建公司2012年12月27日达成的《会议纪要》三份证据足以证明涉案项目相关的会计财务资料由城建公司持有,因该第三方持有的资料不能替代隆昊公司应履行的依法设置会计账簿的法定义务,而且该三份证据针对的均是城建公司应提供合规的发票问题,并非针对涉案项目全部会计财务资料。据此,一审、二审判决对隆昊公司该主张不予认可并无不妥。最后,因隆昊公司未能提供记载转让涉案项目收入的财务报表及相关记账凭证等财务资料,因此审计隆昊公司就涉案项目企业所得税应纳税额缺乏基础材料,一审、二审认为其申请鉴定事项不具备鉴定条件,未予准许其鉴定申请并无不妥。

二、关于隆昊公司向城建公司返还完税保证金的条件是否成就的问题

根据一二审查明事实,隆昊公司于2011年4月8日向城建公司出具《承诺函》,承诺在税务机关出具涉案项目《完税证明》后十日内退还完税保证金。2011年8月9日城建公司向隆昊公司出具的《承诺函》同意隆昊公司上述承诺内容。该两份《承诺函》内容表明,隆昊公司与城建公司就退还完税保证金达成一致意见,即返还的条件为税务主管部门出具《完税证明》,返还时间为《完税证明》出具后十日内。而实际上,企业所得税按纳税年度计算,并非以企业单个交易项目进行计算。因此,本案事实上无法就涉案项目纳税情况取得相应的《完税证明》。2012年12月27日隆昊公司与城建公司达成的《会议纪要》约定,由隆昊公司于2013年1月对涉案项目相关税务

进行税务申报、缴税及退还剩余保证金事宜，表明双方已明确由隆昊公司履行涉案项目申报税务、缴税义务。此种情形下，涉案项目是否完成企业所得税缴纳取决于隆昊公司是否履行税务申报和缴税义务，退还保证金的条件能否成就亦取决于隆昊公司是否履行上述申报和缴税义务。隆昊公司主张城建公司应当承担就退还完税保证金条件已成就的举证责任的主张，与双方对涉案项目相关税务进行税务申报、缴税及退还剩余保证金事宜的约定并不相符。本案中，隆昊公司主张其已就涉案项目申报并缴纳相应的企业所得税，但未提交充分证据证明，隆昊公司亦未能举证证明涉案项目仍存在税务风险，且自2013年至今已超过6年，综合上述情形二审判决判令隆昊公司返还剩余保证金，并无不当，隆昊公司的相关申请理由不能成立。

另外，《中华人民共和国民事诉讼法》第二百条第十三项规定的审判人员审理案件时有贪污受贿，徇私舞弊，枉法裁判行为，是指已经由生效的刑事法律文书或者纪律处分决定所确认的行为。本案中，隆昊公司仅以自身主观认识主张一二审法官涉嫌枉法裁判，并未提交相应的刑事法律文书或者纪律处分决定书予以证明，因此隆昊公司的相关申请理由不能成立。

综上，隆昊公司的再审申请不符合《中华人民共和国民事诉讼法》第二百条第二项、第六项、第九项、第十三项的规定情形，本院依照《中华人民共和国民事诉讼法》第二百零四条第一款，《最高人民法院关于适用〈中华人民共和国民事诉讼法〉的解释》第三百九十五条第二款之规定，裁定如下：

驳回合肥隆昊房地产投资有限公司的再审申请。

审判长　朱　燕
审判员　李相波
审判员　方　芳
二〇一九年十二月三十一日
法官助理　陈其庆
书记员　王　悦

四、第四条

（一）法条原文

【2024年、2017年、1999年版本】

第四条　单位负责人对本单位的会计工作和会计资料的真实性、完整性负责。

【1993年版本】

第四条　单位领导人领导会计机构、会计人员和其他人员执行本法，保证会计资料合法、真实、准确、完整，保障会计人员的职权不受侵犯。任何人不得对会计人员打击报复。

对认真执行本法，忠于职守，做出显著成绩的会计人员，给予精神的或者物质的奖励。

【1985 年版本】

第四条 各地方、各部门、各单位的行政领导人领导会计机构、会计人员和其他人员执行本法，保障会计人员的职权不受侵犯。任何人不得对会计人员打击报复。

对认真执行本法，忠于职守，做出显著成绩的会计人员，给予精神的或者物质的奖励。

（二）法条释义

本条规定了单位负责人的会计义务。

单位负责人作为单位的主要领导应当对单位会计工作和会计资料的真实性和完整性负责，也就是说，如果单位的会计工作和会计资料不符合真实性和完整性的要求，单位负责人就是第一责任人。

单位负责人是指单位法定代表人或者法律、行政法规规定代表单位行使职权的主要负责人，如国有工业企业的厂长经理，公司制企业的法定代表人（董事长、经理等）、国家机关的最高行政官员、代表合伙企业执行合伙企业事务的合伙人、个人独资企业的投资人等。

单位负责人并非会计人员，也不具体负责会计核算与会计报表的编制，但其对会计工作负有领导责任，应当通过相应的内部管理制度以及外部审计制度等确保其单位会计工作和会计资料的真实性与完整性。

（三）相关条文

《中华人民共和国民法典》(2021 年 1 月 1 日)

第六十一条 依照法律或者法人章程的规定，代表法人从事民事活动的负责人，为法人的法定代表人。

法定代表人以法人名义从事的民事活动，其法律后果由法人承受。

法人章程或者法人权力机构对法定代表人代表权的限制，不得对抗善意相对人。

第六十二条 法定代表人因执行职务造成他人损害的，由法人承担民事责任。

法人承担民事责任后，依照法律或者法人章程的规定，可以向有过错的法定代表人追偿。

第八十一条 营利法人应当设执行机构。

执行机构行使召集权力机构会议，决定法人的经营计划和投资方案，决定法人内部管理机构的设置，以及法人章程规定的其他职权。

执行机构为董事会或者执行董事的，董事长、执行董事或者经理按照法人章程的规定担任法定代表人；未设董事会或者执行董事的，法人章程规定的主要负责人为其执行机构和法定代表人。

第九十一条　设立社会团体法人应当依法制定法人章程。

社会团体法人应当设会员大会或者会员代表大会等权力机构。

社会团体法人应当设理事会等执行机构。理事长或者会长等负责人按照法人章程的规定担任法定代表人。

第九十三条　设立捐助法人应当依法制定法人章程。

捐助法人应当设理事会、民主管理组织等决策机构，并设执行机构。理事长等负责人按照法人章程的规定担任法定代表人。

捐助法人应当设监事会等监督机构。

第一百零五条　非法人组织可以确定一人或者数人代表该组织从事民事活动。

《中华人民共和国公司法》（2023年12月29日）

第十条　公司的法定代表人按照公司章程的规定，由代表公司执行公司事务的董事或者经理担任。

担任法定代表人的董事或者经理辞任的，视为同时辞去法定代表人。

法定代表人辞任的，公司应当在法定代表人辞任之日起三十日内确定新的法定代表人。

第十一条　法定代表人以公司名义从事的民事活动，其法律后果由公司承受。

公司章程或者股东会对法定代表人职权的限制，不得对抗善意相对人。

法定代表人因执行职务造成他人损害的，由公司承担民事责任。公司承担民事责任后，依照法律或者公司章程的规定，可以向有过错的法定代表人追偿。

《企业财务会计报告条例》（2000年6月21日）

第三条　企业不得编制和对外提供虚假的或者隐瞒重要事实的财务会计报告。

企业负责人对本企业财务会计报告的真实性、完整性负责。

《中华人民共和国税收征收管理法实施细则》（2016年2月6日）

第二十九条　账簿、记账凭证、报表、完税凭证、发票、出口凭证以及其他有关涉税资料应当合法、真实、完整。

账簿、记账凭证、报表、完税凭证、发票、出口凭证以及其他有关涉税资料应当保存10年；但是，法律、行政法规另有规定的除外。

《会计基础工作规范》（2019年3月14日）

第四条　单位领导人对本单位的会计基础工作负有领导责任。

五、第五条

（一）法条原文

【2024 年版本】

第五条　会计机构、会计人员依照本法规定进行会计核算，实行会计监督。

任何单位或者个人不得以任何方式授意、指使、强令会计机构、会计人员伪造、变造会计凭证、会计账簿和其他会计资料，提供虚假财务会计报告。

任何单位或者个人不得对依法履行职责、抵制违反本法规定行为的会计人员实行打击报复。

【2017 年、1999 年版本】

第五条　会计机构、会计人员依照本法规定进行会计核算，实行会计监督。

任何单位或者个人不得以任何方式授意、指使、强令会计机构、会计人员伪造、变造会计凭证、会计帐簿和其他会计资料，提供虚假财务会计报告。

任何单位或者个人不得对依法履行职责、抵制违反本法规定行为的会计人员实行打击报复。

【1993 年版本】

第三条　会计机构、会计人员必须遵守法律、法规，按照本法规定办理会计事务，进行会计核算，实行会计监督。

第四条　单位领导人领导会计机构、会计人员和其他人员执行本法，保证会计资料合法、真实、准确、完整，保障会计人员的职权不受侵犯。任何人不得对会计人员打击报复。

对认真执行本法，忠于职守，做出显著成绩的会计人员，给予精神的或者物质的奖励。

【1985 年版本】

第三条　会计机构、会计人员必须遵守法律、法规，按照本法规定办理会计事务，进行会计核算，实行会计监督。

第四条　各地方、各部门、各单位的行政领导人领导会计机构、会计人员和其他人员执行本法，保障会计人员的职权不受侵犯。任何人不得对会计人员打击报复。

对认真执行本法，忠于职守，做出显著成绩的会计人员，给予精神的或者物质的奖励。

（二）法条释义

本条规定了单位会计机构、会计人员依法履行职责的义务。

会计机构、会计人员的基本职责是依法进行会计核算，通过会计核算进行会计监督。会计机构、会计人员进行会计核算的基本依据是客观发生的经济事实及其相关凭据。

上级单位以及其他单位、上级单位、其他单位以及本单位的任何领导均不得以直接或者间接的方式默认允许、要求或者强制要求会计机构、会计人员凭空制作虚假的会计凭证、会计账簿和其他会计资料，或者在真实的会计凭证、会计账簿和其他会计资料的基础上对部分内容进行篡改，也不能以直接或者间接的方式默认允许、要求或者强制要求会计机构、会计人员提供与会计凭证、会计账簿和其他会计资料不符的虚假财务会计报告或者依据变造、伪造的会计凭证、会计账簿和其他会计资料编制的财务会计报告。

会计人员如果遇到上述情形，应当予以拒绝和抵制，任何单位或者个人不得对依法履行职责、抵制违反会计法规定行为的会计人员实行打击报复。打击报复的具体形式不限，包括降低工资待遇、调离工作岗位、提前解除劳动合同、给予纪律处分等。

（三）相关条文

《宗教活动场所财务管理办法》（2022年2月11日）

第一条　为了规范宗教活动场所的财务行为，加强宗教活动场所的财务管理，维护宗教活动场所和信教公民的合法权益，根据《中华人民共和国会计法》《宗教事务条例》等有关规定，制定本办法。

第二条　本办法所称宗教活动场所，是指按照《宗教事务条例》等规定登记的寺院、宫观、清真寺、教堂和其他固定宗教活动处所。

第三条　宗教活动场所财务管理应当坚持依法依规、真实完整、安全有效的原则。

第四条　宗教活动场所应当建立健全内部财务管理制度。宗教活动场所内部财务管理制度应当报为其办理宗教活动场所登记的宗教事务部门（以下称登记管理机关）备案。

第五条　宗教活动场所财务管理主要包括下列任务：

（一）建立、健全内部财务管理制度，对本场所的财务活动进行管理和监督；

（二）进行会计核算处理，编制财务会计报告，实施财务公开，如实反映本场所财务状况；

（三）合理编制预算，统筹安排、节约使用资金，保障本场所正常运转；

（四）规范本场所收支管理，严格审批程序；

（五）规范本场所资产管理，防止资产流失，维护合法权益。

第六条　宗教活动场所的合法财产、收益受法律保护，任何组织或者个人不得侵占、哄抢、私分、损毁或者非法查封、扣押、冻结、没收、处分。

第七条　宗教事务部门、财政部门依法对宗教活动场所的财务管理进行指导和监督。

（四）典型案例

湖南省高级人民法院
执行裁定书[①]

〔2017〕湘执监 377 号

申诉人（追加被执行人）黄某乐，女，1960 年 4 月 27 日出生，汉族。

委托代理人王成平，湖南普特律师事务所律师。

申请执行人湖南华厦建筑有限责任公司。

法定代表人余某华，该公司董事长。

被执行人常德市湘芙蓉食品有限公司。

法定代表人黄某乐，该公司董事长。

追加被执行人郑某毛，男，1960 年 10 月 19 日出生，汉族。

追加被执行人湖南赢联中小企业创业投资集团有限公司。

法定代表人冯某，该公司董事长。

申诉人黄某乐不服湖南省常德市中级人民法院〔2016〕湘 07 执复 4 号执行裁定，向本院申诉。本院受理后，依法组成合议庭进行了审查。现已审查终结。

常德市中级人民法院查明，常德市武陵区人民法院在执行〔2009〕武民初字第 1347 号民事判决中，依申请执行人湖南华厦建筑有限责任公司（以下简称华厦公司）的申请，于 2012 年 6 月 18 日作出〔2009〕武执字第 473-1 号执行裁定，追加湖南赢联中小企业创业投资集团有限公司（以下简称赢联公司）、黄某乐、郑某毛为本案执行人，赢联公司、黄某乐、郑某毛对本案债务相互承担连带责任。

赢联公司、黄某乐、郑某毛提出执行异议，2013 年 4 月 16 日，常德市武陵区人民法院作出〔2013〕武执异字第 5 号执行裁定，撤销该院〔2009〕武执字第 473-1 号执行裁定，追加赢联公司为被执行人；驳回华厦公司要求追加黄某乐、郑某毛为被执行人的申请。常德市中级人民法院于 2013 年 6 月 13 日以〔2013〕常执复字第 7 号函，要求执行法院重新审查该案。执行法院于 2013 年 12 月 19 日作出〔2013〕武执异字第 00005-2 号执行裁定，维持该院〔2013〕武执异字第 5 号执行裁定；驳回华厦公司要求撤销〔2013〕武执异字第 5 号执行裁定书的申请。华厦公司对该裁定不服，向常德市中级人民法院申请复议。常德市中级人民法院于 2014 年 3 月 31 日以〔2014〕常执复字第 1 号函，再次要求执行法院对该案重新审查。

执行法院经审查查明，2008 年 4 月 1 日，黄某乐、郑某毛向被执行人常德市湘芙蓉食品有限公司（以下简称湘芙蓉公司）增资 390 万元。2009 年 6 月 16 日及 2009 年 8

[①] 资料来源：中国裁判文书网 https://wenshu.court.gov.cn。

月14日，黄某乐、郑某毛与赢联公司签订股权转让协议，将黄某乐、郑某毛分别持有的湘芙蓉公司百分之五十和百分之三十的股权转让给赢联公司，并办理了相关的工商变更登记。2008年3月21日，湘芙蓉公司与湖南天泽农业发展有限公司（以下简称天泽公司）签订《粮食购销合同》一份，合同约定天泽公司向湘芙蓉公司出售价值390万元的粮食，交货日期为2008年4月1日至4月5日，该合同加盖双方公司的印章。

执行法院另查明，湘芙蓉公司成立于2006年8月16日，注册资金为1 000万元，最后年检日期为2010年4月8日。被执行人湘芙蓉公司于2012年11月26日被常德市工商行政管理局吊销营业执照，但湘芙蓉公司在公司营业执照吊销后未进行清算。

执行法院认为，黄某乐、郑某毛作为被执行人湘芙蓉公司的股东，于2008年4月1日向被执行人公司履行了增资390万元的义务，虽于2008年4月2日将该款转入第三人天泽公司，但该转款的行为系被执行人向第三人购买粮食后的支付对价行为，不能认定为黄某乐、郑某毛的抽逃出资行为。本案听证过程中出现两个版本的《粮食购销合同》，一个加盖双方公司的印章，一个没有加盖，根据相关法律规定，在不能确认两个合同均为虚假证据的情况下，选择将有双方加盖印章的合同作为定案依据并无不当。本案中黄某乐、郑某毛作为被执行人的股东，既无虚假出资或抽逃出资的行为，又未无偿接受被执行人的资产，将其二人追加被执行人缺乏事实及法律依据。另外赢联公司与黄某乐、郑某毛签订的《股权转让协议》系双方的真实意思表示，不存在违反法律规定的情形，双方已办理相关的变更手续，因此认定赢联公司为被执行人的股东并无不当。赢联公司虽为被执行人公司的股东之一，但并无证据证明向被执行人公司履行了出资义务。因此，原裁定追加赢联公司为案件被执行人符合相关法律规定。据此，常德市武陵区人民法院于2015年5月19日作出〔2013〕武执异字第00005-3号执行裁定裁定，维持该院作出的〔2013〕武执异字第00005-2号执行裁定。

华厦公司不服该裁定，向常德市中级人民法院申请复议。

常德市中级人民法院认为，《最高人民法院关于依法制裁规避执行行为的若干意见》第20条规定，有充分证据证明被执行人通过离婚析产、不依法清算、改制重组、关联交易、财产混同等方式恶意转移财产规避执行的，执行法院可以通过依法变更追加被执行人或者告知申请执行人通过诉讼程序追回被转移的财产。被执行人湘芙蓉公司于2012年11月26日被工商行政管理部门吊销营业执照，但在法律规定的期限内公司股东未依法组织清算，清理债权债务，损害债权人利益。因此，对申请人华厦公司提出追加湘芙蓉公司股东黄某乐、郑某毛、赢联公司为本案被执行人的请求，该院予以支持。据此，依照《中华人民共和国民事诉讼法》第二百二十五条和《最高人民法院关于人民法院办理执行异议和复议案件若干问题的规定》第二十三条第一款（二）项的规定，裁定撤销常德市武陵区人民法院〔2013〕武执异字第00005-3号、〔2013〕武执异字第00005-2号、〔2013〕武执异字第5号执行裁定；维持常德市武陵区人民法院〔2009〕武执字第473-1号执行裁定。

黄某乐申诉称，股东自行清算与人民法院指定清算都属于公司法规定的清算方式。常德市中级人民法院〔2016〕湘07执复4号执行裁定书仅凭"在法律规定的期限内公司股东未依法组织清算"就认定湘芙蓉公司不依法清算，要求公司股东对公司债务承担连带责任。根据华厦公司的申请，经常德市中级人民法院裁定并指定清算人，湘芙蓉公司于2014年12月31日已依法清算完毕。〔2016〕湘07执复4号执行裁定认定基本事实和适用法律错误。请求撤销常德市中级人民法院〔2016〕湘07执复4号执行裁定，维持常德市武陵区人民法院〔2013〕武执异字第00005-3号执行裁定。

本院查明，2014年8月13日，华厦公司以湘芙蓉公司已被吊销营业执照，公司已经解散，但未依法自行组织清算为由向常德市中级人民法院申请指定组成清算组对其进行清算。常德市中级人民法院于2014年9月19日以〔2014〕常中法清（预）字第1号民事裁定受理，指定常德市新希望清算事务所有限公司组成清算组清算。经清算和补充清算，清算组于2017年7月31日以湘芙蓉公司会计资料不全，无法全面清算为由申请常德市中级人民法院终结清算程序。

常德市中级人民法院经审查，于2017年8月15日作出〔2014〕常中法清（算）字第1号民事裁定。该裁定认为，湘芙蓉公司存续期间为2006年8月16日至2012年11月26日，不论正常经营与否，都应当有完整的会计资料。现湘芙蓉公司不仅欠缺2008年以前的会计资料，也欠缺2010年以后的会计资料，清算组无法全面清算。《中华人民共和国公司法》第一百六十三条规定"公司应当依照法律、行政法规和国务院财政部门的规定建立本公司的财务、会计制度。"第一百六十四条规定"公司应当在每一会计年度终了时编制财务会计报告，并依法经会计师事务所审计。财务会计报告应当依照法律、行政法规和国务院财政部门的规定制作。"《中华人民共和国会计法》第四条规定"单位负责人对本单位的会计工作和会计资料的真实性、完整性负责。"湘芙蓉公司欠缺2008年以前的会计资料，虽然事出有因，但并不能因此免除湘芙蓉公司负责人对会计工作和会计资料的真实性、完整性负责的法律责任；2010年以后，湘芙蓉公司虽未正常营业，但仍应按规定设置、保管相应的会计资料、账簿，缺少2010年以后的会计资料，责任全在湘芙蓉公司。黄某乐向清算组移交的"借条"等，虽属会计资料，但不完整，不能全面反映湘芙蓉公司的经营情况。湘芙蓉公司因账册不全，本案应以公司无法全面清算的事实终结清算程序。湘芙蓉公司的债权人可以另行依照《最高人民法院关于适用〈中华人民共和国公司法〉若干问题的规定（二）》第十八条规定进行救济。依照《中华人民共和国民事诉讼法》第一百五十四条第一款第十一项规定，裁定终结湘芙蓉公司清算程序。

本院经审查认为，《最高人民法院关于适用〈中华人民共和国公司法〉若干问题的规定（二）》第十八条规定，有限责任公司的股东、股份有限公司的董事和控股股东未在法定期限内成立清算组开始清算，导致公司财产贬值、流失、毁损或者灭失，债权人主张其在造成损失范围内对公司债务承担赔偿责任的，人民法院应依法予以支持。

有限责任公司的股东、股份有限公司的董事和控股股东因怠于履行义务，导致公司主要财产、账册、重要文件等灭失，无法进行清算，债权人主张其对公司债务承担连带清偿责任的，人民法院应依法予以支持。上述情形系实际控制人原因造成，债权人主张实际控制人对公司债务承担相应民事责任的，人民法院应依法予以支持。

在本案执行过程中，被执行人湘芙蓉公司被工商行政管理部门吊销营业执照，公司股东在法律规定的期限内未依法组织清算，清理债权债务，损害了债权人利益。经债权人华厦公司申请，常德市中级人民法院依法指定组成清算组对湘芙蓉公司进行清算，因湘芙蓉公司会计资料不全，无法全面清算，裁定终结清算程序。华厦公司追加湘芙蓉公司股东黄某乐、郑某毛、赢联公司为本案被执行人的请求，符合《最高人民法院关于适用〈中华人民共和国公司法〉若干问题的规定（二）》第十八条的规定，人民法院应予支持。

综上，黄某乐的申诉理由不能成立。依照《最高人民法院关于人民法院执行工作若干问题的规定（试行）》第129条、《最高人民法院关于执行案件立案、结案若干问题的意见》第二十六条之规定，裁定如下：

驳回黄某乐的申诉请求。

审判长　刘　震

审判员　周小辉

审判员　方湘平

二〇一七年十月十六日

书记员　刘宇丹

六、第六条

（一）法条原文

【2024年、2017年、1999年版本】

第六条　对认真执行本法，忠于职守，坚持原则，做出显著成绩的会计人员，给予精神的或者物质的奖励。

【1993年版本】

第四条　单位领导人领导会计机构、会计人员和其他人员执行本法，保证会计资料合法、真实、准确、完整，保障会计人员的职权不受侵犯。任何人不得对会计人员打击报复。

对认真执行本法，忠于职守，做出显著成绩的会计人员，给予精神的或者物质的奖励。

【1985 年版本】

第四条 各地方、各部门、各单位的行政领导人领导会计机构、会计人员和其他人员执行本法，保障会计人员的职权不受侵犯。任何人不得对会计人员打击报复。

对认真执行本法，忠于职守，做出显著成绩的会计人员，给予精神的或者物质的奖励。

（二）法条释义

本条规定了对会计人员的奖励制度。

会计人员获得奖励的基本条件是认真执行会计法，忠于职守，坚持原则。对于"显著成绩"应当结合会计工作的特点进行理解，如成功抵制授意、指使、强令其伪造、变造会计凭证、会计账簿和其他会计资料，提供虚假财务会计报告的行为，避免了财务造假情况的出现，这就是显著成绩。会计人员的工作成绩也可能体现为避免单位大额经济损失或者大大提高单位的经济效益等方面。

对会计人员的奖励可以是精神的，如颁发奖状、评为优秀等，也可以是物质的，如提高工资、发放奖金或者奖品等，也可以是精神的和物质的相结合。对会计人员的奖励主要由其所在单位进行，相关行业协会、政府主管部门、上级单位等也可以对会计人员进行奖励。

（三）典型案例

浙江省金华市中级人民法院

行政判决书[①]

〔2020〕浙 07 行终 848 号

上诉人（原审原告）冯某方，男，1964 年 12 月 15 日出生，汉族，住义乌市。

被上诉人（原审被告）义乌市财政局，住所地义乌市丹溪北路 699 号。

法定代表人洪信强，局长。

出庭行政负责人吴小雁，副局长。

委托代理人徐允弟，该局工作人员。

委托代理人陈强，浙江星耀律师事务所律师。

冯某方诉义乌市财政局财政行政奖励行为一案，冯某方不服义乌市人民法院〔2019〕浙 0782 行初 382 号行政判决，向本院提起上诉。本院受理后依法组成合议庭进行了审理，并于 2020 年 9 月 23 日传唤各方当事人进行了调查询问。本案现已审理终结。

[①] 资料来源：中国裁判文书网 https://wenshu.court.gov.cn。

原审法院认定：2018年7月16日，被告义乌市财政局收到原告冯某方提交的恢复会计人员名誉、原有职务、级别申请书及所附材料：申请人身份信息、浙江地税410008验证码、劳动人事争议仲裁裁决书和税收违法行为检举查办结果反馈单，申请请求为：1.按照《中华人民共和国会计法》第四十六条中的规定恢复名誉、原有职务和级别；2.对玥珑莎公司、欧蒂公司分别进行行政处分；3.按照《中华人民共和国会计法》第六条给予精神或物质奖励。2018年7月17日，被义乌市告财政局作出关于"恢复会计人员名誉、原有职务、级别申请书"的答复，告知原告冯某方：一、您反映的情况系劳资纠纷，已经劳动部门仲裁，对仲裁结果不服，可以向人民法院提起诉讼。二、您反映的材料事实不清、证据不足，构不成《中华人民共和国会计法》第四十六条、第六条要件。原告冯某方不服该答复，向金华市财政局提起行政复议。2018年9月29日，金华市财政局作出〔2018〕金政集复字第63号行政复议决定书，认为：一、本案中，没有证据证明申请人（即原告）所在单位负责人实施了打击报复违法犯罪行为，申请人要求根据《中华人民共和国会计法》第四十六条"单位负责人对依法履行职责、抵制违反本法规定行为的会计人员以降级、撤职、调离工作岗位、解聘或者开除等方式实行打击报复，构成犯罪的，依法追究刑事责任；尚不构成犯罪的，由其所在单位或者有关单位依法给予行政处分。对受打击报复的会计人员，应当恢复其名誉和原有职务、级别"之规定，要求被申请人（即被告）对申请人原工作单位作出处分或对申请人"恢复名誉、原有职务、级别"等请求缺乏事实依据，本机关不予支持。二、申请人向被申请人反映相关违法线索属信访举报，其与被申请人对欧蒂公司、玥珑莎公司是否作出行政处分或处罚不存在直接利害关系。因此，申请人要求被申请人对欧蒂公司、玥珑莎公司进行行政处罚、处分的主张，也不属于行政复议范围。三、按照《中华人民共和国会计法》第六条"对认真执行本法，忠于职守，坚持原则，做出显著成绩的会计人员，给予精神的或者物质的奖励"之规定，被申请人作为申请人所在地财政主管部门，在收到申请人明确提出的奖励申请后，应当按照规定进行调查审核并予以回复。被申请人在未进行核查情况下，以申请人提出的违法线索事实不清、证据不足为由直接予以否定，对其奖励请求未予回应，显属未正确履行法定职责。"根据《中华人民共和国行政复议法》第二十八条第一款第（二）项及《中华人民共和国行政复议法实施条例》第四十八条第一款第（二）项之规定，决定如下：一、责令被申请人义乌市财政局在收到本决定书之日起60日内对申请人冯某方提出的奖励申请作出处理。二、驳回申请人冯某方提出的其他复议请求。2018年11月26日，被告义乌市财政局依据该复议决定书，对原告冯某方作出答复："一、基本情况。来信反映：'你与玥珑莎公司、欧蒂公司没有签订劳动合同，2016年9月至2017年1月期间主要负责工资、应收账款、应付账款的核算。该二单位的主要负责人张文荣、张见父子，为了达到不交税、少交税的目的，多次指使你虚假申报，你不肯积极配合。发生劳动纠纷之后，你于2017年7月4日向税务部门举报欧蒂公司偷漏税的行为,税务稽查部门对此进行了处理。'二、法律依据和相关规定。《中华人民共和国会计法》第六条:'对认真执行本法,忠于职守,坚持原则,做出显著成绩的会计人员,给予精神的或者物质的奖励。'按照此规定,'给予精神的或者物质的奖励'的前提是'对认真执行本法,忠于职守,坚持原则,做出显著成绩的会计人员。'根据《浙江省财政厅关于开展浙江省先进会计工作者评选工作的通知》(浙财会〔2018〕27号)文件规定,评选先进会计工作者的条件为:'热爱祖国,严格执行会计法律、法规,忠于职守、诚实守信、敬业奉献,近十年在会计工作中做出显著成绩,在本地区、本行业内得到广泛认同。'同时规定'对因执业活动违法违纪受过行业惩戒、行政或刑事处罚,或因本人(被推荐人)直接过失给本单位造成不利后果和不良影响的实行一票否决。本人所在单位在最近3年来存在严重违反《会计法》及有关财经法规的行为,且与本人执业活动或职权范围有直接关系的,也不得推荐。'三、认定事实。根据《中华人民共和国会计法》第二十八条'会计机构、会计人员对违反本法和国家统一的会计制度规定的会计事项,有权拒绝办理或者按照职权予以纠正'的规定,结合你当时所处情况,你应当拒绝办理或者按照职权予以纠正。但是你个人表现与《中华人民共和国会计法》第六条'对认真执行本法,忠于职守,坚持原则'的精神并不相符,从中也无法认定你对所服务企业或社会做出显著成绩。四、处理意见。鉴于以上事实和法律规定,对你提出的'按《中华人民共和国会计法》第六条给予精神或物质奖励'的要求,我局决定不予支持。对于你举报欧蒂公司偷漏税款一事,请按照《税收征收管理法》有关规定向税务部门申请是否符合奖励条件。"原告冯某方仍不服,遂向原审法院提起行政诉讼。

原审法院认为:本案争议的焦点为被告义乌市财政局作出的答复是否合法及被告财政局应否对原告冯某方予以物质奖励。关于被告义乌市财政局作出的答复是否合法的问题。被告义乌市财政局在收到金华市财政局〔2018〕金政集复字第63号行政复议决定书后,在法定期限内依据《中华人民共和国会计法》第六条及《浙江省财政厅关于开展浙江省先进会计工作者评选工作的通知》(浙财会〔2018〕27号)文件规定,对原告冯某方的申请作出答复并送达,认定事实清楚,适用法律、法规正确,故被告义乌市财政局作出的答复并无不当。关于被告义乌市财政局应否对原告冯某方予以物质奖励的问题。从庭审查明的事实和提供的证据,可以认定原告冯某方在欧蒂公司的任职期限、工作情况、产生劳资纠纷后向税务部门行使举报情况及是否具备奖励条件等情况,被告义乌市财政局均作了明确的认定,认定原告冯某方不具备《中华人民共和国会计法》第六条"对认真执行本法,忠于职守,坚持原则,做出显著成绩的会计人员,给予精神的或者物质的奖励。"规定的情形。《浙江省财政厅关于开展浙江省先进会计工作者评选工作的通知》(浙财会〔2018〕27号)文件规定,评选先进会计工作者的条件为"热爱祖国,严格执行会计法律、法规,忠于职守、诚实守信、敬业奉献,近十年在会计工作中做出显著成绩,在本地区、本行业内得到广泛认同。"同时规定

"对因执业活动违法违纪受过行业惩戒、行政或刑事处罚，或因本人（被推荐人）直接过失给本单位造成不利后果和不良影响的实行一票否决。本人所在单位在最近3年来存在严重违反《会计法》及有关财经法规的行为，且与本人执业活动或职权范围有直接关系的，也不得推荐。根据上述规定，原告冯某方也不符合按《中华人民共和国会计法》第六条规定应给予奖励的人员。综上，原告冯某方的诉讼请求缺乏事实和法律依据，应予驳回。依照《中华人民共和国行政诉讼法》第六十九条之规定，判决：驳回原告冯某方的诉讼请求。案件受理费50元，由原告冯某方承担。

冯某方上诉称：上诉人不服〔2019〕浙0782行初382号判决书要求支付奖金奖励不予支持的判决，现提起上诉，事实与理由分述如下：1号证据浙江地税41008验证码；10号证据〔2017〕浙0782破申53号民事裁定书；23号证据结案通知书；13号证据参保证明足以证实原告与玥珑莎有劳动关系。3号证据2018004号税收违法行为检举查办反馈单，证明原告在玥珑莎任职期间不存在为该企业做假账偷税漏税的行为，忠于职守却被无薪开除。而被告在收到26号证据恢复会计人员名誉、原有职务、级别申请书时，在明知11号、15号证据中认定原告与玥珑莎没有劳动关系是错误的情况下，仍然拒绝提供原告为玥珑莎纳实名申报纳税时，在申报系统中保留的证据，从而使原告因没有新证据向上级法院申诉失去机会，被告拒不履行维护会计人员依法行使职权的法定职责和义务，原告虽然可以用相关行政裁判书作为新证据进行民事申诉，拿回应得工资，但是，这些证据因为有举报内容，不宜向玥珑莎或欧蒂出示。这个后果应当由被告来承担，以奖金奖励的形式支付。欧蒂的偷、漏税，由于原告的举报，给国家挽回税收损失398 220.26元及238 932.15元的罚款收入，功不可没。该单位这一违法行为与原告没有因果关系，因为原告并没有该单位在纳税申报时的登录密码，无权进行实体操作，纳税申报是代理记账机构，被告也没有提供原告拥有这密码可以纠正违法行为的证据，原告在欧蒂和玥珑莎只工作了4个月，而不是被告所说的3年。4个月后的次年，原告拒绝接管代理记账机构的账，不为欧蒂做假账，欧蒂和玥珑莎的父子关系的法人才恶意串通，把原告无薪开除。既然欧蒂在三年内有违反会计法和财经法规的行为，被告就应当在启信宝和国家企业信息公示系统中予以公示，让全社会提防上当受骗，由于被告的不作为，原告无法预先得知而进入该单位工作，所产生的不利后果和影响，应当由被告承担，通过奖金奖励的形式支付。原告为了获取欧蒂更多的违法证据，在明知对方不按劳动法支付工资的情况下，还是坚持潜伏下来，就是用于举报，直接成本是四个月工资及社保，总金额约2万元，这个奖励金额如果用《税收征管法》或《检举纳税人税收违法行为奖励暂行办法》来计算，所得金额不会超过2 000元，根本无法生活，这就是原告不起诉国税局的原因所在。10号、23号证据与11号证据，17号与19号、20号证据，是相互对立的，这六份证据都来自原审法院，而第3号、第17号证据极有可能推翻19号、20号证据，一审法院为了法律的严肃性，应当主动向对应单位调取证据，但一审法院就是不作为，任由行政机关推翻在法院生效的裁判书中认定的事实，继续危害社会，原告以不相信一审法院的公信力为由，提出申请整个法院的法官回避，身为一审法院的院长，对此事实却视不见，直接否认说理由不成立。被告提供的12号证据，财政部关于开展2015年全国先进会计工作者评选表彰工作的通知（财会〔2015〕11号），这份证据在10证据中没有引用，属于诉后无效的证据，而原审法院却引用了。被告提供的13号证据，浙江省财政厅关于开展浙江省先进会计工作者评选工作的通知（浙财会〔2018〕27号），在〔2019〕浙0782行初3号裁定中被引用，认定被告不是本案的被告，被上级法院下达〔2019〕浙07行终526号裁定撤销，这次判决再引用属于违法，况且，原告举报偷税、漏税的行为应当保密，而这份文件是应当公开的，公开后，不要说原告，就是所有会计人员都会考虑因举报以后找不到工作而放弃举报，甚至积极接受税收违法单位的指使虚假纳税申报，进而造成偷税、漏税成风的社会现象，不利于税法的正确实施。另外，遵纪守法，是没有年限的，在本案不应当有十年限制才符合奖励条件。本案的起诉是为了弘扬社会正气，让所有企业都依法纳税，当初拒绝为欧蒂做假账，原以为有了被告这个坚强的后盾而无所畏惧，没想到事与愿违，不但拿不到应得工资，而且还因为被告要求公开审理，给了招聘单位拒绝招聘原告的正当理由，只要在判决文书网输入原告的名字，原告举报信息一览无遗，在这个偷漏税成风的社会里，给原告找工作设置障碍，同时，也失去了再举报的机会，悔当初就应当听从欧蒂的指使，并出谋划策，偷漏更多的税，也许前任会计许晓英工作了九年，就是这样做的，不但没事，而且，还得到了欧蒂基本账户汇出的400万元资金，原审此判决在会计行业里是个可仿效的反面教材。另外原审认定事实主要依据不足。综上所述，原告所诉请求应当支持，原审法院的判决错误，特此提起上诉，请求撤销原判，直接改判，支持原告的诉讼请求（1.撤销2018年11月26日《答复书》；2.给予原告奖金奖励）。

义乌市财政局辩称：上诉人的上诉理由不能成立。1.上诉人的损失与被上诉人没有任何关联，与被上诉人的职责也没有关联，以遭受损失为由，要求被上诉人承担奖励责任于法无据。2.上诉人认为被上诉人应当以奖励的形式赔偿上诉人的损失，这个理由不属于财政奖励范畴，根据上诉人的此上诉理由，上诉人的上诉请求不能成立。3.上诉人在一审中的回避申请不符合法定条件，合议庭以及院长依法驳回上诉人的回避申请合法有据。4.证据12、证据13是认定事实的证据，而不是适用法律的证据，所以在证据10中没有引用合法有据。5.举报偷、漏税不等于做出显著成绩，所谓的做出显著成绩的会计人员是指通过横向比较，在从事会计业务当中相较而言成绩较为突出的人员。而举报偷、漏税是每个公民应尽的义务，与是否是会计人员无关。6.作为会计人员，最大的成绩是依法纠正其服务的单位或企业的违法行为，使之不遭受行政处罚，而本案中，由于上诉人没有纠正企业的违法行为，企业被处罚，由此可见上诉人的行为不存在显著成绩，不应获得奖励。7.奖励要通过一定的程序进行评比，不是任何人说自己是优秀的，成绩是显著的，就要求财政局进行奖励。奖励要提供相应的事实，或者通过法定程序，而举报偷、漏税不是直接可以认定为取得显著成绩的条件。

8.上诉人的上诉理由不是针对一审判决的事实以及适用的法律，其上诉理由不能成立。请求驳回上诉，维持原判。

二审中各方当事人均未提交新的证据。

经审理，本院对原审认定的事实予以确认。

本院认为，行政奖励，是指行政主体为了表彰先进、激励后进，充分调动和激发人们的积极性和创造性，依照法定条件和程序，对为国家、人民和社会做出突出贡献或者模范遵纪守法的行政相对人给予物质或者精神奖励的具体行政行为。行政奖励作为行政主体的具体行政行为，要依法而为，行政奖励的标准、形式等都要有明文的法律规定。本案上诉人向税务部门举报欧蒂公司偷漏税的行为后，可由税务机关依照《中华人民共和国税收征收管理法》《中华人民共和国税收征收管理法实施细则》《检举纳税人税收违法行为奖励暂行办法》等规定审查奖励事项。《中华人民共和国会计法》第六条规定"对认真执行本法，忠于职守，坚持原则，做出显著成绩的会计人员，给予精神的或者物质的奖励。"该法条并未明确规定举报偷税漏税就应当给予奖励。被上诉人义乌市财政局所作案涉答复并无不当。上诉人冯某方以其举报偷税漏税的行为要求被上诉人按《中华人民共和国会计法》第六条的规定进行奖金奖励补偿其相应损失的上诉理由不能成立，本院不予支持。一审判决认定事实清楚，适用法律正确，依法应予维持。依照《中华人民共和国行政诉讼法》第八十六条、第八十九条第一款第（一）项之规定，判决如下：

驳回上诉，维持原判。

二审案件受理费50元，由上诉人冯某方负担。

本判决为终审判决。

审判长　单晓剑
审判员　张淑英
审判员　徐青雅
二〇二〇年十一月二十三日
代书记员　董亚光

七、第七条

（一）法条原文

【2024年、2017年、1999年版本】

第七条　国务院财政部门主管全国的会计工作。

县级以上地方各级人民政府财政部门管理本行政区域内的会计工作。

【1993 年、1985 年版本】

第五条 国务院财政部门管理全国的会计工作。

地方各级人民政府的财政部门管理本地区的会计工作

（二）法条释义

本条规定了会计工作的主管部门。

全国会计工作的主管部门是国务院财政部门，即财政部。财政部内设会计司和会计财务评价中心，具体负责全国的会计工作。

各省市县区域内的会计工作由各省市县人民政府财政部门管理，即由各省级财政厅、各市级财政局和县级财政局内设的会计处、会计科具体负责。

（三）相关条文

《中华人民共和国国务院组织法》（2024 年 3 月 11 日）

第一条 为了健全国务院的组织和工作制度，保障和规范国务院行使职权，根据宪法，制定本法。

第二条 中华人民共和国国务院，即中央人民政府，是最高国家权力机关的执行机关，是最高国家行政机关。

第三条 国务院坚持中国共产党的领导，坚持以马克思列宁主义、毛泽东思想、邓小平理论、"三个代表"重要思想、科学发展观、习近平新时代中国特色社会主义思想为指导，坚决维护党中央权威和集中统一领导，坚决贯彻落实党中央决策部署，贯彻新发展理念，坚持依法行政，依照宪法和法律规定，全面正确履行政府职能。

国务院坚持以人民为中心、全心全意为人民服务，坚持和发展全过程人民民主，始终同人民保持密切联系，倾听人民的意见和建议，建设人民满意的法治政府、创新政府、廉洁政府和服务型政府。

第四条 国务院对全国人民代表大会负责并报告工作；在全国人民代表大会闭会期间，对全国人民代表大会常务委员会负责并报告工作。

国务院应当自觉接受全国人民代表大会及其常务委员会的监督。

第五条 国务院由总理、副总理、国务委员、各部部长、各委员会主任、中国人民银行行长、审计长、秘书长组成。

国务院实行总理负责制。总理领导国务院的工作。

副总理、国务委员协助总理工作，按照分工负责分管领域工作；受总理委托，负责其他方面的工作或者专项任务；根据统一安排，代表国务院进行外事活动。

第六条 国务院行使宪法和有关法律规定的职权。

第七条 国务院实行国务院全体会议和国务院常务会议制度。国务院全体会议由国务院全体成员组成。国务院常务会议由总理、副总理、国务委员、秘书长组成。总理召集和主持国务院全体会议和国务院常务会议。国务院工作中的重大问题，必须经国务院常务会议或者国务院全体会议讨论决定。

第八条 国务院全体会议的主要任务是讨论决定政府工作报告、国民经济和社会发展规划等国务院工作中的重大事项，部署国务院的重要工作。

国务院常务会议的主要任务是讨论法律草案、审议行政法规草案，讨论、决定、通报国务院工作中的重要事项。

国务院全体会议和国务院常务会议讨论决定的事项，除依法需要保密的外，应当及时公布。

国务院根据需要召开总理办公会议和国务院专题会议。

第九条 国务院发布的行政法规、决定、命令，向全国人民代表大会或者全国人民代表大会常务委员会提出的议案，任免人员，由总理签署。

第十条 国务院秘书长在总理领导下，负责处理国务院的日常工作。

国务院设副秘书长若干人，协助秘书长工作。

国务院设立办公厅，由秘书长领导。

第十一条 国务院组成部门的设立、撤销或者合并，经总理提出，由全国人民代表大会决定；在全国人民代表大会闭会期间，由全国人民代表大会常务委员会决定。国务院组成部门确定或者调整后，由全国人民代表大会或者全国人民代表大会常务委员会公布。

第十二条 国务院组成部门设部长（主任、行长、审计长）一人，副部长（副主任、副行长、副审计长）二至四人；委员会可以设委员五至十人。

国务院组成部门实行部长（主任、行长、审计长）负责制。部长（主任、行长、审计长）领导本部门的工作，召集和主持部务（委务、行务、署务）会议，讨论决定本部门工作的重大问题；签署上报国务院的重要请示、报告和发布的命令、指示。副部长（副主任、副行长、副审计长）协助部长（主任、行长、审计长）工作。

国务院副秘书长、各部副部长、各委员会副主任、中国人民银行副行长、副审计长由国务院任免。

第十三条 国务院可以根据工作需要和优化协同高效精简的原则，按照规定程序设立若干直属机构主管各项专门业务，设立若干办事机构协助总理办理专门事项。每个机构设负责人二至五人，由国务院任免。

第十四条 国务院组成部门工作中的方针、政策、计划和重大行政措施，应当向国务院请示报告，由国务院决定。根据法律和国务院的行政法规、决定、命令，主管部门可以在本部门的权限范围内发布命令、指示。

国务院组成部门和具有行政管理职能的直属机构以及法律规定的机构，可以根据法律和国务院的行政法规、决定、命令，在本部门的权限范围内，制定规章。

第十五条 国务院统一领导全国地方各级国家行政机关的工作。

第十六条 国务院坚持科学决策、民主决策、依法决策，健全行政决策制度体系，规范重大行政决策程序，加强行政决策执行和评估，提高决策质量和效率。

第十七条 国务院健全行政监督制度，加强行政复议、备案审查、行政执法监督、政府督查等工作，坚持政务公开，自觉接受各方面监督，强化对行政权力运行的制约和监督。

第十八条 国务院组成人员应当坚决维护党中央权威和集中统一领导，模范遵守宪法和法律，认真履行职责，带头反对形式主义、官僚主义，为民务实，严守纪律，勤勉廉洁。

第十九条 国务院组成部门、直属机构、办事机构应当各司其职、各负其责、加强协调、密切配合，确保党中央、国务院各项工作部署贯彻落实。

第二十条 本法自公布之日起施行。

《中华人民共和国地方各级人民代表大会和地方各级人民政府组织法》（2022年3月11日）

第一条 为了健全地方各级人民代表大会和地方各级人民政府的组织和工作制度，保障和规范其行使职权，坚持和完善人民代表大会制度，保证人民当家作主，根据宪法，制定本法。

第三条 地方各级人民代表大会、县级以上的地方各级人民代表大会常务委员会和地方各级人民政府坚持中国共产党的领导，坚持以马克思列宁主义、毛泽东思想、邓小平理论、"三个代表"重要思想、科学发展观、习近平新时代中国特色社会主义思想为指导，依照宪法和法律规定行使职权。

第六十一条 省、自治区、直辖市、自治州、县、自治县、市、市辖区、乡、民族乡、镇设立人民政府。

第六十二条 地方各级人民政府应当维护宪法和法律权威，坚持依法行政，建设职能科学、权责法定、执法严明、公开公正、智能高效、廉洁诚信、人民满意的法治政府。

第六十三条 地方各级人民政府应当坚持以人民为中心，全心全意为人民服务，提高行政效能，建设服务型政府。

第六十四条 地方各级人民政府应当严格执行廉洁从政各项规定，加强廉政建设，建设廉洁政府。

第六十五条 地方各级人民政府应当坚持诚信原则，加强政务诚信建设，建设诚信政府。

第六十六条 地方各级人民政府应当坚持政务公开，全面推进决策、执行、管理、服务、结果公开，依法、及时、准确公开政府信息，推进政务数据有序共享，提高政府工作的透明度。

第六十七条 地方各级人民政府应当坚持科学决策、民主决策、依法决策，提高决策的质量。

第六十八条 地方各级人民政府应当依法接受监督，确保行政权力依法正确行使。

第六十九条 地方各级人民政府对本级人民代表大会和上一级国家行政机关负责并报告工作。县级以上的地方各级人民政府在本级人民代表大会闭会期间，对本级人民代表大会常务委员会负责并报告工作。

全国地方各级人民政府都是国务院统一领导下的国家行政机关，都服从国务院。

地方各级人民政府实行重大事项请示报告制度。

第七十条 省、自治区、直辖市、自治州、设区的市的人民政府分别由省长、副省长，自治区主席、副主席，市长、副市长，州长、副州长和秘书长、厅长、局长、委员会主任等组成。

县、自治县、不设区的市、市辖区的人民政府分别由县长、副县长，市长、副市长，区长、副区长和局长、科长等组成。

乡、民族乡的人民政府设乡长、副乡长。民族乡的乡长由建立民族乡的少数民族公民担任。镇人民政府设镇长、副镇长。

第七十一条 新的一届人民政府领导人员依法选举产生后，应当在两个月内提请本级人民代表大会常务委员会任命人民政府秘书长、厅长、局长、委员会主任、科长。

第七十二条 地方各级人民政府每届任期五年。

第七十三条 县级以上的地方各级人民政府行使下列职权：

（一）执行本级人民代表大会及其常务委员会的决议，以及上级国家行政机关的决定和命令，规定行政措施，发布决定和命令；

（二）领导所属各工作部门和下级人民政府的工作；

（三）改变或者撤销所属各工作部门的不适当的命令、指示和下级人民政府的不适当的决定、命令；

（四）依照法律的规定任免、培训、考核和奖惩国家行政机关工作人员；

（五）编制和执行国民经济和社会发展规划纲要、计划和预算，管理本行政区域内的经济、教育、科学、文化、卫生、体育、城乡建设等事业和生态环境保护、自然资源、财政、民政、社会保障、公安、民族事务、司法行政、人口与计划生育等行政工作；

（六）保护社会主义的全民所有的财产和劳动群众集体所有的财产，保护公民私人所有的合法财产，维护社会秩序，保障公民的人身权利、民主权利和其他权利；

（七）履行国有资产管理职责；

（八）保护各种经济组织的合法权益；

（九）铸牢中华民族共同体意识，促进各民族广泛交往交流交融，保障少数民族的合法权利和利益，保障少数民族保持或者改革自己的风俗习惯的自由，帮助本行政区域内的民族自治地方依照宪法和法律实行区域自治，帮助各少数民族发展政治、经济和文化的建设事业；

（十）保障宪法和法律赋予妇女的男女平等、同工同酬和婚姻自由等各项权利；

（十一）办理上级国家行政机关交办的其他事项。

第七十四条 省、自治区、直辖市的人民政府可以根据法律、行政法规和本省、自治区、直辖市的地方性法规，制定规章，报国务院和本级人民代表大会常务委员会备案。设区的市、自治州的人民政府可以根据法律、行政法规和本省、自治区的地方性法规，依照法律规定的权限制定规章，报国务院和省、自治区的人民代表大会常务委员会、人民政府以及本级人民代表大会常务委员会备案。

依照前款规定制定规章，须经各该级政府常务会议或者全体会议讨论决定。

第七十五条 县级以上的地方各级人民政府制定涉及个人、组织权利义务的规范性文件，应当依照法定权限和程序，进行评估论证、公开征求意见、合法性审查、集体讨论决定，并予以公布和备案。

第七十六条 乡、民族乡、镇的人民政府行使下列职权：

（一）执行本级人民代表大会的决议和上级国家行政机关的决定和命令，发布决定和命令；

（二）执行本行政区域内的经济和社会发展计划、预算，管理本行政区域内的经济、教育、科学、文化、卫生、体育等事业和生态环境保护、财政、民政、社会保障、公安、司法行政、人口与计划生育等行政工作；

（三）保护社会主义的全民所有的财产和劳动群众集体所有的财产，保护公民私人所有的合法财产，维护社会秩序，保障公民的人身权利、民主权利和其他权利；

（四）保护各种经济组织的合法权益；

（五）铸牢中华民族共同体意识，促进各民族广泛交往交流交融，保障少数民族的合法权利和利益，保障少数民族保持或者改革自己的风俗习惯的自由；

（六）保障宪法和法律赋予妇女的男女平等、同工同酬和婚姻自由等各项权利；

（七）办理上级人民政府交办的其他事项。

第七十七条 地方各级人民政府分别实行省长、自治区主席、市长、州长、县长、区长、乡长、镇长负责制。

省长、自治区主席、市长、州长、县长、区长、乡长、镇长分别主持地方各级人民政府的工作。

第七十八条 县级以上的地方各级人民政府会议分为全体会议和常务会议。全体会议由本级人民政府全体成员组成。省、自治区、直辖市、自治州、设区的市的人民政府常务会议，分别由省长、副省长，自治区主席、副主席，市长、副市长，州长、副州长和秘书长组成。县、自治县、不设区的市、市辖区的人民政府常务会议，分别由县长、副县长，市长、副市长，区长、副区长组成。省长、自治区主席、市长、州长、县长、区长召集和主持本级人民政府全体会议和常务会议。政府工作中的重大问题，须经政府常务会议或者全体会议讨论决定。

第七十九条 地方各级人民政府根据工作需要和优化协同高效以及精干的原则，设立必要的工作部门。

县级以上的地方各级人民政府设立审计机关。地方各级审计机关依照法律规定独立行使审计监督权，对本级人民政府和上一级审计机关负责。

省、自治区、直辖市的人民政府的厅、局、委员会等工作部门和自治州、县、自治县、市、市辖区的人民政府的局、科等工作部门的设立、增加、减少或者合并，按照规定程序报请批准，并报本级人民代表大会常务委员会备案。

第八十条 县级以上的地方各级人民政府根据国家区域发展战略，结合地方实际需要，可以共同建立跨行政区划的区域协同发展工作机制，加强区域合作。

上级人民政府应当对下级人民政府的区域合作工作进行指导、协调和监督。

第八十一条 县级以上的地方各级人民政府根据应对重大突发事件的需要，可以建立跨部门指挥协调机制。

第八十二条 各厅、局、委员会、科分别设厅长、局长、主任、科长，在必要的时候可以设副职。

办公厅、办公室设主任，在必要的时候可以设副主任。

省、自治区、直辖市、自治州、设区的市的人民政府设秘书长一人，副秘书长若干人。

第八十三条 省、自治区、直辖市的人民政府的各工作部门受人民政府统一领导，并且依照法律或者行政法规的规定受国务院主管部门的业务指导或者领导。

自治州、县、自治县、市、市辖区的人民政府的各工作部门受人民政府统一领导，并且依照法律或者行政法规的规定受上级人民政府主管部门的业务指导或者领导。

第八十四条 省、自治区、直辖市、自治州、县、自治县、市、市辖区的人民政府应当协助设立在本行政区域内不属于自己管理的国家机关、企业、事业单位进行工作，并且监督它们遵守和执行法律和政策。

第八十五条 省、自治区的人民政府在必要的时候，经国务院批准，可以设立若干派出机关。

县、自治县的人民政府在必要的时候，经省、自治区、直辖市的人民政府批准，可以设立若干区公所，作为它的派出机关。

市辖区、不设区的市的人民政府，经上一级人民政府批准，可以设立若干街道办事处，作为它的派出机关。

第八十六条 街道办事处在本辖区内办理派出它的人民政府交办的公共服务、公共管理、公共安全等工作，依法履行综合管理、统筹协调、应急处置和行政执法等职责，反映居民的意见和要求。

第八十七条　乡、民族乡、镇的人民政府和市辖区、不设区的市的人民政府或者街道办事处对基层群众性自治组织的工作给予指导、支持和帮助。基层群众性自治组织协助乡、民族乡、镇的人民政府和市辖区、不设区的市的人民政府或者街道办事处开展工作。

第八十八条　乡、民族乡、镇的人民政府和街道办事处可以根据实际情况建立居民列席有关会议的制度。

《会计基础工作规范》（2019年3月14日）

第一条　为了加强会计基础工作，建立规范的会计工作秩序，提高会计工作水平，根据《中华人民共和国会计法》的有关规定，制定本规范。

第二条　国家机关、社会团体、企业、事业单位、个体工商户和其他组织的会计基础工作，应当符合本规范的规定。

第三条　各单位应当依据有关法律、法规和本规范的规定，加强会计基础工作，严格执行会计法规制度，保证会计工作依法有序地进行。

第四条　单位领导人对本单位的会计基础工作负有领导责任。

第五条　各省、自治区、直辖市财政厅（局）要加强对会计基础工作的管理和指导，通过政策引导、经验交流、监督检查等措施，促进基层单位加强会计基础工作，不断提高会计工作水平。

国务院各业务主管部门根据职责权限管理本部门的会计基础工作。

八、第八条

（一）法条原文

【2024年版本】

第八条　国家实行统一的会计制度。国家统一的会计制度由国务院财政部门根据本法制定并公布。

国务院有关部门可以依照本法和国家统一的会计制度制定对会计核算和会计监督有特殊要求的行业实施国家统一的会计制度的具体办法或者补充规定，报国务院财政部门审核批准。

国家加强会计信息化建设，鼓励依法采用现代信息技术开展会计工作，具体办法由国务院财政部门会同有关部门制定。

【2017年、1999年版本】

第八条　国家实行统一的会计制度。国家统一的会计制度由国务院财政部门根据本法制定并公布。

国务院有关部门可以依照本法和国家统一的会计制度制定对会计核算和会计监督有特殊要求的行业实施国家统一的会计制度的具体办法或者补充规定，报国务院财政部门审核批准。

中国人民解放军总后勤部可以依照本法和国家统一的会计制度制定军队实施国家统一的会计制度的具体办法，报国务院财政部门备案。

【1993 年版本】

第六条　国家统一的会计制度，由国务院财政部门根据本法制定。

各省、自治区、直辖市人民政府的财政部门，国务院业务主管部门，中国人民解放军总后勤部，在同本法和国家统一的会计制度不相抵触的前提下，可以制定实施国家统一的会计制度的具体办法或者补充规定，报国务院财政部门审核批准或者备案。

【1985 年版本】

第六条　国家统一的会计制度，由国务院财政部门根据本法制定。

各省、自治区、直辖市人民政府的财政部门，国务院业务主管部门，中国人民解放军总后勤部，在同本法和国家统一的会计制度不相抵触的前提下，可以制定本地区、本部门和军队的会计制度或者补充规定，报国务院财政部门审核批准或者备案。

（二）法条释义

本条规定了国家统一的会计制度。

为了确保我国各个单位的财务会计报表具有一致性，我国实行统一的会计制度，也就是在我国境内，相同性质的单位在进行会计核算、编制财务报表时所使用的方法、遵循的原则等是一致的。

为了实现统一的会计制度，在我国境内施行的会计规章、准则、办法等规范性文件原则上由国务院财政部门根据《会计法》制定并公布。由于不同部门和行业在会计核算等方面有可能具有特殊性，国家允许国务院有关部门依照《会计法》和国家统一的会计制度制定对会计核算和会计监督有特殊要求的行业实施国家统一的会计制度的具体办法或者补充规定，为确保该具体办法或者补充规定不对国家统一的会计制度造成破坏，该具体办法或者补充规定应当报国务院财政部门审核批准。

本条第三款是 2024 年《会计法》修改新增加的内容。会计信息化是会计与信息技术的结合，是信息社会对企业财务信息管理提出的一个新要求，是企业会计顺应信息化浪潮所做出的必要举措。

2021 年 12 月 30 日，财政部印发了《会计信息化发展规划（2021—2025 年）》（财会〔2021〕36 号），其中提出，"十三五"时期，会计信息化建设有序推进，夯实了会计转型升级基础。各单位积极推进会计信息化建设，部分单位实现了会计核算的集中和共享处理，推动会计工作从传统核算型向现代管理型转变。单位内部控制嵌入信息系统的程度不断提升，为实施精准有效的内部会计监督奠定了基础。"十四五"时期，我国会计信息化工作的总体目标是：服务我国经济社会发展大局和财政管理工作全局，以信息化支撑会计职能拓展为主线，以标准化为基础，以数字化为突破口，引导和规范我国会计信息化数据标准、管理制度、信息系统、人才建设等持续健康发展，积极推动会计数字化转型，构建符合新时代要求的国家会计信息化发展体系。

（三）相关条文

《中华人民共和国慈善法》（2023年12月29日）

第十二条　慈善组织应当根据法律法规以及章程的规定，建立健全内部治理结构，明确决策、执行、监督等方面的职责权限，开展慈善活动。

慈善组织应当执行国家统一的会计制度，依法进行会计核算，建立健全会计监督制度，并接受政府有关部门的监督管理。

《中华人民共和国审计法》（2021年10月23日）

第四十九条　对本级各部门（含直属单位）和下级政府违反预算的行为或者其他违反国家规定的财政收支行为，审计机关、人民政府或者有关主管机关、单位在法定职权范围内，依照法律、行政法规的规定，区别情况采取下列处理措施：

（一）责令限期缴纳应当上缴的款项；

（二）责令限期退还被侵占的国有资产；

（三）责令限期退还违法所得；

（四）责令按照国家统一的财务、会计制度的有关规定进行处理；

（五）其他处理措施。

《全国人民代表大会常务委员会关于加强国有资产管理情况监督的决定》（2020年12月26日）

适应国有资产管理改革需要，按照国家统一的会计制度规范国有资产会计处理，制定完善相关统计调查制度。加快编制政府资产负债表等会计报表和自然资源资产负债表。加强以权责发生制为基础的政府综合财务报告备案工作，与国有资产管理情况报告有机衔接。

《中华人民共和国社会保险法》（2018年12月29日）

第六十四条　社会保险基金包括基本养老保险基金、基本医疗保险基金、工伤保险基金、失业保险基金和生育保险基金。除基本医疗保险基金与生育保险基金合并建账及核算外，其他各项社会保险基金按照社会保险险种分别建账，分账核算。社会保险基金执行国家统一的会计制度。

社会保险基金专款专用，任何组织和个人不得侵占或者挪用。

基本养老保险基金逐步实行全国统筹，其他社会保险基金逐步实行省级统筹，具体时间、步骤由国务院规定。

《中华人民共和国商业银行法》（2015年8月29日）

第五十四条 商业银行应当依照法律和国家统一的会计制度以及国务院银行业监督管理机构的有关规定，建立、健全本行的财务、会计制度。

《财政部关于加强国家统一的会计制度贯彻实施工作的指导意见》（2019年10月22日）

各省、自治区、直辖市、计划单列市财政厅（局），新疆生产建设兵团财政局，中共中央直属机关事务管理局财务管理办公室，国家机关事务管理局财务管理司，中央军委后勤保障部财务局：

为贯彻落实《中华人民共和国会计法》，进一步规范会计行为，提高会计信息质量，现就加强国家统一的会计制度贯彻实施工作提出如下意见。

一、充分认识加强国家统一的会计制度贯彻实施的重要性

依据会计法制定的国家统一的会计制度，是生成会计信息的重要标准，是规范会计行为和会计秩序的重要依据。认真贯彻实施用于规范会计核算、会计监督、会计机构和会计人员以及会计管理工作等的国家统一的会计制度，是贯彻落实会计法各项规定的具体措施和重要保证，对于依法进行会计核算、实行会计监督、规范会计秩序、提高信息质量，加强会计监管、维护公众利益，都有十分重要的意义。财政部门和有关业务主管部门要充分认识贯彻实施会计法和国家统一的会计制度的重要性、紧迫性，督促各单位规范会计秩序、依据国家统一的会计制度生成和提供会计信息，切实采取措施加强监管，依法查处扰乱会计秩序、提供虚假会计信息等行为，进一步规范会计秩序和提高会计信息质量。各单位要认真履行会计法赋予的会计责任，加强会计工作，健全内部控制，支持会计人员依法行使职权，保证会计信息真实完整和符合国家统一的会计制度规定。

二、总体要求

全面贯彻落实党的十九大精神，以习近平新时代中国特色社会主义思想为指导，紧紧围绕统筹推进"五位一体"总体布局和协调推进"四个全面"战略布局，认真落实党中央关于全面推进依法治国决策部署，以贯彻落实会计法、提高会计信息质量为着力点，坚持会计法治建设与会计诚信建设相结合，落实单位主体责任与强化外部监督相促进，协同推进国家统一的会计制度贯彻实施工作，促进会计工作更好地为决胜全面建成小康社会、建设新时代中国特色社会主义服务。

三、主要措施

（一）维护国家统一的会计制度的统一性。国家统一的会计制度尤其是规范会计核算的准则制度，是生成和提供口径一致、相互可比会计信息的重要标准，是投资者、债权人、社会公众、政府部门等运用会计信息进行投资决策、宏观调控等的重要依据。各地区、各部门应当严格遵循会计法关于"国家实行统一的会计制度"的规定，不得擅自修改、调整、补充规定、解释国家统一的会计制度规定的政策口径。地方财

政部门对企业、行政事业单位等在执行国家统一的会计制度中出现的政策口径问题，应按程序及时报财政部，由财政部作出统一解释；有关主管部门确需对国家统一的会计制度作出补充规定的，应按法定程序报财政部审核批准或备案。

（二）督促落实各单位的会计责任。各单位执行国家统一的会计制度效果和会计信息质量情况，对加强单位内部管理、维护市场经济秩序，具有重要影响。各单位要认真履行会计法和国家统一的会计制度赋予的职责，依法设置会计账簿，根据真实的经济业务事项进行会计核算、编制财务会计报告，不得账外设账和提供虚假的财务会计报告；不具备设置会计机构和会计人员条件的单位应委托会计师事务所或经批准设立的代理记账机构进行代理记账。单位负责人要加强对会计工作的组织领导，指导督促会计机构、会计人员依法进行会计核算、实行会计监督、健全内部控制，支持本单位主管会计工作的负责人、会计机构负责人和其他会计人员依法行使职权，会同本单位主管会计工作的负责人、会计机构负责人一并在财务会计报告上签名盖章，并对财务会计报告的真实性、完整性承担法律责任。会计人员要依法履行职责、遵守会计职业道德。财政部门和有关业务主管部门要加强教育引导、监督检查，指导督促各单位规范会计秩序、提高会计信息质量。

（三）加强内部控制建设。内部控制是规范流程、防范风险、落实战略目标的重要制度安排，也是贯彻实施国家统一的会计制度的重要保障。企业、行政事业单位要认真执行《企业内部控制基本规范》（财会〔2008〕7号）及其配套指引、《小企业内部控制规范（试行）》（财会〔2017〕21号）、《行政事业单位内部控制规范（试行）》（财会〔2012〕21号）、《关于全面推进行政事业单位内部控制建设的指导意见》（财会〔2015〕24号）等规定，在单位负责人的组织领导下，建立健全内部控制体系，有效运用内部控制基本方法，加强对经济和业务活动内部控制。上市公司应按规定对外披露由会计师事务所出具的内部控制审计报告，行政事业单位应按规定定期报送开展内部控制情况。财政部门和有关业务主管部门要加强对企业、行政事业单位实施内部控制情况的指导、监督和考核评价工作。

（四）切实提高会计师事务所审计质量。会计师事务所提供财务会计报告鉴证服务，是贯彻实施国家统一的会计制度、保证会计信息质量的重要措施。按照法律法规规定，对外提供的财务会计报告须委托会计师事务所进行审计的企业和其他单位，应委托会计师事务所进行审计，配合其独立开展审计业务，及时、完整提供审计所需文件、资料和其他有关信息，不得授意、指使、胁迫注册会计师及其所在的会计师事务所出具不实审计报告。财政部门要加强注册会计师行业监管，切实规范审计秩序，扎实推进会计师事务所质量评估，探索分级分类管理措施，指导督促会计师事务所加强内部治理、风险管理、质量控制建设，及时纠正会计师事务所总分所管理松散等问题，有效发挥行业协会的服务、监督、管理、协调功能，弘扬诚信文化，加强行业党的建设，促进会计师事务所提高审计质量。

（五）加强国家统一的会计制度实施情况的日常监管。指导督促国家统一的会计制度的贯彻实施，是会计监管工作的重要内容。财政部门和有关业务主管部门要积极采取措施，加强对各单位贯彻实施国家统一的会计制度的督促指导。要加强对国有大中型企业、上市公司和非上市公众公司、行政事业单位、其他单位执行国家统一的会计制度情况的监测，通过公开披露信息或报送信息，及时分析、掌握有关单位执行国家统一的会计制度情况动态，为开展专项检查或重点检查、进一步加强会计监管提供决策支持。要按照"谁审批、谁监管，谁主管、谁监管"和"双随机、一公开"的要求，加强对有关单位执行国家统一的会计制度情况、会计中介机构执业质量情况的重点检查，依法惩处做假账、提供虚假财务报告以及会计中介机构低价恶性竞争、提供虚假审计报告等违法行为。要加强与相关监管部门沟通协调，整合监管资源，协调监管政策，共享监管信息，提升监管效能。要切实转变职能、搞好服务，为会计人员、注册会计师及有关方面执行国家统一的会计制度提供指导。要积极推行会计工作联系点制度，选择有代表性企事业单位作为服务联系点，总结经验、研究问题、指导工作。要认真总结贯彻实施国家统一的会计制度取得成效和经验的先进典型，及时宣传推广。要积极探索建立专家咨询指导机制，为企业、行政事业单位和中介机构执行国家统一的会计制度提供专业指导和智力支持。

（六）加强宣传培训。国家统一的会计制度的贯彻实施，需要各单位的高度重视和社会有关方面的支持配合。财政部门和有关业务主管部门必须切实采取措施，广泛宣传国家统一的会计制度，扩大社会影响，争取广泛支持。要结合普法教育，向社会有关方面广泛宣传依法加强会计工作和遵循国家统一的会计制度的重要意义，引导社会有关方面重视和支持会计工作。要重视向各单位尤其是单位负责人宣传其对本单位会计工作和会计资料真实性、完整性所承担的责任，指导督促各单位支持会计人员依法行使职权和保证会计信息质量。要结合会计专业技术资格考试或评审、会计专业技术人员继续教育，宣传讲解国家统一的会计制度的基本规定、实施要求，指导督促会计人员掌握法规制度、依法开展会计工作。要向其他监管部门宣传会计核算理念、会计政策界限，协调监管理念，提高监管效能。鼓励会计教育机构开设与国家统一的会计制度等相关的课程，教育引导会计后备人员树立会计法治理念、提高职业道德素养。要引导、支持新闻媒体、社会公众等发挥监督作用，公开曝光假合同、假发票、假数据等违法行为及其处理结果，营造共同治理会计造假的良好社会氛围。

（七）加强会计诚信建设。建立会计人员执业情况的信用评价考核制度，是贯彻实施国家统一的会计制度的重要基础。财政部门和有关业务主管部门要认真贯彻《财政部关于加强会计人员诚信建设的指导意见》（财会〔2018〕9号）精神，完善会计人员职业道德规范，建立健全会计人员守信激励和失信惩戒机制，建立严重失信会计人员"黑名单"制度。要加强会计行业组织自律管理。积极创造条件、争取广泛支持，将会计人员、会计中介机构的信用情况及会计违法单位的信息纳入全国信用信息共享平台，提高失信惩戒的约束力和震慑力。

（八）加强组织领导。财政部门和有关业务主管部门要按照"统一领导，分级管理"的原则，加强对本地区、本部门会计工作的组织领导，认真履行会计法赋予的会计监管职责，有效发挥行政监管、社会监督、单位自律的各自优势，争取其他监管部门支持协同，切实改进和加强会计监管，指导、督促会计法和国家统一的会计制度等得到有效落实。要加强会计管理队伍建设，进一步提高专业化水平和依法履职能力。

《会计基础工作规范》（2019年3月14日）

第九十七条　本规范所称国家统一会计制度，是指由财政部制定，或者财政部与国务院有关部门联合制定，或者经财政部审核批准的在全国范围内统一执行的会计规章、准则、办法等规范性文件。

本规范所称会计主管人员，是指不设置会计机构、只在其他机构中设置专职会计人员的单位行使会计机构负责人职权的人员。

本规范第三章第二节和第三节关于填制会计凭证、登记会计账簿的规定，除特别指出外，一般适用于手工记账。实行会计电算化的单位，填制会计凭证和登记会计账簿的有关要求，应当符合财政部关于会计电算化的有关规定。

（四）典型案例

重庆市渝北区人民法院

民事判决书[①]

〔2023〕渝0112民初41179号

原告：刘某。

委托诉讼代理人：李小松，北京市京都（重庆）律师事务所律师。

委托诉讼代理人：段景宜，北京市京都（重庆）律师事务所实习律师。

被告：重庆某甲有限公司。

法定代表人：白某。

原告刘某与被告重庆某甲有限公司股东知情权纠纷一案，本院于2023年11月6日立案后，依法适用简易程序公开开庭进行了审理。原告刘某及其委托诉讼代理人李小松、段景宜均到庭参加了诉讼。被告重庆某甲有限公司经本院合法传唤，无正当理由拒不到庭参加诉讼，本院依法进行了缺席审理。本案现已审理终结。

原告刘某向本院提出如下诉讼请求：判令被告提供公司从2021年4月6日至2023年8月30日期间完整的会计账簿（含总账、明细账、日记账、其他辅助性账簿）以及健身房会员系统收款数据供原告查阅。本案诉讼费用由被告承担。事实与理由：被告于

[①] 资料来源：中国裁判文书网https://wenshu.court.gov.cn。

2021年4月6日经重庆两江新区市场监督管理局依法登记成立，公司注册资本为人民币50万元，登记股东为王某（持股比例45%）、刘某（持股比例45%）、白某（持股比例10%）。公司成立后主要经营健身项目。被告公司成立后，由白某负责公司的经营和管理。但被告成立至今从未按照公司法的规定向原告披露经营状况和财务状况，导致原作为股东的知情权没有得到保障。据此，原告为了解公司财务状况，以便为公司后期的经营、发展、决策、风险控制等方面建言献策，维护自身及公司的合法利益，遂于2023年9月8日向被告邮寄了要求查账的书面申请，但被告一直未提供财务资料、账簿、凭证等供原告查阅。故起诉。

被告重庆某甲有限公司书面辩称，第一，原告未履行书面请求的前置程序，被告未收到原告的书面请求；第二，健身房会员系统收款数据不属于应当查阅的范围，而且被告法定代表人、经营人、财务人员发生多次变更，健身房会员系统收款数据未进行完整保存，客观上无法查阅；经公司股东商议同意原告查询请求，将于15个工作日内向原告以扫描件或复印件的形式提供查阅资料。

原告刘某围绕其诉讼请求向本院举示了公司基本情况、出资者（股东）情况、章程、要求查阅公司账簿申请书、顺丰快递记录、彩信记录、企业公示信息、EMS快递记录。被告重庆某甲有限公司未质证。被告重庆某甲有限公司向本院邮寄了《关于查阅公司账簿回复告知书》复印件，原告刘某质证对该证据的三性均不认可。本院认为，原告刘某举示的上述证据真实、合法，与本案具有一定的关联性，本院依法予以采信并在卷佐证。被告重庆某甲有限公司举示的《关于查阅公司账簿回复告知书》系复印件，其并未提供原件予以比对，且原告刘某对真实性不予认可，本院不予采信。据此，本院认定如下法律事实：

重庆某甲有限公司于2021年4月6日登记成立，法定代表人为白某，登记住所为××路××号附××号负××至负××，经营范围包括许可经营和一般经营，许可经营范围中的许可项目为：高危险性体育运动（游泳），食品销售；一般经营范围中的一般项目为：健身休闲活动，棋牌室服务，体育用品及器材零售，信息咨询服务，体育用品设备出租，体育保障组织，体育竞赛组织，市场营销策划，体育健康服务，商业综合体管理服务，互联网销售，软件开发，体育用品及器材批发。

重庆某甲有限公司章程（2022年5月17日）载明，公司股东为白某持股10%，刘某持股45%，王某持股45%，出资期限均为2041年12月31日。章程第十四条载明股东享有如下权利："……（四）查阅公司会计账簿，查阅、复制公司章程、股东会会议记录、执行董事的决定、监事的决定和财务会计报告，对公司的经营行为进行监督，对公司的经营提出建议或者质询……"

2023年9月8日，刘某向重庆某甲有限公司作出《要求查阅公司账簿申请书》，要求查阅公司自成立以来（即2021年4月6日）至今的所有会计账簿（含总账、明细账、日记账、其他辅助性账簿）以及健身房会员系统收款数据。重庆某甲有限公司于

2023年9月11日签收邮件。

另查明：重庆某乙有限公司于2023年6月12日登记成立，注册地址为重庆市两江新区××路××号附××号负××，经营范围包括许可经营和一般经营，许可经营范围中的许可项目为：高危险性体育运动（游泳），食品销售；一般经营范围中的一般项目为：健身休闲活动，棋牌室服务，体育用品及器材零售，信息咨询服务，体育用品设备出租，体育保障组织，体育竞赛组织，市场营销策划，体育健康服务，商业综合体管理服务，互联网销售，软件开发，体育用品及器材批发。庭审中，原告刘某陈述称根据公司法解释（四）第七条的规定，原告合法权益受到损害，可以请求依法查阅和复制其持股期间特定文件材料，故原告要求查阅收费系统，可以看出到底是哪一家公司在经营，而健身房的交易习惯，会员均是办理会员卡，会员卡数据都是在收费系统数据里体现，查询该系统才能真实体现被告公司的财务状况。

本院认为：《中华人民共和国公司法》第三十三条规定，股东有权查阅、复制公司章程、股东会会议记录、董事会会议决议、监事会会议决议和财务会计报告。股东要求查阅公司会计账簿的，应当向公司提出书面请求，说明目的。公司有合理根据认为股东查阅会计账簿有不正当目的，可能损害公司合法权益的，可以拒绝提供查阅，并应当自股东提出书面请求之日起十五日内书面答复股东并说明理由。《中华人民共和国会计法》第八条第一款规定："国家实行统一的会计制度。国家统一的会计制度由国务院财政部门根据本法制定并公布。"第十四条规定，会计凭证包括原始凭证和记账凭证，记账凭证应当根据经过审核的原始凭证及有关资料编制。第十五条第一款规定："会计帐簿登记，必须以经过审核的会计凭证为依据，并符合有关法律、行政法规和国家统一的会计制度的规定。会计帐簿包括总账、明细帐、日记帐和其他辅助性帐簿。"

就本案而言，原告刘某请求查阅被告重庆某甲有限公司从2021年4月6日至2023年8月30日期间的会计账簿（含总账、明细账、日记账、其他辅助性账簿），被告重庆某甲有限公司辩称"经公司股东商议同意原告查询请求"，故对原告刘某的该项诉讼请求，本院依法予以支持。原告刘某还请求查阅健身房会员系统收款数据，但前述数据并非《中华人民共和国公司法》第三十三条、第九十七条或者公司章程规定的特定文件材料，本院不予支持。

综上，依照《中华人民共和国公司法》第三十三条，《最高人民法院关于适用〈中华人民共和国公司法〉若干问题的规定（四）》第七条、第十条，《中华人民共和国会计法》第八条、第十四条、第十五条，《中华人民共和国民事诉讼法》第六十七条、第一百四十七条之规定，判决如下：

一、被告重庆某甲有限公司于本判决生效之日起十五日内提供自2021年4月6日至2023年8月30日止的会计账簿（包含总账、明细账、日记账、其他辅助性账簿）供原告刘某查阅；

二、上述材料查阅地点为被告重庆某甲有限公司办公地点，查阅时间为被告重庆某甲有限公司正常营业时间且不超过十五个工作日，在原告刘某在场的情况下，可以由会计师、律师等依法或者依据执业行为规范负有保密义务的中介机构执业人员辅助进行；

三、驳回原告刘某的其他诉讼请求。

案件受理费80元，减半收取40元，由被告重庆某甲有限公司负担。

如不服本判决，可在判决书送达之日起十五日内向本院递交上诉状，并按对方当事人的人数提出副本，上诉于重庆市第一中级人民法院。

审判员　赵金阁
二〇二四年一月二十九日
法官助理　陈　洋
书记员　邓大本

第二章 会计核算

一、第九条

（一）法条原文

【2024 年版本】

第九条 各单位必须根据实际发生的经济业务事项进行会计核算，填制会计凭证，登记会计账簿，编制财务会计报告。

任何单位不得以虚假的经济业务事项或者资料进行会计核算。

【2017 年、1999 年版本】

第九条 各单位必须根据实际发生的经济业务事项进行会计核算，填制会计凭证，登记会计帐簿，编制财务会计报告。

任何单位不得以虚假的经济业务事项或者资料进行会计核算。

（二）法条释义

本条规定了会计核算的真实性原则。

各单位进行会计核算的依据是实际发生的经济业务事项，对于尚未发生的经济业务事项，不允许进行会计核算。对于已经发生但与计划、预算等不同的经济业务事项，应当按照实际发生的经济业务事项进行会计核算。例如，某单位计划于下个月购置一套价值 10 万元的办公设备，在未实际购置办公设备之前不允许进行会计核算。如果企业下个月实际购置的并非原计划的 10 万元的办公设备，而是另外一套价值 8 万元的办公设备，则该单位只能依据该 8 万元的购置办公设备的经济业务事项进行会计核算。

各单位进行会计核算的具体表现是填制会计凭证、登记会计账簿，未来则依据上述会计核算的结果编制财务会计报告。

任何单位不得以虚假的经济业务事项或者资料进行会计核算。这里所谓"虚假"，既包括客观上并未发生的经济业务事项，也包括客观上发生了但在金额等方面与会计核算有差异的经济业务事项。例如，某单位并未购置办公设备，但通过购买虚假发

59

票，依据该虚假发票进行了购置办公设备的会计核算，填制了会计凭证、登记了会计账簿，该行为即属于以虚假的经济业务事项或者资料进行会计核算。又如，某单位实际花费 8 万元购置某套办公设备，但在开具发票时，虚增金额，开具了 10 万元的发票，该单位依据该 10 万元的发票进行了会计核算，填制了会计凭证、登记了会计账簿，该行为也属于以虚假的经济业务事项或者资料进行会计核算。

（三）相关条文

《中华人民共和国税收征收管理法实施细则》（2016 年 2 月 6 日）

第二十九条　账簿、记账凭证、报表、完税凭证、发票、出口凭证以及其他有关涉税资料应当合法、真实、完整。

账簿、记账凭证、报表、完税凭证、发票、出口凭证以及其他有关涉税资料应当保存 10 年；但是，法律、行政法规另有规定的除外。

《中华人民共和国海关对出口加工区监管的暂行办法》（2011 年 1 月 8 日）

第八条　区内企业应当依据《中华人民共和国会计法》及国家有关法律、法规的规定，设置符合海关监管要求的账簿、报表。凭合法、有效凭证记账并进行核算，记录本企业有关进、出加工区货物和物品的库存、转让、转移、销售、加工、使用和损耗等情况。

《保税区海关监管办法》（2011 年 1 月 8 日）

第五条　在保税区内设立的企业（以下简称区内企业），应当向海关办理注册手续。

区内企业应当依照国家有关法律、行政法规的规定设置账簿、编制报表，凭合法、有效凭证记账并进行核算，记录有关进出保税区货物和物品的库存、转让、转移、销售、加工、使用和损耗等情况。

《宗教活动场所财务管理办法》（2022 年 2 月 11 日）

第二十一条　宗教活动场所一般应当制定本场所的年度预算，报登记管理机关备案，并以适当方式通报当地信教公民。

第二十二条　宗教活动场所的年度预算由收入预算和支出预算组成。预算一般应当自求收支平衡，量入为出。

《会计基础工作规范》（2019 年 3 月 14 日）

第三十六条　各单位应当按照《中华人民共和国会计法》和国家统一会计制度的规定建立会计账册，进行会计核算，及时提供合法、真实、准确、完整的会计信息。

第三十八条　各单位的会计核算应当以实际发生的经济业务为依据，按照规定的会计处理方法进行，保证会计指标的口径一致、相互可比和会计处理方法的前后各期相一致。

（四）典型案例

江西省高级人民法院
民事判决书[①]

〔2021〕赣民终206号

上诉人（原审被告）：江西中科浩飞科技城开发运营有限公司，住所地：江西省南昌市南昌经济技术开发区蛟桥镇办公楼505室，统一社会信用代码：91360100MA37Q4U02K。

法定代表人：朱某，该公司董事长。

委托诉讼代理人：林某敏，男，上海中科科创文化集团有限公司员工。

被上诉人（原审原告）：中国新城镇控股有限公司，住所地：香港特别行政区湾仔港湾道18号中环广场40楼4006室，登记证号码：62937546-000-03-20-A。

授权代表：刘某强，该公司执行董事。

委托诉讼代理人：魏瑾华，北京市中伦文德律师事务所律师。

委托诉讼代理人：蔡莹，北京市中伦文德律师事务所律师。

上诉人江西中科浩飞科技城开发运营有限公司（以下简称江西中科公司）因与被上诉人中国新城镇控股有限公司（以下简称新城镇公司）股东知情权纠纷一案，不服江西省南昌市中级人民法院〔2020〕赣01民初455号民事判决，向本院提起上诉。本院于2021年2月4日立案后，依法组成合议庭，于2021年3月17日公开开庭对本案进行了审理。上诉人江西中科公司委托诉讼代理人林某敏，被上诉人新城镇公司委托诉讼代理人魏瑾华、蔡莹到庭参加了诉讼。本案现已审理终结。

江西中科公司上诉请求：1.撤销一审判决；2.改判驳回新城镇公司诉讼请求。事实和理由：本案一审判决查明事实较清晰，江西中科公司不再赘述。但本案一审判决"法院认为"部分存在较大逻辑问题，江西中科公司对法院认定部分存有不同观点，该认定也直接导致了一审法律适用错误及判决有误。（一）一审判决混淆了股东的定义，并擅自以判决方式确认了新城镇公司股东的主体地位，是非常明显的认定错误，即本案定性内容存在错误。1.本案中，新城镇公司与案外人上海中科科创文化集团有限公司（以下简称上海中科公司）于2018年1月签订了《股权投资协议》，后两家单位依据该投资协议共同签署章程、设立了江西中科公司。江西中科公司认为，该投资协议系该公司工商设立的重要文件之一，对本案新城镇公司股东身份的认定具有关键性作用，新城镇公司与上海中科公司在投资协议中的相关约定系本案争议焦点"新城镇公司是否系江西中科公司合法股东"认定的重要依据。所以，并非如一审判决第10页最

[①] 资料来源：中国裁判文书网https://wenshu.court.gov.cn。

后一段描述"并非本案审理范围、亦不能以此否认新城镇公司作为江西中科公司股东的事实"。2.新城镇公司有两个重要事实,一审法院经江西中科公司提交证据后进行了忽略,即:一是新城镇公司无视江西中科公司经营亏损而定期收取所谓的股息收益或投资补贴,该收益或补贴都是统一按照固定利率进行收取的;二是江西中科公司向法庭提交的新城镇公司2020年6月15日向上海仲裁委员会仲裁申请书,要求案外人上海中科公司履行约定回购义务,同时要求案外人中科建设开发总公司履行担保义务。上述行为及新城镇公司与上海中科公司的投资合同约定及新城镇公司与中科建设开发总公司的保证合同约定,已经充分说明了新城镇公司当初与上海中科公司签署投资协议,并依据投资协议设立江西中科公司,其目的就是上海中科公司是以"明股实债"方式引进新城镇公司资金进行融资合作,同时通过投资协议约定了"投资期限、分红补贴、届满回购、预设担保"等条款,这些约定条款与上述事实说明新城镇公司对江西中科公司的投资行为,本质上具有刚性兑付的保本特征,不是共享收益共担风险的股权投资属性,其实质还是债权融资。故此,新城镇公司非被投资企业的股东,其投资行为仅仅为债权投资。3.新城镇公司所谓的委派董事,其实仅就按投资合同的规定对江西中科公司经营资金进行监管,其并无参与江西中科公司经营活动。所以,该董事行为本质系对新城镇公司债权投资资金的一种监管,而非参与江西中科公司的日常经营活动,两者系本质上差异。综上,一审判决第10页最后一段,确认新城镇公司系江西中科公司的合法股东的认定明显错误。(二)本案"新城镇公司行使知情权的范围是否符合法律规定"的法律适用有误。既然新城镇公司不是江西中科公司的合法股东,那么其就没有股东知情权一说,也就不能依据公司法及公司法司法解释享有股东知情权,更不能照此判决。恳请二审撤销一审判决,改判驳回新城镇公司诉请。

新城镇公司辩称:(一)虽然新城镇公司没有上诉,认可一审判决的第一、第二判项,但对一审法院驳回其他诉讼请求是有意见的,也希望二审法院可以依职权裁决。(二)一审判决关于新城镇公司股东身份的认定是完全正确的,并非江西中科公司所述的定性错误。江西中科公司提交的《股权投资协议》是系新城镇公司与案外人上海中科公司签署的,这份协议就双方之间的合作方式、合作期限以及投资退出等进行了约定。其约束的是双方权利义务关系,而不是本案的新城镇公司和江西中科公司之间的关系。而本案是新城镇公司基于其作为江西中科公司的股东提起的一个知情权纠纷,所以说新城镇公司和江西中科公司之间的这种股权关系,与新城镇公司和上海中科公司之间的合作关系是两个完全独立的法律关系,不能混为一谈。《股权投资协议》约定了上海中科公司对新城镇公司履行股权回购义务,只能说明在股权回购之前,股权是属于新城镇公司的,否则不存在回购一说。而且新城镇公司要求上海中科公司回购股权只是说明在合作中新城镇公司除了取得江西中科公司的股权,还另外享有要求上海中科公司回购股权的请求权,所以说持有股权和享有回购请求权这两者并不冲突。回购请求权仅是新城镇公司退出投资的一种方式。在上海中科公司回购股权前,新城镇公司作为江西中科公司的股东,依法享有股东权利。根据江西中科公司的公司章程,在新城镇公司担任股东期间,对江西中科公司是享有分红权的,而不只是江西中科公司提到的固定的投资及补贴,在将来江西中科公司分红时,新城镇公司人作为股东,在之前年度内取得的补贴是应当从分红额中予以冲抵的。在江西中科公司经营管理过程中,也并非该公司所述的新城镇公司没有参加任何管理,事实上是新城镇公司向江西中科公司委派了董事,而且参加了董事会,就递交董事会讨论的事项行使表决权,而且还委派了财务总监,从新城镇公司的这种主观意愿以及客观行为分析,新城镇公司是希望可以参与到江西中科公司的经营管理中去的,但是江西中科公司和上海中科公司不但没有提供便利条件予以配合,反而是操控了江西中科公司的经营管理,拒绝新城镇公司委派的人员插手,遇到需要提交董事会审议的事项也是想尽办法通过事项拆分、金额拆分的方式来规避董事会的审议,直接将新城镇公司委派的人员排除在外,这才出现江西中科公司所说的所谓新城镇公司并没有参与公司经营管理的情况。江西中科公司主张新城镇公司不具有股东身份的理解是错误的,在这次投资过程当中,新城镇公司是有投资之名,也存在投资之实。在新城镇公司将其持有的江西中科公司股权转让前,新城镇公司的股东身份以及基于股东身份对江西中科公司享有的股东权利是不容置疑的,也是不可剥夺的。这是关于新城镇公司股东身份的认定。(三)一审法院根据公司法和会计法的相关规定支持了新城镇公司查阅包括记账凭证、相关原始凭证和作为原始凭证入账备查的有关资料在内的会计凭证,新城镇公司认为一审法院在这个问题上的法律适用是正确的。一审法院作出的第三项判决驳回新城镇公司的其他诉请部分是判决不公的地方。虽然新城镇公司没有提起上诉,恳请二审法院考虑。

新城镇公司向一审法院起诉请求:1.判令江西中科公司完整提供公司自2018年2月8日至判决生效之日止的公司章程、章程修正案、股东会会议决议、董事会会议决议和监事会会议决议供新城镇公司查阅、复制;2.判令江西中科公司完整提供公司自2018年2月8日至判决生效之日止的财务会计报告,包括资产负债表、损益表、现金流量表、财务情况说明书和利润分配表等供新城镇公司查阅、复制;3.判令江西中科公司完整提供公司自2018年2月8日至判决生效之日止的会计账簿和会计凭证(包括现金日记账、银行日记账、总账、明细账、辅助账、备查账、会计凭证、银行对账单、余额调节表、相关原始凭证、作为原始凭证附件入账备查的合同、纳税报表等有关资料以及电子账)等供新城镇公司及其委托的注册会计师、律师查阅;4.判令江西中科公司完整提供公司自2018年2月8日至判决生效之日止的银行开户信息、历年银行对账单、交易转账明细、纳税报表以及审计必要的其他财务资料,或者判令江西中科公司按照《公司章程》之规定配合新城镇公司委托的审计机构进行审计;5.请求判令本案诉讼费用由江西中科公司承担。

一审法院认定事实:2018年1月,新城镇公司与上海中科公司签订《股权投资协议》，双方拟通过协议分别对项目公司入股的方式，提供项目建设资金，并获得合理回报。项目为中科院南昌科技园区项目，建筑面积总计74.5万平方米，项目地点位于航空经济区南圈，儒乐湖新城组团内，项目总规划面积约675亩。双方一致同意以项目公司作为本项目的具体开发建设实施主体。双方将以股权的形式投资于项目公司。双方共同出资设立一家管理公司，对本项目进行管理。项目公司拟定名称为江西中科科技城开发运营有限公司，注册资本为8亿元，由双方各认缴4亿元。双方依照本协议对项目公司进行的投资，由上海中科公司向新城镇公司或其指定境内法律实体支付投资期补贴，于投资期内，新城镇公司或其指定境内法律实体所得的投资期补贴的具体计算方法为：每日应获得的投资期补贴＝新城镇公司在当日已向项目公司缴付的全部出资总额×10%÷360，上述投资补贴期补贴自新城镇公司对项目公司实际缴付出资或支出投资款项之日起算，每半年结算一次，由上海中科公司在每年6月29日以及12月20日支付。投资期未满时，若上海中科公司提前回购新城镇公司持有的项目公司股权，需提前一个月告知，上海中科公司支付的投资期补贴按照从新城镇公司实际缴付出资之日至回购款实际缴付至新城镇公司之日止计算。于投资期内，在项目公司每年向其股东进行分红时，在之前年度内项目公司已按约定支付给新城镇公司或其指定境内法律实体的投资期补贴在新城镇公司或其指定境内法律实体作为项目公司股东应得的全部分红额中予以冲抵。新城镇公司或其指定境内法律实体依照本协议对项目公司所进行之投资的投资期为2年，自新城镇公司或其指定境内法律实体依照协议向项目公司缴付出资之日起开始计算。若投资期届满且各方未能按照约定延长合作期限的，则上海中科公司应回购新城镇公司持有的全部项目公司股权，股权回购价格为新城镇公司向项目公司缴付的全部出资额。

2018年1月31日，新城镇公司与上海中科公司签订《江西中科浩飞科技城开发运营有限公司中外合资经营合同》，新城镇公司与上海中科公司同意在江西南昌共同出资建立合资企业，合资企业名称为江西中科浩飞科技城开发运营有限公司，合资公司为有限责任公司，各方对合资公司的责任以各自认缴的出资额为限，按照各自在注册资本中认缴的出资比例分享利润、分担风险及亏损。合资公司董事共3名，其中新城镇公司委派1名，上海中科公司委派2名（含董事长），董事的任期为三年，可连任。合资公司设总经理一人，由上海中科公司提名，董事会聘任。合资公司的会计年度，每年从1月1日起到12月31日止，合资公司的财务审计，应聘请中国的注册会计师审查、稽核，并将结果向总经理和董事会报告，合资各方可以向合资公司派遣已方的审计师，检查会计账簿，费用由派出方自理。合资公司的董事或持有董事委托书的代理人，可随时阅览，检查合资公司的会计账簿以及其他计算记录。合资公司财务部门应在每一个会计年度的前三个月编制上一个会计年度的资产负债表和损益计算书，经中国的注册会计师审计并出具报告后，提交董事会会议通过。合资公司的合营期限为自合资公司的营业执照签发之日起30年。2018年2月12日，新城镇公司向江西中科公司汇款4亿元。

2018年5月10日，新城镇公司与上海中科公司签订《股权投资协议之补充协议》，载明上海中科公司更名为上海中科科创文化集团有限公司，双方就项目管理公司的相关事宜进行了修改。

另查明：江西中科公司于2018年2月8日登记成立，注册资本为8亿元人民币，股东为上海中科公司及新城镇公司，其中上海中科公司认缴出资额为4亿元，实缴出资额0元，新城镇公司认缴出资额为4亿元，实缴出资额4亿元，实缴出资时间为2018年2月12日。公司登记监事为夏国欣，董事为李博、徐纯，朱某担任董事长及总经理。江西中科公司章程载明公司投资总额为20亿元人民币，合资公司注册资本为8亿元人民币，出资期限为2023年3月1日前完成。公司设董事会，不设监事会，设一名监事，由投资方共同委派，监事可检查合资公司财务。合资公司会计年度采用日历年制，自1月1日起至12月31日止为一个会计年度。合资公司财务会计账册上应记载但不限于：合资公司所有的现金收入、支出数量；合资公司所有的物资出售及购入情况；合资公司注册资本及负债情况；合资公司注册资本的缴纳时间、增加及转让情况。合资公司财务部门应在每一个会计年度的前三个月编制上一个会计年度的年度会计报表，经中国的注册会计师审计并出具报告后，提交董事会会议通过。合资各方有权自费聘请审计师查阅合资公司账簿，查阅时，合资公司应提供方便。

2020年4月28日，新城镇公司向江西中科公司发出《查阅会计账簿申请书》，要求查阅、复制江西中科公司自成立以来的公司章程、章程修正案、股东会会议记录、董事会会议决议、监事会会议决议；财务会计报告包括资产负债表、损益表、现金流量表、财务情况说明书和利润分配表等；会计账簿包括现金日记账、银行日记账、总账、明细账、辅助账、备查账、会计凭证、银行对账单、余额调节表、相关原始凭证、作为原始凭证附件入账备查的合同、纳税报表等有关资料以及电子账。

一审法院认为，新城镇公司系香港特别行政区注册成立的公司，本案系涉香港特别行政区商事案件。庭审中，双方均明示选择内地法律作为审理本案的准据法，依据《中华人民共和国涉外民事关系法律适用法》第三条"当事人依照法律规定可以明示选择涉外民事关系适用的法律"之规定，确认中国内地法律作为处理本案争议的准据法。

根据双方的诉辩意见，本案一审争议焦点主要为：1. 新城镇公司是否系江西中科公司的合法股东？2. 新城镇公司行使知情权的范围是否符合法律规定？对于新城镇公司与江西中科公司的关系，江西中科公司称双方系名为股权实为借贷关系。对此，一审法院认为，新城镇公司与上海中科公司签订的《股权投资协议》虽约定上海中科公司需向新城镇公司支付投资期补贴，且投资期满各方未能按照约定延长合作期限的，上海中科公司应回购新城镇公司持有的全部项目公司股权。但该约定系新城镇公司与案外人上海中科公司之间订立，该约定仅确立了双方作为融资方与投资者间关于股权如何投资、股份如何回购等事项，双方之间对赌协议是否有效，上海中科公司是否应据此向新城镇公司履行该对赌协议约定,并非本案审理范围,亦不能以此否认新城镇公司作为江西中科公司股东的事实。从双方签订的系列协议内容及新城镇公司实际履行出资义务及新城镇公司向项目公司委派董事的事实,结合工商行政管理部门的工商登记信息看,一审法院确认新城镇公司系江西中科公司的合法股东。对于新城镇公司行使知情权的范围,依据《中华人民共和国公司法》第三十三条规定"股东有权查阅、复制公司章程、股东会会议记录、董事会会议决议、监事会会议决议和财务会计报告。股东可以要求查阅公司会计账簿。股东要求查阅公司会计账簿的,应当向公司提出书面请求,说明目的。公司有合理根据认为股东查阅会计账簿有不正当目的,可能损害公司合法利益的,可以拒绝提供查阅,并应当自股东提出书面请求之日起十五日内书面答复股东并说明理由。公司拒绝提供查阅的,股东可以请求人民法院要求公司提供查阅"。新城镇公司要求查阅、复制公司章程、章程修正案、股东会会议记录、董事会会议决议、监事会会议决议和财务会计报告,系股东行使其法定权利的正当范围,予以支持。而对于公司会计账簿,因新城镇公司向江西中科公司出具的函件中明确查阅账簿目的是"为监管4亿元注册资本金的使用情况及全面了解公司运营和资产、财务状况,维护股东知情权",新城镇公司已向江西中科公司书面提出查阅公司会计账簿的申请,江西中科公司对上述申请并未予以回复,亦未提供证据证明新城镇公司存在不正当目的,应视为江西中科公司对新城镇公司的申请予以拒绝,依照上述法律规定,新城镇公司有权请求人民法院要求公司提供查阅。对于公司的会计凭证,《中华人民共和国会计法》第九条规定,各单位必须根据实际发生的经济业务事项,进行会计核算,填制会计凭证,登记会计账簿,编制财务会计报告;第十四条规定,会计凭证包括原始凭证和记账凭证,办理会计法第十条所列的各项经济业务事务,必须填制或者取得原始凭证并及时送交会计机构,记账凭证应当根据经过审核的原始凭证及有关资料编制;第十五条第一款规定,会计账簿登记,必须以经过审核的会计凭证为依据,并符合有关法律、行政法规和国家统一的会计制度的规定。因此,根据会计准则,相关契约等有关资产也是编制记账凭证的依据。应当作为原始凭证的附件入账备查。公司的具体经营活动也只有通过查阅原始凭证才能知晓,不查阅原始凭证,股东可能无法准确了解公司真正的经营状况。结合《中华人民共和国会计法》的相关规定,股东查阅与公司会计账簿记载内容有关的会计原始凭证和记账凭证亦应认定为公司股东知情权内容的组成部分。因此新城镇公司查阅权行使的范围应当包括江西中科公司的会计账簿(含总账、明细账、现金日记账、银行日记账及其他辅助账簿)及会计凭证(含记账凭证、相关原始凭证及作为原始凭证附件入账备查的有关资料),且其权限仅限于查阅。同时,因股东查阅公司资料,涉及比较专业的文件,为保证股东知情权的有效行使,股东有权委托具有专业知识能力的人代为行使。《最高人民法院关于适用〈中华人民共和国公司法〉若干问题的规定(四)》第十条第二款规定:"股东依据人民法院生效判决查阅公司文件材料的,在该股东在场的情况下,可以由会计师、律师等依法或者依据执业行为规范负有保密义务的中介机构执业人员辅助进行。"据此，新城镇公司依据生效判决查阅公司文件材料行使股东知情权的，可以委托上述规定中的人员进行，但必须有新城镇公司在场。对新城镇公司诉请的要求查阅其他公司资料的诉请，因超出了股东行使知情权的查阅范围，不予支持。

因新城镇公司行使其股东权利，亦不能对公司经营效益、经营秩序等形成不利影响，因此，新城镇公司应在江西中科公司营业场所或双方协商确定的其他场所和正常营业时间内进行查阅和复制，且新城镇公司查阅和复制时间限于江西中科公司提供上述材料之日起十五个工作日内。

据此，依据《中华人民共和国公司法》第三十三条、《最高人民法院关于适用〈中华人民共和国公司法〉若干问题的规定（四）》第八条、第十条第二款之规定，判决：一、江西中科公司于本判决生效之日起十日内提供自2018年2月8日至今的所有历次公司章程及章程修正案、股东会会议记录、董事会会议决议、监事会会议决议和财务会计报告，供新城镇公司查阅和复制。上述文件资料由新城镇公司在江西中科公司营业场所或双方协商确定的其他场所和正常营业时间内查阅和复制，查阅和复制时间限于江西中科公司提供上述文件资料之日起十五个工作日内。二、江西中科公司于本判决生效之日起十日内提供自2018年2月8日至今的所有会计账簿（含总账、明细账、现金日记账、银行日记账及其他辅助账簿）及会计凭证（含记账凭证、相关原始凭证及作为原始凭证附件入账备查的有关资料）供新城镇公司查阅。上述文件资料由新城镇公司在江西中科公司营业场所或双方协商确定的其他场所和正常营业时间内查阅，查阅时间限于江西中科公司提供上述文件资料之日起十五个工作日内。在新城镇公司在场的情况下，可以由新城镇公司委托的注册会计师、律师等依据执业行为规范负有保密义务的中介机构执业人员辅助进行。三、驳回新城镇公司的其他诉讼请求。案件受理费100元，由江西中科公司负担。

本院二审期间，江西中科公司提交了上海仲裁委员会〔2020〕沪仲案字第1722号《开庭记录》复印件4张，包含的页码为：第1、2页，第5、6页，第10、11页，第12、13页，证明双方是一种"明股实债"的法律关系，并不存在新城镇公司所称的是江西中科公司股东的一个法律事实。新城镇公司认为，认可证据的真实性和合法性，但是不认可关联性。这份证据与本案没有关系，从《开庭记录》上可以看到被申请人的身份是案外人和保证人，都不是本案的当事人主体。在仲裁案中，新城镇公司也明确告知了仲裁庭该案是属于附带回购义务的投资法律关系，所以两个案件是两个完全独立的法律关系。经审查，江西中科公司举证的《开庭记录》以及一审举证的《仲裁申请书》能证明新城镇公司向上海仲裁委员会提出了投资补贴、股权回购及担保等仲裁申请。

对于一审判决查明的事实，双方当事人均无异议，本院予以确认。

本院二审查明，针对《股权投资协议》约定的股权回购、投资补贴的履行，新城镇公司于2020年6月15日签署《仲裁申请书》，向上海仲裁委员会提出仲裁申请，请求上海中科公司支付投资补贴、股权回购款及承担相应违约责任，并要求中科建设开发总公司承担连带保证责任。2020年12月22日，该案仲裁开庭。

本院认为，新城镇公司是香港特别行政区法人，本案系涉香港特别行政区商事案件，一审判决关于本案应适用中国内地法律的认定正确。本案系民法典施行前的法律事实引起的民事纠纷案件，故应适用当时的法律、司法解释的规定。

根据当事人的诉辩主张，并经当事人确认，本案二审的争议焦点为：能否认定新城镇公司是江西中科公司的股东？

首先，在新城镇公司与上海中科公司共同签署的江西中科公司的公司章程上明确记载新城镇公司为江西中科公司股东，新城镇公司出资4亿元人民币，占注册资本的50%；其次，2018年2月12日，新城镇公司向江西中科公司支付了在该公司章程中认缴的出资4亿元，实际履行了出资义务；再次，江西中科公司企业信用信息公示报告显示，新城镇公司实际出资4亿元，在江西中科公司成立时就已登记为该公司股东，至本案二审诉讼时，工商登记显示新城镇公司仍是江西中科公司的股东；最后，新城镇公司作为江西中科公司的股东，委派了董事参与对江西中科公司的相关管理，实际行使了股东的权利。综合以上意见，足以认定新城镇公司是江西中科公司的股东。至于在新城镇公司与上海中科公司签订的《股权投资协议》中约定了上海中科公司向新城镇公司支付投资补贴及股权回购的内容，因《股权投资协议》系两个独立民事主体另行达成的投资合意，该约定不影响江西中科公司在其工商信息中记载新城镇公司股东身份的法律效力，江西中科公司依据该约定否定新城镇公司的股东身份缺乏法律依据，不能支持。2020年4月28日，新城镇公司向江西中科公司邮寄《查阅会计账簿申请书》，江西中科公司未予答复，一审判决江西中科公司限期提供自2018年2月8日至今的所有历次公司章程及章程修正案、股东会会议记录、董事会会议决议、监事会会议决议和财务会计报告、所有会计账簿、会计凭证，供新城镇公司查阅和复制，符合法律规定，应予维持。

综上所述，江西中科公司的上诉请求不能成立。本院依照《中华人民共和国民事诉讼法》第一百七十条第一款第（一）项之规定，判决如下：

驳回上诉，维持原判。

二审案件受理费100元，由江西中科浩飞科技城开发运营有限公司承担。

本判决为终审判决。

审判长　徐快华
审判员　徐清华
审判员　何全伟
二〇二一年三月二十二日

二、第十条

（一）法条原文

【2024 年版本】

第十条　各单位应当对下列经济业务事项办理会计手续，进行会计核算：

（一）资产的增减和使用；

（二）负债的增减；

（三）净资产（所有者权益）的增减；

（四）收入、支出、费用、成本的增减；

（五）财务成果的计算和处理；

（六）需要办理会计手续、进行会计核算的其他事项。

【2017 年、1999 年版本】

第十条　下列经济业务事项，应当办理会计手续，进行会计核算：

（一）款项和有价证券的收付；

（二）财物的收发、增减和使用；

（三）债权债务的发生和结算；

（四）资本、基金的增减；

（五）收入、支出、费用、成本的计算；

（六）财务成果的计算和处理；

（七）需要办理会计手续、进行会计核算的其他事项。

第二十五条　公司、企业必须根据实际发生的经济业务事项，按照国家统一的会计制度的规定确认、计量和记录资产、负债、所有者权益、收入、费用、成本和利润。

【1993 年版本】

第七条　下列事项，应当办理会计手续，进行会计核算：

（一）款项和有价证券的收付；

（二）财物的收发、增减和使用；

（三）债权债务的发生和结算；

（四）资本、基金的增减和经费的收支；

（五）收入、费用、成本的计算；

（六）财务成果的计算和处理；

（七）其他需要办理会计手续、进行会计核算的事项。

【1985 年版本】

第七条　下列事项，应当办理会计手续，进行会计核算：

（一）款项和有价证券的收付；

（二）财物的收发、增减和使用；

（三）债权债务的发生和结算；

（四）基金的增减和经费的收支；

（五）收入、费用、成本的计算；

（六）财务成果的计算和处理；

（七）其他需要办理会计手续、进行会计核算的事项。

（二）法条释义

本条规定了应当办理会计手续、进行会计核算的经济业务事项。

2017年、1999年版本《会计法》第十条规定："下列经济业务事项，应当办理会计手续，进行会计核算：（一）款项和有价证券的收付；（二）财物的收发、增减和使用；（三）债权债务的发生和结算；（四）资本、基金的增减；（五）收入、支出、费用、成本的计算；（六）财务成果的计算和处理；（七）需要办理会计手续、进行会计核算的其他事项。"

2024年版本《会计法》的规定更加概括，将"款项和有价证券的收付""财物的收发、增减和使用"修改为"资产的增减和使用"；将"债权债务的发生和结算"修改为"负债的增减"；将"资本、基金的增减"修改为"净资产（所有者权益）的增减"；将"收入、支出、费用、成本的计算"修改为"收入、支出、费用、成本的增减"。原"计算"的表述与其他各项不对应，前面几项表达的均是资产和负债的增减及使用，并非计算，修改之后的表述更加准确。

2017年、1999年版本《会计法》第二十五条规定："公司、企业必须根据实际发生的经济业务事项，按照国家统一的会计制度的规定确认、计量和记录资产、负债、所有者权益、收入、费用、成本和利润。"2024年版本《会计法》将其合并至第十条。

原则上，单位发生的经济业务事项，只要影响收入、支出以及财务报表的相关金额的，都应当办理会计手续、进行会计核算。具体而言，包括以下事项：

（1）资产的增减和使用。资产的增减和使用影响会资产负债表中的项目。例如，收到款项和有价证券，应当增加货币资金、应收票据、预收款项等科目的金额，可能增加单位的收入和资产的金额。付出款项和有价证券，应当减少货币资金、应收票据、预收款项等科目的金额，可能减少单位的收入和资产金额。收到或者增加财物，应当增加存货、固定资产、在建工程等科目的金额；发出、减少或者使用财物，应当减少存货、固定资产、在建工程等科目的金额，也可能同时增加某些科目的金额。

（2）负债的增减。负债的增减会影响资产负债表的项目。例如，发生债权通常会导致应收账款金额的增加，结算之后，可能减少应收账款的金额，同时增加货币资金的金额。发生债务通常会导致应付账款、短期借款、合同负债、应付职工薪酬、应交税费、其他应付款、长期借款、长期应付款等科目金额的增加，结算债务后，可能导致上述科目的金额减少，同时还会导致货币资金减少。

（3）净资产（所有者权益）的增减。净资产（所有者权益）的增减会影响资产负债表的项目。例如，资本和基金的增加通常会导致实收资本、资本公积、货币资金等科目金额的增加，资本和基金的减少通常会导致实收资本、资本公积、货币资金等科目金额的减少。

（4）收入、支出、费用、成本的增减。收入、支出、费用、成本均为利润表中的科目，相关金额的增减会导致利润表相关科目金额的变动。

（5）财务成果的计算和处理。财务成果主要是指单位的利润，其计算会导致利润表中相关科目金额的变动，其处理通常会导致资产负债表中的盈余公积、未分配利润等科目金额的变动。

（6）需要办理会计手续、进行会计核算的其他事项。这是兜底条款，原则上，只要对单位财务报表具有影响的事项，均需要办理会计手续、进行会计核算。

企业的会计核算必须根据实际发生的经济业务事项进行，这是会计核算真实性原则的要求，也是所有单位进行会计核算的基本原则。有些企业仅仅根据本单位的预算或者财务计划就进行会计核算，这不仅是错误的，也是违法的。企业应当以实际发生的交易或者事项为依据进行会计确认、计量和报告，如实反映符合确认和计量要求的各项会计要素及其他相关信息，保证会计信息真实可靠、内容完整。

企业会计核算的主要任务是确认、计量和记录资产、负债、所有者权益、收入、费用、成本和利润。这些行为都必须按照国家统一的会计制度的规定进行。如为了规范企业会计确认、计量和报告行为，保证会计信息质量，财政部制定了《企业会计准则》。

企业应当对其本身发生的交易或者事项进行会计确认、计量和报告。企业应当以权责发生制为基础进行会计确认、计量和报告。企业应当按照交易或者事项的经济特征确定会计要素。会计要素包括资产、负债、所有者权益、收入、费用和利润。

资产是指企业过去的交易或者事项形成的、由企业拥有或者控制的、预期会给企业带来经济利益的资源。企业过去的交易或者事项包括购买、生产、建造行为或其他交易或者事项。预期在未来发生的交易或者事项不形成资产。由企业拥有或者控制，是指企业享有某项资源的所有权，或者虽然不享有某项资源的所有权，但该资源能被企业所控制。预期会给企业带来经济利益，是指直接或者间接导致现金和现金等价物流入企业的潜力。

负债是指企业过去的交易或者事项形成的、预期会导致经济利益流出企业的现时义务。现时义务是指企业在现行条件下已承担的义务。未来发生的交易或者事项形成的义务，不属于现时义务，不应当确认为负债。

所有者权益是指企业资产扣除负债后由所有者享有的剩余权益。公司的所有者权益又称为股东权益。所有者权益的来源包括所有者投入的资本、直接计入所有者权益的利得和损失、留存收益等。直接计入所有者权益的利得和损失，是指不应计入当期损益、会导致所有者权益发生增减变动的、与所有者投入资本或者向所有者分配利润无关的利得或者损失。利得是指由企业非日常活动所形成的、会导致所有者权益增加的、与所有者投入资本无关的经济利益的流入。损失是指由企业非日常活动所发生的、会导致所有者权益减少的、与向所有者分配利润无关的经济利益的流出。

收入是指企业在日常活动中形成的、会导致所有者权益增加的、与所有者投入资本无关的经济利益的总流入。收入只有在经济利益很可能流入从而导致企业资产增加或者负债减少且经济利益的流入额能够可靠计量时才能予以确认。

费用是指企业在日常活动中发生的、会导致所有者权益减少的、与向所有者分配利润无关的经济利益的总流出。费用只有在经济利益很可能流出从而导致企业资产减少或者负债增加且经济利益的流出额能够可靠计量时才能予以确认。

利润是指企业在一定会计期间的经营成果。利润包括收入减去费用后的净额、直接计入当期利润的利得和损失等。

（三）相关条文

《中华人民共和国国际海运条例》（2023 年 7 月 20 日）

第十八条　经营国际船舶运输业务和无船承运业务，不得有下列行为：

（一）以低于正常、合理水平的运价提供服务，妨碍公平竞争；

（二）在会计账簿之外暗中给予托运人回扣，承揽货物；

（三）滥用优势地位，以歧视性价格或者其他限制性条件给交易对方造成损害；

（四）其他损害交易对方或者国际海上运输市场秩序的行为。

《宗教活动场所财务管理办法》（2022 年 2 月 11 日）

第五章　收 入 管 理

第二十三条　宗教活动场所的收入包括下列类型：

（一）提供宗教服务的收入和出售宗教活动场所门票的收入；

（二）按照国家有关规定接受境内外组织和个人捐赠的收入；

（三）经销宗教用品、宗教艺术品和宗教出版物，出租宗教活动场所资产取得的收入；

（四）政府补助取得的收入；

（五）其他合法收入。

第二十四条　宗教活动场所各项收入应当及时入账，纳入本场所财务管理。

第二十五条　宗教活动场所应当开立单位银行结算账户，并将银行账户信息报登记管理机关备案。

宗教活动场所各项收入应当存入单位银行结算账户，不得存入个人账户，不得通过个人的支付宝、微信等互联网支付方式收取。

第二十六条 宗教活动场所接受境内外组织和个人的捐赠，应当遵守国家有关规定，并给捐赠人出具省级人民政府宗教事务部门统一印制编号的收据，加盖本场所印章。捐赠人匿名或者放弃收据的，宗教活动场所应当做好相关记录。接受的捐赠应当及时入账。

宗教活动场所设有捐款箱的，应当指定三人管理捐款箱。开启捐款箱应当有三人同时在场，当场清点捐款数额并登记，由三人签字后交本场所财务人员入账。

宗教活动场所发起设立的慈善组织接受慈善捐赠，应当符合《中华人民共和国慈善法》有关规定。

第二十七条 宗教教职人员和其他任何人员不得将宗教活动场所的财产据为己有。

宗教教职人员接收的捐赠给宗教活动场所的钱物，应当按照本办法第二十六条的规定出具收据并及时入账。

第二十八条 宗教活动场所应当对取得的政府补助收入单独核算，严格管理。

第二十九条 宗教活动场所应当依法办理税务登记和纳税申报，依法纳税，按照国家有关规定享受税收优惠。

第六章　支出管理

第三十条 宗教活动场所的支出包括下列类型：

（一）举行宗教活动发生的支出；

（二）开展基本建设发生的支出；

（三）宗教教职人员生活支出、工作人员报酬支出以及水费、电费等日常性支出；

（四）进购宗教用品、宗教艺术品和宗教出版物的支出；

（五）从事公益慈善事业和其他社会服务的支出；

（六）其他合法支出。

第三十一条 宗教活动场所的收入应当用于与本场所宗旨相符的活动，不得用于分配，不得用于法律法规禁止的领域、活动。

第三十二条 宗教活动场所应当制定并严格执行财务支出审批制度。

宗教活动场所的支出应当经本场所财务管理机构负责人签字同意，报本场所管理组织负责人审批。

宗教活动场所的大额支出应当经本场所管理组织集体研究决定，需要听取信教公民意见的，应当征求信教公民意见。大额支出数额标准由宗教活动场所在其内部财务管理制度中规定。

第三十三条 宗教活动场所取得的政府补助收入，应当专款专用，不得挪作他用。

第三十四条 宗教活动场所款项的出借和借入应当经本场所管理组织集体研究决定并形成会议纪要。借贷双方应当签订合法有效的借款合同。

宗教活动场所借入款项应当保证按期偿还。

宗教活动场所出借款项数额较大的，应当要求借方提供担保或者抵押。

宗教活动场所不得参与非法民间借贷以及任何形式的非法金融活动。

《会计基础工作规范》（2019年3月14日）

第三十七条 各单位发生的下列事项，应当及时办理会计手续、进行会计核算：

（一）款项和有价证券的收付；

（二）财物的收发、增减和使用；

（三）债权债务的发生和结算；

（四）资本、基金的增减；

（五）收入、支出、费用、成本的计算；

（六）财务成果的计算和处理；

（七）其他需要办理会计手续、进行会计核算的事项。

《企业会计准则——基本准则》（2014年7月23日）

第一章 总 则

第一条 为了规范企业会计确认、计量和报告行为，保证会计信息质量，根据《中华人民共和国会计法》和其他有关法律、行政法规，制定本准则。

第二条 本准则适用于在中华人民共和国境内设立的企业（包括公司，下同）。

第三条 企业会计准则包括基本准则和具体准则，具体准则的制定应当遵循本准则。

第四条 企业应当编制财务会计报告（又称财务报告，下同）。财务会计报告的目标是向财务会计报告使用者提供与企业财务状况、经营成果和现金流量等有关的会计信息，反映企业管理层受托责任履行情况，有助于财务会计报告使用者作出经济决策。

财务会计报告使用者包括投资者、债权人、政府及其有关部门和社会公众等。

第五条 企业应当对其本身发生的交易或者事项进行会计确认、计量和报告。

第六条 企业会计确认、计量和报告应当以持续经营为前提。

第七条 企业应当划分会计期间，分期结算账目和编制财务会计报告。

会计期间分为年度和中期。中期是指短于一个完整的会计年度的报告期间。

第八条 企业会计应当以货币计量。

第九条 企业应当以权责发生制为基础进行会计确认、计量和报告。

第十条 企业应当按照交易或者事项的经济特征确定会计要素。会计要素包括资产、负债、所有者权益、收入、费用和利润。

第十一条 企业应当采用借贷记账法记账。

第二章 会计信息质量要求

第十二条 企业应当以实际发生的交易或者事项为依据进行会计确认、计量和报告，如实反映符合确认和计量要求的各项会计要素及其他相关信息，保证会计信息真实可靠、内容完整。

第十三条 企业提供的会计信息应当与财务会计报告使用者的经济决策需要相

关，有助于财务会计报告使用者对企业过去、现在或者未来的情况作出评价或者预测。

第十四条 企业提供的会计信息应当清晰明了，便于财务会计报告使用者理解和使用。

第十五条 企业提供的会计信息应当具有可比性。

同一企业不同时期发生的相同或者相似的交易或者事项，应当采用一致的会计政策，不得随意变更。确需变更的，应当在附注中说明。

不同企业发生的相同或者相似的交易或者事项，应当采用规定的会计政策，确保会计信息口径一致、相互可比。

第十六条 企业应当按照交易或者事项的经济实质进行会计确认、计量和报告，不应仅以交易或者事项的法律形式为依据。

第十七条 企业提供的会计信息应当反映与企业财务状况、经营成果和现金流量等有关的所有重要交易或者事项。

第十八条 企业对交易或者事项进行会计确认、计量和报告应当保持应有的谨慎，不应高估资产或者收益、低估负债或者费用。

第十九条 企业对于已经发生的交易或者事项，应当及时进行会计确认、计量和报告，不得提前或者延后。

第三章 资 产

第二十条 资产是指企业过去的交易或者事项形成的、由企业拥有或者控制的、预期会给企业带来经济利益的资源。

前款所指的企业过去的交易或者事项包括购买、生产、建造行为或其他交易或者事项。预期在未来发生的交易或者事项不形成资产。

由企业拥有或者控制，是指企业享有某项资源的所有权，或者虽然不享有某项资源的所有权，但该资源能被企业所控制。

预期会给企业带来经济利益，是指直接或者间接导致现金和现金等价物流入企业的潜力。

第二十一条 符合本准则第二十条规定的资产定义的资源，在同时满足以下条件时，确认为资产：

（一）与该资源有关的经济利益很可能流入企业；

（二）该资源的成本或者价值能够可靠地计量。

第二十二条 符合资产定义和资产确认条件的项目，应当列入资产负债表；符合资产定义、但不符合资产确认条件的项目，不应当列入资产负债表。

第四章 负 债

第二十三条 负债是指企业过去的交易或者事项形成的、预期会导致经济利益流出企业的现时义务。

现时义务是指企业在现行条件下已承担的义务。未来发生的交易或者事项形成的义务，不属于现时义务，不应当确认为负债。

第二十四条　符合本准则第二十三条规定的负债定义的义务，在同时满足以下条件时，确认为负债：

（一）与该义务有关的经济利益很可能流出企业；

（二）未来流出的经济利益的金额能够可靠地计量。

第二十五条　符合负债定义和负债确认条件的项目，应当列入资产负债表；符合负债定义、但不符合负债确认条件的项目，不应当列入资产负债表。

第五章　所有者权益

第二十六条　所有者权益是指企业资产扣除负债后由所有者享有的剩余权益。

公司的所有者权益又称为股东权益。

第二十七条　所有者权益的来源包括所有者投入的资本、直接计入所有者权益的利得和损失、留存收益等。

直接计入所有者权益的利得和损失，是指不应计入当期损益、会导致所有者权益发生增减变动的、与所有者投入资本或者向所有者分配利润无关的利得或者损失。

利得是指由企业非日常活动所形成的、会导致所有者权益增加的、与所有者投入资本无关的经济利益的流入。

损失是指由企业非日常活动所发生的、会导致所有者权益减少的、与向所有者分配利润无关的经济利益的流出。

第二十八条　所有者权益金额取决于资产和负债的计量。

第二十九条　所有者权益项目应当列入资产负债表。

第六章　收　入

第三十条　收入是指企业在日常活动中形成的、会导致所有者权益增加的、与所有者投入资本无关的经济利益的总流入。

第三十一条　收入只有在经济利益很可能流入从而导致企业资产增加或者负债减少，且经济利益的流入额能够可靠计量时才能予以确认。

第三十二条　符合收入定义和收入确认条件的项目，应当列入利润表。

第七章　费　用

第三十三条　费用是指企业在日常活动中发生的、会导致所有者权益减少的、与向所有者分配利润无关的经济利益的总流出。

第三十四条　费用只有在经济利益很可能流出从而导致企业资产减少或者负债增加，且经济利益的流出额能够可靠计量时才能予以确认。

第三十五条　企业为生产产品、提供劳务等发生的可归属于产品成本、劳务成本等的费用，应当在确认产品销售收入、劳务收入等时，将已销售产品、已提供劳务的成本等计入当期损益。

企业发生的支出不产生经济利益的，或者即使能够产生经济利益但不符合或者不再符合资产确认条件的，应当在发生时确认为费用，计入当期损益。

企业发生的交易或者事项导致其承担了一项负债而又不确认为一项资产的，应当在发生时确认为费用，计入当期损益。

第三十六条 符合费用定义和费用确认条件的项目，应当列入利润表。

第八章 利 润

第三十七条 利润是指企业在一定会计期间的经营成果。利润包括收入减去费用后的净额、直接计入当期利润的利得和损失等。

第三十八条 直接计入当期利润的利得和损失，是指应当计入当期损益、会导致所有者权益发生增减变动的、与所有者投入资本或者向所有者分配利润无关的利得或者损失。

第三十九条 利润金额取决于收入和费用、直接计入当期利润的利得和损失金额的计量。

第四十条 利润项目应当列入利润表。

第九章 会 计 计 量

第四十一条 企业在将符合确认条件的会计要素登记入账并列报于会计报表及其附注（又称财务报表，下同）时，应当按照规定的会计计量属性进行计量，确定其金额。

第四十二条 会计计量属性主要包括：

（一）历史成本。在历史成本计量下，资产按照购置时支付的现金或者现金等价物的金额，或者按照购置资产时所付出的对价的公允价值计量。负债按照因承担现时义务而实际收到的款项或者资产的金额，或者承担现时义务的合同金额，或者按照日常活动中为偿还负债预期需要支付的现金或者现金等价物的金额计量。

（二）重置成本。在重置成本计量下，资产按照现在购买相同或者相似资产所需支付的现金或者现金等价物的金额计量。负债按照现在偿付该项债务所需支付的现金或者现金等价物的金额计量。

（三）可变现净值。在可变现净值计量下，资产按照其正常对外销售所能收到现金或者现金等价物的金额扣减该资产至完工时估计将要发生的成本、估计的销售费用以及相关税费后的金额计量。

（四）现值。在现值计量下，资产按照预计从其持续使用和最终处置中所产生的未来净现金流入量的折现金额计量。负债按照预计期限内需要偿还的未来净现金流出量的折现金额计量。

（五）公允价值。在公允价值计量下，资产和负债按照市场参与者在计量日发生的有序交易中，出售资产所能收到或者转移负债所需支付的价格计量。

第四十三条 企业在对会计要素进行计量时，一般应当采用历史成本，采用重置成本、可变现净值、现值、公允价值计量的，应当保证所确定的会计要素金额能够取得并可靠计量。

第十章　财务会计报告

第四十四条　财务会计报告是指企业对外提供的反映企业某一特定日期的财务状况和某一会计期间的经营成果、现金流量等会计信息的文件。

财务会计报告包括会计报表及其附注和其他应当在财务会计报告中披露的相关信息和资料。会计报表至少应当包括资产负债表、利润表、现金流量表等报表。

小企业编制的会计报表可以不包括现金流量表。

第四十五条　资产负债表是指反映企业在某一特定日期的财务状况的会计报表。

第四十六条　利润表是指反映企业在一定会计期间的经营成果的会计报表。

第四十七条　现金流量表是指反映企业在一定会计期间的现金和现金等价物流入和流出的会计报表。

第四十八条　附注是指对在会计报表中列示项目所作的进一步说明，以及对未能在这些报表中列示项目的说明等。

第十一章　附　　则

第四十九条　本准则由财政部负责解释。

第五十条　本准则自 2007 年 1 月 1 日起施行。

（四）典型案例

中华人民共和国最高人民法院
民事判决书[①]

〔2018〕最高法民终 851 号

上诉人（一审被告）：张某华，男，1958 年 4 月 11 日出生，香港特别行政区居民，住天津市河西区。

委托代理人：崔树利，天津世杰律师事务所律师。

委托代理人：代炤兴，天津杰森律师事务所律师。

上诉人（一审被告）：天津鑫意祥工贸有限公司。住所地：天津市津南区长青科工贸园区（微山路）。

法定代表人：高某义，该公司董事长。

委托代理人：冯浩，天津诺承律师事务所律师。

委托代理人：哈特，天津尚准律师事务所律师。

被上诉人（一审原告）：邱某运，女，1956 年 4 月 18 日出生，香港特别行政区居民，住香港特别行政区。

---

① 资料来源：中国裁判文书网https://wenshu.court.gov.cn。

委托代理人：兰玉梅，北京盈科（天津）律师事务所律师。

一审被告：天津开发区兰德玛克投资管理有限公司。住所地：天津开发区第四大街5号。

法定代表人：马某。

上诉人张某华、天津鑫意祥工贸有限公司（以下简称鑫意祥公司）因与被上诉人邱某运、一审被告天津开发区兰德玛克投资管理有限公司（以下简称兰德玛克公司）确认合同无效纠纷一案，不服天津市高级人民法院（以下简称一审法院）作出的〔2016〕津民初字第89号民事判决，向本院提起上诉。本院受理后，依法组成合议庭于2018年11月21日公开开庭审理了本案。上诉人张某华委托代理人崔树利、代焰兴，上诉人鑫意祥公司委托代理人冯浩、哈特，被上诉人邱某运及其委托代理人兰玉梅到庭参加诉讼；一审被告兰德玛克公司经本院传票传唤，无正当理由没有到庭。本案现已审理终结。

邱某运起诉称：邱某运与张某华原系夫妻。2014年12月16日，邱某运向天津市南开区人民法院提起离婚诉讼，张某华在兰德玛克公司持有的股权（占该公司全部股权的66%，出资额6 600万元）系讼争的主要夫妻共同财产。后该案于2016年7月11日被移送至天津市河西区人民法院审理。张某华在邱某运不知情的情况下，于2016年6月12日与北京市融汇兴业投资管理有限公司（以下简称融汇公司）签订了《股权出质合同》，将上述股权全部质押给融汇公司，并办理了股权出质登记。在邱某运起诉要求确认《股权出质合同》无效后，张某华撤销了股权质押，又于2016年10月11日与鑫意祥公司签订《股权转让协议》，将上述股权转让给鑫意祥公司，并办理了工商变更登记。张某华在与融汇公司的主借款合同成立五年之后才设立股权质押，质押设立后仅三个月时间便以双方不存在借款关系为由撤销质押，后又将案涉股权转让并变更登记至鑫意祥公司名下，上述行为均发生在邱某运与张某华离婚诉讼审理期间，因此邱某运有理由相信《股权转让协议》系张某华与鑫意祥公司恶意串通后签订，双方以合法形式掩盖非法目的，其实质是为了帮助张某华转移夫妻共同财产，严重侵害了邱某运的合法权益。故请求法院：判决确认张某华与鑫意祥公司签订的《股权转让协议》无效；判令兰德玛克公司至天津经济技术开发区（南港工业区）市场和质量监督管理局办理相应的股权变更登记手续（即将鑫意祥公司名下兰德玛克公司66%的股权恢复登记至张某华名下），张某华和鑫意祥公司予以配合；判令本案诉讼费用由张某华、鑫意祥公司负担。

张某华辩称：股权作为特殊财产权，是否转让应由股东本人决定，我国现行法律没有关于股东转让股权须经配偶同意的规定，张某华有权将其持有的案涉股权进行转让。张某华依据其与鑫意祥公司之间的《定做买卖合同》和《抵债协议》将其持有的兰德玛克公司股权转让给鑫意祥公司，双方签订《股权转让协议》系其真实意思表示，并已实际履行，因此《股权转让协议》应认定为合法有效。请求驳回邱某运的全部诉讼请求。

鑫意祥公司辩称：股权作为一项特殊财产权，除具有财产权益内容外，还具有股东个人的社会属性及人格权、身份权等内容，其各项权能应由股东本人独立行使。在股权流转方面，《中华人民共和国公司法》确认的合法转让主体是股东，而非其所在家庭。张某华因拖欠鑫意祥公司在《定做买卖合同》项下的货款及逾期利息，自愿以其持有的兰德玛克公司66%的股权折抵上述债务。双方据此签订了《抵债协议》《股权转让协议》，并办理了股权的工商变更登记手续。鑫意祥公司合法有偿取得案涉股权。张某华与鑫意祥公司签订的《股权转让协议》意思表示真实，协议内容不违反法律的强制性规定，该协议合法有效。鑫意祥公司对于案涉股权是否为邱某运与张某华共有并不知情，邱某运主张鑫意祥公司与张某华恶意串通损害其利益，缺乏依据。故请求驳回邱某运的诉讼请求。

兰德玛克公司未答辩。

一审法院经审理查明：

邱某运与张某华于1990年4月28日登记结婚。2014年，邱某运向天津市南开区人民法院提起离婚诉讼。该院于2016年7月11日作出〔2015〕南民初字第0166-1号民事裁定，将该案移送至天津市河西区人民法院审理。该案历经两级法院审理，天津市第二中级人民法院于2017年7月10日作出终审判决，准予邱某运与张某华离婚。2016年7月28日，张某华与鑫意祥公司签订《抵债协议》，约定：张某华与鑫意祥公司在2012年3月15日为购置家具签订《定做买卖合同》，总价款为4 700万元；张某华欠鑫意祥公司合同款4 700万元及逾期利息；为尽快兑现上述款项，张某华自愿以其享有的兰德玛克公司66%股权折抵4 700万元合同价款及逾期利息，鑫意祥公司同意受让该股权。

兰德玛克公司成立于1997年5月27日，注册资本1亿元，原股东为张某华、马某、谷群，其中张某华实缴出资额为6 600万元，持有该公司66%的股权。2016年10月8日，兰德玛克公司全体股东一致通过如下股东会决议：同意张某华与鑫意祥公司签署的《股权转让协议》，其他股东自愿放弃优先权。因股权转让而退出股东会的股东仅对此项事项发表表决意见；审议通过公司《章程修正案》；自该决议作出之日起30日内办理工商变更登记手续。张某华、马某、谷群及鑫意祥公司法定代表人高某义在决议文本上签字，鑫意祥公司在决议文本上加盖公章。之后，兰德玛克公司的《章程修正案》原载明"张某华认缴注册资本6 600万元，实缴6 600万元，占公司注册资本66%"的内容被变更为"天津鑫意祥工贸有限公司认缴注册资本6 600万元，实缴6 600万元，占公司注册资本66%"。2016年10月11日，张某华与鑫意祥公司签订《股权转让协议》，约定：张某华将其持有的兰德玛克公司66%的股权转让给鑫意祥公司，鑫意祥公司自愿接受以上股权，并据此成为该公司的合法股东。2016年10月12日，兰德玛克公司填写《公司变更登记申请书》，将公司股东由张某华、马某、谷群变更为鑫意祥公司、马某、谷群。

鑫意祥公司的注册资金为50万元，其在2012年度年检报告书的资产负债表中"应收账款"为零，"存货"年初数为45 5815.1元，年末数为479 626.8元，利润分配表中"主营业务成本"上年实际数为49 700元，本年实际数为101 490元。

2016年6月12日，张某华与融汇公司就案涉股权签订《股权出质合同》，将该股权质押给融汇公司。后邱某运向本案一审法院提起诉讼，要求确认上述合同无效，该院于2016年9月22日立案[案号为〔2016〕津民初71号]。邱某运于2016年12月27日提出撤诉申请，该院于当日作出准许邱某运撤诉的民事裁定。后邱某运再次向该院提起确认《股权出质合同》无效之诉，本案一审期间，该案正在审理当中。之后，一审法院于2018年2月8日作出〔2017〕津民初28号民事判决，认定张某华与融汇公司于2016年10月12日就上述股权质押在天津市滨海新区市场和质量监督管理局办理股权出质注销登记手续，并以证据不足为由，判决驳回了邱某运的诉讼请求。

本案一审中，邱某运申请对鑫意祥公司提交的《定做买卖合同》《订货产品明细表》以及送货单的形成时间进行鉴定，因鑫意祥公司与张某华均不能提交原件，鉴定无法进行。

一审法院认为：

本案系确认合同无效纠纷，因邱某运、张某华系香港特别行政区居民，故本案为涉港民事纠纷。各方当事人均明示选择适用中华人民共和国内地法律，参照《中华人民共和国涉外民事关系法律适用法》第三条的规定，中华人民共和国内地法律应作为处理本案争议的准据法。

股权的合法转让主体是股东本人，而不是其所在的家庭，法律亦未规定股东转让股权需经配偶同意。兰德玛克公司就张某华转让案涉股权形成了股东会决议，其他股东自愿放弃了优先购买权，因此张某华决定对外转让案涉股权不违反法律规定。邱某运作为张某华的配偶，其基于股权所享有的共有财产权利体现在股权所对应的财产性收益，即为转让股权所取得的对价。邱某运主张案涉股权系夫妻共同财产，张某华未经其同意无权转让案涉股权，缺乏依据，不能成立。

邱某运认为张某华与鑫意祥公司并不存在《定做买卖合同》中约定的真实交易关系。张某华与鑫意祥公司均主张双方签订的《定做买卖合同》成立并已实际履行，双方存在真实的交易关系，因此张某华与鑫意祥公司应就其该主张承担举证责任。张某华提交了一组家具照片，鑫意祥公司提交了与张某华签订的《定做买卖合同》《订货产品明细表》以及6张送货单，拟证明双方存在真实交易关系。鑫意祥公司提交的证据均系复印件，邱某运申请对上述证据的形成时间进行鉴定，但鑫意祥公司与张某华均表示不能提交原件，导致鉴定无法进行，且张某华未证明其提交照片中的家具系《定做买卖合同》项下标的物，亦未提交证据证明提货人边学民的身份，因此，在没有其他证据佐证的情况下，仅凭鑫意祥公司提交的上述复印件不足以证实双方存在真实交易关系并已实际履行。《定做买卖合同》约定的总价款为4 700万元，货到付款，鑫意祥公司主张截至2013年1月6日已向张某华交付了全部货物，但未收到货款，直至双方于 2016 年 7 月 28 日签订《抵债协议》。对于如此大额交易，在长达三年多的时间里，鑫意祥公司未能证明其向张某华主张过权利，且未保留双方签订的《定做买卖合同》原件，上述情节均不符合常理。《中华人民共和国会计法》第二十五条规定："公司、企业必须根据实际发生的经济业务事项，按照国家统一的会计制度的规定确认、计量和记录资产、负债、所有者权益、收入、费用、成本和利润。"邱某运提交了鑫意祥公司 2012 年度年检报告书，其中包括资产负债表和利润分配表，这两份表格也是反映该公司在 2012 年经营状况的主要会计报表，鑫意祥公司对上述材料的真实性不持异议。如果鑫意祥公司与张某华存在真实交易，且双方约定货到付款，鑫意祥公司已将合同项下大部分货物于 2012 年交付给张某华，但未收回货款，该情形应在鑫意祥公司 2012 年资产负债表的"应收账款"栏予以体现，但该表中"应收账款"为零。鑫意祥公司在法院询问时陈述，《定做买卖合同》项下货物绝大部分系其自己购置原材料进行加工，少部分为购置的半成品，因《定做买卖合同》签订于 2012 年 3 月，故该公司为履行该合同购置原材料、半成品及支付人工费用的情况亦应在其财务报表中予以反映。但利润分配表中记载的相关数据均与该公司主张存在《定做买卖合同》项下大宗交易的情形不符，且该公司对此未能作出合理解释。鑫意祥公司自认案涉股权转让至该公司名下后，作为长期股权投资亦未反映在其财务报表中。因此，鑫意祥公司和张某华负有证明双方存在真实交易关系的举证责任，但双方所提交证据不足以证明该交易关系真实存在，而邱某运提交的反驳证据亦增强了该交易关系不存在的可能性，据此认定鑫意祥公司和张某华之间并不存在《定做买卖合同》约定的真实交易关系。

虽然案涉股权原登记于张某华名下，张某华作为股东有权决定转让该股权，但因张某华与鑫意祥公司之间并不存在《定做买卖合同》约定的真实交易关系，故双方的《抵债协议》缺乏事实基础，且鑫意祥公司取得案涉股权并未支付对价，同时上述抵债及转让股权行为恰发生于张某华与邱某运离婚诉讼期间，而案涉股权转让后应得的对价又系夫妻双方共同财产，故法院有理由相信《股权转让协议》系张某华与鑫意祥公司恶意串通签订，损害了邱某运的合法权益。依照《中华人民共和国合同法》第五十二条第二项的规定，《股权转让协议》应认定为无效；合同无效或者被撤销后，因该合同取得的财产，应当予以返还。因案涉股权所对应的财产权益属于张某华与邱某运的夫妻共同财产，而该部分权益在双方离婚诉讼中并未予以处理，因此对邱某运请求将案涉股权恢复登记至张某华名下，予以支持。

综上，一审法院依照《中华人民共和国涉外民事关系法律适用法》第三条，《中华人民共和国合同法》第五十二条第二项、第五十八条，《中华人民共和国公司法》第四条、第七十一条，《中华人民共和国会计法》第二十五条，《中华人民共和国民事诉讼法》第一百四十四条，《最高人民法院关于适用〈中华人民共和国民事诉讼法〉的解释》第九十一条第一项、第一百零八条第二款之规定，作出如下判决：（一）张某华与鑫意祥公司于 2016 年 10 月 11 日签订的《股权转让协议》无效；（二）张某华、鑫意祥公司、兰德玛克公司将上述《股权转让协议》项下66%股权变更登记至张某华名下。

张某华、鑫意祥公司不服一审判决，向本院提起上诉称：一审法院认定张某华、鑫意祥公司应就其主张承担举证责任，分配举证责任不当，适用法律错误。一审法院适用《中华人民共和国会计法》第二十五条规定作为判决依据，亦明显错误。《中华人民共和国会计法》制定目的是为规范会计行为，即使企业违反该法规定，也应由行政部门处理，人民法院对此无管辖权。张某华、鑫意祥公司之间的定做交易并非货到付款买卖，鑫意祥公司在未实际收到货款前，财务报表的记载存在不确定性，故在认定交易真实性时，财务报表只是间接证据，不应作为定案证据。张某华、鑫意祥公司已提供充分证据证明双方于2012年签订的《定做买卖合同》及其交易真实存在，双方据此签订的《抵债协议》和《股权转让协议》亦合法有效。根据《中华人民共和国公司法》相关规定，张某华作为公司股东，有权转让其持有的公司股份，无须征得其配偶同意。邱某运作为配偶所享有的夫妻共同财产权利应当体现在张某华所持有的股权所对应的财产性权益上。一审判决认定双方系恶意串通，缺乏事实依据。故请求：撤销一审判决，改判驳回邱某运的全部诉讼请求或将本案发回重审；判令本案一、二审诉讼费、保全费由邱某运承担。

邱某运答辩称：根据《最高人民法院关于民事诉讼证据的若干规定》第八条及第十三条的规定，举证责任应由主张事实发生的人即张某华、鑫意祥公司承担。但张某华、鑫意祥公司均不能提供《定做买卖合同》及《订货产品明细表》、送货单等关键性证据原件，并称均已丢失。向工商管理部门调取的鑫意祥公司2012年的年检报告书显示，鑫意祥公司在2012年并不存在该笔营业额及应收账款。故张某华、鑫意祥公司之间根本不存在真实的交易关系。在张某华与邱某运离婚诉讼期间，张某华在与鑫意祥公司没有真实交易关系且鑫意祥公司未支付对价的情况下，擅自将作为夫妻主要共同财产的案涉公司股权变更登记至该公司名下，明显属于恶意转移夫妻共同财产，严重损害了邱某运的合法权益。尽管根据《中华人民共和国公司法》相关规定，张某华有权转让其股份，且无需征得配偶同意，但其与鑫意祥公司签订的《股权转让合同》因违反《中华人民共和国合同法》第五十二条第二项的规定，构成恶意串通损害第三人利益而无效。故请求驳回张某华、鑫意祥公司的上诉请求。

二审中，邱某运于2018年9月13日申请本院调查收集天津市津南区国家税务局稽查局（以下简称津南稽查局）（津南国税稽结〔2018〕2号）税务稽查案件中的存档材料，本院经审查准予其申请，委托一审法院于10月12日向天津市津南区国家税务局调取了该局对张某华、高某义的询问笔录。

经质证，邱某运和张某华、鑫意祥公司均认可上述两份询问笔录的真实性，但张某华、鑫意祥公司不认可其关联性和邱某运据此提出的证明目的。

经审核，上述两份询问笔录在一定程度上反映张某华、鑫意祥公司签订和履行案涉《定做买卖合同》的情况，对认定相关交易的真实性具有参考作用，本院予以采纳。

一审法院查明的事实，有相关证据予以佐证，各方当事人均未提出异议，本院对一审法院查明的事实予以确认。

本院另查明：

津南稽查局分别于2017年10月23日、11月22日对鑫意祥公司法定代表人高某义和张某华进行了询问。高某义在接受该局询问时称：其自2012年到2013年期间，经朋友介绍，销售给张某华价值4 700万元的家具，双方就此签订了货物销售合同、送货单及补充协议；当时所购家具送到紫金山路津西大酒店，但尚未收到货款，张某华用兰德玛克公司66%的股权作抵押；经核实发现兰德玛克公司已为空壳公司后，遂将大部分家具拉回；至高某义接受该次询问时尚有价值约400万元的家具留在张某华处。张某华在接受该局询问时称：其于2012年初与高某义关系比较好，遂与鑫意祥公司签订买卖合同，购买价值4 700万元的红木家具，鑫意祥公司于2012年下半年开始陆续将货物送到指定地点，其因资金周转困难，一直未支付货款；直到2016年双方协商，鑫意祥公司将已卖出的大部分红木家具拉回，张某华仅保留约300万元的家具；双方商定将张某华所有的兰德玛克公司66%的股权转让给鑫意祥公司，冲抵300万元的红木家具货款。

在二审庭审中，鑫意祥公司陈述：其与张某华签订案涉《抵债协议》之初按照约定履行，但后来发现兰德玛克公司没有足额资产，虽从张某华处拉回部分家具，但不能判断真实交易金额仅有三四百万元，双方不否认4 700万元的交易及相关的利益折抵。

本院认为：

本案属于确认合同无效纠纷，具有涉港因素。一审法院根据各方当事人的一致选择适用中华人民共和国内地的法律处理本案纠纷正确。根据各方当事人的诉辩主张，本案争议的合同效力问题主要涉及举证责任的分配与相关交易真实性的认定。

根据《中华人民共和国民事诉讼法》第六十四条、《最高人民法院关于适用〈中华人民共和国民事诉讼法〉的解释》第九十一条的规定，当事人对自己提出的主张，有责任提供证据；主张法律关系存在的当事人，应当对产生该法律关系的基本事实承担举证证明责任。张某华、鑫意祥公司主张双方之间存在《定做买卖合同》项下的真实交易关系的事实，其依法应当就该主张承担举证证明责任。一审法院依法认定张某华、鑫意祥公司应当就案涉交易关系真实存在的主张承担举证证明责任，并无不当。张某华、鑫意祥公司主张一审法院对当事人之间举证责任分配不当，与法不符，本院不予支持。

张某华、鑫意祥公司提交的《定做买卖合同》《订货产品明细表》及送货单等证明双方之间交易关系真实发生的关键证据均为复印件，并称原件已丢失，无法提供；其提交的一组家具照片，亦无法证明照片上的家具就是双方《定做买卖合同》项下的标的物。因此，张某华、鑫意祥公司提供的现有证据明显不足以证明其主张的双方之间存在真实交易关系的事实。邱某运为反驳张某华、鑫意祥公司的主张，提交了鑫意祥公司 2012 年度年检报告书等证据。其中，鑫意祥公司 2012 年年检报告书中并未对案涉定做合同交易相关财务情况做任何记载，明显不符合企业的财务规范与一般做法。根据津南稽查局对张某华、鑫意祥公司法定代表人高某义所作的询问笔录，张某华、高某义均陈述双方之间的红木家具定做买卖合同项下实际的交易金额仅为 300 万元或 400 万元，而非双方《定做买卖合同》及《抵债协议》约定的 4 700 万元。一审法院援用《中华人民共和国会计法》第二十五条关于如实记录财务数据的规定，认定张某华、鑫意祥公司所称定做买卖交易缺乏真实性，并无不当。邱某运提交的证据以及其申请本院调取的证据相对于张某华、鑫意祥公司提交的证据明显更具证明优势，张某华、鑫意祥公司主张双方之间存在金额达 4 700 万元的定做买卖交易关系，缺乏证据支持，本院不予认定。由于张某华、鑫意祥公司不能证明双方之间发生真实的定做买卖交易关系，双方签订的《抵债协议》明显缺乏事实依据，现有证据亦不能证明鑫意祥公司作为案涉股权的受让方已经支付了合理对价。鉴于双方签订案涉《抵债协议》《股权转让协议》及其股权变更登记等行为均发生于张某华与邱某运离婚诉讼期间，案涉股权系张某华与邱某运的夫妻共同财产，张某华在鑫意祥公司未支付合理对价的情况下，将其所持有的兰德玛克公司股权全部转让并变更登记于鑫意祥公司名下，且其虚假交易行为在客观上也对邱某运的合法权益造成了损害。因此，一审法院依照《中华人民共和国合同法》第五十二条第二项的规定，认定张某华、鑫意祥公司签订的《股权转让协议》无效并无不当。

鉴于案涉《股权转让协议》已因张某华、鑫意祥公司之间所称交易的虚假而认定为无效，张某华单方是否有权转让案涉股权并不影响上述协议效力的认定，故本院对该问题不再评述。

综上所述，张某华、鑫意祥公司的上诉请求不能成立，应予驳回；一审判决认定事实清楚，适用法律正确，应予维持。本院依照《中华人民共和国民事诉讼法》第一百七十条第一款第一项之规定，判决如下：

驳回上诉，维持原判。

一审案件受理费 80 元、保全费 5 000 元、公告费 560 元，共计 5 640 元，由张某华、天津鑫意祥工贸有限公司负担。二审案件受理费 80 元，由张某华、天津鑫意祥工贸有限公司负担。

审判长　余晓汉
审判员　沈红雨
审判员　黄西武
二〇一八年十二月二十八日
法官助理　李光琴
书记员　陈晖

三、第十一条

（一）法条原文

【2024年、2017年、1999年版本】

第十一条　会计年度自公历1月1日起至12月31日止。

【1993年版本】

第八条　会计年度自公历1月1日起至12月31日止。

【1985年版本】

第八条　会计年度自公历一月一日起至十二月三十一日止。

（二）法条释义

本条规定了会计年度。

会计年度是会计核算的年度期间。目前世界多数国家采取的是自公历1月1日起至12月31日止的历年制会计年度，也有一些国家采取跨年制的会计年度，如美国采取自公历9月1日起至次年8月31日止的会计年度，英国、英联邦国家等采取自公历4月1日起至次年3月31日止的会计年度，赤道经过的部分国家采取自公历7月1日起至次年6月30日止的会计年度等。

新中国成立之前，我国也曾采取过自公历7月1日起至次年6月30日止的会计年度。目前，我国的会计年度、财政年度、预算年度、纳税年度均自公历1月1日起至12月31日止。我国香港地区采取自公历4月1日起至次年3月31日止的会计年度。我国台湾和澳门地区采取自公历1月1日起至12月31日止的会计年度。

（三）相关条文

《中华人民共和国预算法》（2018年12月29日）

第十八条　预算年度自公历一月一日起，至十二月三十一日止。

《中华人民共和国企业所得税法》（2018年12月29日）

第五十三条　企业所得税按纳税年度计算。纳税年度自公历1月1日起至12月31日止。

企业在一个纳税年度中间开业，或者终止经营活动，使该纳税年度的实际经营期不足十二个月的，应当以其实际经营期为一个纳税年度。

企业依法清算时，应当以清算期间作为一个纳税年度。

《会计基础工作规范》（2019年3月14日）

第三十九条　会计年度自公历1月1日起至12月31日止。

四、第十二条

（一）法条原文

【2024 年版本】

第十二条　会计核算以人民币为记账本位币。

业务收支以人民币以外的货币为主的单位，可以选定其中一种货币作为记账本位币，但是编报的财务会计报告应当折算为人民币。

【2017 年、1999 年版本】

第十二条　会计核算以人民币为记帐本位币。

业务收支以人民币以外的货币为主的单位，可以选定其中一种货币作为记帐本位币，但是编报的财务会计报告应当折算为人民币。

【1993 年版本】

第九条　会计核算以人民币为记帐本位币。

业务收支以外国货币为主的单位，也可以选定某种外国货币作为记帐本位币，但是编报的会计报表应当折算为人民币反映。

【1985 年版本】

第九条　会计记帐以人民币为单位。

以外国货币计算的，应当折合人民币记帐，同时登记外国货币金额和折合率。

（二）法条释义

本条规定了会计核算的记账本位币。

人民币是我国的法定货币，因此，会计核算以人民币为记账本位币。在无特别说明时，会计核算中所有金额的单位均为人民币。

为方便业务收支以人民币以外的货币为主的单位进行会计核算，这些单位在会计核算时可以选定其中一种货币作为记账本位币，但是相关会计期间结束之后编报的财务会计报告应当折算为人民币。

无论哪种情形，一个单位的记账本位币应当为一种货币，或者为人民币，或者为该单位最常使用的一种货币。如果单位的业务发生重大变化，原则上也允许企业改变记账本位币，即可以从一种外币改为人民币，或者从人民币改为一种常用外币。

（三）相关条文

《中华人民共和国中国人民银行法》（2003 年 12 月 27 日）

第十六条　中华人民共和国的法定货币是人民币。以人民币支付中华人民共和国境内的一切公共的和私人的债务,任何单位和个人不得拒收。

第十七条 人民币的单位为元,人民币辅币单位为角、分。

第十八条 人民币由中国人民银行统一印制、发行。

中国人民银行发行新版人民币,应当将发行时间、面额、图案、式样、规格予以公告。

第十九条 禁止伪造、变造人民币。禁止出售、购买伪造、变造的人民币。禁止运输、持有、使用伪造、变造的人民币。禁止故意毁损人民币。禁止在宣传品、出版物或者其他商品上非法使用人民币图样。

第二十条 任何单位和个人不得印制、发售代币票券,以代替人民币在市场上流通。

第二十一条 残缺、污损的人民币,按照中国人民银行的规定兑换,并由中国人民银行负责收回、销毁。

第二十二条 中国人民银行设立人民币发行库,在其分支机构设立分支库。分支库调拨人民币发行基金,应当按照上级库的调拨命令办理。任何单位和个人不得违反规定,动用发行基金。

《会计基础工作规范》(2019年3月14日)

第四十条 会计核算以人民币为记账本位币。

收支业务以外国货币为主的单位,也可以选定某种外国货币作为记账本位币,但是编制的会计报表应当折算为人民币反映。

境外单位向国内有关部门编报的会计报表,应当折算为人民币反映。

五、第十三条

(一)法条原文

【2024年版本】

第十三条 会计凭证、会计账簿、财务会计报告和其他会计资料,必须符合国家统一的会计制度的规定。

使用电子计算机进行会计核算的,其软件及其生成的会计凭证、会计账簿、财务会计报告和其他会计资料,也必须符合国家统一的会计制度的规定。

任何单位和个人不得伪造、变造会计凭证、会计账簿及其他会计资料,不得提供虚假的财务会计报告。

【2017年、1999年版本】

第十三条 会计凭证、会计帐簿、财务会计报告和其他会计资料,必须符合国家统一的会计制度的规定。

使用电子计算机进行会计核算的,其软件及其生成的会计凭证、会计帐簿、财务会计报告和其他会计资料,也必须符合国家统一的会计制度的规定。

任何单位和个人不得伪造、变造会计凭证、会计帐簿及其他会计资料,不得提供虚假的财务会计报告。

【1993年版本】

第十条 会计凭证、会计帐簿、会计报表和其他会计资料必须符合国家统一的会计制度的规定,不得伪造、变造会计凭证、会计帐簿,报送虚假的会计报表。

用电子计算机进行会计核算的,对使用的软件及其生成的会计凭证、会计帐簿、会计报表和其他会计资料的要求,应当符合国务院财政部门的规定。

【1985年版本】

第十条 会计凭证、会计帐簿、会计报表和其他会计资料必须真实、准确、完整,并符合会计制度的规定。

(二)法条释义

本条规定了会计核算必须符合国家统一的会计制度的要求。

为了使得每个单位的会计核算结果能够进行识别,一个国家必须实行统一的会计制度,否则各个单位的会计核算结果将无法或者很难进行比较。

为了确保会计核算过程和结果的统一,会计凭证、会计账簿、财务会计报告和其他会计资料,都必须符合国家统一的会计制度的规定。只有如此,各个单位的会计核算结果才具有可比性。

目前,大多数单位都是使用电子计算机进行会计核算的,这些单位使用的软件及其生成的会计凭证、会计账簿、财务会计报告和其他会计资料,也必须符合国家统一的会计制度的规定。通常情况下,只要单位使用的是正规的会计软件,均能满足上述要求。

为了使得国家统一的会计制度得到落实,确保会计凭证、会计账簿、财务会计报告和其他会计资料都符合国家统一的会计制度的规定,任何单位和个人不得伪造、变造会计凭证、会计账簿及其他会计资料。其中,伪造是仿照合规的会计凭证、会计账簿及其他会计资料进行虚假编造,变造是在真实、合规的会计凭证、会计账簿及其他会计资料的基础之上进行部分内容的虚假编造。同时,任何单位和个人不得提供虚假的财务会计报告。

(三)相关条文

《中华人民共和国国家金库条例》(2020年11月29日)

第十二条 各级国库应加强会计核算工作,严密核算手续,健全账簿报表,保证各项预算收支数字完整、准确。

《中华人民共和国税收征收管理法实施细则》（2016 年 2 月 6 日）

第二十四条　从事生产、经营的纳税人应当自领取税务登记证件之日起 15 日内，将其财务、会计制度或者财务、会计处理办法报送主管税务机关备案。

纳税人使用计算机记账的，应当在使用前将会计电算化系统的会计核算软件、使用说明书及有关资料报送主管税务机关备案。

纳税人建立的会计电算化系统应当符合国家有关规定，并能正确、完整核算其收入或者所得。

第二十五条　扣缴义务人应当自税收法律、行政法规规定的扣缴义务发生之日起 10 日内，按照所代扣、代收的税种，分别设置代扣代缴、代收代缴税款账簿。

第二十六条　纳税人、扣缴义务人会计制度健全，能够通过计算机正确、完整计算其收入和所得或者代扣代缴、代收代缴税款情况的，其计算机输出的完整的书面会计记录，可视同会计账簿。

纳税人、扣缴义务人会计制度不健全，不能通过计算机正确、完整计算其收入和所得或者代扣代缴、代收代缴税款情况的，应当建立总账及与纳税或者代扣代缴、代收代缴税款有关的其他账簿。

第二十八条　纳税人应当按照税务机关的要求安装、使用税控装置，并按照税务机关的规定报送有关数据和资料。

税控装置推广应用的管理办法由国家税务总局另行制定，报国务院批准后实施。

《会计基础工作规范》（2019 年 3 月 14 日）

第四十一条　各单位根据国家统一会计制度的要求，在不影响会计核算要求、会计报表指标汇总和对外统一会计报表的前提下，可以根据实际情况自行设置和使用会计科目。

事业行政单位会计科目的设置和使用，应当符合国家统一事业行政单位会计制度的规定。

第四十二条　会计凭证、会计账簿、会计报表和其他会计资料的内容和要求必须符合国家统一会计制度的规定，不得伪造、变造会计凭证和会计账簿，不得设置账外账，不得报送虚假会计报表。

第四十三条　各单位对外报送的会计报表格式由财政部统一规定。

第四十四条　实行会计电算化的单位，对使用的会计软件及其生成的会计凭证、会计账簿、会计报表和其他会计资料的要求，应当符合财政部关于会计电算化的有关规定。

第四十五条　各单位的会计凭证、会计账簿、会计报表和其他会计资料，应当建立档案，妥善保管。会计档案建档要求、保管期限、销毁办法等依据《会计档案管理办法》的规定进行。

实行会计电算化的单位,有关电子数据、会计软件资料等应当作为会计档案进行管理。

《会计电算化工作规范》(1996年6月10日)

第一章 总 则

一、为了指导和规范基层单位会计电算化工作,推动会计电算化事业的健康发展,根据《中华人民共和国会计法》和《会计电算化管理办法》的规定,特制定本规范。各企业、行政、事业单位(简称各单位)可根据本规范的要求,制定本单位会计电算化实施工作的具体方案,搞好会计电算化工作。各级财政部门和业务主管部门可根据本规范,对基层单位开展会计电算化工作进行指导。

二、会计电算化是会计工作的发展方向,各级领导都应当重视这一工作。大中型企业、事业单位和县级以上国家机关都应积极创造条件,尽早实现会计电算化;其它单位也应当逐步创造条件,适时开展会计电算化工作。

三、开展会计电算化工作,是促进会计基础工作规范化和提高经济效益的重要手段和有效措施。各单位要把会计电算化作为建立现代企业制度和提高会计工作质量的一项重要工作来抓。

四、会计电算化是一项系统工程,涉及单位内部各个方面,各单位负责人或总会计师应当亲自组织领导会计电算化工作,主持拟定本单位会计电算化工作规划,协调单位内各部门共同搞好会计电算化工作。

各单位的财务会计部门,是会计电算化工作的主要承担者,在各部门的配合下,财务会计部门负责和承担会计电算化的具体组织实施工作,负责提出实现本单位会计电算化的具体方案。

五、各单位开展会计电算化工作,可根据本单位具体情况,按照循序渐进、逐步提高的原则进行。例如:可先实现账务处理、报表编制、应收应付账款核算、工资核算等工作电算化,然后实现固定资产核算、存货核算、成本核算、销售核算等工作电算化,再进一步实现财务分析和财务管理工作电算化;在技术上,可先采用微机单机运行,然后逐步实现网络化。也可根据单位实际情况,先实现工作量大、重复劳动多、见效快项目的电算化,然后逐步向其它项目发展。

六、各单位要积极支持和组织本单位会计人员分期分批进行会计电算化知识培训,逐步使多数会计人员掌握会计软件的基本操作技能;具备条件的单位,使一部分会计人员能够负责会计软件的维护,并培养部分会计人员逐步掌握会计电算化系统分析和系统设计工作。对于积极钻研电算化业务,技术水平高的会计人员,应该给予物质和精神奖励。

七、开展会计电算化工作的集团企业,应当加强对集团内各单位会计电算化工作的统筹规划,在各单位实现会计电算化的基础上,逐步做到报表汇总或合并报表编制工作的电算化,并逐步向集团网络化方向发展。

八、会计电算化工作应当讲求效益原则，处理好及时采用新技术和新设备与勤俭节约的关系，既不要盲目追求采用最新技术和先进设备，也不要忽视技术的发展趋势，造成设备很快陈旧过时。对于一些投资大的会计电算化项目，有关部门应当加强监督指导。

九、各级财政部门应加强对基层单位会计电算化工作的指导，在硬软件选择、建立会计电算化内部管理制度方面，积极提出建议，帮助基层单位解决工作中遇到的困难，使会计电算化工作顺利进行。

十、会计电算化工作取得一定成果的单位，要研究并逐步开展其它管理工作电算化或与其它管理信息系统联网工作，逐步建立以会计电算化为核心的单位计算机管理信息系统，做到单位内部信息资源共享，充分发挥会计电算化在单位经营管理中的作用。

第二章　配备电子计算机和会计软件

一、电子计算机和会计软件是实现会计电算化的重要物质基础，各单位可根据实际情况和今后的发展目标，投入一定的财力，以保证会计电算化工作的正常进行。

二、各单位应根据实际情况和财力状况，选择与本单位会计电算化工作规划相适应的计算机机种、机型和系统软件及有关配套设备。实行垂直领导的行业、大型企业集团，在选择计算机机种、机型和系统软件及有关配套设备时，应尽量做到统一，为实现网络化打好基础。

具备一定硬件基础和技术力量的单位，可充分利用现有的计算机设备建立计算机网络，做到信息资源共享和会计数据实时处理。客户机/服务器体系具有可扩充性强、性能/价格比高、应用软件开发周期短等特点，大中型企事业单位可逐步建立客户机/服务器网络结构；采用终端/主机结构的单位，也可根据自身情况，结合运用客户机/服务器结构。

三、由于财务会计部门处理的数据量大、数据结构复杂、处理方法要求严格和安全性要求高，各单位用于会计电算化工作的电子计算机设备，应由财务会计部门管理，硬件设备比较多的单位，财务会计部门可单独设立计算机室。

四、配套会计软件是会计电算化的基础工作，选择会计软件的好坏对会计电算化的成败起着关键性的作用。配备会计软件主要有选择通用会计软件、定点开发、通用与定点开发会计软件相结合三种方式，各单位应根据实际需要和自身的技术力量选择配备会计软件的方式。

1. 各单位开展会计电算化初期应尽量选择通用会计软件。选择通用会计软件的投资少，见效快，在软件开发或服务单位的协助下易于应用成功。

选择通用会计软件应注意软件的合法性、安全性、正确性、可扩充性和满足审计要求方面的问题，以及软件服务的便利，软件的功能应该满足本单位当前的实际需要，并考虑到今后工作发展的要求。

各单位应选择通过财政部或省、自治区、直辖市以及通过财政部批准具有商品化会计软件评审权的计划单列市财政厅（局）评审的商品化会计软件，在本行业内也可选择国务院业务主管部门推广应用的会计软件。

小型企业、事业单位和行政机关的会计业务相对比较简单，应以选择投资较少的微机通用会计软件为主。

2. 定点开发会计软件包括本单位自行开发、委托其它单位开发和联合开发三种形式。大中型企业、事业单位会计业务一般都有其特殊需要，在取得一定会计电算化工作经验以后，也可根据实际工作需要选择定点开发的形式开发会计软件，以满足本单位的特殊需要。

3. 会计电算化初期选择通用会计软件，会计电算化工作深入后，通用会计软件不能完全满足其特殊需要的单位，可根据实际工作需要适时配合通用会计软件定点开发配套的会计软件，选择通用会计软件与定点开发会计软件相结合的方式。

五、配套会计软件要与计算机硬件的配置相适应，可逐步从微机单用户会计软件，向网络会计软件、客户机/服务器会计软件发展。

六、配备的会计软件应达到财政部《会计核算软件基本功能规范》的要求，满足本单位的实际工作需要。

七、会计核算电算化成功的单位，应充分利用现有数据进行会计分析和预测，除了选择通用会计分析软件，或定点开发会计分析软件外，还可选择通用表处理软件对数据进行分析。

八、部分需要选用外国会计软件的外商投资企业或其它单位，可选用通过财政部评审的外国商品化会计软件。选用未通过财政部评审在我国试用的外国会计软件，应确认其符合我国会计准则、会计制度和有关规章制度，具有中文界面和操作使用手册，能够按照我国统一会计制度要求，打印输出中文会计账证表，符合我国会计人员工作习惯，其经销单位具有售后服务能力。

第三章　替代手工记账

一、采用电子计算机替代手工记账，是指应用会计软件输入会计数据，由电子计算机对会计数据进行处理，并打印输出会计账簿和报表。替代手工记账是会计电算化的目标之一。

二、替代手工记账的单位，应具备以下条件：

1. 配备了适用的会计软件和相应的计算机硬件设备；
2. 配备了相应的会计电算化工作人员；
3. 建立了严格的内部管理制度。

三、具备条件的单位应尽快采用计算机替代手工记账。替代手工记账之前，地方单位应根据当地省、自治区、直辖市、计划单列市财政厅（局）的规定，中央直属单位应根据国务院业务主管部门的规定，计算机与手工并行三个月以上（一般不超过六个月），且计算机与手工核算的数据相一致，并应接受有关部门的监督。

四、替代手工记账的过程是会计工作从手工核算向电算化核算的过渡阶段，由于计算机与手工并行工作，会计人员的工作强度比较大，各单位需要合理安排财务会计部门的工作，提高工作效率。

五、计算机与手工并行工作期间，可采用计算机打印输出的记账凭证替代手工填制的记账凭证，根据有关规定进行审核并装订成册，作为会计档案保存，并据以登记手工账簿。如果计算机与手工核算结果不一致，要由专人查明原因并向本单位领导书面报告。

六、记账凭证的类别，可以采用一种记账凭证或收、付、转三种凭证的形式；也可以在收、付、转三种凭证的基础上，按照经济业务和会计软件功能模块的划分进一步细化，以方便记账凭证的输入和保存。

七、计算机内会计数据的打印输出和保存是替代手工记账单位的重要工作，根据会计电算化的特点，各单位应注意以下问题：

1.采用电子计算机打印输出书面会计凭证、账簿、报表的，应当符合国家统一会计制度的要求，采用中文或中外文对照，字迹清晰，作为会计档案保存，保存期限按《会计档案管理办法》的规定执行。

2.在当期所有记账凭证数据和明细分类账数据都存储在计算机内的情况下，总分类账可以从这些数据中产生，因此可以用"总分类账户本期发生额及余额对照表"替代当期总分类账。

3.现金日记账和银行存款日记账的打印，由于受到打印机条件的限制，可采用计算机打印输出的活页账页装订成册，要求每天登记并打印，每天业务较少、不能满页打印的，可按旬打印输出。一般账簿可以根据实际情况和工作需要按月或按季、按年打印；发生业务少的账簿，可满页打印。

4.在保证凭证、账簿清晰的条件下，计算机打印输出的凭证、账簿中表格线可适当减少。

八、采用磁带、磁盘、光盘、微缩胶片等介质存储会计账簿、报表，作为会计档案保存的单位，应满足以下要求：

1.采用磁带、磁盘、光盘、微缩胶片等介质存储会计数据，不再定期打印输出会计账簿，应征得同级财政部门的同意。

2.保存期限同打印输出的书面形式的会计账簿、报表。

3.记账凭证、总分类账、现金日记账和银行存款账日记账仍需要打印输出，还要按照有关税务、审计等管理部门的要求，及时打印输出有关账簿、报表。

4.大中型企业应采用磁带、光盘、微缩胶片等介质存储会计数据，尽量少采用软盘存储会计档案。

九、替代手工记账后，各单位应做到当天发生业务，当天登记入账，期末及时结账并打印输出会计报表；要灵活运用计算机对数据进行综合分析，定期或不定期地向单位领导报告主要财务指标和分析结果。

第四章 建立会计电算化内部管理制度

一、开展会计电算化的单位应根据工作需要，建立健全包括会计电算化岗位责任制、会计电算化操作管理制度、计算机硬软件和数据管理制度、电算化会计档案管理制度的会计电算化内部管理制度，保证会计电算化工作的顺利开展。

二、建立会计电算化岗位责任制，要明确各个工作岗位的职责范围，切实做到事事有人管，人人有专责，办事有要求，工作有检查。

会计电算化后的工作岗位可分为基本会计岗位和电算化会计岗位。基本会计岗位可包括：会计主管、出纳、会计核算各岗、稽核、会计档案管理等工作岗位。电算化会计岗位包括直接管理、操作、维护计算机及会计软件系统的工作岗位。

三、电算化会计岗位和工作职责一般可划分如下：

1. 电算主管：负责协调计算机及会计软件系统的运行工作，要求具备会计和计算机知识，以及相关的会计电算化组织管理的经验。电算化主管可由会计主管兼任，采用中小型计算机和计算机网络会计软件的单位，应设立此岗位。

2. 软件操作：负责输入记账凭证和原始凭证等会计数据，输出记账凭证、会计账簿、报表，和进行部分会计数据处理工作，要求具备会计软件操作知识，达到会计电算化初级知识培训的水平；各单位应鼓励基本会计岗位的会计人员兼任软件操作岗位的工作。

3. 审核记账：负责对输入计算机的会计数据（记账凭证和原始凭证等）进行审核，操作会计软件登记机内账簿，对打印输出的账簿、报表进行确认；此岗要求具备会计和计算机知识，达到会计电算化初级知识培训的水平，可由主管会计兼任。

4. 电算维护：负责保证计算机硬件、软件的正常运行，管理机内会计数据；此岗要求具备计算机和会计知识，经过会计电算化中级知识培训；采用大型、小型计算机和计算机网络会计软件的单位，应设立此岗位，此岗在大中型企业中应由专职人员担任。

5. 电算审查：负责监督计算机及会计软件系统的运行，防止利用计算机进行舞弊；要求具备会计和计算机知识，达到会计电算化中级知识培训的水平，此岗可由会计稽核人员兼任；采用大型、小型计算机和大型会计软件的单位，可设立此岗位。

6. 数据分析：负责对计算机内的会计数据进行分析，要求具备计算机和会计知识，达到会计电算化中级知识培训的水平；采用大型、小型计算机和计算机网络会计软件的单位，可设立此岗位，由主管会计兼任。

四、实施会计电算化过程中，各单位可根据内部牵制制度的要求和本单位的工作需要，参照上条对电算化会计岗位的划分进行调整和设立必要的工作岗位。基本会计岗位和电算化会计岗位，可在保证会计数据安全的前提下交叉设置，各岗位人员要保持相对稳定。由本单位人员进行会计软件开发的，还可设立软件开发岗位。小型企事业单位设立电算化会计岗位，应根据实际需要对上条给出的岗位进行适当合并。

五、建立会计电算化操作管理制度，主要内容包括：

1. 明确规定上机操作人员对会计软件的操作工作内容和权限，对操作密码要严格管理，指点专人定期更换密码，杜绝未经授权人员操作会计软件。

2. 预防已输入计算机的原始凭证和记账凭证等会计数据未经审核而登记机内账簿。

3. 操作人员离开机房前，应执行相应命令退出会计软件。

4. 根据本单位实际情况，由专人保存必要的上机操作记录，记录操作人、操作时间、操作内容、故障情况等内容。

六、建立计算机硬件、软件和数据管理制度，主要内容包括：

1. 保证机房设备安全和计算机正常运行是进行会计电算化的前提条件，要经常对有关设备进行保养，保持机房和设备的整洁，防止意外事故的发生。

2. 确保会计数据和会计软件的安全保密，防止对数据和软件的非法修改和删除；对磁性介质存放的数据要保存双备份。

3. 对正在使用的会计核算软件进行修改、对通用会计软件进行升版和计算机硬件设备进行更换等工作，要有一定的审批手续；在软件修改、升版和硬件更换过程中，要保证实际会计数据的连续和安全，并由有关人员进行监督。

4. 健全计算机硬件和软件出现故障时进行排除的管理措施，保证会计数据的完整性。

5. 健全必要的防治计算机病毒的措施。

七、建立电算化会计档案管理制度，主要内容包括：

1. 电算化会计档案，包括存储在计算机硬盘中的会计数据以其它磁性介质或光盘存储的会计数据和计算机打印出来的书面等形式的会计数据；会计数据是指记账凭证、会计账簿、会计报表（包括报表格式和计算公式）等数据。

2. 电算化会计档案管理是重要的会计基础工作，要严格按照财政部有关规定的要求对会计档案进行管理，由专人负责。

3. 对电算化会计档案管理要做好防磁、防火、防潮和防尘工作，重要会计档案应准备双份，存放在两个不同的地点。

4. 采用磁性介质保存会计档案，要定期进行检查，定期进行复制，防止由于磁性介质损坏，而使会计档案丢失。

5. 通用会计软件、定点开发会计软件、通用与定点开发相结合会计软件的全套文档资料以及会计软件程序，视同会计档案保管，保管期截至该软件停止使用或有重大更改之后的五年。

第五章 附 则

本规范由财政部会计司负责解释，自发布之日起实施。

（四）典型案例

中华人民共和国最高人民法院
民事裁定书[①]

〔2019〕最高法民申 6815 号

再审申请人（一审原告、二审被上诉人）：富巴投资有限公司（FUBA INVESTMENTS LIMITED）。住所地：香港特别行政区干诺道西 188 号香港商业中心 19 楼 9 号办公室（OFFICE NO.919/F HONG KONG PLAZA 188 CONNAUGHT ROAD WEST HK）。

代表人：王海生，该公司董事。

委托代理人：张宇侬，北京市中伦律师事务所律师。

委托代理人：高航，北京市中伦律师事务所律师。

被申请人（一审被告、二审上诉人）：海融博信国际融资租赁有限公司。住所地：北京市海淀区羊坊店路 18 号 2 幢 7 层 745（光耀东方 S 座 745）。

法定代表人：韩中起，该公司董事长。

再审申请人富巴投资有限公司（以下简称富巴公司）因与被申请人海融博信国际融资租赁有限公司（以下简称海融博信公司）股东知情权纠纷一案，不服北京市高级人民法院〔2019〕京民终 323 号民事判决（以下简称二审判决），向本院申请再审。本院依法组成合议庭对本案进行了审查，现已审查终结。

富巴公司向本院申请再审称，本案二审判决适用法律错误。富巴公司作为海融博信公司的股东，自海融博信公司成立以来并不了解其经营和财务状况。富巴公司于 2018 年 3 月 27 日委托律师向海融博信公司发出《律师函》，要求海融博信公司将自公司成立以来的全部公司章程、股东会会议记录、董事会会议决议、监事会会议决议、财务会计报告、公司会计账簿和会计凭证的原件完整备置于该公司的住所地以供富巴公司查阅和复制，并向其提供完整的上述材料的纸质复印件。海融博信公司于 2018 年 3 月 28 日收到《律师函》后至今未答复，富巴公司遂提起本案诉讼。根据《中华人民共和国公司法》第三十三条第二款之规定，公司会计账簿查阅权是股东知情权的重要内容，股东有权通过查阅公司会计账簿了解公司财务状况。根据《中华人民共和国会计法》第九条关于"各单位必须根据实际发生的经济业务事项进行会计核算，填制会计凭证，登记会计账簿，编制财务会计报告"、第十四条关于"会计凭证包括原始凭证

[①] 资料来源：中国裁判文书网 https://wenshu.court.gov.cn。

和记账凭证。办理本法第十条所列的各项经济业务事务，必须填制或者取得原始凭证并及时送交会计机构……记账凭证应当根据经过审核的原始凭证及有关资料编制"的规定以及《北京市高级人民法院关于审理公司纠纷案件若干问题的指导意见》第十九条"有限责任公司股东有权查阅的公司会计账簿包括记账凭证和原始凭证"的规定，有限责任公司的会计原始凭证是形成公司会计账簿的重要资料，会计账簿的真实性和完整性是通过原始凭证反映的，富巴公司有权查阅的原始凭证，只有通过查阅原始会计凭证才能了解公司的经营及财务状况，充分保障其自身合法权益。综上，依据《中华人民共和国民事诉讼法》第二百条第六项之规定，请求再审本案。

　　本院经审查认为，本案系股东知情权纠纷再审审查案件，应当围绕再审申请进行审查。根据富巴公司的申请理由，本案重点审查富巴公司是否有权查阅海融博信公司的原始会计凭证。

　　《中华人民共和国公司法》第三十三条规定："股东有权查阅、复制公司章程、股东会会议记录、董事会会议决议、监事会会议决议和财务会计报告。股东可以要求查阅公司会计账簿。股东要求查阅公司会计账簿的，应当向公司提出书面请求，说明目的。公司有合理根据认为股东查阅会计账簿有不正当目的，可能损害公司合法利益的，可以拒绝提供查阅，并应当自股东提出书面请求之日起十五日内书面答复股东并说明理由。公司拒绝提供查阅的，股东可以请求人民法院要求公司提供查阅。"据此，查阅、复制公司章程、股东会会议记录、董事会会议决议、监事会会议决议和财务会计报告是股东的权利，股东查阅公司会计账簿应以没有不正当目的、并不会损害公司合法利益为前提。富巴公司系海融博信公司的股东，股东对于公司的运营状况享有知情权，有权查阅公司的相关资料。《中华人民共和国会计法》第十三条第一款规定："会计凭证、会计账簿、财务会计报告和其他会计资料，必须符合国家统一的会计制度的规定。"第十四条第一款规定："会计凭证包括原始凭证和记账凭证。"根据前述法律规定，会计账簿不包括原始凭证和记账凭证。股东知情权和公司利益的保护需要平衡，故不应当随意超越法律的规定扩张解释股东知情权的范畴。《中华人民共和国公司法》仅将股东可查阅财会资料的范围限定为财务会计报告与会计账簿，没有涉及原始凭证，二审判决未支持富巴公司查阅海融博信公司原始凭证的请求，并无不当。《中华人民共和国会计法》第九条未赋予股东查阅公司原始凭证的权利，北京市高级人民法院的指导意见不具有司法解释的效力，富巴公司依据以上规定请求再审本案之主张，不能成立。

　　综上，富巴公司的再审申请不符合《中华人民共和国民事诉讼法》第二百条第六项规定的情形。本院依照《中华人民共和国民事诉讼法》第二百零四条第一款、《最高人民法院关于适用〈中华人民共和国民事诉讼法〉的解释》第三百九十五条第二款规定，裁定如下：

驳回富巴投资有限公司的再审申请。

审判长　　王淑梅
审判员　　杨兴业
审判员　　陈宏宇
二〇二〇年三月二十六日
法官助理　赵　珂
书记员　　肖伯伦

甘肃省高级人民法院
民事裁定书①

〔2021〕甘民申 2945 号

再审申请人（一审被告、二审上诉人）：陶某，男，汉族，住甘肃省华池县，农民，公民身份号码：×××。

被申请人（一审原告、二审上诉人）：齐某，男，汉族，住甘肃省华池县，农民。

一审被告、二审上诉人：陈某，女，1964 年 7 月 4 日出生，汉族，住甘肃省华池县，农民。

再审申请人陶某因与被申请人齐某，一审被告、二审上诉人陈某合伙协议纠纷一案，不服庆阳市中级人民法院〔2021〕甘 10 民终 315 号民事判决，向本院申请再审。本院依法组成合议庭对本案进行了审查，现已审查终结。

陶某申请再审称：依法撤销庆阳市中级人民法院〔2021〕甘 10 民终 315 号民事判决，依法对本案进行再审。事实与理由：一、一审、二审判决关于双方合伙共有资金的计算方式及依据有误，审计报告存在严重缺陷，导致本案事实认定错误。依据一审法院委托鉴定所得的甘东方（专）审报字〔2019〕第 164 号审计报告的清算结论，结合甘肃东方民富会计师事务所 2020 年 7 月 15 日出具的《函》对"现金多出""未入账收入""存货盘盈""存货盘亏"的书面解释，关于双方经营中多出的现金必然是因存货盘亏所致，故盘亏的损失应当减去多出的现金，二人共有资金为：未入账资金 39 592 元 + 陶某 5 080 元 + 存货盘亏减去存货盘盈—多出现金，剩余 84 091.87 元，齐某应分 42 045.94 元。一审法院在申请对陶某与齐某的账务进行清算时未对双方提交的证据进行封存、固定，委托审计程序违法。另外，甘东方（专）审报字〔2019〕第 164 号审计报告反映的部分内容矛盾，不能成立。二、一审、二审判决关于陶某应当返还齐

---

① 资料来源：中国裁判文书网 https://wenshu.court.gov.cn。

某销售款 22 527 元的认定存在错误，依据的证人证言因程序违法而不应采信。三、一审、二审判决认定司法鉴定费用全部由陶某承担有失公正。鉴定费用的承担问题应当考虑鉴定的原因、背景等综合因素，应当在查明案件事实后按过错责任由双方分担相应的鉴定费用，判令由陶某全额负担存在严重不公。综上所述，庆阳市中级人民法院〔2021〕甘 10 民终 315 号民事判决存在明显错误，主要认定事实缺乏证据证实且与证据反映事实相悖，现有新证据足以推翻原判决认定事项。特依据《中华人民共和国民事诉讼法》第二百条第（一）项、第（二）项提出再审申请，请求再审法院依法对本案进行严格审查，支持陶某的再审申请，维护陶某的合法权益。

齐某提交再审意见称：一、陶某再审申请一："关于双方经营中多出现金必然是因存货盘亏所致"及"齐某存在重大涂改证据条件"这两种说法是没有根据的。二、陶某主张"另外，甘东方（专）审报字〔2019〕第 164 号审计报告的部分内容矛盾不能成立（拉瓷砖 5 车成本 55 000 元重复计算）及会计师事务所按照《2017 年 6 月份花苑小区预制厂 80 米场地水泥预制品材料用量质量检验报告单》所列公式计算是不合理的。"没有依据。三、陶某再审申请主张："原生效判决关于申请人应当返还被申请人销售款 22 527 元的认定存在错误"没有依据。四、陶某再审申请主张："生效判决认定司法鉴定费由陶某承担有失公正"。根据会计师事务所清算鉴定，陶某、陈某所做的账务中有错账、假账、空账、未入账、盘亏等，一审判决司法鉴定费 59 000 元，由陶某承担是正确的。综上所述，一审、二审法院事实清楚，证据充足，请求再审法院详细查阅一审、二审案件中的证据及清算鉴定报告，驳回陶某的请求，维护齐某的合法权益。

本院认为，根据《最高人民法院关于民事诉讼证据的若干规定》第三十七条："人民法院收到鉴定书后，应当及时将副本送交当事人。当事人对鉴定书的内容有异议的，应当在人民法院指定期间内以书面方式提出。对于当事人的异议，人民法院应当要求鉴定人作出解释、说明或者补充。人民法院认为有必要的，可以要求鉴定人对当事人未提出异议的内容进行解释、说明或者补充。"本案中，双方在清算过程中因账务发生纠纷，经齐某申请，一审法院委托甘肃东方民富会计师事务所对双方合伙经营的华池县建华预制品销售部 2016—2018 年度经营账务进行审计，清算结论为现金共多出 44 974.35 元，未入账收入 39 592 元；存货盘盈 46 097.70 元；存货盘亏 − 130 491.92 元。一审法院将上述审计报告送达陶某后，陶某并未提出书面异议，亦未申请重新审计，故其关于审计报告存在严重缺陷从而导致本案事实认定错误的再审请求，没有事实和法律依据。关于陶某认为一审、二审判决关于陶某应当返还齐某销售款 22 527 元的认定存在错误、依据的证人证言因程序违法而不应采信的主张。首先，陶某未提交证据证明证人出庭作证程序存在违法之处，一审、二审法院经审查对康某宝、刘某军等 9 人的证人证言予以采信并无不当；其次，根据一审法院于 2020 年 9 月 16 日对双方当事人所作的询问笔录，就案涉康某宝、刘某军等 11 人的 23 397 元销售款和电费、房租费 12 567 元共计 35 964 元由谁负责收回及收回了多少的问题，一审法院已告知双方当事人向法庭提交证据证明各自的主张，否则将视为举证不能，案件审理中齐某申请康某宝、刘某军等 9 人出庭作证，证实案涉 23 397 元销售款实际被陶某收取，陶某未能提交证据证明其主张。一审、二审法院根据上述事实，并在对齐某认可的未实际销售 870 元材料款予以扣减的基础上，认定陶某向齐某返还销货款 22 527 元并无不当。关于陶某认为一审、二审判决认定司法鉴定费用全部由其承担有失公正的问题。《中华人民共和国会计法》第十三条第三款规定："任何单位和个人不得伪造、变造会计凭证、会计帐簿及其他会计资料，不得提供虚假的财务会计报告。"本案中，一审法院依职权与华池县宏通代理记账有限公司咨询有关账务专业问题，该所通过查看东方民富会计事务所出具的清算报告，认为齐某、陶某合伙账务存在财务混乱，有假账、空账的现象，存货盘盈是指账面存货小于实际存货，反之为存货盘亏，现实中表现为记账人做了为空账、假账，现金多出是指记账人未将现金入账。结合案件事实，陶某作为会计、出纳，记账不规范，导致账务混乱，存在过错，一、二审法院判决由其承担全部鉴定费合理并无不当。综上，陶某的再审请求无事实和法律依据，不符合《中华人民共和国民事诉讼法》第二百条规定的应当再审的情形，应当予以驳回。

依照《中华人民共和国民事诉讼法》第二百零四条第一款，《最高人民法院关于适用〈中华人民共和国民事诉讼法〉的解释》第三百九十五条第二款的规定，裁定如下：

驳回陶某的再审申请。

审判长　周　雷

审判员　沈亚中

审判员　贠红娟

二○二一年十二月二十九日

书记员　陈　杰

山东省高级人民法院
民事裁定书[①]

〔2022〕鲁民申 6800 号

再审申请人（一审原告、二审被上诉人）：陈某婕，女，1978 年 11 月 13 日出生，汉族，住山东省威海经济技术开发区。

再审申请人（一审原告、二审被上诉人）：李某德，男，1963 年 8 月 10 日出生，汉族，住山东省威海市环翠区。

---

① 资料来源：中国裁判文书网 https://wenshu.court.gov.cn。

再审申请人（一审原告、二审被上诉人）：胡某峰，男，1964年1月25日出生，汉族，住山东省威海市环翠区。

再审申请人（一审原告、二审被上诉人）：李某，女，1964年11月15日出生，汉族，住山东省威海市环翠区。

再审申请人（一审原告、二审被上诉人）：王某河，男，1967年10月29日出生，汉族，住山东省威海市环翠区。

以上五再审申请人共同委托诉讼代理人：李洪武，山东文瀚律师事务所律师。

以上五再审申请人共同委托诉讼代理人：罗文熙，山东文瀚律师事务所律师。

被申请人（一审被告、二审上诉人）：威海海大投资管理有限公司，住所地山东省威海经济技术开发区凤林街道珠海路南、凤林村东（凤林老年公寓1号楼）。

法定代表人：孙某荣，董事长。

再审申请人陈某婕、李某德、胡某峰、李某、王某河（以下简称陈某婕等五人）因与被申请人威海海大投资管理有限公司（以下简称海大投资公司）股东知情权纠纷一案，不服山东省威海市中级人民法院〔2021〕鲁10民终2671号民事判决，向本院申请再审。本院依法组成合议庭进行了审查，现已审查终结。

陈某婕等五人申请再审称，本案符合《中华人民共和国民事诉讼法》第二百零七条第（六）项规定的再审条件，应予再审。理由如下：二审判决适用法律错误，陈某婕等五人作为海大投资公司的股东，享有法律规定的资产收益、参与重大决策和选择管理者等股东权利，必须以充分的知情权作为基础。陈某婕等五人要求查阅公司会计凭证的目的具有正当性，符合《中华人民共和国公司法》《中华人民共和国会计法》及相关司法解释的规定。依据《中华人民共和国会计法》第十五条的规定，会计凭证系会计账簿形成的基础，是编制会计账簿的依据，也是海大投资公司经营状况最真实的反映。查阅原始凭证既不会加重海大投资公司的义务，也不损害其利益，亦未超越股东知情权的范围。依据《中华人民共和国会计法》第十七条的规定，会计账簿记录与会计凭证的有关内容是否相符，只有通过查阅会计凭证才能知晓，才能确认会计账簿的真实性。公司的具体经营活动只有通过查阅原始凭证才能知晓，不查阅原始凭证，中小股东可能无法准确了解公司真正的经营状况。所以，如人民法院拒绝支持陈某婕等五人查阅会计凭证的知情权，其将无法寻求其他途径维护自身权益。二审判决适用《中华人民共和国会计法》第十三条、第十四条的规定错误，剥夺了陈某婕等五人查阅公司会计凭证的权利。另，二审判决适用《中华人民共和国会计法》第九条的规定有误，该条并非关于查阅权的规定，与本案无关。

本院经审查认为：《中华人民共和国公司法》（2018修正）第三十三条第二款规定，股东可以要求查阅公司会计账簿。股东要求查阅公司会计账簿的，应当向公司提出书面请求，说明目的。公司有合理根据认为股东查阅会计账簿有不正当目的，可能损害公司合法利益的，可以拒绝提供查阅，并应当自股东提出书面请求之日起十五日内书面答复股东并说明理由。公司拒绝提供查阅的，股东可以请求人民法院要求公司提供查阅。依据上述规定，首先，《中华人民共和国公司法》仅规定股东享有查阅公司会计账簿的权利，并不包括会计凭证，故陈某婕等五人要求查阅海大投资公司会计凭证缺乏法律依据。其次，依据《中华人民共和国会计法》的规定，会计凭证系编制会计账簿的基础和依据，会计账簿能够反映会计凭证的真实状况。在此情况下，陈某婕等五人仍要求查询海大投资公司会计凭证，需要举证证明其申请查询会计凭证的正当目的和必要性，但陈某婕等五人对此未能举证加以证明。因此，二审法院认定陈某婕等五人无权查阅海大投资公司会计凭证有事实和法律依据，并无不当。

综上，陈某婕等五人的再审申请不符合《中华人民共和国民事诉讼法》第二百零七条第（六）项规定的再审情形。依照《中华人民共和国民事诉讼法》第二百一十一条第一款，《最高人民法院关于适用〈中华人民共和国民事诉讼法〉的解释》第三百九十三条第二款规定，裁定如下：

驳回陈某婕、李某德、胡某峰、李某、王某河的再审申请。

审判长　赵　峰

审判员　左玉勇

审判员　郑元文

二〇二二年九月二十六日

法官助理　彭　震

书记员　石　磊

六、第十四条

（一）法条原文

【2024 年版本】

第十四条　会计凭证包括原始凭证和记账凭证。

办理本法第十条所列的经济业务事项，必须填制或者取得原始凭证并及时送交会计机构。

会计机构、会计人员必须按照国家统一的会计制度的规定对原始凭证进行审核，对不真实、不合法的原始凭证有权不予接受，并向单位负责人报告；对记载不准确、不完整的原始凭证予以退回，并要求按照国家统一的会计制度的规定更正、补充。

原始凭证记载的各项内容均不得涂改；原始凭证有错误的，应当由出具单位重开或者更正，更正处应当加盖出具单位印章。原始凭证金额有错误的，应当由出具单位重开，不得在原始凭证上更正。

记账凭证应当根据经过审核的原始凭证及有关资料编制。

【2017年、1999年版本】

第十四条　会计凭证包括原始凭证和记帐凭证。

办理本法第十条所列的经济业务事项，必须填制或者取得原始凭证并及时送交会计机构。

会计机构、会计人员必须按照国家统一的会计制度的规定对原始凭证进行审核，对不真实、不合法的原始凭证有权不予接受，并向单位负责人报告；对记载不准确、不完整的原始凭证予以退回，并要求按照国家统一的会计制度的规定更正、补充。

原始凭证记载的各项内容均不得涂改；原始凭证有错误的，应当由出具单位重开或者更正，更正处应当加盖出具单位印章。原始凭证金额有错误的，应当由出具单位重开，不得在原始凭证上更正。

记帐凭证应当根据经过审核的原始凭证及有关资料编制。

【1993年版本】

第十一条　办理本法第七条规定的事项，必须填制或者取得原始凭证，并及时送交会计机构。

会计机构必须对原始凭证进行审核，并根据经过审核的原始凭证编制记帐凭证。

第十二条　各单位按照国家统一的会计制度的规定设置会计科目和会计帐簿。

会计机构根据经过审核的原始凭证和记帐凭证，按照国家统一的会计制度关于记帐规则的规定记帐。

【1985年版本】

第十一条　办理本法第七条规定的事项，必须填制或者取得原始凭证，并及时送交会计机构。

会计机构必须对原始凭证进行审核，并根据经过审核的原始凭证编制记帐凭证。

第十二条　各单位按照会计制度的规定设置会计科目和会计帐簿。

会计机构根据经过审核的原始凭证和记帐凭证，按照会计制度关于记帐规则的规定记帐。

（二）法条释义

本条规定了会计凭证。

会计凭证是指记录经济业务发生或者完成情况的书面证明，是登记会计账簿的依据。会计凭证包括原始凭证和记账凭证。

原始凭证是在经济业务发生时取得或填制的，用以记录和证明经济业务发生或完成情况的凭证。单位的相关人员办理应当办理会计手续、进行会计核算的经济业务事项时，必须填制或者取得原始凭证并及时送交会计机构。

原始凭证的真伪及其合规与否决定着会计核算的真实与否，因此，会计机构、会计人员必须按照国家统一的会计制度的规定对原始凭证进行审核，审核的重点是真实性和合法性。对真实性审核，应重点看凭证的外观是否符合通常的标准，凭证记载的内容是否符合客观事实，是否与其他资料记载的信息相符。对合法性审核，应重点看凭证的外在表现以及记载的内容是否符合相关法律的规定，如发票记载的信息是否齐全。对不真实、不合法的原始凭证有权不予接受，并向单位负责人报告。对于具备真实性、合法性，但记载不准确、不完整的原始凭证应当予以退回，并要求按照国家统一的会计制度的规定更正、补充。例如，相关发票记载不准确，应当退回原开票单位，重新开具发票。

由于原始凭证是会计核算最重要的依据，因此，原始凭证记载的各项内容均不得涂改，涂改后的原始凭证无效。原始凭证如果有错误，应当由出具单位重开或者更正，更正处应当加盖出具单位印章。大多数的原始凭证，一旦出现错误，就应当重新开具。如果原始凭证的金额有错误，应当由出具单位重开，不得在原始凭证上更正。这是因为金额是原始凭证上最重要的内容，一旦更正，将难以区分是否存在变造的情形。

记账凭证，是财会部门根据原始凭证填制，记载经济业务简要内容，确定会计分录，作为记账依据的会计凭证。记账凭证应当根据经过会计机构、会计人员审核的原始凭证及有关资料编制。

（三）相关条文

《中华人民共和国发票管理办法》（2023年7月20日）

第一章 总 则

第一条 为了加强发票管理和财务监督，保障国家税收收入，维护经济秩序，根据《中华人民共和国税收征收管理法》，制定本办法。

第二条 在中华人民共和国境内印制、领用、开具、取得、保管、缴销发票的单位和个人（以下称印制、使用发票的单位和个人），必须遵守本办法。

第三条 本办法所称发票，是指在购销商品、提供或者接受服务以及从事其他经营活动中，开具、收取的收付款凭证。

发票包括纸质发票和电子发票。电子发票与纸质发票具有同等法律效力。国家积极推广使用电子发票。

第四条 发票管理工作应当坚持和加强党的领导，为经济社会发展服务。

国务院税务主管部门统一负责全国的发票管理工作。省、自治区、直辖市税务机关依据职责做好本行政区域内的发票管理工作。

财政、审计、市场监督管理、公安等有关部门在各自的职责范围内，配合税务机关做好发票管理工作。

第五条　发票的种类、联次、内容、编码规则、数据标准、使用范围等具体管理办法由国务院税务主管部门规定。

第六条　对违反发票管理法规的行为，任何单位和个人可以举报。税务机关应当为检举人保密，并酌情给予奖励。

第二章　发票的印制

第七条　增值税专用发票由国务院税务主管部门确定的企业印制；其他发票，按照国务院税务主管部门的规定，由省、自治区、直辖市税务机关确定的企业印制。禁止私自印制、伪造、变造发票。

第八条　印制发票的企业应当具备下列条件：

（一）取得印刷经营许可证和营业执照；

（二）设备、技术水平能够满足印制发票的需要；

（三）有健全的财务制度和严格的质量监督、安全管理、保密制度。

税务机关应当按照政府采购有关规定确定印制发票的企业。

第九条　印制发票应当使用国务院税务主管部门确定的全国统一的发票防伪专用品。禁止非法制造发票防伪专用品。

第十条　发票应当套印全国统一发票监制章。全国统一发票监制章的式样和发票版面印刷的要求，由国务院税务主管部门规定。发票监制章由省、自治区、直辖市税务机关制作。禁止伪造发票监制章。

发票实行不定期换版制度。

第十一条　印制发票的企业按照税务机关的统一规定，建立发票印制管理制度和保管措施。

发票监制章和发票防伪专用品的使用和管理实行专人负责制度。

第十二条　印制发票的企业必须按照税务机关确定的式样和数量印制发票。

第十三条　发票应当使用中文印制。民族自治地方的发票，可以加印当地一种通用的民族文字。有实际需要的，也可以同时使用中外两种文字印制。

第十四条　各省、自治区、直辖市内的单位和个人使用的发票，除增值税专用发票外，应当在本省、自治区、直辖市内印制；确有必要到外省、自治区、直辖市印制的，应当由省、自治区、直辖市税务机关商印制地省、自治区、直辖市税务机关同意后确定印制发票的企业。

禁止在境外印制发票。

第三章　发票的领用

第十五条　需要领用发票的单位和个人，应当持设立登记证件或者税务登记证件，以及经办人身份证明，向主管税务机关办理发票领用手续。领用纸质发票的，还应当提供按照国务院税务主管部门规定式样制作的发票专用章的印模。主管税务机关根据领用单位和个人的经营范围、规模和风险等级，在5个工作日内确认领用发票的种类、数量以及领用方式。

单位和个人领用发票时，应当按照税务机关的规定报告发票使用情况，税务机关应当按照规定进行查验。

第十六条 需要临时使用发票的单位和个人，可以凭购销商品、提供或者接受服务以及从事其他经营活动的书面证明、经办人身份证明，直接向经营地税务机关申请代开发票。依照税收法律、行政法规规定应当缴纳税款的，税务机关应当先征收税款，再开具发票。税务机关根据发票管理的需要，可以按照国务院税务主管部门的规定委托其他单位代开发票。

禁止非法代开发票。

第十七条 临时到本省、自治区、直辖市以外从事经营活动的单位或者个人，应当凭所在地税务机关的证明，向经营地税务机关领用经营地的发票。

临时在本省、自治区、直辖市以内跨市、县从事经营活动领用发票的办法，由省、自治区、直辖市税务机关规定。

第四章　发票的开具和保管

第十八条 销售商品、提供服务以及从事其他经营活动的单位和个人，对外发生经营业务收取款项，收款方应当向付款方开具发票；特殊情况下，由付款方向收款方开具发票。

第十九条 所有单位和从事生产、经营活动的个人在购买商品、接受服务以及从事其他经营活动支付款项，应当向收款方取得发票。取得发票时，不得要求变更品名和金额。

第二十条 不符合规定的发票，不得作为财务报销凭证，任何单位和个人有权拒收。

第二十一条 开具发票应当按照规定的时限、顺序、栏目，全部联次一次性如实开具，开具纸质发票应当加盖发票专用章。

任何单位和个人不得有下列虚开发票行为：

（一）为他人、为自己开具与实际经营业务情况不符的发票；

（二）让他人为自己开具与实际经营业务情况不符的发票；

（三）介绍他人开具与实际经营业务情况不符的发票。

第二十二条 安装税控装置的单位和个人，应当按照规定使用税控装置开具发票，并按期向主管税务机关报送开具发票的数据。

使用非税控电子器具开具发票的，应当将非税控电子器具使用的软件程序说明资料报主管税务机关备案，并按照规定保存、报送开具发票的数据。

单位和个人开发电子发票信息系统自用或者为他人提供电子发票服务的，应当遵守国务院税务主管部门的规定。

第二十三条 任何单位和个人应当按照发票管理规定使用发票，不得有下列行为：

（一）转借、转让、介绍他人转让发票、发票监制章和发票防伪专用品；

（二）知道或者应当知道是私自印制、伪造、变造、非法取得或者废止的发票而受让、开具、存放、携带、邮寄、运输；

（三）拆本使用发票；

（四）扩大发票使用范围；

（五）以其他凭证代替发票使用；

（六）窃取、截留、篡改、出售、泄露发票数据。

税务机关应当提供查询发票真伪的便捷渠道。

第二十四条 除国务院税务主管部门规定的特殊情形外，纸质发票限于领用单位和个人在本省、自治区、直辖市内开具。

省、自治区、直辖市税务机关可以规定跨市、县开具纸质发票的办法。

第二十五条 除国务院税务主管部门规定的特殊情形外，任何单位和个人不得跨规定的使用区域携带、邮寄、运输空白发票。

禁止携带、邮寄或者运输空白发票出入境。

第二十六条 开具发票的单位和个人应当建立发票使用登记制度，配合税务机关进行身份验证，并定期向主管税务机关报告发票使用情况。

第二十七条 开具发票的单位和个人应当在办理变更或者注销税务登记的同时，办理发票的变更、缴销手续。

第二十八条 开具发票的单位和个人应当按照国家有关规定存放和保管发票，不得擅自损毁。已经开具的发票存根联，应当保存5年。

第五章　发票的检查

第二十九条 税务机关在发票管理中有权进行下列检查：

（一）检查印制、领用、开具、取得、保管和缴销发票的情况；

（二）调出发票查验；

（三）查阅、复制与发票有关的凭证、资料；

（四）向当事各方询问与发票有关的问题和情况；

（五）在查处发票案件时，对与案件有关的情况和资料，可以记录、录音、录像、照像和复制。

第三十条 印制、使用发票的单位和个人，必须接受税务机关依法检查，如实反映情况，提供有关资料，不得拒绝、隐瞒。

税务人员进行检查时，应当出示税务检查证。

第三十一条 税务机关需要将已开具的发票调出查验时，应当向被查验的单位和个人开具发票换票证。发票换票证与所调出查验的发票有同等的效力。被调出查验发票的单位和个人不得拒绝接受。

税务机关需要将空白发票调出查验时，应当开具收据；经查无问题的，应当及时返还。

第三十二条　单位和个人从中国境外取得的与纳税有关的发票或者凭证，税务机关在纳税审查时有疑义的，可以要求其提供境外公证机构或者注册会计师的确认证明，经税务机关审核认可后，方可作为记账核算的凭证。

第六章　罚　　则

第三十三条　违反本办法的规定，有下列情形之一的，由税务机关责令改正，可以处1万元以下的罚款；有违法所得的予以没收：

（一）应当开具而未开具发票，或者未按照规定的时限、顺序、栏目，全部联次一次性开具发票，或者未加盖发票专用章的；

（二）使用税控装置开具发票，未按期向主管税务机关报送开具发票的数据的；

（三）使用非税控电子器具开具发票，未将非税控电子器具使用的软件程序说明资料报主管税务机关备案，或者未按照规定保存、报送开具发票的数据的；

（四）拆本使用发票的；

（五）扩大发票使用范围的；

（六）以其他凭证代替发票使用的；

（七）跨规定区域开具发票的；

（八）未按照规定缴销发票的；

（九）未按照规定存放和保管发票的。

第三十四条　跨规定的使用区域携带、邮寄、运输空白发票，以及携带、邮寄或者运输空白发票出入境的，由税务机关责令改正，可以处1万元以下的罚款；情节严重的，处1万元以上3万元以下的罚款；有违法所得的予以没收。

丢失发票或者擅自损毁发票的，依照前款规定处罚。

第三十五条　违反本办法的规定虚开发票的，由税务机关没收违法所得；虚开金额在1万元以下的，可以并处5万元以下的罚款；虚开金额超过1万元的，并处5万元以上50万元以下的罚款；构成犯罪的，依法追究刑事责任。

非法代开发票的，依照前款规定处罚。

第三十六条　私自印制、伪造、变造发票，非法制造发票防伪专用品，伪造发票监制章，窃取、截留、篡改、出售、泄露发票数据的，由税务机关没收违法所得，没收、销毁作案工具和非法物品，并处1万元以上5万元以下的罚款；情节严重的，并处5万元以上50万元以下的罚款；构成犯罪的，依法追究刑事责任。

前款规定的处罚，《中华人民共和国税收征收管理法》有规定的，依照其规定执行。

第三十七条　有下列情形之一的，由税务机关处1万元以上5万元以下的罚款；情节严重的，处5万元以上50万元以下的罚款；有违法所得的予以没收：

（一）转借、转让、介绍他人转让发票、发票监制章和发票防伪专用品的；

（二）知道或者应当知道是私自印制、伪造、变造、非法取得或者废止的发票而受让、开具、存放、携带、邮寄、运输的。

第三十八条 对违反发票管理规定 2 次以上或者情节严重的单位和个人,税务机关可以向社会公告。

第三十九条 违反发票管理法规,导致其他单位或者个人未缴、少缴或者骗取税款的,由税务机关没收违法所得,可以并处未缴、少缴或者骗取的税款 1 倍以下的罚款。

第四十条 当事人对税务机关的处罚决定不服的,可以依法申请行政复议或者向人民法院提起行政诉讼。

第四十一条 税务人员利用职权之便,故意刁难印制、使用发票的单位和个人,或者有违反发票管理法规行为的,依照国家有关规定给予处分;构成犯罪的,依法追究刑事责任。

第七章 附 则

第四十二条 国务院税务主管部门可以根据有关行业特殊的经营方式和业务需求,会同国务院有关主管部门制定该行业的发票管理办法。

国务院税务主管部门可以根据增值税专用发票管理的特殊需要,制定增值税专用发票的具体管理办法。

第四十三条 本办法自发布之日起施行。财政部 1986 年发布的《全国发票管理暂行办法》和原国家税务局 1991 年发布的《关于对外商投资企业和外国企业发票管理的暂行规定》同时废止。

《中华人民共和国发票管理办法实施细则》(2024 年 1 月 15 日)

第一章 总 则

第一条 根据《中华人民共和国发票管理办法》(以下简称《办法》)规定,制定本实施细则。

第二条 在全国范围内统一式样的发票,由国家税务总局确定。

在省、自治区、直辖市范围内统一式样的发票,由省、自治区、直辖市税务局(以下简称省税务局)确定。

第三条 《办法》第三条所称电子发票是指在购销商品、提供或者接受服务以及从事其他经营活动中,按照税务机关发票管理规定以数据电文形式开具、收取的收付款凭证。

电子发票与纸质发票的法律效力相同,任何单位和个人不得拒收。

第四条 税务机关建设电子发票服务平台,为用票单位和个人提供数字化等形态电子发票开具、交付、查验等服务。

第五条 税务机关应当按照法律、行政法规的规定,建立健全发票数据安全管理制度,保障发票数据安全。

单位和个人按照国家税务总局有关规定开展发票数据处理活动,依法承担发票数据安全保护义务，不得超过规定的数量存储发票数据，不得违反规定使用、非法出售或非法向他人提供发票数据。

第六条　纸质发票的基本联次包括存根联、发票联、记账联。存根联由收款方或开票方留存备查；发票联由付款方或受票方作为付款原始凭证；记账联由收款方或开票方作为记账原始凭证。

省以上税务机关可根据纸质发票管理情况以及纳税人经营业务需要，增减除发票联以外的其他联次，并确定其用途。

第七条　发票的基本内容包括：发票的名称、发票代码和号码、联次及用途、客户名称、开户银行及账号、商品名称或经营项目、计量单位、数量、单价、大小写金额、税率（征收率）、税额、开票人、开票日期、开票单位（个人）名称（章）等。

省以上税务机关可根据经济活动以及发票管理需要，确定发票的具体内容。

第八条　领用发票单位可以书面向税务机关要求使用印有本单位名称的发票，税务机关依据《办法》第十五条的规定，确认印有该单位名称发票的种类和数量。

第二章　发票的印制

第九条　税务机关根据政府采购合同和发票防伪用品管理要求对印制发票企业实施监督管理。

第十条　全国统一的纸质发票防伪措施由国家税务总局确定，省税务局可以根据需要增加本地区的纸质发票防伪措施，并向国家税务总局备案。

纸质发票防伪专用品应当按照规定专库保管，不得丢失。次品、废品应当在税务机关监督下集中销毁。

第十一条　全国统一发票监制章是税务机关管理发票的法定标志，其形状、规格、内容、印色由国家税务总局规定。

第十二条　全国范围内发票换版由国家税务总局确定；省、自治区、直辖市范围内发票换版由省税务局确定。

发票换版时，应当进行公告。

第十三条　监制发票的税务机关根据需要下达发票印制通知书，印制企业必须按照要求印制。

发票印制通知书应当载明印制发票企业名称、用票单位名称、发票名称、发票代码、种类、联次、规格、印色、印制数量、起止号码、交货时间、地点等内容。

第十四条　印制发票企业印制完毕的成品应当按照规定验收后专库保管，不得丢失。废品应当及时销毁。

第三章　发票的领用

第十五条　《办法》第十五条所称经办人身份证明是指经办人的居民身份证、护照或者其他能证明经办人身份的证件。

第十六条　《办法》第十五条所称发票专用章是指领用发票单位和个人在其开具纸

质发票时加盖的有其名称、统一社会信用代码或者纳税人识别号、发票专用章字样的印章。

发票专用章式样由国家税务总局确定。

第十七条 税务机关对领用纸质发票单位和个人提供的发票专用章的印模应当留存备查。

第十八条 《办法》第十五条所称领用方式是指批量供应、交旧领新、验旧领新、额度确定等方式。

税务机关根据单位和个人的税收风险程度、纳税信用级别、实际经营情况确定或调整其领用发票的种类、数量、额度以及领用方式。

第十九条 《办法》第十五条所称发票使用情况是指发票领用存情况及相关开票数据。

第二十条 《办法》第十六条所称书面证明是指有关业务合同、协议或者税务机关认可的其他资料。

第二十一条 税务机关应当与受托代开发票的单位签订协议，明确代开发票的种类、对象、内容和相关责任等内容。

第四章 发票的开具和保管

第二十二条 《办法》第十八条所称特殊情况下，由付款方向收款方开具发票，是指下列情况：

（一）收购单位和扣缴义务人支付个人款项时；

（二）国家税务总局认为其他需要由付款方向收款方开具发票的。

第二十三条 向消费者个人零售小额商品或者提供零星服务的，是否可免予逐笔开具发票，由省税务局确定。

第二十四条 填开发票的单位和个人必须在发生经营业务确认营业收入时开具发票。未发生经营业务一律不准开具发票。

第二十五条 《办法》第十九条规定的不得变更金额，包括不得变更涉及金额计算的单价和数量。

第二十六条 开具纸质发票后，如发生销售退回、开票有误、应税服务中止等情形，需要作废发票的，应当收回原发票全部联次并注明"作废"字样后作废发票。

开具纸质发票后，如发生销售退回、开票有误、应税服务中止、销售折让等情形，需要开具红字发票的，应当收回原发票全部联次并注明"红冲"字样后开具红字发票。无法收回原发票全部联次的，应当取得对方有效证明后开具红字发票。

第二十七条 开具电子发票后，如发生销售退回、开票有误、应税服务中止、销售折让等情形的，应当按照规定开具红字发票。

第二十八条 单位和个人在开具发票时，应当填写项目齐全，内容真实。

开具纸质发票应当按照发票号码顺序填开，字迹清楚，全部联次一次打印，内容完全一致，并在发票联和抵扣联加盖发票专用章。

第二十九条 《办法》第二十一条所称与实际经营业务情况不符是指具有下列行为之一的：

（一）未购销商品、未提供或者接受服务、未从事其他经营活动，而开具或取得发票；

（二）有购销商品、提供或者接受服务、从事其他经营活动，但开具或取得的发票载明的购买方、销售方、商品名称或经营项目、金额等与实际情况不符。

第三十条 开具发票应当使用中文。民族自治地方可以同时使用当地通用的一种民族文字。

第三十一条 单位和个人向委托人提供发票领用、开具等服务，应当接受税务机关监管，所存储发票数据的最大数量应当符合税务机关的规定。

第三十二条 开发电子发票信息系统为他人提供发票数据查询、下载、存储、使用等涉税服务的，应当符合税务机关的数据标准和管理规定，并与委托人签订协议，不得超越授权范围使用发票数据。

第三十三条 《办法》第二十五条所称规定的使用区域是指国家税务总局和省税务局规定的区域。

第三十四条 《办法》第二十六条所称身份验证是指单位和个人在领用、开具、代开发票时，其经办人应当实名办税。

第三十五条 使用纸质发票的单位和个人应当妥善保管发票。发生发票丢失情形时，应当于发现丢失当日书面报告税务机关。

第五章　发票的检查

第三十六条 税务机关在发票检查中，可以对发票数据进行提取、调出、查阅、复制。

第三十七条 《办法》第三十一条所称发票换票证仅限于在本县（市）范围内使用。需要调出外县（市）的发票查验时，应当提请该县（市）税务机关调取发票。

第三十八条 用票单位和个人有权申请税务机关对发票的真伪进行鉴别。收到申请的税务机关应当受理并负责鉴别发票的真伪；鉴别有困难的，可以提请发票监制税务机关协助鉴别。

在伪造、变造现场以及买卖地、存放地查获的发票，由当地税务机关鉴别。

第六章　罚　则

第三十九条 税务机关对违反发票管理法规的行为依法进行处罚的，由县以上税务机关决定；罚款额在2 000元以下的，可由税务所决定。

第四十条 《办法》第三十三条第六项规定以其他凭证代替发票使用的，包括：

（一）应当开具发票而未开具发票，以其他凭证代替发票使用；

（二）应当取得发票而未取得发票，以发票外的其他凭证或者自制凭证用于抵扣税款、出口退税、税前扣除和财务报销；

（三）取得不符合规定的发票，用于抵扣税款、出口退税、税前扣除和财务报销。

构成逃避缴纳税款、骗取出口退税、虚开发票的，按照《中华人民共和国税收征收管理法》《办法》相关规定执行。

第四十一条 《办法》第三十八条所称的公告是指，税务机关应当在办税场所或者广播、电视、报纸、期刊、网络等新闻媒体上公告纳税人发票违法的情况。公告内容包括：纳税人名称、统一社会信用代码或者纳税人识别号、经营地点、违反发票管理法规的具体情况。

第四十二条 对违反发票管理法规情节严重构成犯罪的，税务机关应当依法移送司法机关处理。

第七章 附 则

第四十三条 计划单列市税务局参照《办法》中省、自治区、直辖市税务局的职责做好发票管理工作。

第四十四条 本实施细则自2011年2月1日起施行。

《会计基础工作规范》（2019年3月14日）

第四十七条 各单位办理本规范第三十七条规定的事项，必须取得或者填制原始凭证，并及时送交会计机构。

第四十八条 原始凭证的基本要求是：

（一）原始凭证的内容必须具备：凭证的名称；填制凭证的日期；填制凭证单位名称或者填制人姓名；经办人员的签名或者盖章；接受凭证单位名称；经济业务内容；数量、单价和金额。

（二）从外单位取得的原始凭证，必须盖有填制单位的公章；从个人取得的原始凭证，必须有填制人员的签名或者盖章。自制原始凭证必须有经办单位领导人或者其指定的人员签名或者盖章。对外开出的原始凭证，必须加盖本单位公章。

（三）凡填有大写和小写金额的原始凭证，大写与小写金额必须相符。购买实物的原始凭证，必须有验收证明。支付款项的原始凭证，必须有收款单位和收款人的收款证明。

（四）一式几联的原始凭证，应当注明各联的用途，只能以一联作为报销凭证。

一式几联的发票和收据，必须用双面复写纸（发票和收据本身具备复写纸功能的除外）套写，并连续编号。作废时应当加盖"作废"戳记，连同存根一起保存，不得撕毁。

（五）发生销货退回的，除填制退货发票外，还必须有退货验收证明；退款时，必须取得对方的收款收据或者汇款银行的凭证，不得以退货发票代替收据。

（六）职工公出借款凭据，必须附在记账凭证之后。收回借款时，应当另开收据或者退还借据副本，不得退还原借款收据。

（七）经上级有关部门批准的经济业务，应当将批准文件作为原始凭证附件。如果批准文件需要单独归档的，应当在凭证上注明批准机关名称、日期和文件字号。

第四十九条 原始凭证不得涂改、挖补。发现原始凭证有错误的，应当由开出单位重开或者更正，更正处应当加盖开出单位的公章。

第五十条 会计机构、会计人员要根据审核无误的原始凭证填制记账凭证。

记账凭证可以分为收款凭证、付款凭证和转账凭证，也可以使用通用记账凭证。

第五十一条 记账凭证的基本要求是：

（一）记账凭证的内容必须具备：填制凭证的日期；凭证编号；经济业务摘要；会计科目；金额；所附原始凭证张数；填制凭证人员、稽核人员、记账人员、会计机构负责人、会计主管人员签名或者盖章。收款和付款记账凭证还应当由出纳人员签名或者盖章。

以自制的原始凭证或者原始凭证汇总表代替记账凭证的，也必须具备记账凭证应有的项目。

（二）填制记账凭证时，应当对记账凭证进行连续编号。一笔经济业务需要填制两张以上记账凭证的，可以采用分数编号法编号。

（三）记账凭证可以根据每一张原始凭证填制，或者根据若干张同类原始凭证汇总填制，也可以根据原始凭证汇总表填制。但不得将不同内容和类别的原始凭证汇总填制在一张记账凭证上。

（四）除结账和更正错误的记账凭证可以不附原始凭证外，其他记账凭证必须附有原始凭证。如果一张原始凭证涉及几张记账凭证，可以把原始凭证附在一张主要的记账凭证后面，并在其他记账凭证上注明附有该原始凭证的记账凭证的编号或者附原始凭证复印件。

一张原始凭证所列支出需要几个单位共同负担的，应当将其他单位负担的部分，开给对方原始凭证分割单，进行结算。原始凭证分割单必须具备原始凭证的基本内容：凭证名称、填制凭证日期、填制凭证单位名称或者填制人姓名、经办人的签名或者盖章、接受凭证单位名称、经济业务内容、数量、单价、金额和费用分摊情况等。

（五）如果在填制记账凭证时发生错误，应当重新填制。

已经登记入账的记账凭证，在当年内发现填写错误时，可以用红字填写一张与原内容相同的记账凭证，在摘要栏注明"注销某月某日某号凭证"字样，同时再用蓝字重新填制一张正确的记账凭证，注明"订正某月某日某号凭证"字样。如果会计科目没有错误，只是金额错误，也可以将正确数字与错误数字之间的差额，另编一张调整的记账凭证，调增金额用蓝字，调减金额用红字。发现以前年度记账凭证有错误的，应当用蓝字填写一张更正的记账凭证。

（六）记账凭证填制完经济业务事项后，如有空行，应当自金额栏最后一笔金额数字下的空行处至合计数上的空行处划线注销。

第五十二条 填制会计凭证，字迹必须清晰、工整，并符合下列要求：

（一）阿拉伯数字应当一个一个地写，不得连笔写。阿拉伯金额数字前面应当书写货币币种符号或者货币名称简写和币种符号。币种符号与阿拉伯金额数字之间不得留有空白。凡阿拉伯数字前写有币种符号的，数字后面不再写货币单位。

（二）所有以元为单位（其他货币种类为货币基本单位，下同）的阿拉伯数字，除表示单价等情况外，一律填写到角分；无角分的，角位和分位可写"00"，或者符号"——"；有角无分的，分位应当写"0"，不得用符号"——"代替。

（三）汉字大写数字金额如零、壹、贰、叁、肆、伍、陆、柒、捌、玖、拾、佰、仟、万、亿等，一律用正楷或者行书体书写，不得用0、一、二、三、四、五、六、七、八、九、十等简化字代替，不得任意自造简化字。大写金额数字到元或者角为止的，在"元"或者"角"字之后应当写"整"字或者"正"字；大写金额数字有分的，分字后面不写"整"或者"正"字。

（四）大写金额数字前未印有货币名称的，应当加填货币名称，货币名称与金额数字之间不得留有空白。

（五）阿拉伯金额数字中间有"0"时，汉字大写金额要写"零"字；阿拉伯数字金额中间连续有几个"0"时，汉字大写金额中可以只写一个"零"字；阿拉伯金额数字元位是"0"，或者数字中间连续有几个"0"、元位也是"0"但角位不是"0"时，汉字大写金额可以只写一个"零"字，也可以不写"零"字。

第五十三条 实行会计电算化的单位，对于机制记账凭证，要认真审核，做到会计科目使用正确，数字准确无误。打印出的机制记账凭证要加盖制单人员、审核人员、记账人员及会计机构负责人、会计主管人员印章或者签字。

第五十四条 各单位会计凭证的传递程序应当科学、合理，具体办法由各单位根据会计业务需要自行规定。

（四）典型案例

中华人民共和国最高人民法院
民事裁定书[①]

〔2017〕最高法民申 2369 号

再审申请人（一审被告、反诉原告、二审上诉人）：上海宝合实业股份公司，住所地上海市崇明县庙镇宏海公路 843 号 1 幢。

法定代表人：瞿某宝，该公司董事长。

委托诉讼代理人：徐新贵，湖北佳成律师事务所律师。

[①] 资料来源：中国裁判文书网 https://wenshu.court.gov.cn。

被申请人（一审原告、反诉被告、二审上诉人）：武汉市康天新源电力投资开发有限公司，住所地湖北省武汉市江汉区新华下路17号新华豪庭A栋1-4-3室。

法定代表人：肖某洪，该公司董事长。

一审被告（二审被上诉人）：湖北宝奕房地产开发有限公司，住所地湖北省咸宁市温泉石硼路39号。

法定代表人：张某臣，该公司董事长

一审被告（二审被上诉人）：咸宁市城市建设投资开发有限公司，住所地湖北省咸宁市咸宁大道45号。

法定代表人：盛某军，该公司董事长

一审被告（二审被上诉人）：武汉荣泽置业有限公司，住所地湖北省武汉市江汉区常青一路88号金色雅园C3幢18层1号。

法定代表人：张某，该公司董事长

一审被告（二审被上诉人）：杜某久，男，1957年7月29日出生，汉族，住湖北省武汉市。

一审被告（二审被上诉人）：张某军，男，1946年1月24日出生，汉族，住湖北省武汉市江岸区。

再审申请人上海宝合实业股份公司（以下简称宝合公司）因与被申请人武汉市康天新源电力投资开发有限公司（以下简称康天公司）、一审被告湖北宝奕房地产开发有限公司（以下简称宝奕公司）、咸宁市城市建设投资开发有限公司（以下简称咸宁城投公司）、武汉荣泽置业有限公司、杜某久、张某军合同纠纷一案，不服湖北省高级人民法院〔2016〕鄂民终1369号民事判决，向本院申请再审。本院依法组成合议庭对本案进行了审查，现已审查终结。

宝合公司依据《中华人民共和国民事诉讼法》第二百条规定申请再审称，（一）二审判决违反了法定程序。康天公司和宝合公司在上诉状中均未针对一审判决的第二项判决内容"康天公司于判决生效之日起十日内向宝奕公司提供1 482万元有效可记账的入账凭证（正式发票），并向宝奕公司移交列入成本的718万元票据（建设施工单位山河集团开具的发票及收据）"提出任何上诉请求。二审法院对一审判决的第二项判决内容进行审理并改判撤销，违反法律规定，损害了宝合公司的合法权益。（二）二审判决适用法律错误。宝合公司反诉请求康天公司向指定的宝奕公司提交原始付款凭证和收款发票有合同和法律依据。1.根据宝合公司与康天公司签订的《项目合作协议书》第二条和第三条约定，康天公司应当提交如下原始付款凭证和收款发票：（1）咸宁项目前期投资费用880万元的原始付款凭证；（2）施工单位收取工程进度款200万元的收款原始发票；（3）《项目合作协议书》第三条第1项约定，康天公司应当向宝合公司指定的房地产公司宝奕公司提交咸宁项目权益转让款1 482万元的入账凭证（即收款原始发票）。康天公司在本案一审过程中当庭确认，1 482万元的入账凭证可以提交。

2. 提供收款发票是法律赋予康天公司的义务，取得收款发票也是法律赋予宝合公司的权利。（三）宝合公司要求康天公司承担未及时履行提交上述原始付款凭证和收款发票义务的违约金368万元有事实和法律依据，二审判决未予支持违背合同约定和法律规定。《项目合作协议书》第四条第1项约定，如康天公司未按照本合同履行义务，则康天公司应当按照转让总金额（3 680万元）的10%（即368万元）支付违约金。但是，宝合公司已经按照约定支付给康天公司项目转让款2 200万元，而宝合公司至今没有提交上述原始付款凭证和收款发票，严重违约。康天公司的违约行为给宝合公司及实施咸宁项目的宝奕公司造成的损失和预期损失金额远远高于合同约定的违约金368万元。如果康天公司不能向宝奕公司提交咸宁项目权益转让款1 482万元的收款原始发票，则将会直接导致宝合公司或宝奕公司不能将该笔转让款1 482万元计入项目投资成本，宝合公司或宝奕公司将因此多支出企业所得税518.7万元（1 482×35%）。一审法院以宝合公司未举证康天公司尚未交付入账凭证已对其造成损失为由不予支持宝合公司主张的违约金请求没有法律依据。综上，请求依法撤销二审判决第二项、第三项，并支持宝合公司的反诉请求。

本院经审查认为：一、关于二审法院判决撤销一审判决第二项是否违反法定程序的问题。康天公司二审上诉请求第一条为"请求撤销原判"，应当包括撤销一审判决第二项判决内容，即康天公司于一审判决生效之日起十日内向宝奕公司提供1 482万元有效可记账的入账凭证（正式发票），并向宝奕公司移交列入成本的718万元票据（建设施工单位山河集团开具的发票及收据），二审法院对此进行审理，没有超出康天公司上诉请求，亦没有违反法定程序。二、关于宝合公司要求康天公司向指定的宝奕公司提交咸宁项目前期投资费用880万元的原始付款凭证，施工单位山河集团收取工程进度款200万元的收款原始发票以及咸宁项目权益转让款1 482万元的收款（税务）发票，并要求康天公司承担违约金等主张能否成立。首先，康天公司与宝合公司2012年1月13日签订的《项目合作协议书》第二条约定：经双方协商项目转让价款为3 680万元（其中，项目权益转让款计2 600万元，项目前期投资费用和支付工程进度款计1 080万元）。前期投资费用以康天公司财务原始付款凭证计880万元为基础并报咸宁城投公司审定金额为准，工程进度款200万元以施工单位收款原始发票为准。根据上述约定，康天公司的前期投资费用和工程进度款的数额是以相应的凭证或发票为准，如果没有相应的凭证或发票印证，影响的是转让价款的金额。但该条款并未明确约定康天公司应向宝合公司交付该部分价款的原始付款凭证或收款原始发票，因此宝合公司要求康天公司交付上述款项的凭证和发票没有依据，其主张康天公司因此违约不能成立。其次，《项目合作协议书》第三条第1项约定，1 482万元由康天公司向宝合公司指定的宝奕公司提供有效可记账的入账凭证。对入账凭证是何种形式，合同未明确表述。依据《中华人民共和国会计法》第十四条、《会计基础工作规范》的规定，会计凭证包括原始凭证和记账凭证，原始凭证包括外来凭证和自制凭证，发票属于外来凭证，但外来凭证还有银行结算凭证，收据、合同等多种形式。且结合协议第二条"前期投资费用以康天公司财务原始付款凭证计 880 万元为基础并报咸宁城投公司审定金额为准，工程进度款 200 万元以施工单位收款原始发票为准"的表述，协议中对相关财务凭证亦出现了"原始付款凭证""原始发票""可记账的入账凭证"多种表述，宝合公司作为房地产公司，应该清楚抵消税款需要哪种凭证，但双方签订合同时对该争议条款却明确表述为"可记账的入账凭证"而非"发票"，因此宝合公司认为"可记账的入账凭证"就是指发票无明确依据，其主张康天公司未提供 1 482 万元发票构成违约并承担违约责任不能成立。

综上，宝合公司的再审申请不符合《中华人民共和国民事诉讼法》第二百条规定的情形。依照《中华人民共和国民事诉讼法》第二百零四条第一款，《最高人民法院关于适用〈中华人民共和国民事诉讼法〉的解释》第三百九十五条第二款规定，裁定如下：

驳回上海宝合实业股份公司的再审申请。

审判长　杨立初
审判员　刘雪梅
审判员　刘京川
二〇一八年三月二十八日
法官助理　高海娟
书记员　苗歌歌

七、第十五条

（一）法条原文

【2024 年版本】

第十五条　会计账簿登记，必须以经过审核的会计凭证为依据，并符合有关法律、行政法规和国家统一的会计制度的规定。会计账簿包括总账、明细账、日记账和其他辅助性账簿。

会计账簿应当按照连续编号的页码顺序登记。会计账簿记录发生错误或者隔页、缺号、跳行的，应当按照国家统一的会计制度规定的方法更正，并由会计人员和会计机构负责人（会计主管人员）在更正处盖章。

使用电子计算机进行会计核算的，其会计账簿的登记、更正，应当符合国家统一的会计制度的规定。

【2017年、1999年版本】

第十五条 会计帐簿登记，必须以经过审核的会计凭证为依据，并符合有关法律、行政法规和国家统一的会计制度的规定。会计帐簿包括总帐、明细帐、日记帐和其他辅助性帐簿。

会计帐簿应当按照连续编号的页码顺序登记。会计帐簿记录发生错误或者隔页、缺号、跳行的，应当按照国家统一的会计制度规定的方法更正，并由会计人员和会计机构负责人（会计主管人员）在更正处盖章。

使用电子计算机进行会计核算的，其会计帐簿的登记、更正，应当符合国家统一的会计制度的规定。

【1993年版本】

第十二条 各单位按照国家统一的会计制度的规定设置会计科目和会计帐簿。

会计机构根据经过审核的原始凭证和记帐凭证，按照国家统一的会计制度关于记帐规则的规定记帐。

【1985年版本】

第十二条 各单位按照会计制度的规定设置会计科目和会计帐簿。

会计机构根据经过审核的原始凭证和记帐凭证，按照会计制度关于记帐规则的规定记帐。

（二）法条释义

本条规定了会计账簿的登记。

会计账簿是由专门格式并以一定形式联结在一起的账页所组成的，是以会计凭证为依据，对全部经济业务进行全面、系统、连续、分类地记录和核算的簿籍。会计账簿包括总账、明细账、日记账和其他辅助性账簿。

总账也称总分类账，是根据会计科目开设的账簿，用于分类登记单位的全部经济业务事项，提供资产、负债、所有者权益、费用、成本、收入等总括核算的资料。总账一般有订本账和活页账两种。

明细账也称明细分类账，是根据总账科目所属的明细科目设置的，用于分类登记某一类经济业务事项，提供有关明细核算资料。明细账通常使用活页账。

日记账是一种特殊的序时明细账，它是按照经济业务事项发生的时间先后顺序，逐日逐笔地进行登记的账簿。包括现金日记账和银行存款日记账。现金日记账和银行存款日记账必须采用订本式账簿。不得用银行对账单或者其他方法代替日记账。

其他辅助账簿也称备查账簿，是为备忘备查而设置的。在会计实务中，主要包括各种租借设备、物资的辅助登记或有关应收、应付款项的备查簿，担保、抵押备查簿等。

会计账簿登记，必须以经过审核的会计凭证为依据，未经审核并确认真实、合法的会计凭证不能成为登记会计账簿的依据。登记会计账簿同样应当符合有关法律、行政法规和国家统一的会计制度的规定。登记会计账簿时，应当将会计凭证日期、编号、业务内容摘要、金额和其他有关资料逐项记入账内，做到数字准确、摘要清楚、登记及时、字迹工整。

为防止做假账，会计账簿应当按照连续编号的页码顺序登记。会计账簿记录发生错误或者隔页、缺号、跳行的，应当按照国家统一的会计制度规定的方法更正，并由会计人员和会计机构负责人（或者会计主管人员）在更正处盖章。例如，如果发生跳行、隔页，应当将空行、空页划线注销，或者注明"此行空白""此页空白"字样，并由记账人员签名或者盖章。

账簿记录发生错误，不准涂改、挖补、刮擦或者用药水消除字迹，不准重新抄写，必须按照下列方法进行更正：①登记账簿时发生错误，应当将错误的文字或者数字划红线注销，但必须使原有字迹仍可辨认；然后在划线上方填写正确的文字或者数字，并由记账人员在更正处盖章。对于错误的数字，应当全部划红线更正，不得只更正其中的错误数字。对于文字错误，可只划去错误的部分。②由于记账凭证错误而使账簿记录发生错误，应当按更正的记账凭证登记账簿。

使用电子计算机进行会计核算的，其会计账簿的登记、更正，应当符合国家统一的会计制度的规定。实行会计电算化的单位，用计算机打印的会计账簿必须连续编号，经审核无误后装订成册，并由记账人员和会计机构负责人、会计主管人员签字或者盖章。

（三）相关条文

《中华人民共和国税收征收管理法实施细则》（2016年2月6日）

第二十二条　从事生产、经营的纳税人应当自领取营业执照或者发生纳税义务之日起15日内，按照国家有关规定设置账簿。

前款所称账簿，是指总账、明细账、日记账以及其他辅助性账簿。总账、日记账应当采用订本式。

《会计基础工作规范》（2019年3月14日）

第五十六条　各单位应当按照国家统一会计制度的规定和会计业务的需要设置会计账簿。会计账簿包括总账、明细账、日记账和其他辅助性账簿。

第五十七条　现金日记账和银行存款日记账必须采用订本式账簿。不得用银行对账单或者其他方法代替日记账。

第五十八条　实行会计电算化的单位，用计算机打印的会计账簿必须连续编号，经审核无误后装订成册，并由记账人员和会计机构负责人、会计主管人员签字或者盖章。

第五十九条　启用会计账簿时，应当在账簿封面上写明单位名称和账簿名称。在账簿扉页上应当附启用表，内容包括：启用日期、账簿页数、记账人员和会计机构负责人、会计主管人员姓名，并加盖名章和单位公章。记账人员或者会计机构负责人、会计主管人员调动工作时，应当注明交接日期、接办人员或者监交人员姓名，并由交接双方人员签名或者盖章。

启用订本式账簿，应当从第一页到最后一页顺序编定页数，不得跳页、缺号。使用活页式账页，应当按账户顺序编号，并须定期装订成册。装订后再按实际使用的账页顺序编定页码。另加目录，记明每个账户的名称和页次。

第六十条 会计人员应当根据审核无误的会计凭证登记会计账簿。登记账簿的基本要求是：

（一）登记会计账簿时，应当将会计凭证日期、编号、业务内容摘要、金额和其他有关资料逐项记入账内，做到数字准确、摘要清楚、登记及时、字迹工整。

（二）登记完毕后，要在记账凭证上签名或者盖章，并注明已经登账的符号，表示已经记账。

（三）账簿中书写的文字和数字上面要留有适当空格，不要写满格；一般应占格距的二分之一。

（四）登记账簿要用蓝黑墨水或者碳素墨水书写，不得使用圆珠笔（银行的复写账簿除外）或者铅笔书写。

（五）下列情况，可以用红色墨水记账：

1. 按照红字冲账的记账凭证，冲销错误记录；
2. 在不设借贷等栏的多栏式账页中，登记减少数；
3. 在三栏式账户的余额栏前，如未印明余额方向的，在余额栏内登记负数余额；
4. 根据国家统一会计制度的规定可以用红字登记的其他会计记录。

（六）各种账簿按页次顺序连续登记，不得跳行、隔页。如果发生跳行、隔页，应当将空行、空页划线注销，或者注明"此行空白""此页空白"字样，并由记账人员签名或者盖章。

（七）凡需要结出余额的账户，结出余额后，应当在"借或贷"等栏内写明"借"或者"贷"等字样。没有余额的账户，应当在"借或贷"等栏内写"平"字，并在余额栏内用"Q"表示。

现金日记账和银行存款日记账必须逐日结出余额。

（八）每一账页登记完毕结转下页时，应当结出本页合计数及余额，写在本页最后一行和下页第一行有关栏内，并在摘要栏内注明"过次页"和"承前页"字样；也可以将本页合计数及金额只写在下页第一行有关栏内，并在摘要栏内注明"承前页"字样。

对需要结计本月发生额的账户，结计"过次页"的本页合计数应当为自本月初起至本页末止的发生额合计数；对需要结计本年累计发生额的账户，结计"过次页"的本页合计数应当为自年初起至本页末止的累计数；对既不需要结计本月发生额也不需要结计本年累计发生额的账户，可以只将每页末的余额结转次页。

第六十一条 账簿记录发生错误，不准涂改、挖补、刮擦或者用药水消除字迹，不准重新抄写，必须按照下列方法进行更正：

（一）登记账簿时发生错误，应当将错误的文字或者数字划红线注销，但必须使原有字迹仍可辨认；然后在划线上方填写正确的文字或者数字，并由记账人员在更正处盖章。对于错误的数字，应当全部划红线更正，不得只更正其中的错误数字。对于文字错误，可只划去错误的部分。

（二）由于记账凭证错误而使账簿记录发生错误，应当按更正的记账凭证登记账簿。

第六十三条 各单位应当按照规定定期结账。

（一）结账前，必须将本期内所发生的各项经济业务全部登记入账。

（二）结账时，应当结出每个账户的期末余额。需要结出当月发生额的，应当在摘要栏内注明"本月合计"字样，并在下面通栏划单红线。需要结出本年累计发生额的，应当在摘要栏内注明"本年累计"字样，并在下面通栏划单红线；12月末的"本年累计"就是全年累计发生额。全年累计发生额下面应当通栏划双红线。年度终了结账时，所有总账账户都应当结出全年发生额和年末余额。

（三）年度终了，要把各账户的余额结转到下一会计年度，并在摘要栏注明"结转下年"字样；在下一会计年度新建有关会计账簿的第一行余额栏内填写上年结转的余额，并在摘要栏注明"上年结转"字样。

第九十七条 本规范所称国家统一会计制度，是指由财政部制定，或者财政部与国务院有关部门联合制定，或者经财政部审核批准的在全国范围内统一执行的会计规章、准则、办法等规范性文件。

本规范所称会计主管人员，是指不设置会计机构、只在其他机构中设置专职会计人员的单位行使会计机构负责人职权的人员。

本规范第三章第二节和第三节关于填制会计凭证、登记会计账簿的规定，除特别指出外，一般适用于手工记账。实行会计电算化的单位，填制会计凭证和登记会计账簿的有关要求，应当符合财政部关于会计电算化的有关规定。

（四）典型案例

山东省高级人民法院
民事裁定书[①]

〔2021〕鲁民申 3800 号

再审申请人（一审被告、二审上诉人）：淄博昂展地产有限公司，住所地山东省淄博市高新区鲁泰大道9号银泰时代广场B座二层南侧。

---

① 资料来源：中国裁判文书网https://wenshu.court.gov.cn。

法定代表人：陈某，董事长。

委托诉讼代理人：董军峰，山东文康律师事务所律师。

委托诉讼代理人：孙德新，山东文康（济南）律师事务所律师。

被申请人（一审原告、二审被上诉人）：王某，男，1954年8月26日出生，汉族，住福建省厦门市思明区。

委托诉讼代理人：陈华河，福建典格律师事务所律师。

委托诉讼代理人：朱伟强，福建典格律师事务所律师。

再审申请人淄博昂展地产有限公司因与被申请人王某股东知情权纠纷一案，不服山东省淄博市中级人民法院〔2020〕鲁03民终4136号民事判决，向本院申请再审。本院依法组成合议庭对本案进行了审查，现已审查终结。

淄博昂展地产有限公司申请再审称：1.申请人有合理根据认为股东查阅会计账簿有不正当目的，可能损害公司合法利益，有权拒绝提供查阅。虽然被申请人的"不正当目的"不属于《公司法》司法解释（四）规定的三种具体情形，但其不正当目的昭然若揭，属于司法解释（四）所规定的"股东有不正当目的的其他情形"。事实与证据如下：（1）被申请人长期持续侵占公司资金至今未还，并涉嫌构成挪用资金罪。（2）被申请人属于问题股东，长期不依法正当行使股东权利。（3）被申请人的股权现处司法冻结和被执行状态，此时查阅公司会计账簿必定居心不良。2.《中华人民共和国公司法》将股东可查阅财会资料的范围限定为财务会计报告与会计账簿，没有涉及包括原始凭证和记账凭证在内的会计凭证。依据《中华人民共和国民事诉讼法》第二百条第二、六项规定申请再审。

王某提交意见称：1.申请人提交的证据既无法证明王某不是股东，亦不能证明王某查阅具有不正当目的。2.王某要求查阅会计账簿等具有法律依据，原判决支持正确。3.陈炎、陈某通过申请人公司等单位侵吞和挪用公司资金及资产，涉嫌犯罪，请中止审查，将案件材料移送公安机关。

本院经审查认为，"不正当目的"的内涵应当限于股东行使知情权的实质目的为可能泄露公司商业秘密、可能与公司存在恶意竞争等利用通过行使股东知情权获知的信息对公司利益造成损害的情形，而不宜作扩大理解。申请人认可：被申请人的"不正当目的"不属于《公司法》司法解释（四）规定的三种具体情形，其主张的被申请人涉嫌挪用资金、不正当行使权利等事实，不足以证明存在被申请人可能利用通过行使股东知情权获知的信息对公司利益造成损害的情形。原判决支持被申请人行使股东知情权的请求，认定事实、适用法律并无不当。另外，股东查阅会计账簿时，可以一并查阅会计凭证。根据《中华人民共和国会计法》规定，会计账簿登记必须以经过审核的会计凭证为依据。因此，会计凭证可以视为会计账簿的附件。虽然《中华人民共和国公司法》第三十三条第二款在规定股东可以查阅公司会计账簿时，对于能否一并查阅原始会计凭证未予明确。但是，基于原始会计凭证才是公司经营情况最真实的反映，如果将股东查阅权的范围仅限于会计账簿，将难以确保通过会计账簿了解公司的真实经营情况，在会计账簿虚假记载大量存在的情况下，造成股东知情权落空。原判决判令申请人提供会计账簿（包括总账、明细账、日记账和其他辅助性账簿以及记账凭证和原始凭证）供被申请人查阅、复制，亦无不当。

最后，王某关于本案应当中止审查、移送公安机关处理的申请缺乏事实证据和法律依据，不予支持。

综上，申请人淄博昂展地产有限公司的再审申请不符合《中华人民共和国民事诉讼法》第二百条第二、六项规定的情形。依照《中华人民共和国民事诉讼法》第二百零四条第一款，《最高人民法院关于适用〈中华人民共和国民事诉讼法〉的解释》第三百九十五条第二款之规定，裁定如下：

驳回淄博昂展地产有限公司的再审申请。

审判长　杜　磊

审判员　崔志芹

审判员　柴家祥

二〇二一年六月十八日

书记员　王凤娇

辽宁省高级人民法院
民事裁定书[①]

〔2021〕辽民申 4412 号

再审申请人（一审被告、二审上诉人）：大连中山恒鑫小额贷款有限公司，住所地辽宁省大连市中山区。

法定代表人：汤某欣，该公司董事长。

委托诉讼代理人：孙某姝，该公司员工。

被申请人（一审原告、二审被上诉人）：大连巅峰文化产业有限公司，住所地辽宁省大连市西岗区。

法定代表人：徐某贵，该公司总经理。

再审申请人大连中山恒鑫小额贷款有限公司（以下简称恒鑫公司）因与被申请人大连巅峰文化产业有限公司（以下简称巅峰公司）股东知情权纠纷一案，不服辽宁省大连市中级人民法院〔2021〕辽02民终347号民事判决，向本院申请再审。本院依法组成合议庭对本案进行了审查，本案现已审查终结。

---

① 资料来源：中国裁判文书网 https://wenshu.court.gov.cn。

恒鑫公司申请再审称，请求依据《中华人民共和国民事诉讼法》第一百九十九条、第二百条第二项、第六项及第二百零五条的规定再审本案。事实和理由：一、原审判决证据不足，认定事实错误。二、原审判决适用法律错误。被申请人请求查阅公司会计凭证于法无据，不应予以支持。

本院经审查认为，巅峰公司已提供了向恒鑫公司法定代表人汤某欣寄送书面查阅申请的快递单证和签收查询结果，显示由恒鑫公司员工杨雅婷签收。恒鑫公司否认收到该快递，但未提供证据证明。应认定巅峰公司已按照《中华人民共和国公司法》规定的程序向恒鑫公司提出书面查阅请求但未获允许。恒鑫公司未提供证据证明巅峰公司存在《中华人民共和国公司法》第三十三条第二款及《最高人民法院关于适用〈中华人民共和国公司法〉若干问题的规定（四）》第八条规定的"不正当目的"。根据《中华人民共和国会计法》第十四条、第十五条规定，会计凭证包含原始凭证和记账凭证，会计账簿登记必须以经过审核的会计凭证为依据。因原始凭证不可避免地涉及公司商业秘密，股东不宜复制。故原判决恒鑫公司提供其公司自2018年1月1日至2019年12月31日期间的公司章程、股东会会议记录、董事会会议决议、监事会会议决议和财务会计报告供巅峰公司查阅复制；恒鑫公司提供其公司自2018年1月1日至2019年12月31日期间的公司会计账簿（含总账、分类账、明细账、日记账、其他辅助性账簿）和会计凭证供巅峰公司查阅（查阅时间为十个工作日）并无不当。恒鑫公司的再审申请不符合《中华人民共和国民事诉讼法》第二百条的规定。

依照《中华人民共和国民事诉讼法》第二百零四条第一款，《最高人民法院关于适用〈中华人民共和国民事诉讼法〉的解释》第三百九十五条第二款规定，裁定如下：

驳回大连中山恒鑫小额贷款有限公司的再审申请。

审判长　丁　海
审判员　关鹿凝
审判员　禹政一
二〇二一年十二月十三日
法官助理　谭舒怀
书记员　张雪萌

陕西省高级人民法院
民事判决书[1]

〔2023〕陕民再304号

再审申请人（一审原告、二审上诉人）：张某军，男，1975年10月4日出生，汉

---

[1] 资料来源：中国裁判文书网https://wenshu.court.gov.cn。

族，住新疆阿克苏市。

委托诉讼代理人：张昆，上海创永律师事务所律师。

被申请人（一审被告、二审被上诉人）：陕西恒意广告有限公司，住所地陕西省西安市灞桥区洪庆工业园区东区28号。

法定代表人：吕某锋，该公司总经理。

委托诉讼代理人：潘燕，陕西君勤律师事务所律师。

委托诉讼代理人：许亚飞，陕西君勤律师事务所律师。

再审申请人张某军因与被申请人陕西恒意广告有限公司股东知情权纠纷一案，不服西安市中级人民法院〔2022〕陕01民终15662号民事判决，向本院申请再审。本院于2023年9月1日作出〔2023〕陕民申2916号民事裁定提审本案。本院依法组成合议庭开庭审理了本案。再审申请人张某军以及委托诉讼代理人张昆、被申请人陕西恒意广告有限公司的委托诉讼代理人潘燕到庭参加诉讼。本案现已审理终结。

张某军申请再审请求，撤销西安市中级人民法院〔2022〕陕01民终15662号民事判决和西安市灞桥区人民法院〔2022〕陕0111民初432号民事判决第四项，改判支持再审申请人一审第二项诉讼请求，即查阅（摘抄、摘录）会计账簿、会计凭证的诉讼请求。事实与理由：（一）陕西高院参阅案例：赵玉红诉西安市五星商贸有限公司股东知情权纠纷案（陕西高院民行审判委员会2017年第9次会议讨论通过）认为，股东知情权查阅的范围应当及于与会计账簿记载内容有关的会计凭证。（二）司法实践中绝大多数观点支持股东查阅会计凭证，即便按照不支持随意扩大股东知情权查阅原始凭证的少数裁判观点，在股东有合理理由和初步证据怀疑会计账簿真实性时，不支持查阅会计凭证，将导致股东知情权的立法目的彻底落空。本案中，再审申请人已经提供证据证明恒意公司财务不规范，内外两套账，会计账簿不能反映其真实的财务和经营状况，只有查阅会计凭证才能实现股东知情权的立法目的，依法应当支持。1.对股东知情权范围是否包括会计凭证，绝大多数法院和权威司法刊物均持支持态度。2.西安中院多数判决支持查阅原始凭证，其中，在再审申请人提出的另一起股东知情权关联案件和其他案件中支持查阅会计凭证，本案二审法官在2021年7月27日也曾作出支持会计凭证的判决。3.原审判决对申请人提供的证明被申请人财务记账不规范内外两套账的证据置之不理，拒绝接受申请人在庭审中提交被申请人用财务和法定代表人个人账户收款、发工资、分红以证明其财务两套账的证据，且判决书中对内外两套账和股东知情权的关系也不予任何回应和说理，径行以公司法第三十三条没有明确规定会计凭证为由驳回，其司法过程是简单粗暴的，其司法结果将使中小股东只能看到一套假账，股东知情权的立法目的将彻底落空。三、本案二审判决在已经注意到西安中院近期关联另案判决支持会计凭证查阅以及支持摘抄会计账簿的情况下，作出既不支持查阅会计凭证，也不支持摘抄会计账簿和会计凭证的第三种裁判意见，不但没有发挥二审有效终审、精准定分止争的功能，使西安中院在股东知情权案件中呈现出3种裁判意见，导致法律适用混乱，不利于营造稳定、公平、透明和可预期的法治化营商环境。根据最高法院《关于完善四级法院审级职能定位改革试点的实施办法》，有通过贵院再审依法纠错、统一裁判尺度，明确裁判规则的必要性。四、全国人大常委会2021年12月24日在关于《中华人民共和国公司法（修订草案）》的说明中指出："现行公司法律制度存在一些与改革和发展不适应、不协调的问题，……公司监督制衡、责任追究机制不完善，中小投资者和债权人保护需要加强等。"保护投资，加强对中小投资人的保护已经刻不容缓，确保小股东看到的是真账而不是假账，对优化营商环境，鼓励和保护投资具有重要意义。综上，再审申请人向陕西省高级人民法院提出再审申请。

陕西恒意广告有限公司辩称：（一）对于再审申请人主张行使股东知情权的诉讼请求，一、二审法院已经支持，无需提起再审程序。（二）张某军已不再是公司股东，其无权主张查阅、复制法律规定之外的公司资料。（三）再审申请人主张改判支持其一审第二项诉讼请求，即查阅（摘抄、摘录）会计账簿、会计凭证的诉讼请求属于擅自改变一审诉讼请求的情形。（四）再审申请人主张改判支持再审申请人摘抄摘录会计账簿的请求已属于超越法律的规定扩张解释股东知情权的范畴，其请求依法不应予以支持。

张某军向一审法院起诉请求：1.恒意公司提供自2003年1月28日成立至今的公司章程及其修正案、历次股东会会议记录、股东会决议，历次董事会（或执行董事）决议或决定，历次监事会（或监事）决议或决定，历年财务会计报告［含会计报表（资产负债表、利润表、现金流量表及相关附表）、会计报表附注和财务情况说明书］供张某军查阅复制。2.恒意公司提供自2003年1月28日成立至今的完整会计账簿（含总账、明细账、往来账、现金日记账、银行对账单交易明细、现金流水记录和其他辅助性账簿）、会计凭证（含记账凭证、原始凭证以及作为原始凭证附件入账备查的有关资料、银行流水记录、合同、发票）交由张某军查阅。在张某军查阅前述公司文件资料时，可进行必要的摘抄、摘录，亦可委托并携带1~2名具有执业律师或注册会计师执业资质的专业人员予以必要辅助。3.恒意公司提供自2003年1月28日成立以来的财务会计报告、会计账簿和会计凭证供张某军委托的审计师进行审计。

一审法院认定事实：恒意公司成立于2003年1月28日，张某军自恒意公司成立即为该公司股东，现持有恒意公司股权20%。2021年7月26日，张某军向恒意公司发出《关于要求行使股东知情权的律师函》，以为了了解公司经营状况，评估所持有的公司股权的实际价值，以便更好地行使股东权利为由，要求恒意公司在收到本函之日起十个工作日内备置如下文件于公司会议室：1.提供自2003年1月28日成立以来至今的公司章程及其修正案，历次股东会会议记录、股东会会议决议，历次董事会（或执行董事）决议、决定，历次监事会（或监事）决议、决定；2.提供自2003年1月28日成立以来至今的公司财务会计报告［含会计报表（资产负债表、利润表、现金流量表及相关附表）、会计报表附注和财务情况说明书］；3.提供自2003年1月28日成立以来至今的公司完整会计账簿、会计凭证；4.提供自2003年1月28日成立以来至今的完整的与广告和工程业务相关的招投标文件、合同及其他依据恒意公司专项委托所作成之会计报告、评估报告等文件；5.配合张某军指定的审计师，对公司自2003年1月28日成立以来至今的账目进行审计等。2021年8月2日，恒意公司向上海三甲律师事务所发出《律师函回复及催告》，内容：一、关于相关文件查阅的问题。1.我司同意张某军预约时间查阅相关文件；2.关于查阅会计账簿，张某军应向公司提出书面请求并说明目的，在我方认为并无不正当目的且不会损害公司利益的前提下，可以查阅，但不可复制；3.张某军无权查阅公司原始凭证；4.关于查阅公司业务合同等相关文件，超出股东知情权的范围，我方有权拒绝该项请求。二、关于成立新公司的问题，股东多次沟通，且在2021年3月20日上午，在我司会议室召开股东会议，张某军参加，不存在其毫不知情。三、再次催告，张某军尽快将我司登记在其名下的房产办理相关变更手续，将占有使用的汽车交还。后双方又数次往来函件，但未就张某军行使知情权相关问题达成一致。

  一审法院认为，张某军作为恒意公司股东依法享有的知情权，应受法律保护，根据《中华人民共和国公司法》第三十三条规定："股东有权查阅、复制公司章程、股东会会议记录、董事会会议决议、监事会会议决议和财务会计报表。股东可以要求查阅公司会计账簿。股东要求查阅公司账簿的，应当向公司提出书面请求，说明目的。公司有合理根据认为股东查阅会计账簿有不正当目的，可能损害公司合法权益的，可以拒绝提供查阅，并应当自股东提出书面请求之日起15日内书面答复股东并说明理由。公司拒绝提供查阅的，股东可以请求人民法院要求公司提供查阅。"因此，对张某军要求查阅或复制上述法律规定的文件的诉讼请求，有法律依据，予以支持。根据《中华人民共和国会计法》第十五条第一款规定："会计账簿包括总账、明细账、日记账和其他辅助性账簿。"故该部分也在张某军查阅的范围内。对于张某军诉讼请求中超出上述法律规定而要求查阅或复制的部分，因为没有法律依据，张某军也无证据证明其查阅或复制的必要性，不予支持。根据《最高人民法院关于适用〈中华人民共和国公司法〉若干问题的规定（四）》第十条第二款规定："股东依据人民法院生效判决查阅公司文件资料的，在该股东在场的情况下，可以由会计师、律师等依法或者依据执业行为规范负有保密义务的中介机构执业人员辅助进行。"故对张某军要求委托1~2名具有执业律师或注册会计师执业资质的专业人员予以在场辅助的请求，予以支持。对于张某军要求对恒意公司提供自成立以来的会计报告、会计账簿和会计凭证供张某军委托的审计师进行审计的诉讼请求，超出股东知情权范围，没有法律依据，不予支持。遂判决：一、被告陕西恒意广告有限公司在本判决生效后10日内提供自2003年1月28日公司成立至今的公司章程及其修正案、历次股东会会议记录、股东会决议、执行董事决定、监事决定、财务会计报告（含会计报表、会计报表附注和财务情况说明书）供原告张某军查阅、复制；二、被告陕西恒意广告有限公司在本判决生效后10日内提供自2003年1月28日公司成立至今的会计账簿（含总账、明细账、日记账和其他辅助性账簿）供原告张某军查阅；三、原告张某军查阅或复制上述文件的时间为被告陕西恒意广告有限公司正常工作时间，不得超过十个工作日，地点为陕西恒意广告有限公司工作场所（会议室），原告张某军在查阅时可委托1~2名执业会计师或律师在场予以辅助，被告陕西恒意广告有限公司应提供必要协助；四、驳回原告张某军其余诉讼请求。案件受理费100元，由张某军和陕西恒意广告有限公司各承担50元。

张某军不服一审判决，上诉请求：撤销西安市灞桥区人民法院〔2022〕陕0111民初432号民事判决第二项、第三项、第四项，改判支持张某军的全部诉讼请求。

二审法院对一审查明的事实予以确认。

二审法院认为，本案的争议焦点为：张某军请求查阅、摘抄会计凭证以及对恒意公司财务资料进行审计，应否支持。

《中华人民共和国公司法》第三十三条第二款规定"股东有权查阅、复制公司章程、股东会会议记录、董事会会议决议、监事会会议决议和财务会计报告。股东可以要求查阅公司会计账簿……股东可以请求人民法院要求公司提供查阅"。依据该规定，股东行使知情权的范围仅限公司章程、股东会会议记录、董事会会议决议、监事会会议决议、财务会计报告以及会计账簿，并未包含张某军主张查阅的会计凭证。且，双方均认可在恒意公司章程中对于股东知情权行使范围未作特别约定，因此公司章程中亦未赋予张某军行使查阅会计凭证的权利。故张某军请求摘抄、查阅公司会计凭证，无事实及法律依据，本院不予支持。另，对于张某军请求对恒意公司财务资料进行审计一节，于法无据，一审判决驳回该项请求并无不当。

综上所述，张某军的上诉请求不能成立，应予驳回；一审判决认定事实清楚，适用法律正确，应予维持。依照《中华人民共和国民事诉讼法》第一百七十七条第一款第一项规定，判决如下：驳回上诉，维持原判。二审案件受理费100元，由张某军负担。

本院再审期间，张某军提交了三组证据：

第一组证据：微信沟通记录、现金付出凭证、银行流水。意欲证明被申请人存在内外两套账。

第二组证据：西安中院民事判决、恒意公司反诉通知等。意欲证明大股东滥用权利。

第三组证据：本案的关联公司东恒公司的裁定和笔录。意欲证明被申请人和东恒公司系关联公司关系。

陕西恒意广告有限公司提交了五组证据：

第一组：西安市灞桥区人民法院执行通知书、限制消费令、报告财产令、情况说明、致函、快递单明细、陕西恒意广告有限公司账目资料图片、恒意广告公司奖励奖牌，欲证明：张某军一方面对案涉股东知情权纠纷二审判决表示服判并申请强制执行，一方面又对本案申请再审。其一再将恒意广告公司陷入诉讼、强制执行的境地，就是为了进一步拖垮公司。恒意广告公司要养活员工10余人，自张某军2021年起诉恒意广告公司以来，民营公司在疫情之后开展生产经营本就不易，还被曾经的股东一再拖入诉讼、强制执行中致使恒意广告公司名誉扫地、西安市灞桥区人民政府对于恒意广告公司这个曾经优质的民营企业也不能继续扶持，因一再被陷入诉讼、执行的状态，恒意广告公司的商业贷款更是无法办理，使公司无法开展正常的生产经营，张某军滥用司法资源损害恒意广告公司名誉权的行为应当认定为属于公司法若干问题的规定（四）第八条第四款规定"股东有不正当目的的其他情形"。人民法院对其主张查阅会计凭证、摘抄摘录会计账簿、会计凭证等超越法律规定的文件资料的请求依法应当予以驳回，维持一、二审判决。

第二组：陕西恒意广告有限公司 2003 年恒意广告公司营业执照、2003 年设立时的《公司章程》、2022 年企业年报，欲证明：恒意广告公司在 2003 年 1 月 28 日设立时是按照当时《公司法》规定的实收资本制进行注册登记。根据公司资本充实原则，各股东应当按照当时的法律规定，根据各自的出资比例完成该 100 万元的出资义务，则彼时的股东张某军应当在 2003 年 1 月 28 日前完成其实缴 20 万元注册资金的义务。

第三组：陕西兴华有限责任会计师事务所报告书、西安市灞桥区人民法院〔2023〕陕 0111 民初调字 8468 号调查令、调查令回执及银行账户信息材料，欲证明：前述《验资报告》所述恒意广告公司于 2003 年 1 月 22 日在西安市莲湖区 ×× 路分社（现为陕西秦农农村商业银行股份有限公司科技路支行）设立账户事宜及张某军通过该银行账号为 0402******** 的账户向恒意广告公司现金缴款与事实不符；张某军未在 2003 年 1 月 22 日向恒意广告公司实际履行 20 万元股东的出资义务。因张某军未履行出资义务，其股东权利应当受到限制，无权要求查阅、复制法律规定之外的恒意广告公司账目等文件资料。

第四组：通知三份及 EMS 凭证回执单、恒意广告公司行政人员段颂敏与张某军的微信聊天记录、股东吕某锋、吕迈的缴款凭证三张、陕西恒意广告有限公司 2023 年第一次股东会议记录、会议决议，欲证明：股东吕某锋、吕迈在收到公司发出的补缴出资通知后，履行了股东出资的义务。在恒意广告公司多次向张某军催告补齐股东出资事宜后，张某军仍拒绝缴纳其应当实缴的出资 20 万元，因张某军未依法履行出资义务，恒意广告公司有权召开股东会解除其股东资格；案涉股东会会议程序合法、解除张某军股东资格及监事职务的决议合法、有效。根据公司意思自治原则在未经生效判决书确认前述股东会决议无效前，应当认为该股东会决议有效；自 2023 年 5 月 21 日起，张某军已不再是恒意广告公司的股东，其无权要求查阅、复制自 2023 年 5 月 21 日后的恒意广告公司的会计账簿等文件资料。因张某军未依法履行出资义务，其股东权利应当受到限制，其主张要求查阅、摘抄、摘录法律规定之外的恒意广告公司账目等文件资料于法无据，依法应当予以驳回。

第五组：恒意广告公司法定代表人吕某锋与张某军的微信聊天记录三页、恒意广告公司作出的《通知》两份及在微信工作群中发送该《通知》的微信聊天记录两页、恒意广告公司为张某军发放2020年5月至2021年4月的工资明细单一份、恒意广告公司行政工作人员段颂敏向张某军发送短信记录两页、西安市长安区人民法院〔2022〕陕0116民初3655号民事调解书、西安市长安区人民法院〔2023〕陕0116民初11388号民事判决书、西安市中级人民法院〔2023〕陕01民终22032号民事判决书，欲证明：2020年4月之前，张某军作为恒意广告公司的总经理，恒意广告公司为其配备车辆、住房等。在其因个人过错主动向公司请求离职后，公司多次要求其返还车辆及返还前述房屋，其均不予理睬。后经过诉讼程序，张某军已返还车辆，但对于价值300余万元的房屋经二审判决后现已生效，根据判决书确定的义务张某军仍拒不配合恒意广告公司办理房屋变更登记手续，违法占有恒意广告公司价值300余万元的巨额财产；作为恒意广告公司的前股东，张某军未依法履行股东的出资义务，且违法占有恒意广告公司的巨额财产，在其一方面对案涉股东知情权纠纷服判并申请强制执行的情形下，又向陕西省高级人民法院申请再审，恒意广告公司有合理理由相信其为了实现其个人利益，查账目的不正当，张某军无权要求查阅、复制法律规定之外的恒意广告公司账目等文件资料。股东知情权和公司利益的保护需要平衡，人民法院不应当随意超越法律的规定扩张解释股东知情权的范畴。再审申请人主张摘抄、摘录会计账簿、会计凭证的请求明显超越法律明确规定的股东知情权范畴，因无法律依据，依法不应予以支持。

本院经审理，原审查明事实正确，本院予以确认。

本院再审认为，本案争议焦点1.再审申请人作为股东查阅公司会计账簿的范围是否包含会计凭证；2.股东能否摘抄、摘录会计账簿及会计凭证的内容。

第一，关于再审申请人作为股东查阅公司会计账簿的范围是否包含会计凭证。根据查明事实，张某军向陕西恒意广告有限公司发送律师函称，为了解公司经营状况，评估所持有的公司股权实际价值，更好地行使股东权利，要求查阅公司相关文件账目等资料。恒意公司回函，要求张某军对于查阅会计账簿，应向公司提出书面请求并说明目的，在其认为并无不正当目的且不会损害公司利益的前提下，可以查阅，但不可复制，并拒绝张某军查阅公司原始凭证及公司业务合同等相关文件。本案中，根据《中华人民共和国公司法》第三十三条第二款"股东可以要求查阅公司会计账簿。股东要求查阅公司会计账簿的，应当向公司提出书面请求，说明目的。公司有合理根据认为股东查阅会计账簿有不正当目的，可能损害公司合法利益的，可以拒绝提供查阅，并应当自股东提出书面请求之日起十五日内书面答复股东并说明理由。公司拒绝提供查阅的，股东可以请求人民法院要求公司提供查阅"，《中华人民共和国会计法》第十五条第一款"会计帐簿登记，必须以经过审核的会计凭证为依据，并符合有关法律、行政法规和国家统一的会计制度的规定。会计帐簿包括总账、明细账、日记账和其他辅助性帐簿"的规定，会计凭证作为会计帐簿的依据，对于核实会计账簿的真实性有重要作用，属于股东知情权中对会计账簿的延伸，对于张某军关于查阅会计凭证的请求应予支持。

第二，关于张某军要求摘抄、摘录会计账簿及会计凭证的内容的请求应否予以支持的问题。《中华人民共和国公司法》第三十三条规定"股东有权查阅、复制公司章程、股东会会议记录、董事会会议决议、监事会会议决议和财务会计报告。股东可以要求查阅公司会计账簿。……"因上述规定并未规定股东在查阅会计账簿时可以摘抄、摘录，而会计凭证作为股东知情权中对会计账簿的延伸，故再审申请人要求摘抄、摘录会计账簿及会计凭证的内容诉讼请求，于法无据，依法不予支持。

综上所述，张某军的部分再审请求成立，本院予以支持。依照《中华人民共和国民事诉讼法》第二百一十四条第一款、第一百七十七条第一款第二项之规定，判决如下：

一、撤销陕西省西安市中级人民法院〔2022〕陕01民终15662号民事判决、撤销西安市灞桥区人民法院〔2022〕陕0111民初432号民事判决第四项。

二、维持西安市灞桥区人民法院〔2022〕陕0111民初432号民事判决第一项、第三项。

三、变更西安市灞桥区人民法院〔2022〕陕0111民初432号民事判决第二项：陕西恒意广告有限公司在本判决生效后10日内提供自2003年1月28日公司成立至今的会计账簿（含总账、明细账、日记账、会计凭证和其他辅助性账簿）供张某军查阅。

四、驳回张某军其余诉讼请求。

一审案件受理费100元，陕西恒意广告有限公司负担60元，张某军负担40元；二审案件受理费100元，陕西恒意广告有限公司负担60元，张某军负担40元。

本判决为终审判决。

审判长　王小平
审判员　张润民
审判员　赵艳华
二〇二三年十二月五日
法官助理　苏　丹
书记员　王　瑞

八、第十六条

（一）法条原文

【2024年版本】

第十六条　各单位发生的各项经济业务事项应当在依法设置的会计账簿上统一登记、核算，不得违反本法和国家统一的会计制度的规定私设会计账簿登记、核算。

【2017 年、1999 年版本】

第十六条　各单位发生的各项经济业务事项应当在依法设置的会计帐簿上统一登记、核算，不得违反本法和国家统一的会计制度的规定私设会计帐簿登记、核算。

【1993 年版本】

第十二条　各单位按照国家统一的会计制度的规定设置会计科目和会计帐簿。

会计机构根据经过审核的原始凭证和记帐凭证，按照国家统一的会计制度关于记帐规则的规定记帐。

【1985 年版本】

第十二条　各单位按照会计制度的规定设置会计科目和会计帐簿。

会计机构根据经过审核的原始凭证和记帐凭证，按照会计制度关于记帐规则的规定记帐。

（二）法条释义

本条规定了会计账簿的完整性。

为了使得各单位的会计核算真实、准确、完整，会计账簿能够完整反映其经济活动的结果，各单位发生的各项经济业务事项均应当无遗漏地在依法设置的会计账簿上统一登记、核算，不得违反本法和国家统一的会计制度的规定私设会计账簿登记、核算。

私设会计账簿是最严重的会计违法行为，两套会计账簿的存在将使得会计核算的真实性、准确性和完整性荡然无存，是国家严厉打击的会计违法行为。个别单位为了特殊的目的和用途，分别设置了多套会计账簿，真实、准确、完整的会计账簿通常被称为"内账"，主要提供给控股股东或主要投资人；部分真实、部分准确、不完整的会计账簿通常被称为"外账"。有的单位甚至编制多套"外账"，分别提供给税务、审计、统计、国资委、银行等单位。私设会计账簿还可能违反税法、审计法、统计法，甚至刑法。

（三）相关条文

《宗教活动场所财务管理办法》（2022 年 2 月 11 日）

第十六条　宗教活动场所应当执行国家有关民间非营利组织的会计制度，依法设置会计账簿，并保证其真实、完整。

第十七条　宗教活动场所应当采用借贷记账法进行会计核算。

第十八条　会计核算应当以记录经济业务活动的原始凭证为依据，做到真实、完整。

任何组织或者个人不得以任何方式授意、指使、强令宗教活动场所会计伪造、变造会计凭证、会计账簿，编制虚假财务会计报告或者隐匿、故意销毁依法应当保存的会计凭证、会计账簿、财务会计报告。

第十九条　宗教活动场所应当按照国家会计档案管理制度，建立会计凭证、会计账簿、财务会计报告和其他会计资料的档案，并妥善保管。

第二十条　宗教活动场所根据工作需要，可以委托经批准设立的机构代理记账。

《会计基础工作规范》（2019年3月14日）

第四十二条　会计凭证、会计账簿、会计报表和其他会计资料的内容和要求必须符合国家统一会计制度的规定，不得伪造、变造会计凭证和会计账簿，不得设置账外账，不得报送虚假会计报表。

九、第十七条

（一）法条原文

【2024年版本】

第十七条　各单位应当定期将会计账簿记录与实物、款项及有关资料相互核对，保证会计账簿记录与实物及款项的实有数额相符、会计账簿记录与会计凭证的有关内容相符、会计账簿之间相对应的记录相符、会计账簿记录与会计报表的有关内容相符。

【2017年、1999年版本】

第十七条　各单位应当定期将会计帐簿记录与实物、款项及有关资料相互核对，保证会计帐簿记录与实物及款项的实有数额相符、会计帐簿记录与会计凭证的有关内容相符、会计帐簿之间相对应的记录相符、会计帐簿记录与会计报表的有关内容相符。

【1993年、1985年版本】

第十三条　各单位应当建立财产清查制度，保证帐簿记录与实物、款项相符。

（二）法条释义

本条规定了账务核对。

账务核对，又称对账，是保证会计账簿记录质量的重要程序。各单位应当定期对会计账簿记录的有关数字与库存实物、货币资金、有价证券、往来单位或者个人等进行相互核对，保证会计账簿记录与实物及款项的实有数额相符、会计账簿记录与会计凭证的有关内容相符、会计账簿之间相对应的记录相符、会计账簿记录与会计报表的有关内容相符，即账证相符、账账相符、账实相符。对账工作每年至少进行一次。

（1）账证核对。核对会计账簿记录与原始凭证、记账凭证的时间、凭证字号、内容、金额是否一致，记账方向是否相符。

（2）账账核对。核对不同会计账簿之间的账簿记录是否相符，包括总账有关账户的余额核对，总账与明细账核对，总账与日记账核对，会计部门的财产物资明细账与财产物资保管和使用部门的有关明细账核对等。

（3）账实核对。核对会计账簿记录与财产等实有数额是否相符，包括现金日记账账面余额与现金实际库存数相核对，银行存款日记账账面余额定期与银行对账单相核对，各种财物明细账账面余额与财物实存数额相核对，各种应收、应付款明细账账面余额与有关债务、债权单位或者个人核对等。

（三）相关条文

《行政事业性国有资产管理条例》（2021年2月1日）

第四十条　各部门及其所属单位对需要办理权属登记的资产应当依法及时办理。对有账簿记录但权证手续不全的行政事业性国有资产，可以向本级政府有关主管部门提出确认资产权属申请，及时办理权属登记。

《宗教活动场所财务管理办法》（2022年2月11日）

第三十五条　宗教活动场所应当制定资产管理制度，确保本场所的资产安全。

第三十六条　宗教活动场所的资产包括流动资产、固定资产、无形资产、文物文化资产等。

第三十七条　宗教活动场所应当加强对流动资产的管理，建立健全现金、银行存款、应收款项和存货等流动资产的管理制度。

第三十八条　宗教活动场所应当对固定资产登记造册，设置固定资产明细账或者固定资产卡片，定期对固定资产清查盘点。

宗教活动场所固定资产的出租、转让和报废应当经本场所管理组织集体研究决定。

第三十九条　宗教活动场所转让无形资产，应当经本场所管理组织集体研究决定，取得的收入计入本场所收入。

第四十条　宗教活动场所使用的土地和拥有的房屋等不动产，应当依法申请不动产登记，领取不动产权证书；产权变更、转移的，应当及时办理变更、转移登记。用于宗教活动的房屋、构筑物及其附属的宗教教职人员生活用房不得转让、抵押或者作为实物投资。

第四十一条　宗教活动场所管理收藏的文物应当登记入账，按照文物保护有关规定妥善保护利用。

第四十二条　宗教活动场所对依法占有的属于国家、集体所有的财产以及接受政府补助形成的各类资产，应当按照法律和国家有关规定管理和使用。

《会计基础工作规范》（2019年3月14日）

第六十二条　各单位应当定期对会计账簿记录的有关数字与库存实物、货币资金、有价证券、往来单位或者个人等进行相互核对，保证账证相符、账账相符、账实相符。对账工作每年至少进行一次。

（一）账证核对。核对会计账簿记录与原始凭证、记账凭证的时间、凭证字号、内容、金额是否一致，记账方向是否相符。

（二）账账核对。核对不同会计账簿之间的账簿记录是否相符，包括：总账有关账户的余额核对，总账与明细账核对，总账与日记账核对，会计部门的财产物资明细账与财产物资保管和使用部门的有关明细账核对等。

（三）账实核对。核对会计账簿记录与财产等实有数额是否相符。包括：现金日记账账面余额与现金实际库存数相核对；银行存款日记账账面余额定期与银行对账单相核对；各种财物明细账账面余额与财物实存数额相核对；各种应收、应付款明细账账面余额与有关债务、债权单位或者个人核对等。

（四）典型案例

中华人民共和国最高人民法院
民事判决书[①]

〔2019〕最高法民终 1577 号

上诉人（原审原告、反诉被告）：贵州湘能实业有限公司，住所地贵州省六盘水市钟山区向阳北路。

诉讼代表人：唐本跃，贵州湘能实业有限公司破产管理人负责人。

委托诉讼代理人：李金毅，贵州新黔景律师事务所律师。

上诉人（原审被告、反诉原告）：付某生，男，1964 年 11 月 7 日出生，汉族，住江西省新余市渝水区。

委托诉讼代理人：马杨，贵州威克律师事务所律师。

委托诉讼代理人：李俊，泰和泰（贵阳）律师事务所律师。

上诉人（原审被告）：付某兰（付某生之妻），女，1968 年 9 月 25 日出生，汉族，住江西省新余市渝水区。

委托诉讼代理人：马杨，贵州威克律师事务所律师。

委托诉讼代理人：赵玉香，泰和泰（贵阳）律师事务所律师。

原审被告：贵州省赫章县广源矿业有限责任公司，住所地贵州省毕节市赫章县珠市乡马鞍山团结村。

法定代表人：唐某锋，该公司执行董事兼总经理。

上诉人贵州湘能实业有限公司（以下简称湘能公司）因与上诉人付某生、付某兰及原审被告贵州省赫章县广源矿业有限责任公司（以下简称广源矿业公司）合作开发合同纠纷一案，不服贵州省高级人民法院〔2017〕黔民初 142 号民事判决，向本院提

[①] 资料来源：中国裁判文书网https://wenshu.court.gov.cn。

起上诉。本院于 2019 年 8 月 17 日立案后，依法组成合议庭进行了审理。本案现已审理终结。

湘能公司上诉请求：1. 撤销一审判决第四项；2. 对案涉煤矿经营利润进行补充鉴定，并依据补充鉴定结论确定经营利润的返还金额。事实和理由：一审判决采信司法鉴定意见确定案涉煤矿的经营利润错误。首先，湘能公司提交了财务凭证和会计账簿等大量现场资料，鉴定人未将前述资料作为鉴定依据，径直采用评估和推算方式确定煤矿经营利润，违反了相关规定；其次，销售洗精煤单价有异议，鉴定人没有综合考虑案涉煤矿的规模、工艺和市场占有率等基本要素，仅询价了贵州盘江精煤股份有限公司（以下简称盘江股份公司）和贵州久泰邦达能源控股有限公司（以下简称邦达能源公司）的销售价格，以此确定的销售单价不符合市场规律；再次，洗精煤数量计算时未扣除水分，导致销售收入鉴定过高，同时鉴定人未考虑煤炭行业特殊性和行业交易习惯，未综合考量途耗和磅差，亦与客观事实不符；最后，司法鉴定意见确定经营利润 10 286.77 万元与湘能公司年审计报告显示的利润 2 390.11 万元之间存在巨大差额，一审直接采信鉴定意见确定经营利润有失公允。

付某生、付某兰辩称：1. 虽然湘能公司提交了销售台账和结算财务凭证，但是由于现场混乱，现场取证的材料存在无签章、不连续等诸多问题，鉴定人采用询价的方式确定洗精煤单价正确，数量依据鉴定人前往相关行政主管部门调取的煤炭出入境数量确定存在一定合理性，但是采信付某生提供了过磅单和台账确定销售数量更为准确，故申请重新鉴定。2. 至于洗精煤数量水分、途耗和磅差的问题，鉴定人在一审诉讼中对此进行了解释，在鉴定意见中对此问题均予以考虑，并作了书面回复，湘能公司的上诉理由不能成立。

广源矿业公司未发表意见。

付某生、付某兰上诉请求：1. 撤销一审判决第三项、第四项、第五项、第六项、第七项、第八项；2. 驳回湘能公司主张返还借款 19 292 500 元及利息的诉讼请求；3. 驳回湘能公司主张付某兰承担连带责任的诉讼请求；4. 湘能公司返还付某生煤矿经营利润 10 286.77 万元及利息；5. 湘能公司返还付某生案涉煤矿折旧费用 2 196.27 万元；6. 湘能公司向付某生移交盘县石桥长田煤矿的全部资产（包括洗煤厂和焦化厂）。事实和理由：1. 湘能公司主张返还的借款 19 292 500 元及利息系另案法律关系，过了诉讼时效，且真实性存疑，不应在本案中一并处理。2. 付某兰与付某生虽然系夫妻关系，但是付某生与湘能公司合作收益并未用于夫妻共同生活，付某生与湘能公司的合作既没有付某兰的签字也没有付某兰的事后追认，付某兰并非本案责任承担主体，一审判决付某兰承担连带责任于法无据。3. 湘能公司应全额返还付某生煤矿经营利润 10 286.77 万元，一审判决认定鉴定结论经营利润 10 286.77 万元再扣除新增固定资产 8 062 366.81 元、主斜井斜延伸工程 13 383 250 元和人才楼工程 2 170 540 元错误。首先，新增固定资产 8 062 366.81 元已经计入成本费用不应重复扣减；其次，湘能公司与案外人签订主斜井斜延伸工程与付某生无关，且主斜井斜延伸工程款13 383 250元的证据并不充分；最后，长田煤矿并不是人才楼工程的发包人，且不论人才楼是否属于长田煤矿，都已经从成本费用中扣减了，不应再重复扣减。4.一审判决认定付某生违约，并将经营利润的30%分配给湘能公司错误。双方订立合同后，付某生积极履行煤矿扩界义务，虽晚于约定时间但系政策等客观原因所致，至于煤矿扩能手续未能完成，是湘能公司向相关主管部门去函放弃煤矿兼并重组所致，故付某生不应承担违约责任。5.固定资产折旧费用与经营利润并不重合，在湘能公司管理控制长田煤矿期间固定资产老化折旧是客观事实，一审判决对该部分款项未予支持错误。6.一审判决湘能公司凭现状向付某生移交长田煤矿的全部资产错误，其中遗漏了已经灭失的洗煤厂和焦化厂。

湘能公司辩称：1.借款19 292 500元款项系借支办理扩界扩能手续、垫付税款等，且双方约定合同解除时予以返还，一审判决一并处理并无不当。2.付某兰与付某生系夫妻关系，本案债权债务均发生在双方夫妻关系存续期间，一审判决认定前述债务属于夫妻共同债务符合法律的规定。3.新增固定资产8 062 366.81元、主斜井斜延伸工程13 383 250元和人才楼工程2 170 540元不在鉴定意见认定经营利润的成本之中，一审判决扣减三笔款项正确。4.一审判决认定付某生违约，并按照经营利润的30%分配给湘能公司正确。付某生并未按照合同约定完成扩能扩界手续，因煤矿产能未达标准而被相关部门关闭，致使合同目的不能实现。湘能公司向相关主管部门去函放弃煤矿兼并重组的时间在2015年11月，时间在案涉煤矿关闭之后，与煤矿关闭之间无因果关系。5.固定资产折旧费用与经营利润重合，一审判决支持返还经营利润后不再支持折旧费用正确；同理洗煤厂和焦化厂已灭失也属于固定资产，也不应再重复计算。

广源矿业公司未发表意见。

湘能公司、付某生、付某兰在上诉状中将广源矿业公司列为被上诉人，但在二审中均当庭表示不再将广源矿业公司作为被上诉人。本院视为湘能公司、付某生、付某兰撤回对广源矿业公司的上诉，并依照《中华人民共和国民事诉讼法》第一百七十三条的规定予以准许。

湘能公司向一审法院提起本诉请求：1.解除《合作开发盘县石桥长田煤矿的协议》和《合作开发盘县石桥长田煤矿的补充协议》；2.付某生返还湘能公司合作款7 000万元及利息（利息按银行同期同类贷款利率计算）；3.付某生返还湘能公司扩界扩能款、办理采矿权款、垫付税款等共计19 298 500元及利息，利息按合同约定和银行同期利率计算至付清时止（暂计到起诉时为13 385 301元）；4.付某兰和广源矿业公司对上述债务承担连带清偿责任；5.诉讼费由付某生、付某兰和广源矿业公司承担。

付某生向一审法院提起反诉请求：1.解除《合作开发盘县石桥长田煤矿的协议》和《合作开发盘县石桥长田煤矿的补充协议》；2.湘能公司返还经营长田煤矿期间的利润13 930.06万元、赔偿折旧利益2 196.27万元，两项费用合计16 126.33万元；3.湘能公司返还长田煤矿全部资产或者按照全部资产价值赔偿损失（约6 903.67万元）；4.诉讼费用由湘能公司承担。

一审法院认定事实：2008年3月27日，长田煤矿法定代表人付某生（甲方）与湘能公司（乙方）签订《合作开发盘县石桥长田煤矿的协议》（以下简称《合作开发协议》），主要约定：一、双方对该煤矿所有财产（含扩能扩界后的长田煤矿、焦化厂、洗煤厂产权及所有机械设备、经核定的资源等）作价15 000万元。含该煤矿已上交的安全保证金、井巷维检费、采矿权价款等所有财产，不含现有的已采出井口的煤炭产品。二、乙方出资10 500万元，占煤矿70%的股权。甲方占煤矿30%的股权，成立新煤矿。新煤矿的生产、经营管理由乙方负责。甲方只派一名会计和一名过磅员参与管理，现煤矿的所有在册员工乙方有权择优录用。三、付款方式及相关事项：1. 本协议签订后10天内乙方向甲方支付的一笔款3 000万元，同时乙方全面接管煤矿所有财产，甲方移交所有证照及相关手续，乙方负责煤矿的生产经营。2. 本协议签订后一个月内煤矿通过地方政府的复产验收（安全整顿、春节复产、房屋赔偿等）并能够正常生产，乙方向甲方支付第二笔款4 000万元。3. 煤矿的扩界（1.06平方公里）扩能（不低于15万吨/年）手续办妥（新的不低于15万吨/年的采矿许可证及贵州省国土资源厅的批文下达）后乙方向甲方支付余款3 500万元。四、本协议签订后由甲、乙双方共同派人对煤矿的现有财产进行清点造册，在乙方接管前由甲方负责保管，如有丢失由甲方负责赔偿。五、甲方做出如下承诺：1. 该煤矿由甲方负责在2009年5月31日前办理好以下扩界扩能手续：将在煤矿的矿界范围扩张到1.06平方公里、采矿权证的产能扩大到年生产能力15万吨以上。所有办证费用由甲方负责（不含采矿权价款和资源费），如在办证过程中需要交押金和保证金由甲方垫付，但在甲方退出煤矿股份后，由煤矿退还给甲方。2. 由甲方在2008年12月31日前办理好新煤矿6万吨/年的采矿许可证、并办理好营业执照法人的变更、办理好土地使用手续。由甲方负责在乙方支付第三笔款之前办理该煤矿的15万吨/年的采矿许可证采矿权证所有人的变更手续。以上所发生的费用由煤矿负责。3. 甲方对乙方接管前该矿的所有债权债务及对外担保抵押等承担全部责任。如因此影响煤矿的正常生产经营，所有损失由甲方承担。4. 甲方负责处理好乙方接管前所存在的纠纷（含环保、地质灾害房屋赔偿、与蒋仕金的纠纷等），并承担所有的费用。如因此影响煤矿的正常生产经营，所有损失由甲方承担。5. 甲方保证所有证照合法有效，无欺诈隐瞒行为。如因此影响煤矿的正常生产经营，所有损失由甲方承担。6. 本协议签订后一个月内由甲方负责通过地方政府的复产验收（安全诊断、春节复产、房屋赔偿等）和拿回被暂扣的安全生产许可证等证照。……八、煤矿按设计要求的技改所需资金从煤矿生产经营利润中支付使用，不足部分由甲乙双方按股比承担。否则核减相应股份比例。九、股权转让所产生的税由甲方承担。十、甲、乙双方在生产经营过程中产生的分歧按《公司法》的有关条款协商解决。如协商不能一致，自本协议签订起二年内以乙方按本协议所确定的价格收购甲方的股权；自本协议签订起满二年后双方有权在评估价格的基础上竞价收购对方。

十一、违约责任：1. 如甲方违反本协议第五条的条款其中之一，甲方以约定的占该煤矿 30% 的股权抵偿给乙方作为承担违约责任的方式，乙方的第三笔款不再支付，甲方不再享有该煤矿的任何股权。2. 如因甲方违反本协议的第五条第 1 款或因采矿许可证的原因而造成煤矿被关闭，则由甲方在矿井被关闭之日起一个月内退还乙方支付给甲方的所有款项并承担按银行同期贷款利率计算利息。甲方同意以贵州省赫章县广源矿业有限公司（该公司出具经全体股东签字的承诺书、营业执照复印件作为本协议的附件）作担保。4. 如乙方违约，承担应付款千分之三的违约金。十二、如湖南煤业集团没有批准本协议，乙方不属违约，由甲方在一个月内退还乙方所支付甲方的所有款项。十三、如煤矿在生产过程中发生安全事故，造成煤矿关闭，由新煤矿负责。十五、本协议自乙方支付第一笔款之日起生效。十七、本协议附件三份，是本协议的组成部分：附件一，贵州省赫章县广源矿业有限公司出具的《承诺书》及全体股东的身份证复印件；附件二，付某生出具的《委托书》；附件三，贵州省赫章县广源矿业有限公司的营业执照复印件。协议尾部由湘能公司盖具公章，付某生在甲方处签名按印。

2008 年 3 月 12 日，广源矿业公司于向湘能公司出具 3 份承诺书，均载明：贵公司与长田煤矿现法人付某生签订的《合作开发协议》所约定的付某生应予退还的款项或应当承担的全部违约责任，广源矿业公司承诺用公司的全部资产作为担保。如发生应当退还款项或承担违约责任事项，湘能公司可直接向广源矿业公司追索全部数额及追索费用。承诺书尾部由付某生、曾某某、张某某、李某、黄某某、邹某某等人在"贵州省赫章县广源矿业有限公司法定代表人及全体股东签字处"签名捺印。

2008 年 3 月 12 日，付某生出具委托书，载明：根据《合作开发协议》，兹全权委托伍玉君代为行使我本人在盘县石桥长田煤矿（含洗煤厂、焦化厂）的生产、经营管理权力，并行使该矿及洗煤厂、焦化厂对外签订合同、办理所有手续。本委托书为不可撤销委托书，在新煤矿的营业执照法人变更前一直有效。

2008 年 4 月 3 日，湘能公司向付某生付款 3 000 万元。2008 年 4 月 15 日，湘能公司向付某生付款 2 500 万元。2008 年 7 月 15 日，湘能公司向付某生付款 1 500 万元。

2008 年 8 月 14 日，湘能公司代表李曙光、付某生委托代理人长田煤矿矿长伍玉君、吴拾萍、长田煤矿焦化厂、洗煤厂租赁承包人楚跃辉等人共同签署《长田煤矿焦化厂、洗煤厂租赁承包移交会议纪要》，载明："8 月 8 日，湘能公司副总经理陈石华、李曙光带领长田煤矿焦化厂、洗煤厂租赁承包人楚跃辉等一行进驻长田煤矿。8 月 9 日上午，在对焦化厂、洗煤厂的原库存产品进行了初步清点后，湘能公司副总经理陈石华、李曙光、长田煤矿矿长伍玉君、副矿长罗海军、副矿长杜应齐、财务部长张臣、办公室主任刘向阳、供应科长谷继伟、长田煤矿股东代表付建明、黎小亮，长田煤矿焦化厂、洗煤厂租赁承包人楚跃辉等在长田煤矿办公室召开了移交工作第一次会议。8 月 14 日，根据湘能公司文件湘能实业计〔2008〕142 号指令要求，公司副总经理陈石华、李曙光，长田煤矿矿长伍玉君、副矿长杜应齐、财务部长张臣、办公室主任刘向阳、供应科长谷继伟，长田煤矿股东代表吴拾萍，长田煤矿焦化厂、洗煤厂租赁承包人楚跃辉、李会计等在长田煤矿办公室召开了移交工作第二次会议。二次会议中，三方代表在平等协商的基础上，就焦化厂、洗煤厂移交的原库存产品和材料的价格及其他相关问题的处理方式等问题达成一致共识。并成立焦化厂租赁承包经营协调领导小组。现将移交工作会议的主要内容记录如下……"。同日，湘能公司作出〔2008〕142号《关于做好长田洗煤厂焦化厂移交工作的指令》，载明："长田煤矿：公司于2008年7月28日长田洗煤厂、焦化厂招租确定承租人为楚跃辉，承租人于8月5日已将押金、履约保证金、租金全部缴清，长田煤矿务必认真履行租赁承包合同及时完成移交工作。"2010年11月2日，湘能公司（甲方）与长田煤矿现法定代表人付某生（乙方）签订《合作开发盘县石桥长田煤矿的补充协议》（以下简称《补充协议》），主要约定："甲、乙双方为更好地合作开发盘县石桥长田煤矿发挥最大的经济效益，双方达成一致将原协议签订的设计生产能力15万吨/年扩能至设计生产能力30万吨/年的规模办理采矿权手续，经平等协商签订如下补充协议：一、由乙方负责办理扩能盘县石桥长田煤矿30万吨/年采矿权手续，煤矿新增矿区储量达1 100万吨左右，并满足30万吨/年设计的要求。二、办理采矿权新增储量总费用（不含采矿权价款）包干价人民币：五百万元，由甲、乙双方按盘县石桥长田煤矿所占股比承担。三、付款方式：待盘县石桥长田煤矿30万吨/年采矿证取得后十日内付清。四、如乙方办理结果没有达到本协议的要求，办理的费用由乙方负责全部退还。"另查明：2010年2月10日，贵州省国土资源厅下发《关于预留盘县石桥长田煤矿调整矿区范围的通知》（黔国土资矿管函〔2010〕132号），载明长田煤矿矿区面积为1.069 9平方公里。2011年6月2日，贵州省国土资源厅下发《关于同意盘县石桥长田煤矿调整矿区范围预留期限延长的通知》（黔国土资矿管函〔2011〕411号），载明："盘县石桥长田煤矿（付某生）：你单位报来的《关于盘县石桥长田煤矿延续扩大矿区范围的申请》收悉，经研究，同意《关于预留盘县石桥长田煤矿调整矿区范围的通知》（黔国土资矿管函〔2010〕132号）矿区范围预留期限延长至2012年5月。"2011年7月20日，贵州省办公厅下发《省人民政府办公厅关于停止审批规模每年15万吨以下煤矿的通知》（黔府办发〔2011〕198号），停止审批规模每年15万吨以下煤矿的设计、系统变更、联合运行及安装等手续。

2011年11月15日，贵州省人民政府办公厅下发《省人民政府办公厅关于依法整合关闭有关煤矿及生产系统的通知》（黔府办发〔2011〕120号），长田煤矿为贵州省第一批依法整合关闭的煤矿。

2012年6月21日，贵州省国土资源厅下发《关于〈贵州省盘县石桥镇长田煤矿资源储量核实及勘探报告〉矿产资源储量评审备案证明》（黔国土资储备字〔2012〕108号），载明：资源储量基准日：2011年11月30日。评审备案的煤矿（建议开采深度+1 600m-900m）保有资源储量（121b+122b+333）2077万吨。

2013年7月25日，长田煤矿向煤矿主管部门提交采矿权转让申请。2013年11月18日，贵州省国土资源厅作出《关于退回盘县石桥镇长田煤矿采矿权转让（兼并重组）的审核意见》（黔国土资退字〔2013〕773号），载明："盘县石桥长田煤矿（付某生），你单位提交的盘县石桥长田煤矿采矿权转让申请收悉。经审查，该煤矿已列入《省人民政府办公厅关于依法整合关闭有关煤矿及生产系统的通知》（黔府办发〔2011〕120号）中依法整合关闭煤矿名单，转让申请不予批准，资料予以退回。可在兼并重组实施方案中整合利用。"

2014年10月15日，湘能公司向贵州省国土资源厅提交《关于盘县石桥镇长田煤矿为矿井整合主体的请示》。2014年11月3日，贵州省国土资源厅作出《关于盘县石桥长田煤矿兼并重组相关问题的复函》（黔国土资矿管函〔2014〕1293号），载明："你单位送来的《原告关于盘县石桥长田煤矿为矿井整合主体的请示》（湘能实业发〔2014〕220号）收悉，经研究，复函如下：按省兼并重组的政策规定，矿井整合主体必须是兼并重组主体企业名下的有效采矿权。请示所涉煤矿为《省人民政府办公厅关于依法整合关闭有关煤矿及生产系统的通知》（黔府办发〔2011〕120号）中明确依法整合关闭煤矿，即该矿属依法关闭煤矿，其资源可参与整合。此类煤矿我厅不能办理采矿权转让手续，因此从法律关系上不属于贵公司的有效矿权，将其作为主体企业兼并重组后的保留煤矿，存在法律和政策障碍。"2014年11月10日，湘能公司提交《关于盘县石桥镇长田煤矿为矿井整合主体的请示》。2014年12月23日，贵州省国土资源厅作出《省国土资源厅关于原告盘县石桥长田煤矿有关问题的办理情况报告》（黔国土资呈〔2014〕227号），载明："省人民政府：转来谌贻琴常务副省长11月21日在《原告关于盘县石桥长田煤矿为矿井整合主体的请示》上的批示（贻琴第2095号）收悉。我厅高度重视，及时进行研究办理。现将有关情况报告如下：一、关于盘县石桥长田煤矿矿权转让问题。根据《省人民政府办公厅关于依法整合关闭有关煤矿及生产系统的通知》（黔府办发〔2011〕120号），盘县石桥长田煤矿明确为依法整合关闭煤矿。按照国家和我省煤矿企业兼并重组的政策规定，此类矿山不办理采矿权转让，可由主体企业对其收购关闭，可计算半个煤矿关闭指标。二、按照我省兼并重组的政策规定，矿井整合主体须是兼并重组主体企业名下的合法煤矿。由于属关闭煤矿，盘县石桥长田煤矿矿权至今未能转让，采矿权人依然是原采矿权人，而不是湘能公司。三、盘县石桥长田煤矿属依法整合关闭煤矿，余下资源可与湘能公司请示的周边合法煤矿在整合中利用其资源。若将保留关闭煤矿作为建设生产煤矿，涉及黔府办发〔2011〕120号中的一批此类整合关闭煤矿，存在政策和法律上的障碍。四、根据《省人民政府办公厅转发省能源局等部门贵州省煤矿兼并重组工作方案（试行）的通知》（黔府办发〔2012〕61号），建议湘能公司收购关闭的盘县石桥长田煤矿可与其他主体企业相邻的煤矿进行资源整合，合理利用原盘县石桥长田煤矿的资源。"2015年11月10日，湘能公司向贵州省煤矿兼并重组领导小组办公室上报《贵州湘能实业有限公司关于请求批准煤矿兼并重组实施方案的请示》，载明："本次调整主要内容为：盘县长田煤矿、龙里县月亮田煤矿、贵定县沙坡煤矿暂时不参与本次兼并重组"。

2017年9月26日，湘能公司致函付某生，要求其办理长田煤矿扩界扩能手续。同日，付某生回函，要求湘能公司配合并提供之前办理的相关材料。2017年10月20日，湘能公司提起本案诉讼。2017年11月30日，付某生与案外人签订《购煤协议》，出售长田煤矿煤炭。2017年11月14日，付某生起诉贵州省国土资源厅，请求判令贵州省国土资源厅依法履行行政许可职责，即许可长田煤矿参与煤矿企业整合。该案件开庭后，付某生已经撤诉。

再查明：2009年3月24日，湘能公司（甲方）与付某生（乙方）签订《借款协议》，主要约定：为友好合作，尽快办理好长田煤矿的扩界扩能手续，甲、乙双方达成以下协议：1. 甲方借款600万元整给乙方。2. 乙方承诺所借款项600万元专项用于办理长田煤矿的扩界扩能手续。3. 乙方如在2009年4月底前办妥长田煤矿的扩界扩能手续，该项借款转为甲方支付给乙方的长田煤矿股份转让款；若不能在2009年4月底前办妥长田煤矿的扩界扩能手续，乙方需以现金方式在2009年5月31日前归还该项借款，并同意以长田煤矿所持30%股份作还款抵押。4. 乙方同意对该项借款承担无限责任。2009年3月26日，湘能公司按照付某生的指令向杨鹏柱账户转款600万元。

2010年3月16日，付某生（甲方）与湘能公司（乙方）签订《借款协议》，主要约定：双方本着友好合作原则，为尽快办理好盘县石桥长田煤矿的扩界扩能手续，经协商一致，签订借款协议如下：一、甲方向乙方申请借款300万元整，期限一年（自2010年3月24日至2011年3月23日），并承诺和保证如下：1. 保证借款资金专项用于办理盘县石桥长田煤矿扩界扩能手续。2. 承诺如果能按期归还借款，自逾期之日起，按所欠本息的年利率14%向乙方按月支付复利。甲方以合作经营盘县石桥长田煤矿期间应享有的红利及所持盘县石桥长田煤矿30%股份作为归还借款本息的担保。如甲方不能按期归还借款本息，乙方扣除甲方可分配金额、核减甲方所持股份比例顺序进行清收。3. 由于甲方为自然人，甲方保证以个人全部财产对该借款本息承担无限责任。二、乙方同意向甲方借款人民币叁百万元整。同日，付某生向湘能公司出具收条。2010年3月18日，湘能公司向付某生转账300万元。

2010年6月11日，付某生向湘能公司出具《借款单》，载明：今借到人民币200万元，借款用途为交税款，借款人为付某生。2010年6月13日，湘能公司向付某生转账200万元。

2010年11月2日，付某生向湘能公司出具《借款单》，载明：今借到人民币500万元，借款用途为用于长田煤矿新增矿区储量费用，借款人为付某生。同日，湘能公司向付某生转账500万元。

2010年12月7日，付某生向湘能公司出具《借款单》，载明：今借到人民币30万元，借款人为付某生。后湘能公司向付某生转账30万元。

2012年12月13日，付某生出具授权书，载明："本人付某生，男，身份证号码3605021964×××××××××，系盘县石桥长田煤矿股东之一，在此授权吴拾萍同志全权代表我处理关于湘能公司替我垫付盘县石桥长田煤矿股权转让交易营业税及其附征税的相关事宜，特此声明"。2012年12月15日，吴拾萍出具收条，载明："今借到湘能公司现金人民币贰佰玖拾玖万贰仟伍佰元整（小写：299.25万元），用于支付本人转让盘县石桥长田煤矿相关税费。今后可从湘能公司尚未支付的股权收购款和分红款中抵扣。"

再查明：付某生与付某兰于1992年10月22日登记结婚，双方是夫妻关系。长田煤矿系付某生于2001年9月13日设立的个人独资企业。《合作开发协议》签订时，案涉煤矿年生产能力为3万吨。2011年10月17日，长田煤矿取得采矿许可证，生产规模为每年6万吨，有效期限为自2011年10月至2013年6月。长田煤矿的采矿权人登记为盘县石桥长田煤矿（付某生）；有效期限为自2011年11月到2013年6月。双方签订协议至今，长田煤矿的采矿权主体未发生变更，公司营业执照仍然登记为付某生个人独资企业。长田煤矿于2011年11月15日被政府公布为关闭煤矿后停产至今。

付某生提交了加盖盘县煤炭调运服务中心业务专用章的盘州市煤炭企业放行单统计表显示，长田煤矿2008年1月1日到2008年12月31日、2009年1月1日到2009年12月31日、2010年1月1日到2010年12月31日、2011年1月1日到2011年12月31日共生产煤炭32万余吨。

一审诉讼中付某生认可未对长田煤矿的资产进行登记造册并于湘能公司办理相应的移交手续。双方一致同意：1.解除2008年3月27日签订的《合作开发协议》及2010年11月2日签订的《补充协议》；2.对长田煤矿从2008年3月27日至2011年11月20日止双方共同经营的长田煤矿的资产进行清算，清算之后再根据清算的情况由湘能公司返还付某生长田煤矿权益，由付某生按照清算报告的结果，根据双方在合同履行过程中的违约责任确定返还的价款。

经双方协商一致并经一审法院委托，由贵州正方司法鉴定所（以下简称正方所）对长田煤矿从2008年3月27日至2011年11月20日止双方共同经营的长田煤矿的经营状况进行鉴定。湘能公司仅向正方所提供了216册会计凭证及10册审计报告，没有提供现金台账、销售台账、库存台账、固定资产台账等账册，且在该216册会计凭证中仅有销售发票，没有销售合同及结算凭证。在鉴定过程中正方所多次向一审法院申请及向湘能公司提出要求，要求湘能公司提供长田煤矿现金账册及相关材料无果后，正方所向一审法院申请调查令，一审法院分别向盘州市能源局、盘州市国家税务局、盘州市地方税务局、盘州市经济和信息化局、贵州邦达能源开发有限公司、水城湘能物资供应有限公司、贵州盘江精煤股份有限公司、首钢水城钢铁集团有限责任公司、贵州湘能下河坝矿业有限公司等部门发出协助调查令，调取原煤、洗精煤、焦炭的同期市场价格信息及长田煤矿发出原煤、洗精煤、焦炭的数量信息。一审法院在双方当事人在场的情况下，调取了长田煤矿在中国农业银行、中国工商银行、中国银行等银行的银行流水供鉴定使用。由于湘能公司所提供的财务资料不齐全，为了获得更详细的财务资料，正方所前往长田煤矿现场进行了调查取证。正方所完成司法鉴定征求意见稿后，一审法院将司法鉴定征求意见稿交给各方当事人听取意见。正方所于2018年11月19日及11月22日分别收到湘能公司及付某生提交的《长田煤矿司法鉴定报告》征求意见稿异议意见书，正方所采纳了湘能公司提出的第7条、第8条意见，并根据湘能公司及付某生对征求意见稿提出了书面的意见进行了修正，于2018年12月5日向一审法院出具了黔方正司法鉴字〔2018〕第25号《司法鉴定意见书》，载明："长田煤矿2008年4月至2011年11月20日的净利润为10 286.77万元，其中，新增固定资产8 062 366.81元，长田煤矿在建工程'人才楼'中列支的2 170 540元系湘能公司作为发包人。"一审法院将上述鉴定意见向各方当事人送达以后，湘能公司向正方所提交了原煤、洗精煤、焦炭的销售合同复印件并申请专家辅助人员出庭对该鉴定意见陈述了意见，正方所鉴定人员出庭接受当事人及法庭的询问，并就湘能公司及其申请的专家辅助人员提出的异议当庭进行了陈述。正方所拒绝依据湘能公司提交的原煤、洗精煤、焦炭的销售合同复印件修改鉴定意见书。正方所将其鉴定人员出庭接受询问情况并就湘能公司及其申请的专家辅助人员提出的异议当庭进行的陈述进行整理以后向一审法院出具了《关于〈长田煤矿司法鉴定报告〉征求意见稿原被告异议意见书及庭审问题的书面答复》，一审法院将该答复向双方当事人送达后，各方当事人未向一审法院提出异议。

湘能公司在鉴定人出具司法鉴定意见征求意见稿以后，向鉴定人提供的销售合同复印件上的销售方印章为"盘县石桥镇长田煤矿"，与长田煤矿工商登记的名称"盘县石桥长田煤矿"不一致。为了印证湘能公司提供的销售合同复印件上的印章是否为长田煤矿使用的印章，鉴定人员从长田煤矿的财务账簿中抽取了八份长田煤矿与外部单位或个人签订的合同。经查看，这八份合同中出现了三个长田煤矿的公章，这三个公章上均刻有"盘县石桥长田煤矿"字样，其中一个公章外环加入了防伪纹，并在印章下面加入印章防伪编码，编码后四位数为3007（见长田煤矿2008年10月22日与北京中翰仪器有限公司贵阳分公司签订的设备采购合同）；另一个公章外环也加入了防伪纹，并在印章下面也加入印章防伪编码，但编码后四位数为3008（见长田煤矿2008年9月10日与马龙县首锋矿山配件有限公司签订的矿工钢合同和2008年12月25日长田煤矿与贵州黔美测绘工程院签订的矿山储量动态监测协议书）；第三个公章则没有外环的防伪纹和下面的防伪编码。湘能公司提供的销售合同复印件中未发现上述两枚加入了防伪纹及编码的印章、也没有发现没有外环的防伪纹和下面的防伪编码的第三个公章，且部分合同内容及公章无法辨识。湘能公司提供的销售合同复印件中加盖的印章为"盘县石桥镇长田煤矿合同专用章"。一审庭审中付某生拒绝承认存在"合同专用章"。

2017年12月18日，最高人民法院作出〔2017〕最高法民终841号民事判决，载明:"湘能公司于2009年6月与湖南涟邵建设工程(集团)有限责任公司(以下简称涟邵公司)签订《贵州湘能实业有限公司长田煤矿主井延伸工程施工合同》,由涟邵公司对长田煤矿主井延伸工程进行施工,工程于2009年6月18日开工,2010年8月竣工验收合格。后湘能公司向涟邵公司的母公司湖南黑金时代股份有限公司(以下简称黑金时代公司)报送《长田煤矿主斜井延伸工程竣工结算书》及相关结算资料。2012年1月16日,黑金时代公司出具《关于贵州湘能实业有限公司长田煤矿主斜井延伸工程竣工结算的复核意见》,确认长田煤矿主斜井延伸工程结算金额为13 383 250元。湘能公司为长田煤矿投入资金13 383 250元用于煤矿主斜井延伸工程施工。该工程属于在建工程。司法鉴定中,在建工程因未进行验收未作为固定资产投入计入成本进行摊销。"

一审法院认为,本案的争议焦点为:一、《合作开发协议》及《补充协议》是否有效;二、哪一方违约;三、《合作开发协议》及《补充协议》是否应当予以解除;四、付某生向湘能公司的借款1 929.25万元是否属于本案审理的范围及该笔借款是否已经超过诉讼时效;五、湘能公司有无权利向付某生主张其返还合作款7 000万元的利息;六、湘能公司对正方所出具的司法鉴定意见书的异议是否成立;七、《合作开发协议》解除以后合作期间产生的盈利的归属;八、付某兰是否承担责任;九、广源矿业公司是否应该承担连带担保责任。

一、关于《合作开发协议》及《补充协议》是否有效的问题。双方签订的《合作开发协议》及《补充协议》不以改变长田煤矿采矿权权利主体为合同目的,无需国家行政主管部门审批,依据《中华人民共和国合同法》[①](以下简称《合同法》)第四十四条"依法成立的合同,自成立时生效"的规定,合同成立即生效。

二、关于违约责任的认定问题。一审法院认为,依据《合作开发协议》关于"五、甲方(付某生)做出如下承诺:1.该煤矿由甲方负责在2009年5月31日前办理好以下扩界扩能手续:将在煤矿的矿界范围扩张到1.06平方公里、采矿权证的产能扩大到年生产能力15万吨以上,所有办证费用由甲方负责;2.由甲方在2008年12月31日前办理好新煤矿6万吨/年的采矿许可证、并办理好营业执照法人的变更、办理好土地使用手续"的约定,长田煤矿的扩界扩能的合同义务、长田煤矿的营业执照法人的变更、土地使用手续的办理均由付某生完成。但是至今长田煤矿的工商变更登记未完成,而扩界工作也是在2010年2月10日才完成,超过了合同约定(2009年5月31日前)的完成期限,长田煤矿于2011年10月17日取得生产规模为6万吨/年的采矿权许可证,也超过了合同约定的(2008年12月31日)完成期限,均构成迟延履行的违约行为。因付某生的迟延履行行为,导致长田煤矿此后因为其生产能力达不到国家政策的要求,于2011年11月15日被政策性关闭,致使湘能公司无权对长田煤矿主张兼并重组,合同无法继续履行。造成合同不能继续履行虽有政策变化的因素,但付某生

---

① 《中华人民共和国民法典》于2021年1月1日起施行,《中华人民共和国合同法》同时废止。

迟延履行合同义务的违约行为，致使双方不能在政策许可的期间内实现合同目的，在无证据证明其延迟履行行为得到湘能公司谅解或有其他免责情形的情况下，付某生应承担根本违约的违约责任。《补充协议》中未约定新采矿权证的办证期限，但该协议并未明确免除付某生之前迟延履行所产生的违约责任，故其依补充协议的约定来主张其未构成违约的抗辩不能成立。

对于付某生关于湘能公司在其不知情的情况下向贵州省煤矿兼并重组领导小组办公室致函，要求长田煤矿不参与兼并重组，湘能公司的违约行为直接导致合同目的无法实现的抗辩理由。一审法院认为，尽管湘能公司于2015年11月10日向贵州省煤矿兼并重组领导小组办公室上报湘能实业办〔2015〕175号《贵州湘能实业有限公司关于请求批准煤矿兼并重组实施方案的请示》，长田煤矿不参与兼并重组，但是根据2013年11月18日贵州省国土资源厅作出黔国土资退字〔2013〕773号《关于退回盘县石桥镇长田煤矿采矿权转让（兼并重组）的审核意见》载明："长田煤矿系整合关闭煤矿"及依据因湘能公司向贵州省国土资源厅、某副省长提出对长田煤矿进行兼并重组的报告，2014年11月3日贵州省国土资源厅作出黔国土资矿管函〔2014〕1293号《关于盘县石桥长田煤矿兼并重组相关问题的复函》及贵州省国土资源厅文件2014年12月23日作出黔国土资呈〔2014〕227号文件《省国土资源厅关于原告盘县石桥长田煤矿有关问题的办理情况报告》载明的内容："由于长田煤矿属于关闭煤矿，其矿权至今未能转让，采矿权人依然是原采矿权人，而不是湘能公司。三、盘县石桥长田煤矿属依法整合关闭煤矿，余下资源可与湘能公司请示的周边合法煤矿在整合中利用其资源。若将保留关闭煤矿作为建设生产煤矿，涉及黔府办发〔2011〕120号中的一批此类整合关闭煤矿，存在政策和法律上的障碍。建议湘能公司收购关闭的盘县石桥长田煤矿可与其他主体企业相邻的煤矿进行资源整合，合理利用原盘县石桥长田煤矿的资源"的内容来看，长田煤矿已经关闭且其煤炭资源可以合理利用，如果保留长田煤矿作为建设生产煤矿，存在政策和法律上的障碍，在这种情况下湘能公司才向相关部门申请撤回对长田煤矿的整合申请。湘能公司撤回申请与相关行政职能部门对长田煤矿申请整合的回复意见相符。因此，付某生以湘能公司单方撤回长田煤矿的整合申请导致长田煤矿被关闭其合同目的不能实现已经构成根本违约的抗辩理由不能成立。

三、关于《合作开发协议》及《补充协议》是否应当予以解除的问题。鉴于付某生未能按照合同约定的期限完成长田煤矿的扩界扩能手续致使长田煤矿已经被政策性关闭，双方合作经营的对象已经无法正常生产，双方合作的合同目的已经不能实现。依据《合同法》第九十四条"有下列情形之一的，当事人可以解除合同……（四）当事人一方迟延履行债务或者有其他违约行为致使不能实现合同目的"的规定，湘能公司主张解除合同的诉讼请求应予支持。

四、关于付某生向湘能公司的借款1 929.25万元是否属于本案审理的范围及该笔借款是否已经超过诉讼时效的问题。付某生六次向湘能公司借款合计1 929.25万元均用于办理长田煤矿扩界扩能手续以及缴纳相关的税费，湘能公司主张返还借款的诉讼请求与本案虽然不是同一法律关系，但是付某生向湘能公司借款是为了履行本案《合作开发协议》项下的合同义务，与本案具有关联性。为了方便查清案件事实且减少当事人的诉累，本案一并审理并无不妥。此外，依据借款协议的约定，上述借款专项用于长田煤矿扩界扩能手续以及缴纳相关的税费，而至今在付某生并未完成办证义务的情况下湘能公司主张解除合同，并一并提出付某生返还上述借款，上述借款未超过诉讼时效。付某生以湘能公司主张返还借款的请求权已过诉讼时效的抗辩理由不能成立。在《合作开发协议》解除以后，上述借款付某生应当予以返还，且应当按照合同的约定支付相应的利息。其中：第一笔借款600万元借款，该笔借款未约定利息，应当从约定的还款之日起按照中国人民银行同期同类贷款利率计算利息，从2009年6月1日至本判决确定的给付之日止。该笔借款的利息湘能公司主张按年利率7%计算，从2009年3月24日至2011年3月23日计算，为851 667元；2011年3月24日到2017年10月23日利息按年利率14%计算为6 410 876元的诉讼请求无事实依据，也无法律依据，一审法院不予支持。第二笔借款500万元、第四笔借款200万元、第五笔借款30万元、第六笔借款2 992 500元以上合计10 292 500元，上述借款双方在借款时未约定利息，利息按照中国人民银行同期同类贷款利率计算从湘能公司起诉之日起计算至本判决确定的给付之日止；第三笔借款是2010年3月16日付某生向湘能公司借款300万元的利息按合同约定的年利率14%计算从2011年3月24日至本判决确定的给付之日止。上述第四笔、第五笔、第六笔借款的利息湘能公司主张按银行同期贷款年利率5%计算利息既无合同依据，也无法律依据，不予支持。

五、关于湘能公司有无权利向付某生主张合作款7 000万元的利息问题。如前所述，导致长田煤矿被关闭的原因在于付某生的违约行为。依据《合作开发协议》的约定："十一、违约责任：2、如因甲方违反本协议的第五条第1款或因采矿许可证的原因而造成煤矿被关闭，则由甲方在矿井被关闭之日起一个月内退还乙方支付给甲方的所有款项并承担按银行同期贷款利率计算的利息"的规定，湘能公司在主张解除合同的同时请求付某生返还合作款7 000万元及利息，符合合同约定，应予支持。付某生以湘能公司单方撤回长田煤矿兼并重组申请，已经构成根本违约，不支付7 000万元的利息损失的抗辩理由不能成立。长田煤矿于2011年11月15日被关闭，依据上述合同约定，付某生应当于2011年12月15日前退还湘能公司支付给付某生的7 000万元并承担按银行同期贷款利率计算的利息。因此，对于该部分的损失可按照中国人民银行同期同类贷款利率标准从2008年7月18日至生效判决确定的给付之日止予以支付。湘能公司主张按照年息5%来计算，没有合同依据，也没有法律依据，不予支持。

六、关于湘能公司对正方所出具的司法鉴定意见书的异议是否成立的问题。

（一）关于销售洗精煤数量异议。长田煤矿由湘能公司经营，长田煤矿的相关销售合同、销售发票及与煤炭买受人的结算凭证均由湘能公司掌握，而销售合同、结算凭证是确定销售数量及价格的根本因素。虽然洗精煤最终销售结算数量应结合销售合同中对水份、途耗、磅差等扣吨约定和实际损耗因素来确定。但是在湘能公司向正方所移交的216册会计凭证中没有销售合同，也没有结算凭证，致使正方所无法确定销售洗精煤的数量。在这种情况下，作为煤炭销售监管的第三方盘州市能源局，是对煤矿企业出售煤炭收取相关税费的行政主管部门，其出具的产品调运量是国家收取规费的参考依据，鉴定人以在盘州市能源局调取的产品调运量、出境调运量作为实际结算依据较为客观。因此湘能公司的该项异议不能成立，一审法院不予采纳。

（二）销售洗精煤质量异议。湘能公司主张鉴定人应以实际结算的销售合同、发票、结算单为鉴定依据。鉴于湘能公司方未能向鉴定人提供相应的销售合同和结算单，仅凭销售发票无法确定销售洗精煤质量，因此鉴定人降级处理按照1/3焦煤的价格计算销售价格，已经充分考虑到质量存在差异的情形，湘能公司的该项异议不能成立。

（三）销售洗精煤单价异议。湘能公司主张鉴定人应当以实际发生的业务事实为基础，按照销售合同、发票、结算单等实际实现营业收入凭证依法确认收入。鉴于湘能公司方未能向鉴定人提供相应的销售合同和结算单，仅凭销售发票无法确定销售洗精煤单价。盘江股份公司属于老的上市公司，邦达能源公司属于在香港的上市公司，鉴于两个公司在盘州地区占有较高的销售份额，在同等历史时期两个公司的销售价格具有代表性，鉴定人参照盘江股份公司和邦达能源公司的加权平均售价确定并无不当，湘能公司的该项异议不能成立。

（四）销售焦炭质量异议。湘能公司主张长田煤矿的焦炭只能是三级焦的标准，甚至低于三级焦的水平，但是没有提供证据予以证明。湘能公司也未提供证据证明准二级焦炭需要抗碎强度和耐磨强度相关化验指标才能确定。相反，在鉴定人在长田煤矿现场收集到的所有化验报告中均无抗碎强度和耐磨强度相关化验指标。因此，鉴定人以准二级焦炭价格计价并无不当，湘能公司的该项异议不能成立。

（五）销售焦炭单价异议。湘能公司主张鉴定人应根据买卖合同、发票、结算单等进行评估鉴定。鉴于湘能公司未能向鉴定人提供相应的销售合同和结算单，仅凭销售发票无法确定销售焦炭单价。"我的钢铁网"未登载明的盘州地区价格，仅仅有六盘水地区的价格。虽然六盘水地区价格与盘州地区价格可能会存在较大差别，但是鉴于在鉴定期间湘能公司未提交相关证据证明销售焦炭单价。因此，鉴定人对焦炭的单价参照"我的钢铁网"六盘水地区准二级焦的价格进行的调整并无不当，湘能公司的该项异议不能成立。

（六）焦油、粗苯产量采用理论回收率作为核定依据的异议。焦油、粗苯是焦炭的附属产品，对于焦油、粗苯产量，湘能公司未提供生产台账来证明长田煤矿的产量。高校教科书载明的对于焦油、粗苯产量计算方法是经过大量的数据统计分析测算出来的，具有权威性和普遍性。鉴定人以高校教科书载明的计算方式为据测算出焦油、粗苯产量并无不当，湘能公司的该项异议不能成立。

（七）关于司机运费税费异议。在湘能公司提交的财务凭证中没有运输发票，湘能公司也未举证明运费的发生，因此湘能公司主张不应剔减相关税费成本的异议不能成立，一审法院不予采纳。

（八）关于盘县分公司费用和工资列支、盘县分公司领导审批费用的问题。上述费用并非是长田煤矿的合理支出，湘能公司主张直接计入生产经营成本的理由不能成立，一审法院不予采纳。

（九）关于以不合规发票、无合同发票费用列支、无权限审批报销等为由调减销售费用595.38万元、管理费用34.51万元的异议。以不合规发票、无合同发票费用列支、无权限审批报销等支出，其支出不符合相关财务会计管理规定为由，鉴定人调减销售费用595.38万元、管理费用34.51万元并无不当，湘能公司的该项异议不能成立。

（十）关于长田煤矿人才楼工程款支付异议。鉴定报告中长田煤矿经营利润鉴定结果不涉及该项在建工程，该项"人才楼"工程投入截至2011年11月末还是在长田煤矿"在建工程"科目核算，未转入固定资产计提折旧，也为未摊入长田煤矿成本费用，并不影响长田煤矿经营利润鉴定结果。鉴于长田煤矿在建工程"人才楼"工程款2 170 540元系湘能公司支付，属于湘能公司对长田煤矿的投入，该项费用应该从付某生应获得的长田煤矿净利润中予以扣减。

（十一）关于湘能公司提出本次鉴定应当进行函证程序的问题。本次司法鉴定程序并非审计程序，并不适用《中国注册会计师审计准则第1312号——函证》的函证程序；且在湘能公司未提供销售合同的情况下，鉴定人无法掌握客户名单和销售结构，湘能公司要求鉴定人完成函证程序显然是为人所难，因此，湘能公司以鉴定人未履行函证程序为由否认鉴定意见书的鉴定结果的诉讼意见，一审法院不予采纳。

（十二）关于湘能公司在鉴定人出具司法鉴定意见征求意见稿以后，向鉴定人提供的销售合同复印件是否应当予以采纳的问题。一审法院认为，鉴定人在鉴定过程中多次向一审法院提出申请、向湘能公司提出要求，要求湘能公司提供本次鉴定所需要的所有的财务资料，但是湘能公司怠于提供。现湘能公司提供的销售合同复印件，其真实性存疑；销售合同复印件上的销售方印章90%为"盘县石桥镇长田煤矿"，与长田煤矿的名称"盘县石桥长田煤矿"不一致，多了一个"镇"字。且鉴定人从长田煤矿的财务账簿中抽取了八份长田煤矿与外部单位或个人签订的合同。经查看，这八份合同中出现了三个长田煤矿的公章，这三个公章上均刻有"盘县石桥长田煤矿"字样，其中一个公章外环加入了防伪纹，并在印章下面加入印章防伪编码，编码后四位数为3007（见长田煤矿2008年10月22日与北京中翰仪器有限公司贵阳分公司签订的设备采购合同）；另一个公章外环也加入了防伪纹，并在印章下面也加入印章防伪编码，但编码后四位数为3008（见长田煤矿2008年9月10日与马龙县首锋矿山配件有限公司签订的矿工钢合同和2008年12月25日长田煤矿与贵州黔美测绘工程院签订的矿山储量动态监测协议书）；第三个公章则没有外环的防伪纹和下面的防伪编码。作为防伪技术之一，在印章内部指定位置，通常为最下面，加入印章防伪编码相当于印章身份证号码，此号码由公安机关备案给出，刻到公章上，通过该编码具有唯一性，可以鉴别此印章的真伪。长田煤矿会计凭证中存在的八份合同中就出现了三个不同样式的公章，让鉴定人对湘能公司方提供合同的真实性产生较大的疑问。而湘能公司提供的销售合同复印件中未发现上述两枚加入了防伪纹及编码的印章、也没有发现没有外环的防伪纹和下面的防伪编码的第三个公章，且部分合同内容及公章无法辨识。鉴于上述原因，鉴定人未采用湘能公司提供的销售合同复印件对鉴定意见进行修改，一审法院予以支持。

综上，湘能公司对正方所出具的司法鉴定意见书提出的12项异议中，有2项被鉴定人所采用，1项并不影响长田煤矿经营利润鉴定结果，剩余的9项异议因为其缺乏事实和法律依据，均不予采纳。正方所系各方当事人共同选定、由法院委托，正方所在其职权范围内按照法定程序作出的司法鉴定意见符合客观事实，一审法院予以采信。

七、关于《合作开发协议》解除以后合作期间产生的盈利的归属问题。首先，合作期间产生的利润的认定。依据司法鉴定意见书："长田煤矿2008年4月至2011年11月20日的净利润为10 286.77万元。"该利润应当扣除新增固定资产8 062 366.81元及在共同经营期间湘能公司向长田煤矿投入13 383 250元进行长田煤矿主斜井延伸工程施工的工程款及湘能公司支付的长田煤矿在建工程"人才楼"工程款2 170 540元，三项共计23 616 156.81元，长田煤矿利润为79 251 543.19元。湘能公司主张上述投入应作为成本费用从经营利润中扣除的抗辩理由成立，一审法院予以采纳。其次，上述盈利的权利主体。湘能公司主张本案的《合作开发协议》属于继续性合同。有关继续性合同解除后，恢复原状之内涵应区别于即时清结合同，不能直接溯及既往，双方共同合作经营期间所累积的利润或亏损，应当由双方按照权益比例共同所有或共同承担。一审法院认为，根据《合同法》第九十七条"合同解除后已经履行的，根据履行情况和合同性质，当事人可以要求恢复原状、采取其他补救措施，并有权要求赔偿损失"及《合同法》第一百一十三条"当事人一方不履行合同义务或者履行合同义务不符合约定，给对方造成损失的，损失赔偿额应当相当于因违约所造成的损失，包括合同履行后可以获得的利益"之规定，湘能公司主张本案的《合作开发协议》属于继续性合同缺乏事实及法律依据，一审法院不予采纳。根据《最高人民法院关于审理联营合同纠纷案件若干问题的解答》第七条"在清退联营投资时，联营各方原投入的设备、房屋等固定资产，原物存在的，返还原物；原物已不存在或者返还原物确有困难的，作价还款"以及《合同法》第九十七条的规定，解除合作合同后付某生将湘能公司出资的7 000万元及相应的利息返还给湘能公司，合作期间产生的利润在扣除湘能公司所投入的资产以后，湘能公司应返还给付某生。但是，长田煤矿产生的经营利润一方面源于对付某生煤矿资源的消耗，另外一方面来源于湘能公司资金的投入（增加固定资产投入 23 616 156.81 元）和湘能公司投入人力物力进行的经营管理成果。对于付某生的违约给湘能公司造成了损失考量，一审法院认为，如前所述，鉴于付某生未按照约定完成长田煤矿的扩界扩能手续已经构成根本违约，付某生的根本违约行为导致长田煤矿被关闭致使双方签订的合作合同无法继续履行而解除合同。诚实信用是民事行为的基本准则。法律应当维护守约方的利益，对于违约方的行为应作否定评价。湘能公司作为守约方，付某生返还湘能公司的合作款 7 000 万元并按照中国人民银行同期同类贷款利率支付资金占用费不足以弥补湘能公司的损失，综合考量付某生在履行合同中存在的违约行为及湘能公司的实际损失，一审法院酌情将经营利润中的 30% 分配给湘能公司以弥补湘能公司之实际损失为宜。湘能公司应当向付某生返还长田煤矿利润为 55 476 080.23 元（79 251 543.19×70%）。

鉴定人对合作期间长田煤矿盈利的净利润是以煤炭的销售收入减去固定资产作为成本进行的摊销及各种投入以后的净值。付某生一方面要求湘能公司返还全部利润，另一方面又要求湘能公司赔偿固定资产折旧利益，其反诉请求存在重合，一审法院择一支持。在一审法院已经支持付某生请求判令湘能公司向其返还长田煤矿经营利润后，付某生请求判令湘能公司赔偿折旧利益的反诉请求，一审法院不予支持。因此，付某生请求湘能公司返还经营期间长田煤矿的利润 13 930.06 万元、赔偿折旧利益 2 196.27 万元，两项费用合计 16 126.33 万元的反诉请求与事实不尽相符，一审法院予以部分支持。鉴于付某生将长田煤矿移交给湘能公司时未对相应的资产进行登记造册并办理相应的移交手续，且付某生获得盈利收入时也应该扣除相应资产的折旧利益，因此在合同解除以后，湘能公司应当向付某生凭现状移交长田煤矿现有资产。付某生主张湘能公司按照全部资产价值赔偿损失约 6 903.67 万元的反诉请求无事实依据，一审法院不予支持。湘能公司主张将其持有的 70% 权益的实物予以返还的抗辩理由不能成立，一审法院不予采纳。

八、关于付某兰是否承担责任的问题。对此，付某兰援引《最高人民法院关于审理涉及夫妻债务纠纷案件适用法律有关问题的解释》，认为合作合同没有付某兰的签字，事后付某兰也没有追认，故不应承担本案责任。一审法院认为，根据《中华人民共和国婚姻法》第十七条规定："夫妻在婚姻关系存续期间所得的下列财产，归夫妻共同所有……（二）生产、经营的收益；夫妻对共同所有的财产，有平等的处理权……"的规定，长田煤矿虽然登记为付某生个人独资企业，在付某生和付某兰没有特别约定长田煤矿属于付某生个人财产，且双方未约定夫妻对婚姻关系存续期间所得的财产约定归各自所有之前，长田煤矿属于付某兰与付某生的夫妻共有财产，该煤矿经营所产生的收益也归属于双方共同所有。从 2008 年付某生与湘能公司签订《合作开发协议》并收取湘能公司 7 000 万元至今已经 10 年有余，且湘能公司也对长田煤矿进行了 3 年有余的经营，付某兰对此并未表示异议；此外，没有证据证明付某生收取湘能公司的 7 000 万元用于夫妻共同生活或者共同生产经营之外的用途，因此付某兰的抗辩不能成立。湘能公司主张付某兰承担连带责任的诉讼请求成立，一审法院予以支持。

九、关于广源矿业公司是否应该承担连带担保责任的问题。从广源矿业公司于2008年3月12日向湘能公司出具的承诺书"贵公司与长田煤矿现法人付某生签订的《合作开发协议》所约定的付某生应予退还的款项或应当承担的全部违约责任，我公司承诺用公司的全部资产作为担保。如发生应当退还款项或承担违约责任事项，贵公司可直接向我公司追索权全部数额及追索费用"的内容来看，双方未约定保证方式，也没有约定保证期间。依据《中华人民共和国担保法》（以下简称《担保法》）第十九条"当事人对保证方式没有约定或者约定不明确的，按照连带责任保证承担保证责任"的规定，广源矿业公司提供的担保为连带责任担保。《合作开发协议》第五条第1项约定了付某生的履行期限为2009年5月31日前，但是至今付某生仍未能完成扩能工作。依据《担保法》第二十六条："连带责任保证的保证人与债权人未约定保证期间的，债权人有权自主债务履行期届满之日起六个月内要求保证人承担保证责任。在合同约定的保证期间和前款规定的保证期间，债权人未要求保证人承担保证责任的，保证人免除保证责任"的规定，湘能公司未在主债务履行期届满之日起六个月内要求保证人承担保证责任的，保证人免除保证责任。湘能公司请求广源矿业公司承担连带责任的诉讼请求于法无据，一审法院不予支持。

综上，一审法院依据《合同法》第四十四条、第六十条、第九十四条第四项、第九十七条、第九十九条、第一百零七条、第一百一十四条，《担保法》第二十六条规定，判决：一、解除《合作开发协议》和《补充协议》。二、付某生于判决生效之日起10日内向湘能公司返还合作款7 000万元，并支付利息（利息按照中国人民银行同期同类贷款利率计算，从2008年7月18日起至判决确定的给付之日止）。三、付某生于判决生效之日起十日内向湘能公司返还借款19 292 500元，并支付利息（其中，借款600万元的利息按照中国人民银行同期同类贷款利率计算从2009年6月1日至判决确定的给付之日止。借款10 292 500元的利息按照中国人民银行同期同类贷款利率计算从2017年10月20日起计算至判决确定的给付之日止；借款300万元的利息按合同约定的年利率14%计算从2011年3月24日至判决确定的给付之日止）。四、湘能公司于判决生效之日起10日内向付某生返还盘县石桥长田煤矿经营利润55 476 080.23元。五、湘能公司于判决生效之日起10日内凭现状向付某生移交盘县石桥长田煤矿的全部资产。六、付某兰对判决第二、三、四项相互抵销以后所余的债务承担连带责任。七、驳回湘能公司的其他诉讼请求。八、驳回付某生的其他反诉请求。本诉案件受理费719 524.56元、保全费5 000元合计724 524.56元由付某生负担，此款已由湘能公司预交，在执行判决时，由付某生直接向湘能公司支付；反诉费572 150元，由湘能公司负担159 590元，付某生负担412 560元，其中由湘能公司负担的部分已由付某生预交，在执行判决时，由湘能公司直接向付某生支付。

本院二审审理期间，付某生围绕上诉请求提交了长田煤矿销售台账及过磅单，并申请依据销售台账和过磅单对长田煤矿销售煤炭数量进行补充鉴定。湘能公司质证认为，对该组证据的真实性、合法性、关联性均不予认可。对该组证据是否应予采信，本院将在下文对焦点问题的分析时一并予以评判。

本院对一审法院认定的事实予以确认。

本院认为，根据当事人的上诉请求、答辩意见以及有关证据，本案二审争议焦点为：一、合作期间煤矿产生的经营利润如何确定；二、经营利润归谁所有；三、付某生应否向湘能公司返还借款1 929.25万元及利息；四、湘能公司应否向付某生支付固定资产折旧费以及焦化厂、洗煤厂等资产；五、付某兰应否对付某生在本案中的债务承担连带责任。

一、关于合作期间煤矿产生的经营利润如何确定的问题

一审诉讼中，一审法院委托正方所对合作期间煤矿产生的经营利润进行了司法鉴定，针对当事人上诉对鉴定意见提出的异议，本院分别评判如下：

（一）关于鉴定方法。湘能公司上诉主张其提交了财务凭证和会计账簿等大量现场资料，鉴定人未将前述资料作为鉴定依据，径直采用评估和推算方式确定煤矿经营利润，违反《中华人民共和国会计法》《司法鉴定程序通则》等相关规定，鉴定意见不应被采信。付某生上诉主张鉴定人未采信其提供的销售台账和过磅单，鉴定结论缺少入库记录、固定资产卡片账及实物资产明细清单等证据支撑，不能作为定案依据，故申请重新鉴定。本院认为，鉴定意见书鉴定过程部分载明，鉴定人对历年会计凭证进行了逐笔统计整理，并对统计结果进行了分析比较，发现长田煤矿提供的2008年至2011年期间财务资料存在以下问题：（1）长田煤矿2008年度纸质凭证存在两个账套拼凑的情况，并且随意修改记账凭证编号；（2）电子账套记载的核算事项或金额与纸质凭证记载不一致；（3）记账凭证、原始凭证不完整；（4）纸质记账凭证缺失；（5）长田煤矿库存商品（原煤、洗精煤等）出入库记账凭证均无附件，库存商品凭证记录的出入库数量及成本无法进行核实。另，鉴定人在鉴定过程中列出了"长田煤矿司法鉴定补充资料清单"，销售商品及购买原材料合同、存货出入库台账、现金登记簿、纳税申报表等重要鉴定材料，各方当事人均未提供。至于付某生举示的销售台账和过磅单，虽然账面上反映销售原煤14 603吨，但是销售时间均在2012年，系案涉煤矿关闭之后，且销售台账无盖章或工作人员签字，诉讼中湘能公司对该证据的真实性也予以否认，故不能作为本案鉴定依据，付某生申请补充鉴定的理由不能成立。综上，鉴定人以现有财务资料不能获取长田煤矿2008年至2011年期间准确的煤炭产品生产销售数量和价格等信息为由，采用外调在盘州地区具有代表性且已上市的两家公司（盘江股份公司和邦达能源公司）历史同期销售价格作为参考，调取相关行政主管部门煤炭过境记录确定境外销售数量，结合收入凭证和增值税专用发票确定境内销售数量，具有合理性；湘能公司和付某生对鉴定方法提出的上诉理由均不能成立。

（二）关于销售洗精煤数量。湘能公司上诉主张洗精煤数量计算时未扣除水分，

亦未考虑煤炭行业特殊性和行业交易习惯，计算途耗和磅差，导致销售收入鉴定过高。本院认为，虽然湘能公司提出长田煤矿煤质化验日报表中载明平均水份平均值为17.317%，但是长田煤矿煤质化验日报表是在皮带上取样，刚加工产出的洗精煤水份偏高。其次，鉴定人在鉴定过程中咨询了解到，行业标准洗精煤销售的水份比例约为8%到9%，刚加工产出的洗精煤通常会存放一定时间待水份值降低至行业标准后销售，故湘能公司主张按长田煤矿煤质化验日报表平均水份平均值17.317%扣除水份值的理由不能成立。且因长田煤矿财务核算混乱，鉴定人调取相关行政主管部门煤炭过境记录确定境外销售数量的方法具有合理性，同时，鉴定人在计算洗精煤收入时，也已经考虑到实际结算时水份值、途耗和磅差，相应地选择了煤炭品质低一档次的1/3洗精煤价格作为计算依据，故湘能公司的该项上诉理由不能成立。

（三）关于销售洗精煤单价。湘能公司上诉主张销售洗精煤单价没有综合考虑案涉煤矿的规模、工艺和市场占有率等基本要素，仅询价了盘江股份公司和邦达能源公司的销售价格，以此确定的销售单价不符合市场规律。本院认为，首先，合同签订后到政策性关闭期间，长田煤矿由湘能公司实际经营管理，长田煤矿的相关销售合同、销售发票及与煤炭买受人的结算凭证均由湘能公司掌握，而销售合同、结算凭证是确定销售数量及价格的重要因素，在湘能公司移交的216册会计凭证中没有销售合同，也没有结算凭证，鉴定人通过财务凭证无法确定销售洗精煤的数量和单价，应当由湘能公司承担不利后果。其次，鉴定人外调在盘州地区具有代表性且已上市的两家公司（盘江股份公司和邦达能源公司）历史同期销售价格作为参考确定洗精煤销售单价。从参考的对象上看，盘江股份公司于2001年5月31日在上海证券交易所上市，是贵州煤炭第一股，主要业务为原煤开采、选洗精煤特殊加工煤、焦炭的生产等等。而邦达能源公司位于贵州省六盘水市盘州休闲广场附近，于2018年12月12日在香港联合交易所上市，是以煤炭开发、煤炭深加工为主的民营企业。两个公司在盘州地区占有较高的销售份额，主要业务与长田煤矿存在交集，在相同时期两个公司的销售价格具有代表性，鉴定人参照盘江股份公司和邦达能源公司的售价加权平均确定洗精煤单价，具有合理性。湘能公司的该项异议不能成立。

（四）关于三笔争议款项即新增固定资产8 062 366.81元、人才楼工程列支的2 170 540元和主斜井斜延伸工程13 383 250元应否计入成本予以扣减的问题，具体分析如下：

1. 新增固定资产8 062 366.81元。鉴定意见书中第四部分鉴定过程第5项"成本费用的确认"，证实鉴定人对长田煤矿2008年4月到2011年11月20日成本费用发生凭证逐笔进行了检查核对，据此计算出销售成本，而新增固定资产8 062 366.81元系2008年4月至2011年11月20日购置新增固定资产产生的费用，鉴定人列出了新增固定资产清单，在鉴定时并未计入销售成本中。付某生主张新增固定资产8 062 366.81元计入销售成本系重复扣减的理由不能成立。

2. 人才楼工程列支的2 170 540元。鉴定人回函中证实，鉴定意见中长田煤矿经营利润鉴定结果不涉及该项在建工程，该项"人才楼"工程投入2 170 540元，截至2011年11月末还是在"长田煤矿"科目中核算，未转入固定资产计提折旧，也未摊入长田煤矿成本费用。付某生主张该笔款项计入销售成本系重复扣减的理由不能成立。另，"人才楼"工程为在建工程，虽然工程主体不在长田煤矿内，但是鉴定人在鉴定过程中在长田煤矿办公室找到《施工合同》复印件一份，载明发包人为湘能公司，施工合同内容明确该工程用于长田煤矿职工居住，改善职工居住环境。人才楼工程勘察费合同亦直接由长田煤矿签订，前述款项也记入长田煤矿记账凭证中，故一审判决将该笔费用计入成本予以扣减并无不当。

3. 主斜井斜延伸工程13 383 250元。付某生上诉主张主斜井斜延伸工程合同相对方并非长田煤矿，该笔款项不应计入成本予以扣除。本院认为，2017年12月18日，最高人民法院作出〔2017〕最高法民终841号民事判决，查明：湘能公司于2009年6月与湖南涟邵建设工程（集团）有限责任公司（以下简称涟邵公司）签订《贵州湘能实业有限公司长田煤矿主井延伸工程施工合同》，由涟邵公司对长田煤矿主井延伸工程进行施工，工程于2009年6月18日开工，2010年8月竣工验收合格。后湘能公司向涟邵公司的母公司湖南黑金时代股份有限公司报送《长田煤矿主斜井延伸工程竣工结算书》及相关结算资料。2012年1月16日，湖南黑金时代股份有限公司出具《关于贵州湘能实业有限公司长田煤矿主斜井延伸工程竣工结算的复核意见》，确认长田煤矿主斜井延伸工程结算金额为13 383 250元。该判决现已生效，且长田煤矿主斜井延伸工程施工时间在湘能公司管理经营期间，该笔款项应当计入销售成本之中，一审判决予以扣减并无不当。

二、关于经营利润归谁所有的问题

首先，《合同法》第九十七条规定，合同解除后，尚未履行的，终止履行；已经履行的，根据履行情况和合同性质，当事人可以要求恢复原状，采取其他补救措施，并有权要求赔偿损失。据此，《合作开发协议》解除后，双方互负返还义务，不能返还的应当折价补偿，故付某生应当返还湘能公司7 000万元出资款，而长田煤矿经营期间的利润基于煤矿资源的销售产生，扣除湘能公司投入的销售成本后应当由付某生享有，湘能公司应当返还付某生合作期间基于煤矿获取的经营利润。

其次，《合作开发协议》第十一条约定："1. 如甲方违反本协议第五条的条款其中之一，甲方以约定的占该煤矿30%的股权抵偿给乙方作为承担违约责任的方式，乙方的第三笔款不再支付，甲方不再享有该煤矿的任何股权。2. 如因甲方违反本协议的第五条第1款或因采矿许可证的原因而造成煤矿被关闭，则由甲方在矿井被关闭之日起一个月内退还乙方支付给甲方的所有款项并承担按银行同期贷款利率计算利息。甲方同意以贵州省赫章县广源矿业有限公司（该公司出具经全体股东签字的承诺书、营业执照复印件作为本协议的附件）作担保。"依照《合同法》第九十八条的规定，合同权利义务终止，不影响合同中结算和清理条款的效力，故本案《合作开发协议》虽已解除，但是前述清理条款对各方当事人仍然有约束力。《合作开发协议》第十一条的第 1 项，是针对付某生违反本协议的第五条约定的义务时应当承担的责任的约定，而第 2 项是针对付某生违反本协议的第五条约定导致发生煤矿关闭特殊情形时特别约定，第十一条第 1 项、第 2 项的约定是选择适用关系。就本案而言，长田煤矿的扩能手续至今仍未完成，而扩界手续也是在 2010 年 2 月 10 日才完成，超过了《合作开发协议》第五条约定的 2009 年 5 月 31 日前完成的期限，付某生未完成合同义务，且 2011 年 11 月 15 日长田煤矿被贵州省人民政府办公厅发文确定为贵州省第一批依法整合关闭的煤矿，符合《合作开发协议》第十一条的第 2 项特殊规定的情形，故应当适用该条约定确定双方和义务，即由付某生在煤矿被关闭之日起一个月内退还湘能公司 7 000 万元出资并按银行同期贷款利率承担利息。

再次，2011 年 6 月 2 日，贵州省国土资源厅下发《关于同意盘县石桥长田煤矿调整矿区范围预留期限延长的通知》，载明："盘县石桥长田煤矿（付某生）：你单位报来的《关于盘县石桥长田煤矿延续扩大矿区范围的申请》收悉，经研究，同意《关于预留盘县石桥长田煤矿调整矿区范围的通知》矿区范围预留期限延长至 2012 年 5 月。"而 2011 年 11 月 15 日，贵州省人民政府办公厅下发通知列明长田煤矿为贵州省第一批依法整合关闭的煤矿后，2013 年 7 月 25 日，长田煤矿向煤矿主管部门提交采矿权转让申请。2013 年 11 月 18 日，贵州省国土资源厅作出《关于退回盘县石桥镇长田煤矿采矿权转让（兼并重组）的审核意见》，载明："盘县石桥长田煤矿（付某生），你单位提交的盘县石桥长田煤矿采矿权转让申请收悉。经审查，该煤矿已列入《省人民政府办公厅关于依法整合关闭有关煤矿及生产系统的通知》中依法整合关闭煤矿名单，转让申请不予批准，资料予以退回。可在兼并重组实施方案中整合利用。"2014 年 10 月 15 日，湘能公司向贵州省国土资源厅提交《关于盘县石桥镇长田煤矿为矿井整合主体的请示》。2014 年 11 月 3 日，贵州省国土资源厅作出《关于盘县石桥长田煤矿兼并重组相关问题的复函》，载明：你单位送来的《原告关于盘县石桥长田煤矿为矿井整合主体的请示》收悉，经研究，复函如下：按省兼并重组的政策规定，矿井整合主体必须是兼并重组主体企业名下的有效采矿权。请示所涉煤矿为《省人民政府办公厅关于依法整合关闭有关煤矿及生产系统的通知》中明确依法整合关闭煤矿，即该矿属依法关闭煤矿，其资源可参与整合。此类煤矿我厅不能办理采矿权转让手续，因此从法律关系上不属于贵公司的有效矿权，将其作为主体企业兼并重组后的保留煤矿，存在法律和政策障碍。2014 年 11 月 10 日，湘能公司提交《关于盘县石桥镇长田煤矿为矿井整合主体的请示》。2014 年 12 月 23 日，贵州省国土资源厅作出《省国土资源厅关于原告盘县石桥长田煤矿有关问题的办理情况报告》，载明："省人民政府：转来谌贻琴常务副省长 11 月 21 日在《原告关于盘县石桥长田煤矿为矿井整合主体的请示》上的批示（贻琴第 2095 号）收悉。我厅高度重视，及时进行研究办理。现将有关情况报告如下：一、关于盘县石桥长田煤矿矿权转让问题。根据《省人民政府办公厅关于依法整合关闭有关煤矿及生产系统的通知》，盘县石桥长田煤矿明确为依法整合关闭煤矿。按照国家和我省煤矿企业兼并重组的政策规定，此类矿山不办理采矿权转让，可由主体企业对其收购关闭，可计算半个煤矿关闭指标。二、按照我省兼并重组的政策规定，矿井整合主体须是兼并重组主体企业名下的合法煤矿。由于属关闭煤矿，盘县石桥长田煤矿矿权至今未能转让，采矿权人依然是原采矿权人，而不是湘能公司。三、盘县石桥长田煤矿属依法整合关闭煤矿，余下资源可与湘能公司请示的周边合法煤矿在整合中利用其资源。若将保留关闭煤矿作为建设生产煤矿，涉及黔府办发〔2011〕120号中的一批此类整合关闭煤矿，存在政策和法律上的障碍。四、根据《省人民政府办公厅转发省能源局等部门贵州省煤矿兼并重组工作方案（试行）的通知》（黔府办发〔2012〕61号），建议湘能公司收购关闭的盘县石桥长田煤矿可与其他主体企业相邻的煤矿进行资源整合，合理利用原盘县石桥长田煤矿的资源。"《合作开发协议》中约定扩界扩能手续的由付某生办理，前述文件可证明，付某生在《合作开发协议》和《补充协议》签订后，以湘能公司名义积极履行相关合同义务，虽然其未在约定期限内完成约定的扩界扩能手续，但兼并重组政策也系原因之一，故付某生按照《合作开发协议》第十一条第2项约定承担责任后，一审判决酌定将经营利润中的30%分配给湘能公司弥补损失存在不当，本院予以纠正。

最后，合作期间的经营利润一方面源于长田煤矿煤炭资源的消耗，另外一方面来源于湘能公司的经营管理，如增加固定资产投入、修建主斜井延伸工程等，付某生要求湘能公司支付利息，于法无据。

此外，本案纠纷中湘能公司履约情况较好，从利益衡平、保护守约方利益的角度，一审判决经营利润不应再计算利息，并无不当。

三、关于付某生应否向湘能公司返还借款1 929.25万元及利息的问题

付某生上诉主张要求湘能公司归还借款1 929.25万元与本案并非同一法律关系，不应在本案中一并处理，且湘能公司主张超过诉讼时效。本院认为，付某生六次向湘能公司借款合计1 929.25万元均用于办理长田煤矿扩界、扩能手续以及缴纳相关的税费，湘能公司主张返还借款的诉讼请求与本案虽然不是同一法律关系，但付某生向湘能公司借款是为了履行本案《合作开发协议》项下的合同义务，与本案具有关联性，一审判决为了方便查清案件事实且减少当事人的诉累而一并审理，并无不妥。此外，依据《借款协议》的约定，案涉借款的目的较为特殊，系专项用于长田煤矿扩界扩能手续以及缴纳相关的税费，而付某生与湘能公司之间在履行《合作开发协议》的过程中一直就此事进行协商和沟通，直至本案诉讼提起时湘能公司才因《合作开发协议》无法继续履行而主张付某生未完成办证义务，此时借款目的才确定不能实现，因此，湘能公司请求付某生返还上述借款，并未超过诉讼时效。

四、关于湘能公司应否向付某生支付固定资产折旧费以及焦化厂、洗煤厂等资产的问题

湘能公司与付某生订立的《合作开发协议》解除后，双方互负返还义务，而固

定资产折旧部分以及废弃的焦化厂、洗煤厂在双方合作经营期间转化为了经营利润，该部分款项已经通过经营利润分配方式予以返还，不应再重复计算。故一审判决凭现状向付某生移交盘县石桥长田煤矿的全部资产正确；付某生的该项上诉主张不能成立。

五、关于付某兰应否对付某生在本案中的债务承担连带责任的问题

付某生与付某兰于 1992 年 10 月 22 日登记结婚，长田煤矿系付某生于 2001 年 9 月 13 日设立的个人独资企业。根据《中华人民共和国婚姻法》第十七条"夫妻在婚姻关系存续期间所得的下列财产，归夫妻共同所有：（二）生产、经营的收益；夫妻对共同所有的财产，有平等的处理权"的规定，长田煤矿虽然于 2001 年登记为付某生个人独资企业，但是在 1992 年付某生便与付某兰登记结婚至今，长田煤矿应属于付某兰与付某生的夫妻共有财产，该煤矿经营所产生的收益也归属于双方共同所有，而本案的债权债务关系均发生在双方婚姻关系存续期间，2008 年付某生与湘能公司签订《合作开发协议》并收取 7 000 万元至今已经 10 年有余，且湘能公司也对长田煤矿进行了 3 年有余的经营，付某兰在此期间从未表示过异议。此外，没有证据证明付某生收取湘能公司的 7 000 万元用于夫妻共同生活或者共同生产经营之外的用途，故付某兰的该项上诉理由不能成立。

此外，经查，一审法院鉴定人员于 2018 年 5 月 17 日就鉴定费收取一事组织各方当事人进行了协商，湘能公司与付某生均同意以最终审计的收入金额乘以 1% 来收取鉴定费。湘能公司的委托代理人李金毅，付某生及其委托代理人李俊均签字确认。黔方正司法鉴字〔2018〕第 25 号《司法鉴定意见书》载明，长田煤矿 2008 年 4 月至 2011 年 11 月 20 日的营业总收入为 40 019.30 万元，故鉴定费为 4 001 930 元，依法应由鉴定申请人湘能公司、付某生负担。综合本案情况，由湘能公司负担 40% 即 1 600 772 元，付某生负担 60% 即 2 401 158 元。

综上所述，付某生、付某兰的上诉请求部分成立；湘能公司的上诉请求不能成立，应予驳回。本院依照《中华人民共和国合同法》第九十七条、第九十八条，《中华人民共和国民事诉讼法》第一百七十条第一款第二项规定，判决如下：

一、维持贵州省高级人民法院〔2017〕黔民初 142 号民事判决第一项、第二项、第三项、第五项、第六项、第七项；

二、撤销贵州省高级人民法院〔2017〕黔民初 142 号民事判决第八项；

三、变更贵州省高级人民法院〔2017〕黔民初 142 号民事判决第四项为"贵州湘能实业有限公司于本判决生效之日起十日内向付某生返还盘县石桥长田煤矿经营利润 79 251 543.19 元"；

四、驳回付某生的其他反诉请求。

一审本诉案件受理费 719 524.56 元，保全费 5 000 元，合计 724 524.56 元，由付某生负担；一审反诉案件受理费 572 150 元，由付某生负担 286 075 元，贵州湘能实

业有限公司负担286 075元；二审案件受理费821 524.61元，由贵州湘能实业有限公司负担410 762.31元，付某生负担410 762.30元。鉴定费4 001 930元，由付某生负担2 401 158元，贵州湘能实业有限公司负担1 600 772元。

本判决为终审判决。

审判长　司　伟

审判员　马成波

审判员　叶　欢

二〇一九年十二月三十一日

法官助理　黄　巍

书记员　罗映秋

十、第十八条

（一）法条原文

【2024年、2017年、1999年版本】

第十八条　各单位采用的会计处理方法，前后各期应当一致，不得随意变更；确有必要变更的，应当按照国家统一的会计制度的规定变更，并将变更的原因、情况及影响在财务会计报告中说明。

（二）法条释义

本条规定了会计处理方法的一致性。

会计处理方法，一般也称会计核算方法，包括会计确认方法、会计计量方法、会计记录方法和会计报告方法，这些方法共同构成了一个有机整体。为了使得单位会计核算结果具有可比性，单位的会计处理方法必须前后各期保持一致。但会计处理方法并非绝对不能变动，有时根据国家相关法律的变动或者单位选择另一种会计处理方法更能准确体现该单位的经营状况，应当按照国家统一的会计制度的规定变更。为了让会计信息的使用者了解会计处理方法的变动及其影响，单位改变会计处理方法后，应当将变更的原因、情况及影响在财务会计报告中说明。

根据《企业会计准则第28号——会计政策、会计估计变更和差错更正》的规定，会计政策，是指企业在会计确认、计量和报告中所采用的原则、基础和会计处理方法。企业采用的会计政策，在每一会计期间和前后各期应当保持一致，不得随意变更。但是，满足下列条件之一的，可以变更会计政策：①法律、行政法规或者国家统一的会计制度等要求变更；②会计政策变更能够提供更可靠、更相关的会计信息。下列各项不属于会计政策变更：①本期发生的交易或者事项与以前相比具有本质差别而采用新的会计政策；②对初次发生的或不重要的交易或者事项采用新的会计政策。

企业根据法律、行政法规或者国家统一的会计制度等要求变更会计政策的，应当按照国家相关会计规定执行。会计政策变更能够提供更可靠、更相关的会计信息的，应当采用追溯调整法处理，将会计政策变更累积影响数调整列报前期最早期初留存收益，其他相关项目的期初余额和列报前期披露的其他比较数据也应当一并调整，但确定该项会计政策变更累积影响数不切实可行的除外。追溯调整法，是指对某项交易或事项变更会计政策，视同该项交易或事项初次发生时即采用变更后的会计政策，并以此对财务报表相关项目进行调整的方法。会计政策变更累积影响数，是指按照变更后的会计政策对以前各期追溯计算的列报前期最早期初留存收益应有金额与现有金额之间的差额。

（三）相关条文

《会计基础工作规范》（2019年3月14日）

第三十八条 各单位的会计核算应当以实际发生的经济业务为依据，按照规定的会计处理方法进行，保证会计指标的口径一致、相互可比和会计处理方法的前后各期相一致。

第六十八条 各单位应当按照国家统一会计制度的规定认真编写会计报表附注及其说明，做到项目齐全，内容完整。

《企业会计准则第28号——会计政策、会计估计变更和差错更正》（2006年2月15日）

第一章 总 则

第一条 为了规范企业会计政策的应用，会计政策、会计估计变更和前期差错更正的确认、计量和相关信息的披露，根据《企业会计准则——基本准则》，制定本准则。

第二条 会计政策变更和前期差错更正的所得税影响，适用《企业会计准则第18号——所得税》。

第二章 会 计 政 策

第三条 企业应当对相同或者相似的交易或者事项采用相同的会计政策进行处理。但是，其他会计准则另有规定的除外。

会计政策，是指企业在会计确认、计量和报告中所采用的原则、基础和会计处理方法。

第四条 企业采用的会计政策，在每一会计期间和前后各期应当保持一致，不得随意变更。但是，满足下列条件之一的，可以变更会计政策：

（一）法律、行政法规或者国家统一的会计制度等要求变更。

（二）会计政策变更能够提供更可靠、更相关的会计信息。

第五条 下列各项不属于会计政策变更：

（一）本期发生的交易或者事项与以前相比具有本质差别而采用新的会计政策。

（二）对初次发生的或不重要的交易或者事项采用新的会计政策。

第六条 企业根据法律、行政法规或者国家统一的会计制度等要求变更会计政策的，应当按照国家相关会计规定执行。

会计政策变更能够提供更可靠、更相关的会计信息的，应当采用追溯调整法处理，将会计政策变更累积影响数调整列报前期最早期初留存收益，其他相关项目的期初余额和列报前期披露的其他比较数据也应当一并调整，但确定该项会计政策变更累积影响数不切实可行的除外。

追溯调整法，是指对某项交易或事项变更会计政策，视同该项交易或事项初次发生时即采用变更后的会计政策，并以此对财务报表相关项目进行调整的方法。

会计政策变更累积影响数，是指按照变更后的会计政策对以前各期追溯计算的列报前期最早期初留存收益应有金额与现有金额之间的差额。

第七条 确定会计政策变更对列报前期影响数不切实可行的，应当从可追溯调整的最早期间期初开始应用变更后的会计政策。

在当期期初确定会计政策变更对以前各期累积影响数不切实可行的，应当采用未来适用法处理。

未来适用法，是指将变更后的会计政策应用于变更日及以后发生的交易或者事项，或者在会计估计变更当期和未来期间确认会计估计变更影响数的方法。

第三章　会计估计变更

第八条 企业据以进行估计的基础发生了变化，或者由于取得新信息、积累更多经验以及后来的发展变化，可能需要对会计估计进行修订。会计估计变更的依据应当真实、可靠。

会计估计变更，是指由于资产和负债的当前状况及预期经济利益和义务发生了变化，从而对资产或负债的账面价值或者资产的定期消耗金额进行调整。

第九条 企业对会计估计变更应当采用未来适用法处理。

会计估计变更仅影响变更当期的，其影响数应当在变更当期予以确认；既影响变更当期又影响未来期间的，其影响数应当在变更当期和未来期间予以确认。

第十条 企业难以对某项变更区分为会计政策变更或会计估计变更的，应当将其作为会计估计变更处理。

第四章　前期差错更正

第十一条 前期差错，是指由于没有运用或错误运用下列两种信息，而对前期财务报表造成省略或错报。

（一）编报前期财务报表时预期能够取得并加以考虑的可靠信息。

（二）前期财务报告批准报出时能够取得的可靠信息。

前期差错通常包括计算错误、应用会计政策错误、疏忽或曲解事实以及舞弊产生的影响以及存货、固定资产盘盈等。

第十二条 企业应当采用追溯重述法更正重要的前期差错,但确定前期差错累积影响数不切实可行的除外。

追溯重述法,是指在发现前期差错时,视同该项前期差错从未发生过,从而对财务报表相关项目进行更正的方法。

第十三条 确定前期差错影响数不切实可行的,可以从可追溯重述的最早期间开始调整留存收益的期初余额,财务报表其他相关项目的期初余额也应当一并调整,也可以采用未来适用法。

第十四条 企业应当在重要的前期差错发现当期的财务报表中,调整前期比较数据。

第五章 披 露

第十五条 企业应当在附注中披露与会计政策变更有关的下列信息:

(一)会计政策变更的性质、内容和原因。

(二)当期和各个列报前期财务报表中受影响的项目名称和调整金额。

(三)无法进行追溯调整的,说明该事实和原因以及开始应用变更后的会计政策的时点、具体应用情况。

第十六条 企业应当在附注中披露与会计估计变更有关的下列信息:

(一)会计估计变更的内容和原因。

(二)会计估计变更对当期和未来期间的影响数。

(三)会计估计变更的影响数不能确定的,披露这一事实和原因。

第十七条 企业应当在附注中披露与前期差错更正有关的下列信息:

(一)前期差错的性质。

(二)各个列报前期财务报表中受影响的项目名称和更正金额。

(三)无法进行追溯重述的,说明该事实和原因以及对前期差错开始进行更正的时点、具体更正情况。

第十八条 在以后期间的财务报表中,不需要重复披露在以前期间的附注中已披露的会计政策变更和前期差错更正的信息。

十一、第十九条

(一)法条原文

【2024 年、2017 年、1999 年版本】

第十九条 单位提供的担保、未决诉讼等或有事项,应当按照国家统一的会计制度的规定,在财务会计报告中予以说明。

(二)法条释义

本条规定了对重要或有事项的说明。

单位对外提供担保有可能使得单位对外负债并进而影响单位的资产、负债和利润等。单位有未决诉讼也意味着单位未来有败诉的可能,单位败诉就可能使得单位负债,或者影响单位的资产、负债和利润等。上述事项被称为或有事项,也就是说,存在负债的可能性,但并非一定会导致单位负债。由于上述可能的负债并未实际发生,因此,不能直接进行会计核算,但由于未来负债的可能性非常大,也应当在财务会计报告中予以说明,以方便财务会计报告的使用者能够提前预计未来可能产生的负债。

或有事项,是指过去的交易或者事项形成的,其结果须由某些未来事项的发生或不发生才能决定的不确定事项。企业不应当确认或有负债和或有资产。或有负债,是指过去的交易或者事项形成的潜在义务,其存在须通过未来不确定事项的发生或不发生予以证实;或过去的交易或者事项形成的现时义务,履行该义务不是很可能导致经济利益流出企业或该义务的金额不能可靠计量。或有资产,是指过去的交易或者事项形成的潜在资产,其存在须通过未来不确定事项的发生或不发生予以证实。

在涉及未决诉讼、未决仲裁的情况下,如果披露全部或部分信息预期对企业造成重大不利影响的,企业无须披露这些信息,但应当披露该未决诉讼、未决仲裁的性质,以及没有披露这些信息的事实和原因。

(三)相关条文

《会计基础工作规范》(2019年3月14日)

第六十六条 会计报表应当根据登记完整、核对无误的会计账簿记录和其他有关资料编制,做到数字真实、计算准确、内容完整、说明清楚。

任何人不得篡改或者授意、指使、强令他人篡改会计报表的有关数字。

《企业会计准则第13号——或有事项》(2006年2月15日)

第一章 总 则

第一条 为了规范或有事项的确认、计量和相关信息的披露,根据《企业会计准则——基本准则》,制定本准则。

第二条 或有事项,是指过去的交易或者事项形成的,其结果须由某些未来事项的发生或不发生才能决定的不确定事项。

第三条 职工薪酬、建造合同、所得税、企业合并、租赁、原保险合同和再保险合同等形成的或有事项,适用其他相关会计准则。

第二章 确认和计量

第四条 与或有事项相关的义务同时满足下列条件的,应当确认为预计负债:

（一）该义务是企业承担的现时义务；

（二）履行该义务很可能导致经济利益流出企业；

（三）该义务的金额能够可靠地计量。

第五条 预计负债应当按照履行相关现时义务所需支出的最佳估计数进行初始计量。

所需支出存在一个连续范围，且该范围内各种结果发生的可能性相同的，最佳估计数应当按照该范围内的中间值确定。

在其他情况下，最佳估计数应当分别下列情况处理：

（一）或有事项涉及单个项目的，按照最可能发生金额确定。

（二）或有事项涉及多个项目的，按照各种可能结果及相关概率计算确定。

第六条 企业在确定最佳估计数时，应当综合考虑与或有事项有关的风险、不确定性和货币时间价值等因素。

货币时间价值影响重大的，应当通过对相关未来现金流出进行折现后确定最佳估计数。

第七条 企业清偿预计负债所需支出全部或部分预期由第三方补偿的，补偿金额只有在基本确定能够收到时才能作为资产单独确认。确认的补偿金额不应当超过预计负债的账面价值。

第八条 待执行合同变成亏损合同的，该亏损合同产生的义务满足本准则第四条规定的，应当确认为预计负债。

待执行合同，是指合同各方尚未履行任何合同义务，或部分地履行了同等义务的合同。

亏损合同，是指履行合同义务不可避免会发生的成本超过预期经济利益的合同。

第九条 企业不应当就未来经营亏损确认预计负债。

第十条 企业承担的重组义务满足本准则第四条规定的，应当确认预计负债。同时存在下列情况时，表明企业承担了重组义务：

（一）有详细、正式的重组计划，包括重组涉及的业务、主要地点、需要补偿的职工人数及其岗位性质、预计重组支出、计划实施时间等；

（二）该重组计划已对外公告。

重组，是指企业制定和控制的，将显著改变企业组织形式、经营范围或经营方式的计划实施行为。

第十一条 企业应当按照与重组有关的直接支出确定预计负债金额。

直接支出不包括留用职工岗前培训、市场推广、新系统和营销网络投入等支出。

第十二条 企业应当在资产负债表日对预计负债的账面价值进行复核。有确凿证据表明该账面价值不能真实反映当前最佳估计数的，应当按照当前最佳估计数对该账面价值进行调整。

第十三条 企业不应当确认或有负债和或有资产。

或有负债，是指过去的交易或者事项形成的潜在义务，其存在须通过未来不确定事项的发生或不发生予以证实；或过去的交易或者事项形成的现时义务，履行该义务不是很可能导致经济利益流出企业或该义务的金额不能可靠计量。

或有资产，是指过去的交易或者事项形成的潜在资产，其存在须通过未来不确定事项的发生或不发生予以证实。

第三章 披 露

第十四条 企业应当在附注中披露与或有事项有关的下列信息：

（一）预计负债。

1. 预计负债的种类、形成原因以及经济利益流出不确定性的说明。

2. 各类预计负债的期初、期末余额和本期变动情况。

3. 与预计负债有关的预期补偿金额和本期已确认的预期补偿金额。

（二）或有负债（不包括极小可能导致经济利益流出企业的或有负债）。

1. 或有负债的种类及其形成原因，包括已贴现商业承兑汇票、未决诉讼、未决仲裁、对外提供担保等形成的或有负债。

2. 经济利益流出不确定性的说明。

3. 或有负债预计产生的财务影响，以及获得补偿的可能性；无法预计的，应当说明原因。

（三）企业通常不应当披露或有资产。但或有资产很可能会给企业带来经济利益的，应当披露其形成的原因、预计产生的财务影响等。

第十五条 在涉及未决诉讼、未决仲裁的情况下，按照本准则第十四条披露全部或部分信息预期对企业造成重大不利影响的，企业无须披露这些信息，但应当披露该未决诉讼、未决仲裁的性质，以及没有披露这些信息的事实和原因。

十二、第二十条

（一）法条原文

【2024 年版本】

第二十条 财务会计报告应当根据经过审核的会计账簿记录和有关资料编制，并符合本法和国家统一的会计制度关于财务会计报告的编制要求、提供对象和提供期限的规定；其他法律、行政法规另有规定的，从其规定。

向不同的会计资料使用者提供的财务会计报告，其编制依据应当一致。有关法律、行政法规规定财务会计报告须经注册会计师审计的，注册会计师及其所在的会计师事务所出具的审计报告应当随同财务会计报告一并提供。

【2017年、1999年版本】

第二十条　财务会计报告应当根据经过审核的会计帐簿记录和有关资料编制，并符合本法和国家统一的会计制度关于财务会计报告的编制要求、提供对象和提供期限的规定；其他法律、行政法规另有规定的，从其规定。

财务会计报告由会计报表、会计报表附注和财务情况说明书组成。向不同的会计资料使用者提供的财务会计报告，其编制依据应当一致。有关法律、行政法规规定会计报表、会计报表附注和财务情况说明书须经注册会计师审计的，注册会计师及其所在的会计师事务所出具的审计报告应当随同财务会计报告一并提供。

【1993年版本】

第十四条　各单位按照国家统一的会计制度的规定，根据帐簿记录编制会计报表，报送财政部门和有关部门。

会计报表由单位领导人和会计机构负责人、会计主管人员签名或者盖章。设置总会计师的单位并由总会计师签名或者盖章。

【1985年版本】

第十四条　各单位按照国家统一的会计制度的规定，根据帐簿记录编制会计报表上报，经上级主管单位汇总后，报送财政部门和有关部门。

会计报表由单位行政领导人和会计机构负责人、会计主管人员签名或者盖章。设置总会计师的单位并由总会计师签名或者盖章。

（二）法条释义

本条规定了财务会计报告。

财务会计报告，也称财务报告，是指单位对外提供的、反映单位某一特定日期财务状况和某一会计期间经营成果、现金流量等会计信息的文件。编制财务会计报告，是对单位会计核算工作的全面总结，也是及时提供真实、完整会计资料的重要环节。因此，必须严格财务会计报告的编制程序和质量要求。

财务会计报告由会计报表、会计报表附注和财务情况说明书组成。企业财务会计报告按编制时间分为年度、半年度、季度和月度财务会计报告。年度、半年度财务会计报告应当包括会计报表、会计报表附注、财务情况说明书。会计报表应当包括资产负债表、利润表、现金流量表及相关附表。季度、月度财务会计报告通常仅指会计报表，会计报表至少应当包括资产负债表和利润表。国家统一的会计制度规定季度、月度财务会计报告需要编制会计报表附注的，从其规定。

企业应当依照法律、行政法规和国家统一的会计制度关于财务会计报告的编制要求、提供对象和提供期限的规定，及时对外提供财务会计报告。向不同的会计资料使用者提供的财务会计报告，其编制依据应当一致。有关法律、行政法规规定会计报表、会计报表附注和财务情况说明书须经注册会计师审计的，注册会计师及其所在的会计师事务所出具的审计报告应当随同财务会计报告一并提供。

国有企业、国有控股的或者占主导地位的企业，应当至少每年一次向本企业的职工代表大会公布财务会计报告，并重点说明下列事项：①反映与职工利益密切相关的信息，包括管理费用的构成情况，企业管理人员工资、福利和职工工资、福利费用的发放、使用和结余情况，公益金的提取及使用情况，利润分配的情况以及其他与职工利益相关的信息；②内部审计发现的问题及纠正情况；③注册会计师审计的情况；④国家审计机关发现的问题及纠正情况；⑤重大的投资、融资和资产处置决策及其原因的说明；⑥需要说明的其他重要事项。

接受企业财务会计报告的组织或者个人，在企业财务会计报告未正式对外披露前，应当对其内容保密。

2017年、1999年版本《会计法》第二十条第二款规定："财务会计报告由会计报表、会计报表附注和财务情况说明书组成。向不同的会计资料使用者提供的财务会计报告，其编制依据应当一致。有关法律、行政法规规定会计报表、会计报表附注和财务情况说明书须经注册会计师审计的，注册会计师及其所在的会计师事务所出具的审计报告应当随同财务会计报告一并提供。"2024年版本《会计法》删除了财务会计报告的组成内容，这属于具体操作环节的内容，可以不放在《会计法》中，由其他规范性文件予以规定即可。对于需要经注册会计师审计的对象，也由"会计报表、会计报表附注和财务情况说明书"修改为"财务会计报告"，这一修改一是因为前面删除了财务会计报告的组成内容，二是表述更加简洁，三是其他法律、行政法规通常也是要求财务会计报告须经注册会计师审计，修改后的表述与其他法律法规的表述也保持了一致。

（三）相关条文

《中华人民共和国注册会计师法》（2014年8月31日）

第一章　总　　则

第一条　为了发挥注册会计师在社会经济活动中的鉴证和服务作用，加强对注册会计师的管理，维护社会公共利益和投资者的合法权益，促进社会主义市场经济的健康发展，制定本法。

第二条　注册会计师是依法取得注册会计师证书并接受委托从事审计和会计咨询、会计服务业务的执业人员。

第三条　会计师事务所是依法设立并承办注册会计师业务的机构。

注册会计师执行业务，应当加入会计师事务所。

第四条　注册会计师协会是由注册会计师组成的社会团体。中国注册会计师协会是注册会计师的全国组织，省、自治区、直辖市注册会计师协会是注册会计师的地方组织。

第五条 国务院财政部门和省、自治区、直辖市人民政府财政部门,依法对注册会计师、会计师事务所和注册会计师协会进行监督、指导。

第六条 注册会计师和会计师事务所执行业务,必须遵守法律、行政法规。

注册会计师和会计师事务所依法独立、公正执行业务,受法律保护。

第二章 考试和注册

第七条 国家实行注册会计师全国统一考试制度。注册会计师全国统一考试办法,由国务院财政部门制定,由中国注册会计师协会组织实施。

第八条 具有高等专科以上学校毕业的学历,或者具有会计或者相关专业中级以上技术职称的中国公民,可以申请参加注册会计师全国统一考试;具有会计或者相关专业高级技术职称的人员,可以免予部分科目的考试。

第九条 参加注册会计师全国统一考试成绩合格,并从事审计业务工作二年以上的,可以向省、自治区、直辖市注册会计师协会申请注册。

除有本法第十条所列情形外,受理申请的注册会计师协会应当准予注册。

第十条 有下列情形之一的,受理申请的注册会计师协会不予注册:

(一)不具有完全民事行为能力的;

(二)因受刑事处罚,自刑罚执行完毕之日起至申请注册之日止不满五年的;

(三)因在财务、会计、审计、企业管理或者其他经济管理工作中犯有严重错误受行政处罚、撤职以上处分,自处罚、处分决定之日起至申请注册之日止不满二年的;

(四)受吊销注册会计师证书的处罚,自处罚决定之日起至申请注册之日止不满五年的;

(五)国务院财政部门规定的其他不予注册的情形的。

第十一条 注册会计师协会应当将准予注册的人员名单报国务院财政部门备案。国务院财政部门发现注册会计师协会的注册不符合本法规定的,应当通知有关的注册会计师协会撤销注册。

注册会计师协会依照本法第十条的规定不予注册的,应当自决定之日起十五日内书面通知申请人。申请人有异议的,可以自收到通知之日起十五日内向国务院财政部门或者省、自治区、直辖市人民政府财政部门申请复议。

第十二条 准予注册的申请人,由注册会计师协会发给国务院财政部门统一制定的注册会计师证书。

第十三条 已取得注册会计师证书的人员,除本法第十一条第一款规定的情形外,注册后有下列情形之一的,由准予注册的注册会计师协会撤销注册,收回注册会计师证书:

(一)完全丧失民事行为能力的;

(二)受刑事处罚的;

(三)因在财务、会计、审计、企业管理或者其他经济管理工作中犯有严重错误受行政处罚、撤职以上处分的；

（四）自行停止执行注册会计师业务满一年的。

被撤销注册的当事人有异议的，可以自接到撤销注册、收回注册会计师证书的通知之日起十五日内向国务院财政部门或者省、自治区、直辖市人民政府财政部门申请复议。

依照第一款规定被撤销注册的人员可以重新申请注册，但必须符合本法第九条、第十条的规定。

第三章　业务范围和规则

第十四条　注册会计师承办下列审计业务：

（一）审查企业会计报表，出具审计报告；

（二）验证企业资本，出具验资报告；

（三）办理企业合并、分立、清算事宜中的审计业务，出具有关的报告；

（四）法律、行政法规规定的其他审计业务。

注册会计师依法执行审计业务出具的报告，具有证明效力。

第十五条　注册会计师可以承办会计咨询、会计服务业务。

第十六条　注册会计师承办业务，由其所在的会计师事务所统一受理并与委托人签订委托合同。

会计师事务所对本所注册会计师依照前款规定承办的业务，承担民事责任。

第十七条　注册会计师执行业务，可以根据需要查阅委托人的有关会计资料和文件，查看委托人的业务现场和设施，要求委托人提供其他必要的协助。

第十八条　注册会计师与委托人有利害关系的，应当回避；委托人有权要求其回避。

第十九条　注册会计师对在执行业务中知悉的商业秘密，负有保密义务。

第二十条　注册会计师执行审计业务，遇有下列情形之一的，应当拒绝出具有关报告：

（一）委托人示意其作不实或者不当证明的；

（二）委托人故意不提供有关会计资料和文件的；

（三）因委托人有其他不合理要求，致使注册会计师出具的报告不能对财务会计的重要事项作出正确表述的。

第二十一条　注册会计师执行审计业务，必须按照执业准则、规则确定的工作程序出具报告。

注册会计师执行审计业务出具报告时，不得有下列行为：

（一）明知委托人对重要事项的财务会计处理与国家有关规定相抵触，而不予指明；

（二）明知委托人的财务会计处理会直接损害报告使用人或者其他利害关系人的利

益，而予以隐瞒或者作不实的报告；

（三）明知委托人的财务会计处理会导致报告使用人或者其他利害关系人产生重大误解，而不予指明；

（四）明知委托人的会计报表的重要事项有其他不实的内容，而不予指明。

对委托人有前款所列行为，注册会计师按照执业准则、规则应当知道的，适用前款规定。

第二十二条　注册会计师不得有下列行为：

（一）在执行审计业务期间，在法律、行政法规规定不得买卖被审计单位的股票、债券或者不得购买被审计单位或者个人的其他财产的期限内，买卖被审计单位的股票、债券或者购买被审计单位或者个人所拥有的其他财产；

（二）索取、收受委托合同约定以外的酬金或者其他财物，或者利用执行业务之便，谋取其他不正当的利益；

（三）接受委托催收债款；

（四）允许他人以本人名义执行业务；

（五）同时在两个或者两个以上的会计师事务所执行业务；

（六）对其能力进行广告宣传以招揽业务；

（七）违反法律、行政法规的其他行为。

第四章　会计师事务所

第二十三条　会计师事务所可以由注册会计师合伙设立。

合伙设立的会计师事务所的债务，由合伙人按照出资比例或者协议的约定，以各自的财产承担责任。合伙人对会计师事务所的债务承担连带责任。

第二十四条　会计师事务所符合下列条件的，可以是负有限责任的法人：

（一）不少于三十万元的注册资本；

（二）有一定数量的专职从业人员，其中至少有五名注册会计师；

（三）国务院财政部门规定的业务范围和其他条件。

负有限责任的会计师事务所以其全部资产对其债务承担责任。

第二十五条　设立会计师事务所，由省、自治区、直辖市人民政府财政部门批准。

申请设立会计师事务所，申请者应当向审批机关报送下列文件：

（一）申请书；

（二）会计师事务所的名称、组织机构和业务场所；

（三）会计师事务所章程，有合伙协议的并应报送合伙协议；

（四）注册会计师名单、简历及有关证明文件；

（五）会计师事务所主要负责人、合伙人的姓名、简历及有关证明文件；

（六）负有限责任的会计师事务所的出资证明；

（七）审批机关要求的其他文件。

第二十六条　审批机关应当自收到申请文件之日起三十日内决定批准或者不批准。

省、自治区、直辖市人民政府财政部门批准的会计师事务所，应当报国务院财政部门备案。国务院财政部门发现批准不当的，应当自收到备案报告之日起三十日内通知原审批机关重新审查。

第二十七条　会计师事务所设立分支机构，须经分支机构所在地的省、自治区、直辖市人民政府财政部门批准。

第二十八条　会计师事务所依法纳税。

会计师事务所按照国务院财政部门的规定建立职业风险基金，办理职业保险。

第二十九条　会计师事务所受理业务，不受行政区域、行业的限制；但是，法律、行政法规另有规定的除外。

第三十条　委托人委托会计师事务所办理业务，任何单位和个人不得干预。

第三十一条　本法第十八条至第二十一条的规定，适用于会计师事务所。

第三十二条　会计师事务所不得有本法第二十二条第（一）项至第（四）项、第（六）项、第（七）项所列的行为。

第五章　注册会计师协会

第三十三条　注册会计师应当加入注册会计师协会。

第三十四条　中国注册会计师协会的章程由全国会员代表大会制定，并报国务院财政部门备案；省、自治区、直辖市注册会计师协会的章程由省、自治区、直辖市会员代表大会制定，并报省、自治区、直辖市人民政府财政部门备案。

第三十五条　中国注册会计师协会依法拟订注册会计师执业准则、规则，报国务院财政部门批准后施行。

第三十六条　注册会计师协会应当支持注册会计师依法执行业务，维护其合法权益，向有关方面反映其意见和建议。

第三十七条　注册会计师协会应当对注册会计师的任职资格和执业情况进行年度检查。

第三十八条　注册会计师协会依法取得社会团体法人资格。

第六章　法　律　责　任

第三十九条　会计师事务所违反本法第二十条、第二十一条规定的，由省级以上人民政府财政部门给予警告，没收违法所得，可以并处违法所得一倍以上五倍以下的罚款；情节严重的，并可以由省级以上人民政府财政部门暂停其经营业务或者予以撤销。

注册会计师违反本法第二十条、第二十一条规定的，由省级以上人民政府财政部门给予警告；情节严重的，可以由省级以上人民政府财政部门暂停其执行业务或者吊销注册会计师证书。

会计师事务所、注册会计师违反本法第二十条、第二十一条的规定，故意出具虚假的审计报告、验资报告，构成犯罪的，依法追究刑事责任。

第四十条 对未经批准承办本法第十四条规定的注册会计师业务的单位，由省级以上人民政府财政部门责令其停止违法活动，没收违法所得，可以并处违法所得一倍以上五倍以下的罚款。

第四十一条 当事人对行政处罚决定不服的，可以在接到处罚通知之日起十五日内向作出处罚决定的机关的上一级机关申请复议；当事人也可以在接到处罚决定通知之日起十五日内直接向人民法院起诉。

复议机关应当在接到复议申请之日起六十日内作出复议决定。当事人对复议决定不服的，可以在接到复议决定之日起十五日内向人民法院起诉。复议机关逾期不作出复议决定的，当事人可以在复议期满之日起十五日内向人民法院起诉。

当事人逾期不申请复议，也不向人民法院起诉，又不履行处罚决定的，作出处罚决定的机关可以申请人民法院强制执行。

第四十二条 会计师事务所违反本法规定，给委托人、其他利害关系人造成损失的，应当依法承担赔偿责任。

第七章 附 则

第四十三条 在审计事务所工作的注册审计师，经认定为具有注册会计师资格的，可以执行本法规定的业务，其资格认定和对其监督、指导、管理的办法由国务院另行规定。

第四十四条 外国人申请参加中国注册会计师全国统一考试和注册，按照互惠原则办理。

外国会计师事务所需要在中国境内临时办理有关业务的，须经有关的省、自治区、直辖市人民政府财政部门批准。

第四十五条 国务院可以根据本法制定实施条例。

第四十六条 本法自 1994 年 1 月 1 日起施行。1986 年 7 月 3 日国务院发布的《中华人民共和国注册会计师条例》同时废止。

《企业财务会计报告条例》(2000 年 6 月 21 日)

第一章 总 则

第一条 为了规范企业财务会计报告，保证财务会计报告的真实、完整，根据《中华人民共和国会计法》，制定本条例。

第二条 企业（包括公司，下同）编制和对外提供财务会计报告，应当遵守本条例。

本条例所称财务会计报告，是指企业对外提供的反映企业某一特定日期财务状况和某一会计期间经营成果、现金流量的文件。

第三条 企业不得编制和对外提供虚假的或者隐瞒重要事实的财务会计报告。

企业负责人对本企业财务会计报告的真实性、完整性负责。

第四条 任何组织或者个人不得授意、指使、强令企业编制和对外提供虚假的或者隐瞒重要事实的财务会计报告。

第五条 注册会计师、会计师事务所审计企业财务会计报告，应当依照有关法律、行政法规以及注册会计师执业规则的规定进行，并对所出具的审计报告负责。

第二章 财务会计报告的构成

第六条 财务会计报告分为年度、半年度、季度和月度财务会计报告。

第七条 年度、半年度财务会计报告应当包括：

（一）会计报表；

（二）会计报表附注；

（三）财务情况说明书。

会计报表应当包括资产负债表、利润表、现金流量表及相关附表。

第八条 季度、月度财务会计报告通常仅指会计报表，会计报表至少应当包括资产负债表和利润表。国家统一的会计制度规定季度、月度财务会计报告需要编制会计报表附注的，从其规定。

第九条 资产负债表是反映企业在某一特定日期财务状况的报表。资产负债表应当按照资产、负债和所有者权益（或者股东权益，下同）分类分项列示。其中，资产、负债和所有者权益的定义及列示应当遵循下列规定：

（一）资产，是指过去的交易、事项形成并由企业拥有或者控制的资源，该资源预期会给企业带来经济利益。在资产负债表上，资产应当按照其流动性分类分项列示，包括流动资产、长期投资、固定资产、无形资产及其他资产。银行、保险公司和非银行金融机构的各项资产有特殊性的，按照其性质分类分项列示。

（二）负债，是指过去的交易、事项形成的现时义务，履行该义务预期会导致经济利益流出企业。在资产负债表上，负债应当按照其流动性分类分项列示，包括流动负债、长期负债等。银行、保险公司和非银行金融机构的各项负债有特殊性的，按照其性质分类分项列示。

（三）所有者权益，是指所有者在企业资产中享有的经济利益，其金额为资产减去负债后的余额。在资产负债表上，所有者权益应当按照实收资本（或者股本）、资本公积、盈余公积、未分配利润等项目分项列示。

第十条 利润表是反映企业在一定会计期间经营成果的报表。利润表应当按照各项收入、费用以及构成利润的各个项目分类分项列示。其中，收入、费用和利润的定义及列示应当遵循下列规定：

（一）收入，是指企业在销售商品、提供劳务及让渡资产使用权等日常活动中所形成的经济利益的总流入。收入不包括为第三方或者客户代收的款项。在利润表上，收入应当按照其重要性分项列示。

（二）费用，是指企业为销售商品、提供劳务等日常活动所发生的经济利益的流出。在利润表上，费用应当按照其性质分项列示。

（三）利润，是指企业在一定会计期间的经营成果。在利润表上，利润应当按照营业利润、利润总额和净利润等利润的构成分类分项列示。

第十一条　现金流量表是反映企业一定会计期间现金和现金等价物（以下简称现金）流入和流出的报表。现金流量表应当按照经营活动、投资活动和筹资活动的现金流量分类分项列示。其中，经营活动、投资活动和筹资活动的定义及列示应当遵循下列规定：

（一）经营活动，是指企业投资活动和筹资活动以外的所有交易和事项。在现金流量表上，经营活动的现金流量应当按照其经营活动的现金流入和流出的性质分项列示；银行、保险公司和非银行金融机构的经营活动按照其经营活动特点分项列示。

（二）投资活动，是指企业长期资产的购建和不包括在现金等价物范围内的投资及其处置活动。在现金流量表上，投资活动的现金流量应当按照其投资活动的现金流入和流出的性质分项列示。

（三）筹资活动，是指导致企业资本及债务规模和构成发生变化的活动。在现金流量表上，筹资活动的现金流量应当按照其筹资活动的现金流入和流出的性质分项列示。

第十二条　相关附表是反映企业财务状况、经营成果和现金流量的补充报表，主要包括利润分配表以及国家统一的会计制度规定的其他附表。

利润分配表是反映企业一定会计期间对实现净利润以及以前年度未分配利润的分配或者亏损弥补的报表。利润分配表应当按照利润分配各个项目分类分项列示。

第十三条　年度、半年度会计报表至少应当反映两个年度或者相关两个期间的比较数据。

第十四条　会计报表附注是为便于会计报表使用者理解会计报表的内容而对会计报表的编制基础、编制依据、编制原则和方法及主要项目等所作的解释。会计报表附注至少应当包括下列内容：

（一）不符合基本会计假设的说明；

（二）重要会计政策和会计估计及其变更情况、变更原因及其对财务状况和经营成果的影响；

（三）或有事项和资产负债表日后事项的说明；

（四）关联方关系及其交易的说明；

（五）重要资产转让及其出售情况；

（六）企业合并、分立；

（七）重大投资、融资活动；

（八）会计报表中重要项目的明细资料；

（九）有助于理解和分析会计报表需要说明的其他事项。

第十五条　财务情况说明书至少应当对下列情况作出说明：

（一）企业生产经营的基本情况；

（二）利润实现和分配情况；

（三）资金增减和周转情况；

（四）对企业财务状况、经营成果和现金流量有重大影响的其他事项。

第三章 财务会计报告的编制

第十六条 企业应当于年度终了编报年度财务会计报告。国家统一的会计制度规定企业应当编报半年度、季度和月度财务会计报告的，从其规定。

第十七条 企业编制财务会计报告，应当根据真实的交易、事项以及完整、准确的账簿记录等资料，并按照国家统一的会计制度规定的编制基础、编制依据、编制原则和方法。

企业不得违反本条例和国家统一的会计制度规定，随意改变财务会计报告的编制基础、编制依据、编制原则和方法。

任何组织或者个人不得授意、指使、强令企业违反本条例和国家统一的会计制度规定，改变财务会计报告的编制基础、编制依据、编制原则和方法。

第十八条 企业应当依照本条例和国家统一的会计制度规定，对会计报表中各项会计要素进行合理的确认和计量，不得随意改变会计要素的确认和计量标准。

第十九条 企业应当依照有关法律、行政法规和本条例规定的结账日进行结账，不得提前或者延迟。年度结账日为公历年度每年的 12 月 31 日；半年度、季度、月度结账日分别为公历年度每半年、每季、每月的最后一天。

第二十条 企业在编制年度财务会计报告前，应当按照下列规定，全面清查资产、核实债务：

（一）结算款项，包括应收款项、应付款项、应交税金等是否存在，与债务、债权单位的相应债务、债权金额是否一致；

（二）原材料、在产品、自制半成品、库存商品等各项存货的实存数量与账面数量是否一致，是否有报废损失和积压物资等；

（三）各项投资是否存在，投资收益是否按照国家统一的会计制度规定进行确认和计量；

（四）房屋建筑物、机器设备、运输工具等各项固定资产的实存数量与账面数量是否一致；

（五）在建工程的实际发生额与账面记录是否一致；

（六）需要清查、核实的其他内容。

企业通过前款规定的清查、核实，查明财产物资的实存数量与账面数量是否一致、各项结算款项的拖欠情况及其原因、材料物资的实际储备情况、各项投资是否达到预期目的、固定资产的使用情况及其完好程度等。企业清查、核实后，应当将清查、核实的结果及其处理办法向企业的董事会或者相应机构报告，并根据国家统一的会计制度的规定进行相应的会计处理。

企业应当在年度中间根据具体情况，对各项财产物资和结算款项进行重点抽查、轮流清查或者定期清查。

第二十一条　企业在编制财务会计报告前，除应当全面清查资产、核实债务外，还应当完成下列工作：

（一）核对各会计账簿记录与会计凭证的内容、金额等是否一致，记账方向是否相符；

（二）依照本条例规定的结账日进行结账，结出有关会计账簿的余额和发生额，并核对各会计账簿之间的余额；

（三）检查相关的会计核算是否按照国家统一的会计制度的规定进行；

（四）对于国家统一的会计制度没有规定统一核算方法的交易、事项，检查其是否按照会计核算的一般原则进行确认和计量以及相关账务处理是否合理；

（五）检查是否存在因会计差错、会计政策变更等原因需要调整前期或者本期相关项目。

在前款规定工作中发现问题的，应当按照国家统一的会计制度的规定进行处理。

第二十二条　企业编制年度和半年度财务会计报告时，对经查实后的资产、负债有变动的，应当按照资产、负债的确认和计量标准进行确认和计量，并按照国家统一的会计制度的规定进行相应的会计处理。

第二十三条　企业应当按照国家统一的会计制度规定的会计报表格式和内容，根据登记完整、核对无误的会计账簿记录和其他有关资料编制会计报表，做到内容完整、数字真实、计算准确，不得漏报或者任意取舍。

第二十四条　会计报表之间、会计报表各项目之间，凡有对应关系的数字，应当相互一致；会计报表中本期与上期的有关数字应当相互衔接。

第二十五条　会计报表附注和财务情况说明书应当按照本条例和国家统一的会计制度的规定，对会计报表中需要说明的事项作出真实、完整、清楚的说明。

第二十六条　企业发生合并、分立情形的，应当按照国家统一的会计制度的规定编制相应的财务会计报告。

第二十七条　企业终止营业的，应当在终止营业时按照编制年度财务会计报告的要求全面清查资产、核实债务、进行结账，并编制财务会计报告；在清算期间，应当按照国家统一的会计制度的规定编制清算期间的财务会计报告。

第二十八条　按照国家统一的会计制度的规定，需要编制合并会计报表的企业集团，母公司除编制其个别会计报表外，还应当编制企业集团的合并会计报表。

企业集团合并会计报表，是指反映企业集团整体财务状况、经营成果和现金流量的会计报表。

第四章　财务会计报告的对外提供

第二十九条　对外提供的财务会计报告反映的会计信息应当真实、完整。

第三十条　企业应当依照法律、行政法规和国家统一的会计制度有关财务会计报告提供期限的规定，及时对外提供财务会计报告。

第三十一条　企业对外提供的财务会计报告应当依次编定页数，加具封面，装订成册，加盖公章。封面上应当注明：企业名称、企业统一代码、组织形式、地址、报表所属年度或者月份、报出日期，并由企业负责人和主管会计工作的负责人、会计机构负责人（会计主管人员）签名并盖章；设置总会计师的企业，还应当由总会计师签名并盖章。

第三十二条　企业应当依照企业章程的规定，向投资者提供财务会计报告。

国务院派出监事会的国有重点大型企业、国有重点金融机构和省、自治区、直辖市人民政府派出监事会的国有企业，应当依法定期向监事会提供财务会计报告。

第三十三条　有关部门或者机构依照法律、行政法规或者国务院的规定，要求企业提供部分或者全部财务会计报告及其有关数据的，应当向企业出示依据，并不得要求企业改变财务会计报告有关数据的会计口径。

第三十四条　非依照法律、行政法规或者国务院的规定，任何组织或者个人不得要求企业提供部分或者全部财务会计报告及其有关数据。

违反本条例规定，要求企业提供部分或者全部财务会计报告及其有关数据的，企业有权拒绝。

第三十五条　国有企业、国有控股的或者占主导地位的企业，应当至少每年一次向本企业的职工代表大会公布财务会计报告，并重点说明下列事项：

（一）反映与职工利益密切相关的信息，包括：管理费用的构成情况，企业管理人员工资、福利和职工工资、福利费用的发放、使用和结余情况，公益金的提取及使用情况，利润分配的情况以及其他与职工利益相关的信息；

（二）内部审计发现的问题及纠正情况；

（三）注册会计师审计的情况；

（四）国家审计机关发现的问题及纠正情况；

（五）重大的投资、融资和资产处置决策及其原因的说明；

（六）需要说明的其他重要事项。

第三十六条　企业依照本条例规定向有关各方提供的财务会计报告，其编制基础、编制依据、编制原则和方法应当一致，不得提供编制基础、编制依据、编制原则和方法不同的财务会计报告。

第三十七条　财务会计报告须经注册会计师审计的，企业应当将注册会计师及其会计师事务所出具的审计报告随同财务会计报告一并对外提供。

第三十八条　接受企业财务会计报告的组织或者个人，在企业财务会计报告未正式对外披露前，应当对其内容保密。

第五章　法律责任

第三十九条　违反本条例规定，有下列行为之一的，由县级以上人民政府财政部门责令限期改正，对企业可以处 3 000 元以上 5 万元以下的罚款；对直接负责的主管人员和其他直接责任人员，可以处 2 000 元以上 2 万元以下的罚款；属于国家工作人员的，并依法给予行政处分或者纪律处分：

（一）随意改变会计要素的确认和计量标准的；

（二）随意改变财务会计报告的编制基础、编制依据、编制原则和方法的；

（三）提前或者延迟结账日结账的；

（四）在编制年度财务会计报告前，未按照本条例规定全面清查资产、核实债务的；

（五）拒绝财政部门和其他有关部门对财务会计报告依法进行的监督检查，或者不如实提供有关情况的。

会计人员有前款所列行为之一，情节严重的，由县级以上人民政府财政部门吊销会计从业资格证书。

第四十条 企业编制、对外提供虚假的或者隐瞒重要事实的财务会计报告，构成犯罪的，依法追究刑事责任。

有前款行为，尚不构成犯罪的，由县级以上人民政府财政部门予以通报，对企业可以处 5 000 元以上 10 万元以下的罚款；对直接负责的主管人员和其他直接责任人员，可以处 3 000 元以上 5 万元以下的罚款；属于国家工作人员的，并依法给予撤职直至开除的行政处分或者纪律处分；对其中的会计人员，情节严重的，并由县级以上人民政府财政部门吊销会计从业资格证书。

第四十一条 授意、指使、强令会计机构、会计人员及其他人员编制、对外提供虚假的或者隐瞒重要事实的财务会计报告，或者隐匿、故意销毁依法应当保存的财务会计报告，构成犯罪的，依法追究刑事责任；尚不构成犯罪的，可以处 5 000 元以上 5 万元以下的罚款；属于国家工作人员的，并依法给予降级、撤职、开除的行政处分或者纪律处分。

第四十二条 违反本条例的规定，要求企业向其提供部分或者全部财务会计报告及其有关数据的，由县级以上人民政府责令改正。

第四十三条 违反本条例规定，同时违反其他法律、行政法规规定的，由有关部门在各自的职权范围内依法给予处罚。

第六章 附 则

第四十四条 国务院财政部门可以根据本条例的规定，制定财务会计报告的具体编报办法。

第四十五条 不对外筹集资金、经营规模较小的企业编制和对外提供财务会计报告的办法，由国务院财政部门根据本条例的原则另行规定。

第四十六条 本条例自 2001 年 1 月 1 日起施行。

《会计基础工作规范》（2019 年 3 月 14 日）

第六十四条 各单位必须按照国家统一会计制度的规定，定期编制财务报告。

财务报告包括会计报表及其说明。会计报表包括会计报表主表、会计报表附表、会计报表附注。

第六十五条 各单位对外报送的财务报告应当根据国家统一会计制度规定的格式和要求编制。

单位内部使用的财务报告，其格式和要求由各单位自行规定。

第六十六条 会计报表应当根据登记完整、核对无误的会计账簿记录和其他有关资料编制，做到数字真实、计算准确、内容完整、说明清楚。

任何人不得篡改或者授意、指使、强令他人篡改会计报表的有关数字。

第六十七条 会计报表之间、会计报表各项目之间，凡有对应关系的数字，应当相互一致。本期会计报表与上期会计报表之间有关的数字应当相互衔接。如果不同会计年度会计报表中各项目的内容和核算方法有变更的，应当在年度会计报表中加以说明。

第七十条 根据法律和国家有关规定应当对财务报告进行审计的，财务报告编制单位应当先行委托注册会计师进行审计，并将注册会计师出具的审计报告随同财务报告按照规定的期限报送有关部门。

第七十一条 如果发现对外报送的财务报告有错误，应当及时办理更正手续。除更正本单位留存的财务报告外，并应同时通知接受财务报告的单位更正。错误较多的，应当重新编报。

《**注册会计师全国统一考试办法**》（2024年1月12日）

第一条 为规范注册会计师全国统一考试工作，根据《中华人民共和国注册会计师法》，制定本办法。

第二条 财政部成立注册会计师考试委员会（以下简称财政部考委会），组织领导注册会计师全国统一考试工作。财政部考委会设立注册会计师考试委员会办公室（以下简称财政部考办），组织实施注册会计师全国统一考试工作。财政部考办设在中国注册会计师协会。

各省、自治区、直辖市财政厅（局）成立地方注册会计师考试委员会（以下简称地方考委会），组织领导本地区注册会计师全国统一考试工作。地方考委会设立地方注册会计师考试委员会办公室（以下简称地方考办），组织实施本地区注册会计师全国统一考试工作。地方考办设在各省、自治区、直辖市注册会计师协会。

第三条 财政部考委会确定考试组织工作原则，制定考试工作方针、政策，审定考试大纲，确定考试命题原则，处理考试组织工作的重大问题，指导地方考委会工作。

地方考委会贯彻、实施财政部考委会的决定，处理本地区考试组织工作的重大问题。

第四条 符合下列条件的中国公民，可以报名参加注册会计师全国统一考试：

（一）具有完全民事行为能力；

（二）具有高等专科以上学校毕业学历，或者具有会计或者相关专业中级以上技术职称。

第五条 有下列情形之一的人员，不得报名参加注册会计师全国统一考试：

（一）被吊销注册会计师证书自处罚决定之日起至报名截止日止不满5年者；

（二）参加注册会计师全国统一考试违规受到停考处理，期限未满者。

第六条 考试划分为专业阶段考试和综合阶段考试。考生在通过专业阶段考试的全部科目后，才能参加综合阶段考试。

专业阶段考试设会计、审计、财务成本管理、公司战略与风险管理、经济法、税法6个科目；综合阶段考试设职业能力综合测试1个科目。

每科目考试的具体时间，在各年度财政部考委会发布的报名简章中明确。

考试范围在各年度财政部考委会发布的考试大纲中确定。

第七条 考试为闭卷，采用计算机化考试方式或者纸笔考试方式。

第八条 报名参加考试的人员报名时需要交纳考试报名费。报名费标准按各省、自治区、直辖市价格主管部门、财政部门制定的相关规定执行。

第九条 报名的具体时间在各年度财政部考委会发布的报名简章中规定，地方考委会应当据此确定本地区具体报名日期，并向社会公告。

第十条 报名人员可以在一次考试中同时报考专业阶段考试6个科目，也可以选择报考部分科目。

第十一条 具有会计或者相关专业高级技术职称的人员，可以申请免予专业阶段考试1个专长科目的考试。

第十二条 应考人员答卷由财政部考办集中组织评阅，考试成绩由财政部考委会负责认定，由财政部考办发布。

每科考试均实行百分制，60分为成绩合格分数线。

考生对考试成绩有异议的，可向报名地的地方考办提出成绩复核申请，由财政部考办统一组织成绩复核。复核后的成绩为最终成绩。

第十三条 专业阶段考试的单科考试合格成绩5年内有效。对在连续5个年度考试中取得专业阶段考试全部科目考试合格成绩的考生，财政部考委会颁发注册会计师全国统一考试专业阶段考试合格证书。

对取得综合阶段考试科目考试合格成绩的考生，财政部考委会颁发注册会计师全国统一考试全科考试合格证书。

注册会计师全国统一考试专业阶段考试合格证书由考生向参加专业阶段考试最后一科考试所在地的地方考办领取。注册会计师全国统一考试全科考试合格证书由考生向参加职业能力综合测试科目考试所在地的地方考办领取。

第十四条 参加注册会计师全国统一考试的人员及组织考试相关人员，必须遵守注册会计师全国统一考试的相关规则、守则等，违者按照《注册会计师全国统一考试违规行为处理办法》予以处理。

第十五条　注册会计师全国统一考试启用前的试题、参考答案和评分标准按照国家秘密管理。

命审题工作及参与人员的有关情况、试题试卷命制工作方案、题库、案例库，注册会计师全国统一考试启用后的试题、参考答案、评分标准，评卷人信息，经评阅的考生答卷，未公布的应考人员考试成绩及其他有关情况和数据等，按照工作秘密管理。

第十六条　香港特别行政区、澳门特别行政区、台湾地区居民及外国人参加注册会计师全国统一考试办法，由财政部另行规定。

第十七条　本办法自公布之日起施行。2001年8月1日财政部发布的《注册会计师全国统一考试办法》（财会〔2001〕1053号）同时废止。

本办法公布前，已经参加注册会计师全国统一考试并取得2005年度至2008年度任一考试科目合格成绩的考生，以及已经获准免试或者豁免注册会计师全国统一考试部分考试科目的考生，参加2009年注册会计师全国统一考试的办法，由财政部另行规定。

《注册会计师注册办法》（2019年3月15日）

第一条　为了规范注册会计师注册工作，根据《中华人民共和国注册会计师法》及相关法律，制定本办法。

第二条　申请注册成为注册会计师适用本办法。

第三条　省、自治区、直辖市注册会计师协会（以下简称"省级注册会计师协会"）负责本地区注册会计师的注册及相关管理工作。中国注册会计师协会对省级注册会计师协会的注册管理工作进行指导。

注册会计师依法执行业务，应当取得财政部统一制定的中华人民共和国注册会计师证书（以下简称"注册会计师证书"）。

第四条　具备下列条件之一，并在中国境内从事审计业务工作2年以上者，可以向省级注册会计师协会申请注册：

（一）参加注册会计师全国统一考试成绩合格；

（二）经依法认定或者考核具有注册会计师资格。

第五条　申请人有下列情形之一的，不予注册：

（一）不具有完全民事行为能力的；

（二）因受刑事处罚，自刑罚执行完毕之日起至申请注册之日止不满5年的；

（三）因在财务、会计、审计、企业管理或者其他经济管理工作中犯有严重错误受行政处罚、撤职以上处分，自处罚、处分决定生效之日起至申请注册之日止不满2年的；

（四）受吊销注册会计师证书的处罚，自处罚决定生效之日起至申请注册之日止不满5年的；

（五）因以欺骗、贿赂等不正当手段取得注册会计师证书而被撤销注册，自撤销注册决定生效之日起至申请注册之日止不满3年的；

（六）不在会计师事务所专职执业的；

（七）年龄超过70周岁的。

第六条　申请人申请注册，应当通过其所在的会计师事务所，向会计师事务所所在地的省级注册会计师协会提交注册会计师注册申请表（附表1）：

（一）申请人基本情况；

（二）申请人出具的符合注册条件的承诺；

（三）申请人所在会计师事务所出具的申请人在该会计师事务所专职从业的承诺。

申请人为香港、澳门特别行政区和台湾地区居民的，应当提交港澳台居民居住证信息或者港澳台居民出入境证件信息。

申请人为外国人的，应当同时提交护照和签证信息以及《外国人工作许可证》信息。

第七条　申请人和所在的会计师事务所应当分别对申请材料内容的真实性负责。

第八条　省级注册会计师协会应当在受理申请的办公场所将申请注册应当提交的材料目录及要求、准予注册的程序及期限，以及不予注册的情形予以公示。

第九条　省级注册会计师协会收到申请人提交的申请材料后，应当对其进行形式审查。

申请材料不齐全或者不符合法定形式的，应当当场或者在5个工作日内一次告知需要补正的材料及内容。

申请材料齐全、符合法定形式的，应当受理其注册申请。

第十条　省级注册会计师协会受理或者不予受理注册申请，应当向申请人出具加盖本单位专用印章和注明日期的书面凭证。

第十一条　省级注册会计师协会应当对申请材料的内容进行审查，并自受理注册申请之日起20个工作日内作出准予或者不予注册的决定。20个工作日内不能作出决定的，经省级注册会计师协会负责人批准，可以延长10个工作日，并应当将延长期限的理由告知申请人。

第十二条　省级注册会计师协会作出准予注册决定的，应当自作出决定之日起10个工作日内向申请人颁发注册会计师证书。

省级注册会计师协会应当自作出准予注册决定之日起20个工作日内，将准予注册的决定和注册会计师注册备案表（附表2）报送财政部、中国注册会计师协会备案，抄报所在地的省、自治区、直辖市人民政府财政部门（以下简称"省级财政部门"）并将准予注册人员的名单在全国性报刊或者相关网站上予以公告。

第十三条　省级注册会计师协会作出不予注册决定的，应当自作出决定之日起15个工作日内书面通知申请人。书面通知中应当说明不予注册的理由，并告知申请人享有依法申请行政复议或者提起行政诉讼的权利。

第十四条　财政部依法对省级注册会计师协会的注册工作进行检查，发现注册不符合本办法规定的，应当通知省级注册会计师协会撤销注册。

第十五条　中国注册会计师协会和省级注册会计师协会应当对注册会计师的任职资格和执业情况进行监督检查，必要时可以进行实地检查。

第十六条　注册会计师有下列情形之一的，由所在地的省级注册会计师协会撤销注册，收回注册会计师证书：

（一）完全丧失民事行为能力的；

（二）受刑事处罚的；

（三）自行停止执行注册会计师业务满1年的；

（四）以欺骗、贿赂等不正当手段取得注册会计师证书的。

对因前款第（四）项被撤销注册、收回注册会计师证书的人员，由省级财政部门给予警告，并向社会公告。

第十七条　申请人及其所在会计师事务所出具虚假申请材料的，由省级财政部门对申请人、会计师事务所首席合伙人（主任会计师）给予警告，并向社会公告。

第十八条　省级注册会计师协会工作人员滥用职权、玩忽职守准予注册的，或者对不具备申请资格或不符合法定条件的申请人准予注册的，由省级注册会计师协会撤销注册，收回注册会计师证书。

第十九条　被撤销注册的人员可以重新申请注册，但必须符合本办法第四条规定条件，并且没有本办法第五条规定所列情形。

第二十条　注册会计师有下列情形之一的，由所在地的省级注册会计师协会注销注册：

（一）依法被撤销注册，或者吊销注册会计师证书的；

（二）不在会计师事务所专职执业的。

第二十一条　省级注册会计师协会应当将注销注册的决定抄报财政部和所在地的省级财政部门、中国注册会计师协会，并自作出决定之日起10个工作日内将注销注册人员的名单在全国性报刊或者相关网站上予以公告。

第二十二条　注册会计师违反《中华人民共和国注册会计师法》第二十条、第二十一条规定，由财政部或者所在地的省级财政部门给予警告；情节严重的，可以由财政部或者所在地的省级财政部门暂停其执行业务或者吊销注册会计师证书。

财政部和省级财政部门应当按照《中华人民共和国行政处罚法》及有关规定实施行政处罚，并将行政处罚决定抄送中国注册会计师协会和注册会计师所在地的省级注册会计师协会。

第二十三条　受到行政处罚，或者被撤销注册或注销注册的当事人有异议的，可以依法申请行政复议或者提起行政诉讼。

第二十四条　各省级注册会计师协会及其工作人员在开展注册会计师注册工作

中，存在违反本办法规定的行为，以及其他滥用职权、玩忽职守、徇私舞弊等违法违纪行为的，依照《中华人民共和国注册会计师法》《中华人民共和国行政许可法》《中华人民共和国监察法》《财政违法行为处罚处分条例》等国家有关规定追究相应责任；涉嫌犯罪的，依法移送司法机关处理

第二十五条　香港、澳门特别行政区和台湾地区居民以及按照互惠原则确认的外国人申请注册，依照本办法办理。

第二十六条　本办法自 2005 年 3 月 1 日起施行。

自本办法施行之日起，《注册会计师注册审批暂行办法》（〔93〕财会协字第 122 号）、《外籍中国注册会计师注册审批暂行办法》（财协字〔1998〕9 号）、《〈外籍中国注册会计师注册审批暂行办法〉的补充规定》（财会〔2003〕34 号）同时废止。

十三、第二十一条

（一）法条原文

【2024 年、2017 年、1999 年版本】

第二十一条　财务会计报告应当由单位负责人和主管会计工作的负责人、会计机构负责人（会计主管人员）签名并盖章；设置总会计师的单位，还须由总会计师签名并盖章。

单位负责人应当保证财务会计报告真实、完整。

【1993 年版本】

第十四条　各单位按照国家统一的会计制度的规定，根据帐簿记录编制会计报表，报送财政部门和有关部门。

会计报表由单位领导人和会计机构负责人、会计主管人员签名或者盖章。设置总会计师的单位并由总会计师签名或者盖章。

【1985 年版本】

第十四条　各单位按照国家统一的会计制度的规定，根据帐簿记录编制会计报表上报，经上级主管单位汇总后，报送财政部门和有关部门。

会计报表由单位行政领导人和会计机构负责人、会计主管人员签名或者盖章。设置总会计师的单位并由总会计师签名或者盖章。

（二）法条释义

本条规定了财务会计报告的签章及责任人。

对外报送的财务会计报告，应当依次编写页码，加具封面，装订成册，加盖公

章。封面上应当注明单位名称、单位地址、财务报告所属年度、季度、月度、送出日期；财务会计报告应当由单位负责人和主管会计工作的负责人、会计机构负责人（会计主管人员）签名并盖章；设置总会计师的单位，还须由总会计师签名并盖章。

单位负责人是财务会计报告的第一责任人，应当保证财务会计报告真实、完整。单位负责人通常是该单位的最高行政领导人（俗称"单位一把手"）、法定代表人、董事长等。在上述人员因特殊原因空缺或者无法履职时，实际履行相应职责的人员也属于单位负责人。

（三）相关条文

《中华人民共和国税收征收管理法实施细则》（2016年2月6日）

第二十九条　账簿、记账凭证、报表、完税凭证、发票、出口凭证以及其他有关涉税资料应当合法、真实、完整。

账簿、记账凭证、报表、完税凭证、发票、出口凭证以及其他有关涉税资料应当保存10年；但是，法律、行政法规另有规定的除外。

《会计基础工作规范》（2019年3月14日）

第六十九条　各单位应当按照国家规定的期限对外报送财务报告。

对外报送的财务报告，应当依次编写页码，加具封面，装订成册，加盖公章。封面上应当注明：单位名称、单位地址、财务报告所属年度、季度、月度、送出日期，并由单位领导人、总会计师、会计机构负责人、会计主管人员签名或者盖章。

单位领导人对财务报告的合法性、真实性负法律责任。

十四、第二十二条

（一）法条原文

【2024年、2017年、1999年版本】

第二十二条　会计记录的文字应当使用中文。在民族自治地方，会计记录可以同时使用当地通用的一种民族文字。在中华人民共和国境内的外商投资企业、外国企业和其他外国组织的会计记录可以同时使用一种外国文字。

（二）法条释义

本条规定了会计记录文字。

会计记录文字是指在进行会计核算时，为记载经济业务发生情况和辅助说明会计数字所体现的经济内涵而使用的文字。中文是中国的法定通用文字，因此，会计记录的文字应当使用中文,不能使用英语、日语、法语等其他文字。

在民族自治地方,考虑到自治民族的利益以及相关便利,会计记录可以同时使用当地通用的一种民族文字。注意,是同时使用,也就是说,在使用当地通用的一种民族文字的同时,还应当使用中文。这一要求主要是考虑到便利其他地方的人员使用民族自治地方单位的财务会计报告。当然,在民族自治地方,也允许仅仅使用中文进行会计核算。

民族自治地方,是指在一个或多个少数民族聚居的地方,依法实行民族区域自治的行政区域。根据宪法和法律规定,我国的民族自治地方分为自治区、自治州、自治县(自治旗)三级。目前我国有五个自治区:内蒙古自治区、新疆维吾尔自治区成立、广西壮族自治区、宁夏回族自治区、西藏自治区。截至2020年底,我国共建立了155个民族自治地方,即5个自治区、30个自治州、120个自治县(旗),此外还设立有1 173个民族乡、1个民族苏木(民族乡、民族苏木不属于民族自治地方)。55个少数民族中,有44个建立了自治地方,实行民族区域自治的少数民族人口占少数民族总人口的71%,民族自治地方面积约占我国全境面积的64%。

为方便涉外企业的会计记录,法律允许在中华人民共和国境内的外商投资企业、外国企业和其他外国组织的会计记录在使用中文的同时使用一种外国文字。实际上就是允许中外人同时进行会计记录,既方便外国投资者使用财务会计报告,也方便中国投资者和监督机关使用或检查财务会计报告。

(三)相关条文

《中华人民共和国税收征收管理法实施细则》(2016年2月6日)

第二十七条 账簿、会计凭证和报表,应当使用中文。民族自治地方可以同时使用当地通用的一种民族文字。外商投资企业和外国企业可以同时使用一种外国文字。

《会计基础工作规范》(2019年3月14日)

第四十六条 会计记录的文字应当使用中文,少数民族自治地区可以同时使用少数民族文字。中国境内的外商投资企业、外国企业和其他外国经济组织也可以同时使用某种外国文字。

十五、第二十三条

(一)法条原文

【2024年版本】

第二十三条 各单位对会计凭证、会计账簿、财务会计报告和其他会计资料应当建立档案，妥善保管。会计档案的保管期限、销毁、安全保护等具体管理办法，由国务院财政部门会同有关部门制定。

【2017年、1999年版本】

第二十三条　各单位对会计凭证、会计帐簿、财务会计报告和其他会计资料应当建立档案，妥善保管。会计档案的保管期限和销毁办法，由国务院财政部门会同有关部门制定。

【1993年、1985年版本】

第十五条　会计凭证、会计帐簿、会计报表和其他会计资料，应当按照国家有关规定建立档案，妥善保管。会计档案的保管期限和销毁办法，由国务院财政部门会同有关部门制定。

（二）法条释义

本条规定了会计档案的保管。

会计档案是指单位在进行会计核算等过程中接收或形成的，记录和反映单位经济业务事项的，具有保存价值的文字、图表等各种形式的会计资料，包括通过计算机等电子设备形成、传输和存储的电子会计档案。各单位的预算、计划、制度等文件材料属于文书档案，不属于会计档案。

会计档案是记录和反映经济业务事项的重要史料和证据。单位应当加强会计档案管理工作，建立和完善会计档案的收集、整理、保管、利用和鉴定销毁等管理制度，采取可靠的安全防护技术和措施，保证会计档案的真实、完整、可用、安全。

下列会计资料应当进行归档：

（1）会计凭证，包括原始凭证、记账凭证。

（2）会计账簿，包括总账、明细账、日记账、固定资产卡片及其他辅助性账簿。

（3）财务会计报告，包括月度、季度、半年度财务会计报告和年度财务会计报告。

（4）其他会计资料，包括银行存款余额调节表、银行对账单、纳税申报表、会计档案移交清册、会计档案保管清册、会计档案销毁清册、会计档案鉴定意见书及其他具有保存价值的会计资料。

会计档案保管期限分为永久、定期两类。会计档案的保管期限是从会计年度终了后的第一天算起。永久，是指会计档案须永久保存；定期，是指会计档案保存应达到法定的时间，定期保管期限一般分为10年和30年。《会计档案管理办法》规定的会计档案保管期限为最低保管期限。单位会计档案的具体名称如有与《会计档案管理办法》附表所列档案名称不相符的，应当比照类似档案的保管期限办理。

单位应当定期对已到保管期限的会计档案进行鉴定，并形成会计档案鉴定意见书。经鉴定，仍需继续保存的会计档案，应当重新划定保管期限；对保管期满，确无保存价值的会计档案，可以销毁。会计档案鉴定工作应当由单位档案管理机构牵头，组织单位会计、审计、纪检监察等机构或人员共同进行。

经鉴定可以销毁的会计档案,销毁的基本程序和要求是:

(1)单位档案管理机构编制会计档案销毁清册,列明拟销毁会计档案的名称、卷号、册数、起止年度、档案编号、应保管期限、已保管期限和销毁时间等内容。

(2)单位负责人、档案管理机构负责人、会计管理机构负责人、档案管理机构经办人、会计管理机构经办人在会计档案销毁清册上签署意见。

(3)单位档案管理机构负责组织会计档案销毁工作,并与会计管理机构共同派员监销。监销人在会计档案销毁前应当按照会计档案销毁清册所列内容进行清点核对;在会计档案销毁后,应当在会计档案销毁清册上签名或盖章。电子会计档案的销毁还应当符合国家有关电子档案的规定,并由单位档案管理机构、会计管理机构和信息系统管理机构共同派员监销。

保管期满但未结清的债权债务会计凭证和涉及其他未了事项的会计凭证不得销毁,纸质会计档案应当单独抽出立卷,电子会计档案单独转存,保管到未了事项完结时为止。单独抽出立卷或转存的会计档案,应当在会计档案鉴定意见书、会计档案销毁清册和会计档案保管清册中列明。

2017年、1999年版本《会计法》第二十三条规定:"各单位对会计凭证、会计账簿、财务会计报告和其他会计资料应当建立档案,妥善保管。会计档案的保管期限和销毁办法,由国务院财政部门会同有关部门制定。"2024年版本《会计法》将"会计档案的保管期限和销毁办法"修改为"会计档案的保管期限、销毁、安全保护等具体管理办法",增加了对会计档案安全保护方面的要求。

2015年12月11日,财政部和国家档案局联合发布了《会计档案管理办法》,其中已经提出了会计档案的安全保护,如第五条规定:单位应当加强会计档案管理工作,建立和完善会计档案的收集、整理、保管、利用和鉴定销毁等管理制度,采取可靠的安全防护技术和措施,保证会计档案的真实、完整、可用、安全。《会计法》修改后,《会计档案管理办法》也会作相应修改,增加对安全保护方面的要求与措施。

(三)相关条文

《中华人民共和国保险法》(2015年4月24日)

第八十七条 保险公司应当按照国务院保险监督管理机构的规定妥善保管业务经营活动的完整账簿、原始凭证和有关资料。

前款规定的账簿、原始凭证和有关资料的保管期限,自保险合同终止之日起计算,保险期间在一年以下的不得少于五年,保险期间超过一年的不得少于十年。

《中华人民共和国拍卖法》(2015年4月24日)

第五十四条 拍卖人应当妥善保管有关业务经营活动的完整账簿、拍卖笔录和其他有关资料。

前款规定的账簿、拍卖笔录和其他有关资料的保管期限，自委托拍卖合同终止之日起计算，不得少于五年。

《中华人民共和国企业破产法》（2006年8月27日）

第十五条 自人民法院受理破产申请的裁定送达债务人之日起至破产程序终结之日，债务人的有关人员承担下列义务：

（一）妥善保管其占有和管理的财产、印章和账簿、文书等资料；

（二）根据人民法院、管理人的要求进行工作，并如实回答询问；

（三）列席债权人会议并如实回答债权人的询问；

（四）未经人民法院许可，不得离开住所地；

（五）不得新任其他企业的董事、监事、高级管理人员。

前款所称有关人员，是指企业的法定代表人；经人民法院决定，可以包括企业的财务管理人员和其他经营管理人员。

第二十五条 管理人履行下列职责：

（一）接管债务人的财产、印章和账簿、文书等资料；

（二）调查债务人财产状况，制作财产状况报告；

（三）决定债务人的内部管理事务；

（四）决定债务人的日常开支和其他必要开支；

（五）在第一次债权人会议召开之前，决定继续或者停止债务人的营业；

（六）管理和处分债务人的财产；

（七）代表债务人参加诉讼、仲裁或者其他法律程序；

（八）提议召开债权人会议；

（九）人民法院认为管理人应当履行的其他职责。

本法对管理人的职责另有规定的，适用其规定。

第一百二十七条 债务人违反本法规定，拒不向人民法院提交或者提交不真实的财产状况说明、债务清册、债权清册、有关财务会计报告以及职工工资的支付情况和社会保险费用的缴纳情况的，人民法院可以对直接责任人员依法处以罚款。

债务人违反本法规定，拒不向管理人移交财产、印章和账簿、文书等资料的，或者伪造、销毁有关财产证据材料而使财产状况不明的，人民法院可以对直接责任人员依法处以罚款。

《证券公司风险处置条例》（2023年7月20日）

第十一条 国务院证券监督管理机构决定对证券公司进行接管的，应当按照规定程序组织专业人员成立接管组，行使被接管证券公司的经营管理权，接管组负责人行使被接管证券公司法定代表人职权，被接管证券公司的股东会或者股东大会、董事会、监事会以及经理、副经理停止履行职责。

接管组自接管之日起履行下列职责：

（一）接管证券公司的财产、印章和账簿、文书等资料；

（二）决定证券公司的管理事务；

（三）保障证券公司证券经纪业务正常合规运行，完善内控制度；

（四）清查证券公司财产，依法保全、追收资产；

（五）控制证券公司风险，提出风险化解方案；

（六）核查证券公司有关人员的违法行为；

（七）国务院证券监督管理机构要求履行的其他职责。

接管期限一般不超过12个月。满12个月，确需继续接管的，国务院证券监督管理机构可以决定延长接管期限，但延长接管期限最长不得超过12个月。

第二十二条 行政清理期间，行政清理组负责人行使被撤销证券公司法定代表人职权。

行政清理组履行下列职责：

（一）管理证券公司的财产、印章和账簿、文书等资料；

（二）清理账户，核实资产负债有关情况，对符合国家规定的债权进行登记；

（三）协助甄别确认、收购符合国家规定的债权；

（四）协助证券投资者保护基金管理机构弥补客户的交易结算资金；

（五）按照客户自愿的原则安置客户；

（六）转让证券类资产；

（七）国务院证券监督管理机构要求履行的其他职责。

前款所称证券类资产，是指证券公司为维持证券经纪业务正常进行所必需的计算机信息管理系统、交易系统、通信网络系统、交易席位等资产。

第五十五条 被处置证券公司的董事、监事、高级管理人员以及其他有关人员应当妥善保管其使用和管理的证券公司财产、印章和账簿、文书等资料以及其他物品，按照要求向托管组、接管组、行政清理组或者管理人移交，并配合风险处置现场工作组、托管组、接管组、行政清理组的调查工作。

第六十条 被处置证券公司的董事、监事、高级管理人员等有关人员有下列情形之一的，处以其年收入1倍以上2倍以下的罚款；情节严重的，处以其年收入2倍以上5倍以下的罚款，并可以按照规定对其采取证券市场禁入的措施：

（一）拒绝配合现场工作组、托管组、接管组、行政清理组依法履行职责；

（二）拒绝向托管组、接管组、行政清理组移交财产、印章或者账簿、文书等资料；

（三）隐匿、销毁、伪造有关资料，或者故意提供虚假情况；

（四）隐匿财产，擅自转移、转让财产；

（五）妨碍证券公司正常经营管理秩序和业务运行，诱发不稳定因素；

（六）妨碍处置证券公司风险工作正常进行的其他情形。

证券公司控股股东或者实际控制人指使董事、监事、高级管理人员有前款规定的违法行为的，对控股股东、实际控制人依照前款规定从重处罚。

《中华人民共和国税收征收管理法实施细则》（2016年2月6日）

第二十九条　账簿、记账凭证、报表、完税凭证、发票、出口凭证以及其他有关涉税资料应当合法、真实、完整。

账簿、记账凭证、报表、完税凭证、发票、出口凭证以及其他有关涉税资料应当保存10年；但是，法律、行政法规另有规定的除外。

《金融机构撤销条例》（2001年11月23日）

第九条　清算组成立后，被撤销的金融机构的法定代表人及有关负责人应当将被撤销的金融机构的全部印章、账簿、单证、票据、文件、资料等移交清算组，并协助清算组进行清算。

《会计基础工作规范》（2019年3月14日）

第五十五条　会计机构、会计人员要妥善保管会计凭证。

（一）会计凭证应当及时传递，不得积压。

（二）会计凭证登记完毕后，应当按照分类和编号顺序保管，不得散乱丢失。

（三）记账凭证应当连同所附的原始凭证或者原始凭证汇总表，按照编号顺序，折叠整齐，按期装订成册，并加具封面，注明单位名称、年度、月份和起讫日期、凭证种类、起讫号码，由装订人在装订线封签外签名或者盖章。

对于数量过多的原始凭证，可以单独装订保管，在封面上注明记账凭证日期、编号、种类，同时在记账凭证上注明"附件另订"和原始凭证名称及编号。

各种经济合同、存出保证金收据以及涉外文件等重要原始凭证，应当另编目录，单独登记保管，并在有关的记账凭证和原始凭证上相互注明日期和编号。

（四）原始凭证不得外借，其他单位如因特殊原因需要使用原始凭证时，经本单位会计机构负责人、会计主管人员批准，可以复制。向外单位提供的原始凭证复制件，应当在专设的登记簿上登记，并由提供人员和收取人员共同签名或者盖章。

（五）从外单位取得的原始凭证如有遗失，应当取得原开出单位盖有公章的证明，并注明原来凭证的号码、金额和内容等，由经办单位会计机构负责人、会计主管人员和单位领导人批准后，才能代作原始凭证。如果确实无法取得证明的，如火车、轮船、飞机票等凭证，由当事人写出详细情况，由经办单位会计机构负责人、会计主管人员和单位领导人批准后，代作原始凭证。

《会计档案管理办法》（2015年12月11日）

第一条　为了加强会计档案管理，有效保护和利用会计档案，根据《中华人民共和国会计法》《中华人民共和国档案法》等有关法律和行政法规，制定本办法。

第二条　国家机关、社会团体、企业、事业单位和其他组织（以下统称单位）管理会计档案适用本办法。

第三条 本办法所称会计档案是指单位在进行会计核算等过程中接收或形成的，记录和反映单位经济业务事项的，具有保存价值的文字、图表等各种形式的会计资料，包括通过计算机等电子设备形成、传输和存储的电子会计档案。

第四条 财政部和国家档案局主管全国会计档案工作，共同制定全国统一的会计档案工作制度，对全国会计档案工作实行监督和指导。

县级以上地方人民政府财政部门和档案行政管理部门管理本行政区域内的会计档案工作，并对本行政区域内会计档案工作实行监督和指导。

第五条 单位应当加强会计档案管理工作，建立和完善会计档案的收集、整理、保管、利用和鉴定销毁等管理制度，采取可靠的安全防护技术和措施，保证会计档案的真实、完整、可用、安全。

单位的档案机构或者档案工作人员所属机构（以下统称单位档案管理机构）负责管理本单位的会计档案。单位也可以委托具备档案管理条件的机构代为管理会计档案。

第六条 下列会计资料应当进行归档：

（一）会计凭证，包括原始凭证、记账凭证；

（二）会计账簿，包括总账、明细账、日记账、固定资产卡片及其他辅助性账簿；

（三）财务会计报告，包括月度、季度、半年度、年度财务会计报告；

（四）其他会计资料，包括银行存款余额调节表、银行对账单、纳税申报表、会计档案移交清册、会计档案保管清册、会计档案销毁清册、会计档案鉴定意见书及其他具有保存价值的会计资料。

第七条 单位可以利用计算机、网络通信等信息技术手段管理会计档案。

第八条 同时满足下列条件的，单位内部形成的属于归档范围的电子会计资料可仅以电子形式保存，形成电子会计档案：

（一）形成的电子会计资料来源真实有效，由计算机等电子设备形成和传输；

（二）使用的会计核算系统能够准确、完整、有效接收和读取电子会计资料，能够输出符合国家标准归档格式的会计凭证、会计账簿、财务会计报表等会计资料，设定了经办、审核、审批等必要的审签程序；

（三）使用的电子档案管理系统能够有效接收、管理、利用电子会计档案，符合电子档案的长期保管要求，并建立了电子会计档案与相关联的其他纸质会计档案的检索关系；

（四）采取有效措施，防止电子会计档案被篡改；

（五）建立电子会计档案备份制度，能够有效防范自然灾害、意外事故和人为破坏的影响；

（六）形成的电子会计资料不属于具有永久保存价值或者其他重要保存价值的会计档案。

第九条 满足本办法第八条规定条件，单位从外部接收的电子会计资料附有符合

《中华人民共和国电子签名法》规定的电子签名的，可仅以电子形式归档保存，形成电子会计档案。

第十条　单位的会计机构或会计人员所属机构（以下统称单位会计管理机构）按照归档范围和归档要求，负责定期将应当归档的会计资料整理立卷，编制会计档案保管清册。

第十一条　当年形成的会计档案，在会计年度终了后，可由单位会计管理机构临时保管一年，再移交单位档案管理机构保管。因工作需要确需推迟移交的，应当经单位档案管理机构同意。

单位会计管理机构临时保管会计档案最长不超过三年。临时保管期间，会计档案的保管应当符合国家档案管理的有关规定，且出纳人员不得兼管会计档案。

第十二条　单位会计管理机构在办理会计档案移交时，应当编制会计档案移交清册，并按照国家档案管理的有关规定办理移交手续。

纸质会计档案移交时应当保持原卷的封装。电子会计档案移交时应当将电子会计档案及其元数据一并移交，且文件格式应当符合国家档案管理的有关规定。特殊格式的电子会计档案应当与其读取平台一并移交。

单位档案管理机构接收电子会计档案时，应当对电子会计档案的准确性、完整性、可用性、安全性进行检测，符合要求的才能接收。

第十三条　单位应当严格按照相关制度利用会计档案，在进行会计档案查阅、复制、借出时履行登记手续，严禁篡改和损坏。

单位保存的会计档案一般不得对外借出。确因工作需要且根据国家有关规定必须借出的，应当严格按照规定办理相关手续。

会计档案借用单位应当妥善保管和利用借入的会计档案，确保借入会计档案的安全完整，并在规定时间内归还。

第十四条　会计档案的保管期限分为永久、定期两类。定期保管期限一般分为10年和30年。

会计档案的保管期限，从会计年度终了后的第一天算起。

第十五条　各类会计档案的保管期限原则上应当按照本办法附表执行，本办法规定的会计档案保管期限为最低保管期限。

单位会计档案的具体名称如有同本办法附表所列档案名称不相符的，应当比照类似档案的保管期限办理。

第十六条　单位应当定期对已到保管期限的会计档案进行鉴定，并形成会计档案鉴定意见书。经鉴定，仍需继续保存的会计档案，应当重新划定保管期限；对保管期满，确无保存价值的会计档案，可以销毁。

第十七条　会计档案鉴定工作应当由单位档案管理机构牵头，组织单位会计、审计、纪检监察等机构或人员共同进行。

第十八条 经鉴定可以销毁的会计档案，应当按照以下程序销毁：

（一）单位档案管理机构编制会计档案销毁清册，列明拟销毁会计档案的名称、卷号、册数、起止年度、档案编号、应保管期限、已保管期限和销毁时间等内容。

（二）单位负责人、档案管理机构负责人、会计管理机构负责人、档案管理机构经办人、会计管理机构经办人在会计档案销毁清册上签署意见。

（三）单位档案管理机构负责组织会计档案销毁工作，并与会计管理机构共同派员监销。监销人在会计档案销毁前，应当按照会计档案销毁清册所列内容进行清点核对；在会计档案销毁后，应当在会计档案销毁清册上签名或盖章。

电子会计档案的销毁还应当符合国家有关电子档案的规定，并由单位档案管理机构、会计管理机构和信息系统管理机构共同派员监销。

第十九条 保管期满但未结清的债权债务会计凭证和涉及其他未了事项的会计凭证不得销毁，纸质会计档案应当单独抽出立卷，电子会计档案单独转存，保管到未了事项完结时为止。

单独抽出立卷或转存的会计档案，应当在会计档案鉴定意见书、会计档案销毁清册和会计档案保管清册中列明。

第二十条 单位因撤销、解散、破产或其他原因而终止的，在终止或办理注销登记手续之前形成的会计档案，按照国家档案管理的有关规定处置。

第二十一条 单位分立后原单位存续的，其会计档案应当由分立后的存续方统一保管，其他方可以查阅、复制与其业务相关的会计档案。

单位分立后原单位解散的，其会计档案应当经各方协商后由其中一方代管或按照国家档案管理的有关规定处置，各方可以查阅、复制与其业务相关的会计档案。

单位分立中未结清的会计事项所涉及的会计凭证，应当单独抽出由业务相关方保存，并按照规定办理交接手续。

单位因业务移交其他单位办理所涉及的会计档案，应当由原单位保管，承接业务单位可以查阅、复制与其业务相关的会计档案。对其中未结清的会计事项所涉及的会计凭证，应当单独抽出由承接业务单位保存，并按照规定办理交接手续。

第二十二条 单位合并后原各单位解散或者一方存续其他方解散的，原各单位的会计档案应当由合并后的单位统一保管。单位合并后原各单位仍存续的，其会计档案仍应当由原各单位保管。

第二十三条 建设单位在项目建设期间形成的会计档案，需要移交给建设项目接受单位的，应当在办理竣工财务决算后及时移交，并按照规定办理交接手续。

第二十四条 单位之间交接会计档案时，交接双方应当办理会计档案交接手续。

移交会计档案的单位，应当编制会计档案移交清册，列明应当移交的会计档案名称、卷号、册数、起止年度、档案编号、应保管期限和已保管期限等内容。

交接会计档案时，交接双方应当按照会计档案移交清册所列内容逐项交接，并由交接双方的单位有关负责人负责监督。交接完毕后，交接双方经办人和监督人应当在会计档案移交清册上签名或盖章。

电子会计档案应当与其元数据一并移交，特殊格式的电子会计档案应当与其读取平台一并移交。档案接受单位应当对保存电子会计档案的载体及其技术环境进行检验，确保所接收电子会计档案的准确、完整、可用和安全。

第二十五条 单位的会计档案及其复制件需要携带、寄运或者传输至境外的，应当按照国家有关规定执行。

第二十六条 单位委托中介机构代理记账的，应当在签订的书面委托合同中，明确会计档案的管理要求及相应责任。

第二十七条 违反本办法规定的单位和个人，由县级以上人民政府财政部门、档案行政管理部门依据《中华人民共和国会计法》《中华人民共和国档案法》等法律法规处理处罚。

第二十八条 预算、计划、制度等文件材料，应当执行文书档案管理规定，不适用本办法。

第二十九条 不具备设立档案机构或配备档案工作人员条件的单位和依法建账的个体工商户，其会计档案的收集、整理、保管、利用和鉴定销毁等参照本办法执行。

第三十条 各省、自治区、直辖市、计划单列市人民政府财政部门、档案行政管理部门，新疆生产建设兵团财务局、档案局，国务院各业务主管部门，中国人民解放军总后勤部，可以根据本办法制定具体实施办法。

第三十一条 本办法由财政部、国家档案局负责解释，自2016年1月1日起施行。1998年8月21日财政部、国家档案局发布的《会计档案管理办法》（财会字〔1998〕32号）同时废止。

附表：1. 企业和其他组织会计档案保管期限表
　　　2. 财政总预算、行政单位、事业单位和税收会计档案保管期限表

附表1

企业和其他组织会计档案保管期限表

序号	档案名称	保管期限	备注
一	会计凭证		
1	原始凭证	30年	
2	记账凭证	30年	
二	会计账簿		
3	总账	30年	
4	明细账	30年	
5	日记账	30年	
6	固定资产卡片		固定资产报废清理后保管5年
7	其他辅助性账簿	30年	
三	财务会计报告		
8	月度、季度、半年度财务报告	10年	
9	年度财务报告	永久	
四	其他会计资料		
10	银行存款余额调节表	10年	
11	银行对账单	10年	
12	纳税申报表	10年	
13	会计档案移交清册	30年	
14	会计档案保管清册	永久	
15	会计档案销毁清册	永久	
16	会计档案鉴定意见书	永久	

附表 2

财政总预算、行政单位、事业单位和税收会计档案保管期限表

序号	档案名称	保管期限 财政总预算	保管期限 行政单位、事业单位	保管期限 税收会计	备注
一	会计凭证				
1	国家金库编送的各种报表及缴库退库凭证	10 年		10 年	
2	各收入机关编送的报表	10 年			
3	行政单位和事业单位的各种会计凭证		30 年		包括原始凭证、记账凭证和传票汇总表
4	财政总预算拨款凭证和其他会计凭证	30 年			包括拨款凭证和其他会计凭证
二	会计账簿				
5	日记账		30 年	30 年	
6	总账	30 年	30 年	30 年	
7	税收日记账（总账）			30 年	
8	明细分类、分户账或登记簿	30 年	30 年	30 年	
9	行政单位和事业单位固定资产卡片				固定资产报废清理后保管 5 年
三	财务会计报告				
10	政府综合财务报告	永久			下级财政、本级部门和单位报送的保管 2 年
11	部门财务报告		永久		所属单位报送的保管 2 年
12	财政总决算	永久			下级财政、本级部门和单位报送的保管 2 年
13	部门决算		永久		所属单位报送的保管 2 年
14	税收年报（决算）			永久	
15	国家金库年报（决算）	10 年			
16	基本建设拨、贷款年报（决算）	10 年			
17	行政单位和事业单位会计月、季度报表		10 年		所属单位报送的保管 2 年
18	税收会计报表			10 年	所属税务机关报送的保管 2 年
四	其他会计资料				
19	银行存款余额调节表	10 年	10 年		
20	银行对账单	10 年	10 年	10 年	
21	会计档案移交清册	30 年	30 年	30 年	
22	会计档案保管清册	永久	永久	永久	
23	会计档案销毁清册	永久	永久	永久	
24	会计档案鉴定意见书	永久	永久	永久	

（四）典型案例

广东省高级人民法院
执行裁定书[①]

〔2021〕粤执监104号

申诉人（申请执行人）：广州中资国华投资有限公司，住所地：广东省广州市天河区中山大道西61—65号8楼自编804、806房。

法定代表人：周某成，该公司总经理。

委托诉讼代理人：宁某富，该公司职员。

被执行人：广州杰瑞置业有限公司，住所地：广东省广州市黄埔区科学大道114号201室。

法定代表人：陈某华，该公司董事长。

广州中资国华投资有限公司不服广东省广州市中级人民法院〔2020〕粤01执复361号执行裁定，向本院申诉。本院受理后，依法组成合议庭进行审查。本案现已审查终结。

广东省广州市白云区人民法院（以下简称白云法院）在执行申请执行人广州中资国华投资有限公司（以下简称中资国华公司）与被执行人广州杰瑞置业有限公司（以下简称杰瑞公司）股东知情权纠纷一案中，于2019年12月20日向被执行人杰瑞公司发出〔2019〕粤01**执6581号《执行告知书》，责令该公司在收到执行告知书之日起三天内，根据申请执行人请求的内容提供会计账簿和相应的文件供其查阅。杰瑞公司提出执行异议。

异议人杰瑞公司请求撤销〔2019〕粤01**执6581号《执行告知书》。其主要理由为：中资国华公司起诉杰瑞公司股东知情权纠纷一案（案号：〔2018〕粤01**民初13707号），白云法院作出一审判决，判令杰瑞公司提供自2013年4月25日起的公司财务会计报告（包括：资产负债表、损益表、财务状况变动表、财务情况说明书、利润分配表）、会计账簿供中资国华公司查阅。判后，杰瑞公司于2019年4月17日发函通知中资国华公司派人前来查阅财务会计报告及会计账簿；中资国华公司在2019年4月23日至5月31日期间曾多次派人前往杰瑞公司查阅公司财务会计报告（包括：资产负债表、损益表、财务状况变动表、财务情况说明书、利润分配表）及公司会计账簿等资料，并进行了查阅登记，杰瑞公司已提供了一审判决要求提供的全部财务报告及会计账簿资料；而且，为了让中资国华公司更好地了解杰瑞公司的实际经营情况，杰瑞公司还提供了公司实际经营中形成并超越判决内容的有关资料。杰瑞公司已充分履行了判决的内容。中资国华公司在上述判决业已履行完毕之后再申请执行原判决没有

[①] 资料来源：中国裁判文书网https://wenshu.court.gov.cn。

依据。

白云法院查明,原告中资国华公司诉被告杰瑞公司股东知情权纠纷一案,该院于2019年3月14日对该案作出〔2018〕粤0111民初13707号民事判决,判令:一、被告杰瑞公司于判决生效之日起十日内提供自2013年4月25日起至判决生效之日止的杰瑞公司的财务会计报告〔包括:资产负债表、损益表、财务状况变动表、财务情况说明书、利润分配表〕给原告中资国华公司查阅、复制(查阅、复制的地点为广州市白云区云城西路882号603房杰瑞公司住所地,查阅、复制的期限为三十日);二、杰瑞公司于判决生效之日起十日内提供自2013年4月25日起至判决生效之日止的杰瑞公司的会计账簿给中资国华公司查阅(查阅的地点为广州市白云区云城西路882号603房杰瑞公司住所地,查阅的期限为三十日);三、驳回中资国华公司的其余诉讼请求。上述民事判决发生法律效力后,中资国华公司以其在依照〔2018〕粤0111民初13707号民事判决查阅杰瑞公司的财务会计报告及会计账簿等资料过程中,杰瑞公司存在"或提供部分或不完整"的情形,致使中资国华公司无法完整地查阅、复制等为由,于2019年6月21日向执行法院递交强制执行申请材料,请求执行事项为"责令被申请人提供完整的、符合会计规则的财务会计报告〔包括资产负债表、损益表、财务状况变动表、财务情况说明书、利润分配表〕、会计账簿给申请人查阅、复制",执行法院依其申请以〔2019〕粤0111执6581号立案执行。

执行期间,执行法院作出〔2019〕粤0111执6581号《执行通知书》,责令被执行人杰瑞公司在收到该通知书后立即履行判决书确定的义务及缴纳执行费;后,被执行人杰瑞公司向执行法院反映其已履行生效法律文书确定的义务,因申请执行人中资国华公司与被执行人杰瑞公司对涉案〔2018〕粤0111民初13707号民事判决中会计账簿的查阅范围存在争议,中资国华公司遂于2019年11月4日向执行法院提交执行案件〔2019〕粤0111执6581号请求法院要求广州杰瑞置业有限公司(以下简称广州杰瑞)提供查阅强制执行的会计账簿的详细说明(以下简称《执行案件的详细说明》),表明:"本次执行案件中,广州杰瑞提供的会计账簿欠缺大量的辅助性账簿、编辑会计账簿所依据的形成记账凭证相关会计资料和其他资料,只提供作为汇总用途的会计账簿,无法满足股东知情权查阅的要求……基于上述理由,为保障我司能真实、完整、准确了解广州杰瑞公司的财务状况和经营成果,充分行使作为股东的知情权,本次执行案件中,特要求广州杰瑞提供如下与会计账簿相关的会计资料:一、请求提供以下资料:1.提供会计账簿中的《销售收入明细账》要求核算到每个购房单位或个人的明细账或辅助性账簿。2.提供会计账簿中的《其他应付款明细账》要求核算到具体客户名称(单位或个人)的各时期的明细账或辅助性账簿。3.提供会计账簿中的《预收账款明细账》要求核算到具体客户名称(单位或个人)的各时期的明细账或辅助性账簿。4.提供会计账簿中的《应付职工薪酬明细账》要求核算到具体职工个人的各时期的明细账或辅助性账簿。5.提供会计账簿中的《存货明细账》要求对开发产品核算到具体每个业态单元的明细账或辅助性账簿。6.提供会计账簿中各时期出纳逐日记录的《银行日记账》。7.提供各时期的《银行对账单》。8.提供与《会计账簿》相对应的销售合同和工程合同。9.提供打印装订审核盖章后的所有《会计账簿》。10.提供经企业负责人和主管会计工作的负责人、会计机构负责人（会计主管人员）签名并盖章的《会计报告》（包括资产负债表、损益表、现金流量表、财务状况变动表、财务情况说明书、利润分配表及相关附表）……"申请执行人中资国华公司并在说明中逐项阐明了其要求杰瑞公司提供相关资料的理由和法律依据。2019年12月20日，执行法院向被执行人杰瑞公司发出〔2019〕粤0111执6581号《执行告知书》，明确："……在执行当中，申请执行人向执行法院提交了'2019年11月4日执行案件〔2019〕粤0111执6581号请求法院要求广州杰瑞置业有限公司（以下简称广州杰瑞）提供查阅强制执行的会计账簿的详细说明'，经审查，申请执行人该请求查阅的内容符合会计账簿中的明细账、日记账及其他辅助性账簿。因此，现执行法院责令你方在收到本执行告知书之日起三天内，根据申请执行人该请求的内容给以查阅……"。

另查，杰瑞公司是于2013年4月25日经工商部门核准成立的企业法人，公司类型为其他有限责任公司，注册资本102 338万元，法定代表人为陈某华，企业股东为现股东为广州绿地房地产开发有限公司（认缴出资额为71 636.6万元）、广州市东寰房地产开发有限公司（认缴出资额为5 116.9万元）及中资国华公司（认缴出资额为25 584.5万元）。

听证中，被执行人杰瑞公司表示，其已于2019年4月17日向中资国华公司发出《关于依法查阅广州杰瑞置业有限公司财务会计报告及会计账簿的通知函》，通知中资国华公司查阅公司财务会计报告及会计账簿；其后，中资国华公司亦在2019年4月23日至5月31日期间多次派人前往杰瑞公司查阅了公司财务会计报告及公司会计账簿等资料〔查阅的资料包括：2013年5月至2019年3月月度报表（资产负债表、损益表）、2013—2018年财务状况变动表、财务情况说明书、2013—2018年利润分配表、2013年5月至2019年3月明细账簿、2013年5月至2019年3月总账、2013—2016年度审计报告、会计凭证（2013年至2019年3月）、序时账（2013年5月至2019年3月）、银行存款日记账（2013年5月至2019年3月）、科目辅助余额表（2017年12月、2018年12月、2019年3月）、银行存款日记账（2013年5月至2019年3月）、科目辅助余额表（2017年12月、2018年12月、2019年3月）、杰瑞序时账（含辅助，2013年5月至2019年3月）〕；可见杰瑞公司已充分履行了涉案〔2018〕粤0111民初13707号民事判决书的内容，甚至为了让中资国华公司更好地了解杰瑞公司的实际经营情况，杰瑞公司还超越涉案判决的内容额外向中资国华公司提供了杰瑞公司实际经营中形成的相关财务凭证，根本不存在怠于履行的情形；另外，在收到法院送达的涉案〔2019〕粤0111执6581号《执行告知书》后，杰瑞公司曾先后于2020年1月2日、3日、7日分批向中资国华公司邮寄从公司电子财务系统中打印复制出的财务会计报告和会计账簿等资料，包括：2013—2019年杰瑞公司的会计账簿、损益表、资产负债表、现金流量表、财务情况说明书、财务变动情况表、利润分配表、杰瑞销售明细表、出纳手工日记账等；至此，杰瑞公司不仅履行了、更超额履行了涉案〔2018〕粤0111民初13707号民事判决判项义务（按照上述判决，对于杰瑞公司的会计账簿部分中资国华公司仅可以查阅）；对于中资国华公司在〔2019〕粤0111执6581号执行案中要求杰瑞公司额外提供给其查阅的十项资料（即涉案《执行案件的详细说明》提及的会计账簿中的《销售收入明细账》《其他应付款明细账》《预收账款明细账》《应付职工薪酬明细账》《存货明细账》《银行日记账》《银行对账单》与《会计账簿》对应的销售合同和工程合同、装订审核盖章后的《会计账簿》、经企业负责人和主管会计工作负责人会计机构负责人签名盖章的《会计报告》等），参考《基础会计》（教育部经济管理类主干课程教材）有关"会计账簿""会计凭证"等定义，部分属于交易事项的原始凭证，部分连原始凭证都不构成只能辅助形成会计凭证，而会计凭证并不属于会计账簿的范围，且会计人员已根据会计凭证形成了会计账簿，进而根据会计账簿最终形成会计报告，故根据公司法规定的股东知情权范围，上述材料不属于〔2018〕粤0111民初13707号民事判决的处理范畴，因此，中资国华公司据此提出的强制执行申请明显缺乏依据且已超出生效民事判决范围，不应在本执行案处理。

中资国华公司承认其确曾在2019年4月23日至5月31日期间派人前往杰瑞公司查阅了有关资料，但杰瑞公司提供查阅的资料却仅是该司一部分的财务会计资料，且所提供查阅的资料也并非符合涉案〔2018〕粤0111民初13707号民事判决中要求的财务会计报告及会计账簿，有关资料仅是符合名称上的要求却在形式上不符合相应的法律规定，甚至在内容上也不真实，中资国华公司对此已在查阅时填写的《财务档案借阅表》中作出明确注明（并明确查阅时欠缺的资料），而杰瑞公司此后并没有作出补充。正是基于杰瑞公司没有完全履行涉案〔2018〕粤0111民初13707号民事判决中的义务，中资国华公司才向法院申请强制执行，并提交了涉案《执行案件的详细说明》以明确执行请求查阅的具体内容。而实际上，中资国华公司曾于2019年10月委托广州岭南会计师事务所有限公司对杰瑞公司2013年至2019年9月期间的财务报表进行审计，但广州岭南会计师事务所有限公司进场审计后仍发现欠缺大量的原始凭证、入账依据（如：合同、工程结算资料等）、流水账、明细账、日记账或者是其他辅助账等属于会计账簿范畴的资料，并要求杰瑞公司限期提供。其后，虽然中资国华公司在2020年1月份也确实已收到杰瑞公司分批寄送的财务会计报告和会计账簿等资料，但其中的财务会计报告也仅是部分符合名称要求的财务会计报告，有关财务会计报告也不符合《企业财务会计报告条例》第三十一条规定的法定形式，而会计账簿则只是汇总登记形式的会计账簿，大量的会计账簿（如明细账以及其他辅助账）以及原始凭据均没有提供。由于会计账簿是以会计凭证为基础的，会计凭证本身也是会计账簿的一个制定依据，会计凭证与明细账、日记账、辅助账等属于会计账簿的范畴，因此，中资国华公司在《执行案件的详细说明》要求查阅的会计资料正是为了能行使股东知情权、更好地核实杰瑞公司的运营情况,没有超过生效民事判决的执行范围。

执行法院认为,根据〔2018〕粤0111民初13707号民事判决,杰瑞公司负有提供自2013年4月25日起至判决生效之日止杰瑞公司的财务会计报告给中资国华公司查阅、复制,以及提供自2013年4月25日起至判决生效之日止杰瑞公司的会计账簿给中资国华公司查阅等义务,而在上述民事判决生效后至本执行案尚未立案执行之前,被执行人杰瑞公司确有发函通知中资国华公司查阅杰瑞公司的财务会计报告及会计账簿,中资国华公司亦曾在2019年4月23日至5月31日期间多次派人前往杰瑞公司查阅资料;但由于中资国华公司在前述对杰瑞公司提供资料的查阅后,已表明杰瑞公司所提供查阅的资料存在不符合涉案〔2018〕粤0111民初13707号民事判决中要求的情形,并向杰瑞公司明确提出相关欠缺情形(在涉案《财务档案借阅表》中已显示,中资国华公司在前述借阅相关资料后已注明存在多项需要补充提供查阅的材料,并明确其尚未查阅完毕、待续查),而杰瑞公司并没有举证证实已就此作出材料的补充;且针对查阅公司财务会计报告及会计账簿这一专业性较强的行为,中资国华公司在本执行案立案执行后的2019年10月,也曾委托专业会计师事务所对属于涉案财务资料所涉部分期间(即2013年至2019年9月)中的财务报表进行审计,而经专业会计师事务所进场审计后,此时仍发现杰瑞公司就上述期间(即2013年至2019年9月期间)所提供查阅的财务资料中,还是存在欠缺大量的原始凭证、入账依据〔如:合同、工程结算资料等〕、流水账、明细账、日记账或者是其他辅助账等资料的情形;另外,股东知情权本就是公司法赋予股东的一项基本权利,其是股东行使分红权、经营决定权及其他股东权利的前提和基础,知情权设置目的是便于股东了解公司经营状况和财务状况,从而更好地行使其他权利,基于《中华人民共和国会计法》已规定"会计凭证包括原始凭证和记账凭证""会计帐簿登记,必须以经过审核的会计凭证为依据",故中资国华公司在行使股东知情权以查阅杰瑞公司会计账簿时,要求查阅会计账簿的原始凭证也是合理正当的;同时,《企业财务会计报告条例》第三十一条规定:"企业对外提供的财务会计报告应当依次编定页数,加具封面,装订成册,加盖公章。封面上应当注明:企业名称、企业统一代码、组织形式、地址、报表所属年度或者月份、报出日期,并由企业负责人和主管会计工作的负责人、会计机构负责人(会计主管人员)签名并盖章;设置总会计师的企业,还应当由总会计师签名并盖章。"而被执行人杰瑞公司甚至在2020年1月份(本案执行期间)向申请执行人中资国华公司寄送的财务会计报告,也并不符合上述法定形式,这是不利于中资国华公司行使股东知情权以了解公司经营状况和财务状况的。综合双方当事人提供的证据及陈述意见,案件现有证据既不能证实至申请执行人中资国华公司申请本案强制执行之日止,杰瑞公司已履行了〔2018〕粤0111民初13707号民事判决的判项内容,为中资国华公司查阅、复制2013年4月25日起至判决生效之日止杰瑞公司的财务会计报告以及查阅2013年4月25日起至判决生效之日止杰瑞公司的会计账簿等提供了相应的财务资料,也不足以证实被执行人杰瑞公司现已充分履行〔2018〕粤0111民初13707号民事判决所确定的义务。由此可见，在对〔2018〕粤0111民初13707号民事判决立案执行后，执行法院向被执行人杰瑞公司发出〔2019〕粤0111执6581号《执行告知书》，要求其依照〔2018〕粤0111民初13707号民事判决履行义务的行为，于法有据，并无不当。因此，异议人杰瑞公司现以申请执行人中资国华公司申请强制执行没有依据为由提出的异议请求，缺乏事实与法律依据，执行法院依法予以驳回。白云法院遂于2020年4月10日作出〔2020〕粤0111执异54号执行裁定，裁定驳回异议人杰瑞公司的异议请求。

杰瑞公司向广东省广州市中级人民法院（以下简称广州中院）申请复议，请求：1.变更〔2020〕粤0111执异54号执行裁定书的裁定，改为撤销执行法院作出的〔2019〕粤0111执6581号《执行告知书》；2.督促执行法院对本案作执行完毕的结案处理。其主要理由为：一、复议申请人已经按照判决书的判项履行了义务。（一）《财务档案借阅表》显示复议申请人已向申请执行人提供了判项一财务会计报告包含的《资产负债表》、《损益表》（201305—201903）、《财务状况变动表》（2013—2018）、《利润分配表》（2013—2018）、《财务情况说明书》（2013—2018），且该《财务档案借阅表》经过申请执行人授权人员的签字确认。在执行阶段，复议申请人又于2020年1月3日邮寄了一套由复议申请人加盖公章的上述《资产负债表》《损益表》《财务状况变动表》《财务情况说明书》《利润分配表》给申请执行人，申请执行人在一审庭审中已确认收到。至此，复议申请人已妥善执行完毕，已完全向申请执行人披露了复议申请人拥有的判项一所述文件资料。（二）根据《中华人民共和国会计法》第十五条的规定，会计账簿包括总账、明细账、日记账和其他辅助性账簿，复议申请人已全部提供判项二的会计账簿给申请执行人，申请执行人授权人员也在《财务档案借阅表》签字确认。包括：总账（201305—201903）；明细账簿（201305—201903）；日记账（又称序时账），序时账（201305—201903）、序时账（含辅助）（201305—201903）、银行存款日记账（201305—201903）；其他辅助性账簿；科目辅助余额表201712、201812、201903；明细辅助科目余额表（截至2017年12月31日、2018年12月31日、2019年1月31日）。在执行阶段，复议申请人又于2020年1月2日邮寄了一套由复议申请人加盖公章的上述会计账簿给申请执行人，申请执行人在此前异议听证时已确认收到。至此，申请执行人不仅查阅了会计账簿，还复制了会计账簿。复议申请人已妥善执行完毕，已完全向申请执行人披露了复议申请人拥有的判项二所述文件资料。二、申请执行人在《执行案件的详细说明》中提出的十项要求，大多数不属于判决书的判项，也没有法律依据，执行法院不应当以此为依据出具执行告知书。（一）第1—5项，关于明细账的提供要求。复议申请人已提供了公司全部的明细账及相关辅助性账簿，判项二给予申请执行人的权利是对会计账簿的查阅权，而不是修改权、制定权等。在复议申请人已自认提供了全部明细账后，申请执行人主观不满意，仍要求复议申请人提供令其满意的明细账，该要求完全超越了判决执行范围。（二）第6项，关于各时期出纳逐日记录的《银行日记账》。复议申请人已经提供银行存款日记账201305—201903，该银行存款日记账为电子账簿。（三）第7项，要求提供的《银行对账单》。银行对账单即银行流水，属于银行制作出具的文件，不属于会计账簿。（四）第8项，要求提供与《会计账簿》对应的销售合同和工程合同。该要求明显不属于会计账簿，首先，申请执行人的文件自述中已经明确，是要求提供与《会计账簿》对应的销售合同和工程合同。无论本案对会计账簿作怎样的扩大解释，也不应当认为企业日常经营的合同也属于会计账簿。其次，仅凭这一点明显不合法的查阅要求，就应当撤销执行告知书，该告知书以这样无理的要求作为执行依据，严重损害了复议申请人的合法权益。（五）第9项，提供打印装订审核盖章的所有《会计账簿》。复议申请人于2020年1月2日邮寄给申请执行人的一整套会计账簿，是分门别类打印装订后，由复议申请人加盖公章，并且还是含有记账人员（含财务负责人）签字的原件。复议申请人将仅有的一套记账人员（含财务负责人）签名的原件寄送给了申请执行人查阅，寄送给申请执行人的会计账簿符合会计规范。并且，目前申请执行人并未将查阅完毕的会计账簿归还复议申请人。另外，本项要求本质上是对会计账簿的形式要求，该要求本身完全不符合判项二，判项二仅要求提供内容查阅，并未对文件形式作出要求。（六）第10项，复议申请人已提供公司全部的财务会计报告。三、审计所需资料与本案所判查阅、复制的资料范围完全不同。执行法院以审计机构要求提供的资料范围来推测确定知情权案的执行范围属违法执行。《中华人民共和国审计法实施条例》第二条规定："审计法所称审计，是指审计机关依法独立检查被审计单位的会计凭证、会计账簿、财务会计报告以及其他与财政收支、财务收支有关的资料和资产，监督财政收支、财务收支真实、合法和效益的行为。"据此，审计活动所需要的资料范围，依法广于会计账簿范围，广于知情权的资料范围。而且，根据该第二条的规定，会计凭证、会计账簿、财务会计报告明显是三样并列且不同的文件。四、执行法院没有查明复议申请人配合执行的事实。依《财务档案借阅表》就可看出，即使复议申请人认为会计凭证不属于知情权执行范围，不该提供，但为配合执行，仍提供了历年的会计凭证给申请执行人查阅、复制。在2020年1月2日，将整套会计账簿原件寄送给申请执行人查阅，迄今，申请执行人未予归还。综上所述，复议申请人早已将判决确定的义务履行完毕，而执行法院又要求复议申请人提供各种其他材料，明显错误。

广州中院对白云法院查明的案件事实予以确认。

广州中院另查明，本案复议审查过程中，杰瑞公司再次向广州中院提交了如下资料：1.杰瑞公司2013—2018年度资产负债表、损益表（利润表）、月现金流入流出统计表、利润分配表、财务状况变动表、财务情况说明书；2.杰瑞公司总分类账［含2013年至2018年各年末科目余额表、2019年6月科目余额表（含辅助核算）］；3.杰瑞公司明细账；4.杰瑞公司序时账；5.杰瑞公司出纳手工日记账；6.杰瑞公司销售收入明细账——辅助性账簿（截至2019年9月）；7.杰瑞公司预收、应收、其他应付明细账——辅助性账簿（截至 2019 年 9 月）。中资国华公司认为其中 2013—2016 年度资产负债表、损益表（利润表）、月现金流入流出统计表，2013—2018 年度利润分配表、财务状况变动表、财务情况说明书，杰瑞公司总分类账［含 2013 年至 2018 年各年末科目余额表、2019 年 6 月科目余额表（含辅助核算）］，杰瑞公司明细账（包括 2013—2019 年度，共 7 本），杰瑞公司序时账（2013—2019 年度，共 7 本），杰瑞公司出纳手工日记账，杰瑞公司销售收入明细账——辅助性账簿（截至 2019 年 9 月），杰瑞公司预收、应收、其他应付明细账——辅助性账簿（截至 2019 年 9 月）不符合《企业财务会计报告条例》第三十一条、《企业会计准则应用指南——会计科目和主要账务处理》以及《企业会计准则》的规定，另外还欠缺会计账簿中的《应付职工薪酬明细账》、要求核算到具体职工个人的各时期的明细账或辅助性账簿、各时期的《银行对账单》。

广州中院认为，本案争议焦点在于杰瑞公司是否已履行完生效判决确定的义务。依据本案的执行依据〔2018〕粤 0111 民初 13707 号民事判决，杰瑞公司应提供自 2013 年 4 月 25 日起至判决生效之日止的杰瑞公司的财务会计报告（包括：资产负债表、损益表、财务状况变动表、财务情况说明书、利润分配表）给中资国华公司查阅、复制，提供自 2013 年 4 月 25 日起至判决生效之日止的杰瑞公司的会计账簿给中资国华公司查阅。在本案判决生效后及执行过程中，杰瑞公司已多次提供该司的财务会计报告及会计账簿等资料供中资国华公司查阅，但中资国华公司均认为杰瑞公司提供的财务会计报告及会计账簿等有关资料不符合法定形式，部分资料没有提供。在本案复议审查过程中，杰瑞公司再次向中资国华公司提供了有关资料。中资国华公司提出资料不符合《企业财务会计报告条例》第三十一条、《企业会计准则应用指南——会计科目和主要账务处理》以及《企业会计准则》的规定，还欠缺具体职工个人的各时期的明细账或辅助性账簿和银行付款明细清单以及各时期的《银行对账单》。对此广州中院认为，首先，关于杰瑞公司提交的会计资料是否符合法律规定及相关规定的问题，《中华人民共和国会计法》第三十二条规定："财政部门对各单位的下列情况实施监督：（一）是否依法设置会计账簿；（二）会计凭证、会计账簿、财务会计报告和其他会计资料是否真实、完整；（三）会计核算是否符合本法和国家统一的会计制度的规定；……"本案中，杰瑞公司已按照判决要求向中资国华公司提交了相关的会计资料，而对会计资料的形式及内容是否符合法律及会计制度的规定的判断是非常专业的问题，法律对此亦进行了规定，如果中资国华公司认为杰瑞公司的会计资料不符合相关规定，其可以向有关主管部门反映解决，中资国华公司以此为由否认杰瑞公司履行了生效判决的义务缺乏依据，不予采纳。其次，关于中资国华公司提出的欠缺资料问题，财政部、国家档案局公布的《会计档案管理办法》第六条规定："下列会计资料应当进行归档：（一）会计凭证，包括原始凭证、记账凭证；（二）会计账簿，包括总账、明细账、日记账、固定资产卡片及其他辅助性账簿；（三）财务会计报告，包括月度、季度、半年度、年度财务会计报告；（四）其他会计资料，包括银行存款余额调节表、银行对账单、纳税申报表、会计档案移交清册、会计档案保管清册、会计档案销毁清册、会计档案鉴定意见书及其他具有保存价值的会计资料。"根据上述规定，会计账簿不包括原始凭证，也不包括银行对账单，杰瑞公司已经向中资国华公司提交了各类明细账，符合判决的要求。中资国华公司还要求查阅具体职工个人的各时期的明细账或辅助性账簿、银行付款明细清单以及各时期的《银行对账单》超越了本案生效判决确定的内容，其以此主张杰瑞公司未完全履行生效判决确定的义务缺乏依据，对此不予采纳。综上所述，杰瑞公司认为其已履行完毕〔2018〕粤0111民初13707号判决的复议理由成立，应当予以支持。执行法院认为杰瑞公司未履行完上述判决不当，应当予以纠正，该执行案件应作结案处理。广州中院遂于2020年10月31日作出〔2020〕粤01执复361号执行裁定，裁定：一、撤销〔2020〕粤0111执异54号执行裁定。二、撤销〔2019〕粤0111执6581号《执行告知书》。

中资国华公司向本院申诉，请求撤销〔2020〕粤01执复361号执行裁定；依法驳回杰瑞公司的异议申请。其主要理由为：1.《中华人民共和国会计法》第十五条规定："会计帐簿登记，必须以经过审核的会计凭证为依据，并符合有关法律、行政法规和国家统一的会计制度的规定。会计帐簿包括总帐、明细帐、日记帐和其他辅助性帐簿。会计帐簿应当按照连续编号的页码顺序登记。会计帐簿记录发生错误或者隔页、缺号、跳行的，应当按照国家统一的会计制度规定的方法更正，并由会计人员和会计机构负责人（会计主管人员）在更正处盖章。使用电子计算机进行会计核算的，其会计帐簿的登记、更正，应当符合国家统一的会计制度的规定。"杰瑞公司提供的会计资料不符合会计法的要求，只是提供了不规范的会计资料敷衍申诉人。2.根据前述法律规定，会计账簿包括了辅助性账簿，而广州中院认为职工个人的各时期明细账或辅助性账簿超越了生效判决关于会计账簿确定的内容，属于适用法律错误。《明源销售系统》属于会计账簿中的辅助性账簿，被执行人没有提供。申诉人有理由相信根据《明源销售系统》被执行人形成了相关的辅助性账簿。3.股东知情权是股东依法享有的一项重要权利。执行法院作出的执行通知中多数事项属于会计账簿中的明细账和辅助性账簿，并未超出判决的内容。

本院对广州中院查明的事实予以确认。

本院认为，本案申诉人与被执行人的争议焦点在于申诉人所提职工个人的各时期明细账、《明源销售系统》是否属于"会计账簿"的"辅助性账簿"。

本案执行依据确定杰瑞公司应提供自2013年4月25日起至判决生效之日止的杰瑞公司会计账簿给中资国华公司查阅。但会计账簿具体包括哪些内容，判决并未明确。因此，应结合《中华人民共和国会计法》第十五条的相关内容，即"会计帐簿包括总帐、明细帐、日记帐和其他辅助性帐簿"加以判断。根据查明的事实，中资国华公司在执行过程中已经提交了总帐、明细帐、日记帐以及其他多项辅助性账簿。至于申诉人所提"职工个人的各时期明细账、《明源销售系统》"是否属于辅助性账簿，生效判决并未明确，本院亦认为该事项属于专业领域问题，双方各执一词，对此，应如广州中院所述，可以向有关主管部门反映解决。而依本案查明的事实，被执行人已经按照生效判决的要求提供了会计账簿以及其他多项辅助性账簿，甚至在复议阶段仍提交了多份会计材料，应当认为，被执行人积极配合履行了生效判决。在本案执行依据没有将申诉人所述争议账簿列为杰瑞公司应予提供的账簿的前提下，不能视杰瑞公司未提交上述资料为未履行生效判决。

综上所述，广州中院复议裁定认定事实清楚，裁定结果并无不当。申诉人中资国华公司的申诉请求不成立，本院不予支持。参照《中华人民共和国民事诉讼法》第二百零四条，依照《最高人民法院关于人民法院执行工作若干问题的规定（试行）》第71条之规定，裁定如下：

驳回广州中资国华投资有限公司的申诉请求。

审判长　林宏坚

审判员　付庆海

审判员　李焱辉

二〇二一年十二月三十日

书记员　温星麟

十六、第二十四条

（一）法条原文

【2024年版本】

第二十四条　各单位进行会计核算不得有下列行为：

（一）随意改变资产、负债、净资产（所有者权益）的确认标准或者计量方法，虚列、多列、不列或者少列资产、负债、净资产（所有者权益）；

（二）虚列或者隐瞒收入，推迟或者提前确认收入；

（三）随意改变费用、成本的确认标准或者计量方法，虚列、多列、不列或者少列费用、成本；

（四）随意调整利润的计算、分配方法，编造虚假利润或者隐瞒利润；

（五）违反国家统一的会计制度规定的其他行为。

【2017年、1999年版本】

第二十六条　公司、企业进行会计核算不得有下列行为：

（一）随意改变资产、负债、所有者权益的确认标准或者计量方法，虚列、多列、不列或者少列资产、负债、所有者权益；

（二）虚列或者隐瞒收入，推迟或者提前确认收入；

（三）随意改变费用、成本的确认标准或者计量方法，虚列、多列、不列或者少列费用、成本；

（四）随意调整利润的计算、分配方法，编造虚假利润或者隐瞒利润；

（五）违反国家统一的会计制度规定的其他行为。

（二）法条释义

本条规定了公司、企业会计核算的禁止行为。

公司、企业必须严格按照国家统一的会计制度的规定进行会计核算，凡是违反国家统一的会计制度的行为均是不允许的，具体而言，不得有下列行为：

（1）随意改变资产、负债、净资产（所有者权益）的确认标准或者计量方法，虚列、多列、不列或者少列资产、负债、净资产（所有者权益）。《企业会计准则》等国家统一的会计制度对资产、负债和所有者权益的确认标准或者计量方法都有明确规定，公司、企业必须严格按照国家统一的会计制度进行确认和计量。在国家统一的会计制度允许的前提下，可以改变资产、负债、净资产（所有者权益）的确认标准或者计量方法。对于资产、负债、净资产（所有者权益），禁止虚列、多列、不列或者少列。虚列是没有相关资产、负债、净资产（所有者权益）而在资产负债表中列明，或者将尚不符合确认条件的资产、负债、所有者权益列入资产负债表。多列是指虚增列入资产负债表的资产、负债、净资产（所有者权益）的金额。不列是指故意将符合确认条件的资产、负债、净资产（所有者权益）不列入资产负债表。少列是指虚假减少列入资产负债表的资产、负债、净资产（所有者权益）的金额。

（2）虚列或者隐瞒收入，推迟或者提前确认收入。虚列收入是指将客观上并不存在的收入计入利润表。企业虚列收入往往是为了营造企业虚假的繁荣景象，从而方便企业融资、上市。隐瞒收入是指将客观上已经实现了的收入不列入或者少列入利润表。企业隐瞒收入往往是为了偷逃税款或者个别股东转移企业利润。推迟确认收入是指在相关收入已经符合确认条件时迟迟不予确认，但最终仍然确认了收入。推迟确认收入往往是为了偷逃税款或者人为调剂不同年度的收入。提前确认收入是指在相关收入尚未满足确认条件时就在利润表中确认了收入。提前确认收入往往是为了人为调剂不同年度的收入，营造企业当期繁荣的景象，从而方便融资、上市或者避免退市。

（3）随意改变费用、成本的确认标准或者计量方法，虚列、多列、不列或者少列费用、成本。《企业会计准则》等国家统一的会计制度对费用、成本的确认标准或者计量方法都有明确规定，企业应当严格按照国家统一的会计制度的规定进行确认和计量。虚列、多列费用、成本会导致企业的利润降低，从而方便企业偷逃税款。不列或者少列费用、成本会导致企业的利润增加，从而方便企业营造繁荣假象，便利企业的融资、上市或者避免其退市。

（4）随意调整利润的计算、分配方法，编造虚假利润或者隐瞒利润。国家统一的会计制度对利润的计算方法，《中华人民共和国公司法》等相关法律法规对企业利润的分配方法都有明确规定，企业应当严格按照相关规定计算利润、分配利润。违反相关规定随意计算利润、分配利润，同样也是为了偷逃税款或者虚增利润，达到其他不合法的目的。

（5）违反国家统一的会计制度规定的其他行为。其他一切违反国家统一的会计制度规定的行为均是会计法所禁止的，也可以认为是违反会计法的违法行为，应当按照会计法的规定依法追究其法律责任。

（三）相关条文

《中华人民共和国公司法》（2023年12月29日）

第五十七条　股东有权查阅、复制公司章程、股东名册、股东会会议记录、董事会会议决议、监事会会议决议和财务会计报告。

股东可以要求查阅公司会计账簿、会计凭证。股东要求查阅公司会计账簿、会计凭证的，应当向公司提出书面请求，说明目的。公司有合理根据认为股东查阅会计账簿、会计凭证有不正当目的，可能损害公司合法利益的，可以拒绝提供查阅，并应当自股东提出书面请求之日起十五日内书面答复股东并说明理由。公司拒绝提供查阅的，股东可以向人民法院提起诉讼。

股东查阅前款规定的材料，可以委托会计师事务所、律师事务所等中介机构进行。

股东及其委托的会计师事务所、律师事务所等中介机构查阅、复制有关材料，应当遵守有关保护国家秘密、商业秘密、个人隐私、个人信息等法律、行政法规的规定。

股东要求查阅、复制公司全资子公司相关材料的，适用前四款的规定。

第一百一十条　股东有权查阅、复制公司章程、股东名册、股东会会议记录、董事会会议决议、监事会会议决议、财务会计报告，对公司的经营提出建议或者质询。

连续一百八十日以上单独或者合计持有公司百分之三以上股份的股东要求查阅公司的会计账簿、会计凭证的，适用本法第五十七条第二款、第三款、第四款的规定。公司章程对持股比例有较低规定的，从其规定。

股东要求查阅、复制公司全资子公司相关材料的，适用前两款的规定。

上市公司股东查阅、复制相关材料的，应当遵守《中华人民共和国证券法》等法律、行政法规的规定。

第二百一十七条　公司除法定的会计账簿外，不得另立会计账簿。

对公司资金，不得以任何个人名义开立账户存储。

《中华人民共和国证券投资基金法》（2015年4月24日）

第四十六条　基金份额持有人享有下列权利：

（一）分享基金财产收益；

（二）参与分配清算后的剩余基金财产；

（三）依法转让或者申请赎回其持有的基金份额；

（四）按照规定要求召开基金份额持有人大会或者召集基金份额持有人大会；

（五）对基金份额持有人大会审议事项行使表决权；

（六）对基金管理人、基金托管人、基金服务机构损害其合法权益的行为依法提起诉讼；

（七）基金合同约定的其他权利。

公开募集基金的基金份额持有人有权查阅或者复制公开披露的基金信息资料；非公开募集基金的基金份额持有人对涉及自身利益的情况，有权查阅基金的财务会计账簿等财务资料。

《中华人民共和国合伙企业法》（2006年8月27日）

第二十八条　由一个或者数个合伙人执行合伙事务的，执行事务合伙人应当定期向其他合伙人报告事务执行情况以及合伙企业的经营和财务状况，其执行合伙事务所产生的收益归合伙企业，所产生的费用和亏损由合伙企业承担。

合伙人为了解合伙企业的经营状况和财务状况，有权查阅合伙企业会计账簿等财务资料。

第六十八条　有限合伙人不执行合伙事务，不得对外代表有限合伙企业。

有限合伙人的下列行为，不视为执行合伙事务：

（一）参与决定普通合伙人入伙、退伙；

（二）对企业的经营管理提出建议；

（三）参与选择承办有限合伙企业审计业务的会计师事务所；

（四）获取经审计的有限合伙企业财务会计报告；

（五）对涉及自身利益的情况，查阅有限合伙企业财务会计账簿等财务资料；

（六）在有限合伙企业中的利益受到侵害时，向有责任的合伙人主张权利或者提起诉讼；

（七）执行事务合伙人怠于行使权利时，督促其行使权利或者为了本企业的利益以自己的名义提起诉讼；

（八）依法为本企业提供担保。

第三章 会 计 监 督

一、第二十五条

（一）法条原文

【2024年版本】

第二十五条 各单位应当建立、健全本单位内部会计监督制度并将其纳入本单位内部控制制度。单位内部会计监督制度应当符合下列要求：

（一）记账人员与经济业务事项和会计事项的审批人员、经办人员、财物保管人员的职责权限应当明确，并相互分离、相互制约；

（二）重大对外投资、资产处置、资金调度和其他重要经济业务事项的决策和执行的相互监督、相互制约程序应当明确；

（三）财产清查的范围、期限和组织程序应当明确；

（四）对会计资料定期进行内部审计的办法和程序应当明确；

（五）国务院财政部门规定的其他要求。

【2017年、1999年版本】

第二十七条 各单位应当建立、健全本单位内部会计监督制度。单位内部会计监督制度应当符合下列要求：

（一）记帐人员与经济业务事项和会计事项的审批人员、经办人员、财物保管人员的职责权限应当明确，并相互分离、相互制约；

（二）重大对外投资、资产处置、资金调度和其他重要经济业务事项的决策和执行的相互监督、相互制约程序应当明确；

（三）财产清查的范围、期限和组织程序应当明确；

（四）对会计资料定期进行内部审计的办法和程序应当明确。

【1993年、1985年版本】

第十六条 各单位的会计机构、会计人员对本单位实行会计监督。

第十七条 会计机构、会计人员对不真实、不合法的原始凭证，不予受理；对记载不准确、不完整的原始凭证，予以退回，要求更正、补充。

（二）法条释义

本条规定了单位内部会计监督。

会计监督是会计的基本职能之一，是对单位的经济活动进行检查监督，借以控制经济活动，使经济活动能够根据一定的方向、目标、计划，遵循一定的原则正常进行。会计监督可分为单位内部监督、社会监督和政府监督。

会计工作的单位内部监督制度，是指为了保护其资产的安全、完整，保证其经营活动符合国家法律、法规和内部有关管理制度，提高经营管理水平和效率，而在单位内部采取的一系列相互制约、相互监督的制度与方法。各单位应当建立、健全本单位内部会计监督制度。

会计工作的单位内部监督是指各单位的会计机构、会计人员依据法律、法规、国家统一的会计制度及单位内部会计管理制度等的规定，通过会计手段对本单位经济活动的合法性、合理性和有效性进行监督。内部会计监督的主体是各单位的会计机构、会计人员，内部会计监督的对象是单位的经济活动。

会计工作的单位内部监督的内容十分广泛，涉及人、财、物等诸多方面，各单位应当建立、健全本单位内部会计监督制度。单位内部会计监督制度应当符合下列要求：

（1）记账人员与经济业务事项和会计事项的审批人员、经办人员、财务保管人员的职责权限应当明确，并相互分离、相互制约。人员及其职责上的相互分离和相互制约是防止财务造假以及其他违法、违规现象出现的最重要的手段之一。各单位应当制定记账人员与审批人员、经办人员、财务保管人员职责权限的明确规章制度并悬挂在相应人员办公室的墙壁上。

（2）重大对外投资、资产处置、资金调度和其他重要经济业务事项的决策和执行的相互监督、相互制约程序应当明确。决策和执行的相互监督、相互制约是防范重大事项出现舞弊的重要手段。各单位应当对重大对外投资、资产处置、资金调度和其他重要经济业务事项的构成制定明确的金额或比例标准，对上述事项的决策和执行程序也制定明确的规章制度。

（3）财产清查的范围、期限和组织程序应当明确。定期进行财产清查是尽早发现实际财产与会计账簿记载情况不符的重要手段。各单位应当制定明确的财产清查的范围、期限和组织程序的规章制度。

（4）对会计资料定期进行内部审计的办法和程序应当明确。内部审计是规范单位会计行为并尽早发现会计舞弊的重要制度保障，各单位应当建立对会计资料定期进行内部审计的具体和明确的办法和程序，建议成立专门的内部审计部门或机构。

2017年、1999年版本《会计法》第二十七条第一款规定："各单位应当建立、健全本单位内部会计监督制度。……"2024年版本《会计法》在此之后增加"并将其纳入本单位内部控制制度"。同时在单位内部会计监督制度应当符合的要求中增加一项：

"（五）国务院财政部门规定的其他要求"。内部控制是保障组织权力规范有序、科学高效运行的有效手段，也是组织目标实现的长效保障机制。财政部已经发布了关于内部控制的系列文件，如《企业内部控制基本规范》（2008年5月22日）、《行政事业单位内部控制规范（试行）》（2012年11月29日）、《财政部关于全面推进行政事业单位内部控制建设的指导意见》（2015年12月21日）、《小企业内部控制规范（试行）》（2017年6月29日）。内部控制与内部会计监督是什么关系一直存在争议，2024年版本《会计法》明确了二者的关系：内部会计监督制度是内部控制制度的重要组成部分。未来，各单位应当在《会计法》规定的基础之上更加重视内部控制制度。

（三）相关条文

《会计基础工作规范》（2019年3月14日）

第七十二条 各单位的会计机构、会计人员对本单位的经济活动进行会计监督。

第七十三条 会计机构、会计人员进行会计监督的依据是：

（一）财经法律、法规、规章；

（二）会计法律、法规和国家统一会计制度；

（三）各省、自治区、直辖市财政厅（局）和国务院业务主管部门根据《中华人民共和国会计法》和国家统一会计制度制定的具体实施办法或者补充规定；

（四）各单位根据《中华人民共和国会计法》和国家统一会计制度制定的单位内部会计管理制度；

（五）各单位内部的预算、财务计划、经济计划、业务计划等。

第八十条 会计机构、会计人员应当对单位制定的预算、财务计划、经济计划、业务计划的执行情况进行监督。

第八十三条 各单位应当根据《中华人民共和国会计法》和国家统一会计制度的规定，结合单位类型和内容管理的需要，建立健全相应的内部会计管理制度。

第八十四条 各单位制定内部会计管理制度应当遵循下列原则：

（一）应当执行法律、法规和国家统一的财务会计制度。

（二）应当体现本单位的生产经营、业务管理的特点和要求。

（三）应当全面规范本单位的各项会计工作，建立健全会计基础，保证会计工作的有序进行。

（四）应当科学、合理，便于操作和执行。

（五）应当定期检查执行情况。

（六）应当根据管理需要和执行中的问题不断完善。

第八十五条 各单位应当建立内部会计管理体系。主要内容包括：单位领导人、总会计师对会计工作的领导职责；会计部门及其会计机构负责人、会计主管人员的职责、权限；会计部门与其他职能部门的关系；会计核算的组织形式等。

第八十六条 各单位应当建立会计人员岗位责任制度。主要内容包括：会计人员的工作岗位设置；各会计工作岗位的职责和标准；各会计工作岗位的人员和具体分工；会计工作岗位轮换办法；对各会计工作岗位的考核办法。

第八十七条 各单位应当建立账务处理程序制度。主要内容包括：会计科目及其明细科目的设置和使用；会计凭证的格式、审核要求和传递程序；会计核算方法；会计账簿的设置；编制会计报表的种类和要求；单位会计指标体系。

第八十八条 各单位应当建立内部牵制制度。主要内容包括：内部牵制制度的原则；组织分工；出纳岗位的职责和限制条件；有关岗位的职责和权限。

第八十九条 各单位应当建立稽核制度。主要内容包括：稽核工作的组织形式和具体分工；稽核工作的职责、权限；审核会计凭证和复核会计账簿、会计报表的方法。

第九十条 各单位应当建立原始记录管理制度。主要内容包括：原始记录的内容和填制方法；原始记录的格式；原始记录的审核；原始记录填制人的责任；原始记录签署、传递、汇集要求。

第九十一条 各单位应当建立定额管理制度。主要内容包括：定额管理的范围；制定和修订定额的依据、程序和方法；定额的执行；定额考核和奖惩办法等。

第九十二条 各单位应当建立计量验收制度。主要内容包括：计量检测手段和方法；计量验收管理的要求；计量验收人员的责任和奖惩办法。

第九十三条 各单位应当建立财产清查制度。主要内容包括：财产清查的范围；财产清查的组织；财产清查的期限和方法；对财产清查中发现问题的处理办法；对财产管理人员的奖惩办法。

第九十四条 各单位应当建立财务收支审批制度。主要内容包括：财务收支审批人员和审批权限；财务收支审批程序；财务收支审批人员的责任。

第九十五条 实行成本核算的单位应当建立成本核算制度。主要内容包括：成本核算的对象；成本核算的方法和程序；成本分析等。

第九十六条 各单位应当建立财务会计分析制度。主要内容包括：财务会计分析的主要内容；财务会计分析的基本要求和组织程序；财务会计分析的具体方法；财务会计分析报告的编写要求等。

《财政部关于全面推进行政事业单位内部控制建设的指导意见》（2015年12月21日）

党中央有关部门，国务院各部委、各直属机构，全国人大常委会办公厅，全国政协办公厅，高法院，高检院，各民主党派中央，有关人民团体，各省、自治区、直辖市、计划单列市财政厅（局），新疆生产建设兵团财务局：

内部控制是保障组织权力规范有序、科学高效运行的有效手段，也是组织目标实现的长效保障机制。自《行政事业单位内部控制规范（试行）》（财会〔2012〕21号，以下简称《单位内控规范》）发布实施以来，各行政事业单位积极推进内部控制建设，取得了初步成效。但也存在部分单位重视不够、制度建设不健全、发展水平不平衡等问题。党的十八届四中全会通过的《中共中央关于全面推进依法治国若干重大问题的决定》明确提出:"对财政资金分配使用、国有资产监管、政府投资、政府采购、公共资源转让、公共工程建设等权力集中的部门和岗位实行分事行权、分岗设权、分级授权,定期轮岗,强化内部流程控制,防止权力滥用",为行政事业单位加强内部控制建设指明了方向。为认真贯彻落实党的十八届四中全会精神,现对全面推进行政事业单位内部控制建设提出以下指导意见。

一、总体要求

(一)指导思想。高举中国特色社会主义伟大旗帜,认真贯彻落实党的十八大和十八届三中、四中、五中全会精神,深入贯彻习近平总书记系列重要讲话精神,全面推进行政事业单位内部控制建设,规范行政事业单位内部经济和业务活动,强化对内部权力运行的制约,防止内部权力滥用,建立健全科学高效的制约和监督体系,促进单位公共服务效能和内部治理水平不断提高,为实现国家治理体系和治理能力现代化奠定坚实基础、提供有力支撑。

(二)基本原则。

1. 坚持全面推进。行政事业单位(以下简称单位)应当按照党的十八届四中全会决定关于强化内部控制的精神和《单位内控规范》的具体要求,全面建立、有效实施内部控制,确保内部控制覆盖单位经济和业务活动的全范围,贯穿内部权力运行的决策、执行和监督全过程,规范单位内部各层级的全体人员。

2. 坚持科学规划。单位应当科学运用内部控制机制原理,结合自身的业务性质、业务范围、管理架构,合理界定岗位职责、业务流程和内部权力运行结构,依托制度规范和信息系统,将制约内部权力运行嵌入内部控制的各个层级、各个方面、各个环节。

3. 坚持问题导向。单位应当针对内部管理薄弱环节和风险隐患,特别是涉及内部权力集中的财政资金分配使用、国有资产监管、政府投资、政府采购、公共资源转让、公共工程建设等重点领域和关键岗位,合理配置权责,细化权力运行流程,明确关键控制节点和风险评估要求,提高内部控制的针对性和有效性。

4. 坚持共同治理。充分发挥内部控制与其他内部监督机制的相互促进作用,形成监管合力,优化监督效果;充分发挥政府、单位、社会和市场的各自作用,各级财政部门要加强统筹规划、督促指导,主动争取审计、监察等部门的支持,共同推动内部控制建设和有效实施;单位要切实履行内部控制建设的主体责任;要建立公平、公开、公正的市场竞争和激励机制,鼓励社会第三方参与单位内部控制建设和发挥外部监督作用,形成单位内部控制建设的合力。

(三)总体目标。以单位全面执行《单位内控规范》为抓手,以规范单位经济和业务活动有序运行为主线,以内部控制量化评价为导向,以信息系统为支撑,突出规范重点领域、关键岗位的经济和业务活动运行流程、制约措施，逐步将控制对象从经济活动层面拓展到全部业务活动和内部权力运行，到2020年，基本建成与国家治理体系和治理能力现代化相适应的，权责一致、制衡有效、运行顺畅、执行有力、管理科学的内部控制体系，更好发挥内部控制在提升内部治理水平、规范内部权力运行、促进依法行政、推进廉政建设中的重要作用。

二、主要任务

（一）健全内部控制体系，强化内部流程控制。单位应当按照内部控制要求，在单位主要负责人直接领导下，建立适合本单位实际情况的内部控制体系，全面梳理业务流程，明确业务环节，分析风险隐患，完善风险评估机制，制定风险应对策略；有效运用不相容岗位相互分离、内部授权审批控制、归口管理、预算控制、财产保护控制、会计控制、单据控制、信息内部公开等内部控制基本方法，加强对单位层面和业务层面的内部控制，实现内部控制体系全面、有效实施。

已经建立并实施内部控制的单位，应当按照本指导意见和《单位内控规范》要求，对本单位内部控制制度的全面性、重要性、制衡性、适应性和有效性进行自我评价、对照检查，并针对存在的问题，抓好整改落实，进一步健全制度，提高执行力，完善监督措施，确保内部控制有效实施。内部控制尚未建立或内部控制制度不健全的单位，必须于2016年底前完成内部控制的建立和实施工作。

（二）加强内部权力制衡，规范内部权力运行。分事行权、分岗设权、分级授权和定期轮岗，是制约权力运行、加强内部控制的基本要求和有效措施。单位应当根据自身的业务性质、业务范围、管理架构，按照决策、执行、监督相互分离、相互制衡的要求，科学设置内设机构、管理层级、岗位职责权限、权力运行规程，切实做到分事行权、分岗设权、分级授权，并定期轮岗。分事行权，就是对经济和业务活动的决策、执行、监督，必须明确分工、相互分离、分别行权，防止职责混淆、权限交叉；分岗设权，就是对涉及经济和业务活动的相关岗位，必须依职定岗、分岗定权、权责明确，防止岗位职责不清、设权界限混乱；分级授权，就是对各管理层级和各工作岗位，必须依法依规分别授权，明确授权范围、授权对象、授权期限、授权与行权责任、一般授权与特殊授权界限，防止授权不当、越权办事。同时，对重点领域的关键岗位，在健全岗位设置、规范岗位管理、加强岗位胜任能力评估的基础上，通过明确轮岗范围、轮岗条件、轮岗周期、交接流程、责任追溯等要求，建立干部交流和定期轮岗制度，不具备轮岗条件的单位应当采用专项审计等控制措施。对轮岗后发现原工作岗位存在失职或违法违纪行为的，应当按国家有关规定追责。

（三）建立内控报告制度，促进内控信息公开。针对内部控制建立和实施的实际情况，单位应当按照《单位内控规范》的要求积极开展内部控制自我评价工作。单位内部控制自我评价情况应当作为部门决算报告和财务报告的重要组成内容进行报告。积极推进内部控制信息公开，通过面向单位内部和外部定期公开内部控制相关信息，逐步建立规范有序、及时可靠的内部控制信息公开机制，更好发挥信息公开对内部控制建设的促进和监督作用。

（四）加强监督检查工作，加大考评问责力度。监督检查和自我评价，是内部控制得以有效实施的重要保障。单位应当建立健全内部控制的监督检查和自我评价制度，通过日常监督和专项监督，检查内部控制实施过程中存在的突出问题、管理漏洞和薄弱环节，进一步改进和加强内部控制；通过自我评价，评估内部控制的全面性、重要性、制衡性、适应性和有效性，进一步改进和完善内部控制。同时，单位要将内部监督、自我评价与干部考核、追责问责结合起来，并将内部监督、自我评价结果采取适当的方式予以内部公开，强化自我监督、自我约束的自觉性，促进自我监督、自我约束机制的不断完善。

三、保障措施

（一）加强组织领导。各地区、各部门要充分认识全面推进行政事业单位内部控制建设的重要意义，把制约内部权力运行、强化内部控制，作为当前和今后一个时期的重要工作来抓，切实加强对单位内部控制建设的组织领导，建立健全由财政、审计、监察等部门参与的协调机制，协同推进内部控制建设和监督检查工作。同时，积极探索建立单位财务报告内部控制实施情况注册会计师审计制度，将单位内部控制建设纳入制度化、规范化轨道。

（二）抓好贯彻落实。单位要按照本指导意见确定的总体要求、主要任务和时间表，认真抓好内部控制建设，确保制度健全、执行有力、监督到位。单位主要负责人应当主持制定工作方案，明确工作分工，配备工作人员，健全工作机制，充分利用信息化手段，组织、推动本单位内部控制建设，并对建立与实施内部控制的有效性承担领导责任。

（三）强化督导检查。各级财政部门要加强对单位内部控制建立与实施情况的监督检查，公开监督检查结果，并将监督检查结果、内部控制自我评价情况和注册会计师审计情况作为安排财政预算、实施预算绩效评价与中期财政规划的参考依据。同时，加强与审计、监察等部门的沟通协调和信息共享，形成监督合力，避免重复检查。

（四）深入宣传教育。各地区、各部门、各单位要加大宣传教育力度，广泛宣传制约内部权力运行、强化内部控制的必要性和紧迫性，广泛宣传相关先进经验和典型做法，引导单位广大干部职工自觉提高风险防范和抵制权力滥用意识，确保权力规范有序运行。同时，要加强对单位领导干部和工作人员有关制约内部权力运行、强化内部控制方面的教育培训，为全面推进行政事业单位内部控制建设营造良好的环境和氛围。

《企业内部控制基本规范》（2008年5月22日）

第一章 总 则

第一条 为了加强和规范企业内部控制，提高企业经营管理水平和风险防范能力，促进企业可持续发展，维护社会主义市场经济秩序和社会公众利益，根据《中华人民共和国公司法》《中华人民共和国证券法》《中华人民共和国会计法》和其他有关法律法规，制定本规范。

第二条 本规范适用于中华人民共和国境内设立的大中型企业。

小企业和其他单位可以参照本规范建立与实施内部控制。

大中型企业和小企业的划分标准根据国家有关规定执行。

第三条 本规范所称内部控制，是由企业董事会、监事会、经理层和全体员工实施的、旨在实现控制目标的过程。

内部控制的目标是合理保证企业经营管理合法合规、资产安全、财务报告及相关信息真实完整，提高经营效率和效果，促进企业实现发展战略。

第四条 企业建立与实施内部控制，应当遵循下列原则：

（一）全面性原则。内部控制应当贯穿决策、执行和监督全过程，覆盖企业及其所属单位的各种业务和事项。

（二）重要性原则。内部控制应当在全面控制的基础上，关注重要业务事项和高风险领域。

（三）制衡性原则。内部控制应当在治理结构、机构设置及权责分配、业务流程等方面形成相互制约、相互监督，同时兼顾运营效率。

（四）适应性原则。内部控制应当与企业经营规模、业务范围、竞争状况和风险水平等相适应，并随着情况的变化及时加以调整。

（五）成本效益原则。内部控制应当权衡实施成本与预期效益，以适当的成本实现有效控制。

第五条 企业建立与实施有效的内部控制，应当包括下列要素：

（一）内部环境。内部环境是企业实施内部控制的基础，一般包括治理结构、机构设置及权责分配、内部审计、人力资源政策、企业文化等。

（二）风险评估。风险评估是企业及时识别、系统分析经营活动中与实现内部控制目标相关的风险，合理确定风险应对策略。

（三）控制活动。控制活动是企业根据风险评估结果，采用相应的控制措施，将风险控制在可承受度之内。

（四）信息与沟通。信息与沟通是企业及时、准确地收集、传递与内部控制相关的信息，确保信息在企业内部、企业与外部之间进行有效沟通。

（五）内部监督。内部监督是企业对内部控制建立与实施情况进行监督检查，评价内部控制的有效性，发现内部控制缺陷，应当及时加以改进。

第六条 企业应当根据有关法律法规、本规范及其配套办法，制定本企业的内部控制制度并组织实施。

第七条 企业应当运用信息技术加强内部控制，建立与经营管理相适应的信息系统，促进内部控制流程与信息系统的有机结合，实现对业务和事项的自动控制，减少或消除人为操纵因素。

第八条 企业应当建立内部控制实施的激励约束机制，将各责任单位和全体员工实施内部控制的情况纳入绩效考评体系，促进内部控制的有效实施。

第九条 国务院有关部门可以根据法律法规、本规范及其配套办法，明确贯彻实施本规范的具体要求，对企业建立与实施内部控制的情况进行监督检查。

第十条 接受企业委托从事内部控制审计的会计师事务所，应当根据本规范及其配套办法和相关执业准则，对企业内部控制的有效性进行审计，出具审计报告。会计师事务所及其签字的从业人员应当对发表的内部控制审计意见负责。

为企业内部控制提供咨询的会计师事务所，不得同时为同一企业提供内部控制审计服务。

第二章 内部环境

第十一条 企业应当根据国家有关法律法规和企业章程，建立规范的公司治理结构和议事规则，明确决策、执行、监督等方面的职责权限，形成科学有效的职责分工和制衡机制。

股东（大）会享有法律法规和企业章程规定的合法权利，依法行使企业经营方针、筹资、投资、利润分配等重大事项的表决权。

董事会对股东（大）会负责，依法行使企业的经营决策权。

监事会对股东（大）会负责，监督企业董事、经理和其他高级管理人员依法履行职责。

经理层负责组织实施股东（大）会、董事会决议事项，主持企业的生产经营管理工作。

第十二条 董事会负责内部控制的建立健全和有效实施。监事会对董事会建立与实施内部控制进行监督。经理层负责组织领导企业内部控制的日常运行。

企业应当成立专门机构或者指定适当的机构具体负责组织协调内部控制的建立实施及日常工作。

第十三条 企业应当在董事会下设立审计委员会。审计委员会负责审查企业内部控制，监督内部控制的有效实施和内部控制自我评价情况，协调内部控制审计及其他相关事宜等。

审计委员会负责人应当具备相应的独立性、良好的职业操守和专业胜任能力。

第十四条 企业应当结合业务特点和内部控制要求设置内部机构，明确职责权限，将权利与责任落实到各责任单位。

企业应当通过编制内部管理手册，使全体员工掌握内部机构设置、岗位职责、业务流程等情况，明确权责分配，正确行使职权。

第十五条 企业应当加强内部审计工作，保证内审机构设置、人员配备和工作的独立性。

内部审计机构应当结合内部审计监督，对内部控制的有效性进行监督检查。内部审计机构对监督检查中发现的内部控制缺陷，应当按照企业内部审计工作程序进行报告；对监督检查中发现的内部控制重大缺陷，有权直接向董事会及其审计委员会、监事会报告。

第十六条　企业应当制定和实施有利于企业可持续发展的人力资源政策。人力资源政策应当包括下列内容：

（一）员工的聘用、培训、辞退与辞职。

（二）员工的薪酬、考核、晋升与奖惩。

（三）关键岗位员工的强制休假制度和定期岗位轮换制度。

（四）掌握国家秘密或重要商业秘密的员工离岗的限制性规定。

（五）有关人力资源管理的其他政策。

第十七条　企业应当将职业道德修养和专业胜任能力作为选拔和聘用员工的重要标准，切实加强员工培训和继续教育，不断提升员工素质。

第十八条　企业应当加强文化建设，培育积极向上的价值观和社会责任感，倡导诚实守信、爱岗敬业、开拓创新和团队协作精神，树立现代管理理念，强化风险意识。

董事、监事、经理及其他高级管理人员应当在企业文化建设中发挥主导作用。

企业员工应当遵守员工行为守则，认真履行岗位职责。

第十九条　企业应当加强法制教育，增强董事、监事、经理及其他高级管理人员和员工的法制观念，严格依法决策、依法办事、依法监督，建立健全法律顾问制度和重大法律纠纷案件备案制度。

第三章　风险评估

第二十条　企业应当根据设定的控制目标，全面系统持续地收集相关信息，结合实际情况，及时进行风险评估。

第二十一条　企业开展风险评估，应当准确识别与实现控制目标相关的内部风险和外部风险，确定相应的风险承受度。

风险承受度是企业能够承担的风险限度，包括整体风险承受能力和业务层面的可接受风险水平。

第二十二条　企业识别内部风险，应当关注下列因素：

（一）董事、监事、经理及其他高级管理人员的职业操守、员工专业胜任能力等人力资源因素。

（二）组织机构、经营方式、资产管理、业务流程等管理因素。

（三）研究开发、技术投入、信息技术运用等自主创新因素。

（四）财务状况、经营成果、现金流量等财务因素。

（五）营运安全、员工健康、环境保护等安全环保因素。

（六）其他有关内部风险因素。

第二十三条 企业识别外部风险，应当关注下列因素：

（一）经济形势、产业政策、融资环境、市场竞争、资源供给等经济因素。

（二）法律法规、监管要求等法律因素。

（三）安全稳定、文化传统、社会信用、教育水平、消费者行为等社会因素。

（四）技术进步、工艺改进等科学技术因素。

（五）自然灾害、环境状况等自然环境因素。

（六）其他有关外部风险因素。

第二十四条 企业应当采用定性与定量相结合的方法，按照风险发生的可能性及其影响程度等，对识别的风险进行分析和排序，确定关注重点和优先控制的风险。

企业进行风险分析，应当充分吸收专业人员，组成风险分析团队，按照严格规范的程序开展工作，确保风险分析结果的准确性。

第二十五条 企业应当根据风险分析的结果，结合风险承受度，权衡风险与收益，确定风险应对策略。

企业应当合理分析、准确掌握董事、经理及其他高级管理人员、关键岗位员工的风险偏好，采取适当的控制措施，避免因个人风险偏好给企业经营带来重大损失。

第二十六条 企业应当综合运用风险规避、风险降低、风险分担和风险承受等风险应对策略，实现对风险的有效控制。

风险规避是企业对超出风险承受度的风险，通过放弃或者停止与该风险相关的业务活动以避免和减轻损失的策略。

风险降低是企业在权衡成本效益之后，准备采取适当的控制措施降低风险或者减轻损失，将风险控制在风险承受度之内的策略。

风险分担是企业准备借助他人力量，采取业务分包、购买保险等方式和适当的控制措施，将风险控制在风险承受度之内的策略。

风险承受是企业对风险承受度之内的风险，在权衡成本效益之后，不准备采取控制措施降低风险或者减轻损失的策略。

第二十七条 企业应当结合不同发展阶段和业务拓展情况，持续收集与风险变化相关的信息，进行风险识别和风险分析，及时调整风险应对策略。

第四章 控制活动

第二十八条 企业应当结合风险评估结果，通过手工控制与自动控制、预防性控制与发现性控制相结合的方法，运用相应的控制措施，将风险控制在可承受度之内。

控制措施一般包括：不相容职务分离控制、授权审批控制、会计系统控制、财产保护控制、预算控制、运营分析控制和绩效考评控制等。

第二十九条 不相容职务分离控制要求企业全面系统地分析、梳理业务流程中所涉及的不相容职务，实施相应的分离措施，形成各司其职、各负其责、相互制约的工作机制。

第三十条 授权审批控制要求企业根据常规授权和特别授权的规定，明确各岗位办理业务和事项的权限范围、审批程序和相应责任。

企业应当编制常规授权的权限指引，规范特别授权的范围、权限、程序和责任，严格控制特别授权。常规授权是指企业在日常经营管理活动中按照既定的职责和程序进行的授权。特别授权是指企业在特殊情况、特定条件下进行的授权。

企业各级管理人员应当在授权范围内行使职权和承担责任。

企业对于重大的业务和事项，应当实行集体决策审批或者联签制度，任何个人不得单独进行决策或者擅自改变集体决策。

第三十一条 会计系统控制要求企业严格执行国家统一的会计准则制度，加强会计基础工作，明确会计凭证、会计账簿和财务会计报告的处理程序，保证会计资料真实完整。

企业应当依法设置会计机构，配备会计从业人员。从事会计工作的人员，必须取得会计从业资格证书。会计机构负责人应当具备会计师以上专业技术职务资格。

大中型企业应当设置总会计师。设置总会计师的企业，不得设置与其职权重叠的副职。

第三十二条 财产保护控制要求企业建立财产日常管理制度和定期清查制度，采取财产记录、实物保管、定期盘点、账实核对等措施，确保财产安全。

企业应当严格限制未经授权的人员接触和处置财产。

第三十三条 预算控制要求企业实施全面预算管理制度，明确各责任单位在预算管理中的职责权限，规范预算的编制、审定、下达和执行程序，强化预算约束。

第三十四条 运营分析控制要求企业建立运营情况分析制度，经理层应当综合运用生产、购销、投资、筹资、财务等方面的信息，通过因素分析、对比分析、趋势分析等方法，定期开展运营情况分析，发现存在的问题，及时查明原因并加以改进。

第三十五条 绩效考评控制要求企业建立和实施绩效考评制度，科学设置考核指标体系，对企业内部各责任单位和全体员工的业绩进行定期考核和客观评价，将考评结果作为确定员工薪酬以及职务晋升、评优、降级、调岗、辞退等的依据。

第三十六条 企业应当根据内部控制目标，结合风险应对策略，综合运用控制措施，对各种业务和事项实施有效控制。

第三十七条 企业应当建立重大风险预警机制和突发事件应急处理机制，明确风险预警标准，对可能发生的重大风险或突发事件，制定应急预案、明确责任人员、规范处置程序，确保突发事件得到及时妥善处理。

第五章 信息与沟通

第三十八条 企业应当建立信息与沟通制度，明确内部控制相关信息的收集、处理和传递程序，确保信息及时沟通，促进内部控制有效运行。

第三十九条 企业应当对收集的各种内部信息和外部信息进行合理筛选、核对、整合，提高信息的有用性。

企业可以通过财务会计资料、经营管理资料、调研报告、专项信息、内部刊物、办公网络等渠道，获取内部信息。

企业可以通过行业协会组织、社会中介机构、业务往来单位、市场调查、来信来访、网络媒体以及有关监管部门等渠道，获取外部信息。

第四十条 企业应当将内部控制相关信息在企业内部各管理级次、责任单位、业务环节之间，以及企业与外部投资者、债权人、客户、供应商、中介机构和监管部门等有关方面之间进行沟通和反馈。信息沟通过程中发现的问题，应当及时报告并加以解决。

重要信息应当及时传递给董事会、监事会和经理层。

第四十一条 企业应当利用信息技术促进信息的集成与共享，充分发挥信息技术在信息与沟通中的作用。

企业应当加强对信息系统开发与维护、访问与变更、数据输入与输出、文件储存与保管、网络安全等方面的控制，保证信息系统安全稳定运行。

第四十二条 企业应当建立反舞弊机制，坚持惩防并举、重在预防的原则，明确反舞弊工作的重点领域、关键环节和有关机构在反舞弊工作中的职责权限，规范舞弊案件的举报、调查、处理、报告和补救程序。

企业至少应当将下列情形作为反舞弊工作的重点：

（一）未经授权或者采取其他不法方式侵占、挪用企业资产，牟取不当利益。

（二）在财务会计报告和信息披露等方面存在的虚假记载、误导性陈述或者重大遗漏等。

（三）董事、监事、经理及其他高级管理人员滥用职权。

（四）相关机构或人员串通舞弊。

第四十三条 企业应当建立举报投诉制度和举报人保护制度，设置举报专线，明确举报投诉处理程序、办理时限和办结要求，确保举报、投诉成为企业有效掌握信息的重要途径。

举报投诉制度和举报人保护制度应当及时传达至全体员工。

第六章　内部监督

第四十四条 企业应当根据本规范及其配套办法，制定内部控制监督制度，明确内部审计机构（或经授权的其他监督机构）和其他内部机构在内部监督中的职责权限，规范内部监督的程序、方法和要求。

内部监督分为日常监督和专项监督。日常监督是指企业对建立与实施内部控制的情况进行常规、持续的监督检查；专项监督是指在企业发展战略、组织结构、经营活动、业务流程、关键岗位员工等发生较大调整或变化的情况下，对内部控制的某一或者某些方面进行有针对性的监督检查。

专项监督的范围和频率应当根据风险评估结果以及日常监督的有效性等予以确定。

第四十五条 企业应当制定内部控制缺陷认定标准,对监督过程中发现的内部控制缺陷,应当分析缺陷的性质和产生的原因,提出整改方案,采取适当的形式及时向董事会、监事会或者经理层报告。

内部控制缺陷包括设计缺陷和运行缺陷。企业应当跟踪内部控制缺陷整改情况,并就内部监督中发现的重大缺陷,追究相关责任单位或者责任人的责任。

第四十六条 企业应当结合内部监督情况,定期对内部控制的有效性进行自我评价,出具内部控制自我评价报告。

内部控制自我评价的方式、范围、程序和频率,由企业根据经营业务调整、经营环境变化、业务发展状况、实际风险水平等自行确定。

国家有关法律法规另有规定的,从其规定。

第四十七条 企业应当以书面或者其他适当的形式,妥善保存内部控制建立与实施过程中的相关记录或者资料,确保内部控制建立与实施过程的可验证性。

第七章 附 则

第四十八条 本规范由财政部会同国务院其他有关部门解释。

第四十九条 本规范的配套办法由财政部会同国务院其他有关部门另行制定。

第五十条 本规范自 2009 年 7 月 1 日起实施。

《小企业内部控制规范(试行)》(2017 年 6 月 29 日)

第一章 总 则

第一条 为了指导小企业建立和有效实施内部控制,提高经营管理水平和风险防范能力,促进小企业健康可持续发展,根据《中华人民共和国会计法》《中华人民共和国公司法》等法律法规及《企业内部控制基本规范》,制定本规范。

第二条 本规范适用于在中华人民共和国境内依法设立的、尚不具备执行《企业内部控制基本规范》及其配套指引条件的小企业。

小企业的划分标准按照《中小企业划型标准规定》执行。

执行《企业内部控制基本规范》及其配套指引的企业集团,其集团内属于小企业的母公司和子公司,也应当执行《企业内部控制基本规范》及其配套指引。

企业集团、母公司和子公司的定义与《企业会计准则》的规定相同。

第三条 本规范所称内部控制,是指由小企业负责人及全体员工共同实施的、旨在实现控制目标的过程。

第四条 小企业内部控制的目标是合理保证小企业经营管理合法合规、资金资产安全和财务报告信息真实完整可靠。

第五条 小企业建立与实施内部控制,应当遵循下列原则:

(一)风险导向原则。内部控制应当以防范风险为出发点,重点关注对实现内部控制目标造成重大影响的风险领域。

（二）适应性原则。内部控制应当与企业发展阶段、经营规模、管理水平等相适应，并随着情况的变化及时加以调整。

（三）实质重于形式原则。内部控制应当注重实际效果，而不局限于特定的表现形式和实现手段。

（四）成本效益原则。内部控制应当权衡实施成本与预期效益，以合理的成本实现有效控制。

第六条 小企业建立与实施内部控制应当遵循下列总体要求：

（一）树立依法经营、诚实守信的意识，制定并实施长远发展目标和战略规划，为内部控制的持续有效运行提供良好环境。

（二）及时识别、评估与实现控制目标相关的内外部风险，并合理确定风险应对策略。

（三）根据风险评估结果，开展相应的控制活动，将风险控制在可承受范围之内。

（四）及时、准确地收集、传递与内部控制相关的信息，并确保其在企业内部、企业与外部之间的有效沟通。

（五）对内部控制的建立与实施情况进行监督检查，识别内部控制存在的问题并及时督促改进。

（六）形成建立、实施、监督及改进内部控制的管理闭环，并使其持续有效运行。

第七条 小企业主要负责人对本企业内部控制的建立健全和有效实施负责。

小企业可以指定适当的部门（岗位），具体负责组织协调和推动内部控制的建立与实施工作。

第二章 内部控制建立与实施

第八条 小企业应当围绕控制目标，以风险为导向确定内部控制建设的领域，设计科学合理的控制活动或对现有控制活动进行梳理、完善和优化，确保内部控制体系能够持续有效运行。

第九条 小企业应当依据所设定的内部控制目标和内部控制建设工作规划，有针对性地选择评估对象开展风险评估。

风险评估对象可以是整个企业或某个部门，也可以是某个业务领域、某个产品或某个具体事项。

第十条 小企业应当恰当识别与控制目标相关的内外部风险，如合规性风险、资金资产安全风险、信息安全风险、合同风险等。

第十一条 小企业应当采用适当的风险评估方法，综合考虑风险发生的可能性、风险发生后可能造成的影响程度以及可能持续的时间，对识别的风险进行分析和排序，确定重点关注和优先控制的风险。

常用的风险评估方法包括问卷调查、集体讨论、专家咨询、管理层访谈、行业标杆比较等。

第十二条　小企业开展风险评估既可以结合经营管理活动进行，也可以专门组织开展。

小企业应当定期开展系统全面的风险评估。在发生重大变化以及需要对重大事项进行决策时，小企业可以相应增加风险评估的频率。

第十三条　小企业开展风险评估，可以考虑聘请外部专家提供技术支持。

第十四条　小企业应当根据风险评估的结果，制定相应的风险应对策略，对相关风险进行管理。

风险应对策略一般包括接受、规避、降低、分担等四种策略。

小企业应当将内部控制作为降低风险的主要手段，在权衡成本效益之后，采取适当的控制措施将风险控制在本企业可承受范围之内。

第十五条　小企业建立与实施内部控制应当重点关注下列管理领域：

（一）资金管理；

（二）重要资产管理（包括核心技术）；

（三）债务与担保业务管理；

（四）税费管理；

（五）成本费用管理；

（六）合同管理；

（七）重要客户和供应商管理；

（八）关键岗位人员管理；

（九）信息技术管理；

（十）其他需要关注的领域。

第十六条　小企业在建立内部控制时，应当根据控制目标，按照风险评估的结果，结合自身实际情况，制定有效的内部控制措施。

内部控制措施一般包括不相容岗位相分离控制、内部授权审批控制、会计控制、财产保护控制、单据控制等。

第十七条　不相容岗位相分离控制要求小企业根据国家有关法律法规的要求及自身实际情况，合理设置不相容岗位，确保不相容岗位由不同的人员担任，并合理划分业务和事项的申请、内部审核审批、业务执行、信息记录、内部监督等方面的责任。

因资源限制等原因无法实现不相容岗位相分离的，小企业应当采取抽查交易文档、定期资产盘点等替代性控制措施。

第十八条　内部授权审批控制要求小企业根据常规授权和特别授权的规定，明确各部门、各岗位办理业务和事项的权限范围、审批程序和相关责任。常规授权是指小企业在日常经营管理活动中按照既定的职责和程序进行的授权。特别授权是指小企业在特殊情况、特定条件下进行的授权。小企业应当严格控制特别授权。

小企业各级管理人员应当在授权范围内行使职权、办理业务。

第十九条　会计控制要求小企业严格执行国家统一的会计准则制度，加强会计基础工作，明确会计凭证、会计账簿和财务会计报告的处理程序，加强会计档案管理，保证会计资料真实完整。

小企业应当根据会计业务的需要，设置会计机构；或者在有关机构中设置会计人员并指定会计主管人员；或者委托经批准设立从事会计代理记账业务的中介机构代理记账。

小企业应当选择使用符合《中华人民共和国会计法》和国家统一的会计制度规定的会计信息系统（电算化软件）。

第二十条　财产保护控制要求小企业建立财产日常管理和定期清查制度，采取财产记录、实物保管、定期盘点、账实核对等措施，确保财产安全完整。

第二十一条　单据控制要求小企业明确各种业务和事项所涉及的表单和票据，并按照规定填制、审核、归档和保管各类单据。

第二十二条　小企业应当根据内部控制目标，综合运用上述内部控制措施，对企业面临的各类内外部风险实施有效控制。

第二十三条　小企业在采取内部控制措施时，应当对实施控制的责任人、频率、方式、文档记录等内容做出明确规定。

有条件的小企业可以采用内部控制手册等书面形式来明确内部控制措施。

第二十四条　小企业可以利用现有的管理基础，将内部控制要求与企业管理体系进行融合，提高内部控制建立与实施工作的实效性。

第二十五条　小企业在实施内部控制的过程中，可以采用灵活适当的信息沟通方式，以实现小企业内部各管理层级、业务部门之间，以及与外部投资者、债权人、客户和供应商等有关方面之间的信息畅通。

内外部信息沟通方式主要包括发函、面谈、专题会议、电话等。

第二十六条　小企业应当通过加强人员培训等方式，提高实施内部控制的责任人的胜任能力，确保内部控制得到有效实施。

第二十七条　在发生下列情形时，小企业应当评估现行的内部控制措施是否仍然适用，并对不适用的部分及时进行更新优化：

（一）企业战略方向、业务范围、经营管理模式、股权结构发生重大变化；

（二）企业面临的风险发生重大变化；

（三）关键岗位人员胜任能力不足；

（四）其他可能对企业产生重大影响的事项。

第三章　内部控制监督

第二十八条　小企业应当结合自身实际情况和管理需要建立适当的内部控制监督机制，对内部控制的建立与实施情况进行日常监督和定期评价。

第二十九条　小企业应当选用具备胜任能力的人员实施内部控制监督。

实施内部控制的责任人开展自我检查不能替代监督。

具备条件的小企业，可以设立内部审计部门（岗位）或通过内部审计业务外包来提高内部控制监督的独立性和质量。

第三十条　小企业开展内部控制日常监督应当重点关注下列情形：

（一）因资源限制而无法实现不相容岗位相分离；

（二）业务流程发生重大变化；

（三）开展新业务、采用新技术、设立新岗位；

（四）关键岗位人员胜任能力不足或关键岗位出现人才流失；

（五）可能违反有关法律法规；

（六）其他应通过风险评估识别的重大风险。

第三十一条　小企业对于日常监督中发现的问题，应当分析其产生的原因以及影响程度，制定整改措施，及时进行整改。

第三十二条　小企业应当至少每年开展一次全面系统的内部控制评价工作，并可以根据自身实际需要开展不定期专项评价。

第三十三条　小企业应当根据年度评价结果，结合内部控制日常监督情况，编制年度内部控制报告，并提交小企业主要负责人审阅。

内部控制报告至少应当包括内部控制评价的范围、内部控制中存在的问题、整改措施、整改责任人、整改时间表及上一年度发现问题的整改落实情况等内容。

第三十四条　有条件的小企业可以委托会计师事务所对内部控制的有效性进行审计。

第三十五条　小企业可以将内部控制监督的结果纳入绩效考核的范围，促进内部控制的有效实施。

第四章　附　　则

第三十六条　符合《中小企业划型标准规定》所规定的微型企业标准的企业参照执行本规范。

第三十七条　对于本规范中未规定的业务活动的内部控制，小企业可以参照执行《企业内部控制基本规范》及其配套指引。

第三十八条　鼓励有条件的小企业执行《企业内部控制基本规范》及其配套指引。

第三十九条　本规范由财政部负责解释。

第四十条　本规范自2018年1月1日起施行。

《行政事业单位内部控制规范（试行）》（2012年11月29日）

第一章　总　　则

第一条　为了进一步提高行政事业单位内部管理水平，规范内部控制，加强廉政风险防控机制建设，根据《中华人民共和国会计法》《中华人民共和国预算法》等法律法规和相关规定，制定本规范。

第二条　本规范适用于各级党的机关、人大机关、行政机关、政协机关、审判机关、检察机关、各民主党派机关、人民团体和事业单位（以下统称单位）经济活动的内部控制。

第三条　本规范所称内部控制，是指单位为实现控制目标，通过制定制度、实施措施和执行程序，对经济活动的风险进行防范和管控。

第四条　单位内部控制的目标主要包括：合理保证单位经济活动合法合规、资产安全和使用有效、财务信息真实完整，有效防范舞弊和预防腐败，提高公共服务的效率和效果。

第五条　单位建立与实施内部控制，应当遵循下列原则：

（一）全面性原则。内部控制应当贯穿单位经济活动的决策、执行和监督全过程，实现对经济活动的全面控制。

（二）重要性原则。在全面控制的基础上，内部控制应当关注单位重要经济活动和经济活动的重大风险。

（三）制衡性原则。内部控制应当在单位内部的部门管理、职责分工、业务流程等方面形成相互制约和相互监督。

（四）适应性原则。内部控制应当符合国家有关规定和单位的实际情况，并随着外部环境的变化、单位经济活动的调整和管理要求的提高，不断修订和完善。

第六条　单位负责人对本单位内部控制的建立健全和有效实施负责。

第七条　单位应当根据本规范建立适合本单位实际情况的内部控制体系，并组织实施。具体工作包括梳理单位各类经济活动的业务流程，明确业务环节，系统分析经济活动风险，确定风险点，选择风险应对策略，在此基础上根据国家有关规定建立健全单位各项内部管理制度并督促相关工作人员认真执行。

第二章　风险评估和控制方法

第八条　单位应当建立经济活动风险定期评估机制，对经济活动存在的风险进行全面、系统和客观评估。

经济活动风险评估至少每年进行一次；外部环境、经济活动或管理要求等发生重大变化的，应及时对经济活动风险进行重估。

第九条　单位开展经济活动风险评估应当成立风险评估工作小组，单位领导担任组长。

经济活动风险评估结果应当形成书面报告并及时提交单位领导班子，作为完善内部控制的依据。

第十条　单位进行单位层面的风险评估时，应当重点关注以下方面：

（一）内部控制工作的组织情况。包括是否确定内部控制职能部门或牵头部门；是否建立单位各部门在内部控制中的沟通协调和联动机制。

（二）内部控制机制的建设情况。包括经济活动的决策、执行、监督是否实现有效分离；权责是否对等；是否建立健全议事决策机制、岗位责任制、内部监督等机制。

（三）内部管理制度的完善情况。包括内部管理制度是否健全；执行是否有效。

（四）内部控制关键岗位工作人员的管理情况。包括是否建立工作人员的培训、评价、轮岗等机制；工作人员是否具备相应的资格和能力。

（五）财务信息的编报情况。包括是否按照国家统一的会计制度对经济业务事项进行账务处理；是否按照国家统一的会计制度编制财务会计报告。

（六）其他情况。

第十一条 单位进行经济活动业务层面的风险评估时，应当重点关注以下方面：

（一）预算管理情况。包括在预算编制过程中单位内部各部门间沟通协调是否充分，预算编制与资产配置是否相结合、与具体工作是否相对应；是否按照批复的额度和开支范围执行预算，进度是否合理，是否存在无预算、超预算支出等问题；决算编报是否真实、完整、准确、及时。

（二）收支管理情况。包括收入是否实现归口管理，是否按照规定及时向财会部门提供收入的有关凭据，是否按照规定保管和使用印章和票据等；发生支出事项时是否按照规定审核各类凭据的真实性、合法性，是否存在使用虚假票据套取资金的情形。

（三）政府采购管理情况。包括是否按照预算和计划组织政府采购业务；是否按照规定组织政府采购活动和执行验收程序；是否按照规定保存政府采购业务相关档案。

（四）资产管理情况。包括是否实现资产归口管理并明确使用责任；是否定期对资产进行清查盘点，对账实不符的情况及时进行处理；是否按照规定处置资产。

（五）建设项目管理情况。包括是否按照概算投资；是否严格履行审核审批程序；是否建立有效的招投标控制机制；是否存在截留、挤占、挪用、套取建设项目资金的情形；是否按照规定保存建设项目相关档案并及时办理移交手续。

（六）合同管理情况。包括是否实现合同归口管理；是否明确应签订合同的经济活动范围和条件；是否有效监控合同履行情况，是否建立合同纠纷协调机制。

（七）其他情况。

第十二条 单位内部控制的控制方法一般包括：

（一）不相容岗位相互分离。合理设置内部控制关键岗位，明确划分职责权限，实施相应的分离措施，形成相互制约、相互监督的工作机制。

（二）内部授权审批控制。明确各岗位办理业务和事项的权限范围、审批程序和相关责任，建立重大事项集体决策和会签制度。相关工作人员应当在授权范围内行使职权、办理业务。

（三）归口管理。根据本单位实际情况，按照权责对等的原则，采取成立联合工作小组并确定牵头部门或牵头人员等方式，对有关经济活动实行统一管理。

（四）预算控制。强化对经济活动的预算约束，使预算管理贯穿于单位经济活动的全过程。

（五）财产保护控制。建立资产日常管理制度和定期清查机制，采取资产记录、实物保管、定期盘点、账实核对等措施，确保资产安全完整。

（六）会计控制。建立健全本单位财会管理制度，加强会计机构建设，提高会计人员业务水平，强化会计人员岗位责任制，规范会计基础工作，加强会计档案管理，明确会计凭证、会计账簿和财务会计报告处理程序。

（七）单据控制。要求单位根据国家有关规定和单位的经济活动业务流程，在内部管理制度中明确界定各项经济活动所涉及的表单和票据，要求相关工作人员按照规定填制、审核、归档、保管单据。

（八）信息内部公开。建立健全经济活动相关信息内部公开制度，根据国家有关规定和单位的实际情况，确定信息内部公开的内容、范围、方式和程序。

第三章　单位层面内部控制

第十三条　单位应当单独设置内部控制职能部门或者确定内部控制牵头部门，负责组织协调内部控制工作。同时，应当充分发挥财会、内部审计、纪检监察、政府采购、基建、资产管理等部门或岗位在内部控制中的作用。

第十四条　单位经济活动的决策、执行和监督应当相互分离。单位应当建立健全集体研究、专家论证和技术咨询相结合的议事决策机制。

重大经济事项的内部决策，应当由单位领导班子集体研究决定。重大经济事项的认定标准应当根据有关规定和本单位实际情况确定，一经确定，不得随意变更。

第十五条　单位应当建立健全内部控制关键岗位责任制，明确岗位职责及分工，确保不相容岗位相互分离、相互制约和相互监督。单位应当实行内部控制关键岗位工作人员的轮岗制度，明确轮岗周期。不具备轮岗条件的单位应当采取专项审计等控制措施。内部控制关键岗位主要包括预算业务管理、收支业务管理、政府采购业务管理、资产管理、建设项目管理、合同管理以及内部监督等经济活动的关键岗位。

第十六条　内部控制关键岗位工作人员应当具备与其工作岗位相适应的资格和能力。

单位应当加强内部控制关键岗位工作人员业务培训和职业道德教育，不断提升其业务水平和综合素质。

第十七条　单位应当根据《中华人民共和国会计法》的规定建立会计机构，配备具有相应资格和能力的会计人员。

单位应当根据实际发生的经济业务事项按照国家统一的会计制度及时进行账务处理、编制财务会计报告，确保财务信息真实、完整。

第十八条　单位应当充分运用现代科学技术手段加强内部控制。对信息系统建设实施归口管理，将经济活动及其内部控制流程嵌入单位信息系统中，减少或消除人为操纵因素，保护信息安全。

第四章　业务层面内部控制

第一节　预算业务控制

第十九条　单位应当建立健全预算编制、审批、执行、决算与评价等预算内部管理制度。

单位应当合理设置岗位，明确相关岗位的职责权限，确保预算编制、审批、执行、评价等不相容岗位相互分离。

第二十条　单位的预算编制应当做到程序规范、方法科学、编制及时、内容完整、项目细化、数据准确。

（一）单位应当正确把握预算编制有关政策，确保预算编制相关人员及时全面掌握相关规定。

（二）单位应当建立内部预算编制、预算执行、资产管理、基建管理、人事管理等部门或岗位的沟通协调机制，按照规定进行项目评审，确保预算编制部门及时取得和有效运用与预算编制相关的信息，根据工作计划细化预算编制，提高预算编制的科学性。

第二十一条　单位应当根据内设部门的职责和分工，对按照法定程序批复的预算在单位内部进行指标分解、审批下达，规范内部预算追加调整程序，发挥预算对经济活动的管控作用。

第二十二条　单位应当根据批复的预算安排各项收支，确保预算严格有效执行。

单位应当建立预算执行分析机制。定期通报各部门预算执行情况，召开预算执行分析会议，研究解决预算执行中存在的问题，提出改进措施，提高预算执行的有效性。

第二十三条　单位应当加强决算管理，确保决算真实、完整、准确、及时，加强决算分析工作，强化决算分析结果运用，建立健全单位预算与决算相互反映、相互促进的机制。

第二十四条　单位应当加强预算绩效管理，建立"预算编制有目标、预算执行有监控、预算完成有评价、评价结果有反馈、反馈结果有应用"的全过程预算绩效管理机制。

第二节　收支业务控制

第二十五条　单位应当建立健全收入内部管理制度。

单位应当合理设置岗位，明确相关岗位的职责权限，确保收款、会计核算等不相容岗位相互分离。

第二十六条　单位的各项收入应当由财会部门归口管理并进行会计核算，严禁设立账外账。

业务部门应当在涉及收入的合同协议签订后及时将合同等有关材料提交财会部门作为账务处理依据，确保各项收入应收尽收，及时入账。财会部门应当定期检查收入金额是否与合同约定相符；对应收未收项目应当查明情况，明确责任主体，落实催收责任。

第二十七条 有政府非税收入收缴职能的单位，应当按照规定项目和标准征收政府非税收入，按照规定开具财政票据，做到收缴分离、票款一致，并及时、足额上缴国库或财政专户，不得以任何形式截留、挪用或者私分。

第二十八条 单位应当建立健全票据管理制度。财政票据、发票等各类票据的申领、启用、核销、销毁均应履行规定手续。单位应当按照规定设置票据专管员，建立票据台账，做好票据的保管和序时登记工作。票据应当按照顺序号使用，不得拆本使用，做好废旧票据管理。负责保管票据的人员要配置单独的保险柜等保管设备，并做到人走柜锁。

单位不得违反规定转让、出借、代开、买卖财政票据、发票等票据，不得擅自扩大票据适用范围。

第二十九条 单位应当建立健全支出内部管理制度，确定单位经济活动的各项支出标准，明确支出报销流程，按照规定办理支出事项。单位应当合理设置岗位，明确相关岗位的职责权限，确保支出申请和内部审批、付款审批和付款执行、业务经办和会计核算等不相容岗位相互分离。

第三十条 单位应当按照支出业务的类型，明确内部审批、审核、支付、核算和归档等支出各关键岗位的职责权限。实行国库集中支付的，应当严格按照财政国库管理制度有关规定执行。

（一）加强支出审批控制。明确支出的内部审批权限、程序、责任和相关控制措施。审批人应当在授权范围内审批，不得越权审批。

（二）加强支出审核控制。全面审核各类单据。重点审核单据来源是否合法，内容是否真实、完整，使用是否准确，是否符合预算，审批手续是否齐全。

支出凭证应当附反映支出明细内容的原始单据，并由经办人员签字或盖章，超出规定标准的支出事项应由经办人员说明原因并附审批依据，确保与经济业务事项相符。

（三）加强支付控制。明确报销业务流程，按照规定办理资金支付手续。签发的支付凭证应当进行登记。使用公务卡结算的，应当按照公务卡使用和管理有关规定办理业务。

（四）加强支出的核算和归档控制。由财会部门根据支出凭证及时准确登记账簿；与支出业务相关的合同等材料应当提交财会部门作为账务处理的依据。

第三十一条 根据国家规定可以举借债务的单位应当建立健全债务内部管理制度，明确债务管理岗位的职责权限，不得由一人办理债务业务的全过程。大额债务的举借和偿还属于重大经济事项，应当进行充分论证，并由单位领导班子集体研究决定。

单位应当做好债务的会计核算和档案保管工作。加强债务的对账和检查控制，定期与债权人核对债务余额，进行债务清理，防范和控制财务风险。

第三节 政府采购业务控制

第三十二条 单位应当建立健全政府采购预算与计划管理、政府采购活动管理、验收管理等政府采购内部管理制度。

第三十三条 单位应当明确相关岗位的职责权限，确保政府采购需求制定与内部审批、招标文件准备与复核、合同签订与验收、验收与保管等不相容岗位相互分离。

第三十四条 单位应当加强对政府采购业务预算与计划的管理。建立预算编制、政府采购和资产管理等部门或岗位之间的沟通协调机制。根据本单位实际需求和相关标准编制政府采购预算，按照已批复的预算安排政府采购计划。

第三十五条 单位应当加强对政府采购活动的管理。对政府采购活动实施归口管理，在政府采购活动中建立政府采购、资产管理、财会、内部审计、纪检监察等部门或岗位相互协调、相互制约的机制。单位应当加强对政府采购申请的内部审核，按照规定选择政府采购方式、发布政府采购信息。对政府采购进口产品、变更政府采购方式等事项应当加强内部审核，严格履行审批手续。

第三十六条 单位应当加强对政府采购项目验收的管理。根据规定的验收制度和政府采购文件，由指定部门或专人对所购物品的品种、规格、数量、质量和其他相关内容进行验收，并出具验收证明。

第三十七条 单位应当加强对政府采购业务质疑投诉答复的管理。指定牵头部门负责、相关部门参加，按照国家有关规定做好政府采购业务质疑投诉答复工作。

第三十八条 单位应当加强对政府采购业务的记录控制。妥善保管政府采购预算与计划、各类批复文件、招标文件、投标文件、评标文件、合同文本、验收证明等政府采购业务相关资料。定期对政府采购业务信息进行分类统计，并在内部进行通报。

第三十九条 单位应当加强对涉密政府采购项目安全保密的管理。对于涉密政府采购项目，单位应当与相关供应商或采购中介机构签订保密协议或者在合同中设定保密条款。

第四节 资产控制

第四十条 单位应当对资产实行分类管理，建立健全资产内部管理制度。

单位应当合理设置岗位，明确相关岗位的职责权限，确保资产安全和有效使用。

第四十一条 单位应当建立健全货币资金管理岗位责任制，合理设置岗位，不得由一人办理货币资金业务的全过程，确保不相容岗位相互分离。

（一）出纳不得兼管稽核、会计档案保管和收入、支出、债权、债务账目的登记工作。

（二）严禁一人保管收付款项所需的全部印章。财务专用章应当由专人保管，个人名章应当由本人或其授权人员保管。负责保管印章的人员要配置单独的保管设备，并做到人走柜锁。

（三）按照规定应当由有关负责人签字或盖章的，应当严格履行签字或盖章手续。

第四十二条 单位应当加强对银行账户的管理，严格按照规定的审批权限和程序开立、变更和撤销银行账户。

第四十三条 单位应当加强货币资金的核查控制。指定不办理货币资金业务的会计人员定期和不定期抽查盘点库存现金，核对银行存款余额，抽查银行对账单、银行日记账及银行存款余额调节表，核对是否账实相符、账账相符。对调节不符、可能存在重大问题的未达账项应当及时查明原因，并按照相关规定处理。

第四十四条 单位应当加强对实物资产和无形资产的管理，明确相关部门和岗位的职责权限，强化对配置、使用和处置等关键环节的管控。

（一）对资产实施归口管理。明确资产使用和保管责任人，落实资产使用人在资产管理中的责任。贵重资产、危险资产、有保密等特殊要求的资产，应当指定专人保管、专人使用，并规定严格的接触限制条件和审批程序。

（二）按照国有资产管理相关规定，明确资产的调剂、租借、对外投资、处置的程序、审批权限和责任。

（三）建立资产台账，加强资产的实物管理。单位应当定期清查盘点资产，确保账实相符。财会、资产管理、资产使用等部门或岗位应当定期对账，发现不符的，应当及时查明原因，并按照相关规定处理。

（四）建立资产信息管理系统，做好资产的统计、报告、分析工作，实现对资产的动态管理。

第四十五条 单位应当根据国家有关规定加强对对外投资的管理。

（一）合理设置岗位，明确相关岗位的职责权限，确保对外投资的可行性研究与评估、对外投资决策与执行、对外投资处置的审批与执行等不相容岗位相互分离。

（二）单位对外投资，应当由单位领导班子集体研究决定。

（三）加强对投资项目的追踪管理，及时、全面、准确地记录对外投资的价值变动和投资收益情况。

（四）建立责任追究制度。对在对外投资中出现重大决策失误、未履行集体决策程序和不按规定执行对外投资业务的部门及人员，应当追究相应的责任。

第五节 建设项目控制

第四十六条 单位应当建立健全建设项目内部管理制度。

单位应当合理设置岗位，明确内部相关部门和岗位的职责权限，确保项目建议和可行性研究与项目决策、概预算编制与审核、项目实施与价款支付、竣工决算与竣工审计等不相容岗位相互分离。

第四十七条 单位应当建立与建设项目相关的议事决策机制，严禁任何个人单独决策或者擅自改变集体决策意见。决策过程及各方面意见应当形成书面文件，与相关资料一同妥善归档保管。

第四十八条 单位应当建立与建设项目相关的审核机制。项目建议书、可行性研究报告、概预算、竣工决算报告等应当由单位内部的规划、技术、财会、法律等相关工作人员或者根据国家有关规定委托具有相应资质的中介机构进行审核,出具评审意见。

第四十九条 单位应当依据国家有关规定组织建设项目招标工作,并接受有关部门的监督。

单位应当采取签订保密协议、限制接触等必要措施,确保标底编制、评标等工作在严格保密的情况下进行。

第五十条 单位应当按照审批单位下达的投资计划和预算对建设项目资金实行专款专用,严禁截留、挪用和超批复内容使用资金。财会部门应当加强与建设项目承建单位的沟通,准确掌握建设进度,加强价款支付审核,按照规定办理价款结算。实行国库集中支付的建设项目,单位应当按照财政国库管理制度相关规定支付资金。

第五十一条 单位应当加强对建设项目档案的管理。做好相关文件、材料的收集、整理、归档和保管工作。

第五十二条 经批准的投资概算是工程投资的最高限额,如有调整,应当按照国家有关规定报经批准。

单位建设项目工程洽商和设计变更应当按照有关规定履行相应的审批程序。

第五十三条 建设项目竣工后,单位应当按照规定的时限及时办理竣工决算,组织竣工决算审计,并根据批复的竣工决算和有关规定办理建设项目档案和资产移交等工作。

建设项目已实际投入使用但超时限未办理竣工决算的,单位应当根据对建设项目的实际投资暂估入账,转作相关资产管理。

第六节 合同控制

第五十四条 单位应当建立健全合同内部管理制度。

单位应当合理设置岗位,明确合同的授权审批和签署权限,妥善保管和使用合同专用章,严禁未经授权擅自以单位名义对外签订合同,严禁违规签订担保、投资和借贷合同。

单位应当对合同实施归口管理,建立财会部门与合同归口管理部门的沟通协调机制,实现合同管理与预算管理、收支管理相结合。

第五十五条 单位应当加强对合同订立的管理,明确合同订立的范围和条件。对于影响重大、涉及较高专业技术或法律关系复杂的合同,应当组织法律、技术、财会等工作人员参与谈判,必要时可聘请外部专家参与相关工作。谈判过程中的重要事项和参与谈判人员的主要意见,应当予以记录并妥善保管。

第五十六条 单位应当对合同履行情况实施有效监控。合同履行过程中,因对方或单位自身原因导致可能无法按时履行的,应当及时采取应对措施。

单位应当建立合同履行监督审查制度。对合同履行中签订补充合同，或变更、解除合同等应当按照国家有关规定进行审查。

第五十七条 财会部门应当根据合同履行情况办理价款结算和进行账务处理。未按照合同条款履约的，财会部门应当在付款之前向单位有关负责人报告。

第五十八条 合同归口管理部门应当加强对合同登记的管理，定期对合同进行统计、分类和归档，详细登记合同的订立、履行和变更情况，实行对合同的全过程管理。与单位经济活动相关的合同应当同时提交财会部门作为账务处理的依据。

单位应当加强合同信息安全保密工作，未经批准，不得以任何形式泄露合同订立与履行过程中涉及的国家秘密、工作秘密或商业秘密。

第五十九条 单位应当加强对合同纠纷的管理。合同发生纠纷的，单位应当在规定时效内与对方协商谈判。合同纠纷协商一致的，双方应当签订书面协议；合同纠纷经协商无法解决的，经办人员应向单位有关负责人报告，并根据合同约定选择仲裁或诉讼方式解决。

第五章 评价与监督

第六十条 单位应当建立健全内部监督制度，明确各相关部门或岗位在内部监督中的职责权限，规定内部监督的程序和要求，对内部控制建立与实施情况进行内部监督检查和自我评价。

内部监督应当与内部控制的建立和实施保持相对独立。

第六十一条 内部审计部门或岗位应当定期或不定期检查单位内部管理制度和机制的建立与执行情况，以及内部控制关键岗位及人员的设置情况等，及时发现内部控制存在的问题并提出改进建议。

第六十二条 单位应当根据本单位实际情况确定内部监督检查的方法、范围和频率。

第六十三条 单位负责人应当指定专门部门或专人负责对单位内部控制的有效性进行评价并出具单位内部控制自我评价报告。

第六十四条 国务院财政部门及其派出机构和县级以上地方各级人民政府财政部门应当对单位内部控制的建立和实施情况进行监督检查，有针对性地提出检查意见和建议，并督促单位进行整改。国务院审计机关及其派出机构和县级以上地方各级人民政府审计机关对单位进行审计时，应当调查了解单位内部控制建立和实施的有效性，揭示相关内部控制的缺陷，有针对性地提出审计处理意见和建议，并督促单位进行整改。

第六章 附　则

第六十五条 本规范自 2014 年 1 月 1 日起施行。

二、第二十六条

（一）法条原文

【2024 年版本】

第二十六条　单位负责人应当保证会计机构、会计人员依法履行职责，不得授意、指使、强令会计机构、会计人员违法办理会计事项。

会计机构、会计人员对违反本法和国家统一的会计制度规定的会计事项，有权拒绝办理或者按照职权予以纠正。

【2017 年、1999 年版本】

第二十八条　单位负责人应当保证会计机构、会计人员依法履行职责，不得授意、指使、强令会计机构、会计人员违法办理会计事项。

会计机构、会计人员对违反本法和国家统一的会计制度规定的会计事项，有权拒绝办理或者按照职权予以纠正。

【1993 年版本】

第十七条　会计机构、会计人员对不真实、不合法的原始凭证，不予受理；对记载不准确、不完整的原始凭证，予以退回，要求更正、补充。

第十九条　会计机构、会计人员对违法的收支，不予办理。

会计机构、会计人员认为是违法的收支，应当制止和纠正；制止和纠正无效的，应当向单位领导人提出书面意见，要求处理。单位领导人应当自接到书面意见之日起十日内作出书面决定，并对决定承担责任。

会计机构、会计人员对违法的收支，不予制止和纠正，又不向单位领导人提出书面意见的，也应当承担责任。

对严重违法损害国家和社会公众利益的收支，会计机构、会计人员应当向主管单位或者财政、审计、税务机关报告，接到报告的机关应当负责处理。

【1985 年版本】

第十七条　会计机构、会计人员对不真实、不合法的原始凭证，不予受理；对记载不准确、不完整的原始凭证，予以退回，要求更正、补充。

第十九条　会计机构、会计人员对违反国家统一的财政制度、财务制度规定的收支，不予办理。

会计机构、会计人员认为是违反国家统一的财政制度、财务制度规定的收支，单位行政领导人坚持办理的，会计机构、会计人员可以执行，同时必须向上级主管单位行政领导人提出书面报告，请求处理，并报审计机关。上级主管单位行政领导人在接到会计机构、会计人员的报告之日起一个月内，必须作出处理决定。会计人员不向上级主管单位行政领导人提出报告的，也负有责任。

（二）法条释义

本条规定了单位负责人和会计机构、会计人员共同遵守会计制度的职责。

单位负责人是单位会计合法合规的第一责任人，因此，作为单位负责人应当保证会计机构、会计人员依法履行职责，不得授意、指使、强令会计机构、会计人员违法办理会计事项。授意是指授权、暗示、默示、会意会计机构、会计人员违法办理会计事项。指使是指指示、要求、使唤会计机构、会计人员违法办理会计事项。强令是指强制、命令会计机构、会计人员违法办理会计事项。作为单位负责人，无论以何种方式向会计机构、会计人员传达出可以违法办理会计事项的意思都是违法的，都是会计法明令禁止的。

会计机构、会计人员是办理会计事项的具体操作单位和人员，不经过他们的手，违法会计事项是无法办理的，因此，他们能否抵制住违法指令，是确保不出现违法会计事项的重要保障。会计机构、会计人员对违反《会计法》和国家统一的会计制度规定的会计事项，有权拒绝办理或者按照职权予以纠正。无论是单位负责人还是其他主管领导的指示和命令，只要会计机构和会计人员认为其违反《会计法》和国家统一的会计制度规定，均有权拒绝办理，这种拒绝是合法权利，不构成对单位规章制度的违反，单位不能以此为由对会计人员进行处分或者调离岗位或者解除劳动合同。当然，如果是普通员工要求违法办理会计事项，会计机构有权纠正的，可以根据单位的授权直接予以纠正。

根据上述规定，单位如果出现违反《会计法》和国家统一的会计制度规定的会计事项，单位负责人、会计机构负责人、会计人员都有责任，都要承担一定的法律后果。

（三）相关条文

《会计基础工作规范》（2019年3月14日）

第七十四条 会计机构、会计人员应当对原始凭证进行审核和监督。

对不真实、不合法的原始凭证，不予受理。对弄虚作假、严重违法的原始凭证，在不予受理的同时，应当予以扣留，并及时向单位领导人报告，请求查明原因，追究当事人的责任。

对记载不准确、不完整的原始凭证，予以退回，要求经办人员更正、补充。

第七十五条 会计机构、会计人员对伪造、变造、故意毁灭会计账簿或者账外设账行为，应当制止和纠正；制止和纠正无效的，应当向上级主管单位报告，请求作出处理。

第七十七条 会计机构、会计人员对指使、强令编造、篡改财务报告行为，应当制止和纠正；制止和纠正无效的，应当向上级主管单位报告，请求处理。

第七十八条　会计机构、会计人员应当对财务收支进行监督。

（一）对审批手续不全的财务收支，应当退回，要求补充、更正。

（二）对违反规定不纳入单位统一会计核算的财务收支，应当制止和纠正。

（三）对违反国家统一的财政、财务、会计制度规定的财务收支，不予办理。

（四）对认为是违反国家统一的财政、财务、会计制度规定的财务收支，应当制止和纠正；制止和纠正无效的，应当向单位领导人提出书面意见请求处理。

单位领导人应当在接到书面意见起十日内作出书面决定，并对决定承担责任。

（五）对违反国家统一的财政、财务、会计制度规定的财务收支，不予制止和纠正，又不向单位领导人提出书面意见的，也应当承担责任。

（六）对严重违反国家利益和社会公众利益的财务收支，应当向主管单位或者财政、审计、税务机关报告。

第七十九条　会计机构、会计人员对违反单位内部会计管理制度的经济活动，应当制止和纠正；制止和纠正无效的，向单位领导人报告，请求处理。

三、第二十七条

（一）法条原文

【2024 年版本】

第二十七条　会计机构、会计人员发现会计账簿记录与实物、款项及有关资料不相符的，按照国家统一的会计制度的规定有权自行处理的，应当及时处理；无权处理的，应当立即向单位负责人报告，请求查明原因，作出处理。

【2017 年、1999 年版本】

第二十九条　会计机构、会计人员发现会计帐簿记录与实物、款项及有关资料不相符的，按照国家统一的会计制度的规定有权自行处理的，应当及时处理；无权处理的，应当立即向单位负责人报告，请求查明原因，作出处理。

【1993 年版本】

第十八条　会计机构、会计人员发现帐簿记录与实物、款项不符的时候，应当按照有关规定进行处理；无权自行处理的，应当立即向本单位领导人报告，请求查明原因，作出处理。

【1985 年版本】

第十八条　会计机构、会计人员发现帐簿记录与实物、款项不符的时候，应当按照有关规定进行处理；无权自行处理的，应当立即向本单位行政领导人报告，请求查明原因，作出处理。

（二）法条释义

本条规定了账实不符的处理方式。

财产清查，是会计核算工作的一项重要程序，特别是在编制年度财务会计报告之前，必须进行财产清查，并对账实不符等问题根据国家统一的会计制度的规定进行会计处理，以保证财务会计报告反映的会计信息真实、完整。

财产清查制度是通过定期或不定期、全面或部分地对各项财产物资进行实地盘点和对库存现金、银行存款、债权债务进行清查核实的一种制度。通过清查，可以发现财产管理工作中存在的问题，以便查清原因，改善经营管理，保护财产的完整和安全；可以确定各项财产的实存数，以便查明实存数与账面数是否相符，并查明不符的原因和责任，制定相应措施，做到账实相符，保证会计资料的真实性。

会计机构、会计人员应当定期进行账实比对，一旦发现会计账簿记录与实物、款项及有关资料不相符的，如果金额不大，按照国家统一的会计制度的规定，会计机构、会计人员有权自行处理的，应当及时处理；处理之后，要确保账实相符。

如果会计机构、会计人员无权处理，应当立即向单位负责人报告，请求查明原因，根据查明的原因作出相应处理。如有些实物可能丢失了，则按国家统一的会计制度的规定进行会计处理和账务处理。如果是最初会计记录即出现了错误，则按国家统一的会计制度的规定进行相应更正处理。

（三）相关条文

《会计基础工作规范》（2019年3月14日）

第七十六条　会计机构、会计人员应当对实物、款项进行监督，督促建立并严格执行财产清查制度。发现账簿记录与实物、款项不符时，应当按照国家有关规定进行处理。超出会计机构、会计人员职权范围的，应当立即向本单位领导报告，请求查明原因，作出处理。

（四）典型案例

山东省高级人民法院

民事裁定书[1]

〔2021〕鲁民申11220号

再审申请人（一审被告、反诉原告、二审上诉人）：龙口市海格瑞颜料有限公司，住所地山东省龙口市黄城工业园。

法定代表人：田某昌，任经理。

---

[1] 资料来源：中国裁判文书网 https://wenshu.court.gov.cn。

再审申请人（一审被告、二审上诉人）：田某昌，男，1954年9月22日出生，汉族，住山东省龙口市。

以上二再审申请人的共同委托诉讼代理人：王之佳，山东珺璟律师事务所律师。

被申请人（一审原告、反诉被告、二审被上诉人）：王某新，男，1970年12月22日出生，汉族，住山东省龙口市。

一审被告：赵某英，女，1952年12月28日出生，汉族，住山东省龙口市。

再审申请人龙口市海格瑞颜料有限公司（以下简称海格瑞公司）、田某昌因与被申请人王某新，一审被告赵某英企业承包经营合同纠纷一案，不服山东省烟台市中级人民法院〔2021〕鲁06民终705号民事判决，向本院申请再审。本院依法组成合议庭对本案进行了审查，现已审查终结。

海格瑞公司、田某昌申请再审称：一、原裁判认定的基本事实缺乏证据证明。（一）首先，一审、二审法院仅判决王某新向海格瑞公司支付621 305元的承包费（2018—2019年度）与事实相悖。海格瑞公司附条件的同意以相关费用抵顶相应的承包费即王某新在满足原承包合同履行期限为十年整的情况下才有效。但王某新单方通知解除合同，并未满足条件，王某新因改造厂区等事项而支付的费用仍应由其自行承担。其次，2018年5月18日关于改造厂区及办理消防手续等两份协议书，明确记载应以实际花费为标准，一审、二审法院在未查明具体花费数额的情形下，根据两份协议书判决减免承包费，于事实无据。再次，2018年8月4日兰高厂区修缮费用（协议范围内），海格瑞公司与王某新均未签字确认，且该费用明细与之前2018年5月18日协议重叠，不能作为扣减依据。迟乃亮并不是海格瑞公司的人员，不能代表海格瑞公司签字。因此，一审、二审法院据以认定王某新垫付费用2 028 695元，毫无事实根据。（二）一审、二审法院判决认定海格瑞公司返还王某新5个月的承包费1 208 333元，缺乏事实依据。依据企业承包合同中第5条第3款关于甲方（即海格瑞公司）据实扣减王某新相应承包费的前提是经营期内因土地征收或国家政策等原因造成企业停产或不能正常生产。王某新主张2018年10月20日被环保部门要求煤改气，导致其停产，无事实依据。（三）一审、二审法院认定合同的解除不属于双方违约，与事实不符。王某新未提交任何证据证实企业因环保升级无法达到要求，且自王某新单方解除合同后，海格瑞公司至今都在正常生产。王某新向海格瑞公司发出解除合同通知，属于单方违约，应承担300万元的违约金。（四）一审、二审法院认定被申请人王某新仅向海格瑞公司支付2个月承包费91 666元，与事实相悖。王某新向海格瑞公司发出解除通知后，继续占用东江厂区生产加工两个多月，实际上在继续承包使用。海格瑞公司与王某新系承包关系，并非租赁关系，故应按照每年290万元的价格来计算这两个月的费用。二、原判决适用法律确有错误。海格瑞公司系有限责任公司，田某昌仅系其一股东。企业承包合同的签订方系海格瑞公司与王某新，田某昌仅是海格瑞公司的法定代表人，其代为接收承包费的行为仅是代表公司的职务行为，一审、二审法院在没有证据证实存在人格混同的情况下，判决田某昌承担连带付款责任属于适用法律错误。故依据原《中华人民共和国民事诉讼法》第二百条第二项、第六项之规定申请再审。

本院经审查认为，田某昌与王某新签订的《协议书》中明确记载了办理消防手续、质量体系和安全体系认证手续、改造厂区、设备、工人工资等相关费用由田某昌负担，王某新为田某昌垫付资金。海格瑞公司与田某昌后主张上述费用应由王某新自行承担与协议书约定不符。海格瑞公司（甲方）与王某新（乙方）签订的《企业承包合同》第五条甲方权利义务第2款载明"甲方的印章及合法营业执照、环评等相关资料于合同签订后三日内移交乙方，由迟乃亮负责保管"。2020年4月16日的调查笔录记载：王某新出示了2018年5月18日与田某昌签订的协议书三份、按协议书约定的实际花费明细表一份，海格瑞公司与田某昌对该组证据的质证意见为对证据真实性无异议，对待证事实有异议。海格瑞公司与田某昌在原审中均未对迟乃亮的身份提出异议，结合《企业承包合同》的甲方权利义务条款写明海格瑞公司的印章、执照等相关资料由迟乃亮保管的约定，原审法院对2018年9月4日迟乃亮签字确认的欠承包费的数额予以认可，并无不当。原审法院依据龙口市环境保护局《关于对全市群青生产企业实施综合整治的通知》、龙口市国土资源局工作人员对王某新所做的《违法案件询问调查笔录》与《责令改正违法行为通知书》、田某昌与王某新签署的《协议书》、海格瑞公司煅烧窑炉燃料改造项目安全设施项目设计方案等证据认定涉案合同解除符合合同关于"因环保升级企业无法达到要求，不属于甲乙（双方）违约"的约定，不宜认定为违约，并无不当；原审法院依据前述证据结合海格瑞公司用电量统计数据认定王某新存在不能正常生产的情形判令海格瑞公司返还承包费1 208 333元，并无不当。海格瑞公司与田某昌主张的承包费损失时间为2019年7月10日至9月15日，系发生在企业承包经营合同解除后，原审法院以王某新仅占用东江厂区设备认定其应支付的使用费并无不当。《中华人民共和国公司法》第二十条第三款规定：公司股东滥用公司法人独立地位和股东有限责任，逃避债务，严重损害公司债权人利益的，应当对公司债务承担连带责任。我国实行银行账户实名制，原则上账户名义人即是账户资金的权利人。同时，根据《中华人民共和国会计法》《中华人民共和国税收征收管理法》《企业会计基本准则》等相关规定，公司应当使用单位账户对外开展经营行为，公司账户与管理人员、股东账户之间不得进行非法的资金往来，以保证公司财产的独立性和正常的经济秩序。根据本案认定的事实，海格瑞公司已承包给他人经营，田某昌用个人账户接收承包费，并以个人名义与王某新签署协议书，田某昌未能证明公司财产独立于股东个人财产的情形下，原审认定海格瑞公司与田某昌存在人格混同，判令田某昌承担连带付款责任，并无不当。

综上，海格瑞公司、田某昌的再审申请不符合《中华人民共和国民事诉讼法》第二百条第二项、第六项规定的情形。依照《中华人民共和国民事诉讼法》第二百一十一条第一款，《最高人民法院关于适用〈中华人民共和国民事诉讼法〉的解释》第三百九十五条第二款之规定，裁定如下：

驳回龙口市海格瑞颜料有限公司与田某昌的再审申请。

审判长　马慧芹
审判员　李　霞
审判员　李金明
二〇二二年一月四日
法官助理　张俊峰
书记员　白　靖

四、第二十八条

（一）法条原文

【2024 年版本】

第二十八条　任何单位和个人对违反本法和国家统一的会计制度规定的行为，有权检举。收到检举的部门有权处理的，应当依法按照职责分工及时处理；无权处理的，应当及时移送有权处理的部门处理。收到检举的部门、负责处理的部门应当为检举人保密，不得将检举人姓名和检举材料转给被检举单位和被检举人个人。

【2017 年、1999 年版本】

第三十条　任何单位和个人对违反本法和国家统一的会计制度规定的行为，有权检举。收到检举的部门有权处理的，应当依法按照职责分工及时处理；无权处理的，应当及时移送有权处理的部门处理。收到检举的部门、负责处理的部门应当为检举人保密，不得将检举人姓名和检举材料转给被检举单位和被检举人个人。

【1993 年版本】

第十九条　会计机构、会计人员对违法的收支，不予办理。

会计机构、会计人员认为是违法的收支，应当制止和纠正；制止和纠正无效的，应当向单位领导人提出书面意见，要求处理。单位领导人应当自接到书面意见之日起十日内作出书面决定，并对决定承担责任。

会计机构、会计人员对违法的收支，不予制止和纠正，又不向单位领导人提出书面意见的，也应当承担责任。

对严重违法损害国家和社会公众利益的收支，会计机构、会计人员应当向主管单位或者财政、审计、税务机关报告，接到报告的机关应当负责处理。

【1985年版本】

第十九条 会计机构、会计人员对违反国家统一的财政制度、财务制度规定的收支，不予办理。

会计机构、会计人员认为是违反国家统一的财政制度、财务制度规定的收支，单位行政领导人坚持办理的，会计机构、会计人员可以执行，同时必须向上级主管单位行政领导人提出书面报告，请求处理，并报审计机关。上级主管单位行政领导人在接到会计机构、会计人员的报告之日起一个月内，必须作出处理决定。会计人员不向上级主管单位行政领导人提出报告的，也负有责任。

（二）法条释义

本条规定了会计违法检举制度。

会计舞弊侵犯的是整个社会的利益，因此，每一个社会成员都有权利和义务对会计违法行为进行监督。任何单位和个人对违反会计法和国家统一的会计制度规定的行为，都有权检举。如果是本单位的个人对本单位的会计违法行为，既可以向本单位的会计机构负责人或者单位负责人检举，也可以向具有监督职责的国家机关，如财政部门等进行检举。涉及通过会计舞弊进行偷逃税的，还可以向税务部门进行检举。

收到检举的部门有权处理的，应当依法按照职责分工及时处理。如单位负责人或者单位会计机构的负责人对本单位的会计违法行为可以直接根据相关法律法规以及本单位的管理制度进行处理。对会计造假的人员可以予以纪律处分，严重的还可以调离工作岗位或者解除劳动合同。如果是财政部门收到检举，应当根据相关法律法规的规定，根据其职权和管辖范围，依法查处会计违法行为。收到检举的部门如果无权处理，应当及时移送有权处理的部门处理。如税务部门收到单纯会计造假、不涉及税务违法的检举，应当将相关检举材料移送当地财政部门处理。

为了鼓励单位和个人检举会计违法行为，确保检举人的人身安全，收到检举的部门、负责处理的部门应当为检举人保密，不得将检举人姓名和检举材料转给被检举单位和被检举人个人。如果有必要出示检举材料，应当隐去检举人的信息以及可能识别检举人的信息，如果是亲笔书写的检举材料，应当隐藏笔迹，相关材料转化为打印字体后再予以提供。

（三）相关条文

《宗教活动场所财务管理办法》（2022年2月11日）

第四十三条 宗教事务部门和财政部门应当指导宗教活动场所建立健全内部财务管理制度，检查制度执行情况，督促存在问题的宗教活动场所进行整改，依法对违法违规行为进行处罚。宗教事务部门、财政部门以及有关政府部门可以组织对宗教活动场所进行财务、资产检查和审计。

第四十四条　宗教团体应当协助、督促宗教活动场所建立健全并执行内部财务管理制度，帮助财务管理存在问题的宗教活动场所进行整改。

第四十五条　宗教活动场所应当接受宗教事务部门、财政部门以及有关政府部门对其财务管理的指导、监督、检查。

第四十六条　宗教活动场所应当于每年年度终了后三个月内向登记管理机关提供上年度财务会计报告，以及接受和使用捐赠情况等。

第四十七条　宗教活动场所应当定期以适当方式公布财务收支情况和接受、使用捐赠情况，接受本场所宗教教职人员、捐赠人和信教公民的监督。捐赠人和信教公民提出的合理意见和建议，场所管理组织应当采纳，并以适当方式向捐赠人和信教公民反馈。

登记为法人的宗教活动场所，场所财务管理机构及其工作应当接受本场所监事（监事会）的监督。

第四十八条　宗教活动场所的财务人员有权按照《中华人民共和国会计法》以及其他有关规定行使财务监督权，对涉及财务的违法行为提出意见并向本场所登记管理机关和其他有关部门反映。

第四十九条　宗教活动场所管理组织负责人和财务管理机构负责人离任时，登记管理机关应当组织对其进行财务审计。

第五十条　宗教活动场所注销或者终止时，应当进行清算。

宗教活动场所清算时，应当在其登记管理机关和有关部门的监督指导下，成立清算小组，对本场所的财产、债权、债务等进行全面清理，编制财产目录和债权、债务清单，提出财产作价依据和债权、债务处理办法，做好资产的移交、接收、划转和相关工作，并妥善处理各项遗留问题。

清算期间，宗教活动场所不得开展清算以外的活动。

清算后的剩余财产应当用于与该场所宗旨相符的事业。

五、第二十九条

（一）法条原文

【2024 年版本】

第二十九条　有关法律、行政法规规定，须经注册会计师进行审计的单位，应当向受委托的会计师事务所如实提供会计凭证、会计账簿、财务会计报告和其他会计资料以及有关情况。

任何单位或者个人不得以任何方式要求或者示意注册会计师及其所在的会计师事

务所出具不实或者不当的审计报告。

财政部门有权对会计师事务所出具审计报告的程序和内容进行监督。

【2017年、1999年版本】

第三十一条 有关法律、行政法规规定,须经注册会计师进行审计的单位,应当向受委托的会计师事务所如实提供会计凭证、会计帐簿、财务会计报告和其他会计资料以及有关情况。

任何单位或者个人不得以任何方式要求或者示意注册会计师及其所在的会计师事务所出具不实或者不当的审计报告。

财政部门有权对会计师事务所出具审计报告的程序和内容进行监督。

【1985年版本】

第二十条 各单位必须接受审计机关、财政机关和税务机关依照法律和国家有关规定进行的监督,如实提供会计凭证、会计帐簿、会计报表和其他会计资料以及有关情况,不得拒绝、隐匿、谎报。

经国务院财政部门或者省、自治区、直辖市人民政府的财政部门批准的注册会计师组成的会计师事务所,可以按照国家有关规定承办查帐业务。

(二)法条释义

本条规定了会计工作的社会监督。

会计工作的社会监督,主要是指由注册会计师及其所在的会计师事务所等中介机构接受委托,依法对单位的经济活动进行审计,出具审计报告,发表审计意见的一种监督制度。

如果有关法律、行政法规规定,相关单位的会计记录须经注册会计师进行审计,该单位应当向受委托的会计师事务所如实提供会计凭证、会计账簿、财务会计报告和其他会计资料以及有关情况。所谓如实提供,既包括直接将单位客观存在的会计凭证、会计账簿、财务会计报告和其他会计资料提供给会计师事务所,也包括将单位全部会计凭证、会计账簿、财务会计报告和其他会计资料提供给会计师事务所。

注册会计师和会计师事务所应当根据单位提供的上述资料,依法出具审计报告。审计报告,是指注册会计师根据审计准则的规定,在执行审计工作的基础上,对被审计单位财务报表发表审计意见的书面文件。注册会计师应当就财务报表是否在所有重大方面按照适用的财务报告编制基础编制并实现公允反映形成审计意见。审计报告应当包括下列要素:标题;收件人;引言段;管理层对财务报表的责任段;注册会计师的责任段;审计意见段;注册会计师的签名和盖章;会计师事务所的名称、地址和盖章;报告日期。

审计报告分为标准审计报告和非标准审计报告。

标准审计报告,是指不含有说明段、强调事项段、其他事项段或其他任何修饰性用语的无保留意见的审计报告。包含其他报告责任段，但不含有强调事项段或其他事项段的无保留意见的审计报告也被视为标准审计报告。

非标准审计报告，是指带强调事项段或其他事项段的无保留意见的审计报告和非无保留意见的审计报告。非无保留意见，包括保留意见、否定意见和无法表示意见三种类型。

无保留意见，是指当注册会计师认为财务报表在所有重大方面按照适用的财务报告编制基础编制并实现公允反映时发表的审计意见。

当存在下列情形之一时，注册会计师应当在审计报告中发表非无保留意见：①根据获取的审计证据，得出财务报表整体存在重大错报的结论；②无法获取充分、适当的审计证据，不能得出财务报表整体不存在重大错报的结论。

当存在下列情形之一时，注册会计师应当发表保留意见：①在获取充分、适当的审计证据后，注册会计师认为错报单独或汇总起来对财务报表影响重大，但不具有广泛性；②注册会计师无法获取充分、适当的审计证据以作为形成审计意见的基础，但认为未发现的错报（如存在）对财务报表可能产生的影响重大，但不具有广泛性。

在获取充分、适当的审计证据以作为形成审计意见的基础，但认为未发现的错报（如存在）对财务报表可能产生的影响重大且具有广泛性，注册会计师应当发表否定意见。

如果无法获取充分、适当的审计证据以作为形成审计意见的基础，但认为未发现的错报（如存在）对财务报表可能产生的影响重大且具有广泛性，注册会计师应当发表无法表示意见。在极其特殊的情况下，可能存在多个不确定事项。尽管注册会计师对每个单独的不确定事项获取了充分、适当的审计证据，但由于不确定事项之间可能存在相互影响，以及可能对财务报表产生累积影响，注册会计师不可能对财务报表形成审计意见。在这种情况下，注册会计师应当发表无法表示意见。

任何单位或者个人不得以任何方式要求或者示意注册会计师及其所在的会计师事务所出具不实或者不当的审计报告。所谓不实的审计报告是指所出具的审计报告与单位提供的上述资料所反映的内容不相符合，即审计报告未能真实、客观地反映被审计单位的财务状况、经营成果和现金流量等信息，或者存在重大遗漏、虚假记载等情况，不实的审计报告属于虚假审计报告。所谓不当的审计报告是指审计报告尚未达到不实的程度，但所得出的专业判断并不适当、有失公允。

财政部门不仅是会计工作的主管部门，也是会计师事务所执业活动的主管部门，因此，财政部门有权对会计师事务所出具审计报告的程序和内容进行监督。对会计师事务所出具审计报告的程序进行监督主要审查其是否按照规范的流程进行审计以及出具审计报告，所出具的审计报告在形式上是否符合要求。对会计师事务所出具审计报告的内容进行监督主要审查其审计报告是否存在不实和不当的问题，是否构成虚假审计报告。

（三）相关条文

《中华人民共和国公司法》（2023年12月29日）

第二百一十六条　公司应当向聘用的会计师事务所提供真实、完整的会计凭证、会计账簿、财务会计报告及其他会计资料，不得拒绝、隐匿、谎报。

《会计基础工作规范》（2019年3月14日）

第八十二条　按照法律规定应当委托注册会计师进行审计的单位，应当委托注册会计师进行审计，并配合注册会计师的工作，如实提供会计凭证、会计账簿、会计报表和其他会计资料以及有关情况，不得拒绝、隐匿、谎报，不得示意注册会计师出具不当的审计报告。

（四）典型案例

北京市高级人民法院

民事判决书[①]

〔2021〕京民终218号

上诉人（原审被告）：田某媛，女，1980年12月30日出生，汉族，住黑龙江省桦川县。

委托诉讼代理人：喻胜利，北京驰为律师事务所律师。

被上诉人（原审原告）：北京助鹏程信息咨询有限公司，住所地北京市朝阳区和平西街23号。

法定代表人：那某，执行董事。

委托诉讼代理人：王某岗，男，北京助鹏程信息咨询有限公司工程师。

委托诉讼代理人：王全胜，北京市京师律师事务所律师。

原审第三人：北京东西草堂文化有限公司，住所地北京市朝阳区北苑路176号1层105室。

法定代表人：许某荣。

上诉人田某媛与被上诉人北京助鹏程信息咨询有限公司（以下简称助鹏程公司）、原审第三人北京东西草堂文化有限公司（以下简称东西草堂公司）申请执行人执行异议之诉一案，不服北京市第三中级人民法院〔2020〕京03民初584号民事判决，向本院提起上诉。本院于2021年3月2日立案后，依法组成合议庭，公开开庭进行了审理。上诉人田某媛及其委托诉讼代理人喻胜利，被上诉人助鹏程公司的委托诉讼代理人王全胜到庭参加诉讼，原审第三人东西草堂公司经本院传票传唤无正当理由拒不到庭参加诉讼，不影响案件的审理。本案现已审理终结。

[①] 资料来源：中国裁判文书网https://wenshu.court.gov.cn。

田某媛上诉请求：1.撤销一审判决；2.改判驳回助鹏程公司的一审诉讼请求；3.本案一审、二审诉讼费用由助鹏程公司承担。事实与理由：一、一审判决追加田某媛为〔2019〕京03执558号案件被执行人，对东西草堂公司在北京仲裁委员会〔2018〕京仲裁字第2154号裁决书中所负债务承担连带责任，直接剥夺了田某媛在仲裁程序中享有的抗辩权利。

在北京仲裁委员会〔2018〕京仲裁字第2154号一案中，申请人为助鹏程公司，被申请人为东西草堂公司，田某媛并不是案件的当事人，助鹏程公司也没有提出追加田某媛为仲裁案件当事人的申请。本案基础法律事实是：2012年10月25日，东西草堂公司与助鹏程公司签订施工合同，双方约定2012年10月26日开工，工期75天，合同工程款为260万元，工程款分期支付，最后一笔工程款的支付日期为2013年5月16日前。因助鹏程公司未全部完成施工，工程未进行验收和结算，东西草堂公司依法拒付工程款。助鹏程公司依据仲裁条款于2018年6月5日向北京仲裁委员会申请仲裁。在仲裁过程中，东西草堂公司的代理人提出助鹏程公司主张的工程款已经超过诉讼时效的抗辩，但仲裁庭以"双方直至第一次开庭的前天晚上（即2018年8月28日）仍在协商结算和付款事宜"。但当时田某媛作为东西草堂公司的法定代表人，代表东西草堂公司向助鹏程公司支付工程款。但是在2018年8月28日东西草堂公司根本没有委托他人与助鹏程公司沟通协商过工程款一事，助鹏程公司所称的协商结算和付款的对象也不是田某媛本人，田某媛也没有授权过他人与助鹏程公司协商工程款事宜。从2013年支付最后一笔工程款后，助鹏程公司的施工人员撤出现场后就再也没有出现过，直至2018年7月2日助鹏程公司申请仲裁。因此，仲裁认定的与东西草堂公司和田某媛无关的第三方协商工程款事宜与事实不符，不构成诉讼时效中止、中断的法定理由。如果田某媛作为仲裁程序当事人，一定会提出助鹏程公司根本没有与其进行协商过工程款一事，助鹏程公司的仲裁主张已经过了诉讼时效的抗辩。因此，在助鹏程公司仲裁主张工程款明显已经超过了诉讼时效的情况下，助鹏程公司要求东西草堂公司和田某媛支付工程款失去了胜诉权，法律不应保护其权利。现助鹏程公司未经仲裁和审判程序，直接在执行阶段追加田某媛为被执行人，要求田某媛承担北京仲裁委员会〔2018〕京仲裁字第2154号一案的连带责任，直接剥夺了田某媛对助鹏程公司在仲裁程序中的主张已经超过诉讼时效的抗辩。人民法院不应当介入本应进入自然之债的债权债务直接判决一方承担责任，一审判决对田某媛明显不公平。

二、助鹏程公司存在多次放弃要求田某媛承担债务的意思表示，一审法院在未予查明该事实的情况下，不得依据《中华人民共和国公司法》第六十二条、六十三条的规定判令追加田某媛为被执行人。

在北京仲裁委员会〔2018〕京仲裁字第2154号一案中，助鹏程公司并没有依据《中华人民共和国公司法》第六十三条的规定提出追加田某媛为案件当事人的请求，视为助鹏程公司第一次放弃要求田某媛承担法律责任。在案件进入执行程序后，助鹏程公司在北京市第三中级人民法院〔2020〕京03执异63号一案中，助鹏程公司只申请追加了东西草堂公司的股东许某荣和于宁二人，要求二股东对北京仲裁委员会〔2018〕京仲裁字第2154号裁决中的债务承担连带责任，而没有申请追加田某媛为被执行人。这是助鹏程公司第二次放弃了要求田某媛承担法律责任意思表示。在北京仲裁委员会〔2018〕京仲裁字第2154号裁决生效后至今，助鹏程公司并没有通过各种形式向田某媛主张权利，与田某媛没有任何信息沟通，这是助鹏程公司第三次放弃向田某媛承担法律责任的意思表示。通过助鹏程公司三次的放弃的行为，可以看出田某媛并没有要求上诉人承担责任的意思表示。虽然该意思表示没有向田某媛明确表达过，但是依据《中华人民共和国民法典》第一百四十条规定，助鹏程公司作出默示的意思表示也具有法律效力，该放弃的意思表示一经作出即具有法律效力，不得撤销。

在北京市第三中级人民法院〔2020〕京03执异62号案件中，助鹏程公司完全不顾"禁止反言"规则，要求追加田某媛为被执行人，对北京仲裁委员会〔2018〕京仲裁字第2154号裁决中的债务承担连带责任。助鹏程公司提起诉讼的行为虽然符合法定程序，但是其对实体权利的放弃后，是否还享有恢复实体权利的权利，人民法院应当依据田某媛是否同意的意思表示来判定。本案中，田某媛明确提出反对抗辩意见，始终拒绝助鹏程公司要求其作为被执行人来承担北京仲裁委员会〔2018〕京仲裁字第2154号中的债务。因此，一审法院不得直接依据《中华人民共和国公司法》第六十二条、六十三条的规定要求田某媛承担个人财产独立于公司财产的举证责任，而是要先审查助鹏程公司的权利行使的合法性问题。

三、东西草堂公司财务管理规范事项，不能作为田某媛承担本案责任的理由。

《中华人民共和国公司法》第六十二条的规定："一人有限责任公司应当在每一会计年度终了时编制财务会计报告，并经会计师事务所审计"，该项规定属于管理性强制规定，该规定并不能否认一人有限公司举证合法性的问题。即使一人有限公司没有在每一会计年度进行审计，但只要事后公司的会计报告经过合法审计。只要和案件事实有关联性的会计报表，都可以作为案件的证据。与案件无关的其他会计报表因不具有关联性不能作为证据，可以不提交。北京仲裁委员会〔2018〕京仲裁字第2154号裁决已经在东西草堂公司备案，东西草堂公司对外从未否认该笔债务。该笔债务即使没有反映在公司财务报表中，也是东西草堂公司财务管理问题，与本案无关，不能因此而否认提交的财务报表作为本案证据的合法性。在股东承担举证责任之后，助鹏程公司否认的，应当由助鹏程公司来承担举证责任，而不能要求田某媛一直承担举证责任。田某媛和东西草堂公司提交的证据只要能证明股东个人财产与公司财产不存在混同，就可以达到证明股东财产独立于公司财产的证明目的。

综上，一审法院认定事实错误，其作出的判决违反了法定程序，导致错误地适用了法律，请求二审法院依法予以纠正。

助鹏程公司辩称，一审判决认定事实清楚，适用法律准确，田某媛的上诉理由不能成立,请求二审法院驳回上诉,维持原判。

事实与理由:一、执行程序中追加股东承担责任是法律的明确规定,田某媛作为被执行人的股东上诉主张剥夺了其在仲裁程序中的抗辩权利没有法律依据。依据《最高人民法院关于民事执行中变更、追加当事人若干问题的规定》第二十条规定,作为被执行人的一人有限责任公司,财产不足以清偿生效法律文书确定的债务,股东不能证明公司财产独立于自己的财产,申请执行人申请变更、追加该股东为被执行人,对公司债务承担连带责任的,人民法院应予支持的规定。助鹏程公司与被执行人东西草堂公司就案涉债务,经北京仲裁委员会仲裁作出了〔2018〕京仲裁字第2154号裁决书予以确认。该裁决已经生效进入了执行程序,东西草堂公司经法院执行认定财产不足以清偿责任,为维护权益助鹏程公司在东西草堂公司无财产可供执行后,依法追加唯一股东田某媛承担连带清偿责任。田某媛虽未参与仲裁程序,但其抗辩权利在执行程序中已经得到了充分的保障,田某媛上诉主张剥夺了其抗辩权利没有法律依据。如按田某媛该主张,未参与诉讼程序的股东,均不能被追加为被执行人,这是对《最高人民法院关于民事执行中变更、追加当事人若干问题的规定》明文规定的颠覆。

二、助鹏程公司一直积极主张权利,田某媛上诉主张助鹏程公司作出了默示放弃权利的意思表示没有事实和法律依据。北京仲裁委员会〔2018〕京仲裁字第2154号裁决书作出后,助鹏程公司依法向北京市第三中级人民法院申请强制执行。因被执行人东西草堂公司名下无可供执行财产,法院裁定终结执行。在东西草堂公司无财产履行债务的情况下,助鹏程公司依法申请追加田某媛承担责任,上述仲裁、执行、追加程序均符合法律规定,能够证明助鹏程公司一直在积极主张权利。田某媛主张助鹏程公司作出了默示放弃权利的意思表示没有事实依据。在没有事实依据的基础上,田某媛援引《中华人民共和国民法典》第一百四十条作为助鹏程公司作出了默示放弃权利的意思表示的法律依据,引用法律错误,理由有二:第一,依据《最高院关于适用〈中华人民共和国民法典〉时间效力的若干规定》第一条规定,本案事实均发生在民法典施行前,依法应当适用当时的法律规定;第二,即便依据《中华人民共和国民法典》第一百四十条规定,默示意思表示只有在有法律规定、当事人约定的情况下,才可以视为意思表示。所以田某媛该上诉理由没有事实和法律依据。

三、田某媛不仅与东西草堂公司构成财产混同而且是明显的恶意逃避债务,一审判决事实认定正确,应予维持。

(一)田某媛作为唯一股东与东西草堂公司构成财产混同事实清楚。

1.田某媛以个人账户向助鹏程公司支付工程款,其个人财产与公司财产不分。仲裁程序中,东西草堂公司提交了2012年10月26日、2012年12月6日、2013年2月4日的三张银行转账凭证,证明田某媛个人共计向助鹏程公司转账130万元,该款项已被〔2018〕京仲裁字第2154号裁决认定为东西草堂公司向助鹏程公司支付的工程款,一审中田某媛与东西草堂公司对该事实均予以认可。田某媛作为一人公司的股东，以个人账户支付公司欠付的工程款，是个人财产与公司财产不分的明显表现。

2. 东西草堂公司未依法进行年度审计，与股东田某媛构成财产混同。依据《中华人民共和国公司法》第六十二条"一人有限责任公司应当在每一会计年度终了时编制财务会计报告，并经会计师事务所审计。"的规定，一人有限公司应当每年编制报告。东西草堂公司因未依法编制报告在2018年9月5日被北京市工商行政管理局朝阳分局列入经营异常名录。东西草堂公司未编制财务会计报告的行为违反上述规定。在本案纠纷发生后，一审诉讼期间进行的审计，也是违反公司法对一人公司财务的强制性规定的行为，且新作审计未能证明东西草堂公司的财产与股东财产独立。所以田某媛与东西草堂公司财产构成混同。

3. 东西草堂公司在一审中提交的2012年至2019年度的资产负债表、损益表及借款协议涉嫌虚假。一审审理中，东西草堂公司提交2012年至2019年度《资产负债表》《损益表》《借款协议》，称田某媛向助鹏程公司支付的130万元为公司向田某媛的借款。但其提交的证据材料中，2012年、2013年的财务报表、借款协议与2019年的财务报表的纸张、墨迹均崭亮如新，丝毫看不出文书形成时间存在将近十年的差异，分明是田某媛与东西草堂公司在一审案件审理中新制。且田某媛虽称130万元为其向公司的借款，但截至目前，公司都未清偿，田某媛也未催要，这明显与常理不符。由此也能看出虽田某媛已将股权全部转让，但仍能实际控制东西草堂公司向法院提交虚假证据，该行为有虚假诉讼之嫌，请二审法院依法追究。

（二）田某媛在仲裁裁决生效后将名下股权无偿转让，属于恶意规避法律文书的执行，一审判决其对公司债务承担连带清偿责任程序合法、实体正确，应予维持。

1. 案涉债权的发生、确认，均在田某媛是东西草堂公司唯一股东期间，田某媛对案涉债务从始至终知情。2012年10月25日，田某媛作为东西草堂公司的唯一股东与法定代表人，以东西草堂公司的名义与助鹏程公司签订《建设工程施工合同》，由助鹏程公司承担北京无感传说私人会馆装修工程。该合同落款处有田某媛的签字确认。2012年底施工完成后，助鹏程公司向东西草堂公司几番追索工程款均未受偿，无奈之下于2018年7月2日申请仲裁。在仲裁期间，田某媛仍是东西草堂公司唯一股东，且田某媛委托律师代理，知悉仲裁的全部情况。北京市仲裁委员会经审理，确认了东西草堂公司对助鹏程公司的债务，该仲裁裁决于2018年12月28日生效。至此田某媛仍是东西草堂公司唯一股东。由上可知，案涉债务的形成、追索、确认期间，田某媛对债务自始明知，且该期间田某媛系东西草堂公司唯一股东。

2. 田某媛于仲裁裁决生效、履行期限届满后不足10日即将名下股权转让，显属恶意规避债务。〔2018〕京仲裁字第2154号裁决书确认，东西草堂公司应在裁决书送达后15日内（即2019年1月13日之前）清偿1 617 748.42元及相应利息的债务。该仲裁裁决于2018年12月28日送达东西草堂公司及田某媛。田某媛收到仲裁书后，便着手逃避债务的行为，紧急于期限届满后10日内与许某荣、于宁二人达成股权转让协议，并向工商登记部门申请股东变更登记，将一人公司变为两人公司，从而逃避了债务。该股权转让行为明显常理相悖，系恶意逃避债务的行为。

3. 田某媛为恶意规避债务将股权无偿转让，不能免除其担任一人公司股东期间应当承担的责任，一审判决认定其对公司债务承担连带清偿责任无误，应予维持。一审中，田某媛当庭陈述其与许某荣、于宁系无偿转让，许某荣、于宁未向田某媛支付股权转让价款。该行为与股权转让的商业习惯严重相悖，明显是为了逃避本案债务所为，严重损害了助鹏程公司的合法权益。田某媛不能因此逃避其作为一人公司的股东应当承担的责任。一审判决追加其为被执行人并对东西草堂公司的债务承担连带清偿责任无误。

四、在本案的股东有限责任与债权人保护价值博弈上，一审判决是打击恶意逃债行为，维护债权人利益的良好司法指导。

本案中，作为东西草堂公司的股东田某媛，对个人与公司财产不加区分，是明显的滥用股东权力的行为。在公司债务得到司法确认后，采用转让股权的方式逃避责任，是对公司债权人权益的重大损害。如公司股东都效仿田某媛，在公司负债后通过退股进而逃避责任，会严重损害债权人利益，破坏市场经济秩序。司法裁判能够引导民众的行为，一审判决对田某媛恶意逃避责任进行了否定，能够倡导公司股东严格依法经营，规范经营，是对市场经济进一步法治化所做的努力。

综上，助鹏程公司的债权已经生效仲裁书确认，经法院执行后被执行人东西草堂公司财产不足以清偿。田某媛担任公司一人股东期间，与公司财产混同，应对东西草堂公司的债务承担连带清偿责任。田某媛在仲裁文书生效后将名下股权无偿转让的行为，属于恶意规避生效法律文书的执行，不能因此免除其作为公司唯一股东期间应承担的法律责任。一审判决事实认定清楚，法律适用准确，具有规范股东权利，维护债权人利益的倡导价值，请求二审法院予以维持。

助鹏程公司向一审法院起诉请求：1. 判令田某媛为〔2019〕京03执558号案件被执行人，对东西草堂公司所负债务承担连带清偿责任；2. 案件受理费等费用由田某媛承担。

一审法院认定事实：2018年7月2日，北京仲裁委员会受理申请人助鹏程公司与被申请人东西草堂公司因《建设工程施工合同》引起的争议仲裁案。2018年12月25日，北京仲裁委员会作出〔2018〕京仲裁字第2154号裁决书。根据该裁决书内容显示，2012年10月25日，助鹏程公司与东西草堂公司签订《建设工程施工合同》，涉案工程于2013年5月1日竣工。该裁决书最终裁决：（一）被申请人向申请人支付工程款1 245 000元；（二）被申请人向申请人支付暂计算至2018年6月15日的逾期付款利息342 103.7元，并向申请人支付以1 245 000元为基数、以人民银行同期贷款利率为标准、自2018年6月16日起至实际支付之日止的逾期付款利息；（三）本案仲裁费 43 778.17 元（已由申请人全额预交），由申请人承担 13 133.45 元，由被申请人承担 30 644.72 元，被申请人直接向申请人支付申请人代其垫付的仲裁费 30 644.72 元。上述裁决各项被申请人向申请人支付的款项，被申请人应于本裁决书送达之日起十五日内支付完毕。逾期支付的，应按照《中华人民共和国民事诉讼法》第二百五十三条的规定，加倍支付迟延履行期间的债务利息。

助鹏程公司依据上述仲裁裁决，以东西草堂公司为被执行人，向一审法院申请强制执行。一审法院于 2019 年 5 月 6 日依法立案执行。2019 年 7 月 29 日，一审法院作出〔2019〕京 03 执 558 号之一民事裁定书，该裁定书载明：助鹏程公司依据北京仲裁委员会〔2018〕京仲裁字第 2154 号裁决书向一审法院申请强制执行。在执行过程中，一审法院依法查询了被执行人在金融机构开设账户情况、房屋所有权情况、车辆登记情况和工商登记情况。一审法院已划扣被执行人名下银行存款人民币 8 789.66 元。经调查，被执行人名下银行账户内无其他可供执行存款、无可供执行房产登记信息、无可供执行车辆登记信息、无可供执行对外投资。一审法院已依法对被执行人采取了限制消费措施。现申请执行人无法提供被执行人其他可供执行的财产线索，被执行人暂无财产可供执行。申请执行人认可一审法院查询结果，且同意终结本次执行程序。该执行裁定书裁定：终结北京仲裁委员会作出的〔2018〕京仲裁字第 2154 号裁决的本次执行程序。后助鹏程公司依据《最高人民法院关于民事执行中变更、追加当事人若干问题的规定》第二十条之规定，申请追加田某媛为〔2019〕京 03 执 558 号案件的被执行人，其主要理由为：东西草堂公司为一人有限责任公司，田某媛为东西草堂公司的唯一股东，持 100% 股份，田某媛曾以个人账户支付了东西草堂公司应支付给助鹏程公司的款项，已经构成了个人财产与公司财产混同，故申请追加田某媛为被执行人。2020 年 7 月 20 日，一审法院作出〔2020〕京 03 执异 62 号执行裁定书。该裁定书认为，被执行人东西草堂公司在申请执行人助鹏程公司申请强制执行前就变更了公司类型，现为有限责任公司，助鹏程公司此时申请追加田某媛为被执行人，不符合上述规定的主体资格条件，故驳回助鹏程公司要求追加田某媛为〔2019〕京 03 执 558 号案件被执行人的请求。

2020 年 7 月 21 日，助鹏程公司收到一审法院送达的〔2020〕京 03 执异 62 号执行裁定书。2020 年 8 月 3 日，助鹏程公司向一审法院递交本案起诉材料，并签署送达地址确认书。

经查，东西草堂公司成立于 2009 年 9 月 11 日。2012 年 9 月 29 日，东西草堂公司股东由郑林伟变更为田某媛，田某媛成为东西草堂公司唯一股东及法定代表人，公司名称由北京洁盛诚益餐饮有限公司变更为北京鼎成华宇投资顾问有限责任公司。2014 年 7 月 10 日变更为现名称。

2019 年 1 月 25 日，田某媛分别与许某荣、于宁签订转让协议，将其在东西草堂公司中的股权 90 万元、10 万元分别转让给许某荣、于宁。协议约定，股权于 2019 年

1月25日正式转让,自转让之日起,田某媛对已转让的出资不再享有出资人的权利和承担出资人的义务,受让方以其出资额在企业内享有出资人的权利和承担出资人的义务。2019年3月20日,上述股权转让完成工商变更登记,东西草堂公司的股东由田某媛一人变更为许某荣、于宁二人,东西草堂公司的企业类型由有限责任公司(自然人独资)变更为有限责任公司(自然人投资或控股)。经一审法庭询问,田某媛表示上述股权转让为零对价转让,关于零对价转让的原因,田某媛解释称因公司出现负债,如果有偿转让可能无人接手。

助鹏程公司主张田某媛在担任东西草堂公司一人股东期间,以个人银行账户向助鹏程公司支付工程款项,存在个人财产与公司财产混同的行为,应对本案债务承担连带清偿责任。为证明上述主张,助鹏程公司提交2012年10月26日、2012年12月5日、2013年2月2日田某媛向那某汇款的三张银行个人业务凭证,三笔汇款共计130万元。田某媛认可其确实通过个人账户支付上述工程款,但否认其个人财产与公司财产混同,称因田某媛接手东西草堂公司时,公司尚未开立基本账户,故田某媛以其个人自有资金为东西草堂公司垫付了上述款项,并提交东西草堂公司的开户许可证以证明东西草堂公司的开户时间为2013年2月5日。东西草堂公司认可田某媛的上述主张,并提交借款协议、费用报销单等证据,主张田某媛支付的工程款系东西草堂公司向田某媛的借款。田某媛对东西草堂公司提供的上述证据予以认可,助鹏程公司对其真实性、证明目的均不予认可。

为证明田某媛个人财产与东西草堂公司财产不存在混同,东西草堂公司提交该公司2012—2019年的资产负债表、损益表。田某媛对上述证据予以认可,助鹏程公司对上述证据的真实性、证明目的均不予认可,主张上述证据是东西草堂公司伪造的。东西草堂公司另提交北京永坤会计师事务所出具的《北京东西草堂文化有限公司2012至2016年度财务报表审计报告》。该报告的出具时间为2020年12月2日。田某媛对该证据予以认可,助鹏程公司对该报告的真实性认可,但认为报告不是当年制作的,无法证明财产没有混同。经法庭询问,东西草堂公司表示其虽然未在每年度由会计师事务所出具经审计的财务会计报告,但其在2012—2016年每年都给会计师事务所提供相应数据,因为出具报告需要费用,所以并未要求会计师事务所每年出具报告。东西草堂公司对其上述解释并未提交证据予以证明。

诉讼中,一审法院根据助鹏程公司的申请及担保,依法作出〔2020〕京03民初584号民事裁定:"一、冻结被申请人田某媛名下在中国工商银行亚运村安慧支行账号为×××的账户;二、冻结被申请人田某媛持有的北京鼎成汇咨询服务有限公司18.72%的股权(对应出资额1 872 000元);三、以上第一、第二项保全财产限额为1 872 516.93元。"

一审法院认为:《最高人民法院关于民事执行中变更、追加当事人若干问题的规定》第三十二条规定:"被申请人或申请人对执行法院依据本规定第十四条第二款、

第十七条至第二十一条规定作出的变更、追加裁定或驳回申请裁定不服的，可以自裁定书送达之日起十五日内，向执行法院提起执行异议之诉。"本案中，一审法院于 2020 年 7 月 20 日作出〔2020〕京 03 执异 62 号执行裁定书，驳回助鹏程公司要求追加田某媛为被执行人的请求，助鹏程公司于 2020 年 7 月 21 日收到该裁定，于 2020 年 8 月 3 日提起本案诉讼，起诉程序符合上述法律规定。田某媛提出的助鹏程公司起诉不符合法律规定、已放弃追究田某媛责任的抗辩主张，缺乏事实及法律依据，一审法院不予采纳。根据当事人的诉辩意见，本案争议焦点为是否应当追加田某媛为被执行人。

《最高人民法院关于民事执行中变更、追加当事人若干问题的规定》第二十条规定："作为被执行人的一人有限责任公司，财产不足以清偿生效法律文书确定的债务，股东不能证明公司财产独立于自己的财产，申请执行人申请变更、追加该股东为被执行人，对公司债务承担连带责任的，人民法院应予支持。"本案中，助鹏程公司与东西草堂公司之间的案涉合同关系形成于 2012 年 10 月 25 日，仲裁裁决于 2018 年 12 月 25 日作出。根据以上时间可以看出，在助鹏程公司与东西草堂公司之间的案涉债务形成时，东西草堂公司为一人有限责任公司，田某媛为公司唯一股东。在仲裁裁决确认东西草堂公司对助鹏程公司所负债务后，田某媛再将其所持股权转让、并将公司类型由一人有限公司变更为非一人有限公司，有逃避执行之嫌，不能因此免除其作为东西草堂公司唯一股东期间应承担的法律责任。田某媛关于东西草堂公司在执行阶段已非一人有限责任公司故其无需承担责任的抗辩意见，缺乏依据，一审法院不予采纳。

《中华人民共和国公司法》第六十二条规定："一人有限责任公司应当在每一会计年度终了时编制财务会计报告，并经会计师事务所审计。"《中华人民共和国公司法》第六十三条规定："一人有限责任公司的股东不能证明公司财产独立于股东自己的财产的，应当对公司债务承担连带责任。"一人有限责任公司股东为一个自然人或一个法人，在缺乏股东相互制约的情况下，一人有限责任公司的股东容易利用控制公司的便利，混淆公司财产和股东个人财产，将公司财产充作私用，同时利用公司独立人格和有限责任规避债务，损害债权人利益。在此情况下，为了保护公司债权人利益，降低交易风险，公司法通过年度法定审计和公司人格否认举证责任倒置来加重公司和股东义务，加强对一人有限责任公司的法律规制。本案中，东西草堂公司虽提交了审计报告，但该报告出具时间为 2020 年 12 月 2 日，系本案诉讼过程中作出，并非按照法律规定在每一会计年度终了时进行审计，东西草堂公司未依法进行年度财务会计审计，违反法律规定的强制性义务，足以令人对东西草堂公司股东田某媛的个人财产是否独立于公司财产形成合理怀疑，田某媛负有义务进一步举证证明其个人财产独立于公司财产。根据《中华人民共和国会计法》及其相关规定，财务会计报告由会计报表、会计报表附注和财务情况说明书组成，有关法律、行政法规规定会计报表、会计报表附注和财务情况说明书需经注册会计师审计的，注册会计师及其所在的会计师事务所出具的审计报告应当随同财务会计报告一并提供；会计报表应当包括资产负债表、利润表、现金流量表及相关附表等。本案中，东西草堂公司虽提交2012—2019年度的资产负债表、损益表，但上述报表中并未体现该公司对助鹏程公司所负的案涉债务，东西草堂公司及田某媛对此无法作出合理解释。且资产负债表、损益表的内容均无法体现东西草堂公司财产与田某媛个人财产相互独立，故本案现有证据不足以证明田某媛的财产独立于东西草堂公司财产，田某媛应对此承担举证不能的不利后果。

综上，案涉债务形成时东西草堂公司为一人有限责任公司，田某媛系该公司唯一股东，且田某媛未能证明其个人财产独立于公司财产，现东西草堂公司财产不足以清偿〔2018〕京仲裁字第2154号裁决书所确定的债务，故助鹏程公司申请追加田某媛为被执行人、对东西草堂公司所负债务承担连带责任的诉讼请求，具有事实和法律依据，一审法院予以支持。

综上所述，依据《中华人民共和国公司法》第六十二条、第六十三条、《最高人民法院关于民事执行中变更、追加当事人若干问题的规定》第二十条、第三十二条、《最高人民法院关于适用〈中华人民共和国民事诉讼法〉的解释》第九十条之规定，判决：追加田某媛为〔2019〕京03执558号案件被执行人，田某媛对东西草堂公司在北京仲裁委员会〔2018〕京仲裁字第2154号裁决书中所负债务承担连带责任。

本院经审理查明的事实与一审法院查明的事实一致。

本院认为：本案的争议焦点为田某媛曾经作为东西草堂公司的一人股东，是否应对东西草堂公司未履行债务承担清偿责任。

仲裁裁决为一裁终局，北京仲裁委员会作出的〔2018〕京仲裁字第2154号裁决已经生效。通过仲裁方式解决纠纷是东西草堂公司及助鹏程公司协商一致的结果，东西草堂公司应当承受裁决结果。助鹏程公司的仲裁请求是否超过诉讼时效，属于仲裁庭依据案件事实及相关证据作出的实体认定结果，裁决结论一旦做出非依法定程序不得撤销。而且，田某媛并非《建设工程施工合同》当事人，助鹏程公司的仲裁请求是否超过诉讼时效的抗辩权利主体应为东西草堂公司，而非田某媛，故其是否参加仲裁程序不影响仲裁庭对诉讼时效问题的判断。本案系申请执行人执行异议之诉，田某媛是否承担责任是要以其与东西草堂公司的财产是否相互独立作为判断标准，如果相互独立，则田某媛对公司债务不承担责任，否则应按照法律规定承担连带责任。该责任与仲裁裁决中东西草堂公司应承担的付款责任并非基于同一法律关系产生。因此，田某媛关于追加其为被执行人剥夺了其对助鹏程公司在仲裁程序中抗辩权利的上诉理由无法律依据，本院不予采信。

助鹏程公司与东西草堂公司为《建设工程施工合同》当事人，双方约定争议提交北京仲裁委员会仲裁，而田某媛并非合同当事人，与助鹏程公司、东西草堂公司未订立仲裁协议，其无权参加仲裁程序，故本案不存在助鹏程公司在仲裁程序中放弃对田某媛主张权利的问题。在仲裁裁决生效后，助鹏程公司在执行程序中申请追加田某媛为被执行人，是依法定程序所采取的措施，人民法院应当予以审理。因此，田某媛关于助鹏程公司存在多次放弃要求田某媛承担债务的意思表示，一审法院不得依据《中华人民共和国公司法》第六十二条、六十三条的规定判令追加田某媛为被执行人的上诉理由无事实和法律依据，本院不予采信。

《中华人民共和国公司法》第六十三条规定，一人有限责任公司的股东不能证明公司财产独立于股东自己的财产的，应当对公司债务承担连带责任。《最高人民法院关于民事执行中变更、追加当事人若干问题的规定》第二十条规定，作为被执行人的一人有限责任公司，财产不足以清偿生效法律文书确定的债务，股东不能证明公司财产独立于自己的财产，申请执行人申请变更、追加该股东为被执行人，对公司债务承担连带责任的，人民法院应予支持。

法律要求股东财产与一人有限责任公司财产相分离，且产权清晰，其目的是使股东与公司之间权责明确，以保障公司债权人的利益，防止公司股东逃避债务，并导致公司偿债能力降低。本案中，助鹏程公司与东西草堂公司之间的《建设工程施工合同》关系形成于2012年10月25日，仲裁裁决于2018年12月25日作出。根据以上时间可以看出，在助鹏程公司与东西草堂公司之间的案涉债务形成时，东西草堂公司为一人有限责任公司，田某媛为公司唯一股东。在仲裁裁决确认东西草堂公司对助鹏程公司所负的债务后，田某媛才将其所持股权转让，并将公司类型由一人有限责任公司变更为非一人有限责任公司。法律并未对股东持股的时间做出限制，因此不能免除田某媛作为东西草堂公司唯一股东期间应承担的法律责任。在东西草堂公司的财产不足以清偿债务时，作为该公司曾经的股东，田某媛必须举证证明其在作为股东期间公司与个人账目清晰、不存在混同，方可免责。本案中，田某媛在2012年9月至2019年1月期间为东西草堂公司股东，其作为公司唯一股东及法定代表人，负有管理公司财产的责任。但是，东西草堂公司并未按照《中华人民共和国公司法》及《中华人民共和国会计法》的相关规定编制财务会计报告并经会计师事务所审计。虽然东西草堂公司提交了北京永坤会计师事务所出具的《北京东西草堂文化有限公司2012至2016年度财务报表审计报告》，但该报告的出具时间为2020年12月2日，并非按照法律规定在每一会计年度终了时进行审计，且审计涉及的时间范围并不能覆盖田某媛担任公司股东的整个期间。虽然东西草堂公司提交了该公司2012—2019年的资产负债表、损益表，但上述材料并未反映该公司对助鹏程公司所负的案涉债务。相反，田某媛曾于2012年、2013年分三笔向那某汇款代东西草堂公司支付工程款。因此，田某媛及东西草堂公司提供的证据不足以证明东西草堂公司财产与田某媛个人财产相互独立。田某媛关于其与东西草堂公司财产相互独立的主张不能成立。

综上，田某媛的上诉请求及理由均不能成立，本院不予支持。一审判决认定事实清楚，适用法律正确，应予维持。依照《中华人民共和国民事诉讼法》第一百七十条第一款第一项之规定，判决如下：

驳回上诉，维持原判。

二审案件受理费 70 元，由田某媛负担（已交纳）。

本判决为终审判决。

审判长　杨绍煜

审判员　赵红英

审判员　王　肃

二〇二一年九月一日

书记员　岳　琳

六、第三十条

（一）法条原文

【2024 年版本】

第三十条　财政部门对各单位的下列情况实施监督：

（一）是否依法设置会计账簿；

（二）会计凭证、会计账簿、财务会计报告和其他会计资料是否真实、完整；

（三）会计核算是否符合本法和国家统一的会计制度的规定；

（四）从事会计工作的人员是否具备专业能力、遵守职业道德。

在对前款第（二）项所列事项实施监督，发现重大违法嫌疑时，国务院财政部门及其派出机构可以向与被监督单位有经济业务往来的单位和被监督单位开立账户的金融机构查询有关情况，有关单位和金融机构应当给予支持。

【2017 年版本】

第三十二条　财政部门对各单位的下列情况实施监督：

（一）是否依法设置会计帐簿；

（二）会计凭证、会计帐簿、财务会计报告和其他会计资料是否真实、完整；

（三）会计核算是否符合本法和国家统一的会计制度的规定；

（四）从事会计工作的人员是否具备专业能力、遵守职业道德。

在对前款第（二）项所列事项实施监督，发现重大违法嫌疑时，国务院财政部门及其派出机构可以向与被监督单位有经济业务往来的单位和被监督单位开立帐户的金融机构查询有关情况，有关单位和金融机构应当给予支持。

【1999 年版本】

第三十二条　财政部门对各单位的下列情况实施监督：

（一）是否依法设置会计帐簿；

（二）会计凭证、会计帐簿、财务会计报告和其他会计资料是否真实、完整；

（三）会计核算是否符合本法和国家统一的会计制度的规定；

（四）从事会计工作的人员是否具备从业资格。

在对前款第（二）项所列事项实施监督，发现重大违法嫌疑时，国务院财政部门及其派出机构可以向与被监督单位有经济业务往来的单位和被监督单位开立帐户的金融机构查询有关情况，有关单位和金融机构应当给予支持。

【1993年版本】

第二十条　各单位必须依照法律和国家有关规定接受财政、审计、税务机关的监督，如实提供会计凭证、会计帐簿、会计报表和其他会计资料以及有关情况，不得拒绝、隐匿、谎报。

【1985年版本】

第二十条　各单位必须接受审计机关、财政机关和税务机关依照法律和国家有关规定进行的监督，如实提供会计凭证、会计帐簿、会计报表和其他会计资料以及有关情况，不得拒绝、隐匿、谎报。

经国务院财政部门或者省、自治区、直辖市人民政府的财政部门批准的注册会计师组成的会计师事务所，可以按照国家有关规定承办查帐业务。

（二）法条释义

本条规定了会计工作的财政监督。

会计工作的财政监督属于会计工作的政府监督。会计工作的政府监督主要是指财政部门代表国家对各单位和单位中相关人员的会计行为实施的监督检查，以及对发现的违法会计行为实施行政处罚。这里所说的财政部门，是指国务院财政部门、省级以上人民政府财政部门派出机构和县级以上人民政府财政部门。

财政部门有权对各单位的下列情况实施监督：

（1）是否依法设置会计账簿。每个单位都应当依法设置会计账簿。该项检查主要看该单位是否有会计账簿，会计账簿在形式和格式上是否符合会计法等相关法律法规的规定。

（2）会计凭证、会计账簿、财务会计报告和其他会计资料是否真实、完整。所谓真实，是指会计凭证、会计账簿、财务会计报告和其他会计资料与客观实际一致。所谓完整，是指会计凭证、会计账簿、财务会计报告和其他会计资料是否有遗漏和缺失，是否有账外账和未列入会计账簿的收支。

（3）会计核算是否符合会计法和国家统一的会计制度的规定。会计法和国家统一的会计制度对会计核算的方法有明确的规定，各单位的会计核算必须符合这些规定，否则即构成违法。

（4）从事会计工作的人员是否具备专业能力、遵守职业道德。目前我国虽然已经取消会计执业资格考试，不需要会计人员取得《会计证》，但会计工作毕竟是专业性很强的工作，没有经过专业训练的人很难胜任。因此，从事会计工作的人员应当出具能够证明其具备专业能力的证明，如曾在学校学习过会计知识、在培训机构经过会计培训、曾参加并通过初级会计师或者中级会计师的考试等。会计工作人员的职业道德也是财政部门监督的内容，通常情况下，在未出现会计舞弊时，财政部门轻易不会专门对会计人员的职业道德进行评判。

在对各单位会计凭证、会计账簿、财务会计报告和其他会计资料的真实性、完整性实施监督，发现重大违法嫌疑时，国务院财政部门及其派出机构可以向与被监督单位有经济业务往来的单位和被监督单位开立账户的金融机构查询有关情况，有关单位和金融机构应当给予支持。

各级财政部门是本级财会监督的主责部门，牵头组织对财政、财务、会计管理法律法规及规章制度执行情况的监督。加强预算管理监督，推动构建完善综合统筹、规范透明、约束有力、讲求绩效、持续安全的现代预算制度，推进全面实施预算绩效管理。加强对行政事业性国有资产管理规章制度、政府采购制度实施情况的监督，保障国有资产安全完整，规范政府采购行为。加强对财务管理、内部控制的监督，督促指导相关单位规范财务管理，提升内部管理水平。加强对会计行为的监督，提高会计信息质量。加强对注册会计师、资产评估和代理记账行业执业质量的监督，规范行业秩序，促进行业健康发展。

（三）相关条文

《中共中央办公厅　国务院办公厅关于进一步加强财会监督工作的意见》（2023年2月15日）

财会监督是依法依规对国家机关、企事业单位、其他组织和个人的财政、财务、会计活动实施的监督。近年来，财会监督作为党和国家监督体系的重要组成部分，在推进全面从严治党、维护中央政令畅通、规范财经秩序、促进经济社会健康发展等方面发挥了重要作用，同时也存在监督体系尚待完善、工作机制有待理顺、法治建设亟待健全、监督能力有待提升、一些领域财经纪律亟需整治等问题。为进一步加强财会监督工作，更好发挥财会监督职能作用，现提出如下意见。

一、总体要求

（一）指导思想。以习近平新时代中国特色社会主义思想为指导，深入贯彻党的二十大精神，完整、准确、全面贯彻新发展理念，加快构建新发展格局，着力推动高质量发展，更好统筹发展和安全，坚持以完善党和国家监督体系为出发点，以党内监督为主导，突出政治属性，严肃财经纪律，健全财会监督体系，完善工作机制，提升财会监督效能，促进财会监督与其他各类监督贯通协调，推动健全党统一领导、全面覆盖、权威高效的监督体系。

（二）工作要求

——坚持党的领导，发挥政治优势。坚持加强党的全面领导和党中央集中统一领导，把党的领导落实到财会监督全过程各方面，确保党中央、国务院重大决策部署有效贯彻落实。

——坚持依法监督，强化法治思维。按照全面依法治国要求，健全财经领域法律法规和政策制度，加快补齐法治建设短板，依法依规开展监督，严格执法、严肃问责。

——坚持问题导向，分类精准施策。针对重点领域多发、高发、易发问题和突出矛盾，分类别、分阶段精准施策，强化对公权力运行的制约和监督，建立长效机制，提升监督效能。

——坚持协同联动，加强贯通协调。按照统筹协同、分级负责、上下联动的要求，健全财会监督体系，构建高效衔接、运转有序的工作机制，与其他各类监督有机贯通、相互协调，形成全方位、多层次、立体化的财会监督工作格局。

（三）主要目标。到2025年，构建起财政部门主责监督、有关部门依责监督、各单位内部监督、相关中介机构执业监督、行业协会自律监督的财会监督体系；基本建立起各类监督主体横向协同，中央与地方纵向联动，财会监督与其他各类监督贯通协调的工作机制；财会监督法律制度更加健全，信息化水平明显提高，监督队伍素质不断提升，在规范财政财务管理、提高会计信息质量、维护财经纪律和市场经济秩序等方面发挥重要保障作用。

二、进一步健全财会监督体系

（四）加强党对财会监督工作的领导。各级党委要加强对财会监督工作的领导，保障党中央决策部署落实到位，统筹推动各项工作有序有效开展。各级政府要建立财会监督协调工作机制，明确工作任务、健全机制、完善制度，加强对下级财会监督工作的督促和指导。

（五）依法履行财会监督主责。各级财政部门是本级财会监督的主责部门，牵头组织对财政、财务、会计管理法律法规及规章制度执行情况的监督。加强预算管理监督，推动构建完善综合统筹、规范透明、约束有力、讲求绩效、持续安全的现代预算制度，推进全面实施预算绩效管理。加强对行政事业性国有资产管理规章制度、政府采购制度实施情况的监督，保障国有资产安全完整，规范政府采购行为。加强对财务管理、内部控制的监督，督促指导相关单位规范财务管理，提升内部管理水平。加强对会计行为的监督，提高会计信息质量。加强对注册会计师、资产评估和代理记账行业执业质量的监督，规范行业秩序，促进行业健康发展。

（六）依照法定职责实施部门监督。有关部门要依法依规强化对主管、监管行业系统和单位财会监督工作的督促指导。加强对所属单位预算执行的监督，强化预算约束。按照职责分工加强对政府采购活动、资产评估行业的监督，提高政府采购资金使用效益，推动资产评估行业高质量发展。加强对归口财务管理单位财务活动的指导和监督,严格财务管理。按照会计法赋予的职权对有关单位的会计资料实施监督,规范会计行为。

（七）进一步加强单位内部监督。各单位要加强对本单位经济业务、财务管理、会计行为的日常监督。结合自身实际建立权责清晰、约束有力的内部财会监督机制和内部控制体系,明确内部监督的主体、范围、程序、权责等,落实单位内部财会监督主体责任。各单位主要负责人是本单位财会监督工作第一责任人,对本单位财会工作和财会资料的真实性、完整性负责。单位内部应明确承担财会监督职责的机构或人员,负责本单位经济业务、财会行为和会计资料的日常监督检查。财会人员要加强自我约束,遵守职业道德,拒绝办理或按照职权纠正违反法律法规规定的财会事项,有权检举单位或个人的违法违规行为。

（八）发挥中介机构执业监督作用。会计师事务所、资产评估机构、税务师事务所、代理记账机构等中介机构要严格依法履行审计鉴证、资产评估、税收服务、会计服务等职责,确保独立、客观、公正、规范执业。切实加强对执业质量的把控,完善内部控制制度,建立内部风险防控机制,加强风险分类防控,提升内部管理水平,规范承揽和开展业务,建立健全事前评估、事中跟踪、事后评价管理体系,强化质量管理责任。持续提升中介机构一体化管理水平,实现人员调配、财务安排、业务承接、技术标准、信息化建设的实质性一体化管理。

（九）强化行业协会自律监督作用。注册会计师协会、资产评估协会、注册税务师协会、银行业协会、证券业协会等要充分发挥督促引导作用,促进持续提升财会信息质量和内部控制有效性。加强行业诚信建设,健全行业诚信档案,把诚信建设要求贯穿行业管理和服务工作各环节。进一步加强行业自律监管,运用信用记录、警示告诫、公开曝光等措施加大惩戒力度,完善对投诉举报、媒体质疑等的处理机制,推动提升财会业务规范化水平。

三、完善财会监督工作机制

（十）加强财会监督主体横向协同。构建财政部门、有关部门、各单位、中介机构、行业协会等监督主体横向协同工作机制。各级财政部门牵头负责本级政府财会监督协调工作机制日常工作,加强沟通协调,抓好统筹谋划和督促指导;税务、人民银行、国有资产监管、银行保险监管、证券监管等部门积极配合、密切协同。建立健全部门间财会监督政策衔接、重大问题处理、综合执法检查、监督结果运用、监督线索移送、监督信息交流等工作机制,形成监督合力,提升监督效能。建立部门与行业协会联合监管机制,推动行政监管与自律监管有机结合。相关中介机构要严格按照法律法规、准则制度进行执业,并在配合财会监督执法中提供专业意见。中介机构及其从业人员对发现的违法违规行为,应及时向主管部门、监管部门和行业协会报告。各单位应配合依法依规实施财会监督,不得拒绝、阻挠、拖延,不得提供虚假或者有重大遗漏的财会资料及信息。

（十一）强化中央与地方纵向联动。压实各有关方面财会监督责任，加强上下联动。国务院财政部门加强财会监督工作的制度建设和统筹协调，牵头组织制定财会监督工作规划，明确年度监督工作重点，指导推动各地区各部门各单位组织实施。县级以上地方政府和有关部门依法依规组织开展本行政区域内财会监督工作。国务院有关部门派出机构依照法律法规规定和上级部门授权实施监督工作。地方各级政府和有关部门要畅通财会监督信息渠道，建立财会监督重大事项报告机制，及时向上一级政府和有关部门反映财会监督中发现的重大问题。

（十二）推动财会监督与其他各类监督贯通协调。建立健全信息沟通、线索移送、协同监督、成果共享等工作机制。开展财会监督要自觉以党内监督为主导，探索深化贯通协调有效路径，加强与巡视巡察机构协作，建立重点监督协同、重大事项会商、线索移交移送机制，通报财会监督检查情况，研究办理巡视巡察移交的建议；加强与纪检监察机关的贯通协调，完善财会监督与纪检监察监督在贯彻落实中央八项规定精神、纠治"四风"、整治群众身边腐败和不正之风等方面要求贯通协调机制，加强监督成果共享，发现党员、监察对象涉嫌违纪或职务违法、职务犯罪的问题线索，依法依规及时移送纪检监察机关；发挥财会监督专业力量作用，选派财会业务骨干参加巡视巡察、纪委监委监督检查和审查调查。强化与人大监督、民主监督的配合协同，完善与人大监督在提高预算管理规范性、有效性等方面贯通协调机制。增强与行政监督、司法监督、审计监督、统计监督的协同性和联动性，加强信息共享，推动建立健全长效机制，形成监督合力。畅通群众监督、舆论监督渠道，健全财会监督投诉举报受理机制，完善受理、查处、跟踪、整改等制度。

四、加大重点领域财会监督力度

（十三）保障党中央、国务院重大决策部署贯彻落实。把推动党中央、国务院重大决策部署贯彻落实作为财会监督工作的首要任务。聚焦深化供给侧结构性改革，做好稳增长、稳就业、稳物价工作，保障和改善民生，防止资本无序扩张，落实财政改革举措等重大部署，综合运用检查核查、评估评价、监测监控、调查研究等方式开展财会监督，严肃查处财经领域违反中央宏观决策和治理调控要求、影响经济社会健康稳定发展的违纪违规行为，确保党中央政令畅通。

（十四）强化财经纪律刚性约束。加强对财经领域公权力行使的制约和监督，严肃财经纪律。聚焦贯彻落实减税降费、党政机关过紧日子、加强基层保基本民生保工资保运转工作、规范国库管理、加强资产管理、防范债务风险等重点任务，严肃查处财政收入不真实不合规、违规兴建楼堂馆所、乱设财政专户、违规处置资产、违规新增地方政府隐性债务等突出问题，强化通报问责和处理处罚，使纪律真正成为带电的"高压线"。

（十五）严厉打击财务会计违法违规行为。坚持"强穿透、堵漏洞、用重典、正风气"，从严从重查处影响恶劣的财务舞弊、会计造假案件，强化对相关责任人的追责问责。加强对国有企业、上市公司、金融企业等的财务、会计行为的监督,严肃查处财务数据造假、出具"阴阳报告"、内部监督失效等突出问题。加强对会计信息质量的监督,依法严厉打击伪造会计账簿、虚构经济业务、滥用会计准则等会计违法违规行为,持续提升会计信息质量。加强对会计师事务所、资产评估机构、代理记账机构等中介机构执业质量监督,聚焦行业突出问题,加大对无证经营、挂名执业、违规提供报告、超出胜任能力执业等违法违规行为的整治力度,强化行业日常监管和信用管理,坚决清除害群之马。

五、保障措施

(十六)加强组织领导。各地区各有关部门要强化组织领导,加强协同配合,结合实际制定具体实施方案,确保各项工作任务落地见效。将财会监督工作推进情况作为领导班子和有关领导干部考核的重要内容;对于贯彻落实财会监督决策部署不力、职责履行不到位的,要严肃追责问责。

(十七)推进财会监督法治建设。健全财会监督法律法规制度,及时推动修订预算法、会计法、注册会计师法、资产评估法、财政违法行为处罚处分条例等法律法规。健全财政财务管理、资产管理等制度,完善内部控制制度体系。深化政府会计改革,完善企业会计准则体系和非营利组织会计制度,增强会计准则制度执行效果。

(十八)加强财会监督队伍建设。县级以上财政部门应强化财会监督队伍和能力建设。各单位应配备与财会监督职能任务相匹配的人员力量,完善财会监督人才政策体系,加强财会监督人才培训教育,分类型、分领域建立高层次财会监督人才库,提升专业能力和综合素质。按照国家有关规定完善财会监督人才激励约束机制。

(十九)统筹推进财会监督信息化建设。深化"互联网+监督",充分运用大数据和信息化手段,切实提升监管效能。依托全国一体化在线政务服务平台,统筹整合各地区各部门各单位有关公共数据资源,分级分类完善财会监督数据库,推进财会监督数据汇聚融合和共享共用。构建财会领域重大风险识别预警机制。

(二十)提升财会监督工作成效。优化监督模式与方式方法,推动日常监督与专项监督、现场监督与非现场监督、线上监督与线下监督、事前事中事后监督相结合,实现监督和管理有机统一。加大对违法违规行为的处理处罚力度,大幅提高违法违规成本,推动实施联合惩戒,依法依规开展追责问责。加强财会监督结果运用,完善监督结果公告公示制度,对违反财经纪律的单位和人员,加大公开曝光力度,属于党员和公职人员的,及时向所在党组织、所在单位通报,发挥警示教育作用。

(二十一)加强宣传引导。加强财会监督法律法规政策宣传贯彻,强化财会从业人员执业操守教育。在依法合规、安全保密等前提下,大力推进财会信息公开工作,提高财会信息透明度。鼓励先行先试,强化引领示范,统筹抓好财会监督试点工作。加强宣传解读和舆论引导,积极回应社会关切,充分调动各方面积极性,营造财会监督工作良好环境。

《财政部门实施会计监督办法》(2001年2月20日)

第一章 总 则

第一条 为规范财政部门会计监督工作，保障财政部门有效实施会计监督，保护公民、法人和其他组织的合法权益，根据《中华人民共和国会计法》（以下简称《会计法》）、《中华人民共和国行政处罚法》（以下简称《行政处罚法》）、《企业财务会计报告条例》等有关法律、行政法规的规定，制定本办法。

第二条 国务院财政部门及其派出机构和县级以上地方各级人民政府财政部门（以下统称财政部门）对国家机关、社会团体、公司、企业、事业单位和其他组织（以下统称单位）执行《会计法》和国家统一的会计制度的行为实施监督检查以及对违法会计行为实施行政处罚，适用本办法。

当事人的违法会计行为依法应当给予行政处分的，执行有关法律、行政法规的规定。

第三条 县级以上财政部门负责本行政区域的会计监督检查，并依法对违法会计行为实施行政处罚。

跨行政区域行政处罚案件的管辖确定，由相关的财政部门协商解决；协商不成的，报请共同的上一级财政部门指定管辖。

上级财政部门可以直接查处下级财政部门管辖的案件，下级财政部门对于重大、疑难案件可以报请上级财政部门管辖。

第四条 财政部门对违法会计行为案件的处理，应当按照本办法规定的程序，经审查立案、组织检查、审理后，作出处理决定。

第五条 财政部门应当在内部指定专门的机构或者在相关机构中指定专门的人员负责会计监督检查和违法会计行为案件的立案、审理、执行、移送和案卷管理等工作。财政部门内部相关机构或者职责的设立，应当体现案件调查与案件审理相分离、罚款决定与罚款收缴相分离的原则。

第六条 财政部门应当建立健全会计监督制度，并将会计监督与财务监督和其他财政监督结合起来，不断改进和加强会计监督工作。

第七条 任何单位和个人对违法会计行为有权检举。

财政部门对受理的检举应当及时按照有关规定处理，不得将检举人姓名和检举材料转给被检举单位和被检举人个人。

第八条 财政部门及其工作人员对在会计监督检查工作中知悉的国家秘密和商业秘密负有保密义务。

第二章 会计监督检查的内容、形式和程序

第九条 财政部门依法对各单位设置会计账簿的下列情况实施监督检查：

（一）应当设置会计账簿的是否按规定设置会计账簿；

（二）是否存在账外设账的行为；

（三）是否存在伪造、变造会计账簿的行为；

（四）设置会计账簿是否存在其他违反法律、行政法规和国家统一的会计制度的行为。

第十条　财政部门依法对各单位会计凭证、会计账簿、财务会计报告和其他会计资料的真实性、完整性实施监督检查，内容包括：

（一）《会计法》第十条规定的应当办理会计手续、进行会计核算的经济业务事项是否如实在会计凭证、会计账簿、财务会计报告和其他会计资料上反映；

（二）填制的会计凭证、登记的会计账簿、编制的财务会计报告与实际发生的经济业务事项是否相符；

（三）财务会计报告的内容是否符合有关法律、行政法规和国家统一的会计制度的规定；

（四）其他会计资料是否真实、完整。

第十一条　财政部门依法对各单位会计核算的下列情况实施监督检查：

（一）采用会计年度、使用记账本位币和会计记录文字是否符合法律、行政法规和国家统一的会计制度的规定；

（二）填制或者取得原始凭证、编制记账凭证、登记会计账簿是否符合法律、行政法规和国家统一的会计制度的规定；

（三）财务会计报告的编制程序、报送对象和报送期限是否符合法律、行政法规和国家统一的会计制度的规定；

（四）会计处理方法的采用和变更是否符合法律、行政法规和国家统一的会计制度的规定；

（五）使用的会计软件及其生成的会计资料是否符合法律、行政法规和国家统一的会计制度的规定；

（六）是否按照法律、行政法规和国家统一的会计制度的规定建立并实施内部会计监督制度；

（七）会计核算是否有其他违法会计行为。

第十二条　财政部门依法对各单位会计档案的建立、保管和销毁是否符合法律、行政法规和国家统一的会计制度的规定实施监督检查。

第十三条　财政部门依法对公司、企业执行《会计法》第二十五条和第二十六条的情况实施监督检查。

第十四条　财政部门依法对各单位任用会计人员的下列情况实施监督检查：

（一）从事会计工作的人员是否持有会计从业资格证书；

（二）会计机构负责人（会计主管人员）是否具备法律、行政法规和国家统一的会计制度规定的任职资格。

第十五条　国务院财政部门及其派出机构和省、自治区、直辖市财政部门依法对会计师事务所出具的审计报告的程序和内容实施监督检查。

第十六条　财政部门实施会计监督检查可以采用下列形式：

（一）对单位遵守《会计法》、会计行政法规和国家统一的会计制度情况进行全面检查；

（二）对单位会计基础工作、从事会计工作的人员持有会计从业资格证书、会计人员从业情况进行专项检查或者抽查；

（三）对有检举线索或者在财政管理工作中发现有违法嫌疑的单位进行重点检查；

（四）对经注册会计师审计的财务会计报告进行定期抽查；

（五）对会计师事务所出具的审计报告进行抽查；

（六）依法实施其他形式的会计监督检查。

第十七条　财政部门实施会计监督检查，应当执行《财政检查工作规则》（财政部财监字〔1998〕223号）和本办法规定的工作程序、要求，保证会计监督检查的工作质量。

第十八条　在会计监督检查中，检查人员应当如实填写会计监督检查工作记录。

会计监督检查工作记录应当包括下列内容：

（一）检查工作记录的编号；

（二）被检查单位违法会计行为发生的日期、记账凭证编号、会计账簿名称和编号、财务会计报告名称和会计期间、会计档案编号；

（三）被检查单位违法会计行为主要内容摘录；

（四）会计监督检查工作记录附件的主要内容和页数；

（五）其他应当说明的事项；

（六）检查人员签章及填制日期；

（七）检查组长签章及日期。

前款第（四）项所称会计监督检查工作记录附件应当包括下列材料：

（一）与被检查事项有关的会计凭证、会计账簿、财务会计报告等会计资料的复印件；

（二）与被检查事项有关的文件、合同、协议、往来函件等资料的复印件；

（三）注册会计师及其会计师事务所出具的审计报告、有关资料的复印件；

（四）其他有关资料。

第十九条　财政部门实施会计监督检查，可以在被检查单位的业务场所进行；必要时，经财政部门负责人批准，也可以将被检查单位以前会计年度的会计凭证、会计账簿、财务会计报告和其他有关资料调回财政部门检查，但须由组织检查的财政部门向被检查单位开具调用会计资料清单，并在三个月内完整退还。

第二十条　财政部门在被检查单位涉嫌违法的证据可能灭失或者以后难以取得的情况下，经财政部门负责人批准，可以对证据先行登记保存，并应当在七日内对先行登记保存的证据作出处理决定。

第二十一条　国务院财政部门及其派出机构在对有关单位会计资料的真实性、完整性实施监督检查过程中，发现重大违法嫌疑时，可以向与被检查单位有经济业务往来的单位或者被检查单位开立账户的金融机构查询有关情况。向与被检查单位有经济业务往来的单位查询有关情况，应当经国务院财政部门或者其派出机构负责人批准，并持查询情况许可证明；向被检查单位开立账户的金融机构查询情况，应当遵守《关于财政部及其派出机构查询被监督单位有关情况若干具体问题的通知》（财政部、中国人民银行财监字〔2000〕39号）的规定。

第二十二条　检查组应当在检查工作结束后十日内，将会计监督检查报告、会计监督检查工作记录及其附件、被检查当事人提出的书面意见提交组织检查的财政部门。

会计监督检查报告应当包括下列内容：

（一）检查的范围、内容、形式和时间；

（二）被检查单位的基本情况；

（三）检查组检查工作的基本情况；

（四）当事人的违法会计行为和确认违法事实的依据；

（五）对当事人给予行政处罚的建议；

（六）对当事人给予行政处分的建议；

（七）对涉嫌犯罪的当事人提出移送司法机关的建议；

（八）其他需要说明的内容；

（九）检查组组长签章及日期。

第二十三条　财政部门对于检查组提交的会计监督检查报告及其他有关材料应当按照本办法第四章的有关规定进行审理，并作出处理决定。

第三章　处理、处罚的种类和适用

第二十四条　财政部门在会计监督检查中实施行政处罚的种类包括：

（一）警告；

（二）罚款；

（三）吊销会计从业资格证书。

第二十五条　财政部门对违法会计行为查实后，应当责令当事人改正或者限期改正，并依法给予行政处罚。

第二十六条　当事人有下列情形之一的，财政部门应当依法从轻给予行政处罚：

（一）违法会计行为是初犯，且主动改正违法会计行为、消除危害后果的；

（二）违法会计行为是受他人胁迫进行的；

（三）配合财政部门查处违法会计行为有立功表现的；

（四）其它依法应当从轻给予行政处罚的。

第二十七条　当事人有下列情形之一的，财政部门应当依法从重给予行政处罚：

（一）无故未能按期改正违法会计行为的；

（二）屡查屡犯的；

（三）抗拒、阻挠依法实施的监督，不如实提供有关会计资料和情况的；

（四）胁迫他人实施违法会计行为的；

（五）违法会计行为对单位的财务状况和经营成果产生重大影响的；

（六）以虚假的经济业务事项或者资料为依据进行会计核算，造成会计信息严重失实的；

（七）随意改变会计要素确认标准、计量方法，造成会计信息严重失实的；

（八）违法会计行为是以截留、挪用、侵占、浪费国家财政资金为目的的；

（九）违法会计行为已构成犯罪但司法机关免予刑事处罚的。

第二十八条　财政部门在对本办法第九条、第十条、第十一条、第十二条、第十三条、第十四条规定的内容实施会计监督检查中，发现当事人有《会计法》第四十二条第一款所列违法会计行为的，应当依照《会计法》第四十二条的规定处理。

第二十九条　财政部门在对本办法第九条、第十条、第十一条、第十二条、第十三条规定的内容实施会计监督检查中，发现当事人有伪造、变造会计凭证、会计账簿或者编制虚假财务会计报告的，应当依照《会计法》第四十三条的规定处理。

第三十条　财政部门在对本办法第九条、第十条、第十一条、第十二条、第十三条规定的内容实施会计监督检查中，发现有隐匿或者故意销毁依法应当保存的会计凭证、会计账簿、财务会计报告的违法会计行为的，应当依照《会计法》第四十四条的规定处理。

第三十一条　财政部门在实施会计监督检查中，发现被检查单位的有关人员有授意、指使、强令会计机构、会计人员及其他人员伪造、变造或者隐匿、故意销毁依法应当保存的会计凭证、会计账簿，编制虚假财务会计报告行为的，应当依照《会计法》第四十五条的规定处理。

第三十二条　财政部门在会计监督检查中发现单位负责人对依法履行职责的会计人员实行打击报复的，应当依照《会计法》第四十六条的规定处理。

第三十三条　财政部门对本办法第十五条规定的内容实施监督检查时，发现注册会计师及会计师事务所出具审计报告的程序和内容违反《中华人民共和国注册会计师法》规定的，应当依照《中华人民共和国注册会计师法》的有关规定处理。

第三十四条　财政部门认为违法会计行为构成犯罪的，应当依照有关规定移送司法机关处理。

第四章　行政处罚程序

第三十六条　财政部门对违法会计行为实施行政处罚，应当按照本章规定的程序办理。

第三十七条　财政部门对公民、法人和其他组织检举的违法会计行为案件，应当予以审查，并在七日内决定是否立案。

第三十八条 财政部门对违法会计行为案件的下列内容予以审查：

（一）违法事实是否清楚；

（二）证据是否确凿；

（三）其他需要审查的内容。

第三十九条 财政部门对符合下列条件的违法会计行为案件应当予以立案：

（一）有明确的违法会计行为、违法会计行为人；

（二）有可靠的事实依据；

（三）当事人的违法会计行为依法应当给予行政处罚；

（四）属于本机关管辖。

第四十条 财政部门对违法会计行为案件审查后，认为不符合立案条件的，应当告知检举人，并将审查意见存档；认为案件依法应当由其他部门管辖的，及时将案件材料移送有关部门。

第四十一条 对下列违法会计行为案件，财政部门可以直接立案：

（一）在会计监督检查中发现的；

（二）在其它财政监督检查中发现的；

（三）在日常财政管理工作中发现的；

（四）上级财政部门指定办理、下级财政部门上报的；

（五）有关部门移送的。

第四十二条 财政部门对按照本办法第三十七条、第三十九条和第四十一条第（三）、（四）、（五）项规定立案的违法会计行为案件，应当按照本办法第二章规定的程序实施会计监督检查。

第四十三条 财政部门应当建立违法会计行为案件的审理制度。

财政部门应当指定专门的机构或者在相关机构中指定专门的人员，负责对已经立案并实施会计监督检查的案件按照本章规定的程序审核检查组提交的有关材料，以确定是否对当事人给予行政处罚以及对当事人的处罚种类和幅度。

第四十四条 财政部门对违法会计行为案件的审理应当依照有关法律、行政法规和规章的规定进行，并遵循实事求是、证据确凿、程序合法、错罚相当的原则。

第四十五条 案件审理人员应当对违法会计行为案件的下列内容进行审查：

（一）实施的会计监督检查是否符合法定程序；

（二）当事人的违法事实是否清楚；

（三）收集的证明材料是否真实、充分；

（四）认定违法会计行为所适用的依据是否正确；

（五）建议给予的行政处罚种类和幅度是否合法和适当；

（六）当事人陈述和申辩的理由是否成立；

（七）需要审理的其他事项。

第四十六条 案件审理人员对其审理的案件可以分别作出下列处理：

（一）对会计监督检查未履行法定程序的，经向财政部门负责人报告并批准后，采取必要的弥补措施；

（二）对违法事实不清、证据不充分的，中止审理，并通知有关检查人员予以说明或者补充、核实有关的检查材料。必要时，经财政部门负责人批准，可另行组织调查、取证；

（三）对认定违法会计行为所适用的依据、建议给予的行政处罚的种类和幅度不正确、不适当的，提出修改意见；

（四）对审理事项没有异议的，签署同意意见。

第四十七条 财政部门根据对违法会计行为案件的审理结果，分别作出下列处理决定：

（一）违法事实不能成立的，不得给予行政处罚；

（二）违法会计行为轻微，依法不予行政处罚的，不予行政处罚；

（三）违法事实成立，依法应当给予行政处罚的，作出行政处罚决定；

（四）违法会计行为应当给予行政处分的，将有关材料移送其所在单位或者有关单位，并提出给予行政处分的具体建议；

（五）按照有关法律、行政法规和规章的规定，违法行为应当由其他部门实施行政处罚的，将有关材料移送有关部门处理；

（六）认为违法行为构成犯罪的，将违法案件有关材料移送司法机关处理。

第四十八条 财政部门对当事人没有违法会计行为或者违法会计行为轻微依法不予行政处罚的，应当制作会计监督检查结论，送达当事人，并根据需要将副本抄送有关单位。

会计监督检查结论包括下列内容：

（一）财政部门的名称；

（二）检查的范围、内容、形式和时间；

（三）对检查事项未发现违法会计行为或者违法会计行为轻微依法不予行政处罚的说明；

（四）要求当事人限期改正违法会计行为的期限；

（五）其他需要说明的内容。

第四十九条 财政部门对违法会计行为依法作出行政处罚决定后，应当制作会计监督行政处罚决定书，送达当事人，并根据需要将副本抄送有关单位。

会计监督行政处罚决定书应当载明下列事项：

（一）当事人名称或者姓名、地址；

（二）违反法律、行政法规、国家统一的会计制度的事实和证据；

（三）要求当事人限期改正违法会计行为的期限；

（四）行政处罚决定及其依据；

（五）行政处罚的履行方式和期限；

（六）当事人不服行政处罚决定，申请行政复议或者提起行政诉讼的途径和期限；

（七）作出行政处罚决定的财政部门的名称、印章；

（八）作出行政处罚决定的日期、处罚决定文号；

（九）如果有附件应当说明附件的名称和数量。

第五十条 财政部门在作出行政处罚决定之前，应当告知当事人作出行政处罚决定的事实、理由及依据。当事人有权进行陈述和申辩。

财政部门应当充分听取当事人的意见，并应当对当事人提出的事实、理由和证据进行复核；当事人提出的事实、理由或者证据成立的，财政部门应当采纳。

财政部门不得因当事人申辩而加重处罚。

第五十一条 财政部门作出较大数额罚款、吊销会计从业资格证书的行政处罚决定之前，应当告知当事人有要求听证的权利；当事人要求听证的，应当按照《财政部门行政处罚听证程序实施办法》（财政部财法字〔1998〕18号）的规定组织听证。

第五十二条 听证程序终结后，财政部门应当根据本办法第四十七条的规定作出处理决定。

第五十三条 财政部门应当在接到会计监督检查报告之日起三十日内作出处理决定，并送达当事人；遇有特殊情况可延长至六十日内送达当事人。

第五十四条 财政部门依法作出行政处罚决定后，当事人应当在规定的期限内履行行政处罚决定。

当事人对行政处罚决定不服申请行政复议或者提起行政诉讼的，行政处罚不停止执行，但法律、行政法规另有规定的除外。

第五十五条 当事人逾期不申请行政复议或者不提起行政诉讼又不履行处罚决定的，由作出行政处罚决定的财政部门申请人民法院强制执行。

第五十六条 当事人到期不缴纳罚款的，作出处罚决定的财政部门可以按照《行政处罚法》的有关规定对当事人加处罚款。

当事人对加处罚款有异议的，应当先缴纳罚款和因逾期缴纳罚款所加处的罚款，再依法申请行政复议或者提起行政诉讼。

第五十七条 案件结案后，案件审理人员应当做好案件材料的立卷归档工作。

第五十八条 财政部门应当建立违法会计行为案件备案制度。

县级以上地方财政部门对适用听证程序、提起行政诉讼和上级财政部门指定办理的案件，应当在结案后三十日内向上一级财政部门备案。

第五章 附 则

第五十九条 本办法所称"违法会计行为"，是指公民、法人和其它组织违反《会计法》和其他有关法律、行政法规、国家统一的会计制度的行为。

本办法所称"违法会计行为案件",是指财政部门发现的或者受理的公民、法人和其它组织涉嫌有违法会计行为的案件。

第六十条 本办法所称"当事人",是指财政部门实施会计监督检查的单位及其对会计行为直接负责的主管人员和其他直接责任人员。

第六十一条 本办法第五十一条所称"较大数额罚款",是指对个人处以二千元以上罚款、对法人或者其他组织处以五万元以上罚款。

各省、自治区、直辖市通过的地方法规对"较大数额罚款"的限额另有规定的,可以不受上述数额的限制。

第六十二条 本办法所称"限期改正"的期限原则上为十五日。有特殊原因需要延长的,由组织检查的财政部门决定。

第六十三条 本办法所称的"日",均指有效工作日。

第六十四条 各省、自治区、直辖市、计划单列市财政部门、新疆生产建设兵团可以依照本办法制定具体的实施办法,报国务院财政部门备案。

第六十五条 本办法自发布之日起施行。

(四)典型案例

南宁铁路运输中级法院
行政判决书[①]

〔2019〕桂 71 行终 151 号

上诉人(一审原告)赵某,女,1964 年 8 月 20 日出生,汉族,住南宁市兴宁区。
委托代理人李俊军,广西冠鸿律师事务所律师。
委托代理人韦小娟,广西冠鸿律师事务所实习律师。
被上诉人(一审被告)广西壮族自治区财政厅,住所地南宁市青秀区桃源路 69 号。
法定代表人关礼,该厅厅长。
委托代理人龚敏红,该厅财政监督检查局副局长。
委托代理人谢叶静,北京市炜衡(南宁)律师事务所律师。
被告广西壮族自治区人民政府,住所地南宁市青秀区民生路 2 号。
法定代表人陈武,主席。
委托代理人唐亦,广西壮族自治区司法厅工作人员。
委托代理人邹珍珍,广西东方意远律师事务所律师。
上诉人赵某因与被上诉人广西壮族自治区财政厅(以下简称自治区财政厅)、被上

---

① 资料来源:中国裁判文书网 https://wenshu.court.gov.cn。

诉人广西壮族自治区人民政府（以下简称自治区政府）行政处罚及行政复议一案，不服南宁铁路运输法院〔2018〕桂7102行初232号行政判决，向本院提起上诉。本院立案受理后，依法组成合议庭进行了审理。本案现已审理终结。

一审法院查明，2018年1月12日，自治区财政厅对第一工业学校发出《财政检查通知书》，派出核查组对该校军训费等有关财务收支事项进行检查。赵某时任第一工业学校的出纳，根据赵某提供的表格及其本人反映，2002年至2009年该校军训费、军训服装费、电脑中心等收支没有纳入第一工业学校账簿，由赵某单独管理，所有收支均是现金管理，截至2018年1月18日，结余资金240.59元仍由赵某管理，未纳入学校会计账簿反映。2018年1月19日，赵某在《财政检查工作底稿》签字确认上述情况。根据第一工业学校提供的2002—2009年收支票据反映，2002—2009年收入合计1 592 966.7元，支出合计1 340 239.5元，累计结余252 727.2元，截至2018年1月18日，上述收入、支出及结余均未纳入第一工业学校会计账簿核算。2018年1月19日，第一工业学校工作人员在《财政检查工作底稿》签字盖章确认。

2018年1月23日，检查组工作人员对第一工业学校的工作人员进行了询问。2018年1月30日，检查组对检查项目的库存现金进行盘点，现金存放于出纳办公桌抽屉里。

2018年2月2日，检查组向第一工业学校发出《财政检查征求意见函》（附件《广西第一工业学校2002—2009军训费等有关财务收支检查基本情况及发现的主要问题》），第一工业学校于当日签收。2018年2月7日，第一工业学校作出《关于财政检查征求意见函有关情况的说明》。2018年2月8日，检查组作出《检查组对广西第一工业学校反馈意见的认定意见》。

2018年5月30日，自治区财政厅向赵某作出桂财监〔2018〕65号《广西壮族自治区财政厅行政处罚事项告知书》，认为赵某将军训服装费等单位收入私存私放，未纳入单位法定会计账簿核算，形成"小金库"，应负直接责任，根据《财政违法行为处罚处分条例》（国务院令第427号，以下简称《处罚处分条例》）第十七条"单位和个人违反财务管理的规定，私存私放财政资金或者其他公款的，责令改正，调整有关会计账目，追加私存私放的资金，没收违法所得。对单位处3 000元以上5万元以下的罚款；对直接负责的主管人员和其他直接责任人员处2 000元以上2万元以下的罚款。属于国家公务员的，还应当给予记大过处分；情节严重的，给予降级或者撤职处分"的规定，自治区财政厅拟对赵某处以2 000元罚款的行政处罚。并告知赵某有陈述和申辩的权利。该告知书于2018年6月1日向赵某送达。赵某于2018年6月1日对上述告知书提出书面异议。2018年7月13日，自治区财政厅对赵某作出桂财监〔2018〕96号行政处罚决定（以下简称96号决定），决定对赵某处以2 000元罚款的行政处罚。自治区财政厅于2018年7月31日向赵某送达了96号决定。

赵某不服自治区财政厅作出的96号决定，于2018年9月10日向自治区政府提起行政复议申请。自治区政府受理后，于2018年11月8日自治区政府作出桂政行复

〔2018〕188号行政复议决定（以下简称188号复议决定），维持自治区财政厅作出96号决定的行政行为。赵某于2018年11月20日收到188号复议决定后，不服决定，故诉至本院。

一审法院认为，根据《中华人民共和国会计法》（以下简称《会计法》）第七条"国务院财政部门主管全国的会计工作。县级以上地方各级人民政府财政部门管理本行政区域内的会计工作。"及第三十二条第一款"财政部门对各单位的下列情况实施监督：（一）是否依法设置会计账簿；（二）会计凭证、会计账簿、财务会计报告和其他会计资料是否真实、完整；（三）会计核算是否符合本法和国家统一的会计制度的规定；（四）从事会计工作的人员是否具备专业能力、遵守职业道德。"的规定，自治区财政厅具有对本行政区域内的会计工作进行管理和监督的主体资格和法定职权。根据《中华人民共和国行政复议法》（以下简称《行政复议法》）第十二条第一款"对县级以上地方各级人民政府工作部门的具体行政行为不服的，由申请人选择，可以向该部门的本级人民政府申请行政复议，也可以向上一级主管部门申请行政复议"的规定，自治区政府对赵某不服自治区财政厅作出的96号决定的行政复议申请具有进行处理的主体资格和法定职权。

《会计法》第十六条规定："各单位发生的各项经济业务事项应当在依法设置的会计账簿上统一登记、核算，不得违反本法和国家统一的会计制度的规定私设会计账簿登记、核算。"第十七条规定："各单位应当定期将会计账簿记录与实物、款项及有关资料相互核对，保证会计账簿记录与实物及款项的实有数额相符、会计账簿记录与会计凭证的有关内容相符、会计账簿之间相对应的记录相符、会计账簿记录与会计报表的有关内容相符。"《处罚处分条例》第十七条规定："单位和个人违反财务管理的规定，私存私放财政资金或者其他公款的，责令改正，调整有关会计账目，追回私存私放的资金，没收违法所得。对单位处3 000元以上5万元以下的罚款；对直接负责的主管人员和其他直接责任人员处2 000元以上2万元以下的罚款。属于国家公务员的，还应当给予记大过处分；情节严重的，给予降级或者撤职处分。"赵某系第一工业学校的出纳，不得违反《会计法》的相关规定，但根据自治区财政厅检查组调查，第一工业学校2002年至2009年该校军训费、军训服装费、电脑款等收支没有纳入第一工业学校账簿，由赵某单独管理，所有收支均是现金管理，截至2018年1月18日，结余资金也是由赵某管理。因此，赵某的行为违反了《处罚处分条例》第十七条的规定，自治区财政厅对赵某作出2 000元罚款的行政处罚决定认定事实清楚、证据充分，适用法律正确。自治区财政厅在向赵某作出96号决定前，已向赵某发出桂财监〔2018〕65号《广西壮族自治区财政厅行政处罚事项告知书》，告知赵某作出行政处罚决定的事实、理由及依据，并告知赵某享有的权利，听取赵某的意见。自治区财政厅在作出96号决定后依法向赵某送达，故自治区财政厅作出的96号决定程序合法。综上，自治区财政厅作出的96号决定认定事实清楚、证据充分，适用法律正确，赵某要求撤销

96号决定的诉讼请求，不予支持。

《行政复议法》第二十六条第二款规定："经复议的案件，复议机关决定维持原行政行为的，作出原行政行为的行政机关和复议机关是共同被告；复议机关改变原行政行为的，复议机关是被告。"自治区政府依法受理赵某的复议申请后，于法定期限内向赵某作出188号复议决定，且依法送达给赵某，程序合法。赵某要求撤销自治区政府作出的188号复议决定的诉讼请求，不予支持。依照《中华人民共和国行政诉讼法》第六十九条的规定，判决驳回赵某的诉讼请求。

上诉人赵某上诉请求：1.撤销南宁铁路运输法院〔2018〕桂7102行初232号行政判决；2.改判撤销自治区财政厅于2018年7月13日作出的96号处罚决定；3.撤销自治区政府于2018年11月8日作出的188号复议决定。主要事实和理由：一审、一审判决认定事实错误。1.2002年至2009年该校军训费、军训服装费、电脑款等收支没有纳入第一工业学校账簿，系校领导决定，赵某是被安排管理，不是单独管理。设立"小金库"是学校领导下发决定设立，赵某不负直接责任。2.赵某将涉及"小金库"的所有票据于2016年11月28日上交相关人员，并核对无误，并提醒领导入账，规范账簿，不存在结余资金是由赵某管理，故赵某不应受到处罚。3.赵某举报有功，应予以奖励，而不是处罚。处罚举报人，违背举报制度的初衷，与国家立法、政策不符。二、一审判决适用法律错误。一审法院应当依据《中华人民共和国行政诉讼法》第七十条规定作出判决。

被上诉人自治区财政厅辩称：一、赵某上诉的事实和理由不成立。1.赵某是"小金库"的直接负责人，自治区财政厅处罚其于法有据。2.赵某称其已上交全部现金，结余资金不是由其管理，与事实不符。截至2018年1月18日，"小金库"结余现金240.59元，仍由其管理，未纳入学校会计账簿反映。3.有立功表现可以作为从轻或者减轻处罚的事由，不是免除处罚的理由。4.一审法院适用法律正确。二、自治区财政厅作出的96号处罚决定主体适格，程序合法。三、自治区财政厅作出的96号处罚决定认定事实清楚，证据确凿，适用依据正确，内容得当。请求驳回赵某的上诉请求，维持原判。

被告自治区政府辩称，同意财政厅的意见。1.《中华人民共和国行政处罚法》第二十七条规定："当事人有下列情形之一的应当从轻或者减轻行政处罚：……（三）配合行政机关查处违法行为有立功表现的……"。也就是说，上诉人赵某有立功表现，不一定是给予减轻处罚，行政机关根据赵某的其他情节作出综合考量，决定是从轻还是减轻处罚，自治区财政厅对赵某作出处以2 000元的罚款，已经是最低限额的行政处罚，所以96号决定是合法适当的，因此，自治区政府作出的188号决定也是合法的。2.会计法上调整的会计人员，与会计是两个不同的概念，会计人员应该包括出纳。

3.一审判决认定事实清楚，适用法律正确。截至2018年1月18日，结余现金240.59元，仍由其管理，未纳入学校会计账簿反映。赵某将上述单位收入款项私存私放,未纳入单位法定会计账簿核算,形成"小金库",应当负直接责任。一审判决根据《处罚处分条例》的规定,认定自治区财政厅作出的96号处罚决定认定事实清楚,证据充分,适用法律正确,并作出232号判决驳回赵某的诉讼请求正确。4.自治区政府作出188号复议决定符合《行政复议法》及其《实施条例》的规定,程序合法。请求驳回上诉,维持原判。

二审期间,各方当事人均未提交新证据。经审查,本院确认一审判决确认的证据合法有效,可作为认定案件事实的依据。据此本院查明的事实与一审法院查明事实一致。

本院认为,根据《会计法》第七条"国务院财政部门主管全国的会计工作本行政区域。县级以上地方各级人民政府财政部门管理内的会计工作。"及第三十二条第一款"财政部门对各单位的下列情况实施监督:(一)是否依法设置会计账簿;(二)会计凭证、会计账簿、财务会计报告和其他会计资料是否真实、完整;(三)会计核算是否符合本法和国家统一的会计制度的规定;(四)从事会计工作的人员是否具备专业能力、遵守职业道德。"的规定,被上诉人自治区财政厅具有对本行政区域内的会计工作进行管理和监督的主体资格和法定职权。根据《中华人民共和国行政复议法》第十二条第一款"对县级以上地方各级人民政府工作部门的具体行政行为不服的,由申请人选择,可以向该部门的本级人民政府申请行政复议,也可以向上一级主管部门申请行政复议"的规定,被上诉人自治区政府对赵某不服自治区财政厅作出的96号决定的行政复议申请具有进行处理的主体资格和法定职权。因此,一审法院对自治区财政厅和自治区政府的主体资格的认定符合法律规定。

关于上诉人赵某提出其不是直接责任人,不应受到行政处罚的问题。《会计法》第十六条规定:"各单位发生的各项经济业务事项应当在依法设置的会计账簿上统一登记、核算,不得违反本法和国家统一的会计制度的规定私设会计账簿登记、核算。"第十七条规定:"各单位应当定期将会计账簿记录与实物、款项及有关资料相互核对,保证会计账簿记录与实物及款项的实有数额相符、会计账簿记录与会计凭证的有关内容相符、会计账簿之间相对应的记录相符、会计账簿记录与会计报表的有关内容相符。"《处罚处分条例》第十七条规定:"单位和个人违反财务管理的规定,私存私放财政资金或者其他公款的,责令改正,调整有关会计账目,追回私存私放的资金,没收违法所得。对单位处3 000元以上5万元以下的罚款;对直接负责的主管人员和其他直接责任人员处2 000元以上2万元以下的罚款。属于国家公务员的,还应当给予记大过处分;情节严重的,给予降级或者撤职处分"。根据法律相关规定,各单位和个人对于单位发生的各项经济业务事项,应当在会计账簿上如实反映,禁止私存私放财政资金或其他公款的行为。出纳人员作为财务管理人员,也应当遵守《会计法》等相关财务管理规定。根据自治区财政厅检查组调查,第一工业学校2002年至2009年该校军训费、军训服装费、电脑款等收支由没有纳入第一工业学校账簿,赵某单独管理,所有收支均是现金管理,截至2018年1月18日,结余资金也是由赵某管理。上述行为已符合《处罚处分条例》第十七条规定的处罚情形。而赵某系第一工业学校的出纳人员,直接负责第一工业学校的现金管理等活动。虽然赵某有可能是按照学校领导的指示直接负责上述行为的现金管理,但并不因此免除赵某对上述现金管理的直接责任。因此,赵某的该上诉理由,本院不予采纳。

关于上诉人赵某提出其是举报人,应该给予奖励,不应受到处罚的问题。《中华人民共和国行政处罚法》第二十七条规定:"当事人有下列情形之一的应当从轻或者减轻行政处罚:……(三)配合行政机关查处违法行为有立功表现的……"。当事人配合行政机关查处违法行为有立功表现的属于"应当依法从轻或者减轻行政处罚"的情形,但不属于免于行政处罚的情形。在本案中,自治区财政厅在作出96号决定时,已将赵某的立功表现行为作为"应当依法从轻或者减轻行政处罚"的情形予以考量。且从98号决定行政处罚结果来看,自治区财政厅对赵某处以2 000元罚款的行政处罚已是行政处罚幅度范围内最轻处罚。因此,赵某的理由不成立,本院不予采纳。

因此,被上诉人自治区财政厅作出的96号决定认定事实清楚、证据充分,适用法律正确。《中华人民共和国行政诉讼法》第二十六条第二款规定:"经复议的案件,复议机关决定维持原行政行为的,作出原行政行为的行政机关和复议机关是共同被告;复议机关改变原行政行为的,复议机关是被告。"被上诉人自治区政府依法受理上诉人赵某的复议申请后,于法定期限内向赵某作出188号复议决定,程序合法。赵某要求撤销96号决定和188号复议决定的诉讼请求,本院不予支持。

综上,一审判决认定事实清楚,适用法律、法规正确,审判程序合法,依法应予维持。上诉人赵某的上诉请求和理由无事实和法律依据而不能成立,本院依法不予采纳。据此,依照《中华人民共和国行政诉讼法》第八十九条第一款第(一)项之规定,判决如下:

驳回上诉,维持原判。

二审案件受理费50元,由上诉人赵某负担。

本判决为终审判决。

审判长　胡青兮
审判员　易　妙
审判员　彭　博
二〇一九年八月五日
法官助理　蒋易成
书记员　庞　嫱

七、第三十一条

（一）法条原文

【2024 年版本】

第三十一条　财政、审计、税务、金融管理等部门应当依照有关法律、行政法规规定的职责，对有关单位的会计资料实施监督检查，并出具检查结论。

财政、审计、税务、金融管理等部门应当加强监督检查协作，有关监督检查部门已经作出的检查结论能够满足其他监督检查部门履行本部门职责需要的，其他监督检查部门应当加以利用，避免重复查账。

【2017 年、1999 年版本】

第三十三条　财政、审计、税务、人民银行、证券监管、保险监管等部门应当依照有关法律、行政法规规定的职责，对有关单位的会计资料实施监督检查。

前款所列监督检查部门对有关单位的会计资料依法实施监督检查后，应当出具检查结论。有关监督检查部门已经作出的检查结论能够满足其他监督检查部门履行本部门职责需要的，其他监督检查部门应当加以利用，避免重复查帐。

【1993 年版本】

第二十条　各单位必须依照法律和国家有关规定接受财政、审计、税务机关的监督，如实提供会计凭证、会计帐簿、会计报表和其他会计资料以及有关情况，不得拒绝、隐匿、谎报。

【1985 年版本】

第二十条　各单位必须接受审计机关、财政机关和税务机关依照法律和国家有关规定进行的监督，如实提供会计凭证、会计帐簿、会计报表和其他会计资料以及有关情况，不得拒绝、隐匿、谎报。

经国务院财政部门或者省、自治区、直辖市人民政府的财政部门批准的注册会计师组成的会计师事务所，可以按照国家有关规定承办查帐业务。

（二）法条释义

本条规定了政府部门对会计资料的监督。

会计资料是指在会计核算过程中形成的，记录和反映实际发生的经济业务事项的会计专业资料，主要包括会计凭证、会计账簿、财务会计报告和其他会计资料。会计资料是政府监督相关单位的业务和经济活动是否合法的重要依据，因此，财政、审计、税务、金融管理等部门应当依照有关法律、行政法规规定的职责，对有关单位的会计资料实施监督检查。

财政、审计、税务、金融管理等监督检查部门对有关单位的会计资料依法实施监督检查后，应当出具检查结论。检查结论通常包括被检查单位的基本情况、监督检查的实施过程、监督检查的主要方法、检查中发现的主要问题及其违反的相关法律规定等。为避免多部门重复检查、加重被检查单位负担，有关监督检查部门已经作出的检查结论能够满足其他监督检查部门履行本部门职责需要的，其他监督检查部门应当加以利用，避免重复查账。

2017 年、1999 年版本《会计法》第三十三条规定："财政、审计、税务、人民银行、证券监管、保险监管等部门应当依照有关法律、行政法规规定的职责，对有关单位的会计资料实施监督检查。前款所列监督检查部门对有关单位的会计资料依法实施监督检查后，应当出具检查结论。有关监督检查部门已经作出的检查结论能够满足其他监督检查部门履行本部门职责需要的，其他监督检查部门应当加以利用，避免重复查账。"2024 年版本《会计法》主要是将"人民银行、证券监管、保险监管"修改为"金融管理"以适应我国金融监管体制的改革。目前我国金融监管主体包括人民银行、国家金融监督管理总局以及证监会。

（三）相关条文

《中华人民共和国审计法》（2021 年 10 月 23 日）

第一章 总 则

第一条 为了加强国家的审计监督，维护国家财政经济秩序，提高财政资金使用效益，促进廉政建设，保障国民经济和社会健康发展，根据宪法，制定本法。

第二条 国家实行审计监督制度。坚持中国共产党对审计工作的领导，构建集中统一、全面覆盖、权威高效的审计监督体系。

国务院和县级以上地方人民政府设立审计机关。

国务院各部门和地方各级人民政府及其各部门的财政收支，国有的金融机构和企业事业组织的财务收支，以及其他依照本法规定应当接受审计的财政收支、财务收支，依照本法规定接受审计监督。

审计机关对前款所列财政收支或者财务收支的真实、合法和效益，依法进行审计监督。

第三条 审计机关依照法律规定的职权和程序，进行审计监督。

审计机关依据有关财政收支、财务收支的法律、法规和国家其他有关规定进行审计评价，在法定职权范围内作出审计决定。

第四条 国务院和县级以上地方人民政府应当每年向本级人民代表大会常务委员会提出审计工作报告。审计工作报告应当报告审计机关对预算执行、决算草案以及其他财政收支的审计情况，重点报告对预算执行及其绩效的审计情况，按照有关法律、行政法规的规定报告对国有资源、国有资产的审计情况。必要时，人民代表大会常务委员会可以对审计工作报告作出决议。

国务院和县级以上地方人民政府应当将审计工作报告中指出的问题的整改情况和处理结果向本级人民代表大会常务委员会报告。

第五条 审计机关依照法律规定独立行使审计监督权，不受其他行政机关、社会团体和个人的干涉。

第六条 审计机关和审计人员办理审计事项，应当客观公正，实事求是，廉洁奉公，保守秘密。

第二章 审计机关和审计人员

第七条 国务院设立审计署，在国务院总理领导下，主管全国的审计工作。审计长是审计署的行政首长。

第八条 省、自治区、直辖市、设区的市、自治州、县、自治县、不设区的市、市辖区的人民政府的审计机关，分别在省长、自治区主席、市长、州长、县长、区长和上一级审计机关的领导下，负责本行政区域内的审计工作。

第九条 地方各级审计机关对本级人民政府和上一级审计机关负责并报告工作，审计业务以上级审计机关领导为主。

第十条 审计机关根据工作需要，经本级人民政府批准，可以在其审计管辖范围内设立派出机构。

派出机构根据审计机关的授权，依法进行审计工作。

第十一条 审计机关履行职责所必需的经费，应当列入预算予以保证。

第十二条 审计机关应当建设信念坚定、为民服务、业务精通、作风务实、敢于担当、清正廉洁的高素质专业化审计队伍。

审计机关应当加强对审计人员遵守法律和执行职务情况的监督，督促审计人员依法履职尽责。

审计机关和审计人员应当依法接受监督。

第十三条 审计人员应当具备与其从事的审计工作相适应的专业知识和业务能力。

审计机关根据工作需要，可以聘请具有与审计事项相关专业知识的人员参加审计工作。

第十四条 审计机关和审计人员不得参加可能影响其依法独立履行审计监督职责的活动，不得干预、插手被审计单位及其相关单位的正常生产经营和管理活动。

第十五条 审计人员办理审计事项，与被审计单位或者审计事项有利害关系的，应当回避。

第十六条 审计机关和审计人员对在执行职务中知悉的国家秘密、工作秘密、商业秘密、个人隐私和个人信息，应当予以保密，不得泄露或者向他人非法提供。

第十七条 审计人员依法执行职务，受法律保护。

任何组织和个人不得拒绝、阻碍审计人员依法执行职务，不得打击报复审计人员。

审计机关负责人依照法定程序任免。审计机关负责人没有违法失职或者其他不符合任职条件的情况的，不得随意撤换。

地方各级审计机关负责人的任免，应当事先征求上一级审计机关的意见。

第三章 审计机关职责

第十八条 审计机关对本级各部门（含直属单位）和下级政府预算的执行情况和决算以及其他财政收支情况，进行审计监督。

第十九条 审计署在国务院总理领导下，对中央预算执行情况、决算草案以及其他财政收支情况进行审计监督，向国务院总理提出审计结果报告。

地方各级审计机关分别在省长、自治区主席、市长、州长、县长、区长和上一级审计机关的领导下，对本级预算执行情况、决算草案以及其他财政收支情况进行审计监督，向本级人民政府和上一级审计机关提出审计结果报告。

第二十条 审计署对中央银行的财务收支，进行审计监督。

第二十一条 审计机关对国家的事业组织和使用财政资金的其他事业组织的财务收支，进行审计监督。

第二十二条 审计机关对国有企业、国有金融机构和国有资本占控股地位或者主导地位的企业、金融机构的资产、负债、损益以及其他财务收支情况，进行审计监督。

遇有涉及国家财政金融重大利益情形，为维护国家经济安全，经国务院批准，审计署可以对前款规定以外的金融机构进行专项审计调查或者审计。

第二十三条 审计机关对政府投资和以政府投资为主的建设项目的预算执行情况和决算，对其他关系国家利益和公共利益的重大公共工程项目的资金管理使用和建设运营情况，进行审计监督。

第二十四条 审计机关对国有资源、国有资产，进行审计监督。

审计机关对政府部门管理的和其他单位受政府委托管理的社会保险基金、全国社会保障基金、社会捐赠资金以及其他公共资金的财务收支，进行审计监督。

第二十五条 审计机关对国际组织和外国政府援助、贷款项目的财务收支，进行审计监督。

第二十六条 根据经批准的审计项目计划安排，审计机关可以对被审计单位贯彻落实国家重大经济社会政策措施情况进行审计监督。

第二十七条 除本法规定的审计事项外，审计机关对其他法律、行政法规规定应当由审计机关进行审计的事项，依照本法和有关法律、行政法规的规定进行审计监督。

第二十八条 审计机关可以对被审计单位依法应当接受审计的事项进行全面审计，也可以对其中的特定事项进行专项审计。

第二十九条 审计机关有权对与国家财政收支有关的特定事项，向有关地方、部门、单位进行专项审计调查，并向本级人民政府和上一级审计机关报告审计调查结果。

第三十条 审计机关履行审计监督职责,发现经济社会运行中存在风险隐患的,应当及时向本级人民政府报告或者向有关主管机关、单位通报。

第三十一条 审计机关根据被审计单位的财政、财务隶属关系或者国有资源、国有资产监督管理关系,确定审计管辖范围。

审计机关之间对审计管辖范围有争议的,由其共同的上级审计机关确定。

上级审计机关对其审计管辖范围内的审计事项,可以授权下级审计机关进行审计,但本法第十八条至第二十条规定的审计事项不得进行授权;上级审计机关对下级审计机关审计管辖范围内的重大审计事项,可以直接进行审计,但是应当防止不必要的重复审计。

第三十二条 被审计单位应当加强对内部审计工作的领导,按照国家有关规定建立健全内部审计制度。

审计机关应当对被审计单位的内部审计工作进行业务指导和监督。

第三十三条 社会审计机构审计的单位依法属于被审计单位的,审计机关按照国务院的规定,有权对该社会审计机构出具的相关审计报告进行核查。

第四章 审计机关权限

第三十四条 审计机关有权要求被审计单位按照审计机关的规定提供财务、会计资料以及与财政收支、财务收支有关的业务、管理等资料,包括电子数据和有关文档。被审计单位不得拒绝、拖延、谎报。

被审计单位负责人应当对本单位提供资料的及时性、真实性和完整性负责。

审计机关对取得的电子数据等资料进行综合分析,需要向被审计单位核实有关情况的,被审计单位应当予以配合。

第三十五条 国家政务信息系统和数据共享平台应当按照规定向审计机关开放。

审计机关通过政务信息系统和数据共享平台取得的电子数据等资料能够满足需要的,不得要求被审计单位重复提供。

第三十六条 审计机关进行审计时,有权检查被审计单位的财务、会计资料以及与财政收支、财务收支有关的业务、管理等资料和资产,有权检查被审计单位信息系统的安全性、可靠性、经济性,被审计单位不得拒绝。

第三十七条 审计机关进行审计时,有权就审计事项的有关问题向有关单位和个人进行调查,并取得有关证明材料。有关单位和个人应当支持、协助审计机关工作,如实向审计机关反映情况,提供有关证明材料。

审计机关经县级以上人民政府审计机关负责人批准,有权查询被审计单位在金融机构的账户。

审计机关有证据证明被审计单位违反国家规定将公款转入其他单位、个人在金融机构账户的,经县级以上人民政府审计机关主要负责人批准,有权查询有关单位、个人在金融机构与审计事项相关的存款。

第三十八条 审计机关进行审计时，被审计单位不得转移、隐匿、篡改、毁弃财务、会计资料以及与财政收支、财务收支有关的业务、管理等资料，不得转移、隐匿、故意毁损所持有的违反国家规定取得的资产。

审计机关对被审计单位违反前款规定的行为，有权予以制止；必要时，经县级以上人民政府审计机关负责人批准，有权封存有关资料和违反国家规定取得的资产；对其中在金融机构的有关存款需要予以冻结的，应当向人民法院提出申请。

审计机关对被审计单位正在进行的违反国家规定的财政收支、财务收支行为，有权予以制止；制止无效的，经县级以上人民政府审计机关负责人批准，通知财政部门和有关主管机关、单位暂停拨付与违反国家规定的财政收支、财务收支行为直接有关的款项，已经拨付的，暂停使用。

审计机关采取前两款规定的措施不得影响被审计单位合法的业务活动和生产经营活动。

第三十九条 审计机关认为被审计单位所执行的上级主管机关、单位有关财政收支、财务收支的规定与法律、行政法规相抵触的，应当建议有关主管机关、单位纠正；有关主管机关、单位不予纠正的，审计机关应当提请有权处理的机关、单位依法处理。

第四十条 审计机关可以向政府有关部门通报或者向社会公布审计结果。

审计机关通报或者公布审计结果，应当保守国家秘密、工作秘密、商业秘密、个人隐私和个人信息，遵守法律、行政法规和国务院的有关规定。

第四十一条 审计机关履行审计监督职责，可以提请公安、财政、自然资源、生态环境、海关、税务、市场监督管理等机关予以协助。有关机关应当依法予以配合。

第五章　审计程序

第四十二条 审计机关根据经批准的审计项目计划确定的审计事项组成审计组，并应当在实施审计三日前，向被审计单位送达审计通知书；遇有特殊情况，经县级以上人民政府审计机关负责人批准，可以直接持审计通知书实施审计。

被审计单位应当配合审计机关的工作，并提供必要的工作条件。

审计机关应当提高审计工作效率。

第四十三条 审计人员通过审查财务、会计资料，查阅与审计事项有关的文件、资料，检查现金、实物、有价证券和信息系统，向有关单位和个人调查等方式进行审计，并取得证明材料。

向有关单位和个人进行调查时，审计人员应当不少于二人，并出示其工作证件和审计通知书副本。

第四十四条 审计组对审计事项实施审计后，应当向审计机关提出审计组的审计报告。审计组的审计报告报送审计机关前，应当征求被审计单位的意见。被审计单位应当自接到审计组的审计报告之日起十日内，将其书面意见送交审计组。审计组应当将被审计单位的书面意见一并报送审计机关。

第四十五条　审计机关按照审计署规定的程序对审计组的审计报告进行审议，并对被审计单位对审计组的审计报告提出的意见一并研究后，出具审计机关的审计报告。对违反国家规定的财政收支、财务收支行为，依法应当给予处理、处罚的，审计机关在法定职权范围内作出审计决定；需要移送有关主管机关、单位处理、处罚的，审计机关应当依法移送。

审计机关应当将审计机关的审计报告和审计决定送达被审计单位和有关主管机关、单位，并报上一级审计机关。审计决定自送达之日起生效。

第四十六条　上级审计机关认为下级审计机关作出的审计决定违反国家有关规定的，可以责成下级审计机关予以变更或者撤销，必要时也可以直接作出变更或者撤销的决定。

第六章　法律责任

第四十七条　被审计单位违反本法规定，拒绝、拖延提供与审计事项有关的资料的，或者提供的资料不真实、不完整的，或者拒绝、阻碍检查、调查、核实有关情况的，由审计机关责令改正，可以通报批评，给予警告；拒不改正的，依法追究法律责任。

第四十八条　被审计单位违反本法规定，转移、隐匿、篡改、毁弃财务、会计资料以及与财政收支、财务收支有关的业务、管理等资料，或者转移、隐匿、故意毁损所持有的违反国家规定取得的资产，审计机关认为对直接负责的主管人员和其他直接责任人员依法应当给予处分的，应当向被审计单位提出处理建议，或者移送监察机关和有关主管机关、单位处理，有关机关、单位应当将处理结果书面告知审计机关；构成犯罪的，依法追究刑事责任。

第四十九条　对本级各部门（含直属单位）和下级政府违反预算的行为或者其他违反国家规定的财政收支行为，审计机关、人民政府或者有关主管机关、单位在法定职权范围内，依照法律、行政法规的规定，区别情况采取下列处理措施：

（一）责令限期缴纳应当上缴的款项；

（二）责令限期退还被侵占的国有资产；

（三）责令限期退还违法所得；

（四）责令按照国家统一的财务、会计制度的有关规定进行处理；

（五）其他处理措施。

第五十条　对被审计单位违反国家规定的财务收支行为，审计机关、人民政府或者有关主管机关、单位在法定职权范围内，依照法律、行政法规的规定，区别情况采取前条规定的处理措施，并可以依法给予处罚。

第五十一条　审计机关在法定职权范围内作出的审计决定，被审计单位应当执行。

审计机关依法责令被审计单位缴纳应当上缴的款项，被审计单位拒不执行的，审计机关应当通报有关主管机关、单位，有关主管机关、单位应当依照有关法律、行政法规的规定予以扣缴或者采取其他处理措施，并将处理结果书面告知审计机关。

第五十二条　被审计单位应当按照规定时间整改审计查出的问题，将整改情况报告审计机关，同时向本级人民政府或者有关主管机关、单位报告，并按照规定向社会公布。

各级人民政府和有关主管机关、单位应当督促被审计单位整改审计查出的问题。审计机关应当对被审计单位整改情况进行跟踪检查。

审计结果以及整改情况应当作为考核、任免、奖惩领导干部和制定政策、完善制度的重要参考；拒不整改或者整改时弄虚作假的，依法追究法律责任。

第五十三条　被审计单位对审计机关作出的有关财务收支的审计决定不服的，可以依法申请行政复议或者提起行政诉讼。

被审计单位对审计机关作出的有关财政收支的审计决定不服的，可以提请审计机关的本级人民政府裁决，本级人民政府的裁决为最终决定。

第五十四条　被审计单位的财政收支、财务收支违反国家规定，审计机关认为对直接负责的主管人员和其他直接责任人员依法应当给予处分的，应当向被审计单位提出处理建议，或者移送监察机关和有关主管机关、单位处理，有关机关、单位应当将处理结果书面告知审计机关。

第五十五条　被审计单位的财政收支、财务收支违反法律、行政法规的规定，构成犯罪的，依法追究刑事责任。

第五十六条　报复陷害审计人员的，依法给予处分；构成犯罪的，依法追究刑事责任。

第五十七条　审计人员滥用职权、徇私舞弊、玩忽职守或者泄露、向他人非法提供所知悉的国家秘密、工作秘密、商业秘密、个人隐私和个人信息的，依法给予处分；构成犯罪的，依法追究刑事责任。

第七章　附　　则

第五十八条　领导干部经济责任审计和自然资源资产离任审计，依照本法和国家有关规定执行。

第五十九条　中国人民解放军和中国人民武装警察部队审计工作的规定，由中央军事委员会根据本法制定。

审计机关和军队审计机构应当建立健全协作配合机制，按照国家有关规定对涉及军地经济事项实施联合审计。

第六十条　本法自1995年1月1日起施行。1988年11月30日国务院发布的《中华人民共和国审计条例》同时废止。

《中华人民共和国反垄断法》（2022年6月24日）

第四十七条　反垄断执法机构调查涉嫌垄断行为，可以采取下列措施：

（一）进入被调查的经营者的营业场所或者其他有关场所进行检查；

（二）询问被调查的经营者、利害关系人或者其他有关单位或者个人，要求其说明有关情况；

（三）查阅、复制被调查的经营者、利害关系人或者其他有关单位或者个人的有关单证、协议、会计账簿、业务函电、电子数据等文件、资料；

（四）查封、扣押相关证据；

（五）查询经营者的银行账户。

采取前款规定的措施，应当向反垄断执法机构主要负责人书面报告，并经批准。

《中华人民共和国体育法》（2022年6月24日）

第一百零二条 县级以上人民政府体育行政部门对体育赛事活动依法进行监管，对赛事活动场地实施现场检查，查阅、复制有关合同、票据、账簿，检查赛事活动组织方案、安全应急预案等材料。

县级以上人民政府公安、市场监管、应急管理等部门按照各自职责对体育赛事活动进行监督管理。

体育赛事活动组织者应当履行安全保障义务，提供符合要求的安全条件，制定风险防范及应急处置预案等保障措施，维护体育赛事活动的安全。

体育赛事活动因发生极端天气、自然灾害、公共卫生事件等突发事件，不具备办赛条件的，体育赛事活动组织者应当及时予以中止；未中止的，县级以上人民政府应当责令其中止。

《中华人民共和国种子法》（2021年12月24日）

第四十九条 农业农村、林业草原主管部门是种子行政执法机关。种子执法人员依法执行公务时应当出示行政执法证件。农业农村、林业草原主管部门依法履行种子监督检查职责时，有权采取下列措施：

（一）进入生产经营场所进行现场检查；

（二）对种子进行取样测试、试验或者检验；

（三）查阅、复制有关合同、票据、账簿、生产经营档案及其他有关资料；

（四）查封、扣押有证据证明违法生产经营的种子，以及用于违法生产经营的工具、设备及运输工具等；

（五）查封违法从事种子生产经营活动的场所。

农业农村、林业草原主管部门依照本法规定行使职权，当事人应当协助、配合，不得拒绝、阻挠。

农业农村、林业草原主管部门所属的综合执法机构或者受其委托的种子管理机构，可以开展种子执法相关工作。

《中华人民共和国个人信息保护法》（2021年8月20日）

第六十三条 履行个人信息保护职责的部门履行个人信息保护职责，可以采取下列措施：

（一）询问有关当事人，调查与个人信息处理活动有关的情况；

（二）查阅、复制当事人与个人信息处理活动有关的合同、记录、账簿以及其他有关资料；

（三）实施现场检查，对涉嫌违法的个人信息处理活动进行调查；

（四）检查与个人信息处理活动有关的设备、物品；对有证据证明是用于违法个人信息处理活动的设备、物品，向本部门主要负责人书面报告并经批准，可以查封或者扣押。

履行个人信息保护职责的部门依法履行职责，当事人应当予以协助、配合，不得拒绝、阻挠。

《中华人民共和国海关法》（2021年4月29日）

第四十五条 自进出口货物放行之日起三年内或者在保税货物、减免税进口货物的海关监管期限内及其后的三年内，海关可以对与进出口货物直接有关的企业、单位的会计账簿、会计凭证、报关单证以及其他有关资料和有关进出口货物实施稽查。具体办法由国务院规定。

《中华人民共和国广告法》（2021年4月29日）

第四十九条 市场监督管理部门履行广告监督管理职责，可以行使下列职权：

（一）对涉嫌从事违法广告活动的场所实施现场检查；

（二）询问涉嫌违法当事人或者其法定代表人、主要负责人和其他有关人员，对有关单位或者个人进行调查；

（三）要求涉嫌违法当事人限期提供有关证明文件；

（四）查阅、复制与涉嫌违法广告有关的合同、票据、账簿、广告作品和其他有关资料；

（五）查封、扣押与涉嫌违法广告直接相关的广告物品、经营工具、设备等财物；

（六）责令暂停发布可能造成严重后果的涉嫌违法广告；

（七）法律、行政法规规定的其他职权。

市场监督管理部门应当建立健全广告监测制度，完善监测措施，及时发现和依法查处违法广告行为。

《中华人民共和国食品安全法》（2021年4月29日）

第一百一十条 县级以上人民政府食品安全监督管理部门履行食品安全监督管理职责，有权采取下列措施，对生产经营者遵守本法的情况进行监督检查：

（一）进入生产经营场所实施现场检查；

（二）对生产经营的食品、食品添加剂、食品相关产品进行抽样检验；

（三）查阅、复制有关合同、票据、账簿以及其他有关资料；

（四）查封、扣押有证据证明不符合食品安全标准或者有证据证明存在安全隐患以及用于违法生产经营的食品、食品添加剂、食品相关产品；

（五）查封违法从事生产经营活动的场所。

《中华人民共和国著作权法》（2020年11月11日）

第五十四条　侵犯著作权或者与著作权有关的权利的，侵权人应当按照权利人因此受到的实际损失或者侵权人的违法所得给予赔偿；权利人的实际损失或者侵权人的违法所得难以计算的，可以参照该权利使用费给予赔偿。对故意侵犯著作权或者与著作权有关的权利，情节严重的，可以在按照上述方法确定数额的一倍以上五倍以下给予赔偿。

权利人的实际损失、侵权人的违法所得、权利使用费难以计算的，由人民法院根据侵权行为的情节，判决给予五百元以上五百万元以下的赔偿。

赔偿数额还应当包括权利人为制止侵权行为所支付的合理开支。

人民法院为确定赔偿数额，在权利人已经尽了必要举证责任，而与侵权行为相关的账簿、资料等主要由侵权人掌握的，可以责令侵权人提供与侵权行为相关的账簿、资料等；侵权人不提供，或者提供虚假的账簿、资料等的，人民法院可以参考权利人的主张和提供的证据确定赔偿数额。

人民法院审理著作权纠纷案件，应权利人请求，对侵权复制品，除特殊情况外，责令销毁；对主要用于制造侵权复制品的材料、工具、设备等，责令销毁，且不予补偿；或者在特殊情况下，责令禁止前述材料、工具、设备等进入商业渠道，且不予补偿。

第五十五条　主管著作权的部门对涉嫌侵犯著作权和与著作权有关的权利的行为进行查处时，可以询问有关当事人，调查与涉嫌违法行为有关的情况；对当事人涉嫌违法行为的场所和物品实施现场检查；查阅、复制与涉嫌违法行为有关的合同、发票、账簿以及其他有关资料；对于涉嫌违法行为的场所和物品，可以查封或者扣押。

主管著作权的部门依法行使前款规定的职权时，当事人应当予以协助、配合，不得拒绝、阻挠。

《中华人民共和国出口管制法》（2020年10月17日）

第二十八条　国家出口管制管理部门依法对管制物项出口活动进行监督检查。

国家出口管制管理部门对涉嫌违反本法规定的行为进行调查，可以采取下列措施：

（一）进入被调查者营业场所或者其他有关场所进行检查；

（二）询问被调查者、利害关系人以及其他有关组织或者个人，要求其对与被调查事件有关的事项作出说明；

（三）查阅、复制被调查者、利害关系人以及其他有关组织或者个人的有关单证、协议、会计账簿、业务函电等文件、资料；

（四）检查用于出口的运输工具，制止装载可疑的出口物项，责令运回非法出口的物项；

（五）查封、扣押相关涉案物项；

（六）查询被调查者的银行账户。

采取前款第五项、第六项措施，应当经国家出口管制管理部门负责人书面批准。

《中华人民共和国专利法》（2020年10月17日）

第六十九条　负责专利执法的部门根据已经取得的证据，对涉嫌假冒专利行为进行查处时，有权采取下列措施：

（一）询问有关当事人，调查与涉嫌违法行为有关的情况；

（二）对当事人涉嫌违法行为的场所实施现场检查；

（三）查阅、复制与涉嫌违法行为有关的合同、发票、账簿以及其他有关资料；

（四）检查与涉嫌违法行为有关的产品；

（五）对有证据证明是假冒专利的产品，可以查封或者扣押。

管理专利工作的部门应专利权人或者利害关系人的请求处理专利侵权纠纷时，可以采取前款第（一）项、第（二）项、第（四）项所列措施。

负责专利执法的部门、管理专利工作的部门依法行使前两款规定的职权时，当事人应当予以协助、配合，不得拒绝、阻挠。

《中华人民共和国反不正当竞争法》（2019年4月23日）

第十三条　监督检查部门调查涉嫌不正当竞争行为，可以采取下列措施：

（一）进入涉嫌不正当竞争行为的经营场所进行检查；

（二）询问被调查的经营者、利害关系人及其他有关单位、个人，要求其说明有关情况或者提供与被调查行为有关的其他资料；

（三）查询、复制与涉嫌不正当竞争行为有关的协议、账簿、单据、文件、记录、业务函电和其他资料；

（四）查封、扣押与涉嫌不正当竞争行为有关的财物；

（五）查询涉嫌不正当竞争行为的经营者的银行账户。

采取前款规定的措施，应当向监督检查部门主要负责人书面报告，并经批准。采取前款第四项、第五项规定的措施，应当向设区的市级以上人民政府监督检查部门主要负责人书面报告，并经批准。

监督检查部门调查涉嫌不正当竞争行为，应当遵守《中华人民共和国行政强制法》和其他有关法律、行政法规的规定，并应当将查处结果及时向社会公开。

《中华人民共和国商标法》（2019年4月23日）

第六十二条　县级以上工商行政管理部门根据已经取得的违法嫌疑证据或者举报，对涉嫌侵犯他人注册商标专用权的行为进行查处时，可以行使下列职权：

（一）询问有关当事人，调查与侵犯他人注册商标专用权有关的情况；

（二）查阅、复制当事人与侵权活动有关的合同、发票、账簿以及其他有关资料；

（三）对当事人涉嫌从事侵犯他人注册商标专用权活动的场所实施现场检查；

（四）检查与侵权活动有关的物品；对有证据证明是侵犯他人注册商标专用权的物品，可以查封或者扣押。

工商行政管理部门依法行使前款规定的职权时，当事人应当予以协助、配合，不得拒绝、阻挠。

在查处商标侵权案件过程中，对商标权属存在争议或者权利人同时向人民法院提起商标侵权诉讼的，工商行政管理部门可以中止案件的查处。中止原因消除后，应当恢复或者终结案件查处程序。

《中华人民共和国产品质量法》（2018年12月29日）

第十八条　县级以上市场监督管理部门根据已经取得的违法嫌疑证据或者举报，对涉嫌违反本法规定的行为进行查处时，可以行使下列职权：

（一）对当事人涉嫌从事违反本法的生产、销售活动的场所实施现场检查；

（二）向当事人的法定代表人、主要负责人和其他有关人员调查、了解与涉嫌从事违反本法的生产、销售活动有关的情况；

（三）查阅、复制当事人有关的合同、发票、账簿以及其他有关资料；

（四）对有根据认为不符合保障人体健康和人身、财产安全的国家标准、行业标准的产品或者有其他严重质量问题的产品，以及直接用于生产、销售该项产品的原辅材料、包装物、生产工具，予以查封或者扣押。

《中华人民共和国老年人权益保障法》（2018年12月29日）

第四十五条　县级以上人民政府民政部门依法履行监督检查职责，可以采取以下措施：

（一）向养老机构和个人了解情况；

（二）进入涉嫌违法的养老机构进行现场检查；

（三）查阅或者复制有关合同、票据、账簿及其他有关资料；

（四）发现养老机构存在可能危及人身健康和生命财产安全风险的，责令限期改正，逾期不改正的，责令停业整顿。

县级以上人民政府民政部门调查养老机构涉嫌违法的行为，应当遵守《中华人民共和国行政强制法》和其他有关法律、行政法规的规定。

《中华人民共和国旅游法》（2018年10月26日）

第八十五条　县级以上人民政府旅游主管部门有权对下列事项实施监督检查：

（一）经营旅行社业务以及从事导游、领队服务是否取得经营、执业许可；

（二）旅行社的经营行为；

（三）导游和领队等旅游从业人员的服务行为；

（四）法律、法规规定的其他事项。

旅游主管部门依照前款规定实施监督检查，可以对涉嫌违法的合同、票据、账簿以及其他资料进行查阅、复制。

《中华人民共和国农民专业合作社法》（2017年12月27日）

第二十一条　农民专业合作社成员享有下列权利：

（一）参加成员大会，并享有表决权、选举权和被选举权，按照章程规定对本社实行民主管理；

（二）利用本社提供的服务和生产经营设施；

（三）按照章程规定或者成员大会决议分享盈余；

（四）查阅本社的章程、成员名册、成员大会或者成员代表大会记录、理事会会议决议、监事会会议决议、财务会计报告、会计账簿和财务审计报告；

（五）章程规定的其他权利。

《中华人民共和国测绘法》（2017年4月27日）

第四十九条　县级以上人民政府测绘地理信息主管部门应当建立健全随机抽查机制，依法履行监督检查职责，发现涉嫌违反本法规定行为的，可以依法采取下列措施：

（一）查阅、复制有关合同、票据、账簿、登记台账以及其他有关文件、资料；

（二）查封、扣押与涉嫌违法测绘行为直接相关的设备、工具、原材料、测绘成果资料等。

被检查的单位和个人应当配合，如实提供有关文件、资料，不得隐瞒、拒绝和阻碍。

任何单位和个人对违反本法规定的行为，有权向县级以上人民政府测绘地理信息主管部门举报。接到举报的测绘地理信息主管部门应当及时依法处理。

《中华人民共和国税收征收管理法》（2015年4月24日）

第十九条　纳税人、扣缴义务人按照有关法律、行政法规和国务院财政、税务主管部门的规定设置账簿，根据合法、有效凭证记账，进行核算。

第二十条　从事生产、经营的纳税人的财务、会计制度或者财务、会计处理办法和会计核算软件，应当报送税务机关备案。

纳税人、扣缴义务人的财务、会计制度或者财务、会计处理办法与国务院或者国务院财政、税务主管部门有关税收的规定抵触的，依照国务院或者国务院财政、税务主管部门有关税收的规定计算应纳税款、代扣代缴和代收代缴税款。

第二十一条　税务机关是发票的主管机关，负责发票印制、领购、开具、取得、保管、缴销的管理和监督。

单位、个人在购销商品、提供或者接受经营服务以及从事其他经营活动中，应当按照规定开具、使用、取得发票。

发票的管理办法由国务院规定。

第二十二条　增值税专用发票由国务院税务主管部门指定的企业印制；其他发票，按照国务院税务主管部门的规定，分别由省、自治区、直辖市国家税务局、地方税务局指定企业印制。

未经前款规定的税务机关指定，不得印制发票。

第二十三条 国家根据税收征收管理的需要，积极推广使用税控装置。纳税人应当按照规定安装、使用税控装置，不得损毁或者擅自改动税控装置。

第二十四条 从事生产、经营的纳税人、扣缴义务人必须按照国务院财政、税务主管部门规定的保管期限保管账簿、记账凭证、完税凭证及其他有关资料。

账簿、记账凭证、完税凭证及其他有关资料不得伪造、变造或者擅自损毁。

《中华人民共和国特种设备安全法》（2013年6月29日）

第六十一条 负责特种设备安全监督管理的部门在依法履行监督检查职责时，可以行使下列职权：

（一）进入现场进行检查，向特种设备生产、经营、使用单位和检验、检测机构的主要负责人和其他有关人员调查、了解有关情况；

（二）根据举报或者取得的涉嫌违法证据，查阅、复制特种设备生产、经营、使用单位和检验、检测机构的有关合同、发票、账簿以及其他有关资料；

（三）对有证据表明不符合安全技术规范要求或者存在严重事故隐患的特种设备实施查封、扣押；

（四）对流入市场的达到报废条件或者已经报废的特种设备实施查封、扣押；

（五）对违反本法规定的行为作出行政处罚决定。

《企业信息公示暂行条例》（2024年3月10日）

第十六条 市场监督管理部门对涉嫌违反本条例规定的行为进行查处，可以行使下列职权：

（一）进入企业的经营场所实施现场检查；

（二）查阅、复制、收集与企业经营活动相关的合同、票据、账簿以及其他资料；

（三）向与企业经营活动有关的单位和个人调查了解情况；

（四）依法查询涉嫌违法的企业银行账户；

（五）法律、行政法规规定的其他职权。

市场监督管理部门行使前款第四项规定的职权的，应当经市场监督管理部门主要负责人批准。

《中华人民共和国工业产品生产许可证管理条例》（2023年7月20日）

第三十七条 县级以上工业产品生产许可证主管部门根据已经取得的违法嫌疑证据或者举报，对涉嫌违反本条例的行为进行查处并可以行使下列职权：

（一）向有关生产、销售或者在经营活动中使用列入目录产品的单位和检验机构的法定代表人、主要负责人和其他有关人员调查、了解有关涉嫌从事违反本条例活动的情况；

（二）查阅、复制有关生产、销售或者在经营活动中使用列入目录产品的单位和检验机构的有关合同、发票、账簿以及其他有关资料；

（三）对有证据表明属于违反本条例生产、销售或者在经营活动中使用的列入目录产品予以查封或者扣押。

《商用密码管理条例》(2023年4月27日)

第四十五条　密码管理部门和有关部门依法开展商用密码监督检查，可以行使下列职权：

（一）进入商用密码活动场所实施现场检查；

（二）向当事人的法定代表人、主要负责人和其他有关人员调查、了解有关情况；

（三）查阅、复制有关合同、票据、账簿以及其他有关资料。

《中华人民共和国海关稽查条例》(2022年3月29日)

第一章　总　　则

第一条　为了建立、健全海关稽查制度，加强海关监督管理，维护正常的进出口秩序和当事人的合法权益，保障国家税收收入，促进对外贸易的发展，根据《中华人民共和国海关法》（以下简称海关法），制定本条例。

第二条　本条例所称海关稽查，是指海关自进出口货物放行之日起3年内或者在保税货物、减免税进口货物的海关监管期限内及其后的3年内，对与进出口货物直接有关的企业、单位的会计账簿、会计凭证、报关单证以及其他有关资料（以下统称账簿、单证等有关资料）和有关进出口货物进行核查，监督其进出口活动的真实性和合法性。

第三条　海关对下列与进出口货物直接有关的企业、单位实施海关稽查：

（一）从事对外贸易的企业、单位；

（二）从事对外加工贸易的企业；

（三）经营保税业务的企业；

（四）使用或者经营减免税进口货物的企业、单位；

（五）从事报关业务的企业；

（六）海关总署规定的与进出口货物直接有关的其他企业、单位。

第四条　海关根据稽查工作需要，可以向有关行业协会、政府部门和相关企业等收集特定商品、行业与进出口活动有关的信息。收集的信息涉及商业秘密的，海关应当予以保密。

第五条　海关和海关工作人员执行海关稽查职务，应当客观公正，实事求是，廉洁奉公，保守被稽查人的商业秘密，不得侵犯被稽查人的合法权益。

第二章　账簿、单证等有关资料的管理

第六条　与进出口货物直接有关的企业、单位所设置、编制的会计账簿、会计凭证、会计报表和其他会计资料，应当真实、准确、完整地记录和反映进出口业务的有关情况。

第七条　与进出口货物直接有关的企业、单位应当依照有关法律、行政法规规定的保管期限，保管会计账簿、会计凭证、会计报表和其他会计资料。

报关单证、进出口单证、合同以及与进出口业务直接有关的其他资料，应当在本条例第二条规定的期限内保管。

第八条 与进出口货物直接有关的企业、单位会计制度健全，能够通过计算机正确、完整地记账、核算的，其计算机储存和输出的会计记录视同会计资料。

第三章 海关稽查的实施

第九条 海关应当按照海关监管的要求，根据与进出口货物直接有关的企业、单位的进出口信用状况和风险状况以及进出口货物的具体情况，确定海关稽查重点。

第十条 海关进行稽查时，应当在实施稽查的3日前，书面通知被稽查人。在被稽查人有重大违法嫌疑，其账簿、单证等有关资料以及进出口货物可能被转移、隐匿、毁弃等紧急情况下，经直属海关关长或者其授权的隶属海关关长批准，海关可以不经事先通知进行稽查。

第十一条 海关进行稽查时，应当组成稽查组。稽查组的组成人员不得少于2人。

第十二条 海关进行稽查时，海关工作人员应当出示海关稽查证。

海关稽查证，由海关总署统一制发。

第十三条 海关进行稽查时，海关工作人员与被稽查人有直接利害关系的，应当回避。

第十四条 海关进行稽查时，可以行使下列职权：

（一）查阅、复制被稽查人的账簿、单证等有关资料；

（二）进入被稽查人的生产经营场所、货物存放场所，检查与进出口活动有关的生产经营情况和货物；

（三）询问被稽查人的法定代表人、主要负责人员和其他有关人员与进出口活动有关的情况和问题；

（四）经直属海关关长或者其授权的隶属海关关长批准，查询被稽查人在商业银行或者其他金融机构的存款账户。

第十五条 海关进行稽查时，发现被稽查人有可能转移、隐匿、篡改、毁弃账簿、单证等有关资料的，经直属海关关长或者其授权的隶属海关关长批准，可以查封、扣押其账簿、单证等有关资料以及相关电子数据存储介质。采取该项措施时，不得妨碍被稽查人正常的生产经营活动。

海关对有关情况查明或者取证后，应当立即解除对账簿、单证等有关资料以及相关电子数据存储介质的查封、扣押。

第十六条 海关进行稽查时，发现被稽查人的进出口货物有违反海关法和其他有关法律、行政法规规定的嫌疑的，经直属海关关长或者其授权的隶属海关关长批准，可以查封、扣押有关进出口货物。

第十七条 被稽查人应当配合海关稽查工作，并提供必要的工作条件。

第十八条　被稽查人应当接受海关稽查，如实反映情况，提供账簿、单证等有关资料，不得拒绝、拖延、隐瞒。

被稽查人使用计算机记账的，应当向海关提供记账软件、使用说明书及有关资料。

第十九条　海关查阅、复制被稽查人的账簿、单证等有关资料或者进入被稽查人的生产经营场所、货物存放场所检查时，被稽查人的法定代表人或者主要负责人员或者其指定的代表应当到场，并按照海关的要求清点账簿、打开货物存放场所、搬移货物或者开启货物包装。

第二十条　海关进行稽查时，与被稽查人有财务往来或者其他商务往来的企业、单位应当向海关如实反映被稽查人的有关情况，提供有关资料和证明材料。

第二十一条　海关进行稽查时，可以委托会计、税务等方面的专业机构就相关问题作出专业结论。

被稽查人委托会计、税务等方面的专业机构作出的专业结论，可以作为海关稽查的参考依据。

第二十二条　海关稽查组实施稽查后，应当向海关报送稽查报告。稽查报告认定被稽查人涉嫌违法的，在报送海关前应当就稽查报告认定的事实征求被稽查人的意见，被稽查人应当自收到相关材料之日起7日内，将其书面意见送交海关。

第二十三条　海关应当自收到稽查报告之日起30日内，作出海关稽查结论并送达被稽查人。

海关应当在稽查结论中说明作出结论的理由，并告知被稽查人的权利。

第四章　海关稽查的处理

第二十四条　经海关稽查，发现关税或者其他进口环节的税收少征或者漏征的，由海关依照海关法和有关税收法律、行政法规的规定向被稽查人补征；因被稽查人违反规定而造成少征或者漏征的，由海关依照海关法和有关税收法律、行政法规的规定追征。

被稽查人在海关规定的期限内仍未缴纳税款的，海关可以依照海关法第六十条第一款、第二款的规定采取强制执行措施。

第二十五条　依照本条例第十六条的规定查封、扣押的有关进出口货物，经海关稽查排除违法嫌疑的，海关应当立即解除查封、扣押；经海关稽查认定违法的，由海关依照海关法和海关行政处罚实施条例的规定处理。

第二十六条　经海关稽查，认定被稽查人有违反海关监管规定的行为的，由海关依照海关法和海关行政处罚实施条例的规定处理。

与进出口货物直接有关的企业、单位主动向海关报告其违反海关监管规定的行为，并接受海关处理的，应当从轻或者减轻行政处罚。

第二十七条　经海关稽查，发现被稽查人有走私行为，构成犯罪的，依法追究刑事责任；尚不构成犯罪的，由海关依照海关法和海关行政处罚实施条例的规定处理。

第二十八条 海关通过稽查决定补征或者追征的税款、没收的走私货物和违法所得以及收缴的罚款，全部上缴国库。

第二十九条 被稽查人同海关发生纳税争议的，依照海关法第六十四条的规定办理。

第五章 法律责任

第三十条 被稽查人有下列行为之一的，由海关责令限期改正，逾期不改正的，处 2 万元以上 10 万元以下的罚款；情节严重的，禁止其从事报关活动；对负有直接责任的主管人员和其他直接责任人员处 5 000 元以上 5 万元以下的罚款；构成犯罪的，依法追究刑事责任：

（一）向海关提供虚假情况或者隐瞒重要事实；

（二）拒绝、拖延向海关提供账簿、单证等有关资料以及相关电子数据存储介质；

（三）转移、隐匿、篡改、毁弃报关单证、进出口单证、合同、与进出口业务直接有关的其他资料以及相关电子数据存储介质。

第三十一条 被稽查人未按照规定编制或者保管报关单证、进出口单证、合同以及与进出口业务直接有关的其他资料的，由海关责令限期改正，逾期不改正的，处 1 万元以上 5 万元以下的罚款；情节严重的，禁止其从事报关活动；对负有直接责任的主管人员和其他直接责任人员处 1 000 元以上 5 000 元以下的罚款。

第三十二条 被稽查人未按照规定设置或者编制账簿，或者转移、隐匿、篡改、毁弃账簿的，依照会计法的有关规定追究法律责任。

第三十三条 海关工作人员在稽查中玩忽职守、徇私舞弊、滥用职权，或者利用职务上的便利，收受、索取被稽查人的财物，构成犯罪的，依法追究刑事责任；尚不构成犯罪的，依法给予处分。

第六章 附 则

第三十四条 本条例自发布之日起施行。

《中华人民共和国进出口商品检验法实施条例》（2022 年 3 月 29 日）

第三十八条 海关总署、出入境检验检疫机构实施监督管理或者对涉嫌违反进出口商品检验法律、行政法规的行为进行调查，有权查阅、复制当事人的有关合同、发票、账簿以及其他有关资料。出入境检验检疫机构对有根据认为涉及人身财产安全、健康、环境保护项目不合格的进出口商品，经本机构负责人批准，可以查封或者扣押。

《农药管理条例》（2022 年 3 月 29 日）

第四十一条 县级以上人民政府农业主管部门履行农药监督管理职责，可以依法采取下列措施：

（一）进入农药生产、经营、使用场所实施现场检查；

（二）对生产、经营、使用的农药实施抽查检测；

（三）向有关人员调查了解有关情况；

（四）查阅、复制合同、票据、账簿以及其他有关资料；

（五）查封、扣押违法生产、经营、使用的农药，以及用于违法生产、经营、使用农药的工具、设备、原材料等；

（六）查封违法生产、经营、使用农药的场所。

《中华人民共和国市场主体登记管理条例》(2021年7月27日)

第三十九条 登记机关对市场主体涉嫌违反本条例规定的行为进行查处，可以行使下列职权：

（一）进入市场主体的经营场所实施现场检查；

（二）查阅、复制、收集与市场主体经营活动有关的合同、票据、账簿以及其他资料；

（三）向与市场主体经营活动有关的单位和个人调查了解情况；

（四）依法责令市场主体停止相关经营活动；

（五）依法查询涉嫌违法的市场主体的银行账户；

（六）法律、行政法规规定的其他职权。

登记机关行使前款第四项、第五项规定的职权的，应当经登记机关主要负责人批准。

《粮食流通管理条例》(2021年2月15日)

第三十八条 粮食和储备行政管理部门依照本条例对粮食经营者从事粮食收购、储存、运输活动和政策性粮食的购销活动，以及执行国家粮食流通统计制度的情况进行监督检查。

粮食和储备行政管理部门在监督检查过程中，可以进入粮食经营者经营场所，查阅有关资料、凭证；检查粮食数量、质量和储存安全情况；检查粮食仓储设施、设备是否符合有关标准和技术规范；向有关单位和人员调查了解相关情况；查封、扣押非法收购或者不符合国家粮食质量安全标准的粮食，用于违法经营或者被污染的工具、设备以及有关账簿资料；查封违法从事粮食经营活动的场所。

《医疗器械监督管理条例》(2021年2月9日)

第七十条 负责药品监督管理的部门在监督检查中有下列职权：

（一）进入现场实施检查、抽取样品；

（二）查阅、复制、查封、扣押有关合同、票据、账簿以及其他有关资料；

（三）查封、扣押不符合法定要求的医疗器械，违法使用的零配件、原材料以及用于违法生产经营医疗器械的工具、设备；

（四）查封违反本条例规定从事医疗器械生产经营活动的场所。

进行监督检查，应当出示执法证件，保守被检查单位的商业秘密。

有关单位和个人应当对监督检查予以配合，提供相关文件和资料，不得隐瞒、拒绝、阻挠。

《化妆品监督管理条例》(2020年6月16日)

第四十六条 负责药品监督管理的部门对化妆品生产经营进行监督检查时,有权采取下列措施:

(一)进入生产经营场所实施现场检查;

(二)对生产经营的化妆品进行抽样检验;

(三)查阅、复制有关合同、票据、账簿以及其他有关资料;

(四)查封、扣押不符合强制性国家标准、技术规范或者有证据证明可能危害人体健康的化妆品及其原料、直接接触化妆品的包装材料,以及有证据证明用于违法生产经营的工具、设备;

(五)查封违法从事生产经营活动的场所。

《奥林匹克标志保护条例》(2018年6月28日)

第十三条 对侵犯奥林匹克标志专有权的行为,市场监督管理部门有权依法查处。

市场监督管理部门根据已经取得的违法嫌疑证据或者举报,对涉嫌侵犯奥林匹克标志专有权的行为进行查处时,可以行使下列职权:

(一)询问有关当事人,调查与侵犯奥林匹克标志专有权有关的情况;

(二)查阅、复制与侵权活动有关的合同、发票、账簿以及其他有关资料;

(三)对当事人涉嫌侵犯奥林匹克标志专有权活动的场所实施现场检查;

(四)检查与侵权活动有关的物品;对有证据证明是侵犯奥林匹克标志专有权的物品,予以查封或者扣押。

市场监督管理部门依法行使前款规定的职权时,当事人应当予以协助、配合,不得拒绝、阻挠。

《食盐专营办法》(2017年12月26日)

第二十三条 盐业主管部门依法履行监督检查职责,可以采取下列措施:

(一)向有关单位和个人了解情况;

(二)查阅或者复制有关合同、票据、账簿、购销记录及其他有关资料;

(三)查封、扣押与涉嫌盐业违法行为有关的食盐及原材料,以及用于违法生产或者销售食盐的工具、设备;

(四)查封涉嫌违法生产或者销售食盐的场所。

采取前款第三项、第四项规定的措施,应当向盐业主管部门主要负责人书面报告,并经批准。

盐业主管部门调查涉嫌盐业违法行为,应当遵守《中华人民共和国行政强制法》和其他有关法律、行政法规的规定。

《棉花质量监督管理条例》(2017年10月7日)

第二十条 棉花质量监督机构在实施棉花质量监督检查过程中,根据违法嫌疑证据或者举报,对涉嫌违反本条例规定的行为进行查处时,可以行使下列职权:

（一）对涉嫌从事违反本条例的经营活动的场所实施现场检查；

（二）向棉花经营单位的有关人员调查、了解与涉嫌从事违反本条例的经营活动有关的情况；

（三）查阅、复制与棉花经营有关的合同、单据、账簿以及其他资料；

（四）对涉嫌掺杂掺假、以次充好、以假充真或者其他有严重质量问题的棉花以及专门用于生产掺杂掺假、以次充好、以假充真的棉花的设备、工具予以查封或者扣押。

《无证无照经营查处办法》（2017年8月6日）

第十一条　县级以上人民政府工商行政管理部门对涉嫌无照经营进行查处，可以行使下列职权：

（一）责令停止相关经营活动；

（二）向与涉嫌无照经营有关的单位和个人调查了解有关情况；

（三）进入涉嫌从事无照经营的场所实施现场检查；

（四）查阅、复制与涉嫌无照经营有关的合同、票据、账簿以及其他有关资料。

对涉嫌从事无照经营的场所，可以予以查封；对涉嫌用于无照经营的工具、设备、原材料、产品（商品）等物品，可以予以查封、扣押。

对涉嫌无证经营进行查处，依照相关法律、法规的规定采取措施。

《饲料和饲料添加剂管理条例》（2017年3月1日）

第三十四条　国务院农业行政主管部门和县级以上地方人民政府饲料管理部门在监督检查中可以采取下列措施：

（一）对饲料、饲料添加剂生产、经营、使用场所实施现场检查；

（二）查阅、复制有关合同、票据、账簿和其他相关资料；

（三）查封、扣押有证据证明用于违法生产饲料的饲料原料、单一饲料、饲料添加剂、药物饲料添加剂、添加剂预混合饲料，用于违法生产饲料添加剂的原料，用于违法生产饲料、饲料添加剂的工具、设施，违法生产、经营、使用的饲料、饲料添加剂；

（四）查封违法生产、经营饲料、饲料添加剂的场所。

《地图管理条例》（2015年11月26日）

第四十三条　县级以上人民政府测绘地理信息行政主管部门、出版行政主管部门和其他有关部门依法进行监督检查时，有权采取下列措施：

（一）进入涉嫌地图违法行为的场所实施现场检查；

（二）查阅、复制有关合同、票据、账簿等资料；

（三）查封、扣押涉嫌违法的地图、附着地图图形的产品以及用于实施地图违法行为的设备、工具、原材料等。

《中华人民共和国审计法实施条例》（2010年2月2日）

第二条　审计法所称审计，是指审计机关依法独立检查被审计单位的会计凭证、会计账簿、财务会计报告以及其他与财政收支、财务收支有关的资料和资产，监督财政收支、财务收支真实、合法和效益的行为。

《特种设备安全监察条例》（2009 年 1 月 24 日）

第五十一条 特种设备安全监督管理部门根据举报或者取得的涉嫌违法证据，对涉嫌违反本条例规定的行为进行查处时，可以行使下列职权：

（一）向特种设备生产、使用单位和检验检测机构的法定代表人、主要负责人和其他有关人员调查、了解与涉嫌从事违反本条例的生产、使用、检验检测有关的情况；

（二）查阅、复制特种设备生产、使用单位和检验检测机构的有关合同、发票、账簿以及其他有关资料；

（三）对有证据表明不符合安全技术规范要求的或者有其他严重事故隐患、能耗严重超标的特种设备，予以查封或者扣押。

《乳品质量安全监督管理条例》（2008 年 10 月 9 日）

第四十七条 畜牧兽医、质量监督、工商行政管理等部门在依据各自职责进行监督检查时，行使下列职权：

（一）实施现场检查；

（二）向有关人员调查、了解有关情况；

（三）查阅、复制有关合同、票据、账簿、检验报告等资料；

（四）查封、扣押有证据证明不符合乳品质量安全国家标准的乳品以及违法使用的生鲜乳、辅料、添加剂；

（五）查封涉嫌违法从事乳品生产经营活动的场所，扣押用于违法生产经营的工具、设备；

（六）法律、行政法规规定的其他职权。

《国务院关于加强食品等产品安全监督管理的特别规定》（2007 年 7 月 26 日）

第十五条 农业、卫生、质检、商务、工商、药品等监督管理部门履行各自产品安全监督管理职责，有下列职权：

（一）进入生产经营场所实施现场检查；

（二）查阅、复制、查封、扣押有关合同、票据、账簿以及其他有关资料；

（三）查封、扣押不符合法定要求的产品，违法使用的原料、辅料、添加剂、农业投入品以及用于违法生产的工具、设备；

（四）查封存在危害人体健康和生命安全重大隐患的生产经营场所。

《禁止传销条例》（2005 年 8 月 23 日）

第十四条 县级以上工商行政管理部门对涉嫌传销行为进行查处时，可以采取下列措施：

（一）责令停止相关活动；

（二）向涉嫌传销的组织者、经营者和个人调查、了解有关情况；

（三）进入涉嫌传销的经营场所和培训、集会等活动场所，实施现场检查；

（四）查阅、复制、查封、扣押涉嫌传销的有关合同、票据、账簿等资料；

（五）查封、扣押涉嫌专门用于传销的产品（商品）、工具、设备、原材料等财物；

（六）查封涉嫌传销的经营场所；

（七）查询涉嫌传销的组织者或者经营者的账户及与存款有关的会计凭证、账簿、对账单等；

（八）对有证据证明转移或者隐匿违法资金的，可以申请司法机关予以冻结。

工商行政管理部门采取前款规定的措施，应当向县级以上工商行政管理部门主要负责人书面或者口头报告并经批准。遇有紧急情况需要当场采取前款规定措施的，应当在事后立即报告并补办相关手续；其中，实施前款规定的查封、扣押，以及第（七）项、第（八）项规定的措施，应当事先经县级以上工商行政管理部门主要负责人书面批准。

《世界博览会标志保护条例》（2004年10月20日）

第十条 工商行政管理部门根据已经取得的违法嫌疑证据或者举报查处涉嫌侵犯世界博览会标志专有权的行为时，可以行使下列职权：

（一）询问有关当事人，调查与侵犯世界博览会标志专有权有关的情况；

（二）查阅、复制与侵权活动有关的合同、发票、账簿以及其他有关资料；

（三）对当事人涉嫌侵犯世界博览会标志专有权活动的场所实施现场检查；

（四）检查与侵权活动有关的物品；对有证据证明侵犯世界博览会标志专有权的物品，予以查封或者扣押。

工商行政管理部门依法行使前款规定的职权时，当事人应当予以协助、配合，不得拒绝、阻挠。

（四）典型案例

江苏省张家港市人民法院

行政判决书[1]

〔2020〕苏0582行初74号

原告徐某华，男，1966年10月19日生，汉族，住所地常熟市。

被告常熟市财政局，住所地常熟市金沙江路8号。

法定代表人浦梅萍，该局局长。

出庭负责人范立军，该局副局长。

委托代理人黄伟东，江苏世纪天合律师事务所律师。

被告常熟市人民政府，住所地常熟市金沙江路8号。

---

[1] 资料来源：中国裁判文书网 https://wenshu.court.gov.cn。

法定代表人焦亚飞，该市市长。

委托代理人张井明，该局大数据管理局副局长。

委托代理人张莉亚，常熟司法局工作人员。

原告徐某华不服被告常熟市财政局信息公开答复、不服常熟市人民政府行政复议决定一案于 2020 年 3 月 18 日向本院提起行政诉讼。本院于 2020 年 3 月 24 日立案后，向被告常熟市财政局、常熟市人民政府寄送了应诉通知、诉状副本。本院依法组成合议庭，于 2020 年 4 月 28 日公开开庭进行了审理。原告徐某华，被告常熟市财政局负责人范立军及其委托代理人黄伟东、被告常熟市人民政府委托代理人张井明、委托代理人张莉亚出庭参加诉讼。本案现已审理终结。

2020 年 1 月 6 日，常熟市财政局作出常财信息〔2019〕6 号《政府信息公开申请答复告知书》。主要内容为：徐某华，常熟市财政局于 2019 年 10 月 30 日收到了您的《政府信息公开申请书》，要求：1. 公开出具时间为 2017 年 5 月 8 日的关于常熟市公安局交通警察大队古里中队"小金库"事项的认定函，共两份，一份金额为 450 000.5 元，另一份为没有具体金额；2. 公开上述两份认定函的原件暨认定的法律依据和认定程序。根据《中华人民共和国政府信息公开条例》，现答复告知如下：1. 经审查，您申请书第一点请求公开的信息属于本机关政府信息公开的范围，根据《中华人民共和国政府信息公开条例》第三十六条第（二）项的规定，本机关向您公开，予以提供。2. 经审查，您申请书第二点中要求公开原件的请求，不属于政府信息公开的范畴。如您需要查阅、核对原件，请您前来我局财政稽查大队查阅。我局无法将原件提供给您。3. 经审查，您申请书第二点中要求公开认定的法律依据，属于咨询。我局现告知您：上述认定的法律依据是《中华人民共和国会计法》第十六条、《国务院办公厅转发财政部、审计署、中国人民银行关于清理检查"小金库"意见的通知》（国办发〔1995〕29 号）第一条和《财政部、审计署、中国人民银行关于清理检查"小金库"的具体规定的通知》（财监字〔1995〕29 号）第二条。4. 经审查，您申请书第二点中要求公开认定程序，鉴于您此前在补充说明中仍未能明确是要求出示我局办理程序还是法律规定的认定程序，我局现将该点内容作为咨询处理。如您需要了解案件办理程序，需按照财政部有关案件查询办法进行。如您需要了解的是法律规定的程序，那么，上面第三点告知的法律依据中已经包含了相关规定。

2020 年 3 月 9 日，常熟市人民政府作出〔2020〕常行复第 5 号《行政复议决定书》，维持了常熟市财政局作出的政府信息公开答复。

原告徐某华诉称，2019 年 10 月 29 日，原告向被告申请政府信息公开，请求公开出具时间同为 2017 年 5 月 8 日的关于常熟市公安局交通警察大队古里中队"小金库"事项的认定函，共两份，一份金额为 450 000.5 元、另一份没有具体金额；公开该两份认定函的原件暨认定的法律依据和认定程序。2020 年 1 月 9 日，原告收到答复告知书。原告对常财信息〔2019〕6 号《常熟市财政局政府信息公开申请答复告知书》不服,依照《中华人民共和国行政复议法》规定,申请了行政复议,要求撤销常财信息〔2019〕6号《常熟市财政局政府信息公开申请答复告知书》,重新答复并公开相关信息。2020年3月12日原告收到〔2020〕常行复第5号《常熟市人民政府行政复议决定书》,维持了被告作出的政府信息公开答复。原告不服,认为被告公开的不是政府信息。本案政府信息公开所涉及的两份《认定回函》,内容不同,日期相同,实际制作时间不同,同一事情作了两个"认定",所公开的两份《认定回函》明显造假。被告答复的、公开的《认定回函》是无效政府信息。被告的认定过程中还有第三份《认定回函》,被告拒绝公开。现特向法院提起诉讼,请求撤销常财信息〔2019〕6号《常熟市财政局政府信息公开申请答复告知书》及〔2020〕常行复第5号《常熟市人民政府行政复议决定书》;判定被告答复、公开的不是政府信息,判定两份《认定回函》为无效政府信息,判定公开第三份《认定回函》。

原告提供证据:1.信息公开申请书;2.政府信息公开申请补正告知书;3.政府信息公开申请补正告知的回复;4.政府信息公开申请延长答复期限告知书;5.常熟市财政局政府信息公开申请延长答复期限告知书;6.关于交警大队古里中队行为认定的回函;7.关于古里交警中队行为认定的回函;8.行政复议申请书;9.常熟市人民政府行政复议决定书。

被告常熟市财政局辩称,一、被告对原告政府信息公开申请的答复,事实清楚,依据充分,适用法律正确。二、被告认为对原告的答复程序合法。请求驳回原告的诉讼请求。

被告财政局提供证据:1.身份信息;2.政府信息公开申请书;3.收件凭证,证明2019年10月30日收到相应的申请书;4.政府信息公开申请补正告知书;5.发件凭证,证明2019年11月6日财政局补正告知书发出,11月7日徐某华签收;6.政府信息公开申请补正告知的回复;7.收件凭证;8.政府信息公开申请延长答复期限审批表;9.政府信息公开申请延长答复期限告知书;10.延期告知书收件凭证;11.徐某华关于申请政府信息公开的补充材料;12.答复告知书及两份回函;13.徐某华签收信息公开材料物流信息;14.行政复议决定书;15.法律法规及规范性文件。

被告常熟市人民政府辩称,一、被告查明常熟市财政局作出的答复事实清楚,程序合法,适用法律正确;二、被告作出的复议程序合法。

被告常熟市人民政府提供证据:1.行政复议申请书、身份证复印件、政府信息公开申请书及邮寄凭证、常熟市财政局政府信息公开补正告知书、补正告知回复、延长期限答复告知书及申请答复书及认定函两份、收文清单;2.行政复议申请受理通知书及送达凭证,该证据系答辩人于2020年1月13日收到行政复议申请,经审查,答辩人于2020年1月13日受理,并将受理通知书依法向原告送达,证明答辩人受理复议申请程序符合行政复议法第十七条第一款规定;3.行政复议答复通知书及送达凭证,证明答辩人向被申请人送达复议申请书副本程序符合行政复议法第二十三条第一款规定;4.常熟市财政局行政复议答复书和答复证据材料,证明常熟市财政局2020年1月21日提交书面答复期限符合行政复议法第二十三条第一款规定;5.常熟市财政局三定方案和下属事业单位职能，证明市政局对小金库认定具有相应的行政管理职责；6.复议决定书正本及送达回证，证明答辩人在法定期限内作出复议决定。

经庭审质证，原告对二被告证据无异议，二被告对原告证据没有异议。

本院认为，原告、被告证据真实且与本案有关联，本院予以确认。

经审理查明，徐某华原系常熟市公安局交通警察大队古里中队队长。因任职期间被认定设小金库被处分。2019年10月30，徐某华向被告常熟市财政局提交《政府信息公开申请书》，要求：1.公开出具时间为2017年5月8日的关于常熟市公安局交通警察大队古里中队"小金库"事项的认定函，共两份，一份金额为450 000.5元，另一份为没有具体金额；2.公开上述两份认定函的原件暨认定的法律依据和认定程序。2019年11月6日，被告常熟市财政局向徐某华发出补正通知，要求其明确请求事项2中所称的"被申请人公开上述两份认定函的原件暨认定的法律依据和程序"所指导向的政府信息名称。2019年11月13日，徐某华复函称已不记得完整的文件名和文号。2019年12月9日，常熟市财政局作出延期答复告知。2020年1月6日，常熟市财政局作出答复。徐某华不服，于2020年1月13日向常熟市人民政府申请复议。常熟市人民政府于同日受理，并向常熟市财政局发出行政复议答复通知书，要求答复并提供证据。2020年1月21日常熟市财政局作出答复并提交证据。2020年3月9日，常熟市人民政府作出〔2020〕常行复第5号《行政复议决定书》，维持了维持常熟市财政局作出的政府信息公开答复。徐某华不服，提起诉讼。

庭审中被告常熟市财政局称并无第三份《认定回函》。

本院认为，《中华人民共和国政府信息公开条例》第二条规定："本条例所称政府信息，是指行政机关在履行职责过程中制作或者获取的，以一定形式记录、保存的信息。"第十条规定，行政机关制作的政府信息，由制作该政府信息的行政机关负责公开。第二十七条规定，除行政机关主动公开的信息外，公民、法人或者其他组织可以向地方各级人民政府、对外以自己名义履行行政管理职能的县级以上人民政府部门申请获取相关政府信息。

《中华人民共和国会计法》第三十二条第一款规定："财政部门对各单位的下列情况实施监督：（一）是否依法设置会计帐簿；（二）会计凭证、会计帐簿、财务会计报告和其他会计资料是否真实、完整；（三）会计核算是否符合本法和国家统一的会计制度的规定；（四）从事会计工作的人员是否具备专业能力、遵守职业道德。"第三十三条规定："财政、审计、税务、人民银行、证券监管、保险监管等部门应当依照有关法律、行政法规规定的职责，对有关单位的会计资料实施监督检查。前款所列监督检查部门对有关单位的会计资料依法实施监督检查后，应当出具检查结论。……"根据上述规定，本案中常熟市财政局有对徐某华任职的古里交警中队进行会计事务监督检查并作出检查结论的职权，其作出的检查结论系常熟市财政局在履行职责中制作，现徐某华申请公开，常熟市财政局应予公开。

本案中常熟市财政局已向徐某华公开了检查结论即认定函；对于徐某华要求"公开原件的请求"告知"不属于政府信息公开的范畴，如您需要查阅、核对原件，请您前来我局财政稽查大队查阅，我局无法将原件提供给您"；对于徐某华要求"公开认定的法律依据"告知"属于咨询"。常熟市财政局作出的答复事实清楚，程序合法。至于徐某华认为常熟市财政局尚有第三份认定结论之说，徐某华并未提供依据证实，被告常熟市财政局也否认有第三份认定结论。常熟市人民政府复议程序合法。据此，依照《中华人民共和国行政诉讼法》第六十九条的规定，判决如下：

驳回原告徐某华的诉讼请求。

如不服本判决，可在判决书送达之日起十五日内向本院递交上诉状，并按对方当事人的人数提出副本，上诉于江苏省苏州市中级人民法院。同时按照国务院《诉讼费用缴纳办法》规定向江苏省苏州市中级人民法院预交上诉案件受理费50元。苏州市中级人民法院开户银行：中国农业银行苏州苏福路支行，10555301040017676。

审判长　孙国忠

人民陪审员　钱海萍

人民陪审员　李　蔚

二○二○年四月二十八日

书记员　夏怡恬

八、第三十二条

（一）法条原文

【2024年版本】

第三十二条　依法对有关单位的会计资料实施监督检查的部门及其工作人员对在监督检查中知悉的国家秘密、工作秘密、商业秘密、个人隐私、个人信息负有保密义务。

【2017年、1999年版本】

第三十四条　依法对有关单位的会计资料实施监督检查的部门及其工作人员对在监督检查中知悉的国家秘密和商业秘密负有保密义务。

（二）法条释义

本条规定了监督检查部门的保密义务。

单位的会计凭证、会计账簿、财务会计报告和其他会计资料很可能涉及国家秘密和商业秘密，依法对有关单位的会计资料实施监督检查的部门及其工作人员对在监督检查中知悉的国家秘密、工作秘密、商业秘密、个人隐私、个人信息负有保密义务。这里所谓的保密义务是指对所有其他主体均应保守秘密，即相关人员在监督检查中知悉的国家秘密和商业秘密仅限本人知悉，不能告知本人以外的任何其他人员，如有泄露，应当依法承担相应的民事责任、行政责任和刑事责任。

九、第三十三条

（一）法条原文

【2024 年版本】

第三十三条　各单位必须依照有关法律、行政法规的规定，接受有关监督检查部门依法实施的监督检查，如实提供会计凭证、会计账簿、财务会计报告和其他会计资料以及有关情况，不得拒绝、隐匿、谎报。

【2017 年、1999 年版本】

第三十五条　各单位必须依照有关法律、行政法规的规定，接受有关监督检查部门依法实施的监督检查，如实提供会计凭证、会计帐簿、财务会计报告和其他会计资料以及有关情况，不得拒绝、隐匿、谎报。

【1993 年版本】

第二十条　各单位必须依照法律和国家有关规定接受财政、审计、税务机关的监督，如实提供会计凭证、会计帐簿、会计报表和其他会计资料以及有关情况，不得拒绝、隐匿、谎报。

【1985 年版本】

第二十条　各单位必须接受审计机关、财政机关和税务机关依照法律和国家有关规定进行的监督，如实提供会计凭证、会计帐簿、会计报表和其他会计资料以及有关情况，不得拒绝、隐匿、谎报。

经国务院财政部门或者省、自治区、直辖市人民政府的财政部门批准的注册会计师组成的会计师事务所，可以按照国家有关规定承办查帐业务。

（二）法条释义

本条规定了各单位依法接受检查的义务。

在相关政府部门依法对有关单位的会计资料实施监督检查的过程中，各单位必须依照有关法律、行政法规的规定，接受有关监督检查部门依法实施的监督检查，对相关政府部门依法实施的监督检查，被检查单位不能拒绝或者阻挠。如果被检查单位认为相关政府部门的监督检查没有法律依据或者未依法进行，则有权予以拒绝。在相关政府部门和被检查单位的观点存在冲突时,原则上,被检查单位应当接受相关政府部门的检查。但其有申请行政复议或者提起行政诉讼的权利。

在相关政府部门依法对有关单位的会计资料实施监督检查的过程中,各单位必须如实提供会计凭证、会计账簿、财务会计报告和其他会计资料以及有关情况,不得拒绝、隐匿、谎报。所谓如实提供,就是有什么就提供什么,有多少就提供多少。拒绝提供资料是指有资料不提供,如果客观上并没有相关资料,不属于拒绝提供资料。隐匿资料是指客观上有相关资料,在监督检查部门要求提供该资料时不予提供。谎报资料是指在监督检查部门要求提供相关资料时,提供事先或者临时虚假制作的资料。

(三)相关条文

《中华人民共和国粮食安全保障法》(2023年12月29日)

第六十一条 县级以上人民政府有关部门依照职责开展粮食安全监督检查,可以采取下列措施:

(一)进入粮食生产经营场所实施现场检查;

(二)向有关单位和人员调查了解相关情况;

(三)进入涉嫌违法活动的场所调查取证;

(四)查阅、复制有关文件、资料、账簿、凭证,对可能被转移、隐匿或者损毁的文件、资料、账簿、凭证、电子设备等予以封存;

(五)查封、扣押涉嫌违法活动的场所、设施或者财物;

(六)对有关单位的法定代表人、负责人或者其他工作人员进行约谈、询问。

县级以上人民政府有关部门履行监督检查职责,发现公职人员涉嫌职务违法或者职务犯罪的问题线索,应当及时移送监察机关,监察机关应当依法受理并进行调查处置。

《中华人民共和国价格法》(1997年12月29日)

第二十二条 政府价格主管部门和其他有关部门制定政府指导价、政府定价,应当开展价格、成本调查,听取消费者、经营者和有关方面的意见。

政府价格主管部门开展对政府指导价、政府定价的价格、成本调查时,有关单位应当如实反映情况,提供必需的账簿、文件以及其他资料。

《旅行社条例》(2020年11月29日)

第四十四条 旅行社及其分社应当接受旅游行政管理部门对其旅游合同、服务质量、旅游安全、财务账簿等情况的监督检查,并按照国家有关规定向旅游行政管理部门报送经营和财务信息等统计资料。

《会计基础工作规范》(2019年3月14日)

第八十一条 各单位必须依照法律和国家有关规定接受财政、审计、税务等机关的监督,如实提供会计凭证、会计账簿、会计报表和其他会计资料以及有关情况、不得拒绝、隐匿、谎报。

第四章　会计机构和会计人员

一、第三十四条

（一）法条原文

【2024 年版本】

第三十四条　各单位应当根据会计业务的需要，依法采取下列一种方式组织本单位的会计工作：

（一）设置会计机构；

（二）在有关机构中设置会计岗位并指定会计主管人员；

（三）委托经批准设立从事会计代理记账业务的中介机构代理记账；

（四）国务院财政部门规定的其他方式。

国有的和国有资本占控股地位或者主导地位的大、中型企业必须设置总会计师。总会计师的任职资格、任免程序、职责权限由国务院规定。

【2017 年、1999 年版本】

第三十六条　各单位应当根据会计业务的需要，设置会计机构，或者在有关机构中设置会计人员并指定会计主管人员；不具备设置条件的，应当委托经批准设立从事会计代理记帐业务的中介机构代理记帐。

国有的和国有资产占控股地位或者主导地位的大、中型企业必须设置总会计师。总会计师的任职资格、任免程序、职责权限由国务院规定。

【1993 年版本】

第二十一条　各单位根据会计业务的需要设置会计机构，或者在有关机构中设置会计人员并指定会计主管人员。不具备条件的，可以委托经批准设立的会计咨询、服务机构进行代理记帐。大、中型企业、事业单位和业务主管部门可以设置总会计师。总会计师由具有会计师以上专业技术任职资格的人员担任。

会计机构内部应当建立稽核制度。

出纳人员不得兼管稽核、会计档案保管和收入、费用、债权债务帐目的登记工作。

【1985年版本】

第二十一条 各单位根据会计业务的需要设置会计机构，或者在有关机构中设置会计人员并指定会计主管人员。大、中型企业事业单位和业务主管部门可以设置总会计师。总会计师由具有会计师以上技术职称的人员担任。

会计机构内部应当建立稽核制度。

出纳人员不得兼管稽核、会计档案保管和收入、费用、债权债务帐目的登记工作。

（二）法条释义

本条规定了会计机构的设置。

会计机构，是指各单位办理会计事务的职能部门。各单位应当根据会计业务的需要，设置会计机构。规模较大的公司、事业单位、上市公司等应当设置财务部等会计机构。规模较小的单位也可以在有关机构中设置会计人员并指定会计主管人员。单位的会计人员应当为两人以上。

如果单位规模小、无力支付会计人员的工资、不具备设置会计机构和会计人员的条件的，应当委托经批准设立从事会计代理记账业务的中介机构代理记账。代理记账，是指代理记账机构接受委托办理会计业务。代理记账机构是指依法取得代理记账资格，从事代理记账业务的机构。没有设置会计记账机构或者配备会计人员的单位，应当根据《代理记账管理办法》的规定，委托会计师事务所或者持有代理记账许可证书的代理记账机构进行代理记账。除会计师事务所以外的机构从事代理记账业务，应当经县级以上人民政府财政部门（以下简称审批机关）批准，领取由财政部统一规定样式的代理记账许可证书。会计师事务所及其分所可以依法从事代理记账业务。

申请代理记账资格的机构应当同时具备以下条件：①为依法设立的企业；②专职从业人员不少于3名，专职从业人员是指仅在一个代理记账机构从事代理记账业务的人员；③主管代理记账业务的负责人具有会计师以上专业技术职务资格或者从事会计工作不少于3年，且为专职从业人员；④有健全的代理记账业务内部规范。代理记账机构从业人员应当具有会计类专业基础知识和业务技能，能够独立处理基本会计业务，并由代理记账机构自主评价认定。

代理记账机构可以接受委托办理下列业务：①根据委托人提供的原始凭证和其他相关资料，按照国家统一的会计制度的规定进行会计核算，包括审核原始凭证、填制记账凭证、登记会计账簿、编制财务会计报告等；②对外提供财务会计报告；③向税务机关提供税务资料；④委托人委托的其他会计业务。

2017年、1999年版本《会计法》第三十六条第一款规定："各单位应当根据会计业务的需要，设置会计机构，或者在有关机构中设置会计人员并指定会计主管人员；不具备设置条件的，应当委托经批准设立从事会计代理记账业务的中介机构代理记账。"2024年版本《会计法》主要修改之处有两个方面：一是表达方式进行了修改，二是将"代理记账"提升到与设置会计机构等方式并列的地位,不再强调"不具备设置条件"。也就是说,各单位组织会计工作有三种主要方式,且该三种方式是并列的,单位无论规模大小,均可以自由采取三种方式组织会计工作。代理记账不再是补充或者专门针对小微单位的组织会计工作方式。财政部2016年2月16日发布了《代理记账管理办法》,2019年3月14日进行了修订。2024年版本《会计法》实施以后,代理记账业务会有一个明显的增长。中小单位组织会计工作的成本也会有明显的降低。

总会计师是主管本单位会计工作的行政领导,是单位行政领导成员,协助单位主要行政领导人工作,直接对单位主要行政领导人负责。凡设置总会计师的单位,在单位行政领导成员中,不设与总会计师职权重叠的副职。总会计师组织领导本单位的财务管理、成本管理、预算管理、会计核算和会计监督等方面的工作,参与本单位重要经济问题的分析和决策。国有的和国有资产占控股地位或者主导地位的大、中型企业必须设置总会计师。总会计师由具有会计师以上专业技术资格的人员担任。事业单位和业务主管部门根据需要,经批准可以设置总会计师。其他单位可以根据业务需要,自行决定是否设置总会计师。

(三)相关条文

《全国人民代表大会常务委员会关于授权国务院在自由贸易试验区暂时调整适用有关法律规定的决定》(2021年4月29日)

为深化"证照分离"改革,进一步推进"放管服"改革,优化营商环境,激发市场活力,加快政府职能转变,第十三届全国人民代表大会常务委员会第二十八次会议决定:授权国务院在自由贸易试验区内,暂时调整适用《中华人民共和国民办教育促进法》《中华人民共和国会计法》《中华人民共和国注册会计师法》《中华人民共和国拍卖法》《中华人民共和国银行业监督管理法》《中华人民共和国商业银行法》《中华人民共和国保险法》的有关规定(目录附后),自由贸易试验区所在县、不设区的市、市辖区的其他区域参照执行。上述调整的期限为三年,自本决定施行之日起算。

国务院及其有关部门要加强对试点工作的指导、协调和监督,及时总结试点工作经验,并就暂时调整适用有关法律规定的情况向全国人民代表大会常务委员会作出中期报告。对实践证明可行的,国务院应当提出修改有关法律的意见;对实践证明不宜调整的,在试点期限届满后恢复施行有关法律规定。

本决定自2021年7月1日起施行。

授权国务院在自由贸易试验区暂时调整适用有关法律规定目录(部分)

序号	事项名称	有关法律规定	调整实施方式
5	中介机构从事代理记账业务审批	《中华人民共和国会计法》 第三十六条第一款 各单位应当根据会计业务的需要,设置会计机构,或者在有关机构中设会计人员并指定会计主管人员;不具备设置条件的,应当委托经批准设立从事会计代理记账业务的中介机构代理记账。	直接取消审批

《总会计师条例》（2011年1月8日）

第一章 总 则

第一条 为了确定总会计师的职权和地位，发挥总会计师在加强经济管理、提高经济效益中的作用，制定本条例。

第二条 全民所有制大、中型企业设置总会计师；事业单位和业务主管部门根据需要，经批准可以设置总会计师。

总会计师的设置、职权、任免和奖惩，依照本条例的规定执行。

第三条 总会计师是单位行政领导成员，协助单位主要行政领导人工作，直接对单位主要行政领导人负责。

第四条 凡设置总会计师的单位，在单位行政领导成员中，不设与总会计师职权重叠的副职。

第五条 总会计师组织领导本单位的财务管理、成本管理、预算管理、会计核算和会计监督等方面的工作，参与本单位重要经济问题的分析和决策。

第六条 总会计师具体组织本单位执行国家有关财经法律、法规、方针、政策和制度，保护国家财产。

总会计师的职权受国家法律保护。单位主要行政领导人应当支持并保障总会计师依法行使职权。

第二章 总会计师的职责

第七条 总会计师负责组织本单位的下列工作：

（一）编制和执行预算、财务收支计划、信贷计划，拟订资金筹措和使用方案，开辟财源，有效地使用资金；

（二）进行成本费用预测、计划、控制、核算、分析和考核，督促本单位有关部门降低消耗、节约费用、提高经济效益；

（三）建立、健全经济核算制度，利用财务会计资料进行经济活动分析；

（四）承办单位主要行政领导人交办的其他工作。

第八条 总会计师负责对本单位财会机构的设置和会计人员的配备、会计专业职务的设置和聘任提出方案；组织会计人员的业务培训和考核；支持会计人员依法行使职权。

第九条 总会计师协助单位主要行政领导人对企业的生产经营、行政事业单位的业务发展以及基本建设投资等问题作出决策。

总会计师参与新产品开发、技术改造、科技研究、商品（劳务）价格和工资奖金等方案的制定；参与重大经济合同和经济协议的研究、审查。

第三章 总会计师的权限

第十条 总会计师对违反国家财经法律、法规、方针、政策、制度和有可能在经济上造成损失、浪费的行为，有权制止或者纠正。制止或者纠正无效时，提请单位主要行政领导人处理。

单位主要行政领导人不同意总会计师对前款行为的处理意见的，总会计师应当依照《中华人民共和国会计法》的有关规定执行。

第十一条 总会计师有权组织本单位各职能部门、直属基层组织的经济核算、财务会计和成本管理方面的工作。

第十二条 总会计师主管审批财务收支工作。除一般的财务收支可以由总会计师授权的财会机构负责人或者其他指定人员审批外，重大的财务收支，须经总会计师审批或者由总会计师报单位主要行政领导人批准。

第十三条 预算、财务收支计划、成本和费用计划、信贷计划、财务专题报告、会计决算报表，须经总会计师签署。

涉及财务收支的重大业务计划、经济合同、经济协议等，在单位内部须经总会计师会签。

第十四条 会计人员的任用、晋升、调动、奖惩，应当事先征求总会计师的意见。财会机构负责人或者会计主管人员的人选，应当由总会计师进行业务考核，依照有关规定审批。

第四章　任免与奖惩

第十五条 企业的总会计师由本单位主要行政领导人提名，政府主管部门任命或者聘任；免职或者解聘程序与任命或者聘任程序相同。

事业单位和业务主管部门的总会计师依照干部管理权限任命或者聘任；免职或者解聘程序与任命或者聘任程序相同。

第十六条 总会计师必须具备下列条件：

（一）坚持社会主义方向，积极为社会主义建设和改革开放服务；

（二）坚持原则，廉洁奉公；

（三）取得会计师任职资格后，主管一个单位或者单位内一个重要方面的财务会计工作时间不少于3年；

（四）有较高的理论政策水平，熟悉国家财经法律、法规、方针、政策和制度，掌握现代化管理的有关知识；

（五）具备本行业的基本业务知识，熟悉行业情况，有较强的组织领导能力；

（六）身体健康，能胜任本职工作。

第十七条 总会计师在工作中成绩显著，有下列情形之一的，依照国家有关企业职工或者国家行政机关工作人员奖惩的规定给予奖励：

（一）在加强财务会计管理，应用现代化会计方法和技术手段，提高财务管理水平和经济效益方面，取得显著成绩的；

（二）在组织经济核算，挖掘增产节约、增收节支潜力，加速资金周转，提高资金使用效果方面，取得显著成绩的；

（三）在维护国家财经纪律，抵制违法行为，保护国家财产，防止或者避免国家财产遭受重大损失方面，有突出贡献的；

（四）在廉政建设方面，事迹突出的；

（五）有其他突出成就或者模范事迹的。

第十八条 总会计师在工作中有下列情形之一的，应当区别情节轻重，依照国家有关企业职工或者国家行政机关工作人员奖惩的规定给予处分：

（一）违反法律、法规、方针、政策和财经制度，造成财会工作严重混乱的；

（二）对偷税漏税，截留应当上交国家的收入，滥发奖金、补贴，挥霍浪费国家资财，损害国家利益的行为，不抵制、不制止、不报告，致使国家利益遭受损失的；

（三）在其主管的工作范围内发生严重失误，或者由于玩忽职守，致使国家利益遭受损失的；

（四）以权谋私，弄虚作假，徇私舞弊，致使国家利益遭受损失，或者造成恶劣影响的；

（五）有其他渎职行为和严重错误的。

总会计师有前款所列行为，情节严重，构成犯罪的，由司法机关依法追究刑事责任。

第十九条 单位主要行政领导人阻碍总会计师行使职权的，以及对其打击报复或者变相打击报复的，上级主管单位应当根据情节给予行政处分。情节严重，构成犯罪的，由司法机关依法追究刑事责任。

第五章 附 则

第二十条 城乡集体所有制企业事业单位需要设置总会计师的，参照本条例执行。

第二十一条 各省、自治区、直辖市，国务院各部门可以根据本条例的规定，结合本地区、本部门的实际情况制定实施办法。

第二十二条 本条例由财政部负责解释。

第二十三条 本条例自发布之日起施行。1963年10月18日国务院批转国家经济委员会、财政部《关于国营工业、交通企业设置总会计师的几项规定（草案）》、1978年9月12日国务院发布的《会计人员职权条例》中有关总会计师的规定同时废止。

《会计基础工作规范》（2019年3月14日）

第六条 各单位应当根据会计业务的需要设置会计机构；不具备单独设置会计机构条件的，应当在有关机构中配备专职会计人员。

事业行政单位会计机构的设置和会计人员的配备，应当符合国家统一事业行政单位会计制度的规定。

设置会计机构，应当配备会计机构负责人；在有关机构中配备专职会计人员，应当在专职会计人员中指定会计主管人员。

会计机构负责人、会计主管人员的任免，应当符合《中华人民共和国会计法》和有关法律的规定。

第八条　没有设置会计机构或者配备会计人员的单位，应当根据《代理记账管理办法》的规定，委托会计师事务所或者持有代理记账许可证书的代理记账机构进行代理记账。

第九条　大、中型企业、事业单位、业务主管部门应当根据法律和国家有关规定设置总会计师。总会计师由具有会计师以上专业技术资格的人员担任。

总会计师行使《总会计师条例》规定的职责、权限。

总会计师的任命（聘任）、免职（解聘）依照《总会计师条例》和有关法律的规定办理。

第十条　各单位应当根据会计业务需要配备会计人员，督促其遵守职业道德和国家统一的会计制度。

第十五条　各单位领导人应当支持会计机构、会计人员依法行使职权；对忠于职守、坚持原则，做出显著成绩的会计机构、会计人员，应当给予精神的和物质的奖励。

第十六条　国家机关、国有企业、事业单位任用会计人员应当实行回避制度。

单位领导人的直系亲属不得担任本单位的会计机构负责人、会计主管人员。会计机构负责人、会计主管人员的直系亲属不得在本单位会计机构中担任出纳工作。

需要回避的直系亲属为：夫妻关系、直系血亲关系、三代以内旁系血亲以及配偶亲关系。

《代理记账管理办法》（2019年3月14日）

第一条　为了加强代理记账资格管理，规范代理记账活动，促进代理记账行业健康发展，根据《中华人民共和国会计法》等法律、行政法规，制定本办法。

第二条　代理记账资格的申请、取得和管理，以及代理记账机构从事代理记账业务，适用本办法。

本办法所称代理记账机构是指依法取得代理记账资格，从事代理记账业务的机构。

本办法所称代理记账是指代理记账机构接受委托办理会计业务。

第三条　除会计师事务所以外的机构从事代理记账业务，应当经县级以上地方人民政府财政部门（以下简称审批机关）批准，领取由财政部统一规定样式的代理记账许可证书。具体审批机关由省、自治区、直辖市、计划单列市人民政府财政部门确定。

会计师事务所及其分所可以依法从事代理记账业务。

第四条　申请代理记账资格的机构应当同时具备以下条件：

（一）为依法设立的企业；

（二）专职从业人员不少于3名；

（三）主管代理记账业务的负责人具有会计师以上专业技术职务资格或者从事会计工作不少于三年，且为专职从业人员；

（四）有健全的代理记账业务内部规范。

代理记账机构从业人员应当具有会计类专业基础知识和业务技能，能够独立处理基本会计业务，并由代理记账机构自主评价认定。

本条第一款所称专职从业人员是指仅在一个代理记账机构从事代理记账业务的人员。

第五条 申请代理记账资格的机构，应当向所在地的审批机关提交申请及下列材料，并对提交材料的真实性负责：

（一）统一社会信用代码；

（二）主管代理记账业务的负责人具备会计师以上专业技术职务资格或者从事会计工作不少于三年的书面承诺；

（三）专职从业人员在本机构专职从业的书面承诺；

（四）代理记账业务内部规范。

第六条 审批机关审批代理记账资格应当按照下列程序办理：

（一）申请人提交的申请材料不齐全或不符合规定形式的，应当在5日内一次告知申请人需要补正的全部内容，逾期不告知的，自收到申请材料之日起即视为受理；申请人提交的申请材料齐全、符合规定形式的，或者申请人按照要求提交全部补正申请材料的，应当受理申请。

（二）受理申请后应当按照规定对申请材料进行审核，并自受理申请之日起10日内作出批准或者不予批准的决定。10日内不能作出决定的，经本审批机关负责人批准可延长10日，并应当将延长期限的理由告知申请人。

（三）作出批准决定的，应当自作出决定之日起10日内向申请人发放代理记账许可证书，并向社会公示。审批机关进行全覆盖例行检查，发现实际情况与承诺内容不符的，依法撤销审批并给予处罚。

（四）作出不予批准决定的，应当自作出决定之日起10日内书面通知申请人。书面通知应当说明不予批准的理由，并告知申请人享有依法申请行政复议或者提起行政诉讼的权利。

第七条 申请人应当自取得代理记账许可证书之日起20日内通过企业信用信息公示系统向社会公示。

第八条 代理记账机构名称、主管代理记账业务的负责人发生变更，设立或撤销分支机构，跨原审批机关管辖地迁移办公地点的，应当自作出变更决定或变更之日起30日内依法向审批机关办理变更登记，并应当自变更登记完成之日起20日内通过企业信用信息公示系统向社会公示。

代理记账机构变更名称的，应当向审批机关领取新的代理记账许可证书，并同时交回原代理记账许可证书。

代理记账机构跨原审批机关管辖地迁移办公地点的，迁出地审批机关应当及时将代理记账机构的相关信息及材料移交迁入地审批机关。

第九条 代理记账机构设立分支机构的,分支机构应当及时向其所在地的审批机关办理备案登记。

分支机构名称、主管代理记账业务的负责人发生变更的,分支机构应当按照要求向其所在地的审批机关办理变更登记。

代理记账机构应当在人事、财务、业务、技术标准、信息管理等方面对其设立的分支机构进行实质性的统一管理,并对分支机构的业务活动、执业质量和债务承担法律责任。

第十条 未设置会计机构或配备会计人员的单位,应当委托代理记账机构办理会计业务。

第十一条 代理记账机构可以接受委托办理下列业务:

(一)根据委托人提供的原始凭证和其他相关资料,按照国家统一的会计制度的规定进行会计核算,包括审核原始凭证、填制记账凭证、登记会计账簿、编制财务会计报告等;

(二)对外提供财务会计报告;

(三)向税务机关提供税务资料;

(四)委托人委托的其他会计业务。

第十二条 委托人委托代理记账机构代理记账,应当在相互协商的基础上,订立书面委托合同。委托合同除应具备法律规定的基本条款外,应当明确下列内容:

(一)双方对会计资料真实性、完整性各自应当承担的责任;

(二)会计资料传递程序和签收手续;

(三)编制和提供财务会计报告的要求;

(四)会计档案的保管要求及相应的责任;

(五)终止委托合同应当办理的会计业务交接事宜。

第十三条 委托人应当履行下列义务:

(一)对本单位发生的经济业务事项,应当填制或者取得符合国家统一的会计制度规定的原始凭证;

(二)应当配备专人负责日常货币收支和保管;

(三)及时向代理记账机构提供真实、完整的原始凭证和其他相关资料;

(四)对于代理记账机构退回的,要求按照国家统一的会计制度的规定进行更正、补充的原始凭证,应当及时予以更正、补充。

第十四条 代理记账机构及其从业人员应当履行下列义务:

(一)遵守有关法律、法规和国家统一的会计制度的规定,按照委托合同办理代理记账业务;

(二)对在执行业务中知悉的商业秘密予以保密;

(三)对委托人要求其作出不当的会计处理,提供不实的会计资料,以及其他不符合法律、法规和国家统一的会计制度行为的，予以拒绝；

（四）对委托人提出的有关会计处理相关问题予以解释。

第十五条 代理记账机构为委托人编制的财务会计报告，经代理记账机构负责人和委托人负责人签名并盖章后，按照有关法律、法规和国家统一的会计制度的规定对外提供。

第十六条 代理记账机构应当于每年4月30日之前，向审批机关报送下列材料：

（一）代理记账机构基本情况表（附表）；

（二）专职从业人员变动情况。

代理记账机构设立分支机构的，分支机构应当于每年4月30日之前向其所在地的审批机关报送上述材料。

第十七条 县级以上人民政府财政部门对代理记账机构及其从事代理记账业务情况实施监督，随机抽取检查对象、随机选派执法检查人员，并将抽查情况及查处结果依法及时向社会公开。

对委托代理记账的企业因违反财税法律、法规受到处理处罚的，县级以上人民政府财政部门应当将其委托的代理记账机构列入重点检查对象。

对其他部门移交的代理记账违法行为线索，县级以上人民政府财政部门应当及时予以查处。

第十八条 公民、法人或者其他组织发现有违反本办法规定的代理记账行为，可以依法向县级以上人民政府财政部门进行举报，县级以上人民政府财政部门应当依法进行处理。

第十九条 代理记账机构采取欺骗、贿赂等不正当手段取得代理记账资格的，由审批机关撤销其资格，并对代理记账机构及其负责人给予警告，记入会计领域违法失信记录，根据有关规定实施联合惩戒，并向社会公告。

第二十条 代理记账机构在经营期间达不到本办法规定的资格条件的，审批机关发现后，应当责令其在60日内整改；逾期仍达不到规定条件的，由审批机关撤销其代理记账资格。

第二十一条 代理记账机构有下列情形之一的，审批机关应当办理注销手续，收回代理记账许可证书并予以公告：

（一）代理记账机构依法终止的；

（二）代理记账资格被依法撤销或撤回的；

（三）法律、法规规定的应当注销的其他情形。

第二十二条 代理记账机构违反本办法第七条、第八条、第九条、第十四条、第十六条规定，由县级以上人民政府财政部门责令其限期改正，拒不改正的，将代理记账机构及其负责人列入重点关注名单，并向社会公示，提醒其履行有关义务；情节严重的，由县级以上人民政府财政部门按照有关法律、法规给予行政处罚，并向社会公示。

第二十三条　代理记账机构及其负责人、主管代理记账业务负责人及其从业人员违反规定出具虚假申请材料或者备案材料的，由县级以上人民政府财政部门给予警告，记入会计领域违法失信记录，根据有关规定实施联合惩戒，并向社会公告。

第二十四条　代理记账机构从业人员在办理业务中违反会计法律、法规和国家统一的会计制度的规定，造成委托人会计核算混乱、损害国家和委托人利益的，由县级以上人民政府财政部门依据《中华人民共和国会计法》等有关法律、法规的规定处理。

代理记账机构有前款行为的，县级以上人民政府财政部门应当责令其限期改正，并给予警告；有违法所得的，可以处违法所得3倍以下罚款，但最高不得超过3万元；没有违法所得的，可以处1万元以下罚款。

第二十五条　委托人向代理记账机构隐瞒真实情况或者委托人会同代理记账机构共同提供虚假会计资料的，应当承担相应法律责任。

第二十六条　未经批准从事代理记账业务的单位或者个人，由县级以上人民政府财政部门按照《中华人民共和国行政许可法》及有关规定予以查处。

第二十七条　县级以上人民政府财政部门及其工作人员在代理记账资格管理过程中，滥用职权、玩忽职守、徇私舞弊的，依法给予行政处分；涉嫌犯罪的，移送司法机关处理。

第二十八条　代理记账机构依法成立的行业组织，应当维护会员合法权益，建立会员诚信档案，规范会员代理记账行为，推动代理记账信息化建设。

代理记账行业组织应当接受县级以上人民政府财政部门的指导和监督。

第二十九条　本办法规定的"5日""10日""20日""30日"均指工作日。

第三十条　省级人民政府财政部门可以根据本办法制定具体实施办法，报财政部备案。

第三十一条　外商投资企业申请代理记账资格，从事代理记账业务按照本办法和其他有关规定办理。

第三十二条　本办法自2016年5月1日起施行，财政部2005年1月22日发布的《代理记账管理办法》（财政部令第27号）同时废止。

（四）典型案例

江苏省南京市中级人民法院
民事判决书[1]

〔2020〕苏01民终6863号

上诉人（原审原告）：南京绿云皮革护理有限公司，住所地在南京市鼓楼区人和街

---

[1] 资料来源：中国裁判文书网 https://wenshu.court.gov.cn。

8号1幢109室。

法定代表人：孙某钊，该公司总经理。

委托诉讼代理人：原斌，江苏博亚律师事务所律师。

委托诉讼代理人：赵娴，江苏博亚律师事务所律师。

被上诉人（原审被告）：叶某丽，女，1983年2月22日出生，汉族，住南京市浦口区。

委托诉讼代理人：万樾莉，江苏中虑律师事务所律师。

上诉人南京绿云皮革护理有限公司（以下简称绿云公司）因与被上诉人叶某丽损害公司利益责任纠纷一案，不服南京市鼓楼区人民法院〔2020〕苏0106民初57号民事判决，向本院提起上诉。本院于2020年8月3日立案后，根据《全国人民代表大会常务委员会关于授权最高人民法院在部分地区开展民事诉讼程序繁简分流改革试点工作的决定》，依法适用第二审程序，由审判员独任审理。本案现已审理终结。

绿云公司上诉请求：撤销一审判决，改判支持其一审诉讼请求，并由叶某丽承担本案一、二审诉讼费用。事实和理由：1. 一审法院认定事实错误。叶某丽成为绿云公司股东后，负责记录公司日常收入支出流水并持有流水账本。在〔2019〕苏0106清申13号（以下简称13号）案件中，叶某丽提供了2014年6月1日至11月中旬期间"对账本""绿云总部化料明细""绿云总部开支明细"，在股东孙某钊的请求下，一审法院对该三本账目进行了保全。而这些账目中唯独缺少2014年6月1日至7月31日营业收入账目，且"对账本"上有明显剪裁截留的痕迹。在多次诉讼及庭审中，叶某丽仅提交了上述账目的复印件，且自认其自2014年6月1日至11月期间负责记录绿云公司流水账目。上述事实都能证明被叶某丽记录并持有诉争2014年6月1日至7月31日营业收入账目，一审法院认定绿云公司未提供证据证明争议事实显属错误。另外，本案讼争对象是"对账本"中缺失的部分营业收入流水账目，一审法院以其他记账本也存在剪裁痕迹为由认定讼争账目被剪裁是正常现象，亦属错误。2. 一审法院适用法律错误。绿云公司已经提交〔2016〕苏01民终6444号（以下简称6444号）案件谈话笔录、13号清算案件听证笔录，以及叶某丽在13号清算案件中提交的记账本原件，已尽最大所能举证，一审法院仍认定绿云公司未尽举证证明责任，属适用法律错误。综上，一审判决有误，请求二审法院依法予以纠正。

叶某丽辩称，绿云公司的上诉请求不能成立，应予驳回。事实和理由：首先，叶某丽虽然曾经手记了部分的收支明细，但并非会计法上的会计档案，且已在此前的诉讼案件及13号案件清算程序中多次提交了手记的收支明细。绿云公司认为叶某丽将"对账本"中2014年6月1日至7月31日流水剪裁截留，没有任何的依据。叶某丽只记录了公司2014年6—7月的化料收入流水账目，没有记录所谓2014年6月1日至7月31日的其他营业收入流水账目。另外，在以往双方若干诉讼中，业经生效判决认定，绿云公司大股东孙某钊和董录云控制公司。孙某钊作为绿云公司执行董事、法定代表人，其妻董录云为监事，二人是叶某丽增资入股前绿云公司100%的原始股东，在以往多次知情权诉讼和执行程序中均以账册在代账会计处为由，拒不执行法院已经生效的股东知情权判决，在清算程序中也没有提交任何的账册等重要文件，足以证明绿云公司财务资料系由孙某钊、董录云夫妇实际控制。综上，一审判决无误，应予维持。

绿云公司向一审法院起诉请求：1. 叶某丽立即交还绿云公司2014年6至7月期间的营业收入账目；2. 由叶某丽负担本案诉讼费用。

一审法院认定事实：绿云公司于2009年10月29日经南京市工商行政管理局鼓楼分局登记设立，注册资本为5万元，原股东为孙某钊（出资4万元）、董录云（出资1万元），经营范围为皮革护理、皮革维修，孙某钊系法定代表人。

2014年5月31日，叶某丽作为受让方与作为转让方的绿云公司签订《公司股权转让协议》，约定转让方转给受让方绿云公司49%的股权，对价60万元。当日，绿云公司向叶某丽出具收条，载明收到60万元。同年6月3日，叶某丽以银行转账、现金、POS机刷卡等形式给付董录云60万元。同年6月30日，绿云公司召开股东会并形成股东会决议：增加叶某丽为股东；公司注册资本变更为50万元，此次增资由孙某钊出资20.5万元，叶某丽出资24.5万元，于2014年6月30日前到位；增资后各股东出资为孙某钊24.5万元、叶某丽出资24.5万元、董录云1万元。同年7月14日，绿云公司经工商登记变更注册资本为50万元，变更股东为孙某钊（出资24.5万元）、董录云（出资1万元）、叶某丽（出资24.5万元），孙某钊任法定代表人、执行董事兼总经理，董录云任监事，经营范围为皮革护理、皮具维修；皮革制品、机械设备、五金销售；服装干洗。

一审法院另查明，前述《公司股权转让协议》签订后，叶某丽即至绿云公司工作，不久即与孙某钊、董录云产生矛盾，于2014年11月离开绿云公司。自此之后，叶某丽与绿云公司、孙某钊、董录云之间有不当得利纠纷、股东知情权纠纷、股权转让纠纷、损害股东利益责任纠纷、侵权责任纠纷、公司解散纠纷、申请公司清算纠纷等多起诉讼纠纷在人民法院审理。其中，叶某丽于2018年12月4日向一审法院申请对绿云公司进行强制清算，一审法院经审查受理了叶某丽的申请，并指定了清算组对绿云公司进行强制清算。清算过程中，清算组未发现绿云公司的财产、未接管到账册及重要文件，无法对绿云公司进行清算。2019年5月28日，一审法院裁定终结绿云公司的清算程序。同年10月22日，孙某钊又向一审法院申请对绿云公司进行清算，一审法院于同年11月21日作出13号民事裁定，裁定对孙某钊提出的对绿云公司的强制清算申请不予受理；该民事裁定书现已发生法律效力。

2020年1月3日，绿云公司提起本案诉讼，其主张：2014年6月1日至同年11月期间，叶某丽负责绿云公司的财务工作，包括营业收入、经营性支出、人工工资的收取、发放、记录，曾手书记录了三本流水账，对绿云公司此间的收支流水进行了记录，三本账本名称分别为"对账本""绿云总部化料明细""绿云总部开支明细"；

"对账本"有剪裁痕迹,缺少 2014 年 6 月 1 日至 7 月 31 日期间的营业收入流水,被叶某丽剪裁截留,致使绿云公司账目不齐无法进行清算;绿云公司成立之后一直聘请代账会计做账,但是需要依据日常经营中形成的流水账和收支凭证才能完成会计账簿的制作。

绿云公司为证明其上述主张,向一审法院提交了以下证据:1. 本院 6444 号案件 2016 年 10 月 31 日谈话笔录,拟证明叶某丽承认由其负责记账,包括 2014 年 6—7 月的收入账,并承认撕毁"对账本"缺失部分。2. 一审法院 13 号清算案件听证笔录,拟证明叶某丽记录并持有绿云公司 2014 年 6—11 月期间的流水账目,叶某丽关于诉争事实的多次陈述相互矛盾。叶某丽质证意见:1. 对证据 1 的真实性无异议,称其于 2016 年 10 月在 6444 号案件中即已将经手写记录的收支明细账本作为证据提交法庭,其此前诉讼中称从来没有看过这些账本是虚假陈述;2. 叶某丽按董录云的方式进行记账,2014 年 6—7 月期间,叶某丽经手记录的只有绿云公司的化料收入,其他未记录,记账本上自然没有体现;3. 关于叶某丽在另案中陈述 2014 年 7 月因为产生矛盾董录云将 2014 年 7 月之前的相关流水账撕掉,叶某丽回忆董录云就记账情况与其产生过矛盾,董录云要求按她的要求记录,因为时间久远,叶某丽有些细节记得不是很清楚,其基于粗略回忆,陈述时有偏差;4. 对证据 2 的真实性无异议,该证据证明叶某丽已在该案中将手记的三本记账本原件提交给了法院,绿云公司再次起诉叶某丽无事实和法律依据。

叶某丽向一审法院提交本院〔2019〕苏 01 民终 11183 号(以下简称 11183 号)民事判决书,拟证明:绿云公司 2014 年 6 月之前的股东为孙某钊、董录云,该二人在公司成立后实际经营该公司,应依法建账并妥善保管;孙某钊在股东知情权一案中明确表示 2014 年 6 月之前的公司财务资料在代账会计处;叶某丽在 2014 年 6 月成为绿云公司股东,虽记录了流水账册,但孙某钊在〔2017〕苏 0106 民初 4337 号(以下简称 4337 号)案件中陈述叶某丽入股后参与公司经营负责记录日常经营开支,同时也有代账会计做账至 2014 年年底;叶某丽负责手记绿云公司部分经营期间的流水账册,该账册并非会计法要求的会计档案;孙某钊、董录云夫妇作为绿云公司的控股股东和实际控制人,对绿云公司账册、重要文件不全导致清算不能负有责任,叶某丽并无责任。绿云公司质证意见:对民事判决书的真实性无异议,但认为该份证据对于叶某丽是否已将 2014 年 6 月 1 日至 7 月 31 日期间未提交过的流水账册提交绿云公司无任何证明意义。

一审法院调取了 13 号案件中名称分别为"对账本""绿云总部化料明细""绿云总部开支明细"三本记账本原件,经审核发现并非只有名称为"对账本"的记账本内部第一页手写记账页前面有纸张被剪裁的痕迹,名称为"绿云总部化料明细""绿云总部开支明细"的两本记账本内部第一页手写记账页前面也有纸张被剪裁的痕迹。

一审法院认为,当事人对自己提出的主张有责任提供证据证明。绿云公司主张叶某丽手写记录了绿云公司2014年6月1日至7月31日期间的营业收入流水账目且将记载有此部分流水账目的记账本纸张进行了剪裁截留。叶某丽陈述其只记录了绿云公司2014年6—7月期间的化料收入流水账目,其自2014年8月开始按照董录云的要求将绿云公司的营业收入流水分两个记账本记账,遂使用名称为"对账本"的记账本进行记录,即除名称为"绿云总部化料明细"记载的2014年6月1日至7月31日期间的营业收入流水账目之外,叶某丽否认其记录了绿云公司2014年6月1日—7月31日期间的其他营业收入流水账目。绿云公司并未提交充足证据证明叶某丽记录并剪裁截留了绿云公司2014年6月1日至7月31日期间除化料收入以外的其他营业收入流水账目,名称为"对账本"的记账本内的纸张剪裁痕迹并不能证明存在绿云公司诉称的流水账目及流水账目被叶某丽剪裁截留,根据谁主张谁举证的原则,应由绿云公司承担举证不能的法律后果。绿云公司主张叶某丽在2014年6月1日至11月期间负责绿云公司的财务,但未提交充足证据证明其主张,一审法院对此不予采信。对绿云公司本案诉讼请求,一审法院不予支持。依照《中华人民共和国民事诉讼法》第三十九条第二款、第六十四条第一款规定,一审法院判决:驳回绿云公司的诉讼请求。一审案件受理费80元,减半收取40元,由绿云公司负担。

  本院二审期间,当事人围绕上诉请求提交了证据。本院组织当事人进行了证据交换和质证。绿云公司提交董录云银行账户2014年4月2日至8月25日交易明细1份,拟证明绿云公司POS捆绑的该银行账户交易记录显示,绿云公司2014年6—7月存在正常经营收入,且同年8月份的交易记录与叶某丽手书账目一一对应,说明绿云公司的上诉主张有事实依据。叶某丽质证意见:不否认该交易明细的真实性,但该证据无法实现绿云公司证明目的,根据11183号判决的认定意见可知,孙永利、董录云夫妇实际保管绿云公司财务资料。本院认证意见:对绿云公司提交证据的真实性予以确认,对其关联性不予确认,具体理由后文述及。

  二审中,双方当事人对一审判决已查明的事实无异议,本院予以确认。

  本院经审理查明,2016年10月31日,本院就6444号案件组织当事人谈话,其间,叶某丽述称,2014年7月,因股东间矛盾,董录云将对账本之前的记录撕掉了,叶某丽仅有8月份之后的账目。2019年11月15日,一审法院就13号清算案件组织当事人听证,其间,叶某丽述称,其记录的流水账是几个月经手的记录,没有经手的没有记录,就几个月。本案一审庭审中,叶某丽述称,"对账本"前两页或许因记录有其他内容,用于记录绿云公司账目时,出于节约,将无关内容撕掉后使用。

  另查明,关于叶某丽与孙某钊、董录云损害股东利益责任纠纷一案,孙某钊不服一审法院〔2019〕苏0106民初8816号民事判决,向本院提起上诉,本院于2019年12月30日作出11183号判决,认定:该案中,绿云公司2014年6月之前的股东为孙某钊、董录云,二人自绿云公司成立后实际经营该公司,应依法建账并妥善保管,孙某钊在股东知情权一案执行过程中表示2014年6月之前的公司财务资料在代账会计处；叶某丽2014年6月成为绿云公司股东，其虽记录了流水账册，但孙某钊在4337号案件中陈述叶某丽入股后参与公司经营负责记录日常经营开支，同时也有代账会计做账至2014年年底；孙某钊、董录云夫妇持有绿云公司51%股权，且孙某钊担任执行董事、总经理，董录云担任监事，而叶某丽仅负责手记绿云公司部分经营期间的流水账册，该账册并非会计法所要求的会计档案。因此，该案中，一审法院认定孙某钊、董录云对绿云公司账册、重要文件不全导致清算不能负有责任，具有事实和法律依据。

二审归纳本案争议焦点为：绿云公司主张叶某丽制作、剪裁了"对账本"中该公司2014年6-7月账目，并要求叶某丽返还该部分账目有无依据。

本院认为，根据《中华人民共和国会计法》规定，各单位必须依法设置会计帐簿，并保证其真实、完整。会计帐簿登记，必须以经过审核的会计凭证为依据，并符合有关法律、行政法规和国家统一的会计制度的规定。各单位应当根据会计业务的需要，设置会计机构，或者在有关机构中设置会计人员并指定会计主管人员；不具备设置条件的，应当委托经批准设立从事会计代理记帐业务的中介机构代理记帐。各单位对会计凭证、会计帐簿、财务会计报告和其他会计资料应当建立档案，妥善保管。单位负责人对本单位的会计工作和会计资料的真实性、完整性负责。本案中，绿云公司应当按照前述规定设置会计账簿，根据绿云公司陈述，其也已委托了代账会计代理记账，故其应当按照前述规定建立会计档案并妥善保管。现无证据证实叶某丽手书记账的性质和用途，包括该手术记账是否为代账会计制作绿云公司会计账簿的依据等，因而本院无法认定其中"对账本"中的流水账属于绿云公司会计帐簿及会计档案的一部分。绿云公司主张"对账本"中2014年6—7月流水账属其财产并要求叶某丽返还，证据不足且欠缺法律依据，本院不予支持。无论"对账本"中有无2014年6—7月流水账、该部分流水账是否被剪裁以及被谁剪裁，对前述判断均无影响，本案不予理涉。

综上，绿云公司的上诉请求不能成立，本院不予支持。一审判决事实认定清楚，法律适用正确，裁判结果无误，依法应予维持。依照《中华人民共和国民事诉讼法》第一百七十条第一款第一项规定，判决如下：

驳回上诉，维持原判。

二审案件受理费80元，由上诉人绿云公司负担。

本判决为终审判决。

审判员　曹廷生
二〇二〇年十二月一日
法官助理　柳　林
书记员　陈　丹

二、第三十五条

(一)法条原文

【2024 年版本】

第三十五条　会计机构内部应当建立稽核制度。

出纳人员不得兼任稽核、会计档案保管和收入、支出、费用、债权债务账目的登记工作。

【2017 年、1999 年版本】

第三十七条　会计机构内部应当建立稽核制度。

出纳人员不得兼任稽核、会计档案保管和收入、支出、费用、债权债务帐目的登记工作。

【1993 年版本】

第二十一条　各单位根据会计业务的需要设置会计机构,或者在有关机构中设置会计人员并指定会计主管人员。不具备条件的,可以委托经批准设立的会计咨询、服务机构进行代理记帐。大、中型企业、事业单位和业务主管部门可以设置总会计师。总会计师由具有会计师以上专业技术任职资格的人员担任。

会计机构内部应当建立稽核制度。

出纳人员不得兼管稽核、会计档案保管和收入、费用、债权债务帐目的登记工作。

第二十二条　会计机构、会计人员的主要职责是:

(一)按照本法第二章的规定,进行会计核算;

(二)按照本法第三章的规定,实行会计监督;

(三)拟订本单位办理会计事务的具体办法;

(四)参与拟订经济计划、业务计划,考核、分析预算、财务计划的执行情况;

(五)办理其他会计事务。

【1985 年版本】

第二十一条　各单位根据会计业务的需要设置会计机构,或者在有关机构中设置会计人员并指定会计主管人员。大、中型企业事业单位和业务主管部门可以设置总会计师。总会计师由具有会计师以上技术职称的人员担任。

会计机构内部应当建立稽核制度。

出纳人员不得兼管稽核、会计档案保管和收入、费用、债权债务帐目的登记工作。

第二十二条　会计机构、会计人员的主要职责是:

(一)按照本法第二章的规定,进行会计核算;

(二)按照本法第三章的规定,实行会计监督;

（三）拟订本单位办理会计事务的具体办法；

（四）参与拟订经济计划、业务计划，考核、分析预算、财务计划的执行情况；

（五）办理其他会计事务

（二）法条释义

本条规定了会计机构的内部稽核制度。

内部稽核制度是指各单位的会计机构指定专职或者兼职会计人员，负责对本单位的会计凭证、会计账簿、财务会计报告和其他会计资料进行审核的制度。会计机构内部应当建立稽核制度。内部稽核的主要内容包括对会计凭证、账簿、报表及其他资料的稽核。对会计凭证的审核，主要是审核原始凭证是否真实合法，编制是否正确和手续是否完备；对账簿的审核，主要审核账簿记录的经济业务是否合法、正确，账证、账账、账物、账表是否相符；对会计报表的审核，主要以报表所列指标为依据，审查报表数字与账簿的数字是否一致，报表的编制是否符合要求。内部审查可以是事前审核或事后复核，事前着重对财务计划进行审核，事后着重查证和验证。

会计工作岗位，是指一个单位会计机构内部根据业务分工而设置的职能岗位。各单位应当根据会计业务需要设置会计工作岗位。会计工作岗位一般可分为：会计机构负责人或者会计主管人员、出纳、财产物资核算、工资核算、成本费用核算、财务成果核算、资金核算、往来结算、总账报表、稽核、档案管理等。开展会计电算化和管理会计的单位，可以根据需要设置相应工作岗位，也可以与其他工作岗位相结合。会计工作岗位，可以一人一岗、一人多岗或者一岗多人。为了对出纳人员进行有效监督，出纳人员不得兼任稽核、会计档案保管和收入、支出、费用、债权债务账目的登记工作。会计人员的工作岗位应当有计划地进行轮换。档案管理部门的人员管理会计档案，不属于会计岗位。

（三）相关条文

《宗教活动场所财务管理办法》（2022年2月11日）

第八条 宗教活动场所应当建立健全财务管理机构，配备会计、出纳、资产管理等必要的财务人员。财务管理机构在本场所管理组织的领导下对本场所的财务进行统一管理。

第九条 宗教活动场所财务管理机构一般由财务管理机构负责人以及财务人员等组成。会计、出纳应当具备从事会计工作所需的专业能力。

宗教活动场所财务管理机构的人员组成应当遵循不相容岗位分离原则和任职回避的有关规定。

曾因发生与会计职务有关的违法行为被依法追究刑事责任，或者处于不得从事会计工作行政处罚期间的人员，不得担任宗教活动场所的财务管理机构负责人、会计、出纳等。

第十条 宗教活动场所管理组织负责人是本场所财务管理责任人，应当全面负责本场所的财务管理，支持财务管理机构、财务人员依法实施财务管理。

第十一条 宗教活动场所财务管理机构负责人应当熟悉国家有关财务管理的法律法规和政策，具体负责并组织开展本场所财务管理工作。

第十二条 宗教活动场所财务人员应当依法履行职责，抵制违反国家有关财务、资产、会计规定和本办法规定的行为。任何组织或者个人不得对依法履行职责的宗教活动场所财务人员进行打击报复。

第十三条 宗教活动场所会计应当按照国家统一的会计制度规定的程序和要求进行会计核算处理工作，保证核算反映的会计信息合法、真实、准确、及时、完整。

第十四条 宗教活动场所出纳应当依法依规履行办理本场所的现金收付、银行结算，保管库存现金、有价证券等职责。

第十五条 宗教活动场所更换财务人员，应当由本场所管理组织集体研究决定，并监督其办理交接手续。

《会计基础工作规范》（2019年3月14日）

第十一条 各单位应当根据会计业务需要设置会计工作岗位。

会计工作岗位一般可分为：会计机构负责人或者会计主管人员，出纳，财产物资核算，工资核算，成本费用核算，财务成果核算，资金核算，往来结算，总账报表，稽核，档案管理等。开展会计电算化和管理会计的单位，可以根据需要设置相应工作岗位，也可以与其他工作岗位相结合。

第十二条 会计工作岗位，可以一人一岗、一人多岗或者一岗多人。但出纳人员不得兼管稽核、会计档案保管和收入、费用、债权债务账目的登记工作。

第十三条 会计人员的工作岗位应当有计划地进行轮换。

（四）典型案例

广东省广州市花都区人民法院
民事判决书[①]

〔2019〕粤0114民初12034号

原告：广州市艺霖坊工艺品有限公司。住所地广东省广州市花都区花山镇洛场村八队14号。统一社会信用代码91440101591512285A。

法定代表人：李某会。

委托诉讼代理人：温翠婷，广东富颂达律师事务所律师。

[①] 资料来源：中国裁判文书网https://wenshu.court.gov.cn。

委托诉讼代理人：黄荣江，广东富颂达律师事务所律师。

被告：余某英，女，1982年5月14日出生，汉族，住湖南省桃源县。

委托诉讼代理人：王带，广东天穗律师事务所律师。

委托诉讼代理人：李沣桂，广东天穗律师事务所实习律师

原告广州市艺霖坊工艺品有限公司（简称艺霖公司）诉被告余某英劳动争议纠纷一案，本院于2019年11月14日受理后，依法适用普通程序，组成合议庭，于2020年3月19日公开开庭进行了审理。双方当事人均到庭参加诉讼。本案现已审理终结。

原告艺霖公司向本院提出诉讼请求：1. 请求贵院判令被告赔偿原告经济损失人民币128 000元；2. 请求贵院判被告承担本案诉讼费。事实与理由：被告为原告的员工，于2016年10月14日入职，职务为会计兼出纳，双方于2017年2月16日签订了劳动合同，并签署了"财务报销及付款流程"，对被告的工作岗位、工资及工作操作流程等事项作出了详细的规定，被告对前述约定或规定无异议并已签字确认。2017年2月21日，有两来历不明之人在网络上冒充原告负责人李某会、赵永欢的身份，通过通信软件QQ向被告发出指示，要求其向案外人蒋吉松转账16万元，被告信以为真，被告在未向负责人李某会、赵永欢核实、未按财务操作流程请示汇报的情况下擅自按照指示操作，从原告公账转出16万元，该款项随即在蒋吉松账户上被转走，不知所踪。第二天，被告在见到李某会后才提及此事，发现被骗后立刻进行了报警处理，确定被告被骗的事实。原告认为，被告的转账行为，主观上没有尽到谨慎审查义务，客观上没有严格按照财务付款流程操作，其行为存在重大过失，属于严重失职，给原告造成不可挽回的损失，应当承担相应的赔偿责任，根据双方过错，应当承担8成的责任，即承担128 000元的经济损失，但被告事后拒绝承担责任。为维护原告合法权益，原告先向广州市花都区劳动人事仲裁委员会申请仲裁，但仲裁委员会驳回了原告申请，原告认为，仲裁委员会认定事实不清，适用法律错误，故原告现根据相关的法律规定特诉至贵院，请依法判决。

被告余某英辩称：一、原告主张被告在履行职务行为的过程中存在严重失职造成公司财产损失而要求赔偿没有事实与法律依据。根据劳动合同的约定，被告担任的是公司财务部的会计一职，出纳本身不属于原告的工作职责。在财务领域，会计与出纳工作性质不同，工作内容也不相同，会计主要的工作是进行相应的账务核算，即管账不管钱，而出纳主要是对现金和银行存款的管理，即管钱不管账，两者形成有效财务监督制约。会计法第三十七条也明确规定，会计机构内部应当建立稽核制度。出纳人员不得兼任稽核、会计档案保管和收入、支出、费用、债权债务账目的登记工作。事实上，本案中导致原告经济损失的根本原因是原告违反会计法的规定，要求被告同时担任会计与出纳两职，这本身也违反了劳动合同约定。而且，原告的负责人赵永欢此前在报警时也跟被告声称此前公司也有发生过类似的事情，但原告仍未进行任何预警、完善机制，银行账号也未设置任何交易提醒（事后银行称即使转账但在两个小时

内可以撤回款项的），现要求被告承担绝大部分损失没有事实依据。另外，被告将公司款项对外转账的行为是在工作期间履行职务的行为，应当适用劳动关系的相关法律、法规进行调整，即《中华人民共和国劳动法》《中华人民共和国劳动合同法》及相关司法解释，但上述法律中对于劳动者在履行职务行为过程中造成单位经济损失是否应当承担赔偿责任部分并未作出明确规定，均未赋予用人单位因劳动者在履行职务行为时造成单位损失的情况下，可向其追究赔偿责任的权利，仅有原劳动部出台的部门规章中规定，仅在有明确劳动合同约定的情况下因劳动者本人原因导致单位损失，劳动者才可能承担责任，但对于何种情况属于因劳动者本人原因亦未作出明确规定。而本案中，原告作为用人单位与被告之间签订的劳动合同中对此赔偿责任也没有作出明确的合同约定。因此，原告主张被告承担赔偿责任没有法律依据。二、被告属于履行职务的行为而非侵权行为，对原告所遭受的 16 万元的经济损失不存在故意或重大过错，该责任不能归咎于被告。1. 被告于 2016 年 10 月 14 日入职原告处，劳动合同约定的岗位为财务部会计，而本案所涉及的诈骗发生在 2017 年 2 月 21 日，被告入职原告处的时间较短，且被告第二天发现被诈骗后马上进行了报警，积极配合调查。尤其是，本案属于网络诈骗，手段隐蔽、欺骗性强，非一般的劳动者所能轻易防范、识别。同时，本案涉及刑事诈骗案，公安机关已立案侦查，目前没有答案，也没有证据显示被告与犯罪分子之间存在恶意串通，因此涉案款项应由公安机关进行追缴，原告的赔偿权益最终应向实施犯罪行为的犯罪分子主张，而非本案被告。2. 被告入职原告处时签署的劳动合同明确约定被告担任的是财务部会计一职，但实际情况是原告要求被告身兼双职，同时担任会计与出纳职务，已经超出了被告作为会计的能力及职责要求，而且此前出纳工作是由老板娘李某会自己担任，后临时要求被告兼任出纳工作。并且在实际的工作中一直存在公司管理层法定代表人李会见、总经理赵永欢等通过安全度低的公共社交软件 QQ 对财务等工作进行沟通交流的管理模式。据此可见，原告本身的财务管理制度极不规范，存在巨大安全漏洞，以致原本的财务审核监督机制流于形式，缺乏有效监督，而犯罪分子主要是利用了这一漏洞才得以诈骗到公司财物。3. 用人单位因劳动者创造劳动获得的收益或利润远高于其向劳动者支付的报酬，根据权利义务相一致的原则，企业作为经营成果的享受者理应承担相应的经营风险。劳动者因履行该职务获取的收益或利益归于用人单位，相应的职务风险和因此遭受的损失也应当由用人单位承担，这也是用人单位在选择劳动者时所应承担的相应经营和人事风险。也就是说，劳动者在履行劳动合同过程中给用人单位造成的损失，属于用人单位经营风险的一部分，公司不应将自身的经营风险转嫁给劳动者。本案中被告按照以往的工作流程履行职责，不存在主观故意或重大过失，无需对该损失承担赔偿责任。4. 本案涉及的刑事诈骗案件尚在侦办当中，被诈骗的 16 万元也不能直接认定为原告的损失，且被告是一名普通劳动者，每月收入菲薄，也难以承受十几万的巨额赔偿，领取的工资与承担的风险并不对称，原告的损失是因犯罪分子诈骗所致，应当由犯罪分子赔偿，而非被告的侵权行为所致，不应当由被告承担赔偿责任。5. 根据原告提交的《财务报销及付款流程》，其中对财务人员出现本案该行为所对应的处罚措施是解聘，而并未规定需要被告赔偿损失，实际上原告也已因被告的行为根据该规定于2017年2月25日即解除了劳动关系，被告因此已受到相应的惩罚。三、本案同时涉及刑事诈骗犯罪，应当在侦查机关对涉嫌刑事犯罪的事实查清后，由法院先对刑事犯罪进行审理，再就涉及的民事责任进行审理，在此之前不应当单独就其中的民事责任进行审理判决。原告损失的16万元是因诈骗分子的实施诈骗行为导致，因此本案与刑事诈骗具有相关联性，应根据"先刑后民"的原则进行处理，而不能在刑事犯罪事实方面均未查清的情况下单独对原告要求赔偿请求进行裁决，在刑事案件处理过程中原告的损失也有可能被全部追回，或得到一定的弥补。由此可见，刑事诈骗案件的审查结果将会对本案的处理产生影响。综上，被告认为，原告的诉讼请求缺乏事实与法律依据，不同意其全部诉讼请求，恳请贵院依法查明事实，正确适用法律，依法进行判决，驳回原告的全部诉讼请求。

本案当事人围绕诉讼请求依法提交了证据，本院组织当事人进行了证据交换和质证。

经审理查明，艺霖公司诉余某英财产损害赔偿纠纷一案，本院作出〔2017〕粤0114民初2684号之二民事裁定，查明：余某英曾为艺霖坊公司的员工，于2016年10月入职艺霖坊公司，任职岗位为会计兼出纳，双方于2017年2月16日签订了《劳动合同》，并签署了"财务报销及付款流程"等公司内部财务管理制度文件。2017年2月21日，有人假冒艺霖坊公司负责人，通过QQ聊天软件指示余某英将公司账户内的16万元转至名为"蒋吉松"的账户内，余某英信以为真，并按照指示操作，第二天经与负责人核实发现被诈骗，立即报警。

〔2017〕粤0114民初2684号之二民事裁定中查明的事实，本院予以确认。本案另查明：《劳动合同》中约定期限从2016年10月17日至2017年11月30日，工作内容为财务部门从事会计工作。试用期工资3 500元/月。转正后工资4 500元/月。《劳动合同》中约定了会计岗位职责包括：保管财务印鉴和各项财务资料、记账和报表、工资管理、审核、资产管理、成本控制和财务分析、对外工作等。余某英于2017年1月18日所签订的"财务报销及付款流程"中约定业务员客户退款流程为：提交财务审核，核实无误后提交经理审核确认，交由出纳支付款项。

艺霖公司于2018年11月23日向广州市花都区劳动人事争议仲裁委员会申请劳动仲裁，仲裁委于2019年6月10日作出穗花劳人仲案〔2019〕2673号案仲裁裁决。艺霖公司对仲裁裁决不服，遂向本院起诉成讼。

本院认为：余某英与广州市艺霖坊工艺品有限公司存在劳动关系，本院予以确认。

关于余某英是否应对艺霖公司经济损失160 000元作出赔偿的问题。第一，《中华人民共和国会计法》第三十七条规定："会计机构内部应当建立稽核制度。出纳人员不得兼任稽核、会计档案保管和收入、支出、费用、债权债务帐目的登记工作。"该条明确规定会计不得同时兼任出纳。会计和出纳两个职务不相容，相互分离，目的是降低差错风险，保护企业财产。涉案诈骗的产生主要原因在于艺霖公司未遵循该原则。《劳动合同》约定余某英的岗位为会计，而艺霖公司安排余某英同时兼任会计和出纳二职，导致退款出错。艺霖公司所主张的内部财务报销流程，审批者是直接上级财务经理，实际审核则是法定代表人，该机制为直线审批，并非降低差错风险的有效方式，诈骗分子正是利用没有职务岗位牵制和监督制约才得以实施诈骗成功。故产生涉案经济损失的过错在于艺霖公司而非余某英。第二，艺霖公司通过经营产生利润，也应承担相应的经营风险。余某英退款系履行职务行为，所获得收入是劳动报酬，仅4 500元/月，将用人单位的经营风险转嫁至劳动者身上显失公平。第三，艺霖公司的经济损失由诈骗分子直接造成，其损失亦应由诈骗分子承担，目前没有证据证明确实无法追回被骗款项。综上，艺霖公司主张由余某英承担被诈骗的经济损失依据不足，本院不予支持。

依照《中华人民共和国会计法》第三十七条、《广东省工资支付条例》第十五条、《中华人民共和国民事诉讼法》第六十四条的规定，判决如下：

驳回原告的全部诉讼请求。

案件受理费10元，由原告广州市艺霖坊工艺品有限公司负担。

如不服本判决，可在判决书送达之日起十五日内，向本院递交上诉状，并按对方当事人的人数提出副本，上诉于广州市中级人民法院。

审判长　杨馥璟

人民陪审员　张小文

人民陪审员　谭伟鑫

二〇二〇年三月二十日

书记员　刘华杰　梁敏桦

青海省高级人民法院
民事裁定书[1]

〔2023〕青民申798号

再审申请人（一审原告、二审上诉人）：青海新视角企业管理咨询有限公司。住所：青海省西宁市经济技术开发区中小企业创业园C区二期8幢5楼。

法定代表人：秦某城，该公司总经理。

被申请人（一审被告、二审被上诉人）：多某措，女，1990年10月14日出生，藏族，无固定职业，住青海省西宁市经济技术开发区。

---

[1] 资料来源：中国裁判文书网 https://wenshu.court.gov.cn。

委托诉讼代理人：王挺，青海观若律师事务所律师。

委托诉讼代理人：黄国才，青海观若律师事务所律师。

再审申请人青海新视角企业管理咨询有限公司（以下简称新视角公司）因与被申请人多某措劳动争议纠纷一案，不服青海省西宁市中级人民法院〔2023〕青01民终110号民事判决，向本院申请再审。本院依法组成合议庭进行了审查，本案现已审查终结。

申请人新视角公司申请再审称，依据《中华人民共和国民事诉讼法》第二百零七条第一项、第二项、第六项规定，申请再审。其主要事实和理由：

一、二审法院对本案事实认定错误。首先，二审法院认定多某措作为财务会计人员，较常人应具有更高的警惕意识，更应引起戒备并防范，但多某措非但未发现"总经理秦某城"系陌生人，且在对方指令对外汇款时未履行任何审批手续，多某措在第一次转款到最后一次转款间隔有一定时间，其有充分时间采取与新视角公司法定代表人电话联系，或与其上级财务人员沟通等简单方式核实对方身份是否属实，而多某措仍在未经身份核实的情况下向其他私人账户付款，导致损害后果发生。在转账行为发生前一天，多某措向公司同事询问公司是否有QQ群，在得到否定的答复并有同事提醒可能是诈骗的情况下，多某措在当日故意回避财务主管，进行大额转账不核实，对新视角公司的损失具有重大过失。二审法院以多某措曾经在履职过程中，出现过根据领导指示先行付款的情形，就说明新视角公司在日常经营活动中并未按照财务制度管理，认为新视角公司在本案中应当承担相应的责任不符合法律规定。其次，本案多某措入职时，新视角公司已经向其告知公司的财务制度和规定，并且在此后进行了相应的培训，多某措作为一名会计专业毕业的财务人员，在本案中存在重大过错，应当承担赔偿新视角公司所遭受的财产损失，新视角公司在本案中不存在过错。

二、二审法院对本案法律适用错误。根据《劳动部关于印发〈工资支付暂行规定〉的通知》（以下简称《工资支付暂行规定》）第十六条的内容，因劳动者本人原因给用人单位造成经济损失的，用人单位可按照劳动合同的约定要求其赔偿经济损失。本案二审法院认为案涉劳动合同并未约定赔偿内容，且多某措已离职，故不应适用《工资支付暂行规定》处理本案，二审法院酌定多某措承担20%的赔偿责任，维持一审判决，适用法律错误。本案不能因为员工收入少，就应减轻多某措因重大过失或故意行为给新视角公司造成的经济损失。另，新视角公司提交的多某措与李永花的聊天记录可证明多某措未如实向法院陈述案件事实，原审判决错误。

本院经审查认为，第一，新视角公司提交的新证据是否足以推翻原判决认定的问题。

本案再审审查期间，新视角公司提交多某措与李永花的聊天记录，认为多某措向李永花推送QQ群，多某措未向法院真实陈述案件事实。本案经审查认为，该证据仅显示多某措与李永花的聊天记录，不能证明原判决对多某措的责任承担认定错误，不能推翻原判决的认定。故,新视角公司此节再审事由不能成立。

第二,关于原审判决是否存在认定基本事实缺乏证据证明的问题。

首先,多某措工作中存在重大过失,对公司造成的损失负有一定责任。本案多某措作为新视角公司的财务人员,对于其经办的新视角公司款项支付工作,具有审慎审查的注意义务。而多某措在工作期间,被拉入案外人建立的电信诈骗QQ群,隔天向QQ群中冒充新视角公司领导的案外人转账导致新视角公司遭受损失,其间多某措并没有及时与新视角公司法定代表人沟通、核实转账事宜,由此表明多某措对新视角公司遭受损失存在一定责任。

其次,新视角公司的财务管理存在不规范的情形。原审证据显示,多某措与新视角公司法定代表人在日常经营中存在通过微信沟通即转账的事实,再审审查中新视角公司法定代表人陈述多某措兼任公司出纳、主管及其他财务工作、公司u盾由多某措保管,可见新视角公司对于公司财务管理及公司会计、出纳人员的监督,并未严格按照《中华人民共和国会计法》第三十七条"会计机构内部应当建立稽核制度。出纳人员不得兼任稽核、会计档案保管和收入、支出、费用、债权债务帐目的登记工作"的规定执行。本案多某措通过公司U盾多次向案外人转账,转账期间多某措的u盾运行并没有受到新视角公司财务管理人员的应有监督。新视角公司财务管理的不规范,对于多某措被诈骗造成的公司损失,存在一定责任。

再次,本案多某措转账给QQ群的公司领导,也是由于电信诈骗行为导致,多某措也是受害人,应与其他因故意行为而给公司造成的损害赔偿有所区别,多某措对于公司损失的责任承担应予以适当减轻。

基于此,原审法院结合分析双方当事人的过错并考虑多某措的工资收入水平,认定多某措支付新视角公司59 600元(298 000×20%),责任划分较为合理。故,新视角公司此节再审事由不能成立。

第三,关于原审法院适用法律是否存在错误的问题。

《工资支付暂行规定》第十六条"因劳动者本人原因给用人单位造成经济损失的,用人单位可按照劳动合同的约定要求其赔偿经济损失。经济损失的赔偿,可从劳动者本人的工资中扣除。但每月扣除的部分不得超过劳动者当月工资的20%。若扣除后的剩余工资部分低于当地月最低工资标准,则按最低工资标准支付"的规定,是损害赔偿的计算方法,而对于损害赔偿责任的认定、赔偿数额计算则应根据案件事实综合认定。二审法院认为,多某措与新视角公司的《劳动合同》未约定赔偿内容,且多某措已经离职,未适用上述规定,而根据民事侵权赔偿相关法律规定划分双方责任,适用法律并无不当。故,新视角公司此节再审事由不能成立。

综上,新视角公司的再审申请不符合《中华人民共和国民事诉讼法》第二百零七条第一项、第二项、第六项规定的情形。

依照《中华人民共和国民事诉讼法》第二百一十一条第一款,《最高人民法院关于适用〈中华人民共和国民事诉讼法〉的解释》第三百九十三条第二款规定，裁定如下：

驳回青海新视角企业管理咨询有限公司的再审申请。

审判长　星　月

审判员　王　伦

审判员　余慧玲

二〇二三年十月三十日

法官助理　王　微

书记员　陈　艳

三、第三十六条

（一）法条原文

【2024 年版本】

第三十六条　会计人员应当具备从事会计工作所需要的专业能力。

担任单位会计机构负责人（会计主管人员）的，应当具备会计师以上专业技术职务资格或者从事会计工作三年以上经历。

本法所称会计人员的范围由国务院财政部门规定。

【2017 年版本】

第三十八条　会计人员应当具备从事会计工作所需要的专业能力。

担任单位会计机构负责人（会计主管人员）的，应当具备会计师以上专业技术职务资格或者从事会计工作三年以上经历。

本法所称会计人员的范围由国务院财政部门规定。

【1999 年版本】

第三十八条　从事会计工作的人员，必须取得会计从业资格证书。

担任单位会计机构负责人（会计主管人员）的，除取得会计从业资格证书外，还应当具备会计师以上专业技术职务资格或者从事会计工作三年以上经历。

会计人员从业资格管理办法由国务院财政部门规定。

【1993 年版本】

第二十三条　会计人员应当具备必要的专业知识。国有企业、事业单位的会计机构负责人、会计主管人员的任免应当经过主管单位同意，不得任意调动或者撤换；会计人员忠于职守，坚持原则，受到错误处理的，主管单位应当责成所在单位予以纠正；玩忽职守，丧失原则，不宜担任会计工作的，主管单位应当责成所在单位予以撤职或者免职。

（二）法条释义

本条规定了会计人员的资格。

会计人员，是指根据《会计法》的规定，在国家机关、社会团体、企业、事业单位和其他组织中从事会计核算、实行会计监督等会计工作的人员。会计人员包括从事下列具体会计工作的人员：①出纳；②稽核；③资产、负债和所有者权益（净资产）的核算；④收入、费用（支出）的核算；⑤财务成果（政府预算执行结果）的核算；⑥财务会计报告（决算报告）编制；⑦会计监督；⑧会计机构内会计档案管理；⑨其他会计工作。担任单位会计机构负责人（会计主管人员）、总会计师的人员，属于会计人员。

会计工作是专业性很强的工作，没有相应的专业能力无法胜任。因此，会计人员应当具备从事会计工作所需要的专业能力。会计人员从事会计工作，应当符合下列要求：①遵守《会计法》和国家统一的会计制度等法律法规；②具备良好的职业道德；③按照国家有关规定参加继续教育；④具备从事会计工作所需要的专业能力。会计人员具有会计类专业知识，基本掌握会计基础知识和业务技能，能够独立处理基本会计业务，表明具备从事会计工作所需要的专业能力。

会计机构负责人或会计主管人员，是在一个单位内具体负责会计工作的中层领导人员。会计机构负责人、会计主管人员应当具备下列基本条件：①坚持原则，廉洁奉公；②具备会计师以上专业技术职务资格或者从事会计工作不少于3年；③熟悉国家财经法律、法规、规章和方针、政策，掌握本行业业务管理的有关知识；④有较强的组织能力；⑤身体状况能够适应本职工作的要求。

（三）相关条文

《会计基础工作规范》（2019年3月14日）

第七条 会计机构负责人、会计主管人员应当具备下列基本条件：

（一）坚持原则，廉洁奉公；

（二）具备会计师以上专业技术职务资格或者从事会计工作不少于三年；

（三）熟悉国家财经法律、法规、规章和方针、政策，掌握本行业业务管理的有关知识；

（四）有较强的组织能力；

（五）身体状况能够适应本职工作的要求。

第十四条 会计人员应当具备必要的专业知识和专业技能，熟悉国家有关法律、法规、规章和国家统一会计制度，遵守职业道德。

会计人员应当按照国家有关规定参加会计业务的培训。各单位应当合理安排会计人员的培训，保证会计人员每年有一定时间用于学习和参加培训。

《会计专业技术资格考试暂行规定》（2000年9月8日）

第一条 为加强会计专业队伍建设，提高会计人员素质，科学、客观、公正地评价会计专业人员的学识水平和业务能力，完善会计专业技术人才选拔机制，根据《中华人民共和国会计法》和《会计专业职务试行条例》的有关规定，制定本暂行规定。

第二条 通过全国统一考试，取得会计专业技术资格的会计人员，表明其已具备担任相应级别会计专业技术职务的任职资格。

用人单位可根据工作需要和德才兼备的原则，从获得会计专业技术资格的会计人员中择优聘任。

第三条 会计专业技术资格实行全国统一组织、统一考试时间、统一考试大纲、统一考试命题、统一合格标准的考试制度。

第四条 会计专业技术资格实行全国统一考试后，不再进行相应会计专业技术职务任职资格的评审工作。

第五条 会计专业技术资格分为：初级资格、中级资格和高级资格。

取得初级资格，单位可根据有关规定按照下列条件聘任相应的专业技术职务：

（一）助理会计师：大专毕业担任会计员职务满2年；中专毕业担任会计员职务满4年；不具备规定学历，担任会计员职务满5年。

（二）不符合上述条件的人员，只可聘任会计员职务。

取得中级资格并符合国家有关规定，可聘任会计师职务。

高级资格（高级会计师资格）实行考试与评审结合的评价制度，具体办法另行规定。

第六条 报名参加会计专业技术资格考试的人员，应具备下列基本条件：

（一）坚持原则，具备良好的职业道德品质；

（二）认真执行《中华人民共和国会计法》和国家统一的会计制度，以及有关财经法律、法规、规章制度，无严重违反财经纪律的行为；

（三）履行岗位职责，热爱本职工作；

（四）具备会计从业资格，持有会计从业资格证书。

第七条 报名参加会计专业技术初级资格考试的人员，除具备本规定第六条所列的基本条件外，还必须具备教育部门认可的高中毕业以上学历。

第八条 报名参加会计专业技术中级资格考试的人员，除具备本规定第六条所列的基本条件外，还必须具备下列条件之一：

（一）取得大学专科学历，从事会计工作满5年。

（二）取得大学本科学历，从事会计工作满4年。

（三）取得双学士学位或研究生班毕业，从事会计工作满2年。

（四）取得硕士学位，从事会计工作满1年。

（五）取得博士学位。

第九条 对通过全国统一的考试，取得经济、统计、审计专业技术中、初级资格的人员，并具备本规定第六条所列的基本条件，均可报名参加相应级别的会计专业技术资格考试。

第十条 会计专业技术资格考试工作，由财政部、人事部共同负责。

财政部负责拟定考试科目、考试大纲、考试命题、编写考试用书，组织实施考试工作，统一规划考前培训等有关工作。

人事部负责审定考试科目、考试大纲和试题，会同财政部对考试工作进行检查、监督、指导和确定合格标准。

各地的考试工作，由当地财政部门、人事部门共同负责。

第十一条 会计专业技术初级、中级资格考试合格者，即由各省、自治区、直辖市、新疆生产建设兵团人事（职改）部门颁发人事部统一印制，人事部、财政部用印的会计专业技术资格证书。该证书全国范围有效。各地在颁发证书时，不得附加任何条件。

第十二条 会计专业技术资格实行定期登记制度。资格证书每3年登记一次。持证者应按规定到当地人事、财政部门指定的办事机构办理登记手续。

第十三条 取得会计专业技术资格的人员，应按照财政部的有关规定，接受相应级别会计人员的继续教育。

第十四条 有下列情形之一的，由会计考试管理机构吊销其会计专业技术资格，由发证机关收回其会计专业技术资格证书，2年内不得再参加会计专业技术资格考试：

（一）伪造学历、会计从业资格证书和资历证明。

（二）考试期间有违纪行为。

第十五条 本规定报名条件中所规定的从事会计工作年限，其截止日期为考试报名年度当年年底前。

第十六条 本规定适用于国家机关、社会团体、企业、事业单位和其他组织持有会计从业资格证书的人员。

境外人员申请参加会计专业技术资格考试的有关办法，经国务院有关部门批准后，另行规定。

第十七条 本规定由财政部、人事部按职责分工负责解释。

第十八条 本规定自印发之日起施行。

财政部、人事部于1992年3月21日联合颁布的《会计专业技术资格考试暂行规定》同时废止。财政部、人事部、全国会计专业技术资格考试领导小组及其办公室下发的有关会计专业技术资格考试的规定，与本规定不符的，以本规定为准。

《会计专业技术资格考试实施办法》(2000年9月8日)

根据《会计专业技术资格考试暂行规定》（以下简称《暂行规定》），制定本实施办法。

一、资格考试组织领导

财政部、人事部联合成立全国会计专业技术资格考试办公室，负责考试日常管理工作。办公室设在财政部会计司。

各省、自治区、直辖市财政厅（局）、人事（职改）部门和新疆生产建设兵团根据《暂行规定》第十条规定，组织实施本地区的考试工作。

二、考试科目的设置

（一）会计专业技术初级资格考试科目为：初级会计实务、经济法基础2个科目。

参加初级资格考试的人员必须在一个考试年度内通过全部科目的考试。

（二）会计专业技术中级资格考试科目为：中级会计实务（一）、中级会计实务（二）、财务管理、经济法4个科目。

会计专业技术中级资格考试以2年为一个周期，参加考试的人员必须在连续的2个考试年度内通过全部科目的考试。部分科目合格后，由当地考试管理机构核发成绩通知单。

三、考试日期和时间

（一）考试日期：会计专业技术资格考试，原则上每年举行一次。考试日期一般为每年5月最后一个星期六、星期日。如遇特殊情况需要调整考试时间，财政部、人事部将会及时通知各地。

（二）考试时间：初级资格考试分2个半天进行，初级会计实务科目为3小时，经济法基础科目为2.5小时；中级资格考试分4个半天进行，中级会计实务（一）、中级会计实务（二）、经济法、财务管理4个科目均为2.5小时。

四、考试报名

（一）报名时间：一般为每年的9—10月底。原则上在距考试日期3个月前准许补报，具体补报办法由各地根据实际情况研究确定。

（二）报名地点：由各地会计专业技术资格考试管理机构确定，在报名开始前1个月公布。

（三）报名条件：参加考试的人员必须符合《暂行规定》中与报考资格有关的各项条件。

（四）报名手续：凡符合报名条件并申请参加会计专业技术资格考试的人员，均由本人提出申请，单位核实，持学历证书、身份证、会计从业资格证书的原件和《报名登记表》于规定期限内到当地会计专业技术资格考试管理机构设置的报名地点报名。经审核合格后，发给准考证。考生凭准考证在规定的时间和地点参加考试。

中央和国务院各部门及其直属单位的人员参加考试，实行属地管理原则。

五、考场设置

考场原则上设在省辖市以上中心城市或行政专员公署所在地的大、中专院校或高考定点学校。考生比较集中，考场安排困难，确需在县设置初级资格考场的，须经省级会计专业技术资格考试管理机构批准，并报全国会计考试办公室备案。

六、考试培训

各地要认真做好培训工作，组织培训要有计划。培训单位必须具备场地、师资、教材等条件。各地会计专业技术资格考试管理机构应当加强对培训单位的管理，实行培训单位资格登记备案制度。

培训必须坚持与考试分开的原则，参与培训工作的人员不得参加考试命题及考试组织管理工作；应考人员参加培训坚持自愿原则。

七、考试用书

会计专业技术资格考试所用的考试大纲、指定用书和有关辅导材料，由财政部组织编写、出版和发行。任何单位和个人不得盗用财政部的名义编写、出版发行各种考试用书和复习资料。

八、考试纪律

要严格执行考试考务工作的有关规章和纪律，切实做好试卷的命题、印刷、发送和保管过程中的保密工作，必须严格遵守保密制度，严防泄密。要严肃考场纪律。考试工作人员要坚决执行回避制度。对于违反考试纪律和有关规定者，要严肃处理，并追究领导责任。

财政部将对考试考务工作制定一系列规章、制度，保证会计专业技术资格考试工作健康有序地进行。

九、本实施办法自印发之日起施行

财政部、人事部于1992年3月21日联合颁布的《暂行规定》实施办法同时废止。

（四）典型案例

广东省东莞市中级人民法院
民事判决书[1]

〔2020〕粤19民终2595号

上诉人（原审原告）：东莞市隆科塑胶制品有限公司，住所地：广东省东莞市********旺工业区，统一社会信用代码：914**********985XJ。

法定代表人：冈野某滋，董事长。

委托诉讼代理人：曹子隆，北京德恒（深圳）律师事务所律师。

委托诉讼代理人：肖耀琪，北京德恒（深圳）律师事务所律师。

上诉人（原审被告）：罗某娟，女，1977年6月28日出生，汉族，住广东省东莞

---

[1] 资料来源：中国裁判文书网https://wenshu.court.gov.cn。

市*************，公民身份号码：441*************988。

委托诉讼代理人：梁浩忠，广东可园律师事务所律师。

委托诉讼代理人：赖爱诗，广东可园律师事务所辅助人员。

上诉人东莞市隆科塑胶制品有限公司（以下简称隆科公司）因与上诉人罗某娟劳动合同纠纷一案，不服广东省东莞市第三人民法院〔2019〕粤1973民初5990号民事判决，向本院提起上诉。本院依法组成合议庭审理了本案，现已审理终结。

隆科公司向原审法院起诉请求：1. 罗某娟赔偿隆科公司经济损失1 205 000元及利息损失（以1 205 000元为基数，按中国人民银行同期贷款利率标准计算，自2017年11月8日起至罗某娟实际清偿完毕之日止）；2. 本案诉讼费由罗某娟承担。

原审法院依照《中华人民共和国劳动合同法》第二十九条，《工资支付暂行规定》第十六条，《广东省工资支付条例》第十五条，《中华人民共和国民事诉讼法》第六十四条第一款、第一百四十二条之规定，判决：一、罗某娟于判决发生法律效力之日起十日内向隆科公司赔偿经济损失241 000元及利息（利息以241 000元为基数，按中国人民银行同期同类贷款利率，自2017年11月8日起计算至清偿之日止）；二、驳回隆科公司的其他诉讼请求。本案一审受理费10元，由隆科公司负担。

原审判决认定的事实和理由详见广东省东莞市第三人民法院〔2019〕粤1973民初5990号民事判决书。

隆科公司上诉请求：1. 请求依法改判罗某娟全额赔偿隆科公司经济损失1 205 000元及利息损失（以1 205 000元为基数，按中国人民银行同期贷款利率标准计算，自2017年11月8日起至罗某娟实际清偿完毕之日止）；2. 诉讼费由隆科公司承担。主要事实与理由：一、原审法院适用法律错误。《会计从业资格管理办法》已于2017年被废止。依据《中华人民共和国会计法》（2017年修订）第三十八条规定，会计人员无需再具备会计从业资格证书，只要具备从事会计工作所需要的专业能力即可。《会计人员管理办法》（财会〔2018〕33号）也明确规定，出纳人员仅需具备从事会计工作所需要的专业能力即可。《国务院关于取消一批职业资格许可和认定事项的决定》（国发〔2016〕68号）将会计从业资格列为建议取消的职业资格事项后，2017年广东省财政部门已不再组织会计从业资格考试、证书核发及换发等工作。2017年3月3日，财政部发布的通知也证实了会计从业资格正在立法取消，不再作为从事会计工作必需的准入证明。隆科公司聘用罗某娟的时间是2017年4月24日，此时已明确企业聘用的出纳人员无需具备会计从业资格证书，故隆科公司不具有任何过错。二、一审判决罗某娟对隆科公司的损失承担20%的赔偿责任明显偏低，与罗某娟的严重过错不相符，罗某娟应对隆科公司的损失承担全部赔偿责任。罗某娟作为公司财务人员，显然较普通人对公司财产负有更严格的注意义务，对将公司的资金转入他人账户可能造成的后果显然更应是明知的。造成隆科公司财产损失的原因不是因为公司管理的漏洞，而完全是罗某娟故意规避公司的监管恶意转款造成。隆科公司已经尽到合理的监管义务，罗某娟的行为与公司财务制度、印章管理制度完全无关,不能因此减轻罗某娟应当承担的责任。三、一审判决认定隆科公司没有具体银行转账业务流程与事实不符。隆科公司始终要求罗某娟按《财务报销制度与报销流程》的规定,对外支付公司款项都要经过审批,所有对外付款流程无论是现银行转账、提现及支票转账均是如此。罗某娟对财务制度非常清楚,案发前也始终按财务制度履行岗位职责。四、隆科公司制定了公章管理制度,实际操作中公章也是由公司专人保管,罗某娟因办理工资卡借走公章,隆科公司对印章的管理不存在过错。五、本案如从犯罪分子处追回款项,只有超出了罗某娟向隆科公司赔偿的款项部分,隆科公司才应向罗某娟返还,综上,罗某娟擅自转走公司款项的原因与其本职工作无关,并非为了公司利益,罗某娟的行为表明其希望或者放任隆科公司款项被转移的结果的发生,具有严重过错。恳请二审法院依法查明本案事实,正确认定罗某娟应承担的赔偿责任。

罗某娟在二审法庭调查中答辩称:隆科公司从未提交同类型转账需要领导书面审批流程的证据。隆科公司也没有提供证据证明向罗某娟送达有关转账流程的规定。

罗某娟上诉请求:1.依法撤销原审判决第一项,改判罗某娟无需向隆科公司赔偿经济损失241 000元及利息;2.由隆科公司承担本案一审、二审的全部诉讼费用。主要事实与理由:一、本案性质属于刑事犯罪,应当遵从先刑后民的审判原则。刑事案件能否追回损失或者追回损失的多少,对于隆科公司起诉的标的是否合理存在法律事实及因果逻辑上的关系。罗某娟在本案中是否存在过错、如果存在过错以及应当承担责任的比例,应该通过刑事案件综合考虑及评价。二、罗某娟是基于履行职务过程中受到他人欺骗给隆科公司造成损失,本身不具有主观故意或恶意,不应将公司风险转嫁至劳动者承担。即使认定罗某娟存在过错,也只能在每月工资范围内扣减。就算隆科公司恶意解雇罗某娟,那也应当按照罗某娟现在实际工资及生活水平进行合理扣减。原审法院判令罗某娟一次性支付财产损失及利息损失违背了劳动法保护劳动者权益的精神。恳请二审法院改判罗某娟无需向隆科公司赔偿经济损失及利息。

隆科公司在二审法庭调查中答辩称:一、本案审理无需以刑事案件的结果为依据,经济纠纷案件和经济犯罪嫌疑案件应当分开审理,无需遵循先刑后民的审判原则。二、判令罗某娟依照过错程度,一次性支付赔偿合法合理。

二审期间,隆科公司、罗某娟均没有向本院提交新证据。

经二审审理,对原审法院查明的事实,本院予以确认。

本院认为,本案为劳动合同纠纷。依照《中华人民共和国民事诉讼法》第一百六十八条规定,本院对上诉人上诉请求的有关事实和法律适用进行审查。围绕隆科公司的上诉,本案二审的争议焦点是:一、本案程序上是否需要先经刑事处理;二、隆科公司要求罗某娟赔偿损失能否支持,如支持赔偿,赔偿责任应如何确定。对此,本院分析如下:

一、关于第一个争议焦点。依据《最高人民法院关于在审理经济纠纷案件中涉及经济犯罪嫌疑若干问题的规定》第十条的规定，人民法院在审理经济纠纷案件中，发现与本案有牵连，但与本案不是同一法律关系的经济犯罪嫌疑线索、材料，应将犯罪嫌疑线索、材料移送有关公安机关或检察机关查处，经济纠纷案件继续审理。本案是隆科公司主张罗某娟在履行职务过程中存在过错，造成隆科公司经济损失，请求罗某娟给予民事赔偿的案件。罗某娟主张其因被诈骗将隆科公司款项转出，造成隆科公司经济损失。罗某娟于事发次日向公安机关报案，该刑事案件并不涉及对罗某娟的行为性质和责任的认定。因此，本案与罗某娟被诈骗刑事案件确属不同的法律关系，该刑事案件的审理结果不影响本案的处理，罗某娟应否承担民事赔偿责任亦不以该刑事案件的侦查、审理结果为依据。因此，罗某娟以"先刑后民"为由主张本案应中止审理直至该刑事案件处理完毕，缺乏依据，本院不予采纳。

二、关于第二个争议焦点。依据《工资支付暂行规定》第十六条的规定，因劳动者本人原因给用人单位造成经济损失的，用人单位可按照劳动合同的约定要求其赔偿经济损失。经济损失的赔偿，可从劳动者本人的工资中扣除。但每月扣除的部分不得超过劳动者当月工资的20%。若扣除后的剩余工资部分低于当地月最低工资标准，则按最低工资标准支付。根据上述规定，因劳动者过错造成用人单位直接经济损失的，用人单位有权要求劳动者承担赔偿责任。罗某娟作为隆科公司的出纳，在未经隆科公司授权或者审批的情况下擅自多次将隆科公司账户的款项共计1 205 000元转账至其他账户，至今无法追回，造成隆科公司经济损失，罗某娟应承担相应的赔偿责任。对于赔偿责任应如何确定，本院分析如下：

首先，依据《会计从业资格管理办法》（于2017年12月11日被废止）第三条、第四条的规定，在企业从事出纳等会计工作的人员应当取得会计从业资格，单位不得（任用）聘用不具备会计从业资格的人员从事会计工作。《中华人民共和国会计法》于2017年11月4日被修正，其中第三十八条原为"从事会计工作的人员，必须取得会计从业资格证书"，被修正为"会计人员应当具备从事会计工作所需要的专业能力"。根据上述规定，罗某娟于2017年4月24日入职隆科公司，任职出纳，属于从事会计工作的人员，应当具备会计从业资格，隆科公司聘用不具备有效会计从业资格的罗某娟从事出纳工作，违反上述法律规章规定。但在罗某娟任职期间，《中华人民共和国会计法》被修正，对于从事会计工作人员不再强制要求必须取得会计从业资格证书，只要具备从事会计工作所需要的专业能力即可，故从2017年11月4日起隆科公司继续聘用罗某娟担任出纳，并无不当。

其次，双方确认，罗某娟到银行办理转账业务时需要用到由其自己保管的支票、密码器，以及向隆科公司借出由专人保管的公司财务章和法定代表人私章，业务办理完毕后即归还公司财务章和法定代表人私章。2017年11月7日14时罗某娟因去广发银行办理新员工的工资卡向隆科公司借出公司财务章和法定代表人私章，在办理完毕工资卡后，当天没有主动、及时归还上述印章。8日11时至17时罗某娟利用该公司财务章和法定代表人私章以及自己保管的支票、密码器分多次将隆科公司账户款项共计1 205 000元通过支票转账、取现再存款的方式转账至其他账户。8日14时7分隆科公司员工发短信给罗某娟要求其将上述印章带回公司，但罗某娟未作回复，直到9日上午才归还上述印章。从罗某娟的上述行为可见，其没有严格规范使用公司财务章和法定代表人私章，存在过错。

再次，罗某娟在接到诈骗电话要求其转款后，曾两次回隆科公司取走自己保管的支票和密码器，其间并没有向公司任何人透露要去银行转移公司资金一事，且在隆科公司相关人员要求其返还上述印章的情况下，罗某娟编造理由借故离开公司，没有归还上述印章。在转账过程中，因转账1 000 000元以上款项需要隆科公司副总同意，罗某娟就将款项拆分为500 000元和495 000元进行转账规避了公司副总的审核。从罗某娟接到诈骗电话到其将隆科公司账户款项转出期间，有多次可能避免全部损失或者部分损失的情况，但罗某娟未尽审慎注意义务，未能避免损失或者减少损失。

最后，无论隆科公司有否单独明确的银行转账流程，罗某娟担任出纳理应知晓其工作职责和流程要求，谨慎履行职责，维护隆科公司的资金安全。虽然罗某娟主张诈骗人员通过不停的电话操控其行为使其丧失基本判断，但其在多次可以与隆科公司相关人员汇报核实的情况下，罗某娟均未向公司任何人员汇报，亦未认真核实对方身份及账户信息，具有重大过失。而隆科公司作为用人单位，对其公司财务章等印章、支票、账户资金负有监管责任，随时掌控公司财务章等印章、支票的使用情况以及账户资金动态，但隆科公司对于借出印章的使用情况和支票的使用情况没有有效监管，隆科公司的银行账户亦没有开通余额变动信息提醒功能，无法实时有效监管账户资金以避免损失或者减少损失。隆科公司在公章等印章、支票以及资金等财务管理方面不够规范，亦未严格落实相关财务制度，存在监管不当等问题，应承担相应的管理职责。综合罗某娟的过错程度、行为性质、工资收入水平、损害后果，以及隆科公司应承担的监管责任及经营风险，原审法院酌定罗某娟应对隆科公司的损失承担20%的责任，并无不当，本院予以维持。由于罗某娟自事发次日起已停职未再上班，隆科公司亦不再向罗某娟发放工资，故无法逐月在罗某娟的工资中扣除赔偿款，原审法院判决罗某娟一次性赔偿损失，并无不当，本院予以支持。

另外，应当指出，在罗某娟向隆科公司赔偿经济损失后，如果隆科公司追回了全部或者部分被骗钱款，对于超出其损失部分的钱款，基于公平原则，隆科公司应当向罗某娟予以返还。

综上所述，上诉人隆科公司的上诉理由部分有理，但对本案实体处理无影响，本院对其上诉请求不予支持。上诉人罗某娟的上诉理由缺乏依据，本院予以驳回。原审判决认定事实清楚，适用法律稍有不当，但不影响本案的处理结果，本院对原审判决结果予以维持。依据《中华人民共和国民事诉讼法》第一百七十条第一款第（一）项及第一百七十五条的规定，判决如下：

驳回上诉,维持原判。

本案二审案件受理费20元,由东莞市隆科塑胶制品有限公司负担10元(已预交),罗某娟负担10元(已预交)。

本判决为终审判决。

审判长　张海亮

审判员　刘冬虹

审判员　黎淑娴

二〇二〇年六月十一日

书记员　朱光明

四、第三十七条

(一)法条原文

【2024 年版本】

第三十七条　会计人员应当遵守职业道德,提高业务素质,严格遵守国家有关保密规定。对会计人员的教育和培训工作应当加强。

【2017 年、1999 年版本】

第三十九条　会计人员应当遵守职业道德,提高业务素质。对会计人员的教育和培训工作应当加强。

(二)法条释义

本条规定了会计人员的自身素质与继续教育。

会计人员的职业道德是指在会计职业活动中应当遵循的、体现会计职业特征的、调整会计职业关系的各种经济关系的职业行为准则和规范。为贯彻落实党中央、国务院关于加强社会信用体系建设的决策部署,推进会计诚信体系建设,提高会计人员职业道德水平,根据《会计法》《会计基础工作规范》,2023 年 1 月 12 日财政部研究制定了《会计人员职业道德规范》,规范内容如下:

(1)坚持诚信,守法奉公。牢固树立诚信理念,以诚立身、以信立业,严于律己、心存敬畏。学法知法守法,公私分明、克己奉公,树立良好职业形象,维护会计行业声誉。

(2)坚持准则,守责敬业。严格执行准则制度,保证会计信息真实完整。勤勉尽责、爱岗敬业,忠于职守、敢于斗争,自觉抵制会计造假行为,维护国家财经纪律和经济秩序。

（3）坚持学习，守正创新。始终秉持专业精神，勤于学习、锐意进取，持续提升会计专业能力。不断适应新形势新要求，与时俱进、开拓创新，努力推动会计事业高质量发展。

具有会计专业技术资格的人员应当自取得会计专业技术资格的次年开始参加继续教育，并在规定时间内取得规定学分。不具有会计专业技术资格但从事会计工作的人员应当自从事会计工作的次年开始参加继续教育，并在规定时间内取得规定学分。

会计专业技术人员继续教育内容包括公需科目和专业科目。公需科目包括专业技术人员应当普遍掌握的法律法规、政策理论、职业道德、技术信息等基本知识，专业科目包括会计专业技术人员从事会计工作应当掌握的财务会计、管理会计、财务管理、内部控制与风险管理、会计信息化、会计职业道德、财税金融、会计法律法规等相关专业知识。财政部会同人力资源社会保障部根据会计专业技术人员能力框架，定期发布继续教育公需科目指南、专业科目指南，对会计专业技术人员继续教育内容进行指导。

（三）相关条文

《会计基础工作规范》（2019年3月14日）

第十七条 会计人员在会计工作中应当遵守职业道德，树立良好的职业品质、严谨的工作作风，严守工作纪律，努力提高工作效率和工作质量。

第十八条 会计人员应当热爱本职工作，努力钻研业务，使自己的知识和技能适应所从事工作的要求。

第十九条 会计人员应当熟悉财经法律、法规、规章和国家统一会计制度，并结合会计工作进行广泛宣传。

第二十条 会计人员应当按照会计法律、法规和国家统一会计制度规定的程序和要求进行会计工作，保证所提供的会计信息合法、真实、准确、及时、完整。

第二十一条 会计人员办理会计事务应当实事求是、客观公正。

第二十二条 会计人员应当熟悉本单位的生产经营和业务管理情况，运用掌握的会计信息和会计方法，为改善单位内部管理、提高经济效益服务。

第二十三条 会计人员应当保守本单位的商业秘密。除法律规定和单位领导人同意外，不能私自向外界提供或者泄露单位的会计信息。

第二十四条 财政部门、业务主管部门和各单位应当定期检查会计人员遵守职业道德的情况，并作为会计人员晋升、晋级、聘任专业职务、表彰奖励的重要考核依据。

会计人员违反职业道德的，由所在单位进行处理。

《会计专业技术人员继续教育规定》（2018年5月19日）

第一章 总　　则

第一条 为了规范会计专业技术人员继续教育，保障会计专业技术人员合法权益，不断提高会计专业技术人员素质，根据《中华人民共和国会计法》和《专业技术人员继续教育规定》（人力资源社会保障部令第 25 号），制定本规定。

第二条 国家机关、企业、事业单位以及社会团体等组织（以下称单位）具有会计专业技术资格的人员，或不具有会计专业技术资格但从事会计工作的人员（以下简称会计专业技术人员）继续教育，适用本规定。

第三条 会计专业技术人员继续教育应当紧密结合经济社会和会计行业发展要求，以能力建设为核心，突出针对性、实用性，兼顾系统性、前瞻性，为经济社会和会计行业发展提供人才保证和智力支持。

第四条 会计专业技术人员继续教育工作应当遵循下列基本原则：

（一）以人为本，按需施教。会计专业技术人员继续教育面向会计专业技术人员，引导会计专业技术人员更新知识、拓展技能、完善知识结构、全面提高素质。

（二）突出重点，提高能力。把握会计行业发展趋势和会计专业技术人员从业基本要求，引导会计专业技术人员树立诚信理念、提高职业道德和业务素质，全面提升专业胜任能力。

（三）加强指导，创新机制。统筹教育资源，引导社会力量参与继续教育，不断丰富继续教育内容，创新继续教育方式，提高继续教育质量，形成政府部门规划指导、社会力量积极参与、用人单位支持配合的会计专业技术人员继续教育新格局。

第五条 用人单位应当保障本单位会计专业技术人员参加继续教育的权利。

会计专业技术人员享有参加继续教育的权利和接受继续教育的义务。

第六条 具有会计专业技术资格的人员应当自取得会计专业技术资格的次年开始参加继续教育，并在规定时间内取得规定学分。

不具有会计专业技术资格但从事会计工作的人员应当自从事会计工作的次年开始参加继续教育，并在规定时间内取得规定学分。

第二章 管理体制

第七条 财政部负责制定全国会计专业技术人员继续教育政策，会同人力资源社会保障部监督指导全国会计专业技术人员继续教育工作的组织实施，人力资源社会保障部负责对全国会计专业技术人员继续教育工作进行综合管理和统筹协调。

除本规定另有规定外，县级以上地方人民政府财政部门、人力资源社会保障部门共同负责本地区会计专业技术人员继续教育工作。

第八条 新疆生产建设兵团按照财政部、人力资源社会保障部有关规定，负责所属单位的会计专业技术人员继续教育工作。中共中央直属机关事务管理局、国家机关事务管理局（以下统称中央主管单位）按照财政部、人力资源社会保障部有关规定，分别负责中央在京单位的会计专业技术人员继续教育工作。

第三章 内容与形式

第九条 会计专业技术人员继续教育内容包括公需科目和专业科目。

公需科目包括专业技术人员应当普遍掌握的法律法规、政策理论、职业道德、技术信息等基本知识，专业科目包括会计专业技术人员从事会计工作应当掌握的财务会计、管理会计、财务管理、内部控制与风险管理、会计信息化、会计职业道德、财税金融、会计法律法规等相关专业知识。

财政部会同人力资源社会保障部根据会计专业技术人员能力框架，定期发布继续教育公需科目指南、专业科目指南，对会计专业技术人员继续教育内容进行指导。

第十条 会计专业技术人员可以自愿选择参加继续教育的形式。会计专业技术人员继续教育的形式有：

（一）参加县级以上地方人民政府财政部门、人力资源社会保障部门，新疆生产建设兵团财政局、人力资源社会保障局，中共中央直属机关事务管理局，国家机关事务管理局（以下统称继续教育管理部门）组织的会计专业技术人员继续教育培训、高端会计人才培训、全国会计专业技术资格考试等会计相关考试、会计类专业会议等；

（二）参加会计继续教育机构或用人单位组织的会计专业技术人员继续教育培训；

（三）参加国家教育行政主管部门承认的中专以上（含中专，下同）会计类专业学历（学位）教育；承担继续教育管理部门或行业组织（团体）的会计类研究课题，或在有国内统一刊号（CN）的经济、管理类报刊上发表会计类论文；公开出版会计类书籍；参加注册会计师、资产评估师、税务师等继续教育培训；

（四）继续教育管理部门认可的其他形式。

第十一条 会计专业技术人员继续教育采用的课程、教学方法，应当适应会计工作要求和特点。同时，积极推广网络教育等方式，提高继续教育教学和管理的信息化水平。

第四章 学分管理

第十二条 会计专业技术人员参加继续教育实行学分制管理，每年参加继续教育取得的学分不少于90学分。其中，专业科目一般不少于总学分的三分之二。

会计专业技术人员参加继续教育取得的学分，在全国范围内当年度有效，不得结转以后年度。

第十三条 参加本规定第十条规定形式的继续教育，其学分计量标准如下：

（一）参加全国会计专业技术资格考试等会计相关考试，每通过一科考试或被录取的，折算为90学分；

（二）参加会计类专业会议，每天折算为10学分；

（三）参加国家教育行政主管部门承认的中专以上会计类专业学历（学位）教育，通过当年度一门学习课程考试或考核的，折算为90学分；

（四）独立承担继续教育管理部门或行业组织（团体）的会计类研究课题，课题结项的，每项研究课题折算为90学分；与他人合作完成的，每项研究课题的课题主持人折算为90学分，其他参与人每人折算为60学分；

（五）独立在有国内统一刊号（CN）的经济、管理类报刊上发表会计类论文的，每篇论文折算为 30 学分；与他人合作发表的，每篇论文的第一作者折算为 30 学分，其他作者每人折算为 10 学分；

（六）独立公开出版会计类书籍的，每本会计类书籍折算为 90 学分；与他人合作出版的，每本会计类书籍的第一作者折算为 90 学分，其他作者每人折算为 60 学分；

（七）参加其他形式的继续教育，学分计量标准由各省、自治区、直辖市、计划单列市财政厅（局）（以下称省级财政部门）、新疆生产建设兵团财政局会同本地区人力资源社会保障部门、中央主管单位制定。

第十四条　对会计专业技术人员参加继续教育情况实行登记管理。

用人单位应当对会计专业技术人员参加继续教育的种类、内容、时间和考试考核结果等情况进行记录，并在培训结束后及时按照要求将有关情况报送所在地县级以上地方人民政府财政部门、新疆生产建设兵团财政局或中央主管单位。

省级财政部门、新疆生产建设兵团财政局、中央主管单位应当建立会计专业技术人员继续教育信息管理系统，对会计专业技术人员参加继续教育取得的学分进行登记，如实记载会计专业技术人员接受继续教育情况。

继续教育登记可以采用以下方式：

（一）会计专业技术人员参加继续教育管理部门组织的继续教育和会计相关考试，县级以上地方人民政府财政部门、新疆生产建设兵团财政局或中央主管单位应当直接为会计专业技术人员办理继续教育事项登记；

（二）会计专业技术人员参加会计继续教育机构或用人单位组织的继续教育，县级以上地方人民政府财政部门、新疆生产建设兵团财政局或中央主管单位应当根据会计继续教育机构或用人单位报送的会计专业技术人员继续教育信息，为会计专业技术人员办理继续教育事项登记；

（三）会计专业技术人员参加继续教育采取上述（一）、（二）以外其他形式的，应当在年度内登录所属县级以上地方人民政府财政部门、新疆生产建设兵团财政局或中央主管单位指定网站，按要求上传相关证明材料，申请办理继续教育事项登记；也可持相关证明材料向所属继续教育管理部门申请办理继续教育事项登记。

第五章　会计继续教育机构管理

第十五条　会计继续教育机构必须同时符合下列条件：

（一）具备承担继续教育相适应的教学设施，面授教育机构还应有相应的教学场所；

（二）拥有与承担继续教育相适应的师资队伍和管理力量；

（三）制定完善的教学计划、管理制度和其他相关制度；

（四）能够完成所承担的继续教育任务，保证教学质量；

（五）符合有关法律法规的规定。

应当充分发挥国家会计学院、会计行业组织（团体）、各类继续教育培训基地（中心）等在开展会计专业技术人员继续教育方面的主渠道作用，鼓励、引导高等院校、科研院所等单位参与会计专业技术人员继续教育工作。

第十六条 会计继续教育机构应当认真实施继续教育教学计划，向社会公开继续教育的范围、内容、收费项目及标准等情况。

第十七条 会计继续教育机构应当按照专兼职结合的原则，聘请具有丰富实践经验、较高理论水平的业务骨干和专家学者，建立继续教育师资库。

第十八条 会计继续教育机构应当建立健全继续教育培训档案，根据考试或考核结果如实出具会计专业技术人员参加继续教育的证明，并在培训结束后及时按照要求将有关情况报送所在地县级以上地方人民政府财政部门、新疆生产建设兵团财政局或中央主管单位。

第十九条 会计继续教育机构不得有下列行为：

（一）采取虚假、欺诈等不正当手段招揽生源；

（二）以会计专业技术人员继续教育名义组织旅游或者进行其他高消费活动；

（三）以会计专业技术人员继续教育名义乱收费或者只收费不培训。

第六章 考核与评价

第二十条 用人单位应当建立本单位会计专业技术人员继续教育与使用、晋升相衔接的激励机制，将参加继续教育情况作为会计专业技术人员考核评价、岗位聘用的重要依据。

会计专业技术人员参加继续教育情况，应当作为聘任会计专业技术职务或者申报评定上一级资格的重要条件。

第二十一条 继续教育管理部门应当加强对会计专业技术人员参加继续教育情况的考核与评价，并将考核、评价结果作为参加会计专业技术资格考试或评审、先进会计工作者评选、高端会计人才选拔等的依据之一，并纳入其信用信息档案。

对未按规定参加继续教育或者参加继续教育未取得规定学分的会计专业技术人员，继续教育管理部门应当责令其限期改正。

第二十二条 继续教育管理部门应当依法对会计继续教育机构、用人单位执行本规定的情况进行监督。

第二十三条 继续教育管理部门应当定期组织或者委托第三方评估机构对所在地会计继续教育机构进行教学质量评估，评估结果作为承担下年度继续教育任务的重要参考。

第二十四条 会计继续教育机构发生本规定第十九条行为，继续教育管理部门应当责令其限期改正，并依法依规进行处理。

第七章 附 则

第二十五条 中央军委后勤保障部会计专业技术人员继续教育工作，参照本规定执行。

第二十六条　省级财政部门、新疆生产建设兵团财政局可会同本地区人力资源社会保障部门根据本规定制定具体实施办法，报财政部、人力资源社会保障部备案。

中央主管单位可根据本规定制定具体实施办法，报财政部、人力资源社会保障部备案。

第二十七条　本规定自 2018 年 7 月 1 日起施行。财政部 2013 年 8 月 27 日印发的《会计人员继续教育规定》（财会〔2013〕18 号）同时废止。

五、第三十八条

（一）法条原文

【2024 年版本】

第三十八条　因有提供虚假财务会计报告，做假账，隐匿或者故意销毁会计凭证、会计账簿、财务会计报告，贪污，挪用公款，职务侵占等与会计职务有关的违法行为被依法追究刑事责任的人员，不得再从事会计工作。

【2017 年版本】

第四十条　因有提供虚假财务会计报告，做假帐，隐匿或者故意销毁会计凭证、会计帐簿、财务会计报告，贪污，挪用公款，职务侵占等与会计职务有关的违法行为被依法追究刑事责任的人员，不得再从事会计工作。

【1999 年版本】

第四十条　因有提供虚假财务会计报告，做假帐，隐匿或者故意销毁会计凭证、会计帐簿、财务会计报告，贪污，挪用公款，职务侵占等与会计职务有关的违法行为被依法追究刑事责任的人员，不得取得或者重新取得会计从业资格证书。

除前款规定的人员外，因违法违纪行为被吊销会计从业资格证书的人员，自被吊销会计从业资格证书之日起五年内，不得重新取得会计从业资格证书。

（二）法条释义

本条规定了严重失信会计人员禁业制度。

对严重失信的会计人员，由于其已经丧失了担任会计人员的基本职业道德，不能再次从事会计工作。

被终身禁止从事会计工作的会计人员首先要有提供虚假财务会计报告，做假账，隐匿或者故意销毁会计凭证、会计账簿、财务会计报告，贪污，挪用公款，职务侵占等与会计职务有关的违法行为，如果是其他的违法行为，不会被禁止从事会计工作，如因为醉酒驾车而被追究刑事责任等，就不会被禁止从事会计工作。其次，上述与会计职务有关的违法行为要达到严重的程度，被依法追究刑事责任，才能被终身禁止从事会计工作。

被追究刑事责任的前提是构成犯罪，一切危害国家主权、领土完整和安全，分裂国家、颠覆人民民主专政的政权和推翻社会主义制度，破坏社会秩序和经济秩序，侵犯国有财产或者劳动群众集体所有的财产，侵犯公民私人所有的财产，侵犯公民的人身权利、民主权利和其他权利，以及其他危害社会的行为，依照法律应当受刑罚处罚的，都是犯罪，但是情节显著轻微危害不大的，不认为是犯罪。构成犯罪的会计人员，除非具有法定的免责情形，均要被追究刑事责任。

（三）相关条文

《中华人民共和国刑法》（2023年12月29日）

第三条　【罪刑法定】法律明文规定为犯罪行为的，依照法律定罪处刑；法律没有明文规定为犯罪行为的，不得定罪处刑。

第十三条　【犯罪概念】一切危害国家主权、领土完整和安全，分裂国家、颠覆人民民主专政的政权和推翻社会主义制度，破坏社会秩序和经济秩序，侵犯国有财产或者劳动群众集体所有的财产，侵犯公民私人所有的财产，侵犯公民的人身权利、民主权利和其他权利，以及其他危害社会的行为，依照法律应当受刑罚处罚的，都是犯罪，但是情节显著轻微危害不大的，不认为是犯罪。

第十四条　【故意犯罪】明知自己的行为会发生危害社会的结果，并且希望或者放任这种结果发生，因而构成犯罪的，是故意犯罪。

故意犯罪，应当负刑事责任。

第十五条　【过失犯罪】应当预见自己的行为可能发生危害社会的结果，因为疏忽大意而没有预见，或者已经预见而轻信能够避免，以致发生这种结果的，是过失犯罪。

过失犯罪，法律有规定的才负刑事责任。

第十六条　【不可抗力和意外事件】行为在客观上虽然造成了损害结果，但是不是出于故意或者过失，而是由于不能抗拒或者不能预见的原因所引起的，不是犯罪。

第十七条　【刑事责任年龄】已满十六周岁的人犯罪，应当负刑事责任。

已满十四周岁不满十六周岁的人，犯故意杀人、故意伤害致人重伤或者死亡、强奸、抢劫、贩卖毒品、放火、爆炸、投放危险物质罪的，应当负刑事责任。

已满十二周岁不满十四周岁的人，犯故意杀人、故意伤害罪，致人死亡或者以特别残忍手段致人重伤造成严重残疾，情节恶劣，经最高人民检察院核准追诉的，应当负刑事责任。

对依照前三款规定追究刑事责任的不满十八周岁的人，应当从轻或者减轻处罚。

因不满十六周岁不予刑事处罚的，责令其父母或者其他监护人加以管教；在必要的时候，依法进行专门矫治教育。

第十七条之一 【已满七十五周岁的人的刑事责任】已满七十五周岁的人故意犯罪的，可以从轻或者减轻处罚；过失犯罪的，应当从轻或者减轻处罚。

第十八条 【特殊人员的刑事责任能力】精神病人在不能辨认或者不能控制自己行为的时候造成危害结果，经法定程序鉴定确认的，不负刑事责任，但是应当责令他的家属或者监护人严加看管和医疗；在必要的时候，由政府强制医疗。

间歇性的精神病人在精神正常的时候犯罪，应当负刑事责任。

尚未完全丧失辨认或者控制自己行为能力的精神病人犯罪的，应当负刑事责任，但是可以从轻或者减轻处罚。

醉酒的人犯罪，应当负刑事责任。

第十九条 【又聋又哑的人或盲人犯罪的刑事责任】又聋又哑的人或者盲人犯罪，可以从轻、减轻或者免除处罚。

第二十条 【正当防卫】为了使国家、公共利益、本人或者他人的人身、财产和其他权利免受正在进行的不法侵害，而采取的制止不法侵害的行为，对不法侵害人造成损害的，属于正当防卫，不负刑事责任。

正当防卫明显超过必要限度造成重大损害的，应当负刑事责任，但是应当减轻或者免除处罚。

对正在进行行凶、杀人、抢劫、强奸、绑架以及其他严重危及人身安全的暴力犯罪，采取防卫行为，造成不法侵害人伤亡的，不属于防卫过当，不负刑事责任。

第二十一条 【紧急避险】为了使国家、公共利益、本人或者他人的人身、财产和其他权利免受正在发生的危险，不得已采取的紧急避险行为，造成损害的，不负刑事责任。

紧急避险超过必要限度造成不应有的损害的，应当负刑事责任，但是应当减轻或者免除处罚。

第一款中关于避免本人危险的规定，不适用于职务上、业务上负有特定责任的人。

第一百六十二条之一 【隐匿、故意销毁会计凭证、会计账簿、财务会计报告罪】隐匿或者故意销毁依法应当保存的会计凭证、会计账簿、财务会计报告，情节严重的，处五年以下有期徒刑或者拘役，并处或者单处二万元以上二十万元以下罚金。

单位犯前款罪的，对单位判处罚金，并对其直接负责的主管人员和其他直接责任人员，依照前款的规定处罚。

第一百六十三条 【非国家工作人员受贿罪】公司、企业或者其他单位的工作人员，利用职务上的便利，索取他人财物或者非法收受他人财物，为他人谋取利益，数额较大的，处三年以下有期徒刑或者拘役，并处罚金；数额巨大或者有其他严重情节的，处三年以上十年以下有期徒刑，并处罚金；数额特别巨大或者有其他特别严重情节的，处十年以上有期徒刑或者无期徒刑，并处罚金。

公司、企业或者其他单位的工作人员在经济往来中，利用职务上的便利，违反国家规定，收受各种名义的回扣、手续费，归个人所有的，依照前款的规定处罚。

国有公司、企业或者其他国有单位中从事公务的人员和国有公司、企业或者其他国有单位委派到非国有公司、企业以及其他单位从事公务的人员有前两款行为的，依照本法第三百八十五条、第三百八十六条的规定定罪处罚。

第二百五十五条 【打击报复会计、统计人员罪】公司、企业、事业单位、机关、团体的领导人，对依法履行职责、抵制违反会计法、统计法行为的会计、统计人员实行打击报复，情节恶劣的，处三年以下有期徒刑或者拘役。

第二百七十一条 【职务侵占罪；贪污罪】公司、企业或者其他单位的工作人员，利用职务上的便利，将本单位财物非法占为己有，数额较大的，处三年以下有期徒刑或者拘役，并处罚金；数额巨大的，处三年以上十年以下有期徒刑，并处罚金；数额特别巨大的，处十年以上有期徒刑或者无期徒刑，并处罚金。

国有公司、企业或者其他国有单位中从事公务的人员和国有公司、企业或者其他国有单位委派到非国有公司、企业以及其他单位从事公务的人员有前款行为的，依照本法第三百八十二条、第三百八十三条的规定定罪处罚。

第二百七十二条 【挪用资金罪；挪用公款罪】公司、企业或者其他单位的工作人员，利用职务上的便利，挪用本单位资金归个人使用或者借贷给他人，数额较大、超过三个月未还的，或者虽未超过三个月，但数额较大、进行营利活动的，或者进行非法活动的，处三年以下有期徒刑或者拘役；挪用本单位资金数额巨大的，处三年以上七年以下有期徒刑；数额特别巨大的，处七年以上有期徒刑。

国有公司、企业或者其他国有单位中从事公务的人员和国有公司、企业或者其他国有单位委派到非国有公司、企业以及其他单位从事公务的人员有前款行为的，依照本法第三百八十四条的规定定罪处罚。

有第一款行为，在提起公诉前将挪用的资金退还的，可以从轻或者减轻处罚。其中，犯罪较轻的，可以减轻或者免除处罚。

第三百八十二条 【贪污罪】国家工作人员利用职务上的便利，侵吞、窃取、骗取或者以其他手段非法占有公共财物的，是贪污罪。

受国家机关、国有公司、企业、事业单位、人民团体委托管理、经营国有财产的人员，利用职务上的便利，侵吞、窃取、骗取或者以其他手段非法占有国有财物的，以贪污论。

与前两款所列人员勾结，伙同贪污的，以共犯论处。

第三百八十三条 【对犯贪污罪的处罚规定】对犯贪污罪的，根据情节轻重，分别依照下列规定处罚：

（一）贪污数额较大或者有其他较重情节的，处三年以下有期徒刑或者拘役，并处罚金。

（二）贪污数额巨大或者有其他严重情节的，处三年以上十年以下有期徒刑，并处罚金或者没收财产。

（三）贪污数额特别巨大或者有其他特别严重情节的，处十年以上有期徒刑或者无期徒刑，并处罚金或者没收财产；数额特别巨大，并使国家和人民利益遭受特别重大损失的，处无期徒刑或者死刑，并处没收财产。

对多次贪污未经处理的，按照累计贪污数额处罚。

犯第一款罪，在提起公诉前如实供述自己罪行、真诚悔罪、积极退赃，避免、减少损害结果的发生，有第一项规定情形的，可以从轻、减轻或者免除处罚；有第二项、第三项规定情形的，可以从轻处罚。

犯第一款罪，有第三项规定情形被判处死刑缓期执行的，人民法院根据犯罪情节等情况可以同时决定在其死刑缓期执行二年期满依法减为无期徒刑后，终身监禁，不得减刑、假释。

第三百八十四条　【挪用公款罪】国家工作人员利用职务上的便利，挪用公款归个人使用，进行非法活动的，或者挪用公款数额较大、进行营利活动的，或者挪用公款数额较大、超过三个月未还的，是挪用公款罪，处五年以下有期徒刑或者拘役；情节严重的，处五年以上有期徒刑。挪用公款数额巨大不退还的，处十年以上有期徒刑或者无期徒刑。

挪用用于救灾、抢险、防汛、优抚、扶贫、移民、救济款物归个人使用的，从重处罚。

第三百八十五条　【受贿罪】国家工作人员利用职务上的便利，索取他人财物的，或者非法收受他人财物，为他人谋取利益的，是受贿罪。

国家工作人员在经济往来中，违反国家规定，收受各种名义的回扣、手续费，归个人所有的，以受贿论处。

第三百八十六条　【对犯受贿罪的处罚规定】对犯受贿罪的，根据受贿所得数额及情节，依照本法第三百八十三条的规定处罚。索贿的从重处罚。

《财政部关于加强会计人员诚信建设的指导意见》（2018年4月19日）

各省、自治区、直辖市、计划单列市财政厅（局），新疆生产建设兵团财政局，中共中央直属机关事务管理局，国家机关事务管理局财务管理司，中央军委后勤保障部财务局，有关会计行业组织：

为加强会计诚信建设，建立健全会计人员守信联合激励和失信联合惩戒机制，推动会计行业进一步提高诚信水平，根据《中华人民共和国会计法》规定和《国务院关于印发社会信用体系建设规划纲要（2014—2020年）的通知》（国发〔2014〕21号）、《国务院办公厅关于加强个人诚信体系建设的指导意见》（国办发〔2016〕98号）、《国务院关于建立完善守信联合激励和失信联合惩戒制度 加快推进社会诚信建设的指导意见》（国发〔2016〕33号）等精神，现就加强会计人员诚信建设提出如下指导意见。

一、总体要求

（一）指导思想。

全面贯彻党的十九大精神，以习近平新时代中国特色社会主义思想为指导，认真落实党中央、国务院决策部署，以培育和践行社会主义核心价值观为根本，完善会计职业道德规范，加强会计诚信教育，建立严重失信会计人员"黑名单"，健全会计人员守信联合激励和失信联合惩戒机制，积极营造"守信光荣、失信可耻"的良好社会氛围。

（二）基本原则。

——政府推动，社会参与。充分发挥财政部门和中央主管单位在会计人员诚信建设中的组织管理和监督指导作用，加强与相关执法部门统筹协调，建立联动机制，引导包括用人单位在内的社会力量广泛参与，充分发挥会计行业组织作用，共同推动会计人员诚信建设。

——健全机制，有序推进。建立健全加强会计人员诚信建设的体制机制，有序推进会计人员信用档案建设，规范会计人员信用信息采集和应用，稳步推进会计人员信用状况与其选聘任职、评选表彰等挂钩，逐步建立会计人员守信联合激励和失信联合惩戒机制。

——加强教育，奖惩结合。把教育引导作为提升会计人员诚信意识的重要环节，加大守信联合激励与失信联合惩戒实施力度，发挥行为规范的约束作用，使会计诚信内化于心，外化于行，成为广大会计人员的自觉行动。

二、增强会计人员诚信意识

（一）强化会计职业道德约束。针对会计工作特点，进一步完善会计职业道德规范，引导会计人员自觉遵纪守法、勤勉尽责、参与管理、强化服务，不断提高专业胜任能力；督促会计人员坚持客观公正、诚实守信、廉洁自律、不做假账，不断提高职业操守。

（二）加强会计诚信教育。财政部门、中央主管单位和会计行业组织要采取多种形式，广泛开展会计诚信教育，将会计职业道德作为会计人员继续教育的必修内容，大力弘扬会计诚信理念，不断提升会计人员诚信素养。要充分发挥新闻媒体对会计诚信建设的宣传教育、舆论监督等作用，大力发掘、宣传会计诚信模范等会计诚信典型，深入剖析违反会计诚信的典型案例。引导财会类专业教育开设会计职业道德课程，努力提高会计后备人员的诚信意识。鼓励用人单位建立会计人员信用管理制度，将会计人员遵守会计职业道德情况作为考核评价、岗位聘用的重要依据，强化会计人员诚信责任。

三、加强会计人员信用档案建设

（一）建立严重失信会计人员"黑名单"制度。将有提供虚假财务会计报告，做假账，隐匿或者故意销毁会计凭证、会计账簿、财务会计报告，贪污，挪用公款，职务侵占等与会计职务有关违法行为的会计人员，作为严重失信会计人员列入"黑名单"，纳入全国信用信息共享平台，依法通过"信用中国"网站等途径，向社会公开披露相关信息。

（二）建立会计人员信用信息管理制度。研究制定会计人员信用信息管理办法，规范会计人员信用评价、信用信息采集、信用信息综合利用、激励惩戒措施等，探索建立会计人员信息纠错、信用修复、分级管理等制度，建立健全会计人员信用信息体系。

（三）完善会计人员信用信息管理系统。以会计专业技术资格管理为抓手，有序采集会计人员信息，记录会计人员从业情况和信用情况，建立和完善会计人员信用档案。省级财政部门和中央主管单位要有效利用信息化技术手段，组织升级改造本地区（部门）现有的会计人员信息管理系统，构建完善本地区（部门）的会计人员信用信息管理系统，财政部在此基础上将构建全国统一的会计人员信用信息平台。

四、健全会计人员守信联合激励和失信联合惩戒机制

（一）为守信会计人员提供更多机会和便利。将会计人员信用信息作为先进会计工作者评选、会计职称考试或评审、高端会计人才选拔等资格资质审查的重要依据。鼓励用人单位依法使用会计人员信用信息，优先聘用、培养、晋升具有良好信用记录的会计人员。

（二）对严重失信会计人员实施约束和惩戒。在先进会计工作者评选、会计职称考试或评审、高端会计人才选拔等资格资质审查过程中，对严重失信会计人员实行"一票否决制"。对于严重失信会计人员，依法取消其已经取得的会计专业技术资格；被依法追究刑事责任的，不得再从事会计工作。支持用人单位根据会计人员失信的具体情况，对其进行降职撤职或解聘。

（三）建立失信会计人员联合惩戒机制。财政部门和中央主管单位应当将发现的会计人员失信行为，以及相关执法部门发现的会计人员失信行为，记入会计人员信用档案。支持会计行业组织依据法律和章程，对会员信用情况进行管理。加强与有关部门合作，建立失信会计人员联合惩戒机制，实现信息的互换、互通和共享。

五、强化组织实施

（一）加强组织领导。财政部门和中央主管单位要高度重视会计人员诚信建设工作，根据本地区（部门）关于社会信用体系建设的统一工作部署，统筹安排，稳步推进。要重视政策研究，完善配套制度建设，科学指导会计人员诚信建设工作。要重视监督检查，发现问题及时解决，确保会计人员诚信建设工作政策措施落地生根。要重视沟通协调，争取相关部门支持形成合力，探索建立联席制度，共同推动会计人员诚信建设工作有效开展。

（二）积极探索推动。财政部门和中央主管单位要紧密结合本地区（部门）实际，抓紧制定具体工作方案，推动会计人员诚信建设。要探索建设会计人员信用档案、建立严重失信会计人员"黑名单"等制度，及时总结经验做法；对存在的问题，要及时

研究解决。

（三）广泛宣传动员。财政部门、中央主管单位和会计行业组织要充分利用报纸、广播、电视、网络等渠道，加大对会计人员诚信建设工作的宣传力度，教育引导会计人员和会计后备人员不断提升会计诚信意识。要积极引导社会各方依法依规利用会计人员信用信息，褒扬会计诚信，惩戒会计失信，扩大会计人员信用信息的影响力和警示力，使全社会形成崇尚会计诚信、践行会计诚信的社会风尚。

（四）典型案例

湖北省宜昌市中级人民法院
民事判决书[①]

〔2021〕鄂05民终3124号

上诉人（原审被告）：房某怀，男，1973年12月5日出生，汉族，户籍地浙江省宁波市海曙区，常住地远安县。

委托诉讼代理人：胡再波，湖北三峡律师事务所律师。

委托诉讼代理人：李波，湖北三峡律师事务所律师。

被上诉人（原审原告）：宜昌和济运输股份有限公司，住所地秭归县茅坪镇银杏沱村。

法定代表人：向某康，该公司董事长。

委托诉讼代理人：李道军，男，1988年6月20日出生，汉族，住秭归县，系该公司员工。

委托诉讼代理人：杜成蓉，湖北林华安律师事务所律师。

上诉人房某怀因与被上诉人宜昌和济运输股份有限公司（以下简称和济公司）劳动合同纠纷一案，不服秭归县人民法院〔2021〕鄂0527民初1299号民事判决，向本院提起上诉。本院于2021年11月1日立案后，依法组成合议庭进行了审理。上诉人房某怀委托诉讼代理人胡再波、李波，被上诉人和济公司委托诉讼代理人李道军、杜成蓉，到庭参加诉讼。本案现已审理终结。

房某怀上诉请求：1.撤销〔2021〕鄂0527民初1299号民事判决，发回重审或者改判上诉人与被上诉人于2017年8月11日、2018年1月1日、2019年1月1日、2020年1月1日、2021年1月1日签订的五份劳动合同有效；2.一审、二审的诉讼费由被上诉人承担。事实和理由：一、一审法院不应受理被上诉人的起诉，受理后也应裁定驳回起诉。本案系2021年5月19日被上诉人单方面解除劳动合同后，为逃避支付违法解除劳动合同的赔偿金而提起的诉讼，人民法院不应受理，受理之后也应予以驳回。

[①] 资料来源：中国裁判文书网https://wenshu.court.gov.cn。

二、一审判决适用法律错误。上诉人于2005年11月18日因犯职务侵占罪被追究刑事责任,当时的《中华人民共和国会计法》(2000年7月1日施行)第四十条仅规定此情形下,有关人员被吊销会计从业资格证书之日起五年内,不得重新取得会计从业资格证书,并没有禁止其从事会计工作。2017年11月4日《中华人民共和国会计法》修改后,对于因职务侵占被依法追究刑事责任的人员,规定"不得再从事会计工作",但此在后的规定不能约束此前的当事人的行为。一审法院适用修改后的《中华人民共和国会计法》认定上诉人从事会计工作违反了法律规定,属于适用法律错误。三、即便案涉《劳动合同》中关于工作岗位的约定无效,那也只是劳动合同的部分条款无效,劳动合同仍然有效。工作内容如果违反了行业管理规定,双方可以协商确定新的工作内容,但并不影响双方已确立的劳动关系。

和济公司辩称:房某怀入职和济公司为财会人员,隐瞒其曾经在从事会计工作时犯职务侵占罪的事实,并且使案涉劳动合同违反法律的强制性规定,由此案涉劳动合同无效。一审法院认定事实清楚,适用法律正确。上诉人上诉理由不能成立,请求驳回上诉,维持原判。

和济公司向一审法院起诉请求:请求人民法院依法确认房某怀、和济公司之间分别于2017年8月11日、2018年1月1日、2019年1月1日、2020年1月1日、2021年1月1日签订的《劳动合同书》无效。

一审法院认定事实:2017年8月11日,房某怀入职和济公司从事财务主管工作,双方并于当日签订劳动合同书,约定房某怀聘用到和济公司处从事财务主管工作,合同期限自2017年8月11日至2019年8月10日。尔后,双方分别于2018年1月1日、2019年1月1日、2020年1月1日、2021年1月1日续签劳动合同书,劳动合同书均约定劳动期间为一年,即自每年的1月1日起至每年的12月31日止。其中2018年1月1日签订的劳动合同书约定房某怀从事会计工作,2019年1月1日签订的劳动合同书约定房某怀从事财务主管工作,2020年1月1日、2021年1月1日签订的劳动合同书约定房某怀从事财务负责人工作,上述劳动合同书还约定了其他事项。2021年7月14日,和济公司向秭归县劳动人事争议仲裁委员会申请确认双方签订的上述劳动合同书无效,秭归县劳动人事争议仲裁委员会在法定期限内未予受理,和济公司遂于2021年8月2日诉至一审法院,请求依法判处。

一审法院同时查明:房某怀于2004年2月至2005年2月任宁波波导明州电子有限公司财务总监期间,利用职务之便,采用虚报冒领手法,将公司10余万元资金非法占为己有,房某怀因犯职务侵占罪于2005年11月18日被浙江省宁波市鄞州区人民法院判处有期徒刑五年。

一审法院认为:《中华人民共和国劳动合同法》第二十六条规定:"下列劳动合同无效或者部分无效:……(三)违反法律、行政法规强制性规定的……"《中华人民共和国会计法》第四十条规定,因有提供虚假财务会计报告,做假账,隐匿或者故意销毁会计凭证、会计账簿、财务会计报告，贪污，挪用公款，职务侵占等与会计职务有关的违法行为被依法追究刑事责任的人员，不得再从事会计工作。房某怀于2004年2月至2005年2月任宁波波导明州电子有限公司财务总监期间，利用职务之便，采用虚报冒领手法，将公司10余万元资金非法占为己有，房某怀因犯职务侵占罪于2005年11月18日被浙江省宁波市鄞州区人民法院判处有期徒刑五年。本案中当事人双方签订的五份劳动合同书均约定房某怀在和济公司处担任会计或财务主管、财务负责人工作，违反了会计法的强制性规定。劳动者为用人单位提供劳动，用人单位支付劳动者报酬系劳动合同的主要和核心内容，因当事人签订的五份劳动合同书主要内容违反了法律的强制性规定，应认定为无效。虽然当事人签订的劳动合同书中有四份合同书约定房某怀从事的是财务主管或财务负责人工作，但根据《会计人员管理办法》"担任单位会计机构负责人（会计主管人员）、总会计师的人员，属于会计人员"的规定，房某怀在和济公司处从事的财务主管或财务负责人工作，也属于会计人员的工作，同样应受会计法的约束。同时从和济公司提供的工资花名册上只有财务主管即本案房某怀和出纳而没有会计来推断，房某怀在和济公司处从事财务主管、财务负责人工作也就是会计工作。房某怀辩称当事人签订的劳动合同有效的意见与法相悖，一审法院不予采纳。

一审法院依照《中华人民共和国会计法》第四十条、《中华人民共和国劳动合同法》第二十六条第一款第（三）项的规定，判决：宜昌和济运输股份有限公司与房某怀于2017年8月11日、2018年1月1日、2019年1月1日、2020年1月1日、2021年1月1日签订的五份《劳动合同书》无效。一审案件受理费10元，减半收取5元，由房某怀负担。

二审中，当事人双方均未提交新证据。

经审理查明，一审法院认定的事实属实，本院予以确认。

本院认为本案二审争议焦点为：案涉劳动合同是否无效？评述如下：

首先，《中华人民共和国会计法》于2017年11月4日进行了修改，该法修改前的第四十条规定因职务侵占等与会计职务有关的违法行为被依法追究刑事责任的人员，不得取得或者重新取得会计从业资格证书，修改后的第四十条规定存在前述情形的人员，不得再从事会计工作。由此可知：1. 无论会计法修改前还是修改后，在从事会计工作中犯职务侵占罪被追究刑事责任的，均属于有关人员继续从事会计工作的重大阻碍性事项，劳动者在与用人单位协商签订以会计工作为主要工作内容的劳动合同时，应本着诚实信用原则如实向用人单位告知有关情况；2. 在从事会计工作中犯职务侵占罪被追究刑事责任的，自2017年11月4日起，被规定为有关人员继续从事会计工作的禁止性事项。其次，《中华人民共和国劳动合同法》第二十六条规定："下列劳动合同无效或者部分无效：（一）以欺诈、胁迫的手段或者乘人之危，使对方在违背真实意思的情况下订立或者变更劳动合同的；（二）用人单位免除自己的法定责任、排除劳动者权利的；（三）违反法律、行政法规强制性规定的……"。最后，本案中，房某怀与和济公司签订案涉一系列劳动合同时，均未如实告知其此前曾在从事会计工作中犯职务侵占罪被追究过刑事责任，故意隐瞒与订立合同有关的重大事项，可以认定为以欺诈手段与用人单位订立劳动合同；同时，案涉劳动合同先后约定房某怀的工作岗位为和济公司会计、财务负责人，该有关约定系劳动合同的基础性条款，直接影响房某怀的工作内容、薪酬等，该约定违反了前述会计法的禁止性规定。综上，一审法院认定本案当事人双方之间的一系列劳动合同整体无效，没有违反法律规定，并无不当。房某怀的上诉理由缺乏法律依据，本院不予采信。

综上所述，房某怀的上诉请求不能成立，应予驳回；一审判决认定事实清楚，适用法律正确，应予维持。依照《中华人民共和国民事诉讼法》第一百七十条第一款第一项规定，判决如下：

驳回上诉，维持原判。

二审案件受理费10元，由上诉人房某怀负担。

本判决为终审判决。

审判长　廖朝平

审判员　李　丹

审判员　关俊峰

二〇二一年十一月二十二日

法官助理　张俊保

书记员　熊芳园

六、第三十九条

（一）法条原文

【2024年版本】

第三十九条　会计人员调动工作或者离职，必须与接管人员办清交接手续。

一般会计人员办理交接手续，由会计机构负责人（会计主管人员）监交；会计机构负责人（会计主管人员）办理交接手续，由单位负责人监交，必要时主管单位可以派人会同监交。

【2017年、1999年版本】

第四十一条　会计人员调动工作或者离职，必须与接管人员办清交接手续。

一般会计人员办理交接手续，由会计机构负责人（会计主管人员）监交；会计机构负责人（会计主管人员）办理交接手续，由单位负责人监交，必要时主管单位可以派人会同监交。

【1993年版本】

第二十四条 会计人员调动工作或者离职，必须与接管人员办清交接手续。

一般会计人员办理交接手续，由会计机构负责人、会计主管人员监交。会计机构负责人、会计主管人员办理交接手续，由单位领导人监交，必要时可以由主管单位派人会同监交。

【1985年版本】

第二十四条 会计人员调动工作或者离职，必须与接管人员办清交接手续。

一般会计人员办理交接手续，由会计机构负责人、会计主管人员监交。会计机构负责人、会计主管人员办理交接手续，由单位行政领导人监交，必要时可以由上级主管单位派人会同监交。

（二）法条释义

本条规定了会计工作交接。

会计工作交接，是指会计人员工作调动或因故离职时，与接管人员办理交接手续的一种工作程序。办理好会计工作交接，有利于分清移交人员和接管人员的责任，可以使会计工作前后衔接，保证会计工作顺利进行。

会计人员工作调动或者因故离职，必须将本人所经管的会计工作全部移交给接替人员。没有办清交接手续的，不得调动或者离职。移交人员对所移交的会计凭证、会计账簿、会计报表和其他有关资料的合法性、真实性承担法律责任。接替人员应当认真接管移交工作，并继续办理移交的未了事项。

会计人员临时离职或者因病不能工作且需要接替或者代理的，会计机构负责人（会计主管人员）或者单位领导人必须指定有关人员接替或者代理，并办理交接手续。临时离职或者因病不能工作的会计人员恢复工作的，应当与接替或者代理人员办理交接手续。移交人员因病或者其他特殊原因不能亲自办理移交的，经单位领导人批准，可由移交人员委托他人代办移交，但委托人应当承担对所移交的会计凭证、会计账簿、会计报表和其他有关资料的合法性、真实性的法律责任。

单位撤销时，必须留有必要的会计人员，会同有关人员办理清理工作，编制决算。未移交前，不得离职。接收单位和移交日期由主管部门确定。单位合并、分立的，其会计工作交接手续比照上述有关规定办理。

会计人员办理移交手续前，必须及时做好以下工作：①已经受理的经济业务尚未填制会计凭证的，应当填制完毕；②尚未登记的账目，应当登记完毕，并在最后一笔余额后加盖经办人员印章；③整理应该移交的各项资料，对未了事项写出书面材料；④编制移交清册，列明应当移交的会计凭证、会计账簿、会计报表、印章、现金、有价证券、支票簿、发票、文件、其他会计资料和物品等内容；实行会计电算化的单位，从事该项工作的移交人员还应当在移交清册中列明会计软件及密码、会计软件数据磁盘（磁带等）及有关资料、实物等内容。

会计人员办理交接手续，必须有监交人负责监交。一般会计人员办理交接手续，由会计机构负责人（会计主管人员）监交；会计机构负责人（会计主管人员）办理交接手续，由单位负责人监交，必要时主管单位可以派人会同监交。

（三）相关条文

《会计基础工作规范》（2019年3月14日）

第二十五条　会计人员工作调动或者因故离职，必须将本人所经管的会计工作全部移交给接替人员。没有办清交接手续的，不得调动或者离职。

第二十六条　接替人员应当认真接管移交工作，并继续办理移交的未了事项。

第二十七条　会计人员办理移交手续前，必须及时做好以下工作：

（一）已经受理的经济业务尚未填制会计凭证的，应当填制完毕。

（二）尚未登记的账目，应当登记完毕，并在最后一笔余额后加盖经办人员印章。

（三）整理应该移交的各项资料，对未了事项写出书面材料。

（四）编制移交清册，列明应当移交的会计凭证、会计账簿、会计报表、印章、现金、有价证券、支票簿、发票、文件、其他会计资料和物品等内容；实行会计电算化的单位，从事该项工作的移交人员还应当在移交清册中列明会计软件及密码、会计软件数据磁盘（磁带等）及有关资料、实物等内容。

第二十八条　会计人员办理交接手续，必须有监交人负责监交。一般会计人员交接，由单位会计机构负责人、会计主管人员负责监交；会计机构负责人、会计主管人员交接，由单位领导人负责监交，必要时可由上级主管部门派人会同监交。

第二十九条　移交人员在办理移交时，要按移交清册逐项移交；接替人员要逐项核对点收。

（一）现金、有价证券要根据会计账簿有关记录进行点交。库存现金、有价证券必须与会计账簿记录保持一致。不一致时，移交人员必须限期查清。

（二）会计凭证、会计账簿、会计报表和其他会计资料必须完整无缺。如有短缺，必须查清原因，并在移交清册中注明，由移交人员负责。

（三）银行存款账户余额要与银行对账单核对，如不一致，应当编制银行存款余额调节表调节相符，各种财产物资和债权债务的明细账户余额要与总账有关账户余额核对相符；必要时，要抽查个别账户的余额，与实物核对相符，或者与往来单位、个人核对清楚。

（四）移交人员经管的票据、印章和其他实物等，必须交接清楚；移交人员从事会计电算化工作的，要对有关电子数据在实际操作状态下进行交接。

第三十条 会计机构负责人、会计主管人员移交时，还必须将全部财务会计工作、重大财务收支和会计人员的情况等，向接替人员详细介绍。对需要移交的遗留问题，应当写出书面材料。

第三十一条 交接完毕后，交接双方和监交人员要在移交清册上签名或者盖章。并应在移交清册上注明：单位名称，交接日期，交接双方和监交人员的职务、姓名，移交清册页数以及需要说明的问题和意见等。

移交清册一般应当填制一式三份，交接双方各执一份，存档一份。

第三十二条 接替人员应当继续使用移交的会计账簿，不得自行另立新账，以保持会计记录的连续性。

第三十三条 会计人员临时离职或者因病不能工作且需要接替或者代理的，会计机构负责人、会计主管人员或者单位领导人必须指定有关人员接替或者代理，并办理交接手续。

临时离职或者因病不能工作的会计人员恢复工作的，应当与接替或者代理人员办理交接手续。

移交人员因病或者其他特殊原因不能亲自办理移交的，经单位领导人批准，可由移交人员委托他人代办移交，但委托人应当承担本规范第三十五条规定的责任。

第三十四条 单位撤销时，必须留有必要的会计人员，会同有关人员办理清理工作，编制决算。未移交前，不得离职。接收单位和移交日期由主管部门确定。

单位合并、分立的，其会计工作交接手续比照上述有关规定办理。

第三十五条 移交人员对所移交的会计凭证、会计账簿、会计报表和其他有关资料的合法性、真实性承担法律责任。

（四）典型案例

山东省东营市中级人民法院
民事判决书[1]
〔2023〕鲁 05 民终 475 号

上诉人（原审被告）：刘某梅

上诉人（原审被告）：杨某春

两上诉人共同委托诉讼代理人：刘景晴，山东正义之光律师事务所律师。

被上诉人（原审原告）：东营世纪苑物业有限责任公司

法定代表人：纪某建，经理。

委托诉讼代理人：魏丽芳，北京市盈科（东营）律师事务所律师。

---

[1] 资料来源：中国裁判文书网 https://wenshu.court.gov.cn。

委托诉讼代理人：李丽萍，北京市盈科（东营）律师事务所律师。

上诉人刘某梅、杨某春因与被上诉人东营世纪苑物业有限责任公司（以下简称世纪苑公司）返还原物纠纷一案，不服山东省东营市东营区人民法院〔2022〕鲁0502民初3076号民事判决，向本院提起上诉。本院于2023年2月21日立案后，依法组成合议庭进行了审理。本案现已审理终结。

刘某梅、杨某春上诉请求：1.撤销一审判决，改判驳回世纪苑公司的诉讼请求或将本案发回重审；2.一、二审诉讼费用全部由世纪苑公司承担。事实与理由：一、一审判决无视已经查明的目前已经无法交接的案件事实，作出了错误的判决。1.刘某梅、杨某春曾与中国石化集团胜利石油管理局有限公司垦利社会化服务协调中心（以下简称垦利社调中心）存在股东资格确认纠纷。在该股东资格确认纠纷二审作出判决前，垦利社调中心将世纪苑公司的银行账户进行查封并且多次要求刘某梅、杨某春退出世纪苑公司，刘某梅、杨某春无奈下从原来位于水塔附近的原办公室临时搬至三十四中附近的一间商品房办公，原办公室的办公用品以及办公家具均未进行正式搬家，只携带了随身用的账本。刘某梅、杨某春在2021年1月19日股东资格确认纠纷二审判决后，就自行离开临时办公室，未再进行过与世纪苑公司有关的业务。世纪苑公司通过各种途径发布公告，公告内容均是世纪苑公司已与刘某梅、杨某春无关，世纪苑公司的全部资产以及业务均已经进行了全面的接管、法定代表人也已经进行了变更，也就是说世纪苑公司已经完全与刘某梅、杨某春没有任何关系。后来垦利社调中心通过在胜利日报发布公告，将以前所有的印章、证照作废，重新刻了公章、法人章、财务章、办理了新的营业执照等证照，银行账户重新更换了密码，银行账户内的资金后续由世纪苑公司正常使用，世纪苑公司后续自行正常经营。为了查明谁持有原来的资料，刘某梅、杨某春、世纪苑公司以及一审案件的承办人去原办公室查看，但是原来办公的地方已经另作他用，至于是谁用的，原来的资料等物品现放置于何处，刘某梅、杨某春均不知情。但是可以确定的是，刘某梅、杨某春不持有世纪苑公司所要求返还的所有资料。2.在2021年4月份，新任法人纪某建给杨某春打电话说要账目报税，杨某春将持有的账本交付给了纪某建以及新的财务人员，纪某建又提出协助报税，杨某春在第二天又配合新的会计去税务局完成了报税工作，杨某春已经将账目交接清楚，世纪苑公司认可该事实。世纪苑公司要求杨某春返还的其他资料，杨某春根本不持有，无法也无条件进行返还。其他的实物资产，世纪苑公司名下有商品房一批，全部对外出租，自刘某梅、杨某春与垦利社调中心的二审案件宣判以后，刘某梅、杨某春就不再进行管理，世纪苑公司自行收租金，自行与承租人签订合同。综上，一审判决无视刘某梅、杨某春不持有涉案资料的事实径自做出了错误的判决。二、一审判决适用法律错误。世纪苑公司自始至终没有提交涉案资料及实物资产由刘某梅、杨某春持有、占有的相应证据。即便提交了要求刘某梅、杨某春返还的公告、要求刘某梅、杨某春返还的信件，但是刘某梅、杨某春根本不持有也不占有，无法交付以及返还。反而世纪苑公司提交的纪某建与杨某春的交接证据以及纪某建与刘某梅的通话录音可以证实，刘某梅、杨某春已经尽自己的可能向世纪苑公司进行了交接，此后刘某梅、杨某春已经不具有交接的条件与可能，一审判决在世纪苑公司没有任何证据支持的条件下，认定存在世纪苑公司所主张的待证事实，作出对刘某梅、杨某春不利的判决结果，明显系法律适用不当。三、一审判决根本不具有可执行性。1.刘某梅、杨某春并不持有、占有世纪苑公司所要求返还的资料及实物资产，无法履行一审判决。2.《最高人民法院关于人民法院立案、审判与执行工作协调运行的意见》法发〔2018〕9号第11条第（2）项明确规定"交付特定标的物的，应当明确特定物的名称、数量、具体特征等特定信息，以及交付时间、方式等"，而一审判决载明"2001年3月成立至2021年2月变更登记前的公司记账凭证、账本账册、财务报表、租赁合同等所有纸质和电子财务档案资料和业务档案资料、实物资产"。"等"字是一个不明确、不具体的内容，可能会导致执行的范围无限地扩大。目前刘某梅仅持有临时办公室的钥匙，在本案审理过程中，刘某梅要求将钥匙交还纪某建，纪某建明确表示不接收。综上，恳请二审法院查明事实，依法改判驳回世纪苑公司的诉讼请求。

世纪苑公司辩称，一审判决认定事实清楚、适用法律正确、证据确实充分，应当予以维持。一、刘某梅、杨某春没有提供任何证据证明涉案账本等资料不持有不保管，更没有证明涉案账本遗留在了原办公室中发生丢失，现办公室钥匙仍然由刘某梅、杨某春持有。刘某梅、杨某春自2001年3月公司成立分别担任世纪苑公司法定代表人和会计、出纳直至2021年3月公司变更登记，长达21年，2021年3月通过法院强制执行变更工商登记，世纪苑公司变更股东和法人后，刘某梅、杨某春没有履行变更前财务账本账册的交接手续。刘某梅、杨某春原来在水塔旁边的办公室是租赁的景苑物业公司的办公房，景苑物业公司的房屋在2018年5月31日前由中石化胜利石油管理局统一移交东营区政府，移交后，世纪苑公司搬至三十四中办公室，明知道该房屋景苑物业要移交东营区，作为专业会计人员在搬走时不可能把账本账册这么重要的资料遗留在原办公室。刘某梅、杨某春主张账本账册在保管期间丢失或者遗失应提供证据予以证明。杨某春与世纪苑公司现任会计交接的财务资料是杨某春根据财务科目余额新建账本后交给了世纪苑公司，刘某梅、杨某春陈述的世纪苑公司在三十四中的办公室至今没交，一审庭审中，刘某梅、杨某春当庭将办公室钥匙提交法庭要求世纪苑公司接收，这充分证明上述办公室以及相关的公司实物资产、账本账册仍由刘某梅、杨某春持有保管并拒不移交的事实。二、一审判决适用法律正确。作为管理经营世纪苑公司的原法人、会计、出纳有义务在公司变更登记后交接公司存续期间的账本账册和实物资产，无需证明。三、一审判决返还记账凭证、账本账册、财务报表、租赁合同等所有纸质和电子财务档案资料和业务档案资料、实物资产，是依据一审证据作出的判决，具有可执行性。综上，请二审法院查明事实，依法驳回刘某梅、杨某春的上诉请求。

世纪苑公司向一审法院起诉请求：1.刘某梅、杨某春返还世纪苑公司自2001年3月成立至2021年2月变更登记前的公司记账凭证、账本账册、财务报表、租赁合同等所有纸质和电子财务档案资料和业务档案资料；2.刘某梅、杨某春返还世纪苑公司自2001年3月成立至2021年2月变更工商登记前公司的实物资产；3.案件诉讼费、保全费等费用由刘某梅、杨某春负担。

一审法院认定事实：垦利社调中心与世纪苑公司、周庆远、张梅、刘某梅、杨某春股东资格确认纠纷一案，一审法院于2020年6月28日作出〔2019〕鲁0502民初5149号民事判决：一、确认世纪苑公司将张梅、刘某梅、杨某春登记为公司股东的行为无效；二、确认世纪苑公司的100%股权属于垦利社调中心所有，限世纪苑公司于判决生效之日起十日内将公司股权变更登记至垦利社调中心名下；三、驳回垦利社调中心的其他诉讼请求。世纪苑公司、周庆远、张梅、刘某梅、杨某春不服上诉，东营市中级人民法院于2021年1月6日作出〔2020〕鲁05民终1781号民事判决：驳回上诉，维持原判。刘某梅、杨某春、张梅申请再审，山东省高级人民法院于2021年6月3日作出〔2021〕鲁民申3773号民事裁定：驳回刘某梅、杨某春、张梅的再审申请。刘某梅、杨某春、张梅申请监督，东营市人民检察院于2022年1月12日作出东检民监〔2021〕37050000118号不支持监督申请决定：不支持刘某梅、杨某春、张梅的监督申请。

垦利社调中心申请执行，一审法院于2021年2月9日作出〔2021〕鲁0502执484号执行裁定书及协助执行通知书：将世纪苑公司的100%股权变更登记至垦利社调中心名下。2021年3月4日，世纪苑公司股东由杨某春、张梅、牛秀良、王建国、刘某梅变更为中国石化集团胜利石油管理局有限公司，法定代表人由刘某梅变更为纪某建。垦利社调中心于2021年1月28日向刘某梅、周庆远、张梅、杨某春发出告知函，要求全部完整移交。世纪苑公司于2022年4月26日通过EMS快递向刘某梅、杨某春邮寄《关于返还东营世纪苑物业有限责任公司2001年至2021年账本账册、租赁合同等档案资料以及实物资产的通知函》。纪某建与刘某梅自2021年4月2日至2021年5月28日期间通过短信、2022年7月26日通话，多次沟通交付税盘、发票、现金、财务账、办公房屋等国有资产和所有物品。

2021年4月11日，杨某春向世纪苑公司交接2021年总分类账1本、2021年损益类账本1本、2021年资产负债及所有者权益账本1本。庭审中，刘某梅、杨某春当庭将原办公室钥匙交付世纪苑公司。

一审法院认为，民事主体从事民事活动，应当遵循自愿、公平、诚信原则，不得违反法律。《最高人民法院关于适用〈中华人民共和国民事诉讼法〉的解释》第一百零八条规定：对负有举证证明责任的当事人提供的证据，人民法院经审查并结合相关事实，确信待证事实的存在具有高度可能性的，应当认定该事实存在。对一方当事人为反驳负有举证证明责任的当事人所主张事实而提供的证据，人民法院经审查并结合相关事实，认为待证事实真伪不明的，应当认定该事实不存在。综合本案案情，刘某梅、杨某春在股东资格确认纠纷案件判决发生法律效力后，未与世纪苑公司办理相关账本账册等财务资料和实物资产的交接，故，对世纪苑公司主张的要求刘某梅、杨某春返还自2001年3月成立至2021年2月变更登记前的公司记账凭证、账本账册、财务报表、租赁合同等所有纸质和电子财务档案资料和业务档案资料、实物资产的诉讼请求，予以支持。综上所述，依照《中华人民共和国民法典》第三条，《中华人民共和国民事诉讼法》第六十七条第一款规定，判决：刘某梅、杨某春于判决生效之日起十日内返还世纪苑公司自2001年3月成立至2021年2月变更登记前的公司记账凭证、账本账册、财务报表、租赁合同等所有纸质和电子财务档案资料和业务档案资料、实物资产。案件受理费100元，减半收取计50元，由刘某梅、杨某春负担。

本院二审期间，当事人围绕诉讼请求向本院提交了证据，本院依法组织双方当事人进行了庭审质证。

刘某梅、杨某春向本院提交刘某梅、杨某春于2023年3月27日拍摄的原办公室的现状照片一张。证明：该照片显示的是刘某梅、杨某春原来的办公地方，所有的资料、家具、办公桌椅、空调均在此处，在2021年1月初，刘某梅、杨某春股东资格确认二审案件尚未判决时，原垦利社调中心的人就发动租户找刘某梅、杨某春退租金、押金，导致刘某梅、杨某春无法正常办公，就离开了此处，之后再未去过。本案一审期间，刘某梅、杨某春发现此处已经另作他用，刘某梅、杨某春认为此处应由世纪苑公司或垦利社调中心的相关部门自行管理使用。股东资格确认案件一、二审时刘某梅、杨某春的办公地址、办公室均在此处，办公室内包括所有的资料、空调、橱柜、桌椅均存放于此处，现刘某梅、杨某春不持有世纪苑公司所要求的任何的资料及实物资产。世纪苑公司在答辩状中陈述的在2018年移交的事实刘某梅、杨某春不清楚。

世纪苑公司质证称，对于证据的真实性不清楚，证明目的不予认可，该证据与本案纠纷无关，与刘某梅、杨某春是否持有本案账本没有直接的关联性。世纪苑公司变更办公地点，不是刘某梅、杨某春抗辩不持有账本账册或者丢失账本账册的理由。作为专业的会计人员不可能因为搬家将涉案账本丢弃不管，若真如刘某梅、杨某春所述，则存在故意遗弃账本账册等公司财务资料应承担刑事责任。

世纪苑公司未提交新的证据。

本院对刘某梅、杨某春提交的证据定证如下：该照片仅能反映涉案房屋的现状，不能反映涉案房屋的交接情况，本院不予采信。

二审查明的案件事实与一审认定事实一致。

二审争议的焦点问题为，一审判令刘某梅、杨某春向世纪苑公司返还有关记账凭证、账本账册、财务报表、租赁合同等所有纸质和电子财务档案资料和业务档案资料、实物资产是否正确。

本院认为，无权占有不动产或动产的，权利人可以请求返还原物。公司的记账凭证及账簿等属公司所有，会计人员调动工作或者离职，必须与接管人员办清交接手续。本案中，刘某梅、杨某春认可其二人担任世纪苑公司法定代表人、会计期间该公司有账册，刘某梅、杨某春在不再经营世纪苑公司时有义务将其保管的财务资料、实物资产等与接管人员办清交接手续。刘某梅、杨某春认可其就世纪苑公司2021年2月之前的账册未与接管人员办理交接手续，世纪苑公司请求返还该部分账册及依据该部分账册确定的资产符合法律规定，一审判决予以支持并无不当。

综上所述，刘某梅、杨某春的上诉请求不能成立，应予驳回；一审判决认定事实清楚，适用法律正确，应予维持。依照《中华人民共和国民事诉讼法》第一百七十七条第一款第一项规定，判决如下：

驳回上诉，维持原判。

二审案件受理费100元，由上诉人刘某梅、杨某春负担。

本判决为终审判决。

审判长　王　芳
审判员　魏金吉
审判员　崔海霞
二〇二三年五月十五日
法官助理　张志倩
书记员　衣丽娇

第五章 法律责任

一、第四十条

（一）法条原文

【2024 年版本】

第四十条 违反本法规定，有下列行为之一的，由县级以上人民政府财政部门责令限期改正，给予警告、通报批评，对单位可以并处二十万元以下的罚款，对其直接负责的主管人员和其他直接责任人员可以处五万元以下的罚款；情节严重的，对单位可以并处二十万元以上一百万元以下的罚款，对其直接负责的主管人员和其他直接责任人员可以处五万元以上五十万元以下的罚款；属于公职人员的，还应当依法给予处分：

（一）不依法设置会计账簿的；

（二）私设会计账簿的；

（三）未按照规定填制、取得原始凭证或者填制、取得的原始凭证不符合规定的；

（四）以未经审核的会计凭证为依据登记会计账簿或者登记会计账簿不符合规定的；

（五）随意变更会计处理方法的；

（六）向不同的会计资料使用者提供的财务会计报告编制依据不一致的；

（七）未按照规定使用会计记录文字或者记账本位币的；

（八）未按照规定保管会计资料，致使会计资料毁损、灭失的；

（九）未按照规定建立并实施单位内部会计监督制度或者拒绝依法实施的监督或者不如实提供有关会计资料及有关情况的；

（十）任用会计人员不符合本法规定的。

有前款所列行为之一，构成犯罪的，依法追究刑事责任。

会计人员有第一款所列行为之一，情节严重的，五年内不得从事会计工作。

有关法律对第一款所列行为的处罚另有规定的，依照有关法律的规定办理。

373

【2017 年版本】

第四十二条 违反本法规定，有下列行为之一的，由县级以上人民政府财政部门责令限期改正，可以对单位并处三千元以上五万元以下的罚款；对其直接负责的主管人员和其他直接责任人员，可以处二千元以上二万元以下的罚款；属于国家工作人员的，还应当由其所在单位或者有关单位依法给予行政处分：

（一）不依法设置会计帐簿的；

（二）私设会计帐簿的；

（三）未按照规定填制、取得原始凭证或者填制、取得的原始凭证不符合规定的；

（四）以未经审核的会计凭证为依据登记会计帐簿或者登记会计帐簿不符合规定的；

（五）随意变更会计处理方法的；

（六）向不同的会计资料使用者提供的财务会计报告编制依据不一致的；

（七）未按照规定使用会计记录文字或者记帐本位币的；

（八）未按照规定保管会计资料，致使会计资料毁损、灭失的；

（九）未按照规定建立并实施单位内部会计监督制度或者拒绝依法实施的监督或者不如实提供有关会计资料及有关情况的；

（十）任用会计人员不符合本法规定的。

有前款所列行为之一，构成犯罪的，依法追究刑事责任。

会计人员有第一款所列行为之一，情节严重的，五年内不得从事会计工作。

有关法律对第一款所列行为的处罚另有规定的，依照有关法律的规定办理。

【1999 年版本】

第四十二条 违反本法规定，有下列行为之一的，由县级以上人民政府财政部门责令限期改正，可以对单位并处三千元以上五万元以下的罚款；对其直接负责的主管人员和其他直接责任人员，可以处二千元以上二万元以下的罚款；属于国家工作人员的，还应当由其所在单位或者有关单位依法给予行政处分：

（一）不依法设置会计帐簿的；

（二）私设会计帐簿的；

（三）未按照规定填制、取得原始凭证或者填制、取得的原始凭证不符合规定的；

（四）以未经审核的会计凭证为依据登记会计帐簿或者登记会计帐簿不符合规定的；

（五）随意变更会计处理方法的；

（六）向不同的会计资料使用者提供的财务会计报告编制依据不一致的；

（七）未按照规定使用会计记录文字或者记帐本位币的；

（八）未按照规定保管会计资料，致使会计资料毁损、灭失的；

（九）未按照规定建立并实施单位内部会计监督制度或者

不如实提供有关会计资料及有关情况的;

(十)任用会计人员不符合本法规定的。

有前款所列行为之一,构成犯罪的,依法追究刑事责任。

会计人员有第一款所列行为之一,情节严重的,由县级以上人民政府财政部门吊销会计从业资格证书。

有关法律对第一款所列行为的处罚另有规定的,依照有关法律的规定办理。

【1993 年版本】

第二十五条 单位领导人、会计人员违反本法第二章关于会计核算的规定,情节严重的,给予行政处分。

【1985 年版本】

第二十五条 单位行政领导人、会计人员违反本法第二章关于会计核算的规定,情节严重的,给予行政处分

(二)法条释义

本条规定了单位会计违法行为的法律责任。

各单位应当严格遵守会计法的相关规定,如果违反会计法规定,有下列行为之一,由县级以上人民政府财政部门责令限期改正,给予警告、通报批评,对单位可以并处 20 万元以下的罚款,对其直接负责的主管人员和其他直接责任人员可以处 5 万元以下的罚款;情节严重的,对单位可以并处 20 万元以上 100 万元以下的罚款,对其直接负责的主管人员和其他直接责任人员可以处 5 万元以上 50 万元以下的罚款;属于公职人员的,还应当依法给予处分。警告是一种警诫性的法律制裁方式,也是最轻微的一种法律责任。通报批评属于行政处罚中的申诫罚。申诫罚是指行政机关对违法行为人的名誉、荣誉、信誉或精神上的利益造成一定损害以示警诫的行政处罚。通报批评正是以公布违法行为人违法事实的方式对其声誉造成损害,进而达到制裁和教育违法者,警诫其他人的一种措施。公职人员,是指依法履行公共职务的国家立法机关、司法机关、行政机关、中国共产党和各个民主党派的党务机关、各人民团体、国有企业、事业单位的工作人员。行政处分是行政机关内部,上级对有隶属关系的下级违反纪律的行为或者是对尚未构成犯罪的轻微违法行为所给予的纪律制裁,是行政制裁的一种形式,行政处分的种类有六种,从轻到重依次为警告、记过、记大过、降级、撤职、开除。

上述违法行为包括以下 10 种:

(1)不依法设置会计账簿。依法设置会计账簿是各单位最基本的会计义务,不依法设置会计账簿包括两种情形:一是未设置会计账簿;二是虽然设置了会计账簿,但会计账簿的形式与内容均不合法。

(2)私设会计账簿。私设会计账簿是指在法定的会计账簿之外额外设置的会计账

簿，私设的会计账簿可以符合法定形式，也可以不符合法定形式，私设的会计账簿可以是一套，也可以是多套。

（3）未按照规定填制、取得原始凭证或者填制、取得的原始凭证不符合规定。未按照规定填制、取得原始凭证包括未填制、取得原始凭证以及虽然填制、取得了原始凭证，但不符合法律规定。取得的原始凭证不符合规定是指取得的原始凭证本身不符合法律规定，如缺少必须具备的项目、没有加盖出具单位的公章或者加盖的公章不符合规定等。

（4）以未经审核的会计凭证为依据登记会计账簿或者登记会计账簿不符合规定。登记会计账簿之前一定要对会计凭证进行审核，如果经过审核，因失误而未发现会计凭证不符合规定，不构成该项违法行为。登记会计账簿应当符合相关规定，如会计账簿上显示的金额与会计凭证上的金额要保持一致等，如果不符合规定，则构成该项违法行为。

（5）随意变更会计处理方法。同一单位各期的会计处理方法原则上应当保持一致，如果有必要变更，也应当严格根据相关规定进行变更。随意变更会计处理方法，包括没有必要变更会计处理方法时变更会计处理方法，也包括虽然可以变更会计处理方法，但未根据相关规定进行变更。

（6）向不同的会计资料使用者提供的财务会计报告编制依据不一致。单位编制的财务会计报告既供单位内部使用，也会根据相关规定向其他会计资料使用者提供。不同会计资料使用者要求的财务会计报告的格式与内容可能有所区别，但其编制依据应当保持一致，相关数据应当保持一致，否则，即构成本项违法行为。

（7）未按照规定使用会计记录文字或者记账本位币。会计记录的文字应当使用中文。在民族自治地方，会计记录可以同时使用当地通用的一种民族文字。在中华人民共和国境内的外商投资企业、外国企业和其他外国组织的会计记录可以同时使用一种外国文字。会计核算以人民币为记账本位币。业务收支以人民币以外的货币为主的单位，可以选定其中一种货币作为记账本位币，但是编报的财务会计报告应当折算为人民币。

（8）未按照规定保管会计资料，致使会计资料毁损、灭失。会计资料是单位最重要的资料之一，必须严格依法妥善保管。原则上，只要一个单位的会计资料毁损、灭失，就可以推定其没有按照规定保管会计资料，除非因为不可抗力，如因地震导致会计资料毁损、灭失，不构成违法行为。

（9）未按照规定建立并实施单位内部会计监督制度或者拒绝依法实施的监督或者不如实提供有关会计资料及有关情况。各单位应当建立、健全本单位内部会计监督制度，并将其纳入本单位内部控制制度。各单位必须依照有关法律、行政法规的规定，接受有关监督检查部门依法实施的监督检查，如实提供会计凭证、会计账簿、财务会计报告和其他会计资料以及有关情况，不得拒绝、隐匿、谎报。

（10）任用会计人员不符合会计法规定。会计人员应当具备从事会计工作所需要的专业能力。担任单位会计机构负责人（会计主管人员）的，应当具备会计师以上专业技术职务资格或者从事会计工作3年以上经历。

上述所列行为，一旦构成，即属于行政违法行为，应当依法追究其行政责任。上述行为如果后果严重，还有可能构成犯罪，一旦构成犯罪，应当依法追究刑事责任。

会计人员有上述所列行为之一，应当依法追究行政责任，如果情节严重，5年内不得从事会计工作。会计人员多次从事上述行为，或者从事上述多种违法行为，或者造成了严重的后果，或者被追究刑事责任，均属于情节严重，均应禁止从事会计工作5年。

有关法律对上述所列行为的处罚另有规定的，依照有关法律的规定办理，即其他法律关于上述违法行为的处罚规定优先适用。如《中华人民共和国税收征收管理法》第六十条规定，纳税人未按照规定设置、保管账簿或者保管记账凭证和有关资料的，由税务机关责令限期改正，可以处2 000元以下的罚款；情节严重的，处2 000元以上10 000元以下的罚款。纳税人如有上述违法行为，应当根据《税收征收管理法》的规定承担行政责任。根据一事不二罚的原则，纳税人根据《中华人民共和国税收征收管理法》的规定接受行政处罚以后，不应再根据《会计法》对其进行处罚。

2017年、1999年版本《会计法》第四十二条第一款规定："违反本法规定，有下列行为之一的，由县级以上人民政府财政部门责令限期改正，可以对单位并处三千元以上五万元以下的罚款；对其直接负责的主管人员和其他直接责任人员，可以处二千元以上二万元以下的罚款；属于国家工作人员的，还应当由其所在单位或者有关单位依法给予行政处分：……"

2024年版本《会计法》的处罚力度大大提高，对单位的罚款从"三千元以上五万元以下"提高至"二十万元以下"，情节严重的提高至"二十万元以上一百万元以下"；对直接负责的主管人员和其他直接责任人员的罚款从"二千元以上二万元以下"提高至"五万元以下"，情节严重的，提高至"五万元以上五十万元以下"。另外将"国家工作人员"修改为"公职人员"，范围扩大。国家工作人员是指在国家机关中从事公务的人员。公职人员是依法履行公职的人员。公职人员履行公职的范围要比公务的范围广，因为公务活动的本质是与国家公共事务有关，而公职人员履行公职的范围则没有国家事务的限制。一些非国家性的社会性公共事务，如基层群众性自治组织内集体事务的管理，虽然不能称之为从事公务，但依法属于履行公职的范围。2014年版本《会计法》的这一修改，与《中华人民共和国监察法》的适用范围保持一致。《中华人民共和国监察法》第一条规定："为了深化国家监察体制改革，加强对所有行使公权力的公职人员的监督……"该法适用的就是公职人员。

（三）相关条文

《中华人民共和国公司法》（2023年12月29日）

第二百五十四条　有下列行为之一的，由县级以上人民政府财政部门依照《中华人民共和国会计法》等法律、行政法规的规定处罚：

（一）在法定的会计账簿以外另立会计账簿；

（二）提供存在虚假记载或者隐瞒重要事实的财务会计报告。

《中华人民共和国行政处罚法》（2021年1月22日）

第一章 总 则

第一条 为了规范行政处罚的设定和实施，保障和监督行政机关有效实施行政管理，维护公共利益和社会秩序，保护公民、法人或者其他组织的合法权益，根据宪法，制定本法。

第二条 行政处罚是指行政机关依法对违反行政管理秩序的公民、法人或者其他组织，以减损权益或者增加义务的方式予以惩戒的行为。

第三条 行政处罚的设定和实施，适用本法。

第四条 公民、法人或者其他组织违反行政管理秩序的行为，应当给予行政处罚的，依照本法由法律、法规、规章规定，并由行政机关依照本法规定的程序实施。

第五条 行政处罚遵循公正、公开的原则。

设定和实施行政处罚必须以事实为依据，与违法行为的事实、性质、情节以及社会危害程度相当。

对违法行为给予行政处罚的规定必须公布；未经公布的，不得作为行政处罚的依据。

第六条 实施行政处罚，纠正违法行为，应当坚持处罚与教育相结合，教育公民、法人或者其他组织自觉守法。

第七条 公民、法人或者其他组织对行政机关所给予的行政处罚，享有陈述权、申辩权；对行政处罚不服的，有权依法申请行政复议或者提起行政诉讼。

公民、法人或者其他组织因行政机关违法给予行政处罚受到损害的，有权依法提出赔偿要求。

第八条 公民、法人或者其他组织因违法行为受到行政处罚，其违法行为对他人造成损害的，应当依法承担民事责任。

违法行为构成犯罪，应当依法追究刑事责任的，不得以行政处罚代替刑事处罚。

第二章 行政处罚的种类和设定

第九条 行政处罚的种类：

（一）警告、通报批评；

（二）罚款、没收违法所得、没收非法财物；

（三）暂扣许可证件、降低资质等级、吊销许可证件；

（四）限制开展生产经营活动、责令停产停业、责令关闭、限制从业；

（五）行政拘留；

（六）法律、行政法规规定的其他行政处罚。

第十条　法律可以设定各种行政处罚。

限制人身自由的行政处罚，只能由法律设定。

第十一条　行政法规可以设定除限制人身自由以外的行政处罚。

法律对违法行为已经作出行政处罚规定，行政法规需要作出具体规定的，必须在法律规定的给予行政处罚的行为、种类和幅度的范围内规定。

法律对违法行为未作出行政处罚规定，行政法规为实施法律，可以补充设定行政处罚。拟补充设定行政处罚的，应当通过听证会、论证会等形式广泛听取意见，并向制定机关作出书面说明。行政法规报送备案时，应当说明补充设定行政处罚的情况。

第十二条　地方性法规可以设定除限制人身自由、吊销营业执照以外的行政处罚。

法律、行政法规对违法行为已经作出行政处罚规定，地方性法规需要作出具体规定的，必须在法律、行政法规规定的给予行政处罚的行为、种类和幅度的范围内规定。

法律、行政法规对违法行为未作出行政处罚规定，地方性法规为实施法律、行政法规，可以补充设定行政处罚。拟补充设定行政处罚的，应当通过听证会、论证会等形式广泛听取意见，并向制定机关作出书面说明。地方性法规报送备案时，应当说明补充设定行政处罚的情况。

第十三条　国务院部门规章可以在法律、行政法规规定的给予行政处罚的行为、种类和幅度的范围内作出具体规定。

尚未制定法律、行政法规的，国务院部门规章对违反行政管理秩序的行为，可以设定警告、通报批评或者一定数额罚款的行政处罚。罚款的限额由国务院规定。

第十四条　地方政府规章可以在法律、法规规定的给予行政处罚的行为、种类和幅度的范围内作出具体规定。

尚未制定法律、法规的，地方政府规章对违反行政管理秩序的行为，可以设定警告、通报批评或者一定数额罚款的行政处罚。罚款的限额由省、自治区、直辖市人民代表大会常务委员会规定。

第十五条　国务院部门和省、自治区、直辖市人民政府及其有关部门应当定期组织评估行政处罚的实施情况和必要性，对不适当的行政处罚事项及种类、罚款数额等，应当提出修改或者废止的建议。

第十六条　除法律、法规、规章外，其他规范性文件不得设定行政处罚。

第三章　行政处罚的实施机关

第十七条　行政处罚由具有行政处罚权的行政机关在法定职权范围内实施。

第十八条　国家在城市管理、市场监管、生态环境、文化市场、交通运输、应急管理、农业等领域推行建立综合行政执法制度，相对集中行政处罚权。

国务院或者省、自治区、直辖市人民政府可以决定一个行政机关行使有关行政机关的行政处罚权。

限制人身自由的行政处罚权只能由公安机关和法律规定的其他机关行使。

第十九条　法律、法规授权的具有管理公共事务职能的组织可以在法定授权范围内实施行政处罚。

第二十条　行政机关依照法律、法规、规章的规定，可以在其法定权限内书面委托符合本法第二十一条规定条件的组织实施行政处罚。行政机关不得委托其他组织或者个人实施行政处罚。

委托书应当载明委托的具体事项、权限、期限等内容。委托行政机关和受委托组织应当将委托书向社会公布。

委托行政机关对受委托组织实施行政处罚的行为应当负责监督，并对该行为的后果承担法律责任。

受委托组织在委托范围内，以委托行政机关名义实施行政处罚；不得再委托其他组织或者个人实施行政处罚。

第二十一条　受委托组织必须符合以下条件：

（一）依法成立并具有管理公共事务职能；

（二）有熟悉有关法律、法规、规章和业务并取得行政执法资格的工作人员；

（三）需要进行技术检查或者技术鉴定的，应当有条件组织进行相应的技术检查或者技术鉴定。

第四章　行政处罚的管辖和适用

第二十二条　行政处罚由违法行为发生地的行政机关管辖。法律、行政法规、部门规章另有规定的，从其规定。

第二十三条　行政处罚由县级以上地方人民政府具有行政处罚权的行政机关管辖。法律、行政法规另有规定的，从其规定。

第二十四条　省、自治区、直辖市根据当地实际情况，可以决定将基层管理迫切需要的县级人民政府部门的行政处罚权交由能够有效承接的乡镇人民政府、街道办事处行使，并定期组织评估。决定应当公布。

承接行政处罚权的乡镇人民政府、街道办事处应当加强执法能力建设，按照规定范围、依照法定程序实施行政处罚。

有关地方人民政府及其部门应当加强组织协调、业务指导、执法监督，建立健全行政处罚协调配合机制，完善评议、考核制度。

第二十五条　两个以上行政机关都有管辖权的，由最先立案的行政机关管辖。

对管辖发生争议的，应当协商解决，协商不成的，报请共同的上一级行政机关指定管辖；也可以直接由共同的上一级行政机关指定管辖。

第二十六条　行政机关因实施行政处罚的需要，可以向有关机关提出协助请求。协助事项属于被请求机关职权范围内的，应当依法予以协助。

第二十七条　违法行为涉嫌犯罪的，行政机关应当及时将案件移送司法机关，依法追究刑事责任。对依法不需要追究刑事责任或者免予刑事处罚，但应当给予行政处罚的，司法机关应当及时将案件移送有关行政机关。

行政处罚实施机关与司法机关之间应当加强协调配合，建立健全案件移送制度，加强证据材料移交、接收衔接，完善案件处理信息通报机制。

第二十八条 行政机关实施行政处罚时，应当责令当事人改正或者限期改正违法行为。

当事人有违法所得，除依法应当退赔的外，应当予以没收。违法所得是指实施违法行为所取得的款项。法律、行政法规、部门规章对违法所得的计算另有规定的，从其规定。

第二十九条 对当事人的同一个违法行为，不得给予两次以上罚款的行政处罚。同一个违法行为违反多个法律规范应当给予罚款处罚的，按照罚款数额高的规定处罚。

第三十条 不满十四周岁的未成年人有违法行为的，不予行政处罚，责令监护人加以管教；已满十四周岁不满十八周岁的未成年人有违法行为的，应当从轻或者减轻行政处罚。

第三十一条 精神病人、智力残疾人在不能辨认或者不能控制自己行为时有违法行为的，不予行政处罚，但应当责令其监护人严加看管和治疗。间歇性精神病人在精神正常时有违法行为的，应当给予行政处罚。尚未完全丧失辨认或者控制自己行为能力的精神病人、智力残疾人有违法行为的，可以从轻或者减轻行政处罚。

第三十二条 当事人有下列情形之一，应当从轻或者减轻行政处罚：

（一）主动消除或者减轻违法行为危害后果的；

（二）受他人胁迫或者诱骗实施违法行为的；

（三）主动供述行政机关尚未掌握的违法行为的；

（四）配合行政机关查处违法行为有立功表现的；

（五）法律、法规、规章规定其他应当从轻或者减轻行政处罚的。

第三十三条 违法行为轻微并及时改正，没有造成危害后果的，不予行政处罚。初次违法且危害后果轻微并及时改正的，可以不予行政处罚。

当事人有证据足以证明没有主观过错的，不予行政处罚。法律、行政法规另有规定的，从其规定。

对当事人的违法行为依法不予行政处罚的，行政机关应当对当事人进行教育。

第三十四条 行政机关可以依法制定行政处罚裁量基准，规范行使行政处罚裁量权。行政处罚裁量基准应当向社会公布。

第三十五条 违法行为构成犯罪，人民法院判处拘役或者有期徒刑时，行政机关已经给予当事人行政拘留的，应当依法折抵相应刑期。

违法行为构成犯罪，人民法院判处罚金时，行政机关已经给予当事人罚款的，应当折抵相应罚金；行政机关尚未给予当事人罚款的，不再给予罚款。

第三十六条 违法行为在二年内未被发现的，不再给予行政处罚；涉及公民生命健康安全、金融安全且有危害后果的,上述期限延长至五年。法律另有规定的除外。

前款规定的期限,从违法行为发生之日起计算;违法行为有连续或者继续状态的,从行为终了之日起计算。

第三十七条 实施行政处罚,适用违法行为发生时的法律、法规、规章的规定。但是,作出行政处罚决定时,法律、法规、规章已被修改或者废止,且新的规定处罚较轻或者不认为是违法的,适用新的规定。

第三十八条 行政处罚没有依据或者实施主体不具有行政主体资格的,行政处罚无效。

违反法定程序构成重大且明显违法的,行政处罚无效。

第五章 行政处罚的决定
第一节 一般规定

第三十九条 行政处罚的实施机关、立案依据、实施程序和救济渠道等信息应当公示。

第四十条 公民、法人或者其他组织违反行政管理秩序的行为,依法应当给予行政处罚的,行政机关必须查明事实;违法事实不清、证据不足的,不得给予行政处罚。

第四十一条 行政机关依照法律、行政法规规定利用电子技术监控设备收集、固定违法事实的,应当经过法制和技术审核,确保电子技术监控设备符合标准、设置合理、标志明显,设置地点应当向社会公布。

电子技术监控设备记录违法事实应当真实、清晰、完整、准确。行政机关应当审核记录内容是否符合要求;未经审核或者经审核不符合要求的,不得作为行政处罚的证据。

行政机关应当及时告知当事人违法事实,并采取信息化手段或者其他措施,为当事人查询、陈述和申辩提供便利。不得限制或者变相限制当事人享有的陈述权、申辩权。

第四十二条 行政处罚应当由具有行政执法资格的执法人员实施。执法人员不得少于两人,法律另有规定的除外。

执法人员应当文明执法,尊重和保护当事人合法权益。

第四十三条 执法人员与案件有直接利害关系或者有其他关系可能影响公正执法的,应当回避。

当事人认为执法人员与案件有直接利害关系或者有其他关系可能影响公正执法的,有权申请回避。

当事人提出回避申请的,行政机关应当依法审查,由行政机关负责人决定。决定作出之前,不停止调查。

第四十四条 行政机关在作出行政处罚决定之前,应当告知当事人拟作出的行政处罚内容及事实、理由、依据,并告知当事人依法享有的陈述、申辩、要求听证等权利。

第四十五条 当事人有权进行陈述和申辩。行政机关必须充分听取当事人的意见，对当事人提出的事实、理由和证据，应当进行复核；当事人提出的事实、理由或者证据成立的，行政机关应当采纳。

行政机关不得因当事人陈述、申辩而给予更重的处罚。

第四十六条 证据包括：

（一）书证；

（二）物证；

（三）视听资料；

（四）电子数据；

（五）证人证言；

（六）当事人的陈述；

（七）鉴定意见；

（八）勘验笔录、现场笔录。

证据必须经查证属实，方可作为认定案件事实的根据。

以非法手段取得的证据，不得作为认定案件事实的根据。

第四十七条 行政机关应当依法以文字、音像等形式，对行政处罚的启动、调查取证、审核、决定、送达、执行等进行全过程记录，归档保存。

第四十八条 具有一定社会影响的行政处罚决定应当依法公开。

公开的行政处罚决定被依法变更、撤销、确认违法或者确认无效的，行政机关应当在三日内撤回行政处罚决定信息并公开说明理由。

第四十九条 发生重大传染病疫情等突发事件，为了控制、减轻和消除突发事件引起的社会危害，行政机关对违反突发事件应对措施的行为，依法快速、从重处罚。

第五十条 行政机关及其工作人员对实施行政处罚过程中知悉的国家秘密、商业秘密或者个人隐私，应当依法予以保密。

第二节　简　易　程　序

第五十一条 违法事实确凿并有法定依据，对公民处以二百元以下、对法人或者其他组织处以三千元以下罚款或者警告的行政处罚的，可以当场作出行政处罚决定。法律另有规定的，从其规定。

第五十二条 执法人员当场作出行政处罚决定的，应当向当事人出示执法证件，填写预定格式、编有号码的行政处罚决定书，并当场交付当事人。当事人拒绝签收的，应当在行政处罚决定书上注明。

前款规定的行政处罚决定书应当载明当事人的违法行为，行政处罚的种类和依据、罚款数额、时间、地点，申请行政复议、提起行政诉讼的途径和期限以及行政机关名称，并由执法人员签名或者盖章。

执法人员当场作出的行政处罚决定，应当报所属行政机关备案。

第五十三条 对当场作出的行政处罚决定，当事人应当依照本法第六十七条至第六十九条的规定履行。

第三节 普通程序

第五十四条 除本法第五十一条规定的可以当场作出的行政处罚外，行政机关发现公民、法人或者其他组织有依法应当给予行政处罚的行为的，必须全面、客观、公正地调查，收集有关证据；必要时，依照法律、法规的规定，可以进行检查。

符合立案标准的，行政机关应当及时立案。

第五十五条 执法人员在调查或者进行检查时，应当主动向当事人或者有关人员出示执法证件。当事人或者有关人员有权要求执法人员出示执法证件。执法人员不出示执法证件的，当事人或者有关人员有权拒绝接受调查或者检查。

当事人或者有关人员应当如实回答询问，并协助调查或者检查，不得拒绝或者阻挠。询问或者检查应当制作笔录。

第五十六条 行政机关在收集证据时，可以采取抽样取证的方法；在证据可能灭失或者以后难以取得的情况下，经行政机关负责人批准，可以先行登记保存，并应当在七日内及时作出处理决定，在此期间，当事人或者有关人员不得销毁或者转移证据。

第五十七条 调查终结，行政机关负责人应当对调查结果进行审查，根据不同情况，分别作出如下决定：

（一）确有应受行政处罚的违法行为的，根据情节轻重及具体情况，作出行政处罚决定；

（二）违法行为轻微，依法可以不予行政处罚的，不予行政处罚；

（三）违法事实不能成立的，不予行政处罚；

（四）违法行为涉嫌犯罪的，移送司法机关。

对情节复杂或者重大违法行为给予行政处罚，行政机关负责人应当集体讨论决定。

第五十八条 有下列情形之一，在行政机关负责人作出行政处罚的决定之前，应当由从事行政处罚决定法制审核的人员进行法制审核；未经法制审核或者审核未通过的，不得作出决定：

（一）涉及重大公共利益的；

（二）直接关系当事人或者第三人重大权益，经过听证程序的；

（三）案件情况疑难复杂、涉及多个法律关系的；

（四）法律、法规规定应当进行法制审核的其他情形。

行政机关中初次从事行政处罚决定法制审核的人员，应当通过国家统一法律职业资格考试取得法律职业资格。

第五十九条 行政机关依照本法第五十七条的规定给予行政处罚，应当制作行政处罚决定书。行政处罚决定书应当载明下列事项：

（一）当事人的姓名或者名称、地址；

（二）违反法律、法规、规章的事实和证据；

（三）行政处罚的种类和依据；

（四）行政处罚的履行方式和期限；

（五）申请行政复议、提起行政诉讼的途径和期限；

（六）作出行政处罚决定的行政机关名称和作出决定的日期。

行政处罚决定书必须盖有作出行政处罚决定的行政机关的印章。

第六十条 行政机关应当自行政处罚案件立案之日起九十日内作出行政处罚决定。法律、法规、规章另有规定的，从其规定。

第六十一条 行政处罚决定书应当在宣告后当场交付当事人；当事人不在场的，行政机关应当在七日内依照《中华人民共和国民事诉讼法》的有关规定，将行政处罚决定书送达当事人。

当事人同意并签订确认书的，行政机关可以采用传真、电子邮件等方式，将行政处罚决定书等送达当事人。

第六十二条 行政机关及其执法人员在作出行政处罚决定之前，未依照本法第四十四条、第四十五条的规定向当事人告知拟作出的行政处罚内容及事实、理由、依据，或者拒绝听取当事人的陈述、申辩，不得作出行政处罚决定；当事人明确放弃陈述或者申辩权利的除外。

第四节 听 证 程 序

第六十三条 行政机关拟作出下列行政处罚决定，应当告知当事人有要求听证的权利，当事人要求听证的，行政机关应当组织听证：

（一）较大数额罚款；

（二）没收较大数额违法所得、没收较大价值非法财物；

（三）降低资质等级、吊销许可证件；

（四）责令停产停业、责令关闭、限制从业；

（五）其他较重的行政处罚；

（六）法律、法规、规章规定的其他情形。

当事人不承担行政机关组织听证的费用。

第六十四条 听证应当依照以下程序组织：

（一）当事人要求听证的，应当在行政机关告知后五日内提出；

（二）行政机关应当在举行听证的七日前，通知当事人及有关人员听证的时间、地点；

（三）除涉及国家秘密、商业秘密或者个人隐私依法予以保密外，听证公开举行；

（四）听证由行政机关指定的非本案调查人员主持；当事人认为主持人与本案有直接利害关系的，有权申请回避；

（五）当事人可以亲自参加听证，也可以委托一至二人代理；

（六）当事人及其代理人无正当理由拒不出席听证或者未经许可中途退出听证的，视为放弃听证权利，行政机关终止听证；

（七）举行听证时，调查人员提出当事人违法的事实、证据和行政处罚建议，当事人进行申辩和质证；

（八）听证应当制作笔录。笔录应当交当事人或者其代理人核对无误后签字或者盖章。当事人或者其代理人拒绝签字或者盖章的，由听证主持人在笔录中注明。

第六十五条 听证结束后，行政机关应当根据听证笔录，依照本法第五十七条的规定，作出决定。

第六章 行政处罚的执行

第六十六条 行政处罚决定依法作出后，当事人应当在行政处罚决定书载明的期限内，予以履行。

当事人确有经济困难，需要延期或者分期缴纳罚款的，经当事人申请和行政机关批准，可以暂缓或者分期缴纳。

第六十七条 作出罚款决定的行政机关应当与收缴罚款的机构分离。

除依照本法第六十八条、第六十九条的规定当场收缴的罚款外，作出行政处罚决定的行政机关及其执法人员不得自行收缴罚款。

当事人应当自收到行政处罚决定书之日起十五日内，到指定的银行或者通过电子支付系统缴纳罚款。银行应当收受罚款，并将罚款直接上缴国库。

第六十八条 依照本法第五十一条的规定当场作出行政处罚决定，有下列情形之一，执法人员可以当场收缴罚款：

（一）依法给予一百元以下罚款的；

（二）不当场收缴事后难以执行的。

第六十九条 在边远、水上、交通不便地区，行政机关及其执法人员依照本法第五十一条、第五十七条的规定作出罚款决定后，当事人到指定的银行或者通过电子支付系统缴纳罚款确有困难，经当事人提出，行政机关及其执法人员可以当场收缴罚款。

第七十条 行政机关及其执法人员当场收缴罚款的，必须向当事人出具国务院财政部门或者省、自治区、直辖市人民政府财政部门统一制发的专用票据；不出具财政部门统一制发的专用票据的，当事人有权拒绝缴纳罚款。

第七十一条 执法人员当场收缴的罚款，应当自收缴罚款之日起二日内，交至行政机关；在水上当场收缴的罚款，应当自抵岸之日起二日内交至行政机关；行政机关应当在二日内将罚款缴付指定的银行。

第七十二条 当事人逾期不履行行政处罚决定的，作出行政处罚决定的行政机关可以采取下列措施：

（一）到期不缴纳罚款的，每日按罚款数额的百分之三加处罚款，加处罚款的数额不得超出罚款的数额；

（二）根据法律规定，将查封、扣押的财物拍卖、依法处理或者将冻结的存款、汇款划拨抵缴罚款；

（三）根据法律规定，采取其他行政强制执行方式；

（四）依照《中华人民共和国行政强制法》的规定申请人民法院强制执行。

行政机关批准延期、分期缴纳罚款的，申请人民法院强制执行的期限，自暂缓或者分期缴纳罚款期限结束之日起计算。

第七十三条　当事人对行政处罚决定不服，申请行政复议或者提起行政诉讼的，行政处罚不停止执行，法律另有规定的除外。

当事人对限制人身自由的行政处罚决定不服，申请行政复议或者提起行政诉讼的，可以向作出决定的机关提出暂缓执行申请。符合法律规定情形的，应当暂缓执行。

当事人申请行政复议或者提起行政诉讼的，加处罚款的数额在行政复议或者行政诉讼期间不予计算。

第七十四条　除依法应当予以销毁的物品外，依法没收的非法财物必须按照国家规定公开拍卖或者按照国家有关规定处理。

罚款、没收的违法所得或者没收非法财物拍卖的款项，必须全部上缴国库，任何行政机关或者个人不得以任何形式截留、私分或者变相私分。

罚款、没收的违法所得或者没收非法财物拍卖的款项，不得同作出行政处罚决定的行政机关及其工作人员的考核、考评直接或者变相挂钩。除依法应当退还、退赔的外，财政部门不得以任何形式向作出行政处罚决定的行政机关返还罚款、没收的违法所得或者没收非法财物拍卖的款项。

第七十五条　行政机关应当建立健全对行政处罚的监督制度。县级以上人民政府应当定期组织开展行政执法评议、考核，加强对行政处罚的监督检查，规范和保障行政处罚的实施。

行政机关实施行政处罚应当接受社会监督。公民、法人或者其他组织对行政机关实施行政处罚的行为，有权申诉或者检举；行政机关应当认真审查，发现有错误的，应当主动改正。

第七章　法律责任

第七十六条　行政机关实施行政处罚，有下列情形之一，由上级行政机关或者有关机关责令改正，对直接负责的主管人员和其他直接责任人员依法给予处分：

（一）没有法定的行政处罚依据的；

（二）擅自改变行政处罚种类、幅度的；

（三）违反法定的行政处罚程序的；

（四）违反本法第二十条关于委托处罚的规定的；

（五）执法人员未取得执法证件的。

行政机关对符合立案标准的案件不及时立案的，依照前款规定予以处理。

第七十七条 行政机关对当事人进行处罚不使用罚款、没收财物单据或者使用非法定部门制发的罚款、没收财物单据的，当事人有权拒绝，并有权予以检举，由上级行政机关或者有关机关对使用的非法单据予以收缴销毁，对直接负责的主管人员和其他直接责任人员依法给予处分。

第七十八条 行政机关违反本法第六十七条的规定自行收缴罚款的，财政部门违反本法第七十四条的规定向行政机关返还罚款、没收的违法所得或者拍卖款项的，由上级行政机关或者有关机关责令改正，对直接负责的主管人员和其他直接责任人员依法给予处分。

第七十九条 行政机关截留、私分或者变相私分罚款、没收的违法所得或者财物的，由财政部门或者有关机关予以追缴，对直接负责的主管人员和其他直接责任人员依法给予处分；情节严重构成犯罪的，依法追究刑事责任。

执法人员利用职务上的便利，索取或者收受他人财物、将收缴罚款据为己有，构成犯罪的，依法追究刑事责任；情节轻微不构成犯罪的，依法给予处分。

第八十条 行政机关使用或者损毁查封、扣押的财物，对当事人造成损失的，应当依法予以赔偿，对直接负责的主管人员和其他直接责任人员依法给予处分。

第八十一条 行政机关违法实施检查措施或者执行措施，给公民人身或者财产造成损害、给法人或者其他组织造成损失的，应当依法予以赔偿，对直接负责的主管人员和其他直接责任人员依法给予处分；情节严重构成犯罪的，依法追究刑事责任。

第八十二条 行政机关对应当依法移交司法机关追究刑事责任的案件不移交，以行政处罚代替刑事处罚，由上级行政机关或者有关机关责令改正，对直接负责的主管人员和其他直接责任人员依法给予处分；情节严重构成犯罪的，依法追究刑事责任。

第八十三条 行政机关对应当予以制止和处罚的违法行为不予制止、处罚，致使公民、法人或者其他组织的合法权益、公共利益和社会秩序遭受损害的，对直接负责的主管人员和其他直接责任人员依法给予处分；情节严重构成犯罪的，依法追究刑事责任。

第八章 附　则

第八十四条 外国人、无国籍人、外国组织在中华人民共和国领域内有违法行为，应当给予行政处罚的，适用本法，法律另有规定的除外。

第八十五条 本法中"二日""三日""五日""七日"的规定是指工作日，不含法定节假日。

第八十六条 本法自2021年7月15日起施行。

《中华人民共和国刑法》（2023年12月29日）

第一条 为了惩罚犯罪，保护人民，根据宪法，结合我国同犯罪作斗争的具体经验及实际情况，制定本法。

第二条 中华人民共和国刑法的任务，是用刑罚同一切犯罪行为作斗争，以保卫国家安全，保卫人民民主专政的政权和社会主义制度，保护国有财产和劳动群众集体所有的财产，保护公民私人所有的财产，保护公民的人身权利、民主权利和其他权利，维护社会秩序、经济秩序，保障社会主义建设事业的顺利进行。

第三条 法律明文规定为犯罪行为的，依照法律定罪处刑；法律没有明文规定为犯罪行为的，不得定罪处刑。

第十三条 一切危害国家主权、领土完整和安全，分裂国家、颠覆人民民主专政的政权和推翻社会主义制度，破坏社会秩序和经济秩序，侵犯国有财产或者劳动群众集体所有的财产，侵犯公民私人所有的财产，侵犯公民的人身权利、民主权利和其他权利，以及其他危害社会的行为，依照法律应当受刑罚处罚的，都是犯罪，但是情节显著轻微危害不大的，不认为是犯罪。

（四）典型案例

广西壮族自治区梧州市中级人民法院

行政判决书[①]

〔2020〕桂04行终29号

上诉人（一审原告）李某勤，男，1962年12月9日出生，汉族，住梧州市万秀区。

委托代理人黄作良，广东广信君达律师事务所律师。

委托代理人郑燕丽，广东广信君达律师事务所律师。

被上诉人（一审被告）梧州市财政局，住所地：梧州市长洲区三龙大道99号红岭大厦。

法定代表人覃震西，局长。

委托代理人覃立华，梧州市财政稽查大队副大队长。

委托代理人甘堃，广西益远律师事务所律师。

上诉人李某勤因撤销行政处罚决定一案，不服梧州市长洲区人民法院〔2019〕桂0405行初38号行政判决，向本院提起上诉。本院受理后，依法组成合议庭，于2020年4月17日公开开庭审理了本案。上诉人李某勤及其委托代理人黄作良、郑燕丽，被上诉人梧州市财政局的委托代理人覃立华、甘堃到庭参加诉讼。本案现已审理终结。

一审法院经审理查明，2018年3月13日被告梧州市财政局向交易中心发出梧财监通〔2018〕1号财政检查通知书，决定派出检查组自2018年3月16日起对交易中心2016—2017年度业务进行会计监督及财政监督检查，并于当日将该通知书送达交易中心。被告于2019年3月7日作出行政处罚告知书，并于同月12日送达原告，告知原告拟处罚的事实、理由及依据，并告知其享有陈述、申辩和申请听证的权利。原告提交了书面听证申请书，被告于同月22日举行了听证会。2019年4月2日，被告作出梧

[①] 资料来源：中国裁判文书网 https://wenshu.court.gov.cn。

财监处〔2019〕6号行政处罚决定书，决定对原告处以18 000元的罚款。原告不服，向该院提起行政诉讼。

一审法院另查明，梧州市公共资源交易中心是由原市招投标管理办、市招标站、市建设工程交易中心三合一成立的，梧州市人民政府公文处理笺（编号：2798）经批示同意从2017年起，将交易中心经营收入纳入预算管理。2016年7月31日，原告李某勤被任命为梧州市公共资源交易中心的法定代表人。2018年6月29日，李某勤被免去公共资源交易监管科科长职务（退休）。

一审法院认为，根据《中华人民共和国会计法》第七条第二款"县级以上地方各级人民政府财政部门管理本行政区域内的会计工作"、第三十二条"财政部门对各单位的下列情况实施监督：（一）是否依法设置会计帐簿；（二）会计凭证、会计帐簿、财务会计报告和其他会计资料是否真实、完整；（三）会计核算是否符合本法和国家统一的会计制度的规定；（四）从事会计工作的人员是否具备专业能力、遵守职业道德"以及《中华人民共和国预算法》第五十七条第一款"各级政府财政部门必须依照法律、行政法规和国务院财政部门的规定，及时、足额地拨付预算支出资金，加强对预算支出的管理和监督"的规定，被告梧州市财政局具有对梧州市行政区域内会计事项、预算支出等实施监督的法定职权与职责。

《中华人民共和国会计法》第十四条第四款规定，原始凭证记载的各项内容均不得涂改；原始凭证有错误的，应当由出具单位重开或者更正，更正处应当加盖出具单位印章。原始凭证金额有错误的，应当由出具单位重开，不得在原始凭证上更正。《中华人民共和国预算法》第三十一条第二款规定，各级政府、各部门、各单位应当按照国务院规定的时间编制预算草案。第五十七条第二款规定，各级政府、各部门、各单位的支出必须按照预算执行，不得虚假列支。《事业单位财务规则》（财政部令第90号）第二十条规定，事业单位应当将各项支出全部纳入单位预算，建立健全支出管理制度。本案中，从2017年起，交易中心经营收入纳入预算管理，那么交易中心就应按规定对经营收入编制预算。被告于2018年3月派出检查组对交易中心2016—2017年度业务进行会计监督及财政监督检查，发现交易中心2016年3月的部分记账原始凭证写有大量钢笔字体，覆盖原有信息；2017年参加青岛、大连、西宁、呼和浩特、乌鲁木齐、大理、西安的培训项目没有按规定对经营收入编制预算，也没有按《关于印发〈梧州市本级培训费管理办法〉的通知》（梧财行〔2014〕33号）第五条、第七条的规定在年初报备单位年度培训计划；培训班文件存在内容相同、文号相同，但培训地点、时间均不同的情况。原告李某勤任职期间对上述培训予以审批并签字同意，属直接负责的主管人员，被告依据《中华人民共和国会计法》第四十二条第一款第（三）项"未按照规定填制、取得原始凭证或者填制、取得的原始凭证不符合规定的，由县级以上人民政府财政部门责令限期改正，可以对单位并处三千元以上五万元以下的罚款；对其直接负责的主管人员和其他直接责任人员，可以处二千元以上二万元以下的罚款；属于国家工作人员的，还应当由其所在单位或者有关单位依法给予行政处分"的规定，决定对原告处以 18 000 元的罚款并无不当。被告在作出行政处罚决定书前，已告知原告依法享有陈述、申辩和申请听证的权利，原告也依法行使了权利，程序合法。综上所述，被告梧州市财政局作出的梧财监处〔2019〕6 号行政处罚决定书，事实清楚，证据确凿充分，适用法律、法规正确，程序合法，该院予以确认。原告提供的证据不足以推翻被告认定的事实和证据，其请求撤销该行政行为，没有事实及法律依据，理由不成立，该院不予支持。依照《中华人民共和国行政诉讼法》第六十九条的规定，判决：驳回原告李某勤的诉讼请求。案件受理费 50 元，由原告李某勤负担。

上诉人李某勤上诉称：一、一审判决认定事实错误。（一）行政处罚决定书认定事实错误，处罚缺乏法律依据。1. 上诉人于 2016 年 7 月 31 日至 2018 年 6 月 29 日期间任梧州市公共资源交易中心的法定代表人；行政处罚认定上诉人须对 2016 年 3 月（非任职期内）发生的交易中心的行为承担责任，没有事实和法律依据。2. 一审庭审中，被上诉人以"《会计法》第十一条规定会计年度自公历 1 月 1 日起至 12 月 31 日止"作为上诉人须对整个会计年度期间（即便不是上诉人任职期间）的单位行为承担行政责任的法律依据，是对上诉人应承担的责任范围的无限扩大，是对法律的错误理解及适用。3. 依据被上诉人前述的处罚逻辑，"作出处罚时的单位负责人须其任职前单位的违法违规行为承担领导责任"。那么，针对培训费事项的处罚，被上诉人就不应对处罚时已退休的上诉人作出，否则与前述处罚存在逻辑悖论，或存在选择性执法的情形。因此，被上诉人作出的行政处罚决定缺乏法律依据，根据《最高人民法院关于适用〈中华人民共和国行政诉讼法〉的解释》第九十九条之规定，属于"重大且明显违法"的情形，依法应予以撤销。（二）被上诉人作出行政处罚决定书存在程序违法。1. 被上诉人对交易中心进行检查时，没有依据行政处罚法第三十七条规定对上诉人本人进行检查及询问，也没有制作相应的检查或询问笔录，违反了应当制作检查或询问笔录的法定程序。2. 上诉人对行政处罚进行了合法陈述及申辩后，被上诉人即将其申辩行为认定为"经过监督检查后，你本人对上述问题也没有正确的认识"，并作为处罚依据及内容列于处罚决定书第二条中，被上诉人将上诉人对行政处罚的申辩行为作为处罚或加重处罚的依据及内容，因此，被上诉人作出的行政处罚决定，违反了行政处罚法第三十二条关于"行政机关不得因当事人申辩而加重处罚"之规定。综上，一审判决在行政处罚决定书存在重大且明显违法及认定事实错误的问题，甚至存在逻辑悖论性及严重违法的情况下，仍予确认，是认定事实严重错误。二、一审判决存在严重违反法定规定的情形。1. 一审法院于 2019 年 6 月 17 日向被上诉人送达了起诉状副本及应诉通知书，被上诉人于 2019 年 12 月 19 日才提交用于证明其完成送达、通知义务的证据，但其并未说明逾期提交证据的正当理由。根据行政诉讼法第三十四条及《最高人民法院关于适用〈中华人民共和国行政诉讼法〉的解释》第三十一条规定，被上诉人无正当理由逾期提供证据，应当视为没有相应证据。该部分证据所证明的内容不应被采纳，不得作为定案证据。2.一审判决并未完整记载上诉人于庭审中对该部分补充证据的质证意见，对上诉人提出的"无正当理由，逾期提交证据，应依法作没有相应证据处理，法庭不应采纳，不得作为定案依据"的异议，视若无睹，对该部分证据予以采纳并作为定案证据，是严重违反法律规定。三、一审判决适用法律法规错误。一审判决适用行政处罚法第六十九条规定，作出驳回上诉人的诉请求，属于适用法律法规错误。综上，一审判决认定事实错误、适用法律法规错误，请求二审法院依法撤销一审判决，改判撤销梧州市财政局作出的行政处罚决定书。

被上诉人梧州市财政局辩称：一、行政处罚法理依据充分。（一）根据梧财行〔2014〕35号文件规定，对各单位的全部培训涉及经费预算、计划的确定时间有明确要求，同时该文件是对梧财行〔2014〕33号文件的补充规定。在梧财行〔2014〕33号文件明确要求行政事业单位，要报市委组织部、市人力资源和社会保障局，市财政局备案。开展培训应当在开支范围和标准内，择优选择党校、行政学院、干部学院、部门行业所属培训机构、高校培训基地以及组织人事部门认可的培训机构承担培训项目中，已对各单位如何制定计划组织或参加各项培训，以及应该选择培训机构类型有明确规定，梧州市公共资源交易中心均没有执行培训文件的要求而自行安排各种培训活动。作为单位负责人，上诉人应当承担相应责任。（二）《事业单位财务规则》第二十条规定："事业单位应当将各项支出全部纳入单位预算，建立健全支出管理制度。"在对梧州市公共资源交易中心下达的年度预算检查中，也未发现该单位的预算包含行政处罚涉及的2017年所列支的七项培训费。在没有经预算审批情况下，该单位就自行列支相关培训费315 177元。上诉人在处罚以及一审过程中，均对此没有正确的认识。（三）根据《中华人民共和国会计法》第十三条的规定，各单位根据会计法开展各项会计业务，是必须符合《中华人民共和国预算法》《事业单位会计制度》以及当地主管部门出台的相关规定的。因此违反相关财务管理的法规制度要求，也是违反《中华人民共和国会计法》的规定。二、行政处罚对象适当。（一）《中华人民共和国会计法》第四条"单位负责人对本单位的会计工作和会计资料的真实性、完整性负责。"的规定，对于梧州市政府采购中心2016年度3月第42号、46号、47号记账凭证的原始凭证的银行客户专用回单，写有大量钢笔字体覆盖原有信息的问题，上诉人作为单位负责人需要对此负责任。（二）行政处罚涉及梧州市公共资源交易中心2017年所列支的七项培训费，同意参考有关培训项目的最终审批人与同意培训费用报销的最终审批人均为上诉人，根据《中华人民共和国会计法》第四十二条的规定，上诉人是相关违法会计行为的直接负责的主管人员。三、行政处罚的程序合法合规。根据《财政部门监督办法》的规定，被上诉人对梧州市公共资源交易中心自2018年3月会计核算、财务管理和政府采购等情况进行监督检查。在发现相关问题后，根据行政处罚法规定于2019年2月19日召开梧州市公共资源交易中心在培训项目不符合规定及涂改原始凭证的违法违规行为案听证会，上诉人的律师也参加听证表达意见。2019年3月22日，被上诉人召开就梧州市公共资源交易中心（梧州市政府采购中心）填制、取得的原始凭证不符合规定一案中对李某勤个人作出的处罚举行听证会，上诉人的律师参加听证表达了意见。2019年3月28日作出梧财监处〔2019〕6号行政处罚决定书，上诉人的代理人于2019年4月15日领取决定书并签收送达回证。四、上诉人称因申辩从而加重处罚，被上诉人认为不是事实。被上诉人于2019年12月19日提交证明送达的证据，是在法庭规定的时间内提交证据。综上所述，上诉人提供的证据不能证明其本人对单位财务管理工作无责任，也不能证明单位培训报销有依据有预算有年初计划。单位的培训报销凭证中还存在大量虚假文件。为此，被上诉人认为其观点不成立。梧州市财政局作出的行政处罚证据确凿，适用法律法规，程序合法合规；上诉人的上诉理由缺乏依据，依法不能成立，请求法院依法维持被上诉人作出的具体行政行为。

二审期间，被上诉人梧州市财政局向本院提交如下证据：梧公管办〔2016〕001号《梧州市公共资源交易平台组建筹备小组关于市公共资源交易管理工作会议的备忘（2016年1月25日）》，拟证明上诉人从2016年1月开始实际上已担任机构的负责人。

上诉人李某勤没有向本院提交新的证据。

经庭审质证，对被上诉人梧州市财政局提交的证据，上诉人李某勤认为：该份材料不是进行行政处罚时获取的，而是在处罚程序结束后才向单位调取的材料，即使该份材料可以作为处罚的依据，但也不能作为支持被上诉人行政行为合法的定案依据使用；虽然该份材料不能证明被上诉人的主张，但上诉人认为证据的真实性、关联性、合法性是无异议的；发文时间是2016年1月25日，文中第二条第（二）款明确指出当时负责公共资源交易管理中心的人员是李广勇，是全面工作负责的人员，第二位是莫勇，第三位才是上诉人，2016年3月份起负责任的人是李广勇，却要上诉人承担3月份的责任，这是不合法的。

经审查，本院确认一审判决确认的证据合法有效，可作为定案依据。据此，本院查明的事实与一审查明的事实一致。

另查明，上诉人李某勤从2016年1月25日起负责梧州市公共资源交易管理办公室日常工作和公共资源交易中心全面工作。

本院认为，本案的证据充分证明上诉人李某勤从2016年1月25日起负责梧州市公共资源交易管理办公室和公共资源交易中心日常工作，同年4月1日还签发了交易中心〔2014〕001号文件，虽然上诉人在2016年7月31日被任命为梧州市公共资源交易中心的法定代表人，但在此之前已经实际履行单位负责人的相应职责。公共资源交易中心2016年3月的部分记账原始凭证有大量钢笔字体覆盖原有信息以及该中心2017年参加青岛等城市的培训项目没有按规定对经营收入编制预算，年度培训计划未报有关部门备案是在上诉人履职期间所发生的客观事实。公共资源交易中心的上述行为违反了梧财行〔2014〕33号、梧财行〔2014〕35号文件、《事业单位财务规则》以及《中华人民共和国会计法》第十四条第四款、《中华人民共和国预算法》第三十一条第二款、

第五十七条第二款等法律、部门规章、规范性文件的相关规定。上诉人曾经作为梧州市公共资源交易中心的负责人以及培训项目、培训费用报销的最终审批人，对该违法行为承担相应的法律责任不因其被免去职务及退休而免除。被上诉人根据《中华人民共和国会计法》第四十二条的规定对上诉人进行处罚并无不当。综上所述，一审判决认定事实清楚，适用法律正确，本院予以维持。上诉人的诉请理据不足，本院不予支持。依照《中华人民共和国行政诉讼法》第八十九条第一款第（一）项之规定，判决如下：

驳回上诉，维持原判。

二审案件受理费50元，由上诉人李某勤负担。

本判决为终审判决。

审判长　陈少培

审判员　邱　良

审判员　陈国飞

二〇二〇年五月二十日

法官助理　何忠霞

书记员　姚家楷

二、第四十一条

（一）法条原文

【2024年版本】

第四十一条　伪造、变造会计凭证、会计账簿，编制虚假财务会计报告，隐匿或者故意销毁依法应当保存的会计凭证、会计账簿、财务会计报告的，由县级以上人民政府财政部门责令限期改正，给予警告、通报批评，没收违法所得，违法所得二十万元以上的，对单位可以并处违法所得一倍以上十倍以下的罚款，没有违法所得或者违法所得不足二十万元的，可以并处二十万元以上二百万元以下的罚款；对其直接负责的主管人员和其他直接责任人员可以处十万元以上五十万元以下的罚款，情节严重的，可以处五十万元以上二百万元以下的罚款；属于公职人员的，还应当依法给予处分；其中的会计人员，五年内不得从事会计工作；构成犯罪的，依法追究刑事责任。

【2017年版本】

第四十三条　伪造、变造会计凭证、会计帐簿，编制虚假财务会计报告，构成犯罪的，依法追究刑事责任。

有前款行为，尚不构成犯罪的，由县级以上人民政府财政部门予以通报，可以对单位并处五千元以上十万元以下的罚款；对其直接负责的主管人员和其他直接责任人员，可以处三千元以上五万元以下的罚款；属于国家工作人员的，还应当由其所在单位或者有关单位依法给予撤职直至开除的行政处分；其中的会计人员，五年内不得从事会计工作。

第四十四条　隐匿或者故意销毁依法应当保存的会计凭证、会计帐簿、财务会计报告，构成犯罪的，依法追究刑事责任。

有前款行为，尚不构成犯罪的，由县级以上人民政府财政部门予以通报，可以对单位并处五千元以上十万元以下的罚款；对其直接负责的主管人员和其他直接责任人员，可以处三千元以上五万元以下的罚款；属于国家工作人员的，还应当由其所在单位或者有关单位依法给予撤职直至开除的行政处分；其中的会计人员，五年内不得从事会计工作。

【1999 年版本】

第四十三条　伪造、变造会计凭证、会计帐簿，编制虚假财务会计报告，构成犯罪的，依法追究刑事责任。

有前款行为，尚不构成犯罪的，由县级以上人民政府财政部门予以通报，可以对单位并处五千元以上十万元以下的罚款；对其直接负责的主管人员和其他直接责任人员，可以处三千元以上五万元以下的罚款；属于国家工作人员的，还应当由其所在单位或者有关单位依法给予撤职直至开除的行政处分；对其中的会计人员，并由县级以上人民政府财政部门吊销会计从业资格证书。

第四十四条　隐匿或者故意销毁依法应当保存的会计凭证、会计帐簿、财务会计报告，构成犯罪的，依法追究刑事责任。

有前款行为，尚不构成犯罪的，由县级以上人民政府财政部门予以通报，可以对单位并处五千元以上十万元以下的罚款；对其直接负责的主管人员和其他直接责任人员，可以处三千元以上五万元以下的罚款；属于国家工作人员的，还应当由其所在单位或者有关单位依法给予撤职直至开除的行政处分；对其中的会计人员，并由县级以上人民政府财政部门吊销会计从业资格证书。

【1993 年版本】

第二十六条　单位领导人、会计人员和其他人员伪造、变造、故意毁灭会计凭证、会计帐簿、会计报表和其他会计资料的，或者利用虚假的会计凭证、会计帐簿、会计报表和其他会计资料偷税或者损害国家利益、社会公众利益的，由财政、审计、税务机关或者其他有关主管部门依据法律、行政法规规定的职责负责处理，追究责任；构成犯罪的，依法追究刑事责任。

第二十七条　会计人员对不真实、不合法的原始凭证予以受理，或者对违法的收支不向单位领导人提出书面意见，或者对严重违法损害国家和社会公众利益的收支不向主管单位或者财政、审计、税务机关报告,情节严重的,给予行政处分;给公私财产造成重大损失,构成犯罪的,依法追究刑事责任。

第二十八条 单位领导人接到会计人员按照本法第十九条第二款规定提出的书面意见,对违法的收支决定予以办理或者无正当理由逾期不作出处理决定,造成严重后果的,给予行政处分;给公私财产造成重大损失,构成犯罪的,依法追究刑事责任。

【1985年版本】

第二十六条 单位行政领导人、会计人员和其他人员伪造、变造、故意毁灭会计凭证、会计帐簿的,给予行政处分;情节严重的,依法追究刑事责任。

第二十七条 会计人员对明知是不真实、不合法的原始凭证予以受理,或者对明知是违反国家统一的财政制度、财务制度规定的收支予以办理,单位行政领导人、上级主管单位行政领导人对明知是违反国家统一的财政制度、财务制度规定的收支决定办理或者坚持办理,情节严重的,给予行政处分;给国家造成重大经济损失的,依法追究刑事责任。

第二十八条 上级主管单位行政领导人接到会计人员按照本法第十九条第二款规定提出的书面报告,无正当理由逾期不作出处理决定,造成严重后果的,给予行政处分。

(二)法条释义

本条规定了伪造、变造会计凭证、会计账簿,编制虚假财务会计报告,隐匿或者故意销毁依法应当保存的会计凭证、会计账簿、财务会计报告的法律责任。

任何单位和个人不得伪造、变造会计凭证、会计账簿及其他会计资料,伪造、变造会计凭证、会计账簿是严重的会计违法行为。

各单位必须根据实际发生的经济业务事项进行会计核算,填制会计凭证,登记会计账簿,编制财务会计报告。任何单位不得以虚假的经济业务事项或者资料进行会计核算。编制虚假财务会计报告是严重的会计违法行为。

各单位对会计凭证、会计账簿、财务会计报告和其他会计资料应当建立档案,妥善保管。隐匿或者故意销毁依法应当保存的会计凭证、会计账簿、财务会计报告也是严重的会计违法行为。

具有以上违法行为的,由县级以上人民政府财政部门责令限期改正,给予警告、通报批评,没收违法所得,违法所得20万元以上的,对单位可以并处违法所得1倍以上10倍以下的罚款,没有违法所得或者违法所得不足20万元的,可以并处20万元以上200万元以下的罚款;对其直接负责的主管人员和其他直接责任人员可以处10万元以上50万元以下的罚款,情节严重的,可以处50万元以上200万元以下的罚款;属于公职人员的,还应当依法给予处分;其中的会计人员,5年内不得从事会计工作;构成犯罪的,依法追究刑事责任。

上述所谓"可以并处"是指可以并处,也可以不并处,视情节轻重而定。所谓"直接负责的主管人员"是指单位会计机构负责人或者会计主管人员。所谓"其他直接责任人员"是指直接从事上述违法行为的会计人员和其他人员。伪造、变造会计凭证、会计账簿,编制虚假财务会计报告,通常由会计人员完成。隐匿或者故意销毁依法应当保存的会计凭证、会计账簿、财务会计报告,既可以由会计人员完成,也可以由非会计人员完成。非会计人员具有上述违法行为,同样可以根据上述规定追究其法律责任。具有上述违法行为的会计人员,禁止从事会计工作5年,无论其行为情节如何,也无论其是否被追究刑事责任。

2017年版本《会计法》第四十四条规定:"隐匿或者故意销毁依法应当保存的会计凭证、会计账簿、财务会计报告,构成犯罪的,依法追究刑事责任。有前款行为,尚不构成犯罪的,由县级以上人民政府财政部门予以通报,可以对单位并处五千元以上十万元以下的罚款;对其直接负责的主管人员和其他直接责任人员,可以处三千元以上五万元以下的罚款;属于国家工作人员的,还应当由其所在单位或者有关单位依法给予撤职直至开除的行政处分;其中的会计人员,五年内不得从事会计工作。"2024年版本《会计法》处罚力度大大提高:对单位的罚款从"五千元以上十万元以下"提高至"违法所得一倍以上十倍以下(违法所得二十万元以上的)"或者"二十万元以上二百万元以下";对直接负责的主管人员和其他直接责任人员的罚款从"三千元以上五万元以下"提高至"十万元以上五十万元",情节严重的,提高至"五十万元以上二百万元以下"。另外,将"国家工作人员"修改为"公职人员"。

(三)相关条文

《中华人民共和国公司法》(2023年12月29日)

第二百五十四条 有下列行为之一的,由县级以上人民政府财政部门依照《中华人民共和国会计法》等法律、行政法规的规定处罚:

(一)在法定的会计账簿以外另立会计账簿;

(二)提供存在虚假记载或者隐瞒重要事实的财务会计报告。

《中华人民共和国刑法》(2023年12月29日)

第三十条 公司、企业、事业单位、机关、团体实施的危害社会的行为,法律规定为单位犯罪的,应当负刑事责任。

第三十一条 单位犯罪的,对单位判处罚金,并对其直接负责的主管人员和其他直接责任人员判处刑罚。本法分则和其他法律另有规定的,依照规定。

第一百六十二条之一 隐匿或者故意销毁依法应当保存的会计凭证、会计账簿、财务会计报告,情节严重的,处五年以下有期徒刑或者拘役,并处或者单处二万元以上二十万元以下罚金。

单位犯前款罪的，对单位判处罚金，并对其直接负责的主管人员和其他直接责任人员，依照前款的规定处罚。

《全国人民代表大会常务委员会法制工作委员会关于对"隐匿、销毁会计凭证、会计账簿、财务会计报告构成犯罪的主体范围"问题的答复意见》（2002年1月14日）

审计署：

你署2001年11月22日来函（审函〔2001〕126号）收悉，经研究，现答复如下：

根据全国人大常委会1999年12月25日刑法修正案第一条的规定，任何单位和个人在办理会计事务时对依法应当保存的会计凭证、会计账簿、财务会计报告，进行隐匿、销毁，情节严重的，构成犯罪，应当依法追究其刑事责任。

根据刑事诉讼法第十八条关于刑事案件侦查管辖的规定，除法律规定的特定案件由人民检察院立案侦查以外，其他刑事案件的侦查应由公安机关进行。隐匿、销毁会计凭证、会计账簿、财务会计报告，构成犯罪的，应当由公安机关立案侦查。

《中华人民共和国外资银行管理条例》（2019年9月30日）

第六十五条 外资银行有下列情形之一的，由国务院银行业监督管理机构责令改正，处20万元以上50万元以下罚款；情节特别严重或者逾期不改正的，可以责令停业整顿、吊销其金融许可证、撤销代表处；构成犯罪的，依法追究刑事责任：

（一）未按照有关规定进行信息披露的；

（二）拒绝或者阻碍银行业监督管理机构依法进行的监督检查的；

（三）提供虚假的或者隐瞒重要事实的财务会计报告、报表或者有关资料的；

（四）隐匿、损毁监督检查所需的文件、证件、账簿、电子数据或者其他资料的；

（五）未经任职资格核准任命董事、高级管理人员、首席代表的；

（六）拒绝执行本条例第五十条规定的特别监管措施的。

《基金会管理条例》（2004年3月8日）

第四十二条 基金会、基金会分支机构、基金会代表机构或者境外基金会代表机构有下列情形之一的，由登记管理机关给予警告、责令停止活动；情节严重的，可以撤销登记：

（一）未按照章程规定的宗旨和公益活动的业务范围进行活动的；

（二）在填制会计凭证、登记会计账簿、编制财务会计报告中弄虚作假的；

（三）不按照规定办理变更登记的；

（四）未按照本条例的规定完成公益事业支出额度的；

（五）未按照本条例的规定接受年度检查，或者年度检查不合格的；

（六）不履行信息公布义务或者公布虚假信息的。

基金会、境外基金会代表机构有前款所列行为的，登记管理机关应当提请税务机关责令补交违法行为存续期间所享受的税收减免。

（四）典型案例

吉林省白城市中级人民法院
刑事判决书[①]

〔2017〕吉08刑终47号

抗诉机关（原公诉机关）吉林省白城市洮北区人民检察院。

原审被告人于某惠，女，1960年10月21日生，汉族，吉林省白城市人，初中文化，白城市中兴建设有限公司会计，现住白城市。因涉嫌犯故意销毁会计凭证罪，于2015年5月21日被刑事拘留，同年6月10日被取保候审。

辩护人李金辉，吉林金辉律师事务所律师。

吉林省白城市洮北区人民法院审理吉林省白城市洮北区人民检察院指控原审被告人于某惠犯故意毁坏会计凭证罪一案，于2016年12月19日作出〔2016〕吉0802刑初364号刑事判决。宣判后，原公诉机关吉林省白城市洮北区人民检察院提出抗诉。本院受理后，依法组成合议庭，于2017年6月13日公开开庭审理了本案。白城市人民检察院指派代理检察员李亚静出庭履行职务，原审被告人于某惠及其辩护人李金辉到庭参加诉讼。本案现已审理终结。

原审判决认定，被告人于某惠作为原白城市通威安装公司会计，违反会计法对会计凭证保管期限的规定，在白城市通威安装公司废业以后，于2015年3月份在白城市开发区薰衣草宾馆南侧的供热公司锅炉房内，将白城市通威安装公司2004年至2015年的会计凭证全部销毁，涉案金额为1 773 025.04元人民币。被告人犯罪后如实供述犯罪事实，系坦白。

原审法院认为，被告人于某惠故意销毁白城市通威安装公司的会计凭证，其行为已构成故意销毁会计凭证罪，应依法予以惩处。被告人于某惠如实供述自己犯罪事实，构成坦白。被告人于某惠在销毁会计凭证时受张明指使，销毁会计凭证时该公司已经注销，注销公司前业经公司资产、债权、债务进行清算，未给他人和国家造成任何经济损失，未给社会造成不良影响，本案情节轻微，本院在量刑时给予减轻处罚。依照《中华人民共和国刑法》第一百六十二条之一，第六十七条三款，第三十七条，第六十三条及《中华人民共和国刑事诉讼法》第一百九十五条之规定，以故意销毁会计凭证罪，对被告人于某惠免予刑事处罚。

抗诉机关认为，本案定性准确，但量刑畸轻。于某惠系坦白，可以从轻处罚。但坦白不等同于自首，不应当判处免予刑事处罚。

[①] 资料来源：中国裁判文书网https://wenshu.court.gov.cn。

被告人于某惠对公诉机关指控犯故意销毁会计凭证罪的事实供认，无辩解意见。

辩护人李金辉认为，一审判决虽没有认定被告人于某惠自首，认定为坦白，是被告人于某惠最先抽检察机关陈述销毁通威公司财务凭证的，这种坦白也可以比照自首予以从轻、减轻处罚；被告人于某惠有阻止张明犯罪的情节，其主动提出将税务材料等书证予以保留，减低了社会危害性；被告人于某惠受张明指使参与了销毁财务凭证，其不是主要行为人，且早已辞职，对通威公司财务凭证、账簿没有掌控和管理义务；本案主要行为人张明等人，没有人因此案受到追究。

经审理查明，被告人于某惠作为原白城市通威安装公司会计，违反会计法对会计凭证保管期限的规定，在白城市通威安装公司废业以后，于2015年3月份在白城市开发区薰衣草宾馆南侧的供热公司锅炉房内，将白城市通威安装公司2004年至2015年的会计凭证全部销毁，涉案金额为1 773 025.04元人民币。被告人犯罪后如实供述犯罪事实，系坦白。

认定上述事实，有检察机关提交并经原审庭审中举证、质证的书证、证人证言、被告人供述等证据。

控辩双方均对原审判决定性无异议。关于辩护人的辩护意见，原审法院已给予充分考虑，综合认定了被告人的从轻情节。关于抗诉机关认为，本案定性准确，但量刑畸轻的意见。经查，因被告人于某惠具有坦白情节，可以从轻处罚，另被告人于某惠在参与销毁会计凭证时，该公司已经注销，注销公司前公司资产、债权、债务均已进行清算，未给他人和国家造成任何经济损失，未给社会造成不良影响，本案情节较轻，亦可对被告人于某惠从轻处罚。但原审判决对被告人于某惠减轻处罚缺乏事实和法律依据，故辩护人关于坦白可以比照自首予以从轻、减轻处罚的意见不予采纳。抗诉机关的抗诉意见，应予支持。

本院认为，被告人于某惠故意销毁白城市通威安装公司的会计凭证，其行为已构成故意销毁会计凭证罪，应依法予以惩处。原审判决认定被告人于某惠故意销毁会计凭证的事实清楚，审判程序合法。但适用法律不当，应予纠正。依照《中华人民共和国刑事诉讼法》第二百二十五条第一款第（一）、（二）项和《中华人民共和国刑法》第一百六十二条之一，第六十七条三款之规定，判决如下：

一、维持吉林省白城市洮北区人民法院〔2016〕吉0802刑初364号刑事判决对被告人于某惠的定罪部分，即被告人于某惠犯故意销毁会计凭证罪；

二、撤销吉林省白城市洮北区人民法院〔2016〕吉0802刑初364号刑事判决对被告人于某惠的量刑部分，即对被告人于某惠免予刑事处罚；

三、原审被告人于某惠犯故意销毁会计凭证罪，单处罚金人民币20 000.00元（已缴纳）。

本判决为终审判决。

审判长　王　桦
审判员　郝万华
审判员　李大文
二〇一七年六月十三日
书记员　刘丽岩

三、第四十二条

（一）法条原文

【2024 年版本】

第四十二条　授意、指使、强令会计机构、会计人员及其他人员伪造、变造会计凭证、会计账簿，编制虚假财务会计报告或者隐匿、故意销毁依法应当保存的会计凭证、会计账簿、财务会计报告的，由县级以上人民政府财政部门给予警告、通报批评，可以并处二十万元以上一百万元以下的罚款；情节严重的，可以并处一百万元以上五百万元以下的罚款；属于公职人员的，还应当依法给予处分；构成犯罪的，依法追究刑事责任。

【2017 年、1999 年版本】

第四十五条　授意、指使、强令会计机构、会计人员及其他人员伪造、变造会计凭证、会计帐簿，编制虚假财务会计报告或者隐匿、故意销毁依法应当保存的会计凭证、会计帐簿、财务会计报告，构成犯罪的，依法追究刑事责任；尚不构成犯罪的，可以处五千元以上五万元以下的罚款；属于国家工作人员的，还应当由其所在单位或者有关单位依法给予降级、撤职、开除的行政处分。

【1993 年版本】

第二十六条　单位领导人、会计人员和其他人员伪造、变造、故意毁灭会计凭证、会计帐簿、会计报表和其他会计资料的，或者利用虚假的会计凭证、会计帐簿、会计报表和其他会计资料偷税或者损害国家利益、社会公众利益的，由财政、审计、税务机关或者其他有关主管部门依据法律、行政法规规定的职责负责处理，追究责任；构成犯罪的，依法追究刑事责任。

【1985 年版本】

第二十七条　会计人员对明知是不真实、不合法的原始凭证予以受理，或者对明知是违反国家统一的财政制度、财务制度规定的收支予以办理，单位行政领导人、上级主管单位行政领导人对明知是违反国家统一的财政制度、财务制度规定的收支决定办理或者坚持办理，情节严重的，给予行政处分；给国家造成重大经济损失的，依法追究刑事责任。

（二）法条释义

本条规定了授意、指使、强令会计机构、会计人员及其他人员伪造、变造会计凭证、会计账簿，编制虚假财务会计报告或者隐匿、故意销毁依法应当保存的会计凭证、会计账簿、财务会计报告的法律责任。

单位负责人应当保证会计机构、会计人员依法履行职责，不得授意、指使、强令会计机构、会计人员违法办理会计事项。会计机构、会计人员对违反会计法和国家统一的会计制度规定的会计事项，有权拒绝办理或者按照职权予以纠正。任何单位或者个人不得以任何方式授意、指使、强令会计机构、会计人员伪造、变造会计凭证、会计账簿和其他会计资料，提供虚假财务会计报告。授意、指使、强令会计机构、会计人员及其他人员伪造、变造会计凭证、会计账簿，编制虚假财务会计报告或者隐匿、故意销毁依法应当保存的会计凭证、会计账簿、财务会计报告是严重会计违法行为。

单位负责人以及其他人员如果有上述会计违法行为，由县级以上人民政府财政部门给予警告、通报批评，可以并处20万元以上100万元以下的罚款；情节严重的，可以并处100万元以上500万元以下的罚款；属于公职人员的，还应当依法给予处分；构成犯罪的，依法追究刑事责任。

构成本条会计违法行为的主体通常是自然人，特殊情况下，也可能出现上级单位授意、指使、强令下级单位会计机构、会计人员及其他人员伪造、变造会计凭证、会计账簿，编制虚假财务会计报告或者隐匿、故意销毁依法应当保存的会计凭证、会计账簿、财务会计报告的违法行为。

2017年、1999年版本《会计法》第四十五条规定："授意、指使、强令会计机构、会计人员及其他人员伪造、变造会计凭证、会计账簿，编制虚假财务会计报告或者隐匿、故意销毁依法应当保存的会计凭证、会计账簿、财务会计报告，构成犯罪的，依法追究刑事责任；尚不构成犯罪的，可以处五千元以上五万元以下的罚款；属于国家工作人员的，还应当由其所在单位或者有关单位依法给予降级、撤职、开除的行政处分。"2024年版本《会计法》处罚力度大大提高，从"五千元以上五万元以下"提高至"二十万元以上一百万元以下"；情节严重的，提高至"一百万元以上五百万元以下"。同样，将"国家工作人员"修改为"公职人员"。

（三）相关条文

《中华人民共和国刑法》（2023年12月29日）

第一百六十二条之一　隐匿或者故意销毁依法应当保存的会计凭证、会计账簿、财务会计报告，情节严重的，处五年以下有期徒刑或者拘役，并处或者单处二万元以上二十万元以下罚金。

单位犯前款罪的，对单位判处罚金，并对其直接负责的主管人员和其他直接责任人员，依照前款的规定处罚。

《基金会管理条例》（2004年3月8日）

第四十二条　基金会、基金会分支机构、基金会代表机构或者境外基金会代表机构有下列情形之一的，由登记管理机关给予警告、责令停止活动；情节严重的，可以撤销登记：

（一）未按照章程规定的宗旨和公益活动的业务范围进行活动的；

（二）在填制会计凭证、登记会计账簿、编制财务会计报告中弄虚作假的；

（三）不按照规定办理变更登记的；

（四）未按照本条例的规定完成公益事业支出额度的；

（五）未按照本条例的规定接受年度检查，或者年度检查不合格的；

（六）不履行信息公布义务或者公布虚假信息的。

基金会、境外基金会代表机构有前款所列行为的，登记管理机关应当提请税务机关责令补交违法行为存续期间所享受的税收减免。

（四）典型案例

河南省信阳市中级人民法院
刑事判决书[①]

〔2019〕豫15刑终678号

原公诉机关信阳市浉河区人民检察院。

上诉人（原审被告人）谢某，女，1974年9月16日出生，汉族，大专文化，中共党员，原任信阳恒诚置业有限公司会计，户籍地河南省新县，现住信阳市浉河区。因涉嫌隐匿、故意销毁会计凭证、会计账簿、财务会计报告罪，于2018年11月19日被刑事拘留，同年12月3日被逮捕。

辩护人罗新生，河南信申律师事务所律师。

信阳市浉河区人民法院审理信阳市浉河区人民检察院指控原审被告人谢某犯隐匿、故意销毁会计凭证、会计账簿、财务会计报告罪一案，于2019年10月25日作出〔2019〕豫1502刑初82号刑事判决，原审被告人谢某提出上诉。本院依法组成合议庭，公开开庭审理了本案。信阳市人民检察院指派检察员赵星海出庭履行职务，原审被告人谢某及其辩护人罗新生到庭参加诉讼，本案现已审理终结。

---

① 资料来源：中国裁判文书网 https://wenshu.court.gov.cn。

原审认定，信阳恒诚置业有限公司（以下简称恒诚公司）于2012年在信阳市浉河区金牛山管理区十里河总场开发"众亿名门"小区。2014年年底，恒诚公司因开发资金出现严重缺口，工程处于停工状态，建筑商及民间借贷的债权人催要债权，并向信阳市浉河区人民法院提起民事诉讼，信阳市浉河区人民法院依法作出了民事判决。信阳市浉河区人民法院在执行阶段，发现恒诚公司名下无财产可供执行，怀疑恒诚公司隐匿、恶意转移资产，遂对恒诚公司进行了财务司法审计，并责令恒诚公司法定代表人张某2交出公司财务档案，在法院工作人员严令要求下，被告人谢某于2017年5月8日将自己负责保管的恒诚公司财务档案交出。

2017年7月25日，恒诚公司经理杨冠洲（已判刑）因涉嫌非法处置查封、扣押、冻结财产罪被公安机关立案侦查。2017年7月31日，浉河区人民法院将恒诚公司的财务档案移交给公安机关，公安机关委托信阳豫诚会计事务所对恒诚公司财务进行司法审计。张某2（另案处理）于2017年7月20日全权委托其子张某1管理公司所有业务，在管理公司过程中，张某1发现公司原会计谢某隐匿公司财务档案，遂于2018年11月18日报案至公安机关，公安民警调取了谢某在浉河区人民法院执行局所作的执行笔录，在笔录中谢某均确认全部交出恒诚公司财务档案。自2017年7月31日司法审计工作开展以来，公安民警按照会计师事务所要求，对恒诚公司领款人进行调查，在调查中发现很多领款人说不清钱的来龙去脉，再次联系谢某时，其称还有一部分恒诚公司支付利息的领款人的单据，公安机关遂要求谢某立即提供出来，谢某遂于2017年国庆节后送来部分恒诚公司支付利息的领款人单据的复印件，给司法审计和公安机关的调查取证工作带来了很大的不便。2018年4月25日，公安机关再次询问谢某时，谢某提供出了99份恒诚公司与债权人签订的借款协议，及255份恒诚公司支付利息的领款人收条单据的原件。经审计认定：隐匿的255份原始凭证金额合计22 930 221.20元。

上述事实，有原公诉机关在庭审时出示，并经庭审质证的相关书证，证人刘某2、刘某1等人的证言，被害人陈述，被告人供述及司法鉴定意见等证据予以证实，足以认定。

原审法院认为，被告人谢某隐匿依法应当保存的会计凭证、会计账簿，情节严重，其行为已构成隐匿会计凭证、会计账簿罪。关于谢某及其辩护人的辩解意见，经查，谢某在司法机关依法要求其提供恒诚公司的会计档案时，拒不交出相关会计凭证及会计账簿，且隐匿的会计凭证金额达2 000余万元，情节严重，上述事实有证人刘某2、刘某1、的证言、被害人张某1、张某2的陈述、被告人谢某的供述与辩解、鉴定意见书等证据证实，足以认定，其辩解意见与查明事实不符，不予采信。被告人谢某尚能认罪，可以酌情从轻处罚。综上，根据被告人犯罪的事实、情节及对社会的危害后果，依照《中华人民共和国刑法》第一百六十二条之一第一款、第五十二条、第五十三条之规定，判决：被告人谢某犯隐匿会计凭证、会计账簿罪，判处有期徒刑1年6个月，并处罚金人民币5万元。

上诉人谢某上诉称：1.一审法院认定事实错误。上诉人在恒诚置业公司是兼职会计,不是保存和提交会计凭证和账簿及财务报告的义务主体。浉河区人民法院要求提供会计凭证资料前,恒诚公司的会计凭证和账簿及财务报告都堆放在恒诚公司的新办公室里,恒诚公司搬迁时并未通知上诉人,上诉人也没有新办公室钥匙,故上诉人不是财务资料的保存主体,也不是移交主体。上诉人没有不作为的消极行为,仅仅是因为客观原因导致无法及时整理财务资料并提供,不具有犯罪的客观行为。该案中99份借款协议和255份支付利息单据不是法定的会计凭证,以上凭证没有得到单位负责人的签字,且借款协议已将作废,不属于应当保管的会计凭证。2.一审认定事实的证据存疑。一审认定的该案"抓获经过"与实际不符,上诉人是接到电话主动到案配合调查。恒诚公司缴纳会计档案情况说明与事实不符。财务档案并非上诉人控制,而是一直在公司办公室存放。证人刘某2证言缺乏事实依据。证明上诉人不在恒诚公司搬家现场的出庭证人证言一审予以忽略。3.上诉人没有犯罪目的,没有犯罪动机,也没有拒不交出且隐匿会计凭证的客观要件,没有造成任何损失,因已提供全部会计账簿,即使没有相关借款协议和支付利息单据也不影响审计工作的正常进行。故上诉人不构成犯罪,请求二审撤销原判,宣告无罪。

上诉人的辩护人辩护称:一、谢某是兼职会计,不是恒诚公司会计资料保存主体,谢某没有直接保管也没有隐匿的主观故意和客观行为。二、公安机关通知谢某上交借款协议和利息白条,谢某及时送交了公安机关复印件及原件,该借款协议和利息单据也不影响审计工作的正常进行,谢某的行为也没有给公司财产带来损失,也没有侵害他人利益。三、涉案的借款协议和利息白条不是《会计法》规定的会计凭证,没有经过单位负责人签字的以上凭证不能认定为刑法上依法应当保存的会计凭证。四、浉河区人民法院的工作人员仅仅是法警人员,不具有办理执行案件的资格,其要求查封恒诚公司的财务会计资料的行为程序违法。上诉人谢某的行为没有任何社会危害性,不应当构成犯罪,建议二审法院改判无罪。

出庭检察员意见称:一、被告人谢某犯隐匿、故意销毁会计凭证、会计账簿、财务会计报告罪犯罪事实清楚,证据确实、充分,足以认定。二、案件诉讼程序合法。三、上诉人无罪辩解的上诉理由不能成立。会计资料保管主体的确定并不影响本罪的构成。本案相关证据均可证实上诉人谢某迟迟不配合司法机关、审计部门交出其隐匿的会计资料。根据《会计法》的规定,涉案的99份借款协议和255份利息收到条等会计资料就是会计凭证,且是原始凭证。关于上诉人到案经过确系电话传唤到案,由于办案人员的笔误所致。四、原审判决适用法律正确、定罪量刑适当。谢某虽自行到案,但未如实向司法机关供述自己的罪行,不能认定其具有自首情节。请求二审驳回上诉,维持原判。

在二审审理过程中,检察机关向法庭出示了由信阳市公安局老城分局案件侦办大队出具的《情况说明》一份,证实谢某于2018年11月19日被老城分局刑事拘留时,是办案人员电话传唤至老城分局。因谢某曾到公安机关接受过询问,笔误为从其住处带到老城分局。出庭检察员对该份证据的真实性客观性没有异议，予以认可。上诉人及其辩护人对该证据证明的内容无异议，对其表述方式有异议，认为不是办理杨冠洲涉嫌职务侵占罪一案，也不是因为笔误造成的到案经过错误。上诉人及其辩护人向法庭出示了四份《证明》，以证实案发时谢某分别在不同公司兼职会计，不是恒诚公司的专职会计。出庭检察员对该份证据没有异议。以上证据经二审庭审依法出示并当庭质证，程序合法、客观真实，本院予以确认。

根据以上证据，二审另查明，谢某于2018年11月19日被信阳市老城分局案件侦办大队的办案人员电话传唤后主动到案，并于当日被刑事拘留。

二审查明的其他事实及证据与一审相同，且经一审法院当庭举证、质证，核对无误，足以证实，本院予以确认。

关于上诉人及其辩护人称谢某不是隐匿、故意销毁会计凭证、会计账簿、财务会计报告罪犯罪主体的意见。经查，本罪的主体并不仅仅局限于财务会计工作人员。任何单位和个人在办理会计事务时对依法应当保存的会计凭证、会计账簿、财务会计报告，进行隐匿、销毁，情节严重，构成犯罪的，应当依法追究刑事责任。因此，所有依照会计法的规定办理会计事项的单位和个人，都可以构成本罪的主体，即谢某即使不是恒诚公司的专职会计人员，也可以成为该罪的犯罪主体。上诉人关于其系恒诚公司的兼职会计不具有保管会计凭证义务，不应当构成该罪主体的上诉理由不能成立，本院不予采信。

关于上诉人及其辩护人称其不具有犯罪动机，其行为不符合隐匿会计凭证、会计账簿、财务会计报告罪的客观方面，没有造成社会危害，不应当构成犯罪的上诉理由。经查，从犯罪的主观方面来看，虽然上诉人辩称其没有通过隐匿会计凭证来逃避刑法处罚或者其他掩盖逃避违法行为的犯罪动机，但不论出于何目的均不影响本罪的成立。其次从犯罪的客观要件来看，本罪要求表现为隐匿或者故意销毁依法应当保存的会计凭证、会计账簿情节严重的行为。本案证据中，有浉河区人民法院出具的情况说明，证实谢某存在隐匿及拒不配合交出会计凭证的行为。根据证人刘某1（本案司法鉴定人员）的证言，"原始凭证作为记账的依据，必须附在记账凭证后面，……由于信阳恒诚置业有限公司很多记账凭证后面没有相关的原始凭证，不仅给审计工作带来无法核实的情况，而且，不能真实反映信阳恒诚置业有限公司财务状况和经营成果。"以上证据证实，关于涉案的借款协议及利息收条作为原始凭证应当属于本罪"会计凭证"的范畴，且上诉人应当向司法机关提供该原始凭证，而拒不交出，阻碍了司法鉴定的及时做出，且隐匿的会计凭证涉及数额达到了情节严重的程度。故关于上诉人称涉案的借款协议及利息收条数额均已入会计账，不影响司法审计的作出，更未严重损害相关人的利益，不属于情节严重的情形，没有事实和法律依据。上诉人隐匿应当保存的会计凭证，情节严重，其行为符合隐匿会计凭证、会计账簿的客观方面的构成，上诉人及其辩护人的该上诉理由和辩护意见不能成立，本院不予采信。

关于上诉人谢某是否构成自首的问题。经查，谢某经公安机关电话传唤后主动到案，且能如实供述其主要犯罪事实，应当认定为自首，虽然在庭审中辩解其可能不构成犯罪，但应认为系关于行为性质的辩解，对认定其犯罪的主要事实没有翻供，不影响其自首情节的认定。

本院认为，上诉人（原审被告人）谢某隐匿应当保存的会计凭证、会计账簿，情节严重，其行为已构成隐匿会计凭证、会计账簿罪。谢某经侦查机关电话通知主动到案并如实供述，系自首，可以从轻或者减轻处罚。综上，原判认定事实清楚，证据确实、充分，定性准确，适用法律正确，鉴于二审期间提交新的证据导致自首情节的认定，本院对其量刑予以适当调整。依照《中华人民共和国刑法》第一百六十二条之一第一款、第五十二条、第五十三条、第六十七条第一款，《中华人民共和国刑事诉讼法》第二百三十六条第一款第二项之规定，判决如下：

一、维持浉河区人民法院〔2019〕豫1502刑初82号刑事判决的定性部分，即被告人谢某犯隐匿会计凭证、会计账簿罪。

二、撤销浉河区人民法院〔2019〕豫1502刑初82号刑事判决的量刑部分，即判处有期徒刑1年6个月，并处罚金人民币5万元。

三、上诉人（原审被告人）谢某犯隐匿会计凭证、会计账簿罪判处有期徒刑1年5个月，并处罚金人民币4万元。

（刑期均从判决执行之日起计算。判决执行以前先行羁押的，羁押一日折抵刑期一日，即自2018年11月19日起至2020年4月18日止。罚金限本判决生效后30日内缴纳。）

本判决为终审判决。

审判长　朱　虹
审判员　陈　鑫
审判员　冷宝杨
二〇二〇年四月十日
书记员　张海龙

吉林省白山市中级人民法院
驳回申诉通知书[①]

〔2017〕吉06刑申7号

刘某东：

你因犯隐匿会计凭证罪一案，对吉林省靖宇县人民法院作出的〔2012〕靖刑初字

[①] 资料来源：中国裁判文书网 https://wenshu.court.gov.cn。

第38号刑事判决不服,以股东之间在正常工作中发生矛盾和纠纷是正常的,是民事法律关系,应通过协商或者民事诉讼解决,因为它不是刑事案件;一审认定你归案后不向公安机关交代财务账目的去向,这与事实不符;无论从主观上还是客观上你都没有为了逃避依法查处为目的的拒不交出会计凭证的行为为理由向本院提出申诉。

经审查查明的事实与原审认定事实一致。

对于你申诉提出的理由,经审查认为:

2011年07月31日05时52分至2011年07月31日07时40分,经侦支队对刘某东的讯问笔录记载:"问:2011年5月10日你被靖宇县治安拘留之前发生了什么事:答:当时我在靖宇县宾馆707室见了傅余华、刘方田、隋科平、栾楠楠、李宪堂、李某某。……2011年5月10日,大约是吃完晚饭后,我得知靖宇县公安局要治安拘留我,当时我在靖宇县宾馆707室,在场的有李某某和李宪堂,我觉得刘兴江要把我彻底撵出江兴公司,所以我就安排李某某和李宪堂把傅余华、刘方田、隋科平、栾楠楠一起叫到宾馆里,我和他们说治安拘留不一定几天能出来,让他们选择是否继续留在兴江公司干,当时他们都说不干了,然后我就安排他们不管干与不干都要各自把手里关于兴江公司的相关材料保管好,而且我最害怕的是栾楠楠的财务账,我告诉栾楠楠让她把财务账保管好。问:你让栾楠楠把财务账保管好,指的是哪的财务账?答:是吉林兴江房地产开发有限公司2011年1月份以后的财务账和传票。……问:栾楠楠是否在吉林市交给你吉林兴江公司的财务账?答:我没看见,但当时栾楠楠落在我车上一个黄色的包,之后我又还给她了。……问:你为什么要以陈艳艳的名义将70万元存入工商银行?答:因为我被白山市公安局通缉了用自己的身份证不方便。"

2011年07月27日19时29分至2011年07月27日21时29分白山市公安局经济犯罪侦查支队对栾楠楠讯问笔录记载:"……问:你是因何事被传唤至公安机关的?答:我在吉林兴江房地产开发有限公司任会计,从2011年5月10日晚上刘某东经理让我们出去躲,我就和吴长华、王宏旭一起在外面躲到现在,……刘某东是吉林兴江公司的经理,因为兴江公司的法人代表高强要来接手公司,刘某东就让我们出去躲,具体为什么躲我也说不清楚。……2011年4月中旬,刘兴江派高强到靖宇县接管兴江公司,在此之前,隋科平就将兴江公司的监控给关闭了,开始将图纸等一些重要资料在晚上都拉走了,……直到5月10日下午五、六点钟回到兴江公司,到公司不一会,就通知到县宾馆707刘某东的房间开会,当时去开会的人有刘方田、刘伟、李宪堂、李某某、傅余华、盛春丽还有我(栾楠楠),当天刘某东要被靖宇县公安局拘留了,刘某东说刘兴江要来接公司了,大家讨论一下公司是留人还是留东西,刘方田说人和东西都不留,刘某东最后说今天晚上人和东西全都撤走,还说让把公司的监控关了再搬东西,各部门负责收拾各部门的东西,我(栾楠楠)回到财务室和出纳员吴长华一起将兴江公司的传票还有一些文件装到二三个黑色的塑料袋里,还有我在王丽雪衣柜内发现的一个黄色袋子的传票,……代凤龙让我(栾楠楠)陪他一起去临江,我(栾楠楠）就一同去了临江，……问：你和吴长华、王宏旭为什么要拿走兴江公司的财务账及传票？答：是刘某东让我将财务账及传票拿走的，具体为什么我不清楚。……同时把账和传票也放到刘某东的车里，之后我们就分开了。当天刘某东又将账和传票给我送到了我住宿的红浴盆会馆，他说他拿着账不方便，还让我（栾楠楠）拿着。……问：你与刘某东始终用电话联系吗？答：是的，因为刘某东告诉闫方国让我们常换手机和号码，他也总换手机和号码怕让警察监控，但是，刘某东始终与闫方国联系，闫方国的电话不换，刘某东联系闫方国以后，再让闫方国和我（栾楠楠）联系。"

2011年07月28日02时00分至2011年07月28日03时22分，白山市公安局对王宏旭的讯问笔录记载："……栾楠楠从宾馆下来在兴江公司办公室待了一会就出去了（具体去哪了我不知道），一直到凌晨1点多才回到公司，同时回来的还有出纳员吴长华，她俩回来后就让我帮着她们收拾账本以及传票，我们三人将传票以及账本装在了一个黄颜色的编织袋里，账簿以及传票具体有多少本我记不清了，……应该是兴江公司的账本和传票。……问：为什么要将传票以及账簿拿走？答：应该是刘某东让拿走的，当时栾楠楠让我帮着拿账本，而且当时拿账本时刘方田以及刘伟也到财务室了，刘方田和刘伟在那看了我们一会，刘方田和刘伟就走了，……我（王宏旭）、栾楠楠、闫方国到吉林当天就看见刘某东了，时间应该是刘某东被治安拘留刚放出来，刘某东问栾楠楠账本藏好了吗，栾楠楠说账本放我（王宏旭）家了，当时我和刘某东说保证没事，已经藏好了，之后，刘某东让栾楠楠在吉林给在场所有人一人买了一部电话，和我们说电话勤换着点，别在一个地方待时间长了，……当时我们俩（王宏旭、栾楠楠）还在桦甸市里的时候，接到邻居电话说公安局的民警到家里找我（王宏旭）和栾楠楠，由于害怕公安机关将栾楠楠抓走，之后我（王宏旭）和闫方国商量后和栾楠楠一起到河北省沧州市待了9天左右，当时在沧州市的时候闫方国让他的朋友查出栾楠楠已经是网上逃犯，之后我俩就再也没敢使用自己的身份证做任何登记，电话号码也更换了很多个。"

2011年07月28日09时23分至2011年07月28日10时04分白山市公安局对王宏旭的讯问笔录记载："……2011年5月份，大约在5月20几号的一天，具体是哪天我记不住了，我（王宏旭）跟栾楠楠和闫方国一起去了吉林市，在吉林市的一个叫红浴盆的休闲会馆住的，当时栾楠楠带着公司的账去的，我们（王宏旭、栾楠楠）在我（王宏旭）朋友张浩家把账取出来，带到了吉林市。到吉林市的第二天，刘某东的保镖郭波给闫方国打电话说，刘某东来了，要见我们（王宏旭、栾楠楠）让我们（王宏旭、栾楠楠）在宾馆等他，过了一会刘某东就到了我们宾馆615房间，郭波在楼下等着，刘某东自己一个人上的楼，在615给我们三个人（王宏旭、栾楠楠、闫方国）说要把账藏好，别让人找到了，要我们经常换手机，别让人发现了，……当时刘某东下楼时是空手下楼的，接着又打电话给栾楠楠，栾楠楠拿了账下楼了，后来刘某东又回来一次取落在宾馆的电话，让我们把账拿回去藏好，别让人找到，刘某东走了以后，我们又把拿去的账带回了桦甸，藏到我（王宏旭）家房子的棚顶上了。"

2011年06月14日22时15分至2011年06月15日01时01分白山市公安局经济犯罪侦查支队对吴长华讯问笔录记载："……问：吉林兴江房地产开发有限责任公司的财务账都是由谁保管？平时放在什么地方？答：是由我（吴长华）和栾楠楠保管的，财务账平时放在财务室的卷柜里，都是锁着的，我和栾楠楠有卷柜的钥匙。……在2011年5月10日16时左右，栾楠楠给我（吴长华）打电话说刘兴江回靖宇了，让我回公司将公司的财务账封存上，具体怎么回事我都不清楚，刘兴江是谁我也不知道，我就听栾楠楠的话回公司将公司所有的账还有传票都装到一个黑色塑料袋中了，当时栾楠楠也在财务室了，我就将这些财和传票放到了我（吴长华）办公室的桌子上了，对栾楠楠说公司所有的账都在这里了，我就回家了，到了下半夜1点左右，栾楠楠给我打电话说刘某东让我（吴长华）和她们一起出去躲几天，我就给隋科平打电话问怎么回事，隋科平说既然刘某东这么说了，就让我和栾楠楠一起走吧，……"

2011年09月01日22时00分至2011年09月01日23时38分白山市公安局经济犯罪侦查支队对闫方国的讯问笔录记载："……问：刘某东为什么让你们租房子住躲起来？答：因为刘某东怕刘兴江找到栾楠楠，后期我知道栾楠楠手里有财务账，怕落在刘兴江的手里，所以才让我们租房子住躲起来。……问：你与栾楠楠、王宏旭在一起的这段时间，刘某东如何联系你们？答：刘某东只主动联系过我（闫方国）二次，其余的都是刘伟和郭波给我（闫方国）打电话联系的，然后我（闫方国）再把情况告诉栾楠楠。"

2011年08月04日13时13分至2011年08月04日13时48分白山市公安局经侦支队对李某某的询问笔录记载："……我（李某某）到了宾馆后，看见刘某东在桌子上吃馒头，刘某东说他要被行政拘留10天，问我们是否还在公司干，当时傅余华说工程继续干，但刘方田说不干了都离开公司，之后刘某东同意刘方田的观点，让我们各自把手里的资料都拿走，尤其是栾楠楠手里的财务账。……应该是兴江公司的财务账，但哪一年的账我不知道。……问：栾楠楠具体拿了几个包装在了戴凤龙的车上？答：我记不清了，当时我帮她抬上车时觉得包还挺沉。"

上述证据结合原审质证的其他证据证明你在2011年5月10日已经知道兴江公司要被接管，你因与公司其他股东之间存在矛盾指使栾楠楠将财务凭证带走。财务资料是公司的重要资料，会计法有明确规定对单位的会计凭证、会计账簿、财务会计报告和其他会计资料应当建立档案，妥善保管。你作为公司股东及公司的实际主管人员对此应是明知，却违法安排会计栾楠楠将公司的会计凭证私自带出公司隐匿，并指使栾楠楠等人故意躲避警察，并且在得知自己被通缉后仍抗拒抓捕，你是否为逃避依法查处为目的隐匿会计凭证不是对你追诉的必要条件，你的行为符合追诉的规定。你指使会计人员隐匿会计凭证的行为主观上存在故意，客观上实施了隐匿行为，《中华人民共和国会计法》第四十四条规定："隐匿或者故意销毁依法应当保存的会计凭证、会计帐簿、财务会计报告，构成犯罪的，依法追究刑事责任。……"第四十五条："授意、指使、强令会计机构、会计人员及其他人员伪造、变造会计凭证、会计帐簿，编制虚假财务会计报告或者隐匿、故意销毁依法应当保存的会计凭证、会计帐簿、财务会计报告，构成犯罪的，依法追究刑事责任；……"《中华人民共和国刑法》第一百六十二条之一规定："……隐匿或者故意销毁依法应当保存的会计凭证、会计账簿、财务会计报告，情节严重的，处五年以下有期徒刑或者拘役，并处或者单处二万元以上二十万元以下罚金。……"《最高人民检察院公安部关于公安机关管辖的刑事案件立案追诉标准的规定（二）》第八条规定："隐匿或者故意销毁依法应当保存的会计凭证、会计账簿、财务会计报告，涉嫌下列情形之一的，应予立案追诉：（一）隐匿、故意销毁的会计凭证、会计账簿、财务会计报告涉及金额在五十万元以上的；……"你的行为已触犯刑法的相关规定，原审对你以隐匿会计凭证罪进行处罚并无不当。

综上，本院认为，你对本案的申诉理由不能成立，你的申诉不符合《中华人民共和国刑事诉讼法》第二百四十二条规定的重新审判条件，原裁判应予维持。

特此通知。

二〇一七年十二月七日

四、第四十三条

（一）法条原文

【2024年版本】

第四十三条　单位负责人对依法履行职责、抵制违反本法规定行为的会计人员以降级、撤职、调离工作岗位、解聘或者开除等方式实行打击报复，依法给予处分；构成犯罪的，依法追究刑事责任。对受打击报复的会计人员，应当恢复其名誉和原有职务、级别。

【2017年、1999年版本】

第四十六条　单位负责人对依法履行职责、抵制违反本法规定行为的会计人员以降级、撤职、调离工作岗位、解聘或者开除等方式实行打击报复，构成犯罪的，依法追究刑事责任；尚不构成犯罪的，由其所在单位或者有关单位依法给予行政处分。对受打击报复的会计人员，应当恢复其名誉和原有职务、级别。

【1993年版本】

第二十九条　单位领导人和其他人员对依照本法履行职责的会计人员进行打击报复的，给予行政处分；构成犯罪的，依法追究刑事责任。

【1985年版本】

第二十九条　单位行政领导人和其他人员对依照本法履行职责的会计人员进行打

击报复的，给予行政处分；情节严重的，依法追究刑事责任。

（二）法条释义

本条规定了单位负责人对依法履行职责、抵制违反会计法规定行为的会计人员实行打击报复的法律责任。

任何单位或者个人不得对依法履行职责、抵制违反会计法规定行为的会计人员实行打击报复。打击报复的方式包括降级、降低工资、撤职、调离工作岗位、解聘或者开除等，这里应当区分打击报复和单位对员工的正常管理。如果会计人员的确有违法违规或者违反单位规章制度、劳动合同的行为，单位可以依法依规对会计人员进行处理。如果劳动合同正常到期，单位不再续签劳动合同，通常不应认为是打击报复。但如果同等条件下，其他人员均续签了劳动合同，仅仅针对个别曾经抵制违反会计法规定行为的会计人员不再续签劳动合同，可以认定为打击报复。

单位负责人对依法履行职责、抵制违反会计法规定行为的会计人员以降级、撤职、调离工作岗位、解聘或者开除等方式实行打击报复，依法给予处分；如果情节严重，构成犯罪的，依法追究刑事责任。对受打击报复的会计人员，应当恢复其名誉和原有职务、级别。行政处分是行政机关内部，上级对有隶属关系的下级违反纪律的行为或者是对尚未构成犯罪的轻微行政违法行为所给予的纪律制裁，行政处分的种类有六种，从轻到重依次为警告、记过、记大过、降级、撤职、开除。

对受打击报复的会计人员，应当恢复其名誉和原有职务、级别。如果受打击报复的会计人员已经被解聘或者开除，则应当征求会计人员的意见，如果其愿意恢复原有工作岗位，可以恢复原有工作岗位，如果不愿意恢复，应当按照相关法律规定，按违法解聘、开除员工予以经济补偿。

（三）相关条文

《中华人民共和国刑法》（2023年12月29日）

第二百五十五条　公司、企业、事业单位、机关、团体的领导人，对依法履行职责、抵制违反会计法、统计法行为的会计、统计人员实行打击报复，情节恶劣的，处三年以下有期徒刑或者拘役。

五、第四十四条

（一）法条原文

【2024年版本】

第四十四条　财政部门及有关行政部门的工作人员在实施监督管理中滥用职权、

玩忽职守、徇私舞弊或者泄露国家秘密、工作秘密、商业秘密、个人隐私、个人信息的，依法给予处分；构成犯罪的，依法追究刑事责任。

【2017年、1999年版本】

第四十七条　财政部门及有关行政部门的工作人员在实施监督管理中滥用职权、玩忽职守、徇私舞弊或者泄露国家秘密、商业秘密，构成犯罪的，依法追究刑事责任；尚不构成犯罪的，依法给予行政处分。

（二）法条释义

本条规定了财政部门及有关行政部门的工作人员的法律责任。

财政、审计、税务、金融管理等部门应当依照有关法律、行政法规规定的职责，对有关单位的会计资料实施监督检查，并出具检查结论。依法对有关单位的会计资料实施监督检查的部门及其工作人员对在监督检查中知悉的国家秘密和商业秘密负有保密义务。

财政部门及有关行政部门的工作人员在实施监督管理中，如果有滥用职权、玩忽职守、徇私舞弊或者泄露国家秘密、工作秘密、商业秘密、个人隐私、个人信息等违法行为，应当依法给予处分。如果情节严重，将构成犯罪，此时应当依法追究刑事责任。

滥用职权是指过分地或非法地行使自己掌握的权力，即行使权力不当，属于积极不当行使权力。玩忽职守是指对本职工作不负责任，不严肃认真对待，属于消极怠工。徇私舞弊是指因照顾私情而弄虚作假，做违法乱纪的事情。

泄露国家秘密、工作秘密、商业秘密、个人隐私、个人信息可以是故意泄露，也可以是过失泄露。国家秘密是关系国家安全和利益，依照法定程序确定，在一定时间内只限一定范围的人员知悉的事项。工作秘密是指机关单位在公务活动和内部管理中产生的，一旦泄露会直接干扰机关单位正常工作秩序，影响正常行使管理职能，在一定时间内不宜对外公开的事项和信息。商业秘密，是指不为公众所知悉、具有商业价值并经权利人采取相应保密措施的技术信息、经营信息等商业信息。个人隐私是指公民个人生活中不愿为他人（一定范围以外的人）公开或知悉的秘密，且这一秘密与其他人及社会利益无关。个人信息是以电子或者其他方式记录的与已识别或者可识别的自然人有关的各种信息，不包括匿名化处理后的信息，包括姓名、身份证件号码、通信通信联系方式、住址、账号密码、财产状况、行踪轨迹等。

（三）相关条文

《中华人民共和国民法典》（2020年5月28日）
第六章　隐私权和个人信息保护

第一千零三十二条　自然人享有隐私权。任何组织或者个人不得以刺探、侵扰、泄露、公开等方式侵害他人的隐私权。

隐私是自然人的私人生活安宁和不愿为他人知晓的私密空间、私密活动、私密信息。

第一千零三十三条 除法律另有规定或者权利人明确同意外，任何组织或者个人不得实施下列行为：

（一）以电话、短信、即时通讯工具、电子邮件、传单等方式侵扰他人的私人生活安宁；

（二）进入、拍摄、窥视他人的住宅、宾馆房间等私密空间；

（三）拍摄、窥视、窃听、公开他人的私密活动；

（四）拍摄、窥视他人身体的私密部位；

（五）处理他人的私密信息；

（六）以其他方式侵害他人的隐私权。

第一千零三十四条 自然人的个人信息受法律保护。

个人信息是以电子或者其他方式记录的能够单独或者与其他信息结合识别特定自然人的各种信息，包括自然人的姓名、出生日期、身份证件号码、生物识别信息、住址、电话号码、电子邮箱、健康信息、行踪信息等。

个人信息中的私密信息，适用有关隐私权的规定；没有规定的，适用有关个人信息保护的规定。

第一千零三十五条 处理个人信息的，应当遵循合法、正当、必要原则，不得过度处理，并符合下列条件：

（一）征得该自然人或者其监护人同意，但是法律、行政法规另有规定的除外；

（二）公开处理信息的规则；

（三）明示处理信息的目的、方式和范围；

（四）不违反法律、行政法规的规定和双方的约定。

个人信息的处理包括个人信息的收集、存储、使用、加工、传输、提供、公开等。

第一千零三十六条 处理个人信息，有下列情形之一的，行为人不承担民事责任：

（一）在该自然人或者其监护人同意的范围内合理实施的行为；

（二）合理处理该自然人自行公开的或者其他已经合法公开的信息，但是该自然人明确拒绝或者处理该信息侵害其重大利益的除外；

（三）为维护公共利益或者该自然人合法权益，合理实施的其他行为。

第一千零三十七条 自然人可以依法向信息处理者查阅或者复制其个人信息；发现信息有错误的，有权提出异议并请求及时采取更正等必要措施。

自然人发现信息处理者违反法律、行政法规的规定或者双方的约定处理其个人信息的，有权请求信息处理者及时删除。

第一千零三十八条 信息处理者不得泄露或者篡改其收集、存储的个人信息；未经自然人同意，不得向他人非法提供其个人信息，但是经过加工无法识别特定个人且不能复原的除外。

信息处理者应当采取技术措施和其他必要措施，确保其收集、存储的个人信息安全，防止信息泄露、篡改、丢失；发生或者可能发生个人信息泄露、篡改、丢失的，应当及时采取补救措施，按照规定告知自然人并向有关主管部门报告。

第一千零三十九条 国家机关、承担行政职能的法定机构及其工作人员对于履行职责过程中知悉的自然人的隐私和个人信息，应当予以保密，不得泄露或者向他人非法提供。

《中华人民共和国个人信息保护法》（2021年8月20日）

第一章 总　　则

第一条 为了保护个人信息权益，规范个人信息处理活动，促进个人信息合理利用，根据宪法，制定本法。

第二条 自然人的个人信息受法律保护，任何组织、个人不得侵害自然人的个人信息权益。

第三条 在中华人民共和国境内处理自然人个人信息的活动，适用本法。

在中华人民共和国境外处理中华人民共和国境内自然人个人信息的活动，有下列情形之一的，也适用本法：

（一）以向境内自然人提供产品或者服务为目的；

（二）分析、评估境内自然人的行为；

（三）法律、行政法规规定的其他情形。

第四条 个人信息是以电子或者其他方式记录的与已识别或者可识别的自然人有关的各种信息，不包括匿名化处理后的信息。

个人信息的处理包括个人信息的收集、存储、使用、加工、传输、提供、公开、删除等。

第五条 处理个人信息应当遵循合法、正当、必要和诚信原则，不得通过误导、欺诈、胁迫等方式处理个人信息。

第六条 处理个人信息应当具有明确、合理的目的，并应当与处理目的直接相关，采取对个人权益影响最小的方式。

收集个人信息，应当限于实现处理目的的最小范围，不得过度收集个人信息。

第七条 处理个人信息应当遵循公开、透明原则，公开个人信息处理规则，明示处理的目的、方式和范围。

第八条 处理个人信息应当保证个人信息的质量，避免因个人信息不准确、不完整对个人权益造成不利影响。

第九条 个人信息处理者应当对其个人信息处理活动负责，并采取必要措施保障所处理的个人信息的安全。

第十条 任何组织、个人不得非法收集、使用、加工、传输他人个人信息，不得非法买卖、提供或者公开他人个人信息；不得从事危害国家安全、公共利益的个人信息处理活动。

第十一条 国家建立健全个人信息保护制度，预防和惩治侵害个人信息权益的行为，加强个人信息保护宣传教育，推动形成政府、企业、相关社会组织、公众共同参与个人信息保护的良好环境。

第十二条 国家积极参与个人信息保护国际规则的制定，促进个人信息保护方面的国际交流与合作，推动与其他国家、地区、国际组织之间的个人信息保护规则、标准等互认。

第二章 个人信息处理规则

第一节 一般规定

第十三条 符合下列情形之一的，个人信息处理者方可处理个人信息：

（一）取得个人的同意；

（二）为订立、履行个人作为一方当事人的合同所必需，或者按照依法制定的劳动规章制度和依法签订的集体合同实施人力资源管理所必需；

（三）为履行法定职责或者法定义务所必需；

（四）为应对突发公共卫生事件，或者紧急情况下为保护自然人的生命健康和财产安全所必需；

（五）为公共利益实施新闻报道、舆论监督等行为，在合理的范围内处理个人信息；

（六）依照本法规定在合理的范围内处理个人自行公开或者其他已经合法公开的个人信息；

（七）法律、行政法规规定的其他情形。

依照本法其他有关规定，处理个人信息应当取得个人同意，但是有前款第二项至第七项规定情形的，不需取得个人同意。

第十四条 基于个人同意处理个人信息的，该同意应当由个人在充分知情的前提下自愿、明确作出。法律、行政法规规定处理个人信息应当取得个人单独同意或者书面同意的，从其规定。

个人信息的处理目的、处理方式和处理的个人信息种类发生变更的，应当重新取得个人同意。

第十五条 基于个人同意处理个人信息的，个人有权撤回其同意。个人信息处理者应当提供便捷的撤回同意的方式。

个人撤回同意，不影响撤回前基于个人同意已进行的个人信息处理活动的效力。

第十六条 个人信息处理者不得以个人不同意处理其个人信息或者撤回同意为由，拒绝提供产品或者服务；处理个人信息属于提供产品或者服务所必需的除外。

第十七条 个人信息处理者在处理个人信息前，应当以显著方式、清晰易懂的语言真实、准确、完整地向个人告知下列事项：

（一）个人信息处理者的名称或者姓名和联系方式；

（二）个人信息的处理目的、处理方式，处理的个人信息种类、保存期限；

（三）个人行使本法规定权利的方式和程序；

（四）法律、行政法规规定应当告知的其他事项。

前款规定事项发生变更的，应当将变更部分告知个人。

个人信息处理者通过制定个人信息处理规则的方式告知第一款规定事项的，处理规则应当公开，并且便于查阅和保存。

第十八条 个人信息处理者处理个人信息，有法律、行政法规规定应当保密或者不需要告知的情形的，可以不向个人告知前条第一款规定的事项。

紧急情况下为保护自然人的生命健康和财产安全无法及时向个人告知的，个人信息处理者应当在紧急情况消除后及时告知。

第十九条 除法律、行政法规另有规定外，个人信息的保存期限应当为实现处理目的所必要的最短时间。

第二十条 两个以上的个人信息处理者共同决定个人信息的处理目的和处理方式的，应当约定各自的权利和义务。但是，该约定不影响个人向其中任何一个个人信息处理者要求行使本法规定的权利。

个人信息处理者共同处理个人信息，侵害个人信息权益造成损害的，应当依法承担连带责任。

第二十一条 个人信息处理者委托处理个人信息的，应当与受托人约定委托处理的目的、期限、处理方式、个人信息的种类、保护措施以及双方的权利和义务等，并对受托人的个人信息处理活动进行监督。

受托人应当按照约定处理个人信息，不得超出约定的处理目的、处理方式等处理个人信息；委托合同不生效、无效、被撤销或者终止的，受托人应当将个人信息返还个人信息处理者或者予以删除，不得保留。

未经个人信息处理者同意，受托人不得转委托他人处理个人信息。

第二十二条 个人信息处理者因合并、分立、解散、被宣告破产等原因需要转移个人信息的，应当向个人告知接收方的名称或者姓名和联系方式。接收方应当继续履行个人信息处理者的义务。接收方变更原先的处理目的、处理方式的，应当依照本法规定重新取得个人同意。

第二十三条 个人信息处理者向其他个人信息处理者提供其处理的个人信息的，应当向个人告知接收方的名称或者姓名、联系方式、处理目的、处理方式和个人信息的种类，并取得个人的单独同意。接收方应当在上述处理目的、处理方式和个人信息的种类等范围内处理个人信息。接收方变更原先的处理目的、处理方式的，应当依照本法规定重新取得个人同意。

第二十四条 个人信息处理者利用个人信息进行自动化决策，应当保证决策的透明度和结果公平、公正，不得对个人在交易价格等交易条件上实行不合理的差别待遇。

通过自动化决策方式向个人进行信息推送、商业营销，应当同时提供不针对其个人特征的选项，或者向个人提供便捷的拒绝方式。

通过自动化决策方式作出对个人权益有重大影响的决定，个人有权要求个人信息处理者予以说明，并有权拒绝个人信息处理者仅通过自动化决策的方式作出决定。

第二十五条 个人信息处理者不得公开其处理的个人信息，取得个人单独同意的除外。

第二十六条 在公共场所安装图像采集、个人身份识别设备，应当为维护公共安全所必需，遵守国家有关规定，并设置显著的提示标识。所收集的个人图像、身份识别信息只能用于维护公共安全的目的，不得用于其他目的；取得个人单独同意的除外。

第二十七条 个人信息处理者可以在合理的范围内处理个人自行公开或者其他已经合法公开的个人信息；个人明确拒绝的除外。个人信息处理者处理已公开的个人信息，对个人权益有重大影响的，应当依照本法规定取得个人同意。

第二节 敏感个人信息的处理规则

第二十八条 敏感个人信息是一旦泄露或者非法使用，容易导致自然人的人格尊严受到侵害或者人身、财产安全受到危害的个人信息，包括生物识别、宗教信仰、特定身份、医疗健康、金融账户、行踪轨迹等信息，以及不满十四周岁未成年人的个人信息。

只有在具有特定的目的和充分的必要性，并采取严格保护措施的情形下，个人信息处理者方可处理敏感个人信息。

第二十九条 处理敏感个人信息应当取得个人的单独同意；法律、行政法规规定处理敏感个人信息应当取得书面同意的，从其规定。

第三十条 个人信息处理者处理敏感个人信息的，除本法第十七条第一款规定的事项外，还应当向个人告知处理敏感个人信息的必要性以及对个人权益的影响；依照本法规定可以不向个人告知的除外。

第三十一条 个人信息处理者处理不满十四周岁未成年人个人信息的，应当取得未成年人的父母或者其他监护人的同意。

个人信息处理者处理不满十四周岁未成年人个人信息的，应当制定专门的个人信息处理规则。

第三十二条 法律、行政法规对处理敏感个人信息规定应当取得相关行政许可或者作出其他限制的，从其规定。

第三节 国家机关处理个人信息的特别规定

第三十三条 国家机关处理个人信息的活动，适用本法；本节有特别规定的，适用本节规定。

第三十四条　国家机关为履行法定职责处理个人信息，应当依照法律、行政法规规定的权限、程序进行，不得超出履行法定职责所必需的范围和限度。

第三十五条　国家机关为履行法定职责处理个人信息，应当依照本法规定履行告知义务；有本法第十八条第一款规定的情形，或者告知将妨碍国家机关履行法定职责的除外。

第三十六条　国家机关处理的个人信息应当在中华人民共和国境内存储；确需向境外提供的，应当进行安全评估。安全评估可以要求有关部门提供支持与协助。

第三十七条　法律、法规授权的具有管理公共事务职能的组织为履行法定职责处理个人信息，适用本法关于国家机关处理个人信息的规定。

第三章　个人信息跨境提供的规则

第三十八条　个人信息处理者因业务等需要，确需向中华人民共和国境外提供个人信息的，应当具备下列条件之一：

（一）依照本法第四十条的规定通过国家网信部门组织的安全评估；

（二）按照国家网信部门的规定经专业机构进行个人信息保护认证；

（三）按照国家网信部门制定的标准合同与境外接收方订立合同，约定双方的权利和义务；

（四）法律、行政法规或者国家网信部门规定的其他条件。

中华人民共和国缔结或者参加的国际条约、协定对向中华人民共和国境外提供个人信息的条件等有规定的，可以按照其规定执行。

个人信息处理者应当采取必要措施，保障境外接收方处理个人信息的活动达到本法规定的个人信息保护标准。

第三十九条　个人信息处理者向中华人民共和国境外提供个人信息的，应当向个人告知境外接收方的名称或者姓名、联系方式、处理目的、处理方式、个人信息的种类以及个人向境外接收方行使本法规定权利的方式和程序等事项，并取得个人的单独同意。

第四十条　关键信息基础设施运营者和处理个人信息达到国家网信部门规定数量的个人信息处理者，应当将在中华人民共和国境内收集和产生的个人信息存储在境内。确需向境外提供的，应当通过国家网信部门组织的安全评估；法律、行政法规和国家网信部门规定可以不进行安全评估的，从其规定。

第四十一条　中华人民共和国主管机关根据有关法律和中华人民共和国缔结或者参加的国际条约、协定，或者按照平等互惠原则，处理外国司法或者执法机构关于提供存储于境内个人信息的请求。非经中华人民共和国主管机关批准，个人信息处理者不得向外国司法或者执法机构提供存储于中华人民共和国境内的个人信息。

第四十二条　境外的组织、个人从事侵害中华人民共和国公民的个人信息权益，或者危害中华人民共和国国家安全、公共利益的个人信息处理活动的，国家网信部门可以将其列入限制或者禁止个人信息提供清单，予以公告，并采取限制或者禁止向其提供个人信息等措施。

第四十三条 任何国家或者地区在个人信息保护方面对中华人民共和国采取歧视性的禁止、限制或者其他类似措施的，中华人民共和国可以根据实际情况对该国家或者地区对等采取措施。

第四章 个人在个人信息处理活动中的权利

第四十四条 个人对其个人信息的处理享有知情权、决定权，有权限制或者拒绝他人对其个人信息进行处理；法律、行政法规另有规定的除外。

第四十五条 个人有权向个人信息处理者查阅、复制其个人信息；有本法第十八条第一款、第三十五条规定情形的除外。

个人请求查阅、复制其个人信息的，个人信息处理者应当及时提供。

个人请求将个人信息转移至其指定的个人信息处理者，符合国家网信部门规定条件的，个人信息处理者应当提供转移的途径。

第四十六条 个人发现其个人信息不准确或者不完整的，有权请求个人信息处理者更正、补充。

个人请求更正、补充其个人信息的，个人信息处理者应当对其个人信息予以核实，并及时更正、补充。

第四十七条 有下列情形之一的，个人信息处理者应当主动删除个人信息；个人信息处理者未删除的，个人有权请求删除：

（一）处理目的已实现、无法实现或者为实现处理目的不再必要；

（二）个人信息处理者停止提供产品或者服务，或者保存期限已届满；

（三）个人撤回同意；

（四）个人信息处理者违反法律、行政法规或者违反约定处理个人信息；

（五）法律、行政法规规定的其他情形。

法律、行政法规规定的保存期限未届满，或者删除个人信息从技术上难以实现的，个人信息处理者应当停止除存储和采取必要的安全保护措施之外的处理。

第四十八条 个人有权要求个人信息处理者对其个人信息处理规则进行解释说明。

第四十九条 自然人死亡的，其近亲属为了自身的合法、正当利益，可以对死者的相关个人信息行使本章规定的查阅、复制、更正、删除等权利；死者生前另有安排的除外。

第五十条 个人信息处理者应当建立便捷的个人行使权利的申请受理和处理机制。拒绝个人行使权利的请求的，应当说明理由。

个人信息处理者拒绝个人行使权利的请求的，个人可以依法向人民法院提起诉讼。

第五章 个人信息处理者的义务

第五十一条 个人信息处理者应当根据个人信息的处理目的、处理方式、个人信息的种类以及对个人权益的影响、可能存在的安全风险等，采取下列措施确保个人信息处理活动符合法律、行政法规的规定，并防止未经授权的访问以及个人信息泄露、篡改、丢失：

（一）制定内部管理制度和操作规程；

（二）对个人信息实行分类管理；

（三）采取相应的加密、去标识化等安全技术措施；

（四）合理确定个人信息处理的操作权限，并定期对从业人员进行安全教育和培训；

（五）制定并组织实施个人信息安全事件应急预案；

（六）法律、行政法规规定的其他措施。

第五十二条　处理个人信息达到国家网信部门规定数量的个人信息处理者应当指定个人信息保护负责人，负责对个人信息处理活动以及采取的保护措施等进行监督。

个人信息处理者应当公开个人信息保护负责人的联系方式，并将个人信息保护负责人的姓名、联系方式等报送履行个人信息保护职责的部门。

第五十三条　本法第三条第二款规定的中华人民共和国境外的个人信息处理者，应当在中华人民共和国境内设立专门机构或者指定代表，负责处理个人信息保护相关事务，并将有关机构的名称或者代表的姓名、联系方式等报送履行个人信息保护职责的部门。

第五十四条　个人信息处理者应当定期对其处理个人信息遵守法律、行政法规的情况进行合规审计。

第五十五条　有下列情形之一的，个人信息处理者应当事前进行个人信息保护影响评估，并对处理情况进行记录：

（一）处理敏感个人信息；

（二）利用个人信息进行自动化决策；

（三）委托处理个人信息、向其他个人信息处理者提供个人信息、公开个人信息；

（四）向境外提供个人信息；

（五）其他对个人权益有重大影响的个人信息处理活动。

第五十六条　个人信息保护影响评估应当包括下列内容：

（一）个人信息的处理目的、处理方式等是否合法、正当、必要；

（二）对个人权益的影响及安全风险；

（三）所采取的保护措施是否合法、有效并与风险程度相适应。

个人信息保护影响评估报告和处理情况记录应当至少保存三年。

第五十七条　发生或者可能发生个人信息泄露、篡改、丢失的，个人信息处理者应当立即采取补救措施，并通知履行个人信息保护职责的部门和个人。通知应当包括下列事项：

（一）发生或者可能发生个人信息泄露、篡改、丢失的信息种类、原因和可能造成的危害；

（二）个人信息处理者采取的补救措施和个人可以采取的减轻危害的措施；

（三）个人信息处理者的联系方式。

个人信息处理者采取措施能够有效避免信息泄露、篡改、丢失造成危害的，个人信息处理者可以不通知个人；履行个人信息保护职责的部门认为可能造成危害的，有权要求个人信息处理者通知个人。

第五十八条 提供重要互联网平台服务、用户数量巨大、业务类型复杂的个人信息处理者，应当履行下列义务：

（一）按照国家规定建立健全个人信息保护合规制度体系，成立主要由外部成员组成的独立机构对个人信息保护情况进行监督；

（二）遵循公开、公平、公正的原则，制定平台规则，明确平台内产品或者服务提供者处理个人信息的规范和保护个人信息的义务；

（三）对严重违反法律、行政法规处理个人信息的平台内的产品或者服务提供者，停止提供服务；

（四）定期发布个人信息保护社会责任报告，接受社会监督。

第五十九条 接受委托处理个人信息的受托人，应当依照本法和有关法律、行政法规的规定，采取必要措施保障所处理的个人信息的安全，并协助个人信息处理者履行本法规定的义务。

第六章 履行个人信息保护职责的部门

第六十条 国家网信部门负责统筹协调个人信息保护工作和相关监督管理工作。国务院有关部门依照本法和有关法律、行政法规的规定，在各自职责范围内负责个人信息保护和监督管理工作。

县级以上地方人民政府有关部门的个人信息保护和监督管理职责，按照国家有关规定确定。

前两款规定的部门统称为履行个人信息保护职责的部门。

第六十一条 履行个人信息保护职责的部门履行下列个人信息保护职责：

（一）开展个人信息保护宣传教育，指导、监督个人信息处理者开展个人信息保护工作；

（二）接受、处理与个人信息保护有关的投诉、举报；

（三）组织对应用程序等个人信息保护情况进行测评，并公布测评结果；

（四）调查、处理违法个人信息处理活动；

（五）法律、行政法规规定的其他职责。

第六十二条 国家网信部门统筹协调有关部门依据本法推进下列个人信息保护工作：

（一）制定个人信息保护具体规则、标准；

（二）针对小型个人信息处理者、处理敏感个人信息以及人脸识别、人工智能等新技术、新应用，制定专门的个人信息保护规则、标准；

（三）支持研究开发和推广应用安全、方便的电子身份认证技术，推进网络身份认证公共服务建设；

（四）推进个人信息保护社会化服务体系建设，支持有关机构开展个人信息保护评估、认证服务；

（五）完善个人信息保护投诉、举报工作机制。

第六十三条 履行个人信息保护职责的部门履行个人信息保护职责，可以采取下列措施：

（一）询问有关当事人，调查与个人信息处理活动有关的情况；

（二）查阅、复制当事人与个人信息处理活动有关的合同、记录、账簿以及其他有关资料；

（三）实施现场检查，对涉嫌违法的个人信息处理活动进行调查；

（四）检查与个人信息处理活动有关的设备、物品；对有证据证明是用于违法个人信息处理活动的设备、物品，向本部门主要负责人书面报告并经批准，可以查封或者扣押。

履行个人信息保护职责的部门依法履行职责，当事人应当予以协助、配合，不得拒绝、阻挠。

第六十四条 履行个人信息保护职责的部门在履行职责中，发现个人信息处理活动存在较大风险或者发生个人信息安全事件的，可以按照规定的权限和程序对该个人信息处理者的法定代表人或者主要负责人进行约谈，或者要求个人信息处理者委托专业机构对其个人信息处理活动进行合规审计。个人信息处理者应当按照要求采取措施，进行整改，消除隐患。

履行个人信息保护职责的部门在履行职责中，发现违法处理个人信息涉嫌犯罪的，应当及时移送公安机关依法处理。

第六十五条 任何组织、个人有权对违法个人信息处理活动向履行个人信息保护职责的部门进行投诉、举报。收到投诉、举报的部门应当依法及时处理，并将处理结果告知投诉、举报人。

履行个人信息保护职责的部门应当公布接受投诉、举报的联系方式。

第七章　法　律　责　任

第六十六条 违反本法规定处理个人信息，或者处理个人信息未履行本法规定的个人信息保护义务的，由履行个人信息保护职责的部门责令改正，给予警告，没收违法所得，对违法处理个人信息的应用程序，责令暂停或者终止提供服务；拒不改正的，并处一百万元以下罚款；对直接负责的主管人员和其他直接责任人员处一万元以上十万元以下罚款。

有前款规定的违法行为，情节严重的，由省级以上履行个人信息保护职责的部门责令改正，没收违法所得，并处五千万元以下或者上一年度营业额百分之五以下罚款，并可以责令暂停相关业务或者停业整顿、通报有关主管部门吊销相关业务许可或者吊销营业执照；对直接负责的主管人员和其他直接责任人员处十万元以上一百万元以下罚款，并可以决定禁止其在一定期限内担任相关企业的董事、监事、高级管理人员和个人信息保护负责人。

第六十七条　有本法规定的违法行为的，依照有关法律、行政法规的规定记入信用档案，并予以公示。

第六十八条　国家机关不履行本法规定的个人信息保护义务的，由其上级机关或者履行个人信息保护职责的部门责令改正；对直接负责的主管人员和其他直接责任人员依法给予处分。

履行个人信息保护职责的部门的工作人员玩忽职守、滥用职权、徇私舞弊，尚不构成犯罪的，依法给予处分。

第六十九条　处理个人信息侵害个人信息权益造成损害，个人信息处理者不能证明自己没有过错的，应当承担损害赔偿等侵权责任。

前款规定的损害赔偿责任按照个人因此受到的损失或者个人信息处理者因此获得的利益确定；个人因此受到的损失和个人信息处理者因此获得的利益难以确定的，根据实际情况确定赔偿数额。

第七十条　个人信息处理者违反本法规定处理个人信息，侵害众多个人的权益的，人民检察院、法律规定的消费者组织和由国家网信部门确定的组织可以依法向人民法院提起诉讼。

第七十一条　违反本法规定，构成违反治安管理行为的，依法给予治安管理处罚；构成犯罪的，依法追究刑事责任。

第八章　附　　则

第七十二条　自然人因个人或者家庭事务处理个人信息的，不适用本法。

法律对各级人民政府及其有关部门组织实施的统计、档案管理活动中的个人信息处理有规定的，适用其规定。

第七十三条　本法下列用语的含义：

（一）个人信息处理者，是指在个人信息处理活动中自主决定处理目的、处理方式的组织、个人。

（二）自动化决策，是指通过计算机程序自动分析、评估个人的行为习惯、兴趣爱好或者经济、健康、信用状况等，并进行决策的活动。

（三）去标识化，是指个人信息经过处理，使其在不借助额外信息的情况下无法识别特定自然人的过程。

（四）匿名化，是指个人信息经过处理无法识别特定自然人且不能复原的过程。

第七十四条 本法自 2021 年 11 月 1 日起施行。

《中华人民共和国公务员法》（2018 年 12 月 29 日）

第一条 为了规范公务员的管理，保障公务员的合法权益，加强对公务员的监督，促进公务员正确履职尽责，建设信念坚定、为民服务、勤政务实、敢于担当、清正廉洁的高素质专业化公务员队伍，根据宪法，制定本法。

第二条 本法所称公务员，是指依法履行公职、纳入国家行政编制、由国家财政负担工资福利的工作人员。

公务员是干部队伍的重要组成部分，是社会主义事业的中坚力量，是人民的公仆。

第十三条 公务员应当具备下列条件：

（一）具有中华人民共和国国籍；

（二）年满十八周岁；

（三）拥护中华人民共和国宪法，拥护中国共产党领导和社会主义制度；

（四）具有良好的政治素质和道德品行；

（五）具有正常履行职责的身体条件和心理素质；

（六）具有符合职位要求的文化程度和工作能力；

（七）法律规定的其他条件。

第十四条 公务员应当履行下列义务：

（一）忠于宪法，模范遵守、自觉维护宪法和法律，自觉接受中国共产党领导；

（二）忠于国家，维护国家的安全、荣誉和利益；

（三）忠于人民，全心全意为人民服务，接受人民监督；

（四）忠于职守，勤勉尽责，服从和执行上级依法作出的决定和命令，按照规定的权限和程序履行职责，努力提高工作质量和效率；

（五）保守国家秘密和工作秘密；

（六）带头践行社会主义核心价值观，坚守法治，遵守纪律，恪守职业道德，模范遵守社会公德、家庭美德；

（七）清正廉洁，公道正派；

（八）法律规定的其他义务。

第十五条 公务员享有下列权利：

（一）获得履行职责应当具有的工作条件；

（二）非因法定事由、非经法定程序，不被免职、降职、辞退或者处分；

（三）获得工资报酬，享受福利、保险待遇；

（四）参加培训；

（五）对机关工作和领导人员提出批评和建议；

（六）提出申诉和控告；

（七）申请辞职；

（八）法律规定的其他权利。

第五十七条 机关应当对公务员的思想政治、履行职责、作风表现、遵纪守法等情况进行监督，开展勤政廉政教育，建立日常管理监督制度。

对公务员监督发现问题的，应当区分不同情况，予以谈话提醒、批评教育、责令检查、诫勉、组织调整、处分。

对公务员涉嫌职务违法和职务犯罪的，应当依法移送监察机关处理。

第五十八条 公务员应当自觉接受监督，按照规定请示报告工作、报告个人有关事项。

第五十九条 公务员应当遵纪守法，不得有下列行为：

（一）散布有损宪法权威、中国共产党和国家声誉的言论，组织或者参加旨在反对宪法、中国共产党领导和国家的集会、游行、示威等活动；

（二）组织或者参加非法组织，组织或者参加罢工；

（三）挑拨、破坏民族关系，参加民族分裂活动或者组织、利用宗教活动破坏民族团结和社会稳定；

（四）不担当，不作为，玩忽职守，贻误工作；

（五）拒绝执行上级依法作出的决定和命令；

（六）对批评、申诉、控告、检举进行压制或者打击报复；

（七）弄虚作假，误导、欺骗领导和公众；

（八）贪污贿赂，利用职务之便为自己或者他人谋取私利；

（九）违反财经纪律，浪费国家资财；

（十）滥用职权，侵害公民、法人或者其他组织的合法权益；

（十一）泄露国家秘密或者工作秘密；

（十二）在对外交往中损害国家荣誉和利益；

（十三）参与或者支持色情、吸毒、赌博、迷信等活动；

（十四）违反职业道德、社会公德和家庭美德；

（十五）违反有关规定参与禁止的网络传播行为或者网络活动；

（十六）违反有关规定从事或者参与营利性活动，在企业或者其他营利性组织中兼任职务；

（十七）旷工或者因公外出、请假期满无正当理由逾期不归；

（十八）违纪违法的其他行为。

第六十条 公务员执行公务时，认为上级的决定或者命令有错误的，可以向上级提出改正或者撤销该决定或者命令的意见；上级不改变该决定或者命令，或者要求立即执行的，公务员应当执行该决定或者命令，执行的后果由上级负责，公务员不承担责任；但是，公务员执行明显违法的决定或者命令的，应当依法承担相应的责任。

第六十一条 公务员因违纪违法应当承担纪律责任的，依照本法给予处分或者由监察机关依法给予政务处分；违纪违法行为情节轻微，经批评教育后改正的，可以免予处分。

对同一违纪违法行为，监察机关已经作出政务处分决定的，公务员所在机关不再给予处分。

第六十二条 处分分为：警告、记过、记大过、降级、撤职、开除。

第六十三条 对公务员的处分，应当事实清楚、证据确凿、定性准确、处理恰当、程序合法、手续完备。

公务员违纪违法的，应当由处分决定机关决定对公务员违纪违法的情况进行调查，并将调查认定的事实以及拟给予处分的依据告知公务员本人。公务员有权进行陈述和申辩；处分决定机关不得因公务员申辩而加重处分。

处分决定机关认为对公务员应当给予处分的，应当在规定的期限内，按照管理权限和规定的程序作出处分决定。处分决定应当以书面形式通知公务员本人。

第六十四条 公务员在受处分期间不得晋升职务、职级和级别，其中受记过、记大过、降级、撤职处分的，不得晋升工资档次。

受处分的期间为：警告，六个月；记过，十二个月；记大过，十八个月；降级、撤职，二十四个月。

受撤职处分的，按照规定降低级别。

第六十五条 公务员受开除以外的处分，在受处分期间有悔改表现，并且没有再发生违纪违法行为的，处分期满后自动解除。

解除处分后，晋升工资档次、级别和职务、职级不再受原处分的影响。但是，解除降级、撤职处分的，不视为恢复原级别、原职务、原职级。

《中华人民共和国保守国家秘密法》（2024年2月27日）

第一章 总　　则

第一条 为了保守国家秘密，维护国家安全和利益，保障改革开放和社会主义现代化建设事业的顺利进行，根据宪法，制定本法。

第二条 国家秘密是关系国家安全和利益，依照法定程序确定，在一定时间内只限一定范围的人员知悉的事项。

第三条 坚持中国共产党对保守国家秘密（以下简称保密）工作的领导。中央保密工作领导机构领导全国保密工作，研究制定、指导实施国家保密工作战略和重大方针政策，统筹协调国家保密重大事项和重要工作，推进国家保密法治建设。

第四条 保密工作坚持总体国家安全观，遵循党管保密、依法管理、积极防范、突出重点、技管并重、创新发展的原则，既确保国家秘密安全，又便利信息资源合理利用。

法律、行政法规规定公开的事项，应当依法公开。

第五条 国家秘密受法律保护。

一切国家机关和武装力量、各政党和各人民团体、企业事业组织和其他社会组织以及公民都有保密的义务。

任何危害国家秘密安全的行为，都必须受到法律追究。

第六条 国家保密行政管理部门主管全国的保密工作。县级以上地方各级保密行政管理部门主管本行政区域的保密工作。

第七条 国家机关和涉及国家秘密的单位（以下简称机关、单位）管理本机关和本单位的保密工作。

中央国家机关在其职权范围内管理或者指导本系统的保密工作。

第八条 机关、单位应当实行保密工作责任制，依法设置保密工作机构或者指定专人负责保密工作，健全保密管理制度，完善保密防护措施，开展保密宣传教育，加强保密监督检查。

第九条 国家采取多种形式加强保密宣传教育，将保密教育纳入国民教育体系和公务员教育培训体系，鼓励大众传播媒介面向社会进行保密宣传教育，普及保密知识，宣传保密法治，增强全社会的保密意识。

第十条 国家鼓励和支持保密科学技术研究和应用，提升自主创新能力，依法保护保密领域的知识产权。

第十一条 县级以上人民政府应当将保密工作纳入本级国民经济和社会发展规划，所需经费列入本级预算。

机关、单位开展保密工作所需经费应当列入本机关、本单位年度预算或者年度收支计划。

第十二条 国家加强保密人才培养和队伍建设，完善相关激励保障机制。

对在保守、保护国家秘密工作中做出突出贡献的组织和个人，按照国家有关规定给予表彰和奖励。

第二章 国家秘密的范围和密级

第十三条 下列涉及国家安全和利益的事项，泄露后可能损害国家在政治、经济、国防、外交等领域的安全和利益的，应当确定为国家秘密：

（一）国家事务重大决策中的秘密事项；

（二）国防建设和武装力量活动中的秘密事项；

（三）外交和外事活动中的秘密事项以及对外承担保密义务的秘密事项；

（四）国民经济和社会发展中的秘密事项；

（五）科学技术中的秘密事项；

（六）维护国家安全活动和追查刑事犯罪中的秘密事项；

（七）经国家保密行政管理部门确定的其他秘密事项。

政党的秘密事项中符合前款规定的，属于国家秘密。

第十四条　国家秘密的密级分为绝密、机密、秘密三级。

绝密级国家秘密是最重要的国家秘密，泄露会使国家安全和利益遭受特别严重的损害；机密级国家秘密是重要的国家秘密，泄露会使国家安全和利益遭受严重的损害；秘密级国家秘密是一般的国家秘密，泄露会使国家安全和利益遭受损害。

第十五条　国家秘密及其密级的具体范围（以下简称保密事项范围），由国家保密行政管理部门单独或者会同有关中央国家机关规定。

军事方面的保密事项范围，由中央军事委员会规定。

保密事项范围的确定应当遵循必要、合理原则，科学论证评估，并根据情况变化及时调整。保密事项范围的规定应当在有关范围内公布。

第十六条　机关、单位主要负责人及其指定的人员为定密责任人，负责本机关、本单位的国家秘密确定、变更和解除工作。

机关、单位确定、变更和解除本机关、本单位的国家秘密，应当由承办人提出具体意见，经定密责任人审核批准。

第十七条　确定国家秘密的密级，应当遵守定密权限。

中央国家机关、省级机关及其授权的机关、单位可以确定绝密级、机密级和秘密级国家秘密；设区的市级机关及其授权的机关、单位可以确定机密级和秘密级国家秘密；特殊情况下无法按照上述规定授权定密的，国家保密行政管理部门或者省、自治区、直辖市保密行政管理部门可以授予机关、单位定密权限。具体的定密权限、授权范围由国家保密行政管理部门规定。

下级机关、单位认为本机关、本单位产生的有关定密事项属于上级机关、单位的定密权限，应当先行采取保密措施，并立即报请上级机关、单位确定；没有上级机关、单位的，应当立即提请有相应定密权限的业务主管部门或者保密行政管理部门确定。

公安机关、国家安全机关在其工作范围内按照规定的权限确定国家秘密的密级。

第十八条　机关、单位执行上级确定的国家秘密事项或者办理其他机关、单位确定的国家秘密事项，需要派生定密的，应当根据所执行、办理的国家秘密事项的密级确定。

第十九条　机关、单位对所产生的国家秘密事项，应当按照保密事项范围的规定确定密级，同时确定保密期限和知悉范围；有条件的可以标注密点。

第二十条　国家秘密的保密期限，应当根据事项的性质和特点，按照维护国家安全和利益的需要，限定在必要的期限内；不能确定期限的，应当确定解密的条件。

国家秘密的保密期限，除另有规定外，绝密级不超过三十年，机密级不超过二十年，秘密级不超过十年。

机关、单位应当根据工作需要，确定具体的保密期限、解密时间或者解密条件。

机关、单位对在决定和处理有关事项工作过程中确定需要保密的事项，根据工作需要决定公开的，正式公布时即视为解密。

第二十一条 国家秘密的知悉范围，应当根据工作需要限定在最小范围。

国家秘密的知悉范围能够限定到具体人员的，限定到具体人员；不能限定到具体人员的，限定到机关、单位，由该机关、单位限定到具体人员。

国家秘密的知悉范围以外的人员，因工作需要知悉国家秘密的，应当经过机关、单位主要负责人或者其指定的人员批准。原定密机关、单位对扩大国家秘密的知悉范围有明确规定的，应当遵守其规定。

第二十二条 机关、单位对承载国家秘密的纸介质、光介质、电磁介质等载体（以下简称国家秘密载体）以及属于国家秘密的设备、产品，应当作出国家秘密标志。

涉及国家秘密的电子文件应当按照国家有关规定作出国家秘密标志。

不属于国家秘密的，不得作出国家秘密标志。

第二十三条 国家秘密的密级、保密期限和知悉范围，应当根据情况变化及时变更。国家秘密的密级、保密期限和知悉范围的变更，由原定密机关、单位决定，也可以由其上级机关决定。

国家秘密的密级、保密期限和知悉范围变更的，应当及时书面通知知悉范围内的机关、单位或者人员。

第二十四条 机关、单位应当每年审核所确定的国家秘密。

国家秘密的保密期限已满的，自行解密。在保密期限内因保密事项范围调整不再作为国家秘密，或者公开后不会损害国家安全和利益，不需要继续保密的，应当及时解密；需要延长保密期限的，应当在原保密期限届满前重新确定密级、保密期限和知悉范围。提前解密或者延长保密期限的，由原定密机关、单位决定，也可以由其上级机关决定。

第二十五条 机关、单位对是否属于国家秘密或者属于何种密级不明确或者有争议的，由国家保密行政管理部门或者省、自治区、直辖市保密行政管理部门按照国家保密规定确定。

第三章 保密制度

第二十六条 国家秘密载体的制作、收发、传递、使用、复制、保存、维修和销毁，应当符合国家保密规定。

绝密级国家秘密载体应当在符合国家保密标准的设施、设备中保存，并指定专人管理；未经原定密机关、单位或者其上级机关批准，不得复制和摘抄；收发、传递和外出携带，应当指定人员负责，并采取必要的安全措施。

第二十七条 属于国家秘密的设备、产品的研制、生产、运输、使用、保存、维修和销毁，应当符合国家保密规定。

第二十八条 机关、单位应当加强对国家秘密载体的管理，任何组织和个人不得有下列行为：

（一）非法获取、持有国家秘密载体；

（二）买卖、转送或者私自销毁国家秘密载体；

（三）通过普通邮政、快递等无保密措施的渠道传递国家秘密载体；

（四）寄递、托运国家秘密载体出境；

（五）未经有关主管部门批准，携带、传递国家秘密载体出境；

（六）其他违反国家秘密载体保密规定的行为。

第二十九条 禁止非法复制、记录、存储国家秘密。

禁止未按照国家保密规定和标准采取有效保密措施，在互联网及其他公共信息网络或者有线和无线通信中传递国家秘密。

禁止在私人交往和通信中涉及国家秘密。

第三十条 存储、处理国家秘密的计算机信息系统（以下简称涉密信息系统）按照涉密程度实行分级保护。

涉密信息系统应当按照国家保密规定和标准规划、建设、运行、维护，并配备保密设施、设备。保密设施、设备应当与涉密信息系统同步规划、同步建设、同步运行。

涉密信息系统应当按照规定，经检查合格后，方可投入使用，并定期开展风险评估。

第三十一条 机关、单位应当加强对信息系统、信息设备的保密管理，建设保密自监管设施，及时发现并处置安全保密风险隐患。任何组织和个人不得有下列行为：

（一）未按照国家保密规定和标准采取有效保密措施，将涉密信息系统、涉密信息设备接入互联网及其他公共信息网络；

（二）未按照国家保密规定和标准采取有效保密措施，在涉密信息系统、涉密信息设备与互联网及其他公共信息网络之间进行信息交换；

（三）使用非涉密信息系统、非涉密信息设备存储或者处理国家秘密；

（四）擅自卸载、修改涉密信息系统的安全技术程序、管理程序；

（五）将未经安全技术处理的退出使用的涉密信息设备赠送、出售、丢弃或者改作其他用途；

（六）其他违反信息系统、信息设备保密规定的行为。

第三十二条 用于保护国家秘密的安全保密产品和保密技术装备应当符合国家保密规定和标准。

国家建立安全保密产品和保密技术装备抽检、复检制度，由国家保密行政管理部门设立或者授权的机构进行检测。

第三十三条 报刊、图书、音像制品、电子出版物的编辑、出版、印制、发行，广播节目、电视节目、电影的制作和播放，网络信息的制作、复制、发布、传播，应当遵守国家保密规定。

第三十四条 网络运营者应当加强对其用户发布的信息的管理，配合监察机关、保密行政管理部门、公安机关、国家安全机关对涉嫌泄露国家秘密案件进行调查处理；发现利用互联网及其他公共信息网络发布的信息涉嫌泄露国家秘密的，应当立即停止传输该信息，保存有关记录，向保密行政管理部门或者公安机关、国家安全机关报告；应当根据保密行政管理部门或者公安机关、国家安全机关的要求，删除涉及泄露国家秘密的信息，并对有关设备进行技术处理。

第三十五条　机关、单位应当依法对拟公开的信息进行保密审查，遵守国家保密规定。

第三十六条　开展涉及国家秘密的数据处理活动及其安全监管应当符合国家保密规定。

国家保密行政管理部门和省、自治区、直辖市保密行政管理部门会同有关主管部门建立安全保密防控机制，采取安全保密防控措施，防范数据汇聚、关联引发的泄密风险。

机关、单位应当对汇聚、关联后属于国家秘密事项的数据依法加强安全管理。

第三十七条　机关、单位向境外或者向境外在中国境内设立的组织、机构提供国家秘密，任用、聘用的境外人员因工作需要知悉国家秘密的，按照国家有关规定办理。

第三十八条　举办会议或者其他活动涉及国家秘密的，主办单位应当采取保密措施，并对参加人员进行保密教育，提出具体保密要求。

第三十九条　机关、单位应当将涉及绝密级或者较多机密级、秘密级国家秘密的机构确定为保密要害部门，将集中制作、存放、保管国家秘密载体的专门场所确定为保密要害部位，按照国家保密规定和标准配备、使用必要的技术防护设施、设备。

第四十条　军事禁区、军事管理区和属于国家秘密不对外开放的其他场所、部位，应当采取保密措施，未经有关部门批准，不得擅自决定对外开放或者扩大开放范围。

涉密军事设施及其他重要涉密单位周边区域应当按照国家保密规定加强保密管理。

第四十一条　从事涉及国家秘密业务的企业事业单位，应当具备相应的保密管理能力，遵守国家保密规定。

从事国家秘密载体制作、复制、维修、销毁，涉密信息系统集成，武器装备科研生产，或者涉密军事设施建设等涉及国家秘密业务的企业事业单位，应当经过审查批准，取得保密资质。

第四十二条　采购涉及国家秘密的货物、服务的机关、单位，直接涉及国家秘密的工程建设、设计、施工、监理等单位，应当遵守国家保密规定。

机关、单位委托企业事业单位从事涉及国家秘密的业务，应当与其签订保密协议，提出保密要求，采取保密措施。

第四十三条　在涉密岗位工作的人员（以下简称涉密人员），按照涉密程度分为核心涉密人员、重要涉密人员和一般涉密人员，实行分类管理。

任用、聘用涉密人员应当按照国家有关规定进行审查。

涉密人员应当具有良好的政治素质和品行，经过保密教育培训，具备胜任涉密岗位的工作能力和保密知识技能，签订保密承诺书，严格遵守国家保密规定，承担保密责任。

涉密人员的合法权益受法律保护。对因保密原因合法权益受到影响和限制的涉密人员，按照国家有关规定给予相应待遇或者补偿。

第四十四条 机关、单位应当建立健全涉密人员管理制度，明确涉密人员的权利、岗位责任和要求，对涉密人员履行职责情况开展经常性的监督检查。

第四十五条 涉密人员出境应当经有关部门批准，有关机关认为涉密人员出境将对国家安全造成危害或者对国家利益造成重大损失的，不得批准出境。

第四十六条 涉密人员离岗离职应当遵守国家保密规定。机关、单位应当开展保密教育提醒，清退国家秘密载体，实行脱密期管理。涉密人员在脱密期内，不得违反规定就业和出境，不得以任何方式泄露国家秘密；脱密期结束后，应当遵守国家保密规定，对知悉的国家秘密继续履行保密义务。涉密人员严重违反离岗离职及脱密期国家保密规定的，机关、单位应当及时报告同级保密行政管理部门，由保密行政管理部门会同有关部门依法采取处置措施。

第四十七条 国家工作人员或者其他公民发现国家秘密已经泄露或者可能泄露时，应当立即采取补救措施并及时报告有关机关、单位。机关、单位接到报告后，应当立即作出处理，并及时向保密行政管理部门报告。

第四章 监督管理

第四十八条 国家保密行政管理部门依照法律、行政法规的规定，制定保密规章和国家保密标准。

第四十九条 保密行政管理部门依法组织开展保密宣传教育、保密检查、保密技术防护、保密违法案件调查处理工作，对保密工作进行指导和监督管理。

第五十条 保密行政管理部门发现国家秘密确定、变更或者解除不当的，应当及时通知有关机关、单位予以纠正。

第五十一条 保密行政管理部门依法对机关、单位遵守保密法律法规和相关制度的情况进行检查；涉嫌保密违法的，应当及时调查处理或者组织、督促有关机关、单位调查处理；涉嫌犯罪的，应当依法移送监察机关、司法机关处理。

对严重违反国家保密规定的涉密人员，保密行政管理部门应当建议有关机关、单位将其调离涉密岗位。

有关机关、单位和个人应当配合保密行政管理部门依法履行职责。

第五十二条 保密行政管理部门在保密检查和案件调查处理中，可以依法查阅有关材料、询问人员、记录情况，先行登记保存有关设施、设备、文件资料等；必要时，可以进行保密技术检测。

保密行政管理部门对保密检查和案件调查处理中发现的非法获取、持有的国家秘密载体，应当予以收缴；发现存在泄露国家秘密隐患的，应当要求采取措施，限期整改；对存在泄露国家秘密隐患的设施、设备、场所，应当责令停止使用。

第五十三条 办理涉嫌泄露国家秘密案件的机关，需要对有关事项是否属于国家秘密、属于何种密级进行鉴定的，由国家保密行政管理部门或者省、自治区、直辖市保密行政管理部门鉴定。

第五十四条 机关、单位对违反国家保密规定的人员不依法给予处分的，保密行政管理部门应当建议纠正；对拒不纠正的，提请其上一级机关或者监察机关对该机关、单位负有责任的领导人员和直接责任人员依法予以处理。

第五十五条 设区的市级以上保密行政管理部门建立保密风险评估机制、监测预警制度、应急处置制度，会同有关部门开展信息收集、分析、通报工作。

第五十六条 保密协会等行业组织依照法律、行政法规的规定开展活动，推动行业自律，促进行业健康发展。

第五章　法律责任

第五十七条 违反本法规定，有下列情形之一，根据情节轻重，依法给予处分；有违法所得的，没收违法所得：

（一）非法获取、持有国家秘密载体的；

（二）买卖、转送或者私自销毁国家秘密载体的；

（三）通过普通邮政、快递等无保密措施的渠道传递国家秘密载体的；

（四）寄递、托运国家秘密载体出境，或者未经有关主管部门批准，携带、传递国家秘密载体出境的；

（五）非法复制、记录、存储国家秘密的；

（六）在私人交往和通信中涉及国家秘密的；

（七）未按照国家保密规定和标准采取有效保密措施，在互联网及其他公共信息网络或者有线和无线通信中传递国家秘密的；

（八）未按照国家保密规定和标准采取有效保密措施，将涉密信息系统、涉密信息设备接入互联网及其他公共信息网络的；

（九）未按照国家保密规定和标准采取有效保密措施，在涉密信息系统、涉密信息设备与互联网及其他公共信息网络之间进行信息交换的；

（十）使用非涉密信息系统、非涉密信息设备存储、处理国家秘密的；

（十一）擅自卸载、修改涉密信息系统的安全技术程序、管理程序的；

（十二）将未经安全技术处理的退出使用的涉密信息设备赠送、出售、丢弃或者改作其他用途的；

（十三）其他违反本法规定的情形。

有前款情形尚不构成犯罪，且不适用处分的人员，由保密行政管理部门督促其所在机关、单位予以处理。

第五十八条 机关、单位违反本法规定，发生重大泄露国家秘密案件的，依法对直接负责的主管人员和其他直接责任人员给予处分。不适用处分的人员，由保密行政管理部门督促其主管部门予以处理。

机关、单位违反本法规定，对应当定密的事项不定密，对不应当定密的事项定密，或者未履行解密审核责任，造成严重后果的，依法对直接负责的主管人员和其他直接责任人员给予处分。

第五十九条 网络运营者违反本法第三十四条规定的，由公安机关、国家安全机关、电信主管部门、保密行政管理部门按照各自职责分工依法予以处罚。

第六十条 取得保密资质的企业事业单位违反国家保密规定的，由保密行政管理部门责令限期整改，给予警告或者通报批评；有违法所得的，没收违法所得；情节严重的，暂停涉密业务、降低资质等级；情节特别严重的，吊销保密资质。

未取得保密资质的企业事业单位违法从事本法第四十一条第二款规定的涉密业务的，由保密行政管理部门责令停止涉密业务，给予警告或者通报批评；有违法所得的，没收违法所得。

第六十一条 保密行政管理部门的工作人员在履行保密管理职责中滥用职权、玩忽职守、徇私舞弊的，依法给予处分。

第六十二条 违反本法规定，构成犯罪的，依法追究刑事责任。

第六章 附 则

第六十三条 中国人民解放军和中国人民武装警察部队开展保密工作的具体规定，由中央军事委员会根据本法制定。

第六十四条 机关、单位对履行职能过程中产生或者获取的不属于国家秘密但泄露后会造成一定不利影响的事项，适用工作秘密管理办法采取必要的保护措施。工作秘密管理办法另行规定。

第六十五条 本法自 2024 年 5 月 1 日起施行。

《中华人民共和国反不正当竞争法》（2019 年 4 月 23 日）

第九条 经营者不得实施下列侵犯商业秘密的行为：

（一）以盗窃、贿赂、欺诈、胁迫、电子侵入或者其他不正当手段获取权利人的商业秘密；

（二）披露、使用或者允许他人使用以前项手段获取的权利人的商业秘密；

（三）违反保密义务或者违反权利人有关保守商业秘密的要求，披露、使用或者允许他人使用其所掌握的商业秘密；

（四）教唆、引诱、帮助他人违反保密义务或者违反权利人有关保守商业秘密的要求，获取、披露、使用或者允许他人使用权利人的商业秘密。

经营者以外的其他自然人、法人和非法人组织实施前款所列违法行为的，视为侵犯商业秘密。

第三人明知或者应知商业秘密权利人的员工、前员工或者其他单位、个人实施本条第一款所列违法行为，仍获取、披露、使用或者允许他人使用该商业秘密的，视为侵犯商业秘密。

本法所称的商业秘密，是指不为公众所知悉、具有商业价值并经权利人采取相应保密措施的技术信息、经营信息等商业信息。

第三十二条　在侵犯商业秘密的民事审判程序中，商业秘密权利人提供初步证据，证明其已经对所主张的商业秘密采取保密措施，且合理表明商业秘密被侵犯，涉嫌侵权人应当证明权利人所主张的商业秘密不属于本法规定的商业秘密。

商业秘密权利人提供初步证据合理表明商业秘密被侵犯，且提供以下证据之一的，涉嫌侵权人应当证明其不存在侵犯商业秘密的行为：

（一）有证据表明涉嫌侵权人有渠道或者机会获取商业秘密，且其使用的信息与该商业秘密实质上相同；

（二）有证据表明商业秘密已经被涉嫌侵权人披露、使用或者有被披露、使用的风险；

（三）有其他证据表明商业秘密被涉嫌侵权人侵犯。

《中华人民共和国刑法》（2023年12月29日）

第一百六十八条　【国有公司、企业、事业单位人员失职罪；国有公司、企业、事业单位人员滥用职权罪】国有公司、企业的工作人员，由于严重不负责任或者滥用职权，造成国有公司、企业破产或者严重损失，致使国家利益遭受重大损失的，处三年以下有期徒刑或者拘役；致使国家利益遭受特别重大损失的，处三年以上七年以下有期徒刑。

国有事业单位的工作人员有前款行为，致使国家利益遭受重大损失的，依照前款的规定处罚。

国有公司、企业、事业单位的工作人员，徇私舞弊，犯前两款罪的，依照第一款的规定从重处罚。

第二百五十四条　【报复陷害罪】国家机关工作人员滥用职权、假公济私，对控告人、申诉人、批评人、举报人实行报复陷害的，处二年以下有期徒刑或者拘役；情节严重的，处二年以上七年以下有期徒刑。

第三百九十七条　【滥用职权罪；玩忽职守罪】国家机关工作人员滥用职权或者玩忽职守，致使公共财产、国家和人民利益遭受重大损失的，处三年以下有期徒刑或者拘役；情节特别严重的，处三年以上七年以下有期徒刑。本法另有规定的，依照规定。

国家机关工作人员徇私舞弊，犯前款罪的，处五年以下有期徒刑或者拘役；情节特别严重的，处五年以上十年以下有期徒刑。本法另有规定的，依照规定。

第三百九十八条　【故意泄露国家秘密罪；过失泄露国家秘密罪】国家机关工作人

员违反保守国家秘密法的规定，故意或者过失泄露国家秘密，情节严重的，处三年以下有期徒刑或者拘役；情节特别严重的，处三年以上七年以下有期徒刑。

非国家机关工作人员犯前款罪的，依照前款的规定酌情处罚。

第四百二十七条　【指使部属违反职责罪】滥用职权，指使部属进行违反职责的活动，造成严重后果的，处五年以下有期徒刑或者拘役；情节特别严重的，处五年以上十年以下有期徒刑。

《财政部门实施会计监督办法》(2001年2月20日)

第三十五条　财政部门的工作人员在实施会计监督中，有下列行为之一的，依法给予行政处分；构成犯罪的，依法追究刑事责任：

（一）滥用职权的；

（二）玩忽职守、徇私舞弊的；

（三）索贿受贿的；

（四）泄露国家秘密、商业秘密的。

《国家工商行政管理局关于禁止侵犯商业秘密行为的若干规定》(1998年12月3日)

第一条　为了制止侵犯商业秘密的行为，保护商业秘密权利人的合法权益，维护社会主义市场经济秩序，根据《中华人民共和国反不正当竞争法》(以下简称《反不正当竞争法》)的有关规定，制定本规定。

第二条　本规定所称商业秘密，是指不为公众所知悉、能为权利人带来经济利益、具有实用性并经权利人采取保密措施的技术信息和经营信息。

本规定所称不为公众所知悉，是指该信息是不能从公开渠道直接获取的。

本规定所称能为权利人带来经济利益、具有实用性，是指该信息具有确定的可应用性，能为权利人带来现实的或者潜在的经济利或者竞争优势。

本规定所称权利人采取保密措施，包括订立保密协议，建立保密制度及采取其他合理的保密措施。

本规定所称技术信息和经营信息，包括设计、程序、产品配方、制作工艺、制作方法、管理诀窍、客户名单、货源情报、产销策略、招投标中的标底及标书内容等信息。

本规定所称权利人，是指依法对商业秘密享有所有权或者使用权的公民、法人或者其他组织。

第三条　禁止下列侵犯商业秘密的行为：

（一）以盗窃、利诱、胁迫或者其他不正当手段获取的权利人的商业秘密；

（二）披露、使用或者允许他人使用以前项手段获取的权利人的商业秘密

（三）与权利人有业务关系的单位和个人违反合同约定或者违反权利人保守商业秘密的要求，披露、使用或者允许他人使用其所掌握的权利人的商业秘密；

（四）权利人的职工违反合同约定或者违反权利人保守商业秘密的要求，披露、使用或者允许他人使用其所掌握的权利人的商业秘密。

第三人明知或者应知前款所列违法行为，获取、使用或者披露他人的商业秘密，视为侵犯商业秘密。

第四条 侵犯商业秘密行为由县级以上工商行政管理机关认定处理。

第五条 权利人（申请人）认为其商业秘密受到侵害，向工商行政管理机关申请查处侵权行为时，应当提供商业秘密及侵权行为存在的有关证据。

被检查的单位和个人（被申请人）及利害关系人、证明人，应当如实向工商行政管理机关提供有关证据。

权利人能证明被申请人所使用的信息与自己的商业秘密具有一致性或者相同性，同时能证明被申请人有获取其商业秘密的条件，而被申请人不能提供或者拒不提供其所使用的信息是合法获得或者使用的证据的，工商行政管理机关可以根据有关证据，认定被申请人有侵权行为。

第六条 对被申请人违法披露、使用、允许他人使用商业秘密将给权利人造成不可挽回的损失的，应权利人请求并由权利人出具自愿对强制措施后果承担责任的书面保证，工商行政管理机关可以责令被申请人停止销售使用权利人商业秘密生产的产品。

第七条 违反本规定第三条的，由工商行政管理机关依照《反不正当竞争法》第二十五条的规定，责令停止违法行为，并可以根据情节处以1万元以上20万元以下的罚款。

工商行政管理机关在依照前款规定予以处罚时，对侵权物品可以作如下处理：

（一）责令并监督侵权人将载有商业秘密的图纸、软件及其有关资料返还权利人。

（二）监督侵权人销毁使用权利人商业秘密生产的、流失市场将会造成商业秘密公开的产品。但权利人同意收购、销售等其他处理方式的除外。

第八条 对侵权人拒不执行处罚决定，继续实施本规定第三条所列行为的，视为新的违法行为，从重予以处罚。

第九条 权利人因损害赔偿问题向工商行政管理机关提出调解要求的，工商行政管理机关可以进行调解。

权利人也可以直接向人民法院起诉，请求损害赔偿。

第十条 国家机关及其公务人员在履行公务时，不得披露或者允许他人使用权利人的商业秘密。

工商行政管理机关的办案人员在监督检查侵犯商业秘密的不正当竞争行为时，应当对权利人的商业秘密予以保密。

第十一条 本规定由国家工商行政管理局负责解释。

第十二条 本规定自公布之日起施行。

《个人信息出境标准合同办法》（2023年2月22日）

第一条 为了保护个人信息权益，规范个人信息出境活动，根据《中华人民共和国个人信息保护法》等法律法规，制定本办法。

第二条 个人信息处理者通过与境外接收方订立个人信息出境标准合同（以下简称标准合同）的方式向中华人民共和国境外提供个人信息，适用本办法。

第三条 通过订立标准合同的方式开展个人信息出境活动，应当坚持自主缔约与备案管理相结合、保护权益与防范风险相结合，保障个人信息跨境安全、自由流动。

第四条 个人信息处理者通过订立标准合同的方式向境外提供个人信息的，应当同时符合下列情形：

（一）非关键信息基础设施运营者；

（二）处理个人信息不满100万人的；

（三）自上年1月1日起累计向境外提供个人信息不满10万人的；

（四）自上年1月1日起累计向境外提供敏感个人信息不满1万人的。

法律、行政法规或者国家网信部门另有规定的，从其规定。

个人信息处理者不得采取数量拆分等手段，将依法应当通过出境安全评估的个人信息通过订立标准合同的方式向境外提供。

第五条 个人信息处理者向境外提供个人信息前，应当开展个人信息保护影响评估，重点评估以下内容：

（一）个人信息处理者和境外接收方处理个人信息的目的、范围、方式等的合法性、正当性、必要性；

（二）出境个人信息的规模、范围、种类、敏感程度，个人信息出境可能对个人信息权益带来的风险；

（三）境外接收方承诺承担的义务，以及履行义务的管理和技术措施、能力等能否保障出境个人信息的安全；

（四）个人信息出境后遭到篡改、破坏、泄露、丢失、非法利用等的风险，个人信息权益维护的渠道是否通畅等；

（五）境外接收方所在国家或者地区的个人信息保护政策和法规对标准合同履行的影响；

（六）其他可能影响个人信息出境安全的事项。

第六条 标准合同应当严格按照本办法附件订立。国家网信部门可以根据实际情况对附件进行调整。

个人信息处理者可以与境外接收方约定其他条款，但不得与标准合同相冲突。

标准合同生效后方可开展个人信息出境活动。

第七条 个人信息处理者应当在标准合同生效之日起10个工作日内向所在地省级网信部门备案。备案应当提交以下材料：

（一）标准合同；

（二）个人信息保护影响评估报告。

个人信息处理者应当对所备案材料的真实性负责。

第八条 在标准合同有效期内出现下列情形之一的，个人信息处理者应当重新开展个人信息保护影响评估，补充或者重新订立标准合同，并履行相应备案手续：

（一）向境外提供个人信息的目的、范围、种类、敏感程度、方式、保存地点或者境外接收方处理个人信息的用途、方式发生变化，或者延长个人信息境外保存期限的；

（二）境外接收方所在国家或者地区的个人信息保护政策和法规发生变化等可能影响个人信息权益的；

（三）可能影响个人信息权益的其他情形。

第九条 网信部门及其工作人员对在履行职责中知悉的个人隐私、个人信息、商业秘密、保密商务信息等应当依法予以保密，不得泄露或者非法向他人提供、非法使用。

第十条 任何组织和个人发现个人信息处理者违反本办法向境外提供个人信息的，可以向省级以上网信部门举报。

第十一条 省级以上网信部门发现个人信息出境活动存在较大风险或者发生个人信息安全事件的，可以依法对个人信息处理者进行约谈。个人信息处理者应当按照要求整改，消除隐患。

第十二条 违反本办法规定的，依据《中华人民共和国个人信息保护法》等法律法规处理；构成犯罪的，依法追究刑事责任。

第十三条 本办法自 2023 年 6 月 1 日起施行。本办法施行前已经开展的个人信息出境活动，不符合本办法规定的，应当自本办法施行之日起 6 个月内完成整改。

《最高人民法院关于审理侵犯商业秘密民事案件适用法律若干问题的规定》（2020 年 9 月 10 日）

为正确审理侵犯商业秘密民事案件，根据《中华人民共和国反不正当竞争法》《中华人民共和国民事诉讼法》等有关法律规定，结合审判实际，制定本规定。

第一条 与技术有关的结构、原料、组分、配方、材料、样品、样式、植物新品种繁殖材料、工艺、方法或其步骤、算法、数据、计算机程序及其有关文档等信息，人民法院可以认定构成反不正当竞争法第九条第四款所称的技术信息。

与经营活动有关的创意、管理、销售、财务、计划、样本、招投标材料、客户信息、数据等信息，人民法院可以认定构成反不正当竞争法第九条第四款所称的经营信息。

前款所称的客户信息，包括客户的名称、地址、联系方式以及交易习惯、意向、内容等信息。

第二条 当事人仅以与特定客户保持长期稳定交易关系为由，主张该特定客户属于商业秘密的，人民法院不予支持。

客户基于对员工个人的信赖而与该员工所在单位进行交易，该员工离职后，能够证明客户自愿选择与该员工或者该员工所在的新单位进行交易的，人民法院应当认定该员工没有采用不正当手段获取权利人的商业秘密。

第三条 权利人请求保护的信息在被诉侵权行为发生时不为所属领域的相关人员普遍知悉和容易获得的，人民法院应当认定为反不正当竞争法第九条第四款所称的不为公众所知悉。

第四条 具有下列情形之一的，人民法院可以认定有关信息为公众所知悉：

（一）该信息在所属领域属于一般常识或者行业惯例的；

（二）该信息仅涉及产品的尺寸、结构、材料、部件的简单组合等内容，所属领域的相关人员通过观察上市产品即可直接获得的；

（三）该信息已经在公开出版物或者其他媒体上公开披露的；

（四）该信息已通过公开的报告会、展览等方式公开的；

（五）所属领域的相关人员从其他公开渠道可以获得该信息的。

将为公众所知悉的信息进行整理、改进、加工后形成的新信息，符合本规定第三条规定的，应当认定该新信息不为公众所知悉。

第五条 权利人为防止商业秘密泄露，在被诉侵权行为发生以前所采取的合理保密措施，人民法院应当认定为反不正当竞争法第九条第四款所称的相应保密措施。

人民法院应当根据商业秘密及其载体的性质、商业秘密的商业价值、保密措施的可识别程度、保密措施与商业秘密的对应程度以及权利人的保密意愿等因素，认定权利人是否采取了相应保密措施。

第六条 具有下列情形之一，在正常情况下足以防止商业秘密泄露的，人民法院应当认定权利人采取了相应保密措施：

（一）签订保密协议或者在合同中约定保密义务的；

（二）通过章程、培训、规章制度、书面告知等方式，对能够接触、获取商业秘密的员工、前员工、供应商、客户、来访者等提出保密要求的；

（三）对涉密的厂房、车间等生产经营场所限制来访者或者进行区分管理的；

（四）以标记、分类、隔离、加密、封存、限制能够接触或者获取的人员范围等方式，对商业秘密及其载体进行区分和管理的；

（五）对能够接触、获取商业秘密的计算机设备、电子设备、网络设备、存储设备、软件等，采取禁止或者限制使用、访问、存储、复制等措施的；

（六）要求离职员工登记、返还、清除、销毁其接触或者获取的商业秘密及其载体，继续承担保密义务的；

（七）采取其他合理保密措施的。

第七条 权利人请求保护的信息因不为公众所知悉而具有现实的或者潜在的商

业价值的，人民法院经审查可以认定为反不正当竞争法第九条第四款所称的具有商业价值。

生产经营活动中形成的阶段性成果符合前款规定的，人民法院经审查可以认定该成果具有商业价值。

第八条　被诉侵权人以违反法律规定或者公认的商业道德的方式获取权利人的商业秘密的，人民法院应当认定属于反不正当竞争法第九条第一款所称的以其他不正当手段获取权利人的商业秘密。

第九条　被诉侵权人在生产经营活动中直接使用商业秘密，或者对商业秘密进行修改、改进后使用，或者根据商业秘密调整、优化、改进有关生产经营活动的，人民法院应当认定属于反不正当竞争法第九条所称的使用商业秘密。

第十条　当事人根据法律规定或者合同约定所承担的保密义务，人民法院应当认定属于反不正当竞争法第九条第一款所称的保密义务。

当事人未在合同中约定保密义务，但根据诚信原则以及合同的性质、目的、缔约过程、交易习惯等，被诉侵权人知道或者应当知道其获取的信息属于权利人的商业秘密的，人民法院应当认定被诉侵权人对其获取的商业秘密承担保密义务。

第十一条　法人、非法人组织的经营、管理人员以及具有劳动关系的其他人员，人民法院可以认定为反不正当竞争法第九条第三款所称的员工、前员工。

第十二条　人民法院认定员工、前员工是否有渠道或者机会获取权利人的商业秘密，可以考虑与其有关的下列因素：

（一）职务、职责、权限；

（二）承担的本职工作或者单位分配的任务；

（三）参与和商业秘密有关的生产经营活动的具体情形；

（四）是否保管、使用、存储、复制、控制或者以其他方式接触、获取商业秘密及其载体；

（五）需要考虑的其他因素。

第十三条　被诉侵权信息与商业秘密不存在实质性区别的，人民法院可以认定被诉侵权信息与商业秘密构成反不正当竞争法第三十二条第二款所称的实质上相同。

人民法院认定是否构成前款所称的实质上相同，可以考虑下列因素：

（一）被诉侵权信息与商业秘密的异同程度；

（二）所属领域的相关人员在被诉侵权行为发生时是否容易想到被诉侵权信息与商业秘密的区别；

（三）被诉侵权信息与商业秘密的用途、使用方式、目的、效果等是否具有实质性差异；

（四）公有领域中与商业秘密相关信息的情况；

（五）需要考虑的其他因素。

第十四条 通过自行开发研制或者反向工程获得被诉侵权信息的,人民法院应当认定不属于反不正当竞争法第九条规定的侵犯商业秘密行为。

前款所称的反向工程,是指通过技术手段对从公开渠道取得的产品进行拆卸、测绘、分析等而获得该产品的有关技术信息。

被诉侵权人以不正当手段获取权利人的商业秘密后,又以反向工程为由主张未侵犯商业秘密的,人民法院不予支持。

第十五条 被申请人试图或者已经以不正当手段获取、披露、使用或者允许他人使用权利人所主张的商业秘密,不采取行为保全措施会使判决难以执行或者造成当事人其他损害,或者将会使权利人的合法权益受到难以弥补的损害的,人民法院可以依法裁定采取行为保全措施。

前款规定的情形属于民事诉讼法第一百条、第一百零一条所称情况紧急的,人民法院应当在四十八小时内作出裁定。

第十六条 经营者以外的其他自然人、法人和非法人组织侵犯商业秘密,权利人依据反不正当竞争法第十七条的规定主张侵权人应当承担的民事责任的,人民法院应予支持。

第十七条 人民法院对于侵犯商业秘密行为判决停止侵害的民事责任时,停止侵害的时间一般应当持续到该商业秘密已为公众所知悉时为止。

依照前款规定判决停止侵害的时间明显不合理的,人民法院可以在依法保护权利人的商业秘密竞争优势的情况下,判决侵权人在一定期限或者范围内停止使用该商业秘密。

第十八条 权利人请求判决侵权人返还或者销毁商业秘密载体,清除其控制的商业秘密信息的,人民法院一般应予支持。

第十九条 因侵权行为导致商业秘密为公众所知悉的,人民法院依法确定赔偿数额时,可以考虑商业秘密的商业价值。

人民法院认定前款所称的商业价值,应当考虑研究开发成本、实施该项商业秘密的收益、可得利益、可保持竞争优势的时间等因素。

第二十条 权利人请求参照商业秘密许可使用费确定因被侵权所受到的实际损失的,人民法院可以根据许可的性质、内容、实际履行情况以及侵权行为的性质、情节、后果等因素确定。

人民法院依照反不正当竞争法第十七条第四款确定赔偿数额的,可以考虑商业秘密的性质、商业价值、研究开发成本、创新程度、能带来的竞争优势以及侵权人的主观过错、侵权行为的性质、情节、后果等因素。

第二十一条 对于涉及当事人或者案外人的商业秘密的证据、材料,当事人或者案外人书面申请人民法院采取保密措施的,人民法院应当在保全、证据交换、质证、委托鉴定、询问、庭审等诉讼活动中采取必要的保密措施。

违反前款所称的保密措施的要求，擅自披露商业秘密或者在诉讼活动之外使用或者允许他人使用在诉讼中接触、获取的商业秘密的，应当依法承担民事责任。构成民事诉讼法第一百一十一条规定情形的，人民法院可以依法采取强制措施。构成犯罪的，依法追究刑事责任。

第二十二条 人民法院审理侵犯商业秘密民事案件时，对在侵犯商业秘密犯罪刑事诉讼程序中形成的证据，应当按照法定程序，全面、客观地审查。

由公安机关、检察机关或者人民法院保存的与被诉侵权行为具有关联性的证据，侵犯商业秘密民事案件的当事人及其诉讼代理人因客观原因不能自行收集，申请调查收集的，人民法院应当准许，但可能影响正在进行的刑事诉讼程序的除外。

第二十三条 当事人主张依据生效刑事裁判认定的实际损失或者违法所得确定涉及同一侵犯商业秘密行为的民事案件赔偿数额的，人民法院应予支持。

第二十四条 权利人已经提供侵权人因侵权所获得的利益的初步证据，但与侵犯商业秘密行为相关的账簿、资料由侵权人掌握的，人民法院可以根据权利人的申请，责令侵权人提供该账簿、资料。侵权人无正当理由拒不提供或者不如实提供的，人民法院可以根据权利人的主张和提供的证据认定侵权人因侵权所获得的利益。

第二十五条 当事人以涉及同一被诉侵犯商业秘密行为的刑事案件尚未审结为由，请求中止审理侵犯商业秘密民事案件，人民法院在听取当事人意见后认为必须以该刑事案件的审理结果为依据的，应予支持。

第二十六条 对于侵犯商业秘密行为，商业秘密独占使用许可合同的被许可人提起诉讼的，人民法院应当依法受理。

排他使用许可合同的被许可人和权利人共同提起诉讼，或者在权利人不起诉的情况下自行提起诉讼的，人民法院应当依法受理。

普通使用许可合同的被许可人和权利人共同提起诉讼，或者经权利人书面授权单独提起诉讼的，人民法院应当依法受理。

第二十七条 权利人应当在一审法庭辩论结束前明确所主张的商业秘密具体内容。仅能明确部分的，人民法院对该明确的部分进行审理。

权利人在第二审程序中另行主张其在一审中未明确的商业秘密具体内容的，第二审人民法院可以根据当事人自愿的原则就与该商业秘密具体内容有关的诉讼请求进行调解；调解不成的，告知当事人另行起诉。双方当事人均同意由第二审人民法院一并审理的，第二审人民法院可以一并裁判。

第二十八条 人民法院审理侵犯商业秘密民事案件，适用被诉侵权行为发生时的法律。被诉侵权行为在法律修改之前已经发生且持续到法律修改之后的，适用修改后的法律。

第二十九条 本规定自2020年9月12日起施行。最高人民法院以前发布的相关司法解释与本规定不一致的，以本规定为准。

本规定施行后，人民法院正在审理的一审、二审案件适用本规定；施行前已经作出生效裁判的案件，不适用本规定再审。

《最高人民检察院、公安部关于修改侵犯商业秘密刑事案件立案追诉标准的决定》
（2020年9月17日）

为依法惩治侵犯商业秘密犯罪，加大对知识产权的刑事司法保护力度，维护社会主义市场经济秩序，将《最高人民检察院、公安部关于公安机关管辖的刑事案件立案追诉标准的规定（二）》第七十三条侵犯商业秘密刑事案件立案追诉标准修改为：【侵犯商业秘密案（刑法第二百一十九条）】侵犯商业秘密，涉嫌下列情形之一的，应予立案追诉：

（一）给商业秘密权利人造成损失数额在三十万元以上的；

（二）因侵犯商业秘密违法所得数额在三十万元以上的；

（三）直接导致商业秘密的权利人因重大经营困难而破产、倒闭的；

（四）其他给商业秘密权利人造成重大损失的情形。

前款规定的造成损失数额或者违法所得数额，可以按照下列方式认定：

（一）以不正当手段获取权利人的商业秘密，尚未披露、使用或者允许他人使用的，损失数额可以根据该项商业秘密的合理许可使用费确定；

（二）以不正当手段获取权利人的商业秘密后，披露、使用或者允许他人使用的，损失数额可以根据权利人因被侵权造成销售利润的损失确定，但该损失数额低于商业秘密合理许可使用费的，根据合理许可使用费确定；

（三）违反约定、权利人有关保守商业秘密的要求，披露、使用或者允许他人使用其所掌握的商业秘密的，损失数额可以根据权利人因被侵权造成销售利润的损失确定；

（四）明知商业秘密是不正当手段获取或者是违反约定、权利人有关保守商业秘密的要求披露、使用、允许使用，仍获取、使用或者披露的，损失数额可以根据权利人因被侵权造成销售利润的损失确定；

（五）因侵犯商业秘密行为导致商业秘密已为公众所知悉或者灭失的，损失数额可以根据该项商业秘密的商业价值确定。商业秘密的商业价值，可以根据该项商业秘密的研究开发成本、实施该项商业秘密的收益综合确定；

（六）因披露或者允许他人使用商业秘密而获得的财物或者其他财产性利益，应当认定为违法所得。

前款第二项、第三项、第四项规定的权利人因被侵权造成销售利润的损失，可以根据权利人因被侵权造成销售量减少的总数乘以权利人每件产品的合理利润确定；销售量减少的总数无法确定的，可以根据侵权产品销售量乘以权利人每件产品的合理利润确定；权利人因被侵权造成销售量减少的总数和每件产品的合理利润均无法确定的，可以根据侵权产品销售量乘以每件侵权产品的合理利润确定。商业秘密系用于服务等其他经营活动的，损失数额可以根据权利人因被侵权而减少的合理利润确定。

商业秘密的权利人为减轻对商业运营、商业计划的损失或者重新恢复计算机信息系统安全、其他系统安全而支出的补救费用，应当计入给商业秘密的权利人造成的损失。

（四）典型案例

辽宁省大连市中级人民法院
刑事判决书[①]

〔2018〕辽02刑终542号

抗诉机关（原公诉机关）辽宁省大连市旅顺口区人民检察院。

上诉人（原审被告人）刘某霞，女，1966年3月5日出生，汉族，专科文化，系大连市旅顺口区某指挥部会计，户籍地辽宁省大连市沙河口区，住所地辽宁省大连市。因本案于2016年7月1日被刑事拘留，同年7月14日被逮捕。现羁押于辽宁省大连市看守所。

辩护人徐绍利，辽宁昌信律师事务所律师。

上诉人（原审被告人）韩某，男，1973年10月26日出生，汉族，大学本科，系大连泓润达电力安装有限公司经理，户籍地辽宁省大连市西岗区，住所地辽宁省大连市旅顺口区。因本案于2016年7月2日被刑事拘留，同年8月8日被逮捕。现羁押于辽宁省大连市看守所。

辩护人韦涛、魏玉鹏，辽宁方槊律师事务所律师。

上诉人（原审被告人）黄某景，女，1972年4月4日出生，汉族，高中文化，中共党员，系大连银行旅顺口支行会计，户籍地辽宁省大连市旅顺口区，住所地辽宁省大连市旅顺口区。因本案于2016年7月2日被刑事拘留，同年8月8日被逮捕。现羁押于辽宁省大连市看守所。

辩护人肖本春，辽宁坤诚律师事务所律师。

上诉人（原审被告人）吴某萍，女，1973年9月20日出生，汉族，专科文化，中共党员，系大连市旅顺口区某指挥部现金会计，住辽宁省大连市旅顺口区。因本案于2016年10月25日、2017年10月24日、2018年1月23日、2019年1月22日被取保候审，2019年5月31日被逮捕。现羁押于辽宁省大连市看守所。

辩护人张旭涛、黄博，辽宁法大律师事务所律师。

辽宁省大连市旅顺口区人民法院审理辽宁省大连市旅顺口区人民检察院指控原审被告人刘某霞、韩某、黄某景犯挪用公款罪、原审被告人吴某萍犯玩忽职守罪一案，于2018年7月16日作出〔2017〕辽0212刑初17号刑事判决。原公诉机关辽宁省大连

[①] 资料来源：中国裁判文书网https://wenshu.court.gov.cn。

市旅顺口区人民检察院提出抗诉,原审被告人刘某霞、韩某、黄某景、吴某萍不服,提出上诉。本院依法组成合议庭,公开开庭审理了本案。辽宁省大连市人民检察院指派检察员耿文臣出庭履行职务,上诉人刘某霞及其辩护人徐绍利、上诉人韩某及其辩护人韦涛、魏玉鹏、上诉人黄某景及其辩护人肖本春、上诉人吴某萍及其辩护人张旭涛到庭参加诉讼。现已审理终结。

　　原判认定,被告人刘某霞自2008年3月起至2016年7月止,受大连市旅顺口区交通局聘用,担任旅顺口区某指挥部会计。被告人吴某萍原系大连市旅顺口区交通局公路段养护站科员,自2008年8月起至2016年10月止,受大连市旅顺口区交通局借调,担任旅顺口区某指挥部现金会计。2010年1月,被告人韩某在大连银行旅顺支行任信贷员,以请求帮忙完成吸存任务为由,找到时任旅顺口区交通局局长王某,经王某同意,交由时任旅顺口区某指挥部(以下简称"指挥部")会计的被告人刘某霞具体经办。被告人韩某告诉刘某霞,要完成其个人的吸存任务必须由指挥部新开立一个账户,并将存款存入新账户中,否则存入老账户不算他完成任务,新开户的事情由他们银行上门服务。2010年1月21日,被告人韩某与时任大连银行旅顺支行营业部会计的被告人黄某景一同到指挥部刘某霞办公室领取了一张金额为1 000万元的转账支票,该转账支票系由时任指挥部现金会计的被告人吴某萍所开,出票日期为2010年1月21日,收款人名称为旅顺口区某指挥部,金额为1 000万元,用途为工程款。被告人韩某欲将该转账支票存入其实际经营的大连圣润达机电安装有限公司(以下简称"圣润达公司")在大连银行旅顺支行80×××09账户内时,因在支票背书人一栏加盖了圣润达公司的印章,导致支票不能存入,便让黄某景回到指挥部要求重新开具支票。吴某萍将该转账支票作废,重新开了一张日期、收款人、金额、用途完全一样的转账支票给黄某景,黄某景和韩某将1 000万元转账支票存入到圣润达公司尾号为4609的账户内。2010年1月22日,韩某和黄某景又到指挥部刘某霞办公室领取了一张金额为500万元的转账支票,同样存入韩某实际经营的圣润达公司尾号为4609的账户内。后来韩某让黄某景给刘某霞送去两份假的进账单,分别为2010年1月21日,出票人旅顺口区某指挥部,账号80×××55,收款人旅顺口区某指挥部,账号80×××09,金额1 000万元;2010年1月22日,出票人旅顺口区某指挥部,账号36×××69,收款人旅顺口区某指挥部,账号80×××09,金额500万元。而真实的两张银行进账单上记载的收款人均是大连圣润达机电安装有限公司。另外,被告人韩某、黄某景还定期将虚假的特种转账贷方传票即利息单送给被告人刘某霞,刘某霞和吴某萍以此进账单和利息单作为指挥部存款及利息记账凭证。2014年底,被告人韩某已经于2010年5月19日被大连银行除名不再是大连银行员工,为了挪用指挥部款项,找到现任旅顺口区交通局局长陈某,谎称有500万元吸存任务请求帮忙完成,陈某表示同意。随后,被告人韩某和黄某景一起找刘某霞,告诉刘某霞他们局长同意为韩某完成500万元吸存任务,同时韩某还谎称这次要完成其个人的吸存任务必须将款存入一个过渡账户,然后再转入尾号为4609的账户内，刘某霞表示同意。2014年12月30日，被告人韩某让黄某景去指挥部找刘某霞领取支票，刘某霞让吴某萍开具了一张500万元的转账支票给黄某景，支票收款人填写为大连泓润达电力安装有限公司（以下简称"泓润达公司"），黄某景将该转账支票交给韩某存入泓润达公司80×××88账户中。该笔存款的真实银行进账单上记载日期为2014年12月30日，出票人旅顺口区某指挥部，账号80×××55，收款人大连泓润达电力安装有限公司，账号80×××88，金额五百万元整。被告人韩某未将该进账单给刘某霞，后刘某霞单位领导要看账目，刘某霞便分别找韩某和黄某景要进账单，黄某景于2016年开具了一份日期为2014年12月30日，出票人旅顺口区某指挥部，账号80×××55，收款人旅顺口区某指挥部，账号80×××09，金额五百万元整的虚假进账单给刘某霞以应对检查。直至案发时上述款项共计2 000万元被韩某个人使用仍未退还。被告人吴某萍系指挥部现金会计，负有到银行存取款、开具转账支票、单位账户维护等职责，但在2010年1月21日和22日两次办理业务时，吴某萍均未按照工作要求亲自到银行办理指挥部开户业务，未向领导核实即开具被背书人为空白的转账支票，造成指挥部1 500万元人民币流入韩某个人公司账户无法收回，造成国家利益遭受重大损失的严重后果。至于2014年12月30日开具的一张500万元的转账支票，因被告人刘某霞让其将支票收款人直接填写为大连泓润达电力安装有限公司，不是存入指挥部账户，被告人吴某萍对此笔款项不负有到银行存款及核对监管的职责。

同时查明，涉案的圣润达公司、泓润达公司均系被告人韩某于2008年左右成立的，当时登记的法定代表人是其前妻刘某2，实际由韩某具体经营管理，2015年韩某与刘某2协议离婚后，将涉案两公司的法定代表人变更为韩某。韩某与刘某2离婚时，其夫妻共同财产包括登记在刘某2名下的9套房产均归刘某2所有。侦查机关在侦查过程中，查封了刘某29套房产，冻结了刘某2在中信银行辛寨子支行的存款人民币41 200元，冻结了韩某在中国建设银行旅顺口支行的存款人民币200 957.21元、在大连银行旅顺黄河路支行的存款人民币10 066元、57 031元、5 023元、在交通银行大连旅顺口支行的存款人民币6 000元，冻结了冯某在大连银行金州支行的存款人民币346 035元，冻结了刘某霞和李某在中国银行大连旅顺支行的账号及刘某霞在邮政储蓄银行的账号，还冻结了一笔未署名的账号为62×××74的款项人民币5 481.30元。除韩某本人的存款外，其他人员被查封、冻结的财产没有相关证据证明与本案有直接关系。

原审法院认定上述事实有案件来源、到案经过、主体身份证明即就业证明、干部任免审批表、干部履历表、劳动合同书、旅顺口区事业人员岗位调整申请表、旅顺口区机关事业单位编制登记表、聘用登记表、聘用合同书及变更记录，大连泓润达电力安装有限公司工商登记档案、指挥部记账凭证、大连银行转账支票及进账单、指挥部进账凭证、大连银行印章保管登记表、泓润达公司相关银行交易凭证、耿某笔记本记录、大连泓润达科技有限公司大连银行交易明细及影印件、圣润达公司大连银行交易明细及影印件、圣润达公司尾号为4609账户开户信息、圣润达公司尾号4609账户对账单、旅顺口区某指挥部尾号 2555 账户对账单、大连银行提供韩某、黄某景大连银行用工情况及对账单、营业执照复印件、黄某景岗位变动说明、侦查机关查封、冻结涉案财物的回执等书证，证人耿某、陈某、史某、王某、于某、孙某、柳某、鲁某、刘某1、苗某、韩某、刘某2、杨某等人的证言，被告人刘某霞、韩某、黄某景、吴某萍的供述等证据。

原审法院认为，公诉机关指控被告人刘某霞、韩某、黄某景挪用公款人民币 2 000 万元，其中韩某于 2010 年 1 月 21 日和 22 日分别两次存入圣润达公司尾号为 4609 账户内的 1 500 万元，因被告人韩某和黄某景事先并未与被告人刘某霞共谋要挪用该款，事后又以开具出票人和收款人均为旅顺口区某指挥部的虚假进账单及利息单给刘某霞和吴某萍记账的形式，蒙骗刘某霞误认为尾号为 4609 的账户确属其指挥部新开立的账户，始终以为该 1 500 万元全部存入自己单位指挥部的账户内，刘某霞主观上没有挪用该笔款项的故意，所以公诉机关指控上列三被告人挪用公款的该节事实不能成立。至于该 1 500 万元确实被存入被告人韩某实际经营的圣润达公司账户并被其个人使用的事实，被告人韩某和黄某景对此亦供认不讳，但从公诉机关提供的现有证据无法判断在将款存入圣润达公司账户的过程中，被告人韩某和被告人黄某景有无共谋，如有共谋二人各起什么作用，故目前无法认定被告人韩某、黄某景的此节行为构成何罪，建议侦查机关就此节事实重新立案侦查，视其行为性质再依法处理。关于 2014 年 12 月 30 日被告人韩某和黄某景找刘某霞领取 500 万元转账支票一节，因事先韩某和黄某景已明确告诉刘某霞，此次存款需要先存入一个过渡账户，然后转入尾号为 4609 的账户，刘某霞表示同意，其三人有共谋。后刘某霞让吴某萍将 500 万元转账支票收款人填写为大连泓润达电力安装有限公司，说明刘某霞明知该 500 万元没有存入指挥部的账户内，有让他人挪用的故意。综上，被告人刘某霞身为国家工作人员，在担任旅顺口区某指挥部会计期间，与被告人韩某、黄某景共谋，利用职务上的便利，挪用公款人民币 500 万元归被告人韩某使用，数额巨大不退还，被告人韩某系公款使用人，指使、参与策划并取得挪用的公款人民币 500 万元，被告人黄某景参与策划挪用公款，核其三人行为均构成挪用公款罪。被告人刘某霞、韩某、黄某景系共同犯罪，三人在共同犯罪中所起作用相当，不易区分主从犯。被告人刘某霞不认罪，不具有法定或酌定的从轻处罚情节。被告人韩某案发后主动到公安机关投案并如实供述自己所犯罪行，系自首，但其是犯意的提起者和公款的使用者，造成的损失尚未挽回，对其不予从轻或减轻处罚。被告人黄某景到案后能如实供述所犯罪行，可酌情予以从轻处罚。被告人吴某萍身为国家机关工作人员，在担任旅顺口区某指挥部现金会计期间，不认真履行职责，致使指挥部公款人民币 1 500 万元被他人挪用，使国家利益遭受重大损失，情节特别严重，核其行为构成玩忽职守罪。被告人吴某萍到案后能如实供述所犯罪行，鉴于其玩忽职守行为造成的重大损失系一果多因，真诚悔罪，可予以从轻处罚。犯罪分子违法所得的一切财物，应当予以追缴或者责令退赔。侦查机关冻结的被告人韩某的个人存款由侦查机关依法退还给被害单位，查封、冻结的其他财产因无相关证据证明与本案有直接关系，由侦查机关依法处理。原审法院依照《中华人民共和国刑法》第三百八十四条第一款、第三百九十七条第一款、第二十五条、第六十七条、第六十四条、《最高人民法院最高人民检察院关于办理贪污贿赂刑事案件适用法律若干问题的解释》第六条、《最高人民法院最高人民检察院关于办理渎职刑事案件适用法律若干问题的解释（一）》第一条之规定，作出如下判决：

被告人刘某霞犯挪用公款罪，判处有期徒刑十年。

被告人韩某犯挪用公款罪，判处有期徒刑十年。

被告人黄某景犯挪用公款罪，判处有期徒刑十年。

被告人吴某萍犯玩忽职守罪，判处有期徒刑三年。

二、侦查机关冻结的被告人韩某的银行存款分别为人民币200 957.21元、10 066元、57 031元、5 023元、6 000元，共计279 077.21元由侦查机关退还给被害单位旅顺口区某指挥部；查封、冻结的其他人的财产及银行账号由侦查机关依法处理。

三、责令被告人韩某、被告人刘某霞、被告人黄某景共同退赔被害单位旅顺口区某指挥部现金人民币4 720 922.79元。

抗诉机关的抗诉理由是，被告人刘某霞、韩某、黄某景挪用公款的数额及被告人吴某萍玩忽职守的犯罪数额均应认定为2 000万元，原判认定事实错误，导致量刑失当。1.2010年1月21日和22日的1 500万元应当认定被告人刘某霞、韩某、黄某景构成挪用公款罪。（1）刘某霞让黄某景为其"开立4609账户"并指使吴某萍开具两张背书人是空白的转账支票交给黄某景，刘某霞作为一名老会计对这种明显不符合工作流程的行为无法解释。黄某景和吴某萍证实刘某霞看到了1 000万元的作废支票且看了支票背面，刘某霞应当看到作废的支票盖上了他人公司的印章，仍然让吴某萍重新开具一张被背书人是空白的支票。（2）关于500万元的支票，虽然支票上盖了银行委托收款的印章，意味着支票不能以背书转让的方式转入他人公司账户，该印章是韩某公司到银行存支票时银行盖上去的，刘某霞存在违规行为和主观犯意。500万元利用收票环节的问题存入韩某账户，虽与1 000万元背书转让的方式不同，但不影响认定犯罪。（3）刘某霞不让吴某萍到银行拿取对账单和利息单，而是联系黄某景，黄某景伪造特种转账贷方传票，四名被告人均供述伪造的传票和正常利息单不同且会计一看就知道有问题，但刘某霞未提异议。（4）2011年开始，韩某通过黄某景等人给刘某霞送礼，刘某霞均予接受。综上，刘某霞具有挪用1 500万元的故意。原判认定该笔1 500万元刘某霞、韩某、黄某景不构成挪用公款，吴某萍构成玩忽职守且对部分指控事实未予评判，存在前后矛盾。2.关于2014年12月30日的500万元，吴某萍作为指挥部现金会计，负责开户、存取支票、付款、维护账户等工作，具有对指挥部账户进行日常维护、核对监管的职责，其职责不因刘某霞的指示有所改变，而吴某萍仅凭刘某霞的授意就将指挥部的钱款转入韩某公司账户，而未按照财务流程报请领导审批，其行为违背职责，构成玩忽职守。

辽宁省大连市人民检察院支持上述抗诉意见，该院提出：1.关于第一笔1 500万元，通过被告人供述及刘某霞、吴某萍在该笔公款被挪用中各种极其明显的违规操作，可以认定刘某霞主观上明知挪用公款，被告人刘某霞、韩某、黄某景构成挪用公款的共犯。2.关于第二笔500万元，吴某萍身为单位出纳，与会计刘某霞是相互监督、相互协助的关系，吴某萍轻信刘某霞，在付款程序明显不符合单位财务规定，需要领导审批的情况下，没有尽到监督义务，事后未及时报告，导致国家财产造成重大损失，其在该节事实中构成玩忽职守罪。

上诉人刘某霞的上诉理由是，其不属于国家工作人员，没有挪用公款给韩某使用的主观故意和行为，其按照领导交办事项，协助韩某完成存款任务，并受韩某蒙骗并始终认为涉案款项在本单位账户；韩某采用欺骗手段骗取公款，构成诈骗罪。其辩护人提出的辩护意见是：1.刘某霞系企业退休职工，被借调到指挥部工作，不符合挪用公款罪的主体要件，其构成挪用资金罪。2.关于2014年12月500万元一节，刘某霞未参与预谋，仅按领导意图帮助韩某吸储，因受到蒙骗，将指挥部的款项通过过渡账户转入指挥部账户，不构成犯罪。3.关于抗诉意见，刘某霞对于2010年1月的1 500万元没有挪用的主观故意，其按领导意图帮助韩某吸储，与韩某不相识，缺乏犯罪动机；其未指使吴某萍开出背书空白的支票，不知道黄某景伪造进账单；其受到欺骗，以为该款存入指挥部账户，实际上该款被转入韩某账户；吴某萍的口供不能作为定案依据。

上诉人韩某的上诉理由是，原判认定事实错误，刘某霞对挪用公款1 500万元是明知的，并非受其蒙骗，其没有诈骗行为；原判量刑过重，其系自首，应当对其减轻处罚。其辩护人提出的辩护意见与上诉人韩某的上诉理由一致。

上诉人黄某景的上诉理由是，2014年12月31日，其将刘某霞开具的500万元支票取回交给韩某的会计，会计将支票存入收款人账户，其实施了合法的票据行为和支付行为，其与出票方及收款方无关联。其不具备挪用公款的主体资格和职务便利，与刘某霞、韩某不具有共同犯意和客观行为，不构成挪用公款的共犯，且原判未区分主从犯，量刑过重。其辩护人还提出：1.2014年12月，刘某霞挪用公款500万元与黄某景无关，黄某景只有存支票的行为，500万元支票的收款人是泓润达公司，票据和支付行为合法，黄某景此时已经离开存入支票的大连银行，完成该行为无需银行工作人员的身份，故黄某景不构成挪用公款罪。2.抗诉机关的抗诉意见不成立。背书转让大额支票，存入收款人以外的账户，必须得到出票人确认，否则不可能存入，黄某景只是领取了两张被背书人空白的支票，无犯罪故意和行为，其提供虚假进账单是事后的掩饰行为，不构成共同犯罪。

上诉人吴某萍的上诉理由是，关于第一笔1 500万元，原判未对被告人刘某霞、韩某、黄某景的行为性质进行认定，便先行追究其玩忽职守的刑事责任，不利于认定其地位和作用，影响其量刑的适当性；其在1 500万元国家损失的成因中所起作用较小，不应承担主要罪责，交通局局长同意帮助韩某完成工作业绩并交由刘某霞办理，其接受刘某霞的管理给韩某开具支票，并基于对刘某霞和黄某景的信任误认为银行工作人员可以直接开设尾号4609的单位账户，其到银行打印对账单时被告知无法打印，刘某霞联系黄某景打印后送到单位，其并未质疑对账单的真实性；其在侦查机关调查取证时主动如实供述自己的行为，具有自首情节，应予减轻处罚，原判量刑过重。其辩护人提出的辩护意见是：1. 主体方面，指挥部是交通局下属部门、内设部门，是临时机构，不属于国家机关；吴某萍系公路段员工，事业编制，借调到指挥部工作，原判认定其系国家机关工作人员的证据不足。2. 职责方面，吴某萍从未正式被聘为指挥部的出纳，工作岗位模糊，指挥部并无关于会计人员工作职责和要求的明确规定，亦缺少关于出纳岗位的制度和职责规定，吴某萍的履职依据不明确；原判认定吴某萍负有到银行存取款、开具转账支票、维护单位账户的职责及其未按要求到银行开户，且未向领导核实就开具被背书人为空白的转账支票的证据不足；吴某萍受财务负责人刘某霞的直接领导，刘某霞告知其全部手续由黄某景办理，吸储不是吴某萍的职责，吴某萍事后已经多次提醒、催促刘某霞返款，已经尽力做好工作，其没有越级上报的权责，原判认定吴某萍不认真履行职责的事实不清、证据不足。3. 因果关系方面，造成1500万元公款被挪用的原因是韩某和黄某景的欺骗行为，及王某、刘某霞的错误认识和错误指示，本案属于多因一果，吴某萍因盲目相信刘某霞交办的工作而开具转账支票，其不应承担全部责任；而且，吴某萍履行职责已不能阻止结果的发生，其行为与结果之间并无直接因果关系，原判认定吴某萍的行为造成损害结果的证据不足。4. 主观方面，吴某萍无法预见损害后果，其没有故意和过失。5. 量刑方面，吴某萍系自首，主观恶性不深。

经二审审理查明，上诉人吴某萍在2014年12月30日开具500万元转账支票时，明知指挥部对外付款须经单位领导签字确认，仍违反单位规定的付款程序，未向领导核实情况，直接接受刘某霞的口头安排通过转账支票对外付款。

上述事实有经过一审庭审举证、质证的证人王某、陈某的证言及上诉人吴某萍、刘某霞的供述等证据能够相互印证，足以认定。

二审查明的其余事实和证据与一审一致，本院予以确认。

在本院审理过程中，辽宁省大连市人民检察院提交了一份证明，拟证明案涉2 000万元款项来源为大连市旅顺口区财力资金，主要用于工程建设和征地动迁，款项性质为公款。上诉人刘某霞的辩护人提交了劳动合同、企业信用信息公示报告和退休证，拟证明2008年8月起刘某霞系大连旅顺某汽车出租有限公司的会计，工作地点为指挥部，单位性质为国有控股或参股公司，刘某霞于2016年3月年满50岁并办理退休。此份证据并未否认上诉人刘某霞系指挥部会计的身份。上诉人韩某、黄某景、吴某萍及辩护人均未提交新的证据。

本院认为，上诉人刘某霞身为国家工作人员利用管理单位公款的职务便利，接受上诉人韩某、黄某景的请托,三人共同挪用公款归韩某使用,犯罪数额人民币2 000万元,系数额巨大不退还,其行为侵犯了公共财产的使用收益权和国家的财经管理制度,三上诉人均已构成挪用公款罪。上诉人刘某霞、韩某、黄某景系共同犯罪,在共同犯罪中地位和作用相当,不区分主从犯。上诉人吴某萍作为受国家机关委托代表国家机关行使职权的组织中从事公务的人员,违反法律规定,不正确履行单位现金会计的职责,未按照单位规定的程序付款,随意开具对外付款的转账支票,在单位没有新开银行账户且没有到银行办理或者核实单位账户进账的情况下,又轻信单位资金已经进入所谓新开设的账户中,并将他人提供的未经确认的进账单和利息单等入账,造成国家损失人民币2 000万元,系情节特别严重,其行为侵犯了国家机关的正常管理活动,构成玩忽职守罪。上诉人韩某系自首,但其系犯意提起者和公款使用人且挪用款项拒不退还,不足以从轻处罚。上诉人吴某萍到案后能够如实供述主要犯罪事实,予以从轻处罚。

关于抗诉机关的抗诉意见,经查:1.关于2010年1月21日和22日的1 000万元和500万元,上诉人刘某霞明知指挥部没有办理开设新账户的手续,仍为了帮助韩某"拉存款",使用两张转账支票分别将指挥部账户的1 000万元和500万元转入所谓"单位新开账户"中,且未安排财务人员到银行办理本单位进账手续,导致其开出两张转账支票被上诉人韩某、黄某景等人通过背书转让等方式将款项转出,且刘某霞收到的进账单显示,该1 500万元转入的银行账号并非指挥部开设的账号,指挥部没有任何关于该账号的凭证,无法获取该账户的对账单、利息单等,其仍认可该1 500万元脱离指挥部管理和控制,刘某霞与韩某、黄某景已经形成挪用公款1 500万元的共同故意,此项抗诉意见本院予以支持。2.关于2014年12月30日的500万元,上诉人吴某萍违反单位关于对外付款程序的规定,其不正确履行会计职责的行为直接导致国有财产损失,构成玩忽职守罪,此项抗诉意见本院予以支持。

关于上诉人刘某霞的上诉理由及其辩护人的辩护意见,经查:1.关于犯罪主体。指挥部属于政府成立的具有行政管理职能的机构,刘某霞系指挥部从事公务的人员,应当认定为国家工作人员。2.关于刘某霞是否构成挪用公款罪。刘某霞利用其管理国有资产的职务便利,为了帮助他人吸储,随意将公款挪出本单位账户,致使本单位失去对公款的控制支配并为他人所用,从而导致公款流失,其行为构成挪用公款罪。上诉人刘某霞的上诉理由及其辩护人的辩护意见缺乏事实和法律依据,本院不予采纳。

关于上诉人韩某的上诉理由及其辩护人的辩护意见,经查:原判已认定其具有自首情节,但根据其犯罪的具体情节及社会危害程度不予从轻处罚并无不当,其他上诉理由及辩护意见缺乏事实和法律依据,本院不予采纳。

上诉人黄某景的上诉理由及其辩护人的辩护意见,经查:1.关于前两笔1 500万元黄某景有无犯罪行为。黄某景与韩某共谋挪用公款后,利用其银行工作人员的便利条件,使用指挥部开出的转账支票,以私自背书转让等方式运作银行转账,将指挥部的款项转入他人账户并为他人所用，并向指挥部提供虚假进账单及其他银行单据等，应当认定其与刘某霞、韩某共同挪用公款。2. 关于2014年12月30日的500万元黄某景有无犯罪行为。黄某景因岗位调动，无法使用之前的手段操作银行业务，其便与韩某共同编造"使用过渡账户帮助在大连银行工作的韩某拉存款"的事由，继续帮助韩某从刘某霞手里获得资金，刘某霞基于对韩某和黄某景身份和职务的信任而将指挥部的500万元转入韩某公司账户，黄某景构成挪用公款罪的共犯。3. 关于黄某景在共同犯罪中的作用。其在共同犯罪中起主要作用，不应认定为从犯。上诉人黄某景的上诉理由及其辩护人的辩护意见缺乏事实和法律依据，本院不予采纳。

关于上诉人吴某萍的上诉理由及其辩护人的辩护意见，经查：1. 关于前两笔1 500万元能否认定吴某萍的刑事责任。二审已经全面认定了上述事实中各上诉人的犯罪事实、行为性质和作用，原判已经考虑多因一果等情节，吴某萍应当承担玩忽职守的刑事责任。2. 关于吴某萍是否构成自首。吴某萍缺乏主动投案的情节，不构成自首。3. 关于犯罪主体。吴某萍属于受国家机关委托代表国家机关行使职权的组织中从事公务的人员，其在代表国家机关行使职权时，有渎职行为，构成犯罪的，应当依照刑法关于渎职罪的规定追究刑事责任。4. 关于吴某萍的岗位职责。公务职责包括《中华人民共和国会计法》等法定职责，及国家机关通过聘任合同、工作安排、行政命令等文件或形式将行政职权转移至相对人而产生的职责，吴某萍亦应依照单位安排的岗位职责和工作程序履行职责。5. 关于吴某萍的行为与损害结果之间有无因果关系。吴某萍违反岗位职责开出的转账支票均被用于银行转账，并直接导致单位公款损失的后果，其行为与损害后果之间存在因果关系。6. 关于犯罪主观方面。玩忽职守罪是过失犯罪，吴某萍作为财务人员在开出转账支票的过程中，主观上应当预见自己的行为会造成公款流失的后果，符合玩忽职守罪的主观要件。上诉人吴某萍的辩护人提出吴某萍无罪的辩护意见缺乏事实和法律依据，本院不予采纳。

依照《中华人民共和国刑法》第三百八十四条第一款、第三百九十七条第一款、第二十五条第一款、第二十六条第一款、第四款、第六十七条第一款、第三款、第六十四条之规定，判决如下：

一、维持辽宁省大连市旅顺口区人民法院〔2017〕辽0212刑初17号刑事判决第一项对上诉人刘某霞、韩某、黄某景、吴某萍的定罪部分及第二项，即"被告人刘某霞犯挪用公款罪，被告人韩某犯挪用公款罪，被告人黄某景犯挪用公款罪，被告人吴某萍犯玩忽职守罪；侦查机关冻结的被告人韩某的银行存款分别为人民币200 957.21元、10 066元、57 031元、5 023元、6 000元，共计279 077.21元由侦查机关退还给被害单位旅顺口区某指挥部；查封、冻结的其他人的财产及银行账号由侦查机关依法处理。"

二、撤销辽宁省大连市旅顺口区人民法院〔2017〕辽0212刑初17号刑事判决第一项对上诉人刘某霞、韩某、黄某景、吴某萍的量刑部分及第三项，即"判处被告人刘某霞有期徒刑十年，判处被告人韩某有期徒刑十年，判处被告人黄某景有期徒刑十年,判处被告人吴某萍有期徒刑三年;责令被告人韩某、被告人刘某霞、被告人黄某景共同退赔被害单位旅顺口区某指挥部现金人民币 4 720 922.79 元。"

三、上诉人刘某霞犯挪用公款罪,判处有期徒刑十二年。

上诉人韩某犯挪用公款罪,判处有期徒刑十二年。

上诉人黄某景犯挪用公款罪,判处有期徒刑十二年。

上诉人吴某萍犯玩忽职守罪,判处有期徒刑四年。

四、在案查封的房产中使用涉案赃款交付购房款的部分及相应的房产升值部分予以追缴;继续追缴本案未退还的挪用款项,发还旅顺口区公路工程建设指挥部;未足额追缴的部分,责令上诉人韩某、黄某景、刘某霞共同退赔,并发还旅顺口区某指挥部。

本判决为终审判决。

审判长　薛　凯

审判员　王　莹

审判员　王　欢

二〇一九年九月二日

书记员　曹丽倩

山东省烟台市中级人民法院
刑事判决书①

〔2017〕鲁 06 刑终 109 号

原公诉机关山东省莱州市人民检察院。

上诉人(原审被告人)温某,男,1963 年 12 月 2 日出生于山东省莱州市,汉族,文化程度大专,原系莱州市供销合作社联合社会计。住莱州市。因涉嫌犯受贿罪于 2014 年 2 月 24 日被刑事拘留,同年 3 月 8 日被逮捕,同年 8 月 15 日被取保候审。2016 年 12 月 28 日被莱州市人民法院决定取保候审,2017 年 12 月 28 日被本院决定取保候审。

辩护人王志勇,山东文景律师事务所律师。

莱州市人民法院审理莱州市人民检察院指控原审被告人温某受贿一案,于 2015 年 2 月 27 日作出〔2014〕莱州刑初字第 368 号刑事判决。原审被告人温某不服,提出上诉。经本院二审审理后裁定撤销原判,发回重审。莱州市人民法院依法另行组成合议庭重新审理,于 2016 年 12 月 29 日作出〔2016〕鲁 0683 刑初 14 号刑事判决。原审被

---

① 资料来源:中国裁判文书网 https://wenshu.court.gov.cn。

告人温某仍不服,提出上诉。本院受理后,依法组成合议庭,公开开庭审理了本案。烟台市人民检察院指派检察员宋钢出庭履行职务,上诉人温某及其辩护人王志勇到庭参加诉讼。现已审理终结。

原审判决认定,莱州市联丰烟花爆竹供销有限公司(以下简称"联丰公司")系莱州市供销合作社联合社(以下简称"市联社")下属的集体企业,后改名为莱州市嘉乐烟花爆竹供销有限公司(以下简称"嘉乐公司")。2006年市联社党委研究决定将该企业对外承包,并委派被告人温某至该企业担任会计,以行使监管职责。2006年至案发前,被告人温某利用市联社派其到联丰公司工作的职务便利,不如实向市联社党委反映公司销售盈利等实际经营情况,使公司前后两任经理王建廷、王建平(均另案处理)得以低价承包,并帮助公司制作假账偷税漏税,为承包者王建廷、王建平谋取不正当利益。从2009年至2013年先后收受王建廷、王建平给予的贿赂款人民币55万元。

1.2009年1月,被告人温某收受王建廷给予的人民币5万元。

2.2010年1月,被告人温某收受王建廷给予的人民币10万元。

3.2011年1月,被告人温某收受王建廷给予的人民币10万元。

4.2012年春节前,被告人温某收受王建廷给予的人民币20万元。

5.2013年3月,被告人温某收受王建平给予的人民币10万元。

案发后,被告人温某的妻子代为退赔赃款人民币367 185元,退赔莱州市鸿景山庄附A1号楼2单元102室房产一处。

原审判决认定上述犯罪事实的证据有:

1. 书证

(1)立案决定书、发破案经过,证实本案案发及被告人的归案经过。

(2)居民身份证、市联社出具的证明,证实被告人温某的身份情况,其系参照公务员法管理的事业单位职工,自1992年12月起任市联社会计科副科长,2004年11月起由市联社安排至莱州市供销联丰烟花爆竹营销中心(后改为"莱州市联丰烟花爆竹营销有限公司""莱州市嘉乐烟花爆竹供销有限公司")任职会计。

(3)聘任通知、关于成立"莱州市供销联丰烟花爆竹营销中心"的决定、租赁合同、租赁经营合同,分别证实莱州市供销联丰烟花爆竹营销中心属集体所有制企业,隶属于市联社,王建廷于2004年8月30日被聘任为该中心经理,2009年3月1日,王建廷与联丰公司签订租赁合同,约定合同期限自2009年3月1日至2012年2月29日;王建平于2012年6月25日被聘任嘉乐公司经理,其与嘉乐公司于2012年12月28日签订承包经营合同,约定自2012年3月1日至2018年2月28日租赁经营嘉乐公司。

(4)查封、扣押财物、文件清单、收款收据,证实被告人温某的妻子刘培云代为退赔赃款及房产的情况。

(5)组织机构代码证、烟花爆竹经营(批发)许可证、税务登记证、事业单位法人证书,分别证实嘉乐公司系有限责任公司,市联社系全额拨款的事业单位。

（6）市联社会议记录一宗，证实2012年12月4日市联社会议记录记载出席人员张某、王某、王书国、温某等人，内容：从内部看，由于今年春天换人频繁，影响销售和进货，自今年3月10日开始，截止到11月25日，累计销售1 200万元，费用100多万元，账面利润25~26万元。管理费用不断加大，一是需付王建廷工资及养老金每年5.5万元，二是职工工资和养老金合计4万元，三是公安局实行扫描管理需增加6万元，以上三项合计比从前增加15万元左右。会议决定：从以上主客观因素综合考虑，嘉乐公司已不适合继续实行集体经营；考虑各方面因素，上缴市联社管理费在不低于上任租赁承包经营者王建廷每年40万的基础上适当增加，第一年30万元，以后每年45万元。

（7）利润表、应付账款、资产负债表及李某关于三张表格的证言，证实2012年12月4日在研究王建平租赁嘉乐公司标的额时，温某在党委扩大会上提供的销售收入、利润、费用情况表，利润表显示累计至11月份利润为354 240元。

（8）汇报情况说明手稿，证实2012年12月4日市联社党委会议记录所附手稿情况，与温某会议上汇报的内容相符。

（9）现金日记账、查账笔录、关于嘉乐公司税收情况说明，证实莱州市国家税务局根据现金日记账和查账笔录，2013年3月至2014年2月含税销售收入29 434 818.00元，不含税销售收入28 577 493.20元。

2. 证人证言

（1）证人张某的证言，证实证人从2011年3月份到市联社干主任，起初嘉乐鞭炮公司承包费决定每年70万元，后王某副主任称让王建平熟悉熟悉情况再定承包费。市联社与王建平签订承包合同定承包费时召开了党委扩大会，专门叫了温某参加了会议。研究承包费时，专门让温某汇报鞭炮公司经营情况。温某在会上把鞭炮公司的经营情况进行了汇报，温某把销售额和利润额说了几个数据，提出过公司处理关系方面花费大些，一年就得几十万，一年挣不几个钱。当时温某是拿着书面材料汇报的，决定承包费基数就是靠温某汇报的情况来定，张某还嘱咐秘书将温某的汇报材料附在会议记录后面，所以党委会最后研究决定每年上交45万元，第一年上交30万元。张某还证实上任后找过温某了解鞭炮公司经营情况，温某的答复不是很明确，鞭炮公司的销售和利润情况都不给他说。温某在鞭炮公司干会计工作，还负责监督公司经营情况。

（2）证人李某的证言，证实证人系市联社党委秘书，2012年3月份王建廷合同到期，2012年年底的时候针对王建平经营承包嘉乐鞭炮公司的承包费问题专门进行过开会研究。因需要确定王建平的承包费数额，市联社领导需要对鞭炮公司的经营情况有个了解，而温某作为市联社派到鞭炮公司的人员，主要是在鞭炮公司监督经营状况和会计工作，从王建廷承包时其就一直在鞭炮公司，对鞭炮公司的实际经营状况能够掌握，所以让他参加会议把鞭炮公司近期的实际经营状况汇报一下，以便于市联社确定鞭炮公司的承包费。在会议上，张某问温某鞭炮公司的经营状况，温某当时拿出几张表，对照表把近期公司的销售、利润等一一进行了说明。温某称鞭炮公司费用比较大，尤其是有些"不能说"的费用，一年下来也挣不了几个钱。最后领导根据这些情况确定王建平第一年承包费30万元，以后每年45万元。根据温某汇报情况作了会议记录，就是会议记录的内容部分。会议后，张某主任让李某将温某的那些表要过来附在党委会记录后面，其从温某手中要过利润表、应付账表、资产负债表。因工作忙而忘记附在会议记录后面，一直放在抽屉里。

（3）证人杜某的证言，证实证人于2003年7月至2009年12月在市联社任主任兼党委书记。后市联社党委决定对联丰鞭炮公司进行承包，但市联社党委对鞭炮公司的实际经营情况和盈利情况一直未掌握，为了全面掌握公司的实际经营情况和盈利情况，市联社党委安排温某对鞭炮公司的经营情况进行监管，并协助公司进行财务管理。温某兼职鞭炮公司会计，一方面是帮助企业理顺内部管理，另一方面是协助党委了解鞭炮公司经营情况。鞭炮公司的具体经营情况由温某向分管领导汇报，有时证人也过问。每次证人向温某询问公司经营状况时，温某说经营还可以，但是利润不高，公司能够维持运营。承包者也经常说承包费高了。并证实温某是市联社正式财务人员，其工资、福利待遇等由市联社机关负责发放，与鞭炮公司没有关系。其平时在市联社上班，只是协助鞭炮公司进行财务管理。当时考虑到他的兼职情况，同意由鞭炮公司给予一定的补助。

（4）证人王某的证言，证实证人自2000年6月起任市联社副主任。经党委会研究，由王建廷承包经营联丰鞭炮公司，但市联社最初没与王建廷签订承包合同，一是管理费的数额没法确定，不知道鞭炮公司每年的效益状况；二是对王建廷不放心，鞭炮公司如果在事故安全、净资产流失、税务等方面出了事，市联社最终还要承担责任；三是不知道王建廷承包后每年能挣多少钱，如果效益好得适当提高承包费。为此市联社开会研究派温某到鞭炮公司做兼职会计，以便掌握王建廷的实际效益情况。市联社让温某兼任鞭炮公司会计的目的，一是给他们做账，还有一个目的就是监督鞭炮公司的经营状况。温某帮王建廷做账，可以借机掌握王建廷承包公司每年的实际销售额、费用支出、毛利等情况。市联社要求温某定期汇报联丰公司的经营状况，证人等有时也将温某叫来询问一下经营状况。据证人从温某处了解，王建廷每年的销售额在1500万元左右，毛利200多万元，各项费用支出120多万元，再去掉承包费王建廷每年盈利不多。温某汇报的情况是否属实证人不清楚。温某的工资、福利等都由市财政统一发放。证人王某还证实在市联社党委会研究王建平的租赁费时，温某汇报了自2012年3月1日至11月25日的经营情况，再结合王建平刚干的情况，张某主任提出第一年交30万元的意见，后根据王建廷之前的租赁费40万元，确定以后每年45万元。

（5）证人潘某的证言，证实证人在2010年1月至2011年3月在市联社任主任，刚开始去时不知道嘉乐鞭炮公司经营情况，后知道温某是市联社派过去对鞭炮公司的经营情况进行监督，还协助鞭炮公司进行财务管理。证人听别人说鞭炮公司独家经营利润挺高的，准备要研究给鞭炮公司涨承包费时，王建廷称公司盖了仓库投入挺大的，温某也表示公司盖仓库投入大，现在经营状况一般、每年处理费用挺大等，其就没再研究这个事。

（6）证人徐某的证言，证实证人自2008年任鞭炮公司副经理。王建廷承包经营期间公司每年的营业额一千五六百万，效益好时三千万左右。温某是市联社派到公司的会计，除了会计记账，还负责应付安监局检查等工作。2006年王建廷刚承包时曾给证人说过市联社还派了个人来监督，证人认为可能是监督公司挣多少钱。公司每年给温某三四千元奖金。

（7）证人龚某的证言，证实证人于2006年到联丰公司任现金出纳员。市联社的会计温某兼任联丰公司会计，他就是每月月底到公司记账。具体每年公司的销售收入和费用支出只有会计知道，都由温某于月底向税务部门报表，税务部门根据报表情况按照比例扣除税款。公司的工资都由证人列好工资表发放，温某不在公司领工资，不过每年都发给他奖金三四千元，后来发到6 000元。

（8）证人吴某的证言，证实证人自2006年11月在联丰公司工作，2011年11月份任嘉乐公司现金出纳员。每月25号温某到公司处理账务。王建平任经理期间，公司分别于2013年春节前和2014年春节前发给温某奖金7 000元。

3. 视听资料

讯问被告人的同步录音录像，证实了讯问过程与相应的讯问笔录内容相符。

4. 被告人及涉案人供述

（1）被告人温某在侦查机关及当庭关于王建廷于2011年1月给其现金数额的供述，证实温某从2004年11月开始兼任联丰公司会计，平时都在市联社上班，每月月底两三天到联丰公司处理一个月以来的账目，然后将结账情况告诉公司经理。公司2004年销售额为1 900多万元，2005年1 800多万元，2006年1 400多万元，2007年1 600多万元，后逐年上涨，2011年2 100多万元，2012年2 400多万元。温某将销售额每年都控制在80万元以内，目的是让公司不成为一般纳税人，王建廷就少交了税，多挣了钱。温某对公司的经营状况很清楚，王建廷也不想让别人知道公司的年度利润，尤其是不想让市联社领导知道公司的利润。王建廷曾对温某说过，"市联社领导在问及公司的经营状况及年度利润时，不要说那么高，少说一点"。温某每年都向市联社领导汇报公司的情况，都没有讲实话，说王建廷每年只能挣个20~30万，实际温某知道王建廷每年能挣70~80万，之所以隐瞒，就是为了不让公司的人知道实际经营状况。为此，王建廷多次送给温某现金。其中2009年1月王建廷送给温某5万元现金，2010年1月王建廷给了温某10万元，2011年1月给了温某10万元，2012年春节前给了温某20万元。王建平承包嘉乐公司期间，2013年2月，徐某向温某询问当年的销售利润，温某讲销售形势特别好，账面上有72万元左右的利润，徐某就提议向王建平多要点钱。后王建平给了温某10万元现金。并证实温某做假账应付税务检查，给公司节省了不少税款，且温某掌握公司实际经营情况，王建平不想让别人知道公司的年度利润，因此给温某钱。此外公司每年都给温某发奖金，开始时是每年3 000元，以后逐年提高，到2012年发了7 000元，这些奖金都是温某从公司签字领取的。

（2）涉案人王建平的供述，证实2012年12月份王建平准备与市联社签承包合同，开始确定每年交50万元。其通过温某在市联社讨论承包费的会上帮助过降低承包费，会前将自己写的公司经营困难说明手稿让温某带到会议上，说公司经济效益一般，处理关系费用大，没什么利润。市联社就根据这些情况把承包费在第一年降到30万，后每年是45万元。后知道王建廷以前每年交60万元，是因建了座仓库每年降到40万元。王建平还证实温某是市联社派来负责监督嘉乐公司的实际经营状况，便于市联社掌握下属企业情况，再就是负责干会计。市联社根据嘉乐公司的经济状况来确定承包费，经营效益好了肯定会提高承包费，因市联社资金很困难，这其实是派温某下来的主要目的。其经营这几年效益很好，比如2012年销售额在两千六七百万左右，其实际挣了一百四五十万元。温某这些情况都了解，其和温某关系挺好的，平时帮温某解决些费用什么的，他肯定不会给市联社汇报真实情况，不然市联社一定会提高承包费。2013年春节后，因温某在嘉乐公司做会计，且温某掌握嘉乐公司经营情况，他在市联社会议上也帮助过王建平降低承包费，这样让王建平当时赚了不少钱，王建平出于感谢给了温某10万元。

（3）涉案人王建廷的供述，证实其于2006年3月开始承包联丰公司，第一个承包期自2006年3月至2009年3月，每年向市联社交纳40万元承包费，第二个承包期自2009年3月至2012年3月，合同内容不变。市联社派温某来做兼职会计的真正目的是让其监督，掌握每年实际的盈利情况，防止王建廷以经营状况不好为借口不交或少交承包费。为了不让温某向市联社的领导透露实际的经营效益，以防止提高承包费数额，再就是为了少交税，让温某将销售额控制在180万元以下，后来控制在80万元以下，王建廷很感激温某，先后多次给温某送钱，其中2009年春节前给温某5万元，2010年春节前给温某10万元，2011年春节前给温某10万或15万元，2012年春节前给温某20万元。市联社领导应该不知道该承包期间的实际经营状况，温某也未向他们如实反映，否则承包费早就提高了。

原审法院认为，公诉机关指控被告人温某受贿的基本事实及罪名成立，但受贿数额根据现有证据应认定为55万元。被告人温某身为国家工作人员，利用职务上的便利为他人谋取利益，非法收受他人财物，数额巨大，其行为侵犯了国有事业单位的正常工作秩序和国家的廉政建设制度，构成受贿罪。经查，被告人温某在侦查机关的多次供述均相一致，与证人张某、李某、杜某、王某、徐某、潘某、龚某、吴某的证言，涉案人王建平、王建廷的供述以及市联社的会议记录、利润表、汇报情况手稿等证据相互吻合，证实了市联社将温某派到下属的对外承包的公司担任兼职会计等工作，具有受委派从事监督、管理的职责，被告人温某利用职务便利，未如实向市联社反映公司的实际经营活动，为承包者谋取利益，使承包者得以低价承包，为此，非法收受了他人财物。现有证据也能够证实，在关于王建平承包费的会议上被告人未如实汇报嘉乐公司的利润情况，使王建平得以低价承包的事实。同时视听资料同步录音录像也证实了侦查机关对被告人的供述进行了如实的记录，且被告人及辩护人提交的证据亦不能证实各自辩解或辩护意见，故被告人及辩护人关于上述内容的辩解及辩护意见与事实不符，均不予采纳。被告人关于市联社出具虚假证明，其在1992年12月份并未担任市联社财务科的副科长的情节，并不影响对本案事实的认定。本案事实清楚，证据确实充分，鉴于被告人温某在案发后能退赔，可酌定予以从轻处罚。综上，原审法院依照《中华人民共和国刑法》第三百八十五条第一款，第三百八十六条，第三百八十三条第一款（二）项、第二款和第六十四条之规定，以受贿罪判处被告人温某有期徒刑四年六个月，并处罚金人民币三十万元。同时判决追缴被告人温某违法所得人民币三十六万七千一百八十五元，由扣押机关莱州市人民检察院上缴国库；不足部分，继续予以追缴，上缴国库。

原审法院宣判后，原审被告人温某不服判决，提出上诉。其上诉理由是：

1. 一审认定市联社将上诉人派到鞭炮公司担任会计并行使监管职责，完全错误，与事实不符。

（1）上诉人作为会计，无论是集体经营期间还是承包经营期间，在鞭炮公司兼职履行的都是会计的职业监督职责而非行政监管职责。

（2）市联社与王建廷、王建平先后签订的三份承包合同以及三任市联社主任的证言，证明承包人拥有自主经营权，不存在市联社对其经营管理进行监管的问题。

2. 一审认定上诉人未如实反映鞭炮公司销售盈利情况，致使王建廷、王建平得以低价承包，与事实严重不符。

（1）相关证人证言证实内容与客观事实不符，上诉人向市联社提供的联丰公司销售收入、利润、费用情况表等数据完全真实，并没有不如实汇报。

（2）王建廷、王建平承包费的确定，系市联社根据鞭炮公司之前的经营状况，并考察周边县市区的承包费标准情况而确定的，与上诉人提供的数据无关。

3. 上诉人所收取的是劳务报酬，并非受贿款。

（1）王建廷、王建平给上诉人劳务收入的时间均在承包合同签订之后，市联社的收益已固定，不存在利益被损害的问题。

（2）市联社与王建廷、王建平签订的承包合同均载明，承包人拥有独立的经营权和利润分配权，有权决定公司内部分配形式和分配标准，即王建廷、王建平给上诉人多少钱、以何种方式给，都是承包人的权利。

（3）上诉人在鞭炮公司任会计期间，身兼三个岗位的工作任务，长期加班，王建廷、王建平给予补偿属正当范围，将上述补偿款认定为受贿款明显属于认定事实错误。

综上，请求二审法院依法改判上诉人无罪。

二审庭审中，上诉人温某除坚持其上诉理由之外，针对出庭检察员的出庭意见，辩称鞭炮公司设置两套账导致漏缴税款，是市联社和鞭炮公司领导决策而非上诉人决定。鞭炮公司在承包前由市联社直接领导管理，在账簿设置和纳税申报等方面均由市联社和鞭炮公司领导决定，2004年11月其与前任会计于晓洲交接时鞭炮公司已经存在两套账的问题，2008年市联社决定将鞭炮公司承包经营也是为"合理避税"，避免承担责任。鞭炮公司在集体经营期间和王建廷承包经营期间均曾向税务机关补缴过税款。

辩护人王志勇提出的辩护意见是：

1. 温某没有监管鞭炮公司的职责。2008年市联社将鞭炮公司由集体经营改为承包经营，主要考虑的是为了在纳税责任上与鞭炮公司划清界限，因此安排人员进行监管与其初衷相悖。事实上，根据三任市联社主任的证言，均未要求温某对鞭炮公司或承包人进行监管。并且温某在鞭炮公司承包经营后多次向市联社领导提出不再兼任鞭炮公司会计，时任市联社主任杜某、张某均未以温某有监管职责而拒绝。温某作为鞭炮公司兼职会计，依照《会计法》负有会计监督职责，而非监管责任。

2. 原审判决认定温某不如实反映鞭炮公司销售盈利情况，致使承包者得以低价承包，与事实严重不符。根据现有证据，鞭炮公司三次承包价格的确定，均是在市联社领导完全了解鞭炮公司经营情况，并进一步考察周边县市区情况的基础上确定的，不存在低价承包。温某在2012年12月4日在市联社党委扩大会议上提交的利润表没有虚假。并且承包费的高低，并无明确标准，不论承包费确定的是高是低，均不存在温某为承包者谋利益问题。

3. 关于温某做假账的问题，温某并非收受好处后做假账，鞭炮公司在承包前集体经营期间，就已存在做假账避税的情况，与温某收受好处无关，做假账是鞭炮销售行业的普遍现象。并且做账是会计的正常工作，并非利用职权的职务行为，而是会计的职业行为或劳务行为。

综上，请求二审法院全面查清案件事实，依法改判无罪。

烟台市人民检察院出庭检察员当庭发表的出庭意见认为：

1. 一审判决定性准确，审判程序合法。温某作为国家机关事业单位委派到鞭炮公司兼任主管会计职务的国家工作人员，负有如实制作公司账目、真实反映公司经营活动和如实向税务部门申报纳税的工作职责，符合受贿罪的主体要件；其主观上具有制作假账、瞒报少报公司销售收入偷逃税款为他人谋取利益的直接故意；客观上实施了做假账，向税务部门少报瞒报公司销售收入。其收受承包者财物55万元，为承包者非法牟利的行为侵犯了国家工作人员的职务廉洁性，符合受贿罪的主客观构成要件。

2. 一审判决认定事实不全面，表述不准确。一审判决只认定温某具有受委派从事监督、管理的职责不全面，没有认定其作为受委派的兼职会计，还应负有如实记账反映鞭炮公司经营情况、如实申报纳税的职责。

3. 对于温某上诉理由的意见：(1) 温某关于其不具有受委派从事监督管理职责的

上诉理由不能成立。温某作为市联社委派到鞭炮公司的兼职会计,负责记账和纳税申报,该工作无论从法定还是具体工作要求,均具有监督和管理职责。(2)温某关于没有不如实汇报鞭炮公司经营情况的上诉理由,具有一定的合理性,可以采信。市联社对鞭炮公司确定承包经营以及承包费,不会仅依据温某的汇报,不能片面地将决定承包的责任推到温某身上。(3)温某关于收受的系劳务报酬,并非贿款的上诉理由不能成立。温某工资由市联社统一发放,鞭炮公司还给温某发放奖金,承包人之所以额外送给温某55万元,主要原因是让其帮助承包人做假账偷逃税款和不要向市联社领导透露鞭炮公司实际经营状况。

综上,一审判决定性准确,适用法律正确,量刑适当,审判程序合法,但存在认定事实不全面、有误的问题,建议二审法院依法判处。

经审理查明,莱州市联丰烟花爆竹供销有限公司(以下简称"鞭炮公司")系莱州市供销合作社联合社(以下简称"市联社")下属的集体企业,后改名为莱州市嘉乐烟花爆竹供销有限公司(统称鞭炮公司")。市联社属于系全额拨款的国有事业单位。上诉人温某系参照公务员法管理的事业单位职工,自1991年12月起先后任市联社审计科审计和会计科会计,2004年11月由市联社安排至鞭炮公司兼职会计,一方面帮助企业管理财务账目,另一方面协助市联社了解鞭炮公司经营情况。

根据税务机关的有关规定,商业企业纳税分为一般纳税人和小规模纳税人,前者为年销售额超过180万元(2009年以后改为80万元)的企业,按照销售额的17%减去进项税核定征税;后者则按照销售额的4%或3%核定征税。鞭炮公司因从外地购进烟花爆竹渠道分散,均无正规发票,无法按照税务机关的有关规定抵扣税款,所以自2004年公司成立以来就采取隐匿、瞒报销售收入,按小规模纳税人申报纳税的方式偷逃税款。上诉人温某自2014年11月接任鞭炮公司会计后,仍延续上述做法。

2008年莱州市审计局要对鞭炮公司进行审计,因鞭炮公司经营中存在偷逃税款等问题,为应付审计,市联社领导安排上诉人温某临时调整账目,编造假账应付检查。因时间仓促,市联社对莱州市审计局谎称鞭炮公司已于2006年承包经营,因此未向审计局提供2006年以后的账簿。之后,市联社于2008年决定将鞭炮公司承包经营,合理避税,并确定由时任鞭炮公司经理王建廷作为承包人。在签订承包协议时,市联社决定将承包经营时间提前到2006年3月,第一期承包自2006年3月至2009年3月第一年上缴32万元,之后每年45万元;第二期承包自2009年3月至2012年2月,每年上缴管理费40万元。2012年上半年王建廷退休,鞭炮公司改回集体经营,聘任王建平为经理。2012年12月,鞭炮公司经理王建平与市联社签订租赁协议,租赁期限自2012年3月至2018年2月,租赁费为第一年30万元,之后每年45万元。在集体经营和承包、租赁经营期间,上诉人温某一直兼任鞭炮公司会计,但并不在该公司上班,只是每月25日前后到该公司整理相关账目,其工资等福利待遇由市联社发放,鞭炮公司每年年底给其发奖金。

因上诉人温某为鞭炮公司瞒报、少报销售收入，虚假报税，使承包人王建廷、王建平得以经营获利，自2009年至2013年，上诉人温某先后收受王建廷、王建平给予的人民币55万元，其中，王建廷先后于2009年1月至2012年春节前送给温某人民币45万元；王建平于2013年春节前送给温某人民币10万元。

认定上述事实的证据，有原审判决采信的相关书证、证人证言以及被告人供述和辩解等。

二审期间辩护人当庭出示了莱州市人民法院对张某受贿一案的刑事判决书，证实王建平为取得鞭炮公司的承包经营权向时任市联社主任张某行贿52万元，说明决定鞭炮公司由谁承包、承包费的多少，均由张某决定，与温某无关。

出庭检察员当庭出示了市联社员工于晓洲的证言和莱州市国税局出具的鞭炮公司2009年至2013年纳税情况统计表，证实鞭炮公司按照小规模纳税人申报纳税的情况，与温某的供述一致。

上述事实清楚，证据确实、充分，足以认定。

本院认为，上诉人温某作为国家事业单位委派到鞭炮公司兼任主管会计职务的国家工作人员，负有如实制作公司账目、真实反映公司经营活动和如实向税务部门申报纳税的工作职责，其违反《会计法》的相关规定，制作假账、瞒报少报公司销售收入，偷逃税款为承包人谋取利益，收受承包人财物，数额巨大，其行为侵犯了国家工作人员的职务廉洁性，构成受贿罪，应依法惩处。

对于上诉人温某及其辩护人提出的上诉理由和辩护意见，经查，市联社对温某的委派虽无正式文件或会议记录，但综合相关证人证言和被告人供述，可以证明上诉人温某系受委派到鞭炮公司兼任会计，负有监督鞭炮公司经营情况以及如实向市联社汇报的职责；上诉人温某对其帮助承包人制作假账偷税漏税，为承包人王建廷、王建平谋取不正当利益的行为也供认不讳，其行为属于利用职务便利；其因此收受承包人财物的行为也属于受贿。至于承包人王建廷、王建平是否属于低价承包，并无明确标准，并且现有证据也不能证明上诉人温某"不如实向市联社党委反映公司销售盈利等实际经营情况，使公司前、后任经理王建廷、王建平得以低价承包"的事实。因此，相关上诉理由和辩护意见虽有部分成立，但并不影响定罪量刑。

鉴于上诉人温某归案后如实供述了司法机关尚未掌握的主要受贿事实，且积极退赃，有悔罪表现，根据案件实际情况，判处缓刑对所在社区无重大不良影响，可依法从轻处罚并适用缓刑。

综上，原审判决定罪准确，审判程序合法，但量刑不当，应依法改判。依照《中华人民共和国刑法》第十二条第一款，第三百八十五条第一款，第三百八十六条，第三百八十三条第一款（二）项、第二款，第六十七条第三款，第六十四条和《中华人民共和国刑事诉讼法》第二百三十六条第一款（二）项之规定，判决如下：

一、维持莱州市人民法院〔2016〕鲁0683刑初14号刑事判决第一项中的定罪部分和第二项。

二、撤销莱州市人民法院〔2016〕鲁0683刑初14号刑事判决第一项中的量刑部分。

三、上诉人温某犯受贿罪,判处有期徒刑三年,缓刑四年,并处罚金人民币二十万元。(缓刑考验期限,从判决确定之日起计算。)

本判决为终审判决。

审判长　纪华伦
审判员　褚兴玉
审判员　梁科兴
二○一八年十二月四日
书记员　祝　苹

六、第四十五条

(一)法条原文

【2024年版本】

第四十五条　违反本法规定,将检举人姓名和检举材料转给被检举单位和被检举人个人的,依法给予处分。

【2017年、1999年版本】

第四十八条　违反本法第三十条规定,将检举人姓名和检举材料转给被检举单位和被检举人个人的,由所在单位或者有关单位依法给予行政处分。

(二)法条释义

本条规定了泄露检举人信息的法律责任。

任何单位和个人对违反会计法和国家统一的会计制度规定的行为,有权检举。收到检举的部门有权处理的,应当依法按照职责分工及时处理;无权处理的,应当及时移送有权处理的部门处理。收到检举的部门、负责处理的部门应当为检举人保密,不得将检举人姓名和检举材料转给被检举单位和被检举人个人。

收到检举的部门、负责处理的部门如果违反上述规定,将检举人姓名和检举材料转给被检举单位和被检举人个人的,依法给予处分。将检举人姓名转给被检举单位和被检举人个人,包括将检举人姓名或者能够猜出其身份的信息告知被检举单位和被检举人个人。

（三）相关条文

《中华人民共和国刑法》（2023年12月29日）

第二百五十四条 【报复陷害罪】国家机关工作人员滥用职权、假公济私，对控告人、申诉人、批评人、举报人实行报复陷害的，处二年以下有期徒刑或者拘役；情节严重的，处二年以上七年以下有期徒刑。

七、第四十六条

（一）法条原文

【2024年版本】

第四十六条 违反本法规定，但具有《中华人民共和国行政处罚法》规定的从轻、减轻或者不予处罚情形的，依照其规定从轻、减轻或者不予处罚。

（二）法条释义

本条规定了会计法与行政处罚法的衔接。本条是2024年修订后的《会计法》新增加的条款。

行政处罚法是规定行政处罚制度的基本法律，会计领域的行政处罚也应当遵守行政处罚法的规定。《中华人民共和国行政处罚法》规定了从轻、减轻或者不予处罚情形，在对会计违法行为进行处罚时，也应当遵守这些规定。

当事人有下列情形之一，应当从轻或者减轻行政处罚：①主动消除或者减轻违法行为危害后果的；②受他人胁迫或者诱骗实施违法行为的；③主动供述行政机关尚未掌握的违法行为的；④配合行政机关查处违法行为有立功表现的；⑤法律、法规、规章规定其他应当从轻或者减轻行政处罚的。

违法行为轻微并及时改正，没有造成危害后果的，不予行政处罚。初次违法且危害后果轻微并及时改正的，可以不予行政处罚。

（三）相关条文

《中华人民共和国行政处罚法》（2021年1月22日）

第二十八条 行政机关实施行政处罚时，应当责令当事人改正或者限期改正违法行为。

当事人有违法所得，除依法应当退赔的外，应当予以没收。违法所得是指实施违法行为所取得的款项。法律、行政法规、部门规章对违法所得的计算另有规定的，从其规定。

第二十九条 对当事人的同一个违法行为，不得给予两次以上罚款的行政处罚。同一个违法行为违反多个法律规范应当给予罚款处罚的，按照罚款数额高的规定处罚。

第三十条 不满十四周岁的未成年人有违法行为的，不予行政处罚，责令监护人加以管教；已满十四周岁不满十八周岁的未成年人有违法行为的，应当从轻或者减轻行政处罚。

第三十一条 精神病人、智力残疾人在不能辨认或者不能控制自己行为时有违法行为的，不予行政处罚，但应当责令其监护人严加看管和治疗。间歇性精神病人在精神正常时有违法行为的，应当给予行政处罚。尚未完全丧失辨认或者控制自己行为能力的精神病人、智力残疾人有违法行为的，可以从轻或者减轻行政处罚。

第三十二条 当事人有下列情形之一，应当从轻或者减轻行政处罚：

（一）主动消除或者减轻违法行为危害后果的；

（二）受他人胁迫或者诱骗实施违法行为的；

（三）主动供述行政机关尚未掌握的违法行为的；

（四）配合行政机关查处违法行为有立功表现的；

（五）法律、法规、规章规定其他应当从轻或者减轻行政处罚的。

第三十三条 违法行为轻微并及时改正，没有造成危害后果的，不予行政处罚。初次违法且危害后果轻微并及时改正的，可以不予行政处罚。

当事人有证据足以证明没有主观过错的，不予行政处罚。法律、行政法规另有规定的，从其规定。

对当事人的违法行为依法不予行政处罚的，行政机关应当对当事人进行教育。

第三十四条 行政机关可以依法制定行政处罚裁量基准，规范行使行政处罚裁量权。行政处罚裁量基准应当向社会公布。

第三十五条 违法行为构成犯罪，人民法院判处拘役或者有期徒刑时，行政机关已经给予当事人行政拘留的，应当依法折抵相应刑期。

违法行为构成犯罪，人民法院判处罚金时，行政机关已经给予当事人罚款的，应当折抵相应罚金；行政机关尚未给予当事人罚款的，不再给予罚款。

第三十六条 违法行为在二年内未被发现的，不再给予行政处罚；涉及公民生命健康安全、金融安全且有危害后果的，上述期限延长至五年。法律另有规定的除外。

前款规定的期限，从违法行为发生之日起计算；违法行为有连续或者继续状态的，从行为终了之日起计算。

第三十七条 实施行政处罚，适用违法行为发生时的法律、法规、规章的规定。但是，作出行政处罚决定时，法律、法规、规章已被修改或者废止，且新的规定处罚较轻或者不认为是违法的，适用新的规定。

第三十八条 行政处罚没有依据或者实施主体不具有行政主体资格的，行政处罚无效。

违反法定程序构成重大且明显违法的，行政处罚无效。

八、第四十七条

（一）法条原文

【2024 年版本】

第四十七条　因违反本法规定受到处罚的，按照国家有关规定记入信用记录。

违反本法规定，同时违反其他法律规定的，由有关部门在各自职权范围内依法进行处罚。

【2017 年、1999 年版本】

第四十九条　违反本法规定，同时违反其他法律规定的，由有关部门在各自职权范围内依法进行处罚。

（二）法条释义

本条规定了信用记录及分别处罚制度。

因违反会计法规定受到处罚的，按照国家有关规定记入信用记录。违反会计法的并不限于会计人员，其他人员也可能因为违反会计法而受到处罚，同样会按照有关规定计入信用记录。

违反会计法规定，同时违反其他法律规定的，由有关部门在各自职权范围内依法进行处罚。当事人违反会计法往往是追求其他利益，因此，当事人的行为有可能同时违反两部法律。如为了偷逃税而私设会计账簿，就同时违反了会计法和税法，当事人既要接受会计法的处罚，也要接受税法的处罚。再如，当事人为了上市或者保持上市资格而进行会计造假，虚增收入，就同时违反了会计法和证券法，当事人既要接受会计法负担处罚，也要接受证券法的处罚。

（三）相关条文

《中华人民共和国税收征收管理法》（2015 年 4 月 24 日）

第六十条　纳税人有下列行为之一的，由税务机关责令限期改正，可以处二千元以下的罚款；情节严重的，处二千元以上一万元以下的罚款：

（一）未按照规定的期限申报办理税务登记、变更或者注销登记的；

（二）未按照规定设置、保管账簿或者保管记账凭证和有关资料的；

（三）未按照规定将财务、会计制度或者财务、会计处理办法和会计核算软件报送税务机关备查的；

（四）未按照规定将其全部银行账号向税务机关报告的；

（五）未按照规定安装、使用税控装置，或者损毁或者擅自改动税控装置的。

纳税人不办理税务登记的，由税务机关责令限期改正；逾期不改正的，经税务机关提请，由工商行政管理机关吊销其营业执照。

纳税人未按照规定使用税务登记证件，或者转借、涂改、损毁、买卖、伪造税务登记证件的，处二千元以上一万元以下的罚款；情节严重的，处一万元以上五万元以下的罚款。

第六十一条　扣缴义务人未按照规定设置、保管代扣代缴、代收代缴税款账簿或者保管代扣代缴、代收代缴税款记账凭证及有关资料的，由税务机关责令限期改正，可以处二千元以下的罚款；情节严重的，处二千元以上五千元以下的罚款。

第六十二条　纳税人未按照规定的期限办理纳税申报和报送纳税资料的，或者扣缴义务人未按照规定的期限向税务机关报送代扣代缴、代收代缴税款报告表和有关资料的，由税务机关责令限期改正，可以处二千元以下的罚款；情节严重的，可以处二千元以上一万元以下的罚款。

第六十三条　纳税人伪造、变造、隐匿、擅自销毁账簿、记账凭证，或者在账簿上多列支出或者不列、少列收入，或者经税务机关通知申报而拒不申报或者进行虚假的纳税申报，不缴或者少缴应纳税款的，是偷税。对纳税人偷税的，由税务机关追缴其不缴或者少缴的税款、滞纳金，并处不缴或者少缴的税款百分之五十以上五倍以下的罚款；构成犯罪的，依法追究刑事责任。

扣缴义务人采取前款所列手段，不缴或者少缴已扣、已收税款，由税务机关追缴其不缴或者少缴的税款、滞纳金，并处不缴或者少缴的税款百分之五十以上五倍以下的罚款；构成犯罪的，依法追究刑事责任。

第六十四条　纳税人、扣缴义务人编造虚假计税依据的，由税务机关责令限期改正，并处五万元以下的罚款。

纳税人不进行纳税申报，不缴或者少缴应纳税款的，由税务机关追缴其不缴或者少缴的税款、滞纳金，并处不缴或者少缴的税款百分之五十以上五倍以下的罚款。

《中华人民共和国证券法》（2019年12月28日）

第一百八十一条　发行人在其公告的证券发行文件中隐瞒重要事实或者编造重大虚假内容，尚未发行证券的，处以二百万元以上二千万元以下的罚款；已经发行证券的，处以非法所募资金金额百分之十以上一倍以下的罚款。对直接负责的主管人员和其他直接责任人员，处以一百万元以上一千万元以下的罚款。

发行人的控股股东、实际控制人组织、指使从事前款违法行为的，没收违法所得，并处以违法所得百分之十以上一倍以下的罚款；没有违法所得或者违法所得不足二千万元的，处以二百万元以上二千万元以下的罚款。对直接负责的主管人员和其他直接责任人员，处以一百万元以上一千万元以下的罚款。

第一百八十二条　保荐人出具有虚假记载、误导性陈述或者重大遗漏的保荐书，或者不履行其他法定职责的，责令改正，给予警告，没收业务收入，并处以业务收入一倍以上十倍以下的罚款；没有业务收入或者业务收入不足一百万元的，处以一百万元以上一千万元以下的罚款；情节严重的，并处暂停或者撤销保荐业务许可。对直接负责的主管人员和其他直接责任人员给予警告，并处以五十万元以上五百万元以下的罚款。

第一百九十三条　违反本法第五十六条第一款、第三款的规定，编造、传播虚假信息或者误导性信息，扰乱证券市场的，没收违法所得，并处以违法所得一倍以上十倍以下的罚款；没有违法所得或者违法所得不足二十万元的，处以二十万元以上二百万元以下的罚款。

违反本法第五十六条第二款的规定，在证券交易活动中作出虚假陈述或者信息误导的，责令改正，处以二十万元以上二百万元以下的罚款；属于国家工作人员的，还应当依法给予处分。

传播媒介及其从事证券市场信息报道的工作人员违反本法第五十六条第三款的规定，从事与其工作职责发生利益冲突的证券买卖的，没收违法所得，并处以买卖证券等值以下的罚款。

第一百九十七条　信息披露义务人未按照本法规定报送有关报告或者履行信息披露义务的，责令改正，给予警告，并处以五十万元以上五百万元以下的罚款；对直接负责的主管人员和其他直接责任人员给予警告，并处以二十万元以上二百万元以下的罚款。发行人的控股股东、实际控制人组织、指使从事上述违法行为，或者隐瞒相关事项导致发生上述情形的，处以五十万元以上五百万元以下的罚款；对直接负责的主管人员和其他直接责任人员，处以二十万元以上二百万元以下的罚款。

信息披露义务人报送的报告或者披露的信息有虚假记载、误导性陈述或者重大遗漏的，责令改正，给予警告，并处以一百万元以上一千万元以下的罚款；对直接负责的主管人员和其他直接责任人员给予警告，并处以五十万元以上五百万元以下的罚款。发行人的控股股东、实际控制人组织、指使从事上述违法行为，或者隐瞒相关事项导致发生上述情形的，处以一百万元以上一千万元以下的罚款；对直接负责的主管人员和其他直接责任人员，处以五十万元以上五百万元以下的罚款。

第二百零三条　提交虚假证明文件或者采取其他欺诈手段骗取证券公司设立许可、业务许可或者重大事项变更核准的，撤销相关许可，并处以一百万元以上一千万元以下的罚款。对直接负责的主管人员和其他直接责任人员给予警告，并处以二十万元以上二百万元以下的罚款。

第二百一十三条　证券投资咨询机构违反本法第一百六十条第二款的规定擅自从事证券服务业务，或者从事证券服务业务有本法第一百六十一条规定行为的，责令改正，没收违法所得，并处以违法所得一倍以上十倍以下的罚款；没有违法所得或者违法所得不足五十万元的，处以五十万元以上五百万元以下的罚款。对直接负责的主管人员和其他直接责任人员，给予警告，并处以二十万元以上二百万元以下的罚款。

会计师事务所、律师事务所以及从事资产评估、资信评级、财务顾问、信息技术系统服务的机构违反本法第一百六十条第二款的规定，从事证券服务业务未报备案的，责令改正，可以处二十万元以下的罚款。

证券服务机构违反本法第一百六十三条的规定，未勤勉尽责，所制作、出具的文件有虚假记载、误导性陈述或者重大遗漏的，责令改正，没收业务收入，并处以业务收入一倍以上十倍以下的罚款，没有业务收入或者业务收入不足五十万元的，处以五十万元以上五百万元以下的罚款；情节严重的，并处暂停或者禁止从事证券服务业务。对直接负责的主管人员和其他直接责任人员给予警告，并处以二十万元以上二百万元以下的罚款。

第二百一十四条 发行人、证券登记结算机构、证券公司、证券服务机构未按照规定保存有关文件和资料的，责令改正，给予警告，并处以十万元以上一百万元以下的罚款；泄露、隐匿、伪造、篡改或者毁损有关文件和资料的，给予警告，并处以二十万元以上二百万元以下的罚款；情节严重的，处以五十万元以上五百万元以下的罚款，并处暂停、撤销相关业务许可或者禁止从事相关业务。对直接负责的主管人员和其他直接责任人员给予警告，并处以十万元以上一百万元以下的罚款。

《宗教活动场所财务管理办法》（2022年2月11日）

第五十一条 宗教事务部门、财政部门的工作人员以及其他承担管理职责的公职人员在宗教活动场所财务管理工作中滥用职权、玩忽职守、徇私舞弊，依法给予处分；构成犯罪的，依法追究刑事责任。

第五十二条 宗教活动场所违反本办法规定的，由登记管理机关和财政部门按照《中华人民共和国会计法》以及《宗教事务条例》的有关规定予以处罚。

第五十三条 宗教活动场所相关人员违反本办法规定的，由登记管理机关责令改正；情节严重的，责令该场所撤换直接负责的主管人员，是宗教教职人员的，按照《宗教事务条例》的有关规定予以处罚；构成犯罪的，依法追究刑事责任。

（四）典型案例

财务造假典型案例[①]

案例一（民事）

投资者诉昌某股份公司、东某证券公司、大某会计师事务所证券虚假陈述责任纠纷案

——证券服务机构严重违反注意义务，发布不实信息披露文件存在过失的，
应承担过错赔偿责任

一、基本案情

2014年11月28日，昌某股份公司在全国中小企业股份转让系统发布《公开转让

[①] 资料来源：最高人民法院官方网站https://www.court.gov.cn/zixun/xiangqing/435961.html。

说明书》。该次公开转让主办券商为东某证券公司，会计师事务所为大某会计师事务所。2014年至2016年，该股份公司虚构放贷业务，将款项转入该公司控股股东实际控制的公司，形成关联方资金占用合计18 950万元，其中8 750万元到期未被清偿。2015年至2016年，该股份公司未经董事会、股东大会决策审批，为实际控制人佘某、陈某控制的公司对外借款提供担保合计16笔，累计担保金额7 730万元。大某会计师事务所执行的该公司2014年、2015年年报审计项目，存在风险评估程序、函证程序、控制测试程序执行不到位，底稿编制内容存在与实际不符的情形，江苏证监局决定对大某会计师事务所采取监管谈话的监管措施。

投资者主张因昌某股份公司信息披露不实导致其交易该公司股票受到损失，东某证券、大某会计师事务所在提供证券服务时未履职尽责为由提起诉讼。

二、裁判结果

江苏省高级人民法院、南京市中级人民法院经审理认为，昌某股份公司未按规定披露关联方资金占用及对外担保情况，东某证券、大某会计师事务所对不实信息披露文件的发布存在过失，均应承担相应赔偿责任。大某会计师事务所在从事相关审计项目时，除风险评估程序、函证程序、控制测试程序执行不到位外，编制底稿直接使用底稿模板原内容，未根据某挂牌公司实际情况进行修改，出具审计报告时未充分勤勉尽责，存在过错。东某证券在抽样调查中对于昌某股份公司可能涉嫌关联交易的业务，未予重点关注，就此未进行充分的尽职调查，亦未结合在尽职调查过程中获得的信息，对信息披露文件中证券服务机构出具专业意见的重要内容进行审慎核查和必要的调查、复核，亦存在过错。判决：昌某股份公司赔偿投资者全部损失，大某会计师事务所、东某证券分别在10%和5%的范围内承担连带赔偿责任。

三、典型意义

信息披露是资本市场健康有序运行的基础，是投资者作出价值判断和投资决策的前提。挂牌公司欺诈发行、财务造假等资本市场"毒瘤"严重损害投资者合法权益，危及市场秩序和金融安全。证券服务机构在提供服务时归位尽责，履行好"看门人"职责，是提高资本市场信息披露质量的重要环节。随着证券服务市场的不断发展，证券服务机构在防范证券欺诈造假行为、保护投资者合法权益等方面发挥越来越重要的作用。但实践中出现部分证券服务机构风险识别与评估程序存在严重缺陷，核查验证"走过场"，执业报告"量身定制"，形成的专业意见背离执业基本准则等问题。本案中，挂牌公司实施财务造假行为，违反信息披露义务；为挂牌公司提供保荐承销服务的证券公司、出具审计报告的会计师事务所未勤勉尽责，应承担相应的赔偿责任。考虑到承销保荐机构、会计师事务所与挂牌公司控股股东、实际控制人等"内部人"了解挂牌公司真实财务情况的途径不同，对挂牌公司欺诈造假等行为的主观过错存在差别，人民法院依法判令挂牌公司就投资者损失承担全部赔偿责任，证券公司、会计师事务所根据其过错程度承担比例连带责任，既充分体现人民法院落实"零容忍"要求,坚持"追首恶"与"打帮凶"并举,又彰显了人民法院在认定证券服务机构责任时坚持"过责相当",精准追责,服务资本市场高质量发展。

案例二(民事)

投资者诉中某某股份公司、招某证券公司、
瑞某会计师事务所等证券虚假陈述民事责任纠纷案

——独立财务顾问、会计师事务所在上市公司重大资产重组中未勤勉尽责应承担责任

一、基本案情

2014年,中某某股份公司实施重大资产重组,通过非公开发行股份的方式购买深圳市某某投资公司持有的中某某技术公司的100%股权。2014年4月25日、8月8日,瑞某会计师事务所出具审计报告,对中某某技术公司及其子公司的财务报表进行了审计;2014年8月8日,出具《盈利预测审核报告》,对中某某技术公司作出的盈利预测进行了审核。2014年6月10日,招某证券公司出具关于该重大资产重组的《独立财务顾问报告》,承诺其已按照法律、行政法规和中国证监会的规定履行了尽职调查义务,有理由确信重组报告书符合相关规定,所披露的信息真实、准确、完整,不存在虚假记载、误导性陈述或者重大遗漏。2019年5月31日,中某某股份公司发布关于收到中国证监会《行政处罚决定书》的公告。中国证监会在处罚决定书中认定:1.2013年11月,中某某技术公司根据其与某地方政府签订的战略合作框架协议,出具了《关于"班班通"项目业绩预测情况说明》和《盈利预测报告》。但在该项目招投标过程中,中某某技术公司均未实际中标,知悉框架协议难以继续履行,但其未及时重新编制并提供《盈利预测报告》,导致评估结论严重失实,置入资产评估值严重虚增。2.2013年,中某某技术公司在不符合收入确认条件的情况下按完工百分比法确认"智慧石拐"项目收入,导致其2013年度营业收入虚增5 000万元,经审计的财务报告存在虚假记载。证监会认定上述行为构成证券虚假陈述。投资者李某等起诉,请求判令中某某股份公司、中某某技术公司、招某证券公司、瑞某会计师事务所等连带赔偿其投资差额损失、佣金损失、印花税损失等。

二、裁判结果

上海市高级人民法院、上海金融法院经审理认为,招某证券公司作为独立财务顾问,需对重组活动作审慎尽职调查,对上市公司申报文件的真实性、准确性、完整性进行充分核验,其出具的意见中采用其他机构或者人员的专业意见的,仍然应当予以审慎核查。本案中,招某证券公司并无充分证据表明其对案涉项目的实际进展情况予以审慎核查,且其在知悉该项目的真实情况后,未及时采取有效行为予以更正。瑞某会计师事务所在案涉项目中,未提供证据证明其实施了必要审计程序,对项目的实际开工情况、施工进展、完工进度等缺乏应有的关注以及必要的数据复核。因此,招某证券公司、瑞某会计师事务所虽未受行政处罚,但在案涉重大资产重组中,均存在未

勤勉尽责的情形，导致资产定价严重虚增，相关信息披露存在虚假记载。综合考量其行为性质、过错程度、与投资者损失之间的原因力等因素，分别确定招某证券公司在25%的范围内、瑞某会计师事务所在15%的范围内对中某某股份公司的证券虚假陈述民事责任承担连带赔偿责任。

三、典型意义

信息披露的真实、准确、完整是维护证券市场有效运行的必要条件。保荐人、承销商、独立财务顾问、会计师事务所、律师事务所、评估机构等证券服务机构作为市场"看门人"，对于维护证券市场的"公平、公正、公开"和有效运行发挥着关键性的作用。部分证券服务机构未充分履职尽责，是造成证券虚假陈述等侵害投资者权益行为屡禁不止的重要原因之一。为清晰界定证券服务机构责任边界，督促其有效履职，本案明确证券交易中，证券服务机构是否勤勉尽责，应根据其各自的工作范围和专业领域，视其是否按照相关法律、行政法规、部门规章和行业执业规范等履行核查和验证义务，并区分其所负普通注意义务或特别注意义务而具体判定。对于证券服务机构承担证券虚假陈述民事赔偿责任，应综合考量其行为性质、过错程度以及与投资者损失之间的原因力等因素认定其应当承担的赔偿范围。本案判决未受到行政处罚的独立财务顾问承担"部分连带赔偿责任"，合理界定了各方注意义务标准和法律责任范围，有利于督促形成"各尽其职、各负其责"的良好资本市场环境。

案例三（刑事）

厦门某会计师事务所、陈某亮等提供虚假证明文件案
——单位实施提供虚假证明文件

一、基本案情

被告单位厦门某会计师事务所由被告人陈某亮（不具备注册会计师资质）实际控制、经营，被告人徐某国挂名执行合伙人，被告人何某正任注册会计师并领取薪酬。2015年至2017年间，厦门某会计师事务所违反法律法规，在未经注册会计师对被审计公司经营情况、财务数据、会计凭证等进行审计审核的情况下，采取由陈某亮自行制作并代徐某国签名、仿冒注册会计师签名或者徐某国、何某正在空白报告签名后由陈某亮再套打盖章的手段，出具虚假审计报告，获取非法利益。厦门某会计师事务所采取上述方式，先后为厦门某工贸有限公司出具2014、2015年度《审计报告》，为厦门某国际贸易有限公司出具2015年度《审计报告》，为厦门某贸易有限公司出具2016年度《审计报告》，陈某亮从中收取2 000至5 000元不等的费用。上述公司利用虚假《审计报告》等材料，向银行骗取贷款，逾期未还金额高达4.9亿余元。

二、裁判结果

福建省厦门市中级人民法院、厦门市思明区人民法院经审理认为，被告单位厦门某会计师事务所系依法成立的承担专项经济项目审计、银行贷款审计等职责的中介组

织,经营期间,被告人陈某亮作为事务所的实际控制人、经营者,以事务所名义低价承揽涉案审计业务,在事务所注册会计师未对被审计公司的经营情况、财务数据、会计凭证等实际审计核实的情况下,安排被告人徐某国、何某正配合对外出具虚假审计报告,所得利益归属于事务所,体现单位意志、符合单位利益,系单位行为。厦门某会计师事务所的行为致使授信银行作出错误判断,授予贷款企业与真实经营状况不符的授信额度并发放贷款,巨额贷款逾期无法收回,情节严重,构成提供虚假证明文件罪。陈某亮系直接负责的主管人员,徐某国、何某正系其他直接责任人员,三被告人的行为均已构成提供虚假证明文件罪。据此,以提供虚假证明文件罪判处被告单位厦门某会计师事务所罚金人民币四十万元;判处被告人陈某亮有期徒刑二年六个月,并处罚金人民币十万元;判处被告人徐某国有期徒刑一年十个月,缓刑二年,并处罚金人民币八万元;判处被告人何某正有期徒刑一年八个月,缓刑二年,并处罚金人民币七万元。

三、典型意义

审计报告作为评估企业财务状况和经营成果的重要依据,其真实性和准确性对企业和利益相关方合法权益的保障具有重要意义。近年来注册会计师行业迅速兴起,一些会计师事务所为了抢占市场、抢夺资源,通过挂靠注册会计师提高资质、从事超过自身执业能力的业务,对被审计企业涉嫌违法违规的财务法律风险选择视而不见,甚至不惜以身试法出具虚假审计报告,为部分企业财务造假提供便利。本案中,银行贷款审计是对被审计企业是否具备银行要求的贷款条件以及对企业贷款使用情况所开展的专项审计工作,是展示贷款企业经营状况、避免银行发生贷款风险的必要程序,事关金融机构信贷资金的安全和金融管理秩序的有序运行。被告单位厦门某会计师事务所作为独立承担会计师业务的中介服务机构,本应依法依规开展审计活动,维护市场秩序和社会公众利益,但为牟取非法利益,无视行业规范要求,出具虚假审计报告,被相关企业用于向银行骗取贷款,造成银行数亿元的经济损失。被告人徐某国、何某正违反执业准则要求,配合被告人陈某亮非法利用其签名和印鉴执行业务,助长行业不良风气。人民法院依法追究被告单位及各被告人的刑事责任,加强对行业违法犯罪行为的打击力度,促进会计诚信体系建设,切实维护市场经济秩序,保障企业公平有序经营,持续优化营商环境。

案例四(刑事)

林某国提供虚假证明文件案
——资产评估中介组织提供虚假证明文件

一、基本案情

2020年,某市国投公司因子公司的融资问题需由政府征收提供融资担保的某大厦。2020年10月,国投公司工作人员曾某溶(即上述子公司法定代表人)受指示负涉案大厦的评估事务,曾某溶找到福建某资产评估公司莆田分公司负责人林某钦,林某钦安排评估人员戴某泉进行初评后价格为 6 000 多万元,但曾某溶要求将评估价格调高至 8 000 万元以上。经协商,双方确定评估价格不超过 8 000 万元,该项评估由林某钦所属公司的总公司即福建某资产评估公司承接。

2020 年 10 月 28 日,福建某资产评估公司参与该项评估竞标并中标。中标后,林某钦将该项评估工作交给同公司被告人林某国,林某国多次按照曾某溶、林某钦的要求,指示戴某泉通过编造数据将评估价格调高。后戴某泉作出了市场价格为 7 882.1 万元的评估报告,由林某国提交福建某资产评估公司审核。福建某资产评估公司经审核后发现评估价格偏高,林某国多次与该公司负责人协调,最终该公司未经数据材料核实、实地勘验等,仍使用 2 名挂靠评估师资质审核通过并出具了市场价格为 7 882.1 万元的评估报告。

2021 年 1 月 12 日,某市政府依据上述评估报告对大厦进行征收,征收补偿总价为 7 825 万元,该款已被用于偿还融资、借款本息等。经某市发改委鉴定,上述大厦以 2020 年 10 月 10 日为基准日的市场价格为 3 840.415 5 万元。福建某资产评估公司评估报告存在严重造假,给国有资产带来巨大损失。

二、裁判结果

福建省莆田市中级人民法院、莆田市荔城区人民法院经审理认为,被告人林某国作为承担资产评估职责的中介组织的人员,明知实际勘察评估的价格,仍伙同他人编造数据、参考虚假实例等,故意提供虚假证明文件,情节严重,其行为已构成提供虚假证明文件罪。据此,以提供虚假证明文件罪判处被告人林某国有期徒刑二年,并处罚金人民币三万元。

三、典型意义

资产评估的主要功能是提供价值尺度,为资产交易、资产价值计量和社会管理提供专业价值意见。客观真实的资产评估报告是市场交易的重要依据,促进市场资源配置发挥引导作用,关系交易的公平性和相关市场主体的直接利益。随着市场经济的不断发展完善,资产评估在服务资产管理、维护市场秩序、保障经济安全等方面发挥越来越重要的作用。资产评估行业迅速发展的同时,也出现了一些评估参考实例选取不当、评估程序缺失、借用评估专业资质等问题,甚至出现委托人严重干预或者与资产评估机构恶意串通,违规出具虚假评估报告,损害他人利益的违法犯罪行为,严重影响财会监督工作秩序和市场经济秩序。本案中,被告人为满足委托人高额评估结果诉求,在不具备专业资质的情况下,借用其他资产评估机构的资质,违规出具虚增价值的评估报告,致评估标的物被溢价逾 100% 征收,造成国有资产遭受重大损失。人民法院依法惩处资产评估等中介组织违规出具虚假报告意见的行为,充分体现了对财会监督领域违法犯罪行为的"零容忍"态度,彰显司法护航社会经济高质量发展的坚强决心。

案例五（刑事）

丁某禄提供虚假证明文件案

——释放企业刑事合规改革效能助推诉源治理

一、基本案情

南阳某资产评估事务所成立于2000年，经营范围为各类单项资产评估、企业整体资产评估以及市场所需的其他资产评估或项目评估。2016年5月，胡某帅（另案处理）骗取贷款过程中，委托南阳某资产评估事务所对其种植经营、用于抵押贷款的137.02亩苗木进行资产评估。被告人丁某禄作为评估师，未进行调查核实，仅依据委托方提供的数据出具了种植苗木509亩、价值3 697.26万元的评估报告。第三方监管公司经现场实际盘算指出评估报告的数据不符合实际后，丁某禄又按照第三方监管公司现场实际盘算的数字，采用减少数量、增加价格的方式，出具了苗木价值3 181.86万元的评估报告。2016年5月31日，唐河县某信用社以该评估报告为依据，向胡某帅发放贷款490万元，截至案发仍有本金433万元未收回。经评估，涉案苗木的市场价值为263.45万元。丁某禄经电话到案。南阳某资产评估事务所退缴违法所得1.5万元。

唐河县人民检察院对南阳某资产评估事务所启动合规整改程序，南阳某资产评估事务所完成合规整改任务后，唐河县人民检察院作出不起诉决定。

二、裁判结果

河南省唐河县人民法院经审理认为，被告人丁某禄作为承担资产评估职责中介组织的人员，故意提供虚假证明文件，情节严重，其行为构成提供虚假证明文件罪。丁某禄有自首情节，认罪认罚，所在单位退缴违法所得，丁某禄积极参与所在企业合规整改，完成整改任务，可依法从轻处罚。据此，以提供虚假证明文件罪判处被告人丁某禄有期徒刑一年六个月，缓刑二年，并处罚金人民币一万元。

三、典型意义

积极推进企业刑事合规改革，是人民法院落实"抓前端、治未病"，法治化保障民营经济高质量发展，持续优化营商环境，推进社会治理体系现代化的重要抓手。近年来，人民法院积极探索企业刑事合规的程序和机制，主动参与审前环节由检察机关启动的合规整改，充分发挥认罪认罚从宽制度，以高质量司法建议书，有效释放企业刑事合规改革的治理效能。本案审理中，人民法院发挥司法能动性，探索完善更加灵活便易的合规整改模式，简化整改程序、降低成本，激发企业合规整改的内生动力；完善整改监督评估机制，由县法院建议县第三方管委会组织行政主管部门、专业人员、律师等，进行实地查看、听取整改汇报，督促、推进涉案企业合规整改到位，并进行评估验收；贯彻宽严相济刑事政策，在合规整改基础上，对被告人适用缓刑。

第六章 附 则

一、第四十八条

(一) 法条原文

【2024 年版本】

第四十八条 本法下列用语的含义:

单位负责人,是指单位法定代表人或者法律、行政法规规定代表单位行使职权的主要负责人。

国家统一的会计制度,是指国务院财政部门根据本法制定的关于会计核算、会计监督、会计机构和会计人员以及会计工作管理的制度。

【2017 年、1999 年版本】

第五十条 本法下列用语的含义:

单位负责人,是指单位法定代表人或者法律、行政法规规定代表单位行使职权的主要负责人。

国家统一的会计制度,是指国务院财政部门根据本法制定的关于会计核算、会计监督、会计机构和会计人员以及会计工作管理的制度。

(二) 法条释义

本条规定了相关用语的含义。

很多法律都对核心用语的含义进行了规定。

单位负责人,是指单位法定代表人或者法律、行政法规规定代表单位行使职权的主要负责人。单位负责人首先是法定代表人,因为担任法定代表人的通常就是单位负责人。依照法律或者法人章程的规定,代表法人从事民事活动的负责人,为法人的法定代表人。如公司法规定,公司的法定代表人由执行公司职务的董事或者经理担任。如果法律、行政法规明确规定了代表单位行使职权的主要负责人,该负责人就是会计法上的单位负责人。

国家统一的会计制度,是指国务院财政部门根据会计法制定的关于会计核算、会计监督、会计机构和会计人员以及会计工作管理的制度。国务院财政部门是会计工作的主管部门，因此，国家统一的会计制度实际上就是财政部制定的制定。无论是哪个领域、哪个行业，只要是会计问题，都以财政部制定的规定为准。地方各级财政部门是各级的会计主管部门，有权执行会计法，但无权制定国家统一的会计制度。

（三）相关条文

《中华人民共和国公司法》（2023年12月29日）

第十条 公司的法定代表人按照公司章程的规定，由代表公司执行公司事务的董事或者经理担任。

担任法定代表人的董事或者经理辞任的，视为同时辞去法定代表人。

法定代表人辞任的，公司应当在法定代表人辞任之日起三十日内确定新的法定代表人。

第十一条 法定代表人以公司名义从事的民事活动，其法律后果由公司承受。

公司章程或者股东会对法定代表人职权的限制，不得对抗善意相对人。

法定代表人因执行职务造成他人损害的，由公司承担民事责任。公司承担民事责任后，依照法律或者公司章程的规定，可以向有过错的法定代表人追偿。

《中华人民共和国民法典》（2020年5月28日）

第六十一条 依照法律或者法人章程的规定，代表法人从事民事活动的负责人，为法人的法定代表人。

法定代表人以法人名义从事的民事活动，其法律后果由法人承受。

法人章程或者法人权力机构对法定代表人代表权的限制，不得对抗善意相对人。

第六十二条 法定代表人因执行职务造成他人损害的，由法人承担民事责任。

法人承担民事责任后，依照法律或者法人章程的规定，可以向有过错的法定代表人追偿。

二、第四十九条

（一）法条原文

【2024年版本】

第四十九条 中央军事委员会有关部门可以依照本法和国家统一的会计制度制定军队实施国家统一的会计制度的具体办法，抄送国务院财政部门。

【2017年、1999年版本】

第八条 国家实行统一的会计制度。国家统一的会计制度由国务院财政部门根据本法制定并公布。

国务院有关部门可以依照本法和国家统一的会计制度制定对会计核算和会计监督有特殊要求的行业实施国家统一的会计制度的具体办法或者补充规定，报国务院财政部门审核批准。

中国人民解放军总后勤部可以依照本法和国家统一的会计制度制定军队实施国家统一的会计制度的具体办法，报国务院财政部门备案

（二）法条释义

军队是特殊的需要保密的部门，其在落实和执行国家统一的会计制度方面可以有较大自主性和灵活度，因此，中国人民解放军总后勤部可以依照《会计法》和国家统一的会计制度制定军队实施国家统一的会计制度的具体办法，该具体办法报国务院财政部门备案即可，不需要国务院财政部门审核批准。

2017年、1999年版本《会计法》第八条第三款规定："中国人民解放军总后勤部可以依照本法和国家统一的会计制度制定军队实施国家统一的会计制度的具体办法，报国务院财政部门备案。"2024年版本《会计法》将第八条第三款单列一条，作为第四十九条，修改为："中央军事委员会有关部门可以依照本法和国家统一的会计制度制定军队实施国家统一的会计制度的具体办法，抄送国务院财政部门。"

由于军队管理体制也在不断发展变化，2017年、1999年版本《会计法》将制定军队会计制度的权力授予"中国人民解放军总后勤部"，2024年版本《会计法》将其授予"中央军事委员会有关部门"，增加了《会计法》适用的灵活性，未来军队管理体制的改革不会影响《会计法》的适用。

另外，2024年版本《会计法》将"报国务院财政部门备案"修改为"抄送国务院财政部门"，通常情况下，下级将相关规定报上级是"备案"，同级之间应该是"抄送"。"中央军事委员会有关部门"与"国务院财政部门"是同级的，所以，2024年版本《会计法》的表述更加准确。

三、第五十条

（一）法条原文

【2024年版本】

第五十条　个体工商户会计管理的具体办法，由国务院财政部门根据本法的原则另行规定。

【2017年、1999年版本】

第五十一条　个体工商户会计管理的具体办法，由国务院财政部门根据本法的原

则另行规定。

【1985 年版本】

第三十条 城乡集体经济组织的会计工作管理办法，根据本法的原则，由国务院财政部门会同有关主管部门另行制定。

（二）法条释义

本条规定了个体工商户会计管理的具体办法。

个体经济是社会主义市场经济的重要组成部分，个体工商户是重要的市场主体，在繁荣经济、增加就业、推动创业创新、方便群众生活等方面发挥着重要作用。个体工商户由于规模非常小，为避免执行会计法给个体工商户带来较大负担，关于个体工商户会计管理的具体办法，由国务院财政部门根据会计法的原则另行规定。财政部可以对个体工商户的会计工作作出与会计法不同的规定，只要符合会计法的原则即可。

（三）相关条文

《促进个体工商户发展条例》（2022 年 10 月 1 日）

第一条 为了鼓励、支持和引导个体经济健康发展，维护个体工商户合法权益，稳定和扩大城乡就业，充分发挥个体工商户在国民经济和社会发展中的重要作用，制定本条例。

第二条 有经营能力的公民在中华人民共和国境内从事工商业经营，依法登记为个体工商户的，适用本条例。

第三条 促进个体工商户发展工作坚持中国共产党的领导，发挥党组织在个体工商户发展中的引领作用和党员先锋模范作用。

个体工商户中的党组织和党员按照中国共产党章程的规定开展党的活动。

第四条 个体经济是社会主义市场经济的重要组成部分，个体工商户是重要的市场主体，在繁荣经济、增加就业、推动创业创新、方便群众生活等方面发挥着重要作用。

国家持续深化简政放权、放管结合、优化服务改革，优化营商环境，积极扶持、加强引导、依法规范，为个体工商户健康发展创造有利条件。

第五条 国家对个体工商户实行市场平等准入、公平待遇的原则。

第六条 个体工商户可以个人经营，也可以家庭经营。个体工商户的财产权、经营自主权等合法权益受法律保护，任何单位和个人不得侵害或者非法干预。

第七条 国务院建立促进个体工商户发展部际联席会议制度，研究并推进实施促进个体工商户发展的重大政策措施，统筹协调促进个体工商户发展工作中的重大事项。

国务院市场监督管理部门会同有关部门加强对促进个体工商户发展工作的宏观指导、综合协调和监督检查。

第八条　国务院发展改革、财政、人力资源社会保障、住房城乡建设、商务、金融、税务、市场监督管理等有关部门在各自职责范围内研究制定税费支持、创业扶持、职业技能培训、社会保障、金融服务、登记注册、权益保护等方面的政策措施，做好促进个体工商户发展工作。

第九条　县级以上地方人民政府应当将促进个体工商户发展纳入本级国民经济和社会发展规划，结合本行政区域个体工商户发展情况制定具体措施并组织实施，为个体工商户发展提供支持。

第十条　国家加强个体工商户发展状况监测分析，定期开展抽样调查、监测统计和活跃度分析，强化个体工商户发展信息的归集、共享和运用。

第十一条　市场主体登记机关应当为个体工商户提供依法合规、规范统一、公开透明、便捷高效的登记服务。

第十二条　国务院市场监督管理部门应当根据个体工商户发展特点，改革完善个体工商户年度报告制度，简化内容、优化流程，提供简易便捷的年度报告服务。

第十三条　个体工商户可以自愿变更经营者或者转型为企业。变更经营者的，可以直接向市场主体登记机关申请办理变更登记。涉及有关行政许可的，行政许可部门应当简化手续，依法为个体工商户提供便利。

个体工商户变更经营者或者转型为企业的，应当结清依法应缴纳的税款等，对原有债权债务作出妥善处理，不得损害他人的合法权益。

第十四条　国家加强个体工商户公共服务平台体系建设，为个体工商户提供法律政策、市场供求、招聘用工、创业培训、金融支持等信息服务。

第十五条　依法成立的个体劳动者协会在市场监督管理部门指导下，充分发挥桥梁纽带作用，推动个体工商户党的建设，为个体工商户提供服务，维护个体工商户合法权益，引导个体工商户诚信自律。

个体工商户自愿加入个体劳动者协会。

第十六条　政府及其有关部门在制定相关政策措施时，应当充分听取个体工商户以及相关行业组织的意见，不得违反规定在资质许可、项目申报、政府采购、招标投标等方面对个体工商户制定或者实施歧视性政策措施。

第十七条　县级以上地方人民政府应当结合本行政区域实际情况，根据个体工商户的行业类型、经营规模、经营特点等，对个体工商户实施分型分类培育和精准帮扶。

第十八条　县级以上地方人民政府应当采取有效措施，为个体工商户增加经营场所供给，降低经营场所使用成本。

第十九条　国家鼓励和引导创业投资机构和社会资金支持个体工商户发展。

县级以上地方人民政府应当充分发挥各类资金作用，为个体工商户在创业创新、贷款融资、职业技能培训等方面提供资金支持。

第二十条　国家实行有利于个体工商户发展的财税政策。

县级以上地方人民政府及其有关部门应当严格落实相关财税支持政策，确保精准、及时惠及个体工商户。

第二十一条　国家推动建立和完善个体工商户信用评价体系，鼓励金融机构开发和提供适合个体工商户发展特点的金融产品和服务，扩大个体工商户贷款规模和覆盖面，提高贷款精准性和便利度。

第二十二条　县级以上地方人民政府应当支持个体工商户参加社会保险，对符合条件的个体工商户给予相应的支持。

第二十三条　县级以上地方人民政府应当完善创业扶持政策，支持个体工商户参加职业技能培训，鼓励各类公共就业服务机构为个体工商户提供招聘用工服务。

第二十四条　县级以上地方人民政府应当结合城乡社区服务体系建设，支持个体工商户在社区从事与居民日常生活密切相关的经营活动，满足居民日常生活消费需求。

第二十五条　国家引导和支持个体工商户加快数字化发展、实现线上线下一体化经营。

平台经营者应当在入驻条件、服务规则、收费标准等方面，为个体工商户线上经营提供支持，不得利用服务协议、平台规则、数据算法、技术等手段，对平台内个体工商户进行不合理限制、附加不合理条件或者收取不合理费用。

第二十六条　国家加大对个体工商户的字号、商标、专利、商业秘密等权利的保护力度。

国家鼓励和支持个体工商户提升知识产权的创造运用水平、增强市场竞争力。

第二十七条　县级以上地方人民政府制定实施城乡建设规划及城市和交通管理、市容环境治理、产业升级等相关政策措施，应当充分考虑个体工商户经营需要和实际困难，实施引导帮扶。

第二十八条　各级人民政府对因自然灾害、事故灾难、公共卫生事件、社会安全事件等原因造成经营困难的个体工商户，结合实际情况及时采取纾困帮扶措施。

第二十九条　政府及其有关部门按照国家有关规定，对个体工商户先进典型进行表彰奖励，不断提升个体工商户经营者的荣誉感。

第三十条　任何单位和个人不得违反法律法规和国家有关规定向个体工商户收费或者变相收费，不得擅自扩大收费范围或者提高收费标准，不得向个体工商户集资、摊派，不得强行要求个体工商户提供赞助或者接受有偿服务。

任何单位和个人不得诱导、强迫劳动者登记注册为个体工商户。

第三十一条　机关、企业事业单位不得要求个体工商户接受不合理的付款期限、方式、条件和违约责任等交易条件，不得违约拖欠个体工商户账款，不得通过强制个体工商户接受商业汇票等非现金支付方式变相拖欠账款。

第三十二条　县级以上地方人民政府应当提升个体工商户发展质量，不得将个体工商户数量增长率、年度报告率等作为绩效考核评价指标。

第三十三条 个体工商户对违反本条例规定、侵害自身合法权益的行为，有权向有关部门投诉、举报。

县级以上地方人民政府及其有关部门应当畅通投诉、举报途径，并依法及时处理。

第三十四条 个体工商户应当依法经营、诚实守信，自觉履行劳动用工、安全生产、食品安全、职业卫生、环境保护、公平竞争等方面的法定义务。

对涉及公共安全和人民群众生命健康等重点领域，有关行政部门应当加强监督管理，维护良好市场秩序。

第三十五条 个体工商户开展经营活动违反有关法律规定的，有关行政部门应当按照教育和惩戒相结合、过罚相当的原则，依法予以处理。

第三十六条 政府及其有关部门的工作人员在促进个体工商户发展工作中不履行或者不正确履行职责，损害个体工商户合法权益，造成严重后果的，依法依规给予处分；构成犯罪的，依法追究刑事责任。

第三十七条 香港特别行政区、澳门特别行政区永久性居民中的中国公民，台湾地区居民可以按照国家有关规定，申请登记为个体工商户。

第三十八条 省、自治区、直辖市可以结合本行政区域实际情况，制定促进个体工商户发展的具体办法。

第三十九条 本条例自2022年11月1日起施行。《个体工商户条例》同时废止。

《个体工商户建账管理暂行办法》（2018年6月15日）

第一条 为了规范和加强个体工商户税收征收管理，促进个体工商户加强经济核算，根据《中华人民共和国税收征收管理法》（以下简称税收征管法）及其实施细则和《国务院关于批转国家税务总局加强个体私营经济税收征管强化查账征收工作意见的通知》，制定本办法。

第二条 凡从事生产、经营并有固定生产、经营场所的个体工商户，都应当按照法律、行政法规和本办法的规定设置、使用和保管账簿及凭证，并根据合法、有效凭证记账核算。

税务机关应同时采取有效措施，巩固已有建账成果，积极引导个体工商户建立健全账簿，正确进行核算，如实申报纳税。

第三条 符合下列情形之一的个体工商户，应当设置复式账：

（一）注册资金在20万元以上的。

（二）销售增值税应税劳务的纳税人或营业税纳税人月销售（营业）额在40 000元以上；从事货物生产的增值税纳税人月销售额在60 000元以上；从事货物批发或零售的增值税纳税人月销售额在80 000元以上的。

（三）省税务机关确定应设置复式账的其他情形。

第四条 符合下列情形之一的个体工商户，应当设置简易账，并积极创造条件设置复式账：

（一）注册资金在 10 万元以上 20 万元以下的。

（二）销售增值税应税劳务的纳税人或营业税纳税人月销售（营业）额在 15 000 元至 40 000 元；从事货物生产的增值税纳税人月销售额在 30 000 元至 60 000 元；从事货物批发或零售的增值税纳税人月销售额在 40 000 元至 80 000 元的。

（三）省税务机关确定应当设置简易账的其他情形。

第五条 上述所称纳税人月销售额或月营业额，是指个体工商户上一个纳税年度月平均销售额或营业额；新办的个体工商户为业户预估的当年度经营期月平均销售额或营业额。

第六条 达不到上述建账标准的个体工商户，经县以上税务机关批准，可按照税收征管法的规定，建立收支凭证粘贴簿、进货销货登记簿或者使用税控装置。

第七条 达到建账标准的个体工商户，应当根据自身生产、经营情况和本办法规定的设置账簿条件，对照选择设置复式账或简易账，并报主管税务机关备案。账簿方式一经确定，在一个纳税年度内不得进行变更。

第八条 达到建账标准的个体工商户，应当自领取营业执照或者发生纳税义务之日起 15 日内，按照法律、行政法规和本办法的有关规定设置账簿并办理账务，不得伪造、变造或者擅自损毁账簿、记账凭证、完税凭证和其他有关资料。

第九条 设置复式账的个体工商户应按《个体工商户会计制度（试行）》的规定设置总分类账、明细分类账、日记账等，进行财务会计核算，如实记载财务收支情况。成本、费用列支和其他财务核算规定按照《个体工商户个人所得税计税办法（试行）》执行。

设置简易账的个体工商户应当设置经营收入账、经营费用账、商品（材料）购进账、库存商品（材料）盘点表和利润表，以收支方式记录、反映生产、经营情况并进行简易会计核算。

第十条 复式账簿中现金日记账，银行存款日记账和总分类账必须使用订本式，其他账簿可以根据业务的实际发生情况选用活页账簿。简易账簿均应采用订本式。

账簿和凭证应当按照发生的时间顺序填写，装订或者粘贴。

建账户对各种账簿、记账凭证、报表、完税凭证和其他有关涉税资料应当保存 10 年。

第十一条 设置复式账的个体工商户在办理纳税申报时，应当按照规定向当地主管税务机关报送财务会计报表和有关纳税资料。月度会计报表应当于月份终了后 10 日内报出，年度会计报表应当在年度终了后 30 日内报出。

第十二条 个体工商户可以聘请经批准从事会计代理记账业务的专业机构或者具备资质的财会人员代为建账和办理账务。

第十三条 按照税务机关规定的要求使用税控收款机的个体工商户，其税控收款机输出的完整的书面记录，可以视同经营收入账。

第十四条　税务机关对建账户采用查账征收方式征收税款。建账初期，也可以采用查账征收与定期定额征收相结合的方式征收税款。

第十五条　依照本办法规定应当设置账簿的个体工商户，具有税收征管法第三十五条第一款第二项至第六项情形之一的，税务机关有权根据税收征管法实施细则第四十七条规定的方法核定其应纳税额。

第十六条　依照本办法规定应当设置账簿的个体工商户违反有关法律、行政法规和本办法关于账簿设置、使用和保管规定的，由税务机关按照税收征管法的有关规定进行处理。

第十七条　个体工商户建账工作中所涉及的有关账簿、凭证、表格，按照有关规定办理。

第十八条　本办法所称"以上"均含本数。

第十九条　各省、自治区、直辖市和计划单列市税务局可根据本办法制定具体实施办法，并报国家税务总局备案。

第二十条　本办法自2007年1月1日起施行。1997年6月19日国家税务总局发布的《个体工商户建账管理暂行办法》同时废止。

四、第五十一条

（一）法条原文

【2024年版本】

第五十一条　本法自2000年7月1日起施行。

【2017年、1999年版本】

第五十二条　本法自2000年7月1日起施行。

【1993年版本】

第三十条　本法自1985年5月1日起施行。

【1985年版本】

第三十一条　本法自一九八五年五月一日起施行。

（二）法条释义

本条规定了会计法的生效时间。

2024年6月28日第十四届全国人民代表大会常务委员会第十次会议通过的《全国人民代表大会常务委员会关于修改〈中华人民共和国会计法〉的决定》自2024年7月1日起施行。